Methoden der empirischen Wirtschaftsforschung

Gertrud Moosmüller

PEARSON
Studium

ein Imprint von Pearson Education
München • Boston • San Francisco • Harlow, England
Don Mills, Ontario • Sydney • Mexico City
Madrid • Amsterdam

Bibliografische Information Der Deutschen Bibliothek

Die Deutsche Bibliothek verzeichnet diese Publikation in der Deutschen Nationalbibliografie; detaillierte bibliografische Daten sind im Internet über *http://dnb.ddb.de* abrufbar.

10 9 8 7 6 5 4 3 2 1

06 05 04

ISBN 3-8272-7130-9

www.pearson-studium.de
Lektorat: Dennis Brunotte, dbrunotte@pearson.de,
Christian Schneider, cschneider@pearson.de
Einbandgestaltung: adesso 21, Thomas Arlt, München
Herstellung: Elisabeth Prümm, epruemm@pearson.de
Satz: reemers publishing services gmbh, Krefeld (www.reemers.de)
Druck und Verarbeitung: Kösel, Krugzell (www.KoeselBuch.de)

Printed in Germany

Inhaltsübersicht

Inhaltsverzeichnis

Abkürzungsverzeichnis

BIP	Bruttoinlandsprodukt
BRD	Bundesrepublik Deutschland
BSP	Bruttosozialprodukt
DIW	Deutsches Institut für Wirtschaftsforschung, Berlin
EUROSTAT	Europäisches Statistisches Amt
IFO	Institut für Wirtschaftsforschung, München
IWF	Internationaler Währungsfond
NBER	National Bureau of Economic Research, USA
OECD	Organisation für wirtschaftliche Zusammenarbeit und Entwicklung
SVR	Sachverständigenrat zur Begutachtung der gesamtwirtschaftlichen Entwicklung
UN	United Nations
ZEW	Zentrum für Europäische Wirtschaftsforschung, Mannheim

Vorwort

Dieses Grundlagenbuch bietet insbesondere Studierenden der Volkswirtschaftslehre und Betriebswirtschaftslehre einen Einblick in Methoden, die in der empirischen Wirtschaftsforschung zum Einsatz kommen. Dazu gehören im Wesentlichen die Trend- und Saisonbereinigung ökonomischer Zeitreihen, die ökonometrische Modellbildung, die Input-Output-Technik sowie die Entwicklung ökonomischer Indikatoren.

Die relevanten Modellansätze, Schätz- und Testverfahren sowie Prognosemethoden werden vorgestellt und durch eine Vielzahl von praktischen Beispielen unterlegt. Anfänger können die theoretischen Herleitungen bei der ersten Lektüre überspringen. Aufgaben zu den einzelnen Kapiteln erleichtern die Lernkontrolle. Im Vordergrund sollte die jeweilige Problematik beim Einsatz dieser Verfahren in der Praxis stehen. Empirische Methoden gewinnen innerhalb der wissenschaftlichen Theorie und Praxis zunehmend an Bedeutung, so dass jedem Studierenden der Wirtschaftswissenschaften dieses Rüstzeug für die zukünftige berufliche Tätigkeit mitgegeben werden sollte.

Passau, August 2004 Gertrud Moosmüller

Grundlagen der Empirischen Wirtschaftsforschung

1

ÜBERBLICK

1.1 Ziele und Aufgaben

Ziel dieser wissenschaftlichen Disziplin ist die empirische Fundierung der makro- und zunehmend auch der mikroökonomischen Ansätze der Wirtschaftstheorie. Damit soll die Lücke zwischen Wirtschaftstheorie und Wirtschaftspolitik geschlossen werden. Volkswirtschaftliche Hypothesen sollen mit Hilfe problemadäquater ökonometrischer Methoden überprüft und gegebenenfalls revidiert werden. Ihre Operationalisierung ist Voraussetzung für die Prüfung der Wirksamkeit wirtschaftspolitischer Instrumente.

Die wichtigsten Ansätze der Empirischen Wirtschaftsforschung im makroökonomischen Bereich sind

- die Trend- und Saisonbereinigung ökonomischer Zeitreihen
- die Entwicklung von Indikatoren (z.B. Konjunkturindikatoren oder Preisindikatoren) und Indikatorensystemen (z.B. das IFO-Geschäftsklima)
- die ökonometrische Modellbildung und
- die Input-Output-Technik.

Der Bezugsrahmen für die Methoden der Empirischen Wirtschaftsforschung kann in diesem Bereich folgendermaßen verdeutlicht werden: Ausgangspunkt sind die *Zielvorstellungen* der *Wirtschaftspolitik*, wie sie z.B. durch das „Stabilitätsgesetz“ formuliert werden. Diese global formulierten Ziele, u.a. „angemessenes Wirtschaftswachstum“ oder „Preisstabilität“, müssen zuerst operationalisiert werden, so dass auf dieser Grundlage ein *theoretisches Konzept* formuliert werden kann, das die Realität adäquat abbildet und somit der Erklärung und Prognose der wirtschaftlichen Abläufe dienen kann. In diesen Bezugsrahmen werden die oben genannten Ansätze eingeordnet.

In der Empirischen Wirtschaftsforschung wird zunehmend auch auf die Auswertung von Individualdaten abgestellt; früher bildeten dagegen hauptsächlich aggregierte Daten die Grundlage der Analysen. So ist beispielsweise nicht nur die Arbeitslosenquote einer bestimmten Region, sondern die individuelle Arbeitslosigkeit und deren Dauer von Interesse. Da in derartigen Analysen u.a. qualitative und beschränkte Variablen oder auch Panaldaten einzubeziehen sind, müssen andere als die herkömmlichen (makro-)ökonometrischen Modelle zur Erklärung herangezogen werden. Mit dieser Modellbildung und Analyse befasst sich die Mikroökonometrie.

Wegen der Vielfalt des Stoffes werden im vorliegenden Lehrbuch nur die grundlegenden Ansätze ausführlich vorgestellt. Bestimmte Themenbereiche werden in einem „Exkurs“ angesprochen: So beschäftigen sich die weiteren Abschnitte des ersten Kapitels mit der *Datenbasis*, der *Datenaufbereitung* und *einfachen Datenanalysen*; in einem Exkurs werden auch Methoden zur Bildung wichtiger ökonomischer *Indikatoren* angesprochen; diese Indikatoren besitzen wegen ihrer sehr flexiblen Einsatzmöglichkeiten eine große praktische Bedeutung. Außerdem werden Verfahren zur *Trendbestimmung und -bereinigung sowie zur Saisonbereinigung* vorgestellt. Anschließend erfolgt im zweiten Kapitel die Darstellung des Einsatzes *ökonometrischer Methoden* in der Empirischen Wirtschaftsforschung dargestellt. Ökonometrische Modelle sollen den Wirkungszusammenhang ökonomischer Variablen geeignet wiedergeben; die Modellparameter können mit Hilfe des vorliegenden empirischen Datenmaterials geschätzt und zu Prognosezwecken verwendet werden. Dabei ist auf die richtige Modellspezifikation zu achten sowie eine Überprüfung der unterstellten ökonometrischen Struktur vorzunehmen, um eine optimale Parameterschätzung zu gewährleisten. Ausführlich wird in den Abschnitten 2.2 und 2.3 die Spezifikation und Schätzung von *Eingleichungs- und Mehrgleichungsmodelle* behandelt; einen Überblick über gängige *mikroökonometrische* Ansätze gibt Abschnitt 2.4 In Kapitel 3 werden noch einige Verfahren der *Input-Output-Analyse* vorgestellt. Kontrollfragen und Aufgaben zu einzelnen Abschnitten sollen dem Studierenden helfen, den Lernerfolg zu überprüfen.

1.2 Datenbasis

Zunächst ist die Frage zu klären, welche Daten jeweils für den gewählten analytischen Ansatz geeignet sind und wie sie beschafft werden können. Grundsätzlich ist darauf zu achten, dass sie aktuell, repräsentativ, objektiv, reliabel und valide sind. Im Folgenden wird deshalb auf die möglichen Arten von Daten sowie auf vorhandene Datenquellen eingegangen.[1]

1.2.1 Arten von Daten

Grundsätzlich lassen sich die verwendeten Daten nach ihrem Skalenniveau sowie nach dem vorliegenden Aggregationsniveau, der Häufigkeit ihrer Erhebung und nach den Merkmalsträgern einteilen. Die Daten können sowohl qualitativer, d.h. nominal- oder ordinalskaliert, als auch quantitativer Natur sein.[2] Trifft man die Unterscheidung nach den anderen Kriterien, so lassen sie sich in Zeitreihen-, Querschnitts- und Paneldaten einteilen. Erstere erhält man durch über die Zeit wiederholte Erhebungen an denselben Merkmalsträgern; meist weisen sie einen hohen Aggregationsgrad auf. Querschnittsdaten dagegen sind zeitlich ungeordnete Beobachtungen an unterschiedlichen Objekten/Personen, die jedoch häufig zu einem bestimmten Zeitpunkt erhoben werden und stärker disaggregiert sind. Paneldaten kombinieren die Eigenschaften von Zeitreihen und Querschnittsdaten. Sie werden an verschiedenen Merkmalsträgern in mehreren Zeitpunkten erhoben; bekannteste Beispiele sind das Sozioökonomische Panel und die IFO-Konjunkturtestdaten.

1.2.2 Datenquellen

Für die empirische Analyse stehen Daten aus der amtlichen, der nichtamtlichen und der internationalen Statistik zur Verfügung. Hierzu ein kurzer Überblick über einige Quellen.

a. amtliche Statistik:
   - a_1) Veröffentlichungen des *Statistischen Bundesamtes* (Statistisches Jahrbuch, Fachserien, Zeitschriften)
   - a_2) Veröffentlichungen der *Statistischen Ämter der Länder und Kommunen* (Statistische Berichte, Jahr- und Handbücher)
   - a_3) Veröffentlichungen der Deutschen Bundesbank (Monatsberichte, Statistische Beihefte, Geschäftsberichte)
   - a_4) Veröffentlichungen der *Bundesregierung* (Monatsberichte des Bundeswirtschaftsministeriums, Jahreswirtschaftsbericht, Berichte zu anderen Bereichen, amtliche Nachrichten der Bundesanstalt für Arbeit)

1. An dieser Stelle muss auf die Grenzen amtlicher und nichtamtlicher wirtschaftsstatistischer Daten als Grundlage für die Empirische Wirtschaftsforschung hingewiesen werden. Oft wird bei deren Benutzung übersehen, dass sie ihrerseits bereits Ergebnisse von Modellrechnungen darstellen, also nicht als Messergebnisse, die allenfalls Messfehler beinhalten können, aufgefasst werden können. Außerdem sind sie manchmal inhomogen bezüglich ihres Aggregationszustandes; mit zunehmender Komplexität steigt auch die Gefahr ihrer Inkonsistenz. Die Forderung nach Repräsentativität und Aktualität erhöht häufig auch die Modellkomplexität (RICHTER, 2002, S. 271 ff.).

2. Qualitative Daten sind nominal- oder ordinalskaliert; quantitative Daten dagegen intervall- oder verhältnisskaliert. Zur üblichen Einteilung der Skalentypen vgl. man z.B. FAHRMEIR/ HAMERLE/TUTZ, 1996, S. 8; WINKER, 1997, S. 10 ff. Man beachte, dass statt des Begriffspaares „qualitativ – quantitativ“ auch „nicht metrisch – metrisch“ benutzt wird, obwohl keine eindeutige Übereinstimmung dieser Begriffspaare gegeben ist.

b. nichtamtliche Statistik:
   b_1) Veröffentlichungen des *Sachverständigenrates zur Begutachtung der gesamtwirtschaftlichen Entwicklung (SVR)* (Jahresgutachten)
   b_2) Veröffentlichungen des *Deutschen Instituts für Wirtschaftsforschung (DIW), Berlin* (vierteljährliche volkswirtschaftliche Gesamtrechnung (VGR), Sozioökonomisches Panel)
   b_3) Veröffentlichung des *IFO-Instituts für Wirtschaftsforschung, München* (Ifo-Konjunktur- bzw. Investitionstest, IFO-Spiegel der Wirtschaft)
   b_4) Veröffentlichungen des *Zentrums für Europäische Wirtschaftsforschung (ZEW), Mannheim* (ZEW-Finanzmarkttest, ZEW-Innovationstest)

c. internationale Statistik:
   c_1) Veröffentlichungen der *Vereinten Nationen (UN)*, insbesondere des *Internationalen Währungsfonds* (IWF) und der *Weltbank*
   c_2) Veröffentlichungen der *Organisation für wirtschaftliche Zusammenarbeit und Entwicklung (OECD)*
   c_3) Veröffentlichungen des *Europäischen Statistischen Amtes (EUROSTAT)*

1.3 Datenaufbereitung und einfache Datenanalysen

Bevor die gewonnenen Daten mit Hilfe bestimmter statistischer Verfahren ausgewertet werden, sind sie in geeigneter Form aufzubereiten. Insbesondere sollte vorab eine gewisse Informationsverdichtung erfolgen; einige einfache Methoden, die in der Praxis häufig zu finden sind, sowie die Berechnung *erster Kennzahlen* für den erhobenen Datensatz werden in Abschnitt 1.3.1 vorgestellt. Dieses Kapitel enthält auch einen Exkurs bezüglich der Bildung einiger wichtiger *ökonomischer Indikatoren*. Abschnitt 1.3.2. beschäftigt sich kurz mit der Ausreißerproblematik in ökonomischen Datenreihen und in Abschnitt 1.3.3. werden wichtige Verfahren der *Trendbestimmung und -bereinigung* sowie der *Saisonbereinigung* vorgestellt.

1.3.1 Methoden der Informationsverdichtung und einfache statistische Kenngrößen;[3] Exkurs: ökonomische Indikatoren

Die einfachste Art der systematischen Aufbereitung von Daten ist deren *graphische Darstellung* mit Hilfe von Kreis- oder Balkendiagrammen sowie Histogrammen. Sie geben einen ersten Überblick über die Häufigkeiten der Merkmalsausprägungen und die möglichen zugrunde liegenden Verteilungen. Daneben gibt es einige in der Praxis häufig benutzte, einfache *Datentransformationen*, die einen ersten Vergleich der Entwicklung bestimmter interessierender wirtschaftlicher Größen erlauben. Zu nennen ist u.a. die Berechnung von

Wachstumsquoten:

Ausgehend von einer gegebenen Zeitreihe $\{x_t\}$, t = 0, ... , T, lautet die zugehörige Wachstumsquote[4]

$$w_t = \frac{x_t - x_{t-1}}{x_{t-1}} \cdot 100\,\% \quad , \; t = 1, \ldots , T \, ; \tag{1.3-1}$$

3. Vgl. z.B. BAMBERG/BAUR, 2001; FAHRMEIR et al., 2003; SCHAICH et al., 1993 u. 1990.
4. Wachstumsquoten werden häufig auch als „*Wachstumsraten*“ bezeichnet; dies ist jedoch im streng formalen Sinn nicht exakt.

zu finden sind auch die alternative Berechnungsweisen

$$w_{ta} = \frac{x_t - x_{t-1}}{x_t} \cdot 100\,\% \text{ und } w_{tb} = \frac{x_t - x_{t-1}}{\frac{1}{2}(x_t + x_{t-1})} \cdot 100\,\% \quad , t = 1, \ldots, T \tag{1.3-2}$$

sowie

$$\Delta \ln x = \ln x_t - \ln x_{t-1} \quad , \quad t = 1, \ldots, T\,. \tag{1.3-3}$$

Die Variante (1.3-3) hat den Vorteil, dass sich die Wachstumsquote über mehrere Perioden t einfach als Summe der einzelnen Wachstumsquoten ergibt.[5]

Beispiel 1.1 Tabelle 1.1. beinhaltet das Bruttoinlandsprodukt (BIP) in [Mrd. €] der Bundesrepublik Deutschland (alte und neue Länder) für die Jahre 1991 bis 2003 in den jeweiligen Preisen sowie die nach (1.3.-1) berechneten Wachstumsraten in % zum Basisjahr 1991:[6]

Tabelle 1.1

Jahr t	1991 (t = 0)	1992 (t = 1)	1993 (t = 2)	1994 (t = 3)	1995 (t = 4)	1996 (t = 5)	1997 (t = 6)
BIP	1 502,2	1 613,2	1 654,2	1 735,5	1 801,3	1 833,7	1 871,6
Wachstumsrate	–	7,4	2,5	4,9	3,8	1,8	2,1

Jahr t	1998 (t = 7)	1999 (t = 8)	2000 (t = 9)	2001 (t = 10)	2002 (t = 11)	2003 (t = 12)
BIP	1 929,4	1 974,3	2 025,5	2 063,0	2 108,2	2129,2
Wachstumsrate	3,1	2,3	2,6	1,9	2,2	1,0

Messzahlen:

Messzahlen sind Quotienten statistischer Größen, bei denen Zähler und Nenner im Verhältnis der Gleichordnung stehen und jeweils gleichartige Tatbestände bezeichnen.

5. Dies kann durch die *Taylorreihenentwicklung* für den natürlichen Logarithmus begründet werden: Denn es gilt allgemein
$\ln(1 + y) = \sum_{n=1}^{\infty} \frac{(-1)^{n-1}}{n} \cdot y\,, \; -1 \leq y \leq 1\,;$ da für ein kleines y $\ln(1 + y) \approx y$ gilt, folgt
$\frac{y_t - y_{t-1}}{y_{t-1}} = \frac{y_t}{y_{t-1}} - 1 \approx \ln\left(\frac{y_t}{y_{t-1}}\right) = \ln y_t - \ln y_{t-1}\,.$

6. Quelle: Statistisches Jahrbuch, 2002, S. 633; Institut der Deutschen Wirtschaft, 2002, 2003 und 2004, S. 17. Bei den Wachstumsraten handelt es sich um gerundete Werte. Die Zahlen der Jahre 1991 bis 2001 wurden übereinstimmend den Quellen des Jahres 2002 entnommen. Ab 1999 wurden die BIP-Werte in der dritten und vierten Quelle etwas korrigiert; die BIP-Werte der Jahre 2002 und 2003 sowie die zugehörigen Wachstumsraten sind somit mit Vorbehalt zu sehen.

Die Nennergröße bezieht sich dabei auf die vorab festgelegte Basisperiode, die Zählergröße auf die betrachtete Berichtsperiode. In der Wirtschaftsstatistik werden häufig die speziellen Folgen der Preis-, Mengen- und Umsatzmesszahlen betrachtet, die anschließend in die Berechnungsformeln der entsprechenden Indizes eingehen. Sie können mit $\frac{p_t^i}{p_0^i}$, $\frac{q_t^i}{q_0^i}$ und $\frac{U_t^i}{U_0^i}$, $(1 \leq i \leq n\,;\,1 \leq t \leq T)$, wiedergegeben werden, wobei mit p_t^i, q_t^i und U_t^i Preis, Menge und Umsatz des Gutes i in der Berichtsperiode t, mit p_0^i, q_0^i und U_0^i Preis, Menge und Umsatz des Gutes i in der Basisperiode 0 bezeichnet werden.

Neben diesen einfachen Datentransformationen finden insbesondere die aus den Messzahlen berechneten Indizes und Indikatoren[7] sowie Elastizitäten und einfache statistische Kenngrößen praktische Verwendung.

Elastizitäten:

Betrachtet man eine beliebige ökonomische Größe y als Funktion einer unabhängigen Variablen x, also y = f(x), so lautet die zugehörige Elastizitätsfunktion

$$\varepsilon(x) = \frac{dy}{dx} \cdot \frac{x}{y} = f'(x) \cdot \frac{x}{f(x)}\,. \tag{1.3-4}$$

Sie gibt die relative Änderung der abhängigen Variablen y bezogen auf die relative Änderung der Unabhängigen x wieder und ist im Gegensatz zum absoluten Änderungsverhältnis, das durch die erste Ableitung f'(x) angegeben wird, dimensionsunabhängig. Insbesondere interessieren bei Zeitreihendaten die relativen und absoluten Änderungen der betrachteten Größen in Abhängigkeit von der Zeit t.

Beispiel 1.2

Der private Verbrauch C sei als eine Funktion des verfügbaren Einkommens Y gegeben mit (e: = EULERsche Zahl)

$$C = f(Y) = e^a \cdot Y^b\,, \quad a, b \in R \tag{B1-1}$$

Die zugehörige Elastizitätsfunktion, die die prozentuale Änderung von C bei Änderung von Y um 1 % angibt, lautet

$$\varepsilon(Y) = \frac{dC}{dY} \cdot \frac{Y}{C} = e^a \cdot bY^{b-1} \cdot \frac{Y}{e^a \cdot Y^b} = b. \tag{B1-2}$$

In diesem speziellen Fall ergibt sich also eine Konstante.

Einfache statistische Kennzahlen:

Gegeben seien die Beobachtungswerte x_t $(1 \leq t \leq T)$ eines statistischen Merkmals, die sowohl Zeitreihen- als auch Querschnittsdaten darstellen können. Folgende Kenngrößen können ermittelt werden:

1. Arithmetisches bzw. geometrisches Mittel:

Für die T Beobachtungswerte x_t $(1 \leq t \leq T)$ eines quantitativen Merkmals lautet das *arithmetische Mittel* bzw. das *geometrische Mittel*

7. Es sei hier auf den Exkurs zur Konstruktion ökonomischer Indikatoren am Ende dieses Abschnittes verwiesen.

$$\bar{x} = \frac{1}{T}\sum_{t=1}^{T} x_t \quad \text{bzw.} \quad g = \left(\prod_{t=1}^{T} x_t\right)^{1/T} . \tag{1.3-5}$$

Da diese Mittelwerte nur für quantitative, also metrische Merkmale berechnet werden können und möglicherweise durch Ausreißerwerte verzerrt sind, wird statt dessen häufig folgendes Mittel berechnet:

2. Median (Zentralwert):

Für die T der Größe nach geordneten Beobachtungswerte $x_{[t]}$ $(1 \leq t \leq T)$ eines mindestens ordinalskalierten Merkmals heißt die Merkmalsausprägung

$$z = \begin{cases} x_{\left[\frac{T+1}{2}\right]} & \text{für T ungerade} \\ \frac{1}{2}\left(x_{\left[\frac{T}{2}\right]} + x_{\left[\frac{T}{2}+1\right]}\right) & \text{für T gerade} \end{cases} \tag{1.3-6}$$

Zentralwert oder *Median.* Er teilt die T gegebenen Werte in die 50% kleineren bzw. größeren Beobachtungen. Im Gegensatz zum arithmetischen Mittel ist er nicht von Ausreißern abhängig. Er wird auch als das 50%-Quantil der zugrundeliegenden Verteilung bezeichnet.

3. Quantile:

Für ein metrisches Merkmal $\tilde{x}$ mit der stetigen Verteilungsfunktion $F_{\tilde{x}}(x)$und einer Größe p mit $0 < p < 1$ bezeichnet man diejenige reelle Zahl x als *p-Quantil* oder *Quantil der Ordnung p,* für die gilt

$$F_{\tilde{x}}(x) = W(\tilde{x} \leq x) = p . \tag{1.3-7}$$

Die reelle Zahl x, die diese Bedingung erfüllt wird mit x(p) bezeichnet. Von besonderem Interesse sind das *erste Quartil* x(0,25), der *Median* x(0,5) und das *dritte Quartil* x(0,75). Quantile werden nicht nur für die zugrundeliegende Verteilung, sondern auch für Stichprobenbefunde x_t $(1 \leq t \leq T)$, berechnet.

Für ordinalskalierte Merkmale mit einer diskreten Verteilung muss die Definition verallgemeinert werden, da es nicht zu jedem Wert p eine Zahl x(p) gibt, welche die Bedingung (1.3-7) erfüllt. Eine Ausprägung x der Zufallsvariablen $\tilde{x}$, die die Ungleichungen

$$W(\tilde{x} \leq x) \geq p \wedge W(\tilde{x} \geq x) \geq 1 - p \tag{1.3-8}$$

erfüllt, heißt *p-Quantil* der Verteilung.

4. Varianz, Standardabweichung und Variationskoeffizient:

Für die T Beobachtungswerte x_t $(1 \leq t \leq T)$ eines quantitativen Merkmals ist die *Varianz* definiert als

$$s^2 = \frac{1}{T-1}\sum_{t=1}^{T}(x_t - \bar{x})^2 = \frac{1}{T-1}\sum_{t=1}^{T} x_t^2 - \frac{T}{T-1}\bar{x}^2 . \tag{1.3-9}$$

Sie gibt die Streuung der vorliegenden Beobachtungswerte wieder. Die *Standardabweichung* $\sqrt{s^2}$ ist die positive Quadratwurzel aus der Varianz und besitzt die gleiche Dimension wie die Beobachtungswerte x_t. Damit ist sie einfacher zu interpretieren und wird als Streuungsmaß häufig ergänzend zur Varianz angegeben. Ein weiteres, relatiertes Streuungsmaß ist der *Variationskoeffizient*; er ist definiert als

$$v = \frac{s^*}{\bar{x}} \cdot (100\,\%) \; , \quad \text{mit } s^* = \sqrt{s^{*2}} = \sqrt{\frac{T-1}{T}\, s^2} \; . \qquad (1.3\text{-}10)$$

5. Schiefe:

Für die T Beobachtungswerte x_t $(1 \leq t \leq T)$ ist die *Schiefe* der Verteilung definiert als

$$S = \frac{\frac{1}{T}\sum_{t=1}^{T} x_t^3}{\sqrt{\left(\frac{1}{T}\sum_{t=1}^{T}(x_t - \bar{x})^2\right)^3}} \; ; \qquad (1.3\text{-}11)$$

sie setzt das dritte gewöhnliche Stichprobenmoment in Beziehung zur dritten Potenz der Varianz s^{*2}. Je größer der Betrag von S, desto schiefer die Verteilung. Für $S < 0$ ist sie linksschief, für $S > 0$ rechtsschief und für $S = 0$ symmetrisch.

6. Korrelationskoeffizient:

Für die T Beobachtungswertepaare (x_t, y_t), $(1 \leq t \leq T)$ zweier metrischer Merkmale ist der *Korrelationskoeffizient nach BRAVAIS-PEARSON* definiert als

$$r = \frac{\sum_{t=1}^{T}(x_t - \bar{x})(y_t - \bar{y})}{\sqrt{\sum_{t=1}^{T}(x_t - \bar{x})^2 \sum_{t=1}^{T}(y_t - \bar{y})^2}}$$

$$= \frac{\sum_{t=1}^{T} x_t y_t - T \cdot \bar{x} \cdot \bar{y}}{\sqrt{\left(\sum_{t=1}^{T} x_t^2 - T \cdot \bar{x}^2\right) \cdot \left(\sum_{t=1}^{T} y_t^2 - T \cdot \bar{y}^2\right)}} \; . \qquad (1.3\text{-}12)$$

Es gilt grundsätzlich $-1 \leq r \leq 1$. Er ist ein Maß für den (linearen) Zusammenhang der beiden Merkmale und liegt betragsmäßig umso näher bei Eins, je stärker diese Korrelation zwischen den Größen ist. Gilt $r = 0$, so sind die beiden Variablen unkorreliert. Der Korrelationskoeffizient nach BRAVAIS-PEARSON und weitere daraus abgeleitete Kenngrößen spielen eine wichtige Rolle innerhalb der Regressionsanalyse (vgl. Kapitel 2).

Ein weiterer Korrelationskoeffizient, der für zwei mindestens ordinalskalierte Merkmale aus den Beobachtungswertepaaren (x_t, y_t), $(1 \leq t \leq T)$ berechnet werden kann, lautet

$$r_{SP} = 1 - \frac{6\sum_{t=1}^{T}(\mathrm{rg}\,x_t - \mathrm{rg}\,y_t)^2}{T(T^2 - 1)} \; ; \qquad (1.3\text{-}13)$$

dabei ist $\mathrm{rg}\,x_t$ bzw. $\mathrm{rg}\,y_t$ der Rang, der den jeweiligen Beobachtungen x_t bzw. y_t zugeordnet wird. r_{SP} heißt als *Rangkorrelationskoeffizient nach SPEARMAN*. Für ihn gilt ebenfalls $-1 \leq r_{SP} \leq 1$; er lässt sich wie r interpretieren.

Beispiel 1.3 Tabelle 1.2 gibt die Umsätze [in Mio. €] sowie die Beschäftigtenzahlen [in 1 000] der 22 größten Industrieunternehmen der Bundesrepublik Deutschland für das Jahr 2000 wieder:[8]

Tabelle 1.2

Industrieunternehmen	Umsatz in Mio. €	Beschäftigte in 1 000	Industrieunternehmen	Umsatz in Mio. €	Beschäftigte in 1 000
DaimlerChrysler AG	162,384	416,5	Degussa AG	18,198	62,9
Volkswagen AG	85,555	324,4	Adam Opel AG	17,121	42,7
Siemens AG	78,396	446,8	MAN AG	15,048	76,6
E.ON AG	74,048	183,0	Ford-Werke AG	13,112	38,4
Thyssen Krupp AG	37,209	193,3	RWE-DEA AG	13,016	9,5
BASF AG	35,946	103,3	Henkel KgaA	12,779	60,9
BMW AG	35,356	100,3	Hoechst AG	12,115	66,0
Robert Bosch AG	31,555	198,7	Continental AG	10,115	63,8
Bayer AG	29,986	122,1	Linde AG	8,450	47,1
Veba Oel AG	20,183	8,6	Infineon Technologies AG	7,283	27,2
Audi AG	19,953	49,4	Heidelberger Zement	6,809	36,5

Für diese T = 22 größten Industrieunternehmen berechnet sich damit das arithmetische Mittel des Merkmals „Umsatz" als

$$\bar{x}_U = \frac{1}{22}\sum_{t=1}^{22} x_{U_t} = 33{,}84623 \text{ [Mio. €]} ; \qquad \text{(B1-3)}$$

die durchschnittliche Beschäftigtenzahl beträgt

$$\bar{x}_B = \frac{1}{22}\sum_{t=1}^{22} x_{B_t} = 121\ 727 . \qquad \text{(B1-4)}$$

8. Quelle: Institut der Deutschen Wirtschaft, 2002, S. 53.

Der Median der Umsätze ist

$$z_U = \frac{1}{2}\left(x_{U_{[11]}} + x_{U_{[12]}}\right) = \frac{18,198 + 19,953}{2} = 19,0755 \text{ [Mio. €]} \qquad \text{(B1-5)}$$

und der Median der durchschnittlichen Beschäftigtenzahl beträgt[9]

$$z_B = \frac{1}{2}\left(x_{B_{[11]}} + x_{B_{[12]}}\right) = \frac{63\,800 + 66\,000}{2} = 64\,900\,. \qquad \text{(B1-6)}$$

Für beide Merkmale ist eine erhebliche Diskrepanz zwischen dem jeweiligen arithmetischen Mittel und dem Median zu beobachten; dies ist ein erster Hinweis auf eine vorliegende Konzentration des Gesamtmerkmalsbetrages (= Summe der Umsätze bzw. Summe der Beschäftigten in diesen 22 Unternehmen) auf die jeweils 50% „größeren“ Unternehmen. Dies wird zusätzlich untermauert durch die ersten und dritten Quartile der beobachteten Verteilungen, die mit $x_U(0,25) = 12,447$ Mio. €, $x_U(0,75)$ =36,283 Mio. €, $x_B(0,25) = 40\,550$ und $x_B(0,75) = 188\,150$ gegeben sind, sowie durch deren Schiefe, die nach (1.3-11) mit $S_U = 2{,}396$ und $S_B = 1{,}652$ berechnet werden. Beide Größen deuten auf eine Rechtsschiefe hin, die beim Merkmal „Umsatz“ noch etwas mehr als beim Merkmal „Beschäftigtenzahl“ ausgeprägt ist. Die Standardabweichungen sind mit $s_U = 36,85$ und $s_B = 125,45$ relativ groß; die Beobachtungen streuen also erheblich um das jeweilige arithmetische Mittel. Außerdem kann eine relativ hohe Korrelation zwischen den beiden Merkmalen festgestellt werden, da der nach (1.3-12) berechnete Korrelationskoeffizient 0,882 beträgt.[10]

Nach dieser Darstellung der *allgemeinen* Berechnung einfacher *statistischer Kenzahlen*, sollen im Folgenden spezielle *ökonomische Indikatoren* vorgestellt werden, die in der Praxis häufig zum Einsatz kommen und veröffentlicht werden.

Exkurs: ökonomische Indikatoren

Schon früh wurden Indikatoren vor allem innerhalb der Konjunkturanalyse entwickelt;[11] in diesem Bereich stehen Daten oft nur verzögert zur Verfügung, so dass der Einsatz von *Konjunkturindikatoren* insbesondere für die *Prognose* relevant ist. Mit Hilfe dieser Indikatoren sollen möglichst genaue Aussagen über den aktuellen Zustand und die mögliche zukünftige Entwicklung der Konjunktur (Auf-/Abschwung) getroffen werden.

9. Man beachte, dass zuerst die Messreihe der Beschäftigtenzahlen x_t der Größe nach geordnet werden muss.
10. Man kann zeigen, dass bei einem Signifikanzniveau von $\alpha = 0{,}01$ von einem Zusammenhang beider Merkmale auszugehen ist. (Man vergleiche dazu auch Kapitel 2).
11. Schon von SCHUMPERTER (1939) oder BRUNNS/MITCHRELL (1946) wurde die Konjunkturentwicklung in Zyklen unterschiedlicher Längen eingeteilt; die 2- bis 4-jährigen Zyklen wurden als *„Kitchin-Wellen“*, die ca. 8-jährigen als *„Juglar-Zyklen“* und die 50- bis 60-jährigen als *„Kontratieff-Schwankungen“* bezeichnet. Zu den ersten gehört z.B. der Lagerhaltungszyklus, zu den zweiten der Maschinenbauzyklus und zu den dritten der Bevölkerungszyklus. Da frühere Indikatoren wie z.B. das *„HARVARD-Barometer“* ungeeignet waren, Wirtschaftskrisen zu erfassen, – (man denke an das Jahr 1929) – , wurden insbesondere vom *„National Bureau of Economic Research (NBER)“*, USA, neue Kriterien zur Indexbildung erarbeitet. Nach dem 2. Weltkrieg kam es auch in Deutschland zu Neugründungen von Wirtschaftsforschungsinstituten. Zu nennen sind u.a. das *„Kieler Institut für Weltwirtschaft“*, das *„DIW“*, Berlin, sowie das *„IFO-Institut“*, München. Grundlage für die Konjunkturanalyse und –prognose ist dabei vor allem das Bruttoinlandsprodukt (BIP), aber auch die Größen „Kapazitätsauslastung“ oder „industrielle Nettoproduktion“ werden herangezogen.

Dabei ist der *zeitliche Zusammenhang* mit der zu beschreibenden Referenzgröße von Bedeutung. Bezüglich dieses Kriteriums lassen sich drei Arten von Konjunkturindikatoren unterscheiden:

- *führende Indikatoren*, deren Umkehrpunkte vor denen der Referenzgröße liegen; sie werden auch als „Frühindikatoren" bezeichnet (z.B. Auftragseingänge,[12] Lagerbestand);
- *gleichlaufende Indikatoren* (z.B. Fertigwarenlager in Industrie und Handel, Konsum dauerhafter Güter);
- *nachlaufende Indikatoren*, deren Umkehrpunkte nach denen der Referenzgröße liegen (z.B. Zinssätze, Arbeitsmarktdaten, Löhne, Konsum nichtdauerhafter Güter).

Indikatoren können auch nach anderen Kriterien eingeteilt werden; eine dieser Möglichkeiten ist die Unterscheidung nach

- *quantitative* bzw. *qualitative Indikatoren,* Letztere beruhen auf nominal- oder ordinalskalierten Daten,[13] sowie
- *einfache* bzw. *komplexe Indikatoren;*[14] einfache Indikatoren erfassen nur Teile der Konjunkturentwicklung. Häufig ist man jedoch an einer *globalen* Erfassung der Konjunktur interessiert; dies leisten komplexe *Gesamtindikatoren.* Da jeder dieser Indikatoren das Phänomen „Konjunktur" unterschiedlich erfasst, ist eine Vergleichbarkeit nicht möglich. Auch ist nicht jeder Indikator als Prognosegrundlage geeignet.[15]

Tabelle 1.3 gibt eine Übersicht über die mögliche Einordnung verschiedener wichtiger Konjunkturindikatoren nach obigen Kriterien.[16] Die Angaben in Klammern beziehen sich dabei auf den Vorlauf (-) in Monaten.

Es existiert eine Vielzahl von ökonomischen Indikatoren, die sich jeweils aus dem *Stabilitätsgesetz* ableiten lassen. Dieses beinhaltet bekanntlich folgende Ziele, die simultan verfolgt werden sollen:

1. **Stabilität des Preisniveaus**
2. **Hoher Beschäftigungsstand**
3. **Außenwirtschaftliches Gleichgewicht**
4. **stetiges und angemessenes Wirtschaftswachstum;**

zusätzlich sind auch

5. **Verteilungsgesichtspunkte**

zu beachten.

12. So beträgt z.B. der mittlere „Lead" dieser Reihe bzgl. der Löhne und Gehälter ca. 2 Jahre; eine andere wichtige Referenzreihe bzgl. der Auftragseingänge ist das BIP oder der Index der industriellen Nettoproduktion.
13. Zu dieser Kategorie zählen auch die sog. „Stimmungsindikatoren".
14. Ein Beispiel hierfür wäre das Kreditvolumen.
15. Als Beispiele seien das sog. „HAVARD-Barometer" und der „Gesamtindikator des Sachverständigenrates zur Begutachtung der gesamtwirtschaftlichen Entwicklung (SVR)" genannt, der im Folgenden auch noch näher beschrieben wird.
16. Quelle: OPPENLÄNDER, 1995, S. 27.

Tabelle 1.3

Geschäftsaktivität	Konjunkturindikatoren quantitative	Konjunkturindikatoren qualitative
	vorlaufende Indikatoren	
Stimmung (Erwartungen) ↓	Index Aktienkurse	Geschäftserwartungen (–6) Produktion (–3) Export (–3) Preise (–3) Beschäftigung (–3) Konsumerwarten
Nachfrage ↓	Index Auftragseingang (Inland, Ausland) Index der Baugenehmigungen	Veränderung Auftragseingang
	Spannungsindikatoren	
Pufferzone Nachfrage Produktion ↓	Index Auftragsbestand Index Preise	Veränderung Auftragsbestand Urteil Auftragsbestand Veränderung Fertigwarenlager Urteil Fertigwarenlagen Veränderung Preise
	gleichlaufende Indikatoren	
Produktion, Umsatz ↓	Index Nettoproduktion Einzelhandelsumsatz Außenhandelsumsatz	Veränderung Kapazitäts-auslastung Urteil Kapazitätsauslastung Veränderung Produktion
	nachlaufende Indikatoren	
Beschäftigung, Unternehmenszusammenbrüche	Zahl der Beschäftigten Zahl der Arbeitslosen Zahl der offenen Stellen Zahl der Kurzarbeiter Zahl der Konkurse	Veränderung der Beschäftigtenzahl

Die aus diesen Zielsetzungen abgeleiteten Indikatoren sollten folgenden Anforderungen genügen:

Plausibilität: Es muss ein theoretischer Zusammenhang zwischen Index und Konjunktur gegeben sein;

Statistisch-datentechnische Anforderung: in den ökonomischen Zeitreihen sollten z.B. keine Strukturbrüche vorhanden sein;

Konformität mit vergangenen Konjunkturzyklen soll vorliegen;

Datenaktualität muss gegeben sein.

In Anlehnung an die Zielsetzungen des Stabilitätsgesetzes sollen zunächst einige *einfache Indikatoren* dargestellt werden:

zu (1.): Indikatoren für Preisstabilität

Die zeitliche Entwicklung der Preise wird durch die unterschiedlichen *Preisindizes,*[17] die z.B. monatlich vom Statistischen Bundesamt veröffentlicht werden, eingefangen. Diese Entwicklung wird sowohl in Bezug auf das Vormonat als auch auf das entsprechende Monat des Vorjahres dargestellt. Preisindizes sind wegen ihrer Lead-Lag-Strukturen im Konjunkturzyklus vor allem unter prognostischen Gesichtspunkten interessant; die unterschiedliche Länge der auftretenden Lags bei Preisindikatoren ist dadurch bedingt, dass die Preisbildung im konkreten Fall von der Änderung der Produktionskosten, aber auch von Nachfrageverschiebungen beeinflusst wird. Vor allem die Preise von Rohstoffen oder von Grundnahrungsmitteln sind stark nachfrageabhängig. Betrachtet man die Lead- und Lag-Struktur von Preisindizes insbesondere gegenüber der Referenzreihe „Bruttosozialprodukt (BSP)“ bzw. „Bruttoinlandsprodukt (BIP)“,[18] so muss beachtet werden, dass Preisindikatoren stärker als andere Indikatoren von Auslandseinflüssen abhängig sind; konjunkturpolitische Maßnahmen sollten dies berücksichtigen.

Ziel der Preisstatistik ist ein Vergleich in zeitlicher, sachlicher und räumlicher Hinsicht; bei den sich daraus ergebenden Aufgaben der Preisnotierung, d.h. der Ermittlung einzelner Preise in absoluten Größen, und der Berechnung von Preisindizes, also von relativen Größen für Aggregate, ist das Prinzip der Repräsentativität sowie der (zeitlichen) Vergleichbarkeit zu beachten. Aufgrund möglicher Qualitätsänderungen und des Auftretens neuer Produkte am Markt sind diese Prinzipien oft schwer einzuhalten. Deshalb ist eine Änderung des in die Indexberechnung eingehenden Warenkorbes innerhalb bestimmter Zeitintervalle nötig.[19]

Preisindizes dienen der Messung spezieller Preisniveaus sowie der Preisbereinigung (Deflationierung).[20] Sie werden als Gesamtindizes veröffentlicht (Index der Lebenshaltungskosten), aber auch für einzelne Warengruppen (z.B. für Rohstoffe wie Öl oder Erdgas), für unterschiedliche Geschäfte (z.B. Außenhandelsindex) oder für volkswirt-

17. Vgl. z.B. KAZMIER, 1999, S. 304 ff.; SCHAICH/SCHWEITZER, 1995, S. 84 ff.; VON DER LIPPE, 1996, S. 401 ff.; ders., 2001, S. 39 ff.

18. Das „BSP“ ist ein Maß für die grundsätzlich auf Gütermärkten erbrachte wirtschaftliche Leistung einer Volkswirtschaft. Es kann nach dem Entstehungs-, Verteilungs- oder Verwendungszusammenhang ermittelt werden. Betrachtet man den Einkommenskreislauf, so wird zu dem nach dem Inlandskonzept ermittelten „BIP“ der Saldo der Erwerbs- und Vermögenseinkommen zwischen Inländern und der übrigen Welt addiert; daraus ergibt sich das nach dem Inländerkonzept berechnete „BSP“ (GEIGANT et al., 1994, S. 199 u. 836 f.).

19. Um eine Fortführung der Indexreihe zu ermöglichen, ist das *Verfahren der Indexverknüpfung* anzuwenden (vgl. z.B. SCHAICH/SCHWEITZER, 1995, S. 93 ff.); dieses ist jedoch theoretisch nicht überzeugend, da es voraussetzt, dass die in der amtlichen Statistik benutzten Preisindizes den formalen Indexkriterien genügen; dies ist jedoch nachweislich nicht der Fall.

20. Eine Übersicht bezüglich zeitlicher und räumlicher (internationaler) Preisvergleiche und der zu beachtenden Axiomatik findet sich z.B. bei VON DER LIPPE, 1996, S. 402, 408 und 445.

schaftliche Sektoren (z.B. Landwirtschaft).[21] Die Messung der speziellen Preisniveaus erfolgt beim Statistischen Bundesamt bisher auf der Grundlage des LASPEYRES-Preisindex;[22] die Preisbereinigung von in Geld ausgedrückten Größen, mit deren Hilfe die Kaufkraft eines Geldbetrags bei vergleichbaren Güterpreisen festgestellt wird, erfolgt auf der Grundlage des PAASCHE-Preisindex bzw. des LASPEYRES-Mengenindex. Preis- bzw. Mengenindizes sind gewogene Durchschnitte der Preis- bzw. Mengenmesszahlen; aus der speziellen Wahl der Gewichte resultieren die speziellen Indexformeln. Dies soll im Folgenden kurz gezeigt werden:

Für eine Gruppe von n Wirtschaftsgütern[23] soll die Preisentwicklung zwischen der (Basis-) Periode 0 und der (Berichts-) Periode t global gekennzeichnet werden. Deren Preise seien mit $p_0^i, p_1^i, \ldots, p_t^i, \ldots$ bezeichnet, die zugehörigen Verbrauchsmengen mit $q_0^i, q_1^i, \ldots, q_t^i, \ldots$. Dabei bezeichnen p_t^i bzw. q_t^i den Preis bzw. die Menge des i-ten Gutes in Periode t; der zugehörige Umsatz (Wert) ist $u_t^i = p_t^i q_t^i$, $(1 \leq i \leq n)$. Für alle Güter werden zunächst die Preismesszahlen $\frac{p_1^i}{p_0^i}, \frac{p_2^i}{p_0^i}, \ldots, \frac{p_t^i}{p_0^i}, \ldots$ gebildet, aus denen sich die allgemeine Preisindexformel[24]

$$P_{0,t} = \sum_{i=1}^{n} \frac{p_t^i}{p_0^i} g^i \quad , \quad \left(0 \leq g^i \leq 1; \sum_i g^i = 1\right) \quad , \qquad (1.3\text{-}14)$$

ergibt. Verwendet man als Gewichte der einzelnen Güter die jeweiligen Umsatzanteile in der Basisperiode, $g^i = \frac{p_0^i q_0^i}{\sum_i p_0^i q_0^i}$, so erhält man speziell die **LASPEYRES-Preisindexformel**

$$_LP_{0,t} = \frac{\sum_i \frac{p_t^i}{p_0^i} p_0^i q_0^i}{\sum_i p_0^i q_0^i} = \frac{\sum_i p_t^i q_0^i}{\sum_i p_0^i q_0^i} \quad ; \qquad (1.3\text{-}14a)$$

verwendet man dagegen als Gewichte die hypothetischen Umsatzanteile $g^i = \frac{p_0^i q_t^i}{\sum_i p_0^i q_t^i}$, so erhält man die spezielle **Preisindexformel nach PAASCHE**, also

$$_PP_{0,t} = \frac{\sum_i \frac{p_t^i}{p_0^i} p_0^i q_t^i}{\sum_i p_0^i q_t^i} = \frac{\sum_i p_t^i q_t^i}{\sum_i p_0^i q_t^i} \quad . \qquad (1.3\text{-}14b)$$

Die Berechnung der beiden Indizes soll anhand eines Beispiels demonstriert werden.

---

21. Eine (nicht ganz vollständige) Übersicht über das System der Preisindizes für Lebenshaltung des Statistischen Bundesamtes findet man bei VON DER LIPPE, 1996, S. 421 ff.
In der Regel werden die Verbraucherpreise in Gemeinden erhoben; bei der Berechnung von Bundesdurchschnittspreisen werden die Landesdurchschnittspreise mit der Bevölkerungszahl gewogen. Als problematisch werden dabei die Berücksichtigung großer Qualitätsunterschiede sowie das Auswahlverfahren angesehen, das nicht nach dem Zufallsprinzip erfolgt (VON DER LIPPE, 1996, S. 404).

22. Überlegungen gehen dahin, zukünftig *hedonische* Preisindizes zu berechnen, die u.a. in den USA verwendet werden. Der LASPEYRES-Indexformel wurde bisher der Vorzug gegenüber anderen Indexformeln gegeben, da sie anschaulicher zu interpretieren ist (ein Indexwert von 1,035 würde z.B. bedeuten, dass für einen betrachteten Warenkorb eine Teuerung von 3,5% vorliegt) und der Aufwand bei der Berechnung kleiner ist; denn es müssen nur die neuen Preise, nicht aber die neuen Mengen erhoben werden (siehe (1.3-14a) im Vergleich zu (1.3-14b)). Dafür wird in Kauf genommen, dass der Warenkorb und die Gewichtung im Zeitablauf nicht mehr aktuell sind. Der Index führt auch zu einer Überzeichnung der Preissteigerungen (SCHAICH/SCHWEITZER, 1995, 92).

23. Diese Güter seien z.B. Bestandteil des Warenkorbes einer geeignet definierten Standardfamilie.

24. Bei Verwendung spezieller Gewichte erhält man spezielle Indexformeln.

Beispiel 1.4 Ein Standardhaushalt bestreite seinen Lebensunterhalt mit $n = 3$ Wirtschaftsgütern; für diese soll die Preisentwicklung in den vier Perioden $t = 0, 1, 2, 3$ untersucht werden. Diese soll sowohl durch den LASPEYRES- als auch durch den PAASCHE-Preisindex dargestellt werden. Die Preise [in €] und die Mengen sind in Tabelle 1.4 festgehalten.

Tabelle 1.4

Jahr	t	Gut 1		Gut 2		Gut 3	
		Preis/kg	Menge	Preis/kg	Menge	Preis/kg	Menge
1999	0	1,05	200	9,50	100	3,50	75
2000	1	1,07	160	9,70	92	3,80	90
2001	2	1,10	150	9,80	95	3,90	94
2002	3	1,20	110	9,90	105	4,00	97

Die LASPEYRES-Indizes ergeben sich hier mit

$$ {}_{L}P_{0,1} = \frac{\sum p_1^i q_0^i}{\sum p_0^i q_0^i} = \frac{1,07 \cdot 200 + 9,70 \cdot 100 + 3,80 \cdot 75}{1,05 \cdot 200 + 9,50 \cdot 100 + 3,50 \cdot 75} = \frac{1483,98}{1422,5} \approx 1,043 \ (= 104,3\,\%)\ , \tag{B1-7a} $$

$$ {}_{L}P_{0,2} = \frac{\sum p_2^i q_0^i}{\sum p_0^i q_0^i} = \frac{1,10 \cdot 200 + 9,80 \cdot 100 + 3,90 \cdot 75}{1,05 \cdot 200 + 9,50 \cdot 100 + 3,50 \cdot 75} = \frac{1492,5}{1422,5} \approx 1,049 \ (= 104,9\,\%)\ , \tag{B1-7b} $$

$$ {}_{L}P_{0,3} = \frac{\sum p_3^i q_0^i}{\sum p_0^i q_0^i} = \frac{1,20 \cdot 200 + 9,90 \cdot 100 + 4,00 \cdot 75}{1,05 \cdot 200 + 9,50 \cdot 100 + 3,50 \cdot 75} = \frac{1530}{1422,5} \approx 1,076 \ (= 107,6\,\%)\ . \tag{B1-7c} $$

Die entsprechenden Indexwerte nach PAASCHE lauten

$$ {}_{P}P_{0,1} = \frac{\sum p_1^i q_1^i}{\sum p_0^i q_1^i} = \frac{1,07 \cdot 160 + 9,70 \cdot 92 + 3,80 \cdot 90}{1,05 \cdot 160 + 9,50 \cdot 92 + 3,50 \cdot 90} = \frac{1405,6}{1357} \approx 1,036 \ (= 103,6\,\%) \tag{B1-8a} $$

$$ {}_{P}P_{0,2} = \frac{\sum p_2^i q_2^i}{\sum p_0^i q_2^i} = \frac{1,10 \cdot 150 + 9,80 \cdot 95 + 3,90 \cdot 94}{1,05 \cdot 150 + 9,50 \cdot 95 + 3,50 \cdot 94} = \frac{1462,6}{1389} \approx 1,053 \ (= 105,3\,\%) \tag{B1-8b} $$

und

$$_{P}P_{0,3} = \frac{\sum p_3^i q_3^i}{\sum p_0^i q_3^i} = \frac{1,20 \cdot 110 + 9,90 \cdot 105 + 4,00 \cdot 97}{1,05 \cdot 110 + 9,50 \cdot 105 + 3,50 \cdot 97}$$

$$= \frac{1559,5}{1452,5} \approx 1,074 \; (= 107,4\,\%) \qquad \text{(B1-8c)}$$

Beim LASPEYRES-Index $_{L}P_{0,t}$ werden also die jeweiligen Preise mit den (alten) Mengen der Basisperiode „gewichtet", beim PAASCHE-Index $_{P}P_{0,t}$ dagegen mit den (aktuellen) Mengen der Berichtsperiode; ein reiner Preisvergleich sollte deshalb auch auf der Grundlage von $_{P}P_{0,t}$ durchgeführt werden. Der nach (1.3-14a) berechnete *Preisindex für Lebenshaltung* ist deshalb streng genommen kein „Lebenshaltungs*kostenindex*", da er nicht die tatsächlichen Ausgaben wiedergibt.[25] Insbesondere dieser Index wird jedoch zur Beurteilung der *Stabilität der Preise* herangezogen, obwohl er die Preise für den Staatsverbrauch und für die Investitionsgüter sowie die Steuern und Ersparnis als Verwendung des Einkommens nicht enthält.[26] Der SVR ist dennoch zu dem Urteil gekommen, dass der *Preisindex für Lebenshaltung* mit seiner Berechnungsart als konventioneller Maßstab für die Geldwertentwicklung in der BRD akzeptiert werden kann. Ist er über einen Zeitraum von 2 bis 4 Jahren in etwa konstant, so kann von einer *„Stabilität des Preisniveaus"* ausgegangen werden. Demgegenüber definierte die Bundesregierung das Ziel der Preisniveaustabilität als „Differenz der Zunahme des nominalen BSP zum Wachstum des realen BSP von 1%". Später legte der SVR fest, dass neben den Preisindizes für die Lebenshaltung auch der *„Preisindex für das BSP"* und der *„Preisindex für den privaten Verbrauch"* das Ziel der *Preisstabilität* messen.

zu (2.): Indikatoren für den Beschäftigungsstand (Arbeitsmarktindikatoren)

Zur Messung des zweiten im Stabilitätsgesetz verankerten Ziels *„hoher Beschäftigungsstand"* ist eine Vielzahl von Kenngrößen entwickelt worden, von denen hier nur einige wenige angesprochen werden sollen.[27] Ein wichtiger Indikator ist die

(2a) Arbeitslosenquote; diese ist definiert als

$$ALQ = \frac{\text{registrierte Arbeitslose}}{\text{Erwerbspersonen}} \; ; \qquad (1.3\text{-}15)$$

Die *Probleme*, die sich mit diesem Indikator verbinden, liegen in der Abgrenzung der Begriffe „Arbeitslose" und „Erwerbspersonen". Zu hinterfragen ist auch die Aussagekraft dieser Kennzahl bezüglich des Zieles *„hoher Beschäftigungsgrad"*; es muss zuerst geklärt

25. Solch ein Kosten- bzw. Wertindex wäre der Umsatzindex $U_{0,t} = \frac{\sum p_t^i q_t^i}{\sum p_0^i q_0^i}$; es lässt sich leicht zeigen, dass die Division des aktuellen Umsatzes (= Zähler des Umsatzindex) durch einen PAASCHE-Preisindex für die Preisbereinigung benützt werden kann, da sich daraus ein Volumen bzw. eine Volumenmesszahl ergibt (VON DER LIPPE; 1996, S. 410). Die Preisindizes zur Deflationierung in der Sozialproduktsrechnung, wie z. B. der Index des privaten Verbrauchs, des Bruttosozialprodukts oder des Bruttoinlandsprodukts, sind somit PAASCHE-Indizes.
26. Vgl. VON DER LIPPE, 1996, S. 418.
27. An dieser Stelle sei auf die (monatlichen) Veröffentlichungen der Bundesanstalt für Arbeit, Nürnberg, sowie des Instituts für Arbeitsmarkt- und Berufsforschung, Nürnberg, hingewiesen.

werden, was unter „Vollbeschäftigung“[28] zu verstehen ist. Ebenso ist zu klären, ob alle offenen Stellen tatsächlich gemeldet sind. Ein weiterer wichtiger Index ist der **(2b) Anspannungsindex**, der durch

$$AI = \frac{\text{Zahl der Arbeitslosen}}{\text{Zahl der offenen Stellen}} \tag{1.3-16}$$

festgelegt ist; die mit dieser Kenngröße verknüpften Probleme sind augenscheinlich. So stimmt die registrierte Arbeitslosenzahl häufig nicht mit der tatsächlichen überein. Außerdem berücksichtigt der Anspannungsindex nicht die *regionalen* sowie *qualitativen* Verteilungen der offenen Stellen. Ein dritter Indikator für den Beschäftigungsstand ist die **(2c) mittlere Dauer der Arbeitslosigkeit**; diese ist definiert als

$$MAL = \frac{\text{Zahl der Arbeitslosen}}{\text{Zahl der vermittelten Arbeitsplätze pro Monat}} . \tag{1.3-17}$$

Es existieren viele weitere veröffentlichte Kenngrößen, die zum großen Teil Disaggregationen obiger Indikatoren darstellen; man vergleiche z.B. die Indikatoren für Teilarbeitsmärkte.

zu (3.): Indikatoren für das außenwirtschaftliche Gleichgewicht

Diese Indikatoren lassen sich in zwei Gruppen einteilen. Die erste Gruppe besteht aus Wertgrößen, die zweite aus Preisindikatoren.

(3a) Wertgrößen resultieren aus der Zahlungsbilanz und deren Teilbilanzen (siehe z.B. das Ausfuhr- und Einfuhrvolumen der BRD); aus der nachfolgenden schematischen Übersicht lassen sich weitere Indikatoren leicht ableiten.

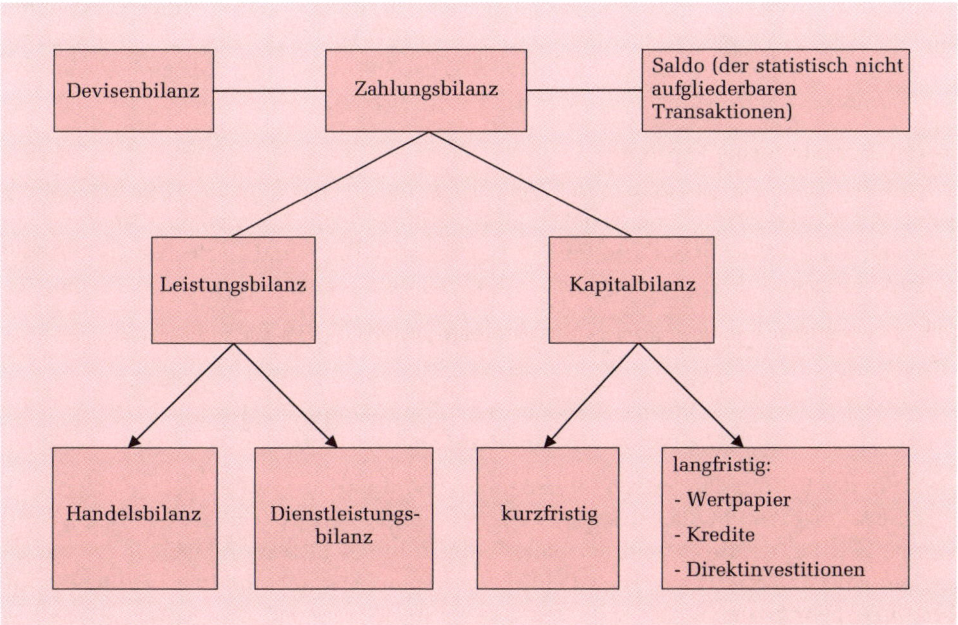

28. Von „Vollbeschäftigung“ wird bei einer ALQ von 0,8 – 1,2% gesprochen (vgl. z.B. HUJER/CREMER, 1978, S. 89).

(3b) Zu den *Preisindikatoren* zählen die *Preisindizes* für Export und Importgüter, wie beispielsweise für Öl und andere Rohstoffe; auch die „Terms of Trade“-Gewinne bzw. Verluste können als Indikatoren benutzt werden.

Export- und Importbewegungen haben eine starke Wirkung auf die Binnenkonjunktur; deshalb besitzen Außenhandelsindikatoren eine große Aussagekraft bzgl. des Konjunkturverlaufs. So bewirkt ein *hoher Exportüberschuss* tendenziell eine Vergrößerung der Geldmenge und damit der Kaufkraft im Inland, so dass die Preise steigen, sowie eine größere Kapazitätsauslastung und damit eine mögliche Konjunkturüberhitzung. Auch führt er zu einer Unterbewertung der Währung des Überschusslandes, die mit einer Wettbewerbsverzerrung einhergeht. Ein *hoher Importüberschuss* gefährdet dagegen durch den Druck auf das inländische Preisniveau die Wechselkursstabilität; außerdem kommt es wegen der geringeren Kapazitätsauslastung zu einer Verringerung des Wirtschaftswachstums sowie zu einem möglichen Abbau von inländischen Arbeitsplätzen.

zu (4.): Wachstumsindikatoren

Um Indikatoren für das vierte im Stabilitätsgesetz definierte Ziel *„stetiges und angemessenes Wirtschaftswachstum“* formulieren zu können, muss zuerst festgelegt werden, was unter dem Begriff „Wirtschaftswachstum“ zu verstehen ist. Man versteht darunter die Veränderungen des *Bruttoinlandsprodukts (BIP)* bzw. des *Bruttosozialprodukts (BSP)*, wobei sowohl die Entstehungsseite als auch die Verwendungsseite zu betrachten sind. Der *private Konsum* ist die größte Komponente auf der Verwendungsseite; u.a. wird der private Konsum in Abhängigkeit des *verfügbaren Einkommens* betrachtet. Weitere Komponenten sind die *(Anlage-) Investitionen* sowie der *Staatsanteil*. Diese Größen und ihre Veränderungen im Zeitablauf, also ihre Wachstumsraten (vgl. (1.3-1) bis (1.3-3)), sind zu messen. Dabei muss beachtet werden, dass vor einer unmittelbaren Interpretation eine *Trend- und Saisonbereinigung* vorzunehmen ist (vgl. Kapitel 1.4).Wichtige Indikatoren sind dann auf der Verwendungsseite das *„Pro-Kopf-Einkommen“* oder das *„Produktionsergebnis pro Beschäftigten“*. Auf der Entstehungsseite wären z.B. *Kapazitätsauslastungen, Lager- und Auftragsbestände* oder der *Produktionsindex* zu nennen.

zu (5.): Verteilungsindikatoren

Empirisch können Einkommen und Vermögen unter verschiedenen Gesichtspunkten betrachtet werden: So können Angaben über die *funktionale Einkommensverteilung* von Interesse sein, wobei die Einteilung in „unselbständige“ und „selbständige“ Arbeit zugrundegelegt wird, aber auch Angaben über die *personellen Einkommensverteilungen*.

(5a) Ein Maß für die *funktionale* Einkommensverteilung ist die *Lohnquote*. Diese ist definiert als

$$\frac{L}{Y} = \frac{\text{Bruttoeinkommen aus unselbständiger Arbeit}}{\text{Volkseinkommen}} \; ; \qquad (1.3\text{-}18a)$$

sie ist in der BRD in den letzten Jahrzehnten kontinuierlich gestiegen.[29]

Diese Kenngröße gibt die tatsächliche Entwicklung des Arbeitseinkommens jedoch nur verzerrt wieder, da die Anzahl der Selbständigen in der BRD im Zeitablauf stark abgesunken ist. Zur Vermeidung einer Fehlinterpretation berechnet man deshalb häufig die *bereinigte Lohnquote*

29. So lag sie Anfang der 60er Jahre bei 60 %, Anfang der 80er Jahre schon bei 77 %; diese Entwicklung setzt sich bis heute fort.

$$\left(\frac{L}{Y}\right)_{t_0,t}^{ber.} = \frac{L}{Y_{t_0}} \cdot \frac{\left(\frac{A}{E}\right)_t}{\left(\frac{A}{E}\right)_{t_0}} \quad , \tag{1.3-18b}$$

mit A: = Anzahl der abhängig Beschäftigten, E: = Anzahl der Erwerbstätigen, t:= betrachtete (Berichts-) Periode; t_0:= Basisperiode. Neben den bereits angeführten Maßen wird zur Beschreibung der funktionalen Einkommensverteilung auch die *Arbeitseinkommensquote* herangezogen; diese ist definiert als

$$\frac{\left(\frac{L}{A}\right)_t}{\frac{Y}{E}} \cdot 100\,\% \quad . \tag{1.3-19}$$

(5b) Will man Angaben zur *personellen Einkommensverteilung* machen, so sind obige Maße als Indikatoren ungeeignet. Andere Konzepte sind nötig, wie z.B. die *Lorenzkurve.*[30] Diese kann sowohl für einzelne Einkommen wie auch für Einkommensklassen bestimmt werden, wobei der Anteil der Einkommensbezieher mit Einkünften bis zu einer bestimmten Obergrenze (allgemein: *kumulierte relative Häufigkeiten*) und der Anteil dieser Einkommensbezieher am Gesamteinkommen (allgemein: *kumulierte relative Gesamtmerkmalsbeträge*) gegenübergestellt werden.

Liegt eine *Urliste* vor, d.h. sind die Einkünfte E_i der Einkommensbezieher einzeln notiert, so müssen die E_i zuerst aufsteigend der Größe nach geordnet werden, also $E_1 \leq E_2 \leq \cdots \leq E_i \leq \cdots \leq E_n$. Der Anteil der Einkommensbezieher, die ein Einkommen kleiner oder gleich E_i besitzen, ist

$$A_i = \frac{i}{n}, \ (1 \leq i \leq n) \ ; \tag{1.3-20}$$

der Anteil, den diese Einkommensbezieher am Gesamteinkommen besitzen, kann mit

$$EA_i = \frac{\sum_{j=1}^{i} E_j}{\sum_{j=1}^{n} E_j}, \ (1 \leq i \leq n), \tag{1.3-21}$$

berechnet werden. Setzt man nun $(A_0 ; EA_0) =: (0 ; 0)$ und verbindet man die einzelnen Punkte $(A_i ; EA_i)$ sukzessive linear, so erhält man die *Lorenzkurve.* Je näher die Kurve an die 45°-Achse heranreicht, desto gleichmäßiger ist die Einkommensverteilung.

Liegt eine *klassierte Häufigkeitsverteilung* mit m Klassen und den Besetzungszahlen n_j vor, also m Einkommensklassen, in welche jeweils n_j Einkommensbezieher fallen, so gilt für die Klassenobergrenzen E_j^o, $(1 \leq j \leq m)$, die Beziehung $0 < E_1^o < \ldots < E_m^o$. Der Anteil der Einkommensbezieher, deren Einkommen kleiner oder gleich E_j^o ist, lautet

$$A_j = \frac{\sum_{k=1}^{j} n_k}{\sum_{k=1}^{m} n_k}, \ (1 \leq j \leq m) \ ; \tag{1.3-22}$$

bezeichnet man mit $\bar{E}_j$ den jeweiligen Klassendurchschnitt,[31] so kann der Anteil, den diese Einkommensbezieher am Gesamteinkommen besitzen, mit

30. Vgl. z.B. AABERGE, 2000, S. 639 ff.; PIESCH, 1975, S. 21 ff.; SCHAICH/SCHWEITZER, 1995, S. 48 ff.; WOLF, 1997;

31. Sind die Klassendurchschnitte nicht bekannt, so approximiert man sie durch die jeweiligen Klassenmitten $E_j' = \frac{E_j^o + E_{j-1}^o}{2}$.

$$EA_j = \frac{\sum_{k=1}^{j} n_k \bar{E}_k}{\sum_{k=1}^{m} n_k \bar{E}_k}, \quad (1 \leq j \leq m), \tag{1.3-23}$$

angegeben werden. Setzt man wiederum $(A_0 ; EA_0) =: (0 ; 0)$ und verbindet die einzelnen Punkte $(A_j ; EA_j)$ sukzessive linear, so erhält man die *Lorenzkurve* für den in der Praxis meistens vorliegenden Fall gegebener Einkommensklassen. Je näher diese an die 45°-Achse heranreicht, desto gleichmäßiger ist die Einkommensverteilung.

Beispiel 1.5 Der progressive Einkommensteuertarif in Deutschland soll eine „gerechtere Verteilung" des Nachsteuereinkommens im Vergleich zum Vorsteuereinkommen bewirken. Einer Erhebung des Statistischen Bundesamtes zufolge stelle sich die Vor- und Nachsteuereinkommensverteilung in einem bestimmten Jahr wie folgt dar:

Tabelle 1.5

Einkommensklasse (in Tsd. GE)	Anzahl der Steuerpflichtigen je Klasse (in Mio.)	Vorsteuereinkommen je Klasse (in Mrd. GE)	Nachsteuereinkommen je Klasse (in Mrd. GE)
bis 20	10	100	90
über 20 bis 50	15	550	440
über 50 bis 100	20	1350	960
über 100 bis 500	10	3700	2310
über 500	5	3000	1800
Summe	60	8700	5600

Mit Hilfe der beiden Lorenzkurven der Vor- und Nachsteuerverteilung soll geprüft werden, ob der progressive Steuertarif tatsächlich zu einer „(lorenz-)gerechteren" Einkommensverteilung führt. Dies wäre der Fall, wenn die Lorenzkurve der Nachsteuerverteilung näher an der 45°-Achse liegt.

Aus den gegebenen Gesamtmerkmalsbeträgen (Einkommensbeträgen) pro Klasse und den absoluten Klassenbesetzungszahlen können die Anteile der Einkommensbezieher A_j und die zugehörigen Anteile EA_j am Gesamteinkommen nach (1.3-22) und (1.3-23) ermittelt werden (vgl. Tabelle 1.6); Abbildung 1.1 zeigt den Verlauf beider Kurven.

Tabelle 1.6

Einkommensklasse	Vorsteuer		Nachsteuer	
[in Tsd. GE]	A_j	EA_j	A_j	EA_j
bis 20	0,1666	0,011	0,1666	0,016
ü. 20 – 50	0,4166	0,075	0,4166	0,095
ü. 50 – 100	0,7500	0,230	0,7500	0,266
ü. 100 – 500	0,9166	0,655	0,9166	0,679
ü. 500	1	1	1	1

Abbildung 1.1

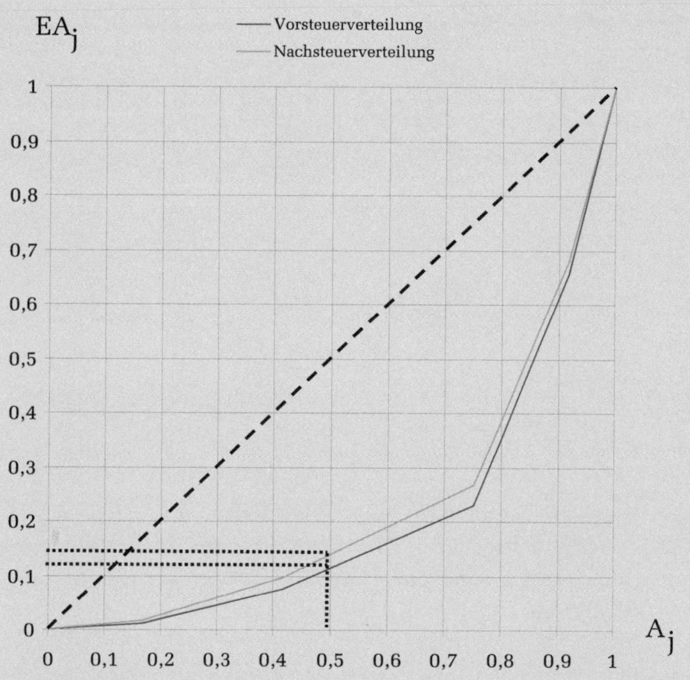

Der progressive Steuertarif führt offensichtlich zu einer „(lorenz-)gerechteren" Verteilung, da die Lorenzkurve der Nachsteuerverteilung weniger stark von der 45°-Achse entfernt ist als die der Vorsteuerverteilung. So entfällt z.B. auf die 50% Steuerpflichtigen mit kleinerem Einkommen vor Steuern ein Anteil von ca. 11% des Gesamteinkommens, nach Steuern vergrößert sich dieser Anteil auf ca. 14% (vgl. Abb. 1.1).

Aus der Lorenzkurve, die einen graphischen Überblick über die Einkommensverteilung liefert, kann u.a. der *GINI-Koeffizient* als *Maß für die relative Einkommenskonzentration* abgeleitet werden. Er ist definiert als Verhältnis der Fläche F zwischen der 45°-Achse und der Lorenzkurve zu der Fläche unterhalb der 45°-Achse des Einheitsquadrats mit der Größe 1/2, also

$$G = \frac{F}{1/2} = 2\,F, \quad 0 \le G \le \frac{n-1}{n} \quad ; \tag{1.3-24}$$

je kleiner der Wert dieses Maßes ist, desto gleichmäßiger ist die (Einkommens-) Verteilung. Für eine *Urliste* berechnet man die Fläche F für den GINI-Koeffizienten mit

$$F = \frac{1}{2} - \frac{1}{2}\sum_{i=1}^{n}(EA_{i-1} + EA_i)(A_i - A_{i-1}) \ , \tag{1.3-25a}$$

für eine klassierte Häufigkeitsverteilung mit

$$F = \frac{1}{2} - \frac{1}{2}\sum_{j=1}^{m}(EA_{j-1} + EA_j)(A_j - A_{j-1}) \ , \tag{1.3-25b}$$

wobei die einzelnen Größen in (1.3-25a) und (1.3-25b) gemäß (1.3-20) bis (1.3-23) zu bestimmen sind. Außerdem gilt wiederum jeweils $A_0 = 0$ und $EA_0 = 0$. F kann jeweils auch mit Hilfe der durchschnittlichen absoluten Differenzen durch

$$G = \frac{D}{2\,\bar{E}} \tag{1.3-26}$$

berechnet werden, mit (*Urliste*)

$$D = \frac{1}{n^2}\sum_{i=1}^{n}\sum_{i'=1}^{n}|E_i - E_{i'}| \quad \text{und} \quad \bar{E} = \frac{1}{n}\sum_{i=1}^{n}E_i \tag{1.3-26a}$$

bzw. mit (*klassierte Häufigkeitsverteilung*)

$$D = \frac{1}{n^2}\sum_{j=1}^{m}\sum_{j'=1}^{m}|\bar{E}_j - \bar{E}_{j'}|\,n_j n_{j'} \quad \text{und} \quad \bar{E} = \frac{1}{n}\sum_{j=1}^{m}\bar{E}_j n_j \ . \tag{1.3-26b}$$

Es existiert eine Vielzahl weiterer Maße für die relative und absolute Konzentration,[32] von denen hier noch der bekannte *HERFINDAL-Index* vorgestellt werden soll. Im Gegensatz zum GINI-Koeffizienten stellt er ein Maß der *absoluten* Konzentration dar und ist bei Vorliegen einer *Urliste* definiert als

$$H = \sum_{i=1}^{n}\left(\frac{E_i}{\sum_{j=1}^{n}E_j}\right)^2 = \sum_{i=1}^{n}\left(\frac{E_i}{n\cdot\bar{E}}\right)^2, \text{mit}\ \frac{1}{n} \le H \le 1 \quad ; \tag{1.3-27}$$

bei gleichmäßiger Verteilung des Einkommens ist $H = \frac{1}{n}$, bei maximaler Konzentration gilt H = 1.

32. Vgl. z.B. PIESCH, 1975; S. 135 ff.; ders., 1996, S. 1 ff.; ders., 2003; SCHAICH/SCHWEITZER, 1995, S. 74 ff.

Beispiel 1.6 Für die Einkommensverteilungen vor und nach Steuern aus Beispiel 1.5 soll der jeweils zugehörige GINI-Koeffizient als Maß für die relative Konzentration berechnet werden; Tabellen 1.7a und 1.7b beinhalten die entsprechend benötigten Größen (vgl. (1.3-25b)).

Tabelle 1.7a

Einkommens-klasse	Vorsteuer		
[in Tsd. GE]	$A_j - A_{j-1}$	$EA_{j-1} + EA_j$	$(EA_{j-1} + EA_j)(A_j - A_{j-1})$
bis 20	0,1666	0,011	0,0018
ü. 20 – 50	0,2500	0,086	0,0215
ü. 50 – 100	0,3334	0,305	0,1019
ü. 100 – 500	0,1666	0,885	0,1274
ü. 500	0,0834	1,655	0,1380
Summe	—	—	0,4106

Tabelle 1.7b

Einkommens-klasse	Nachsteuer		
[in Tsd. GE]	$A_j - A_{j-1}$	$EA_{j-1} + EA_j$	$(EA_{j-1} + EA_j)(A_j - A_{j-1})$
bis 20	0,1666	0,016	0,0027
ü. 20 – 50	0,2500	0,111	0,0278
ü. 50 – 100	0,3334	0,361	0,1204
ü. 100 – 500	0,1666	0,945	0,1574
ü. 500	0,0834	1,679	0,1400
Summe	—	—	0,4483

Damit ergibt sich für die Einkommensverteilung *vor* bzw. *nach* Steuern der *GINI-Koeffizient* unter Beachtung von $\bar{E} = \frac{1}{n}\sum_{j=1}^{m} \bar{E}_j n_j \approx \frac{1}{n}\sum_{j=1}^{m} E_j' n_j$ und

$$F_V \overset{(1.3-25b)}{=} \frac{1}{2} - \frac{1}{2} \cdot 0{,}4106 = 0{,}2947 \quad \text{bzw.}$$
$$F_N \overset{(1.3-25b)}{=} \frac{1}{2} - \frac{1}{2} \cdot 0{,}4483 = 0{,}27585$$

mit

$$G_V = 2 \cdot 0{,}2947 = 0{,}5894 \quad \text{bzw.} \quad G_N = 2 \cdot 0{,}27585 = 0{,}5517 \; ; \qquad \text{(B1-9)}$$

da $G_N < G_V$, zeigt auch dieses Maß eine geringere relative Einkommenskonzentration nach Steuern als vor Steuern auf.

Die Vielzahl von existierenden *einfachen Indikatoren*, die aus den Zielsetzungen des Stabilitätsgesetzes abgeleitet werden können, führt automatisch zur Frage, ob es ein einfaches Maß gibt, das den *gesamten* Konjunkturverlauf widerspiegeln kann. Da das Konzept der *Wachstumsraten* alleine dazu nicht geeignet ist, wurde versucht, *komplexe Indikatoren* zu entwickeln. Diese sind zum einen *Gesamtindikatoren*, die als gewichtete Mittel aus Einzelindikatoren gewonnen oder durch aufwändigere Verfahren aus Einzelreihen berechnet werden. Zum anderen wird das *Konzept der gesamtwirtschaftlichen Kapazitätsauslastung* gewählt. Letzterem liegt als einzige Größe das Produktionspotential zugrunde, wobei die Differenz zwischen der möglichen und der tatsächlichen Kapazitätsauslastung als Maß für die Nichtauslastung der Produktionsfaktoren betrachtet wird. Das Konzept beruht auf der *OKUN*'schen Hypothese, dass die gesamtwirtschaftliche Kapazitätsauslastung durch die Arbeitslosenquote repräsentiert wird.[33] Da sich dieses Konzept in den letzten Jahrzehnten als nicht geeignet für die Erfassung konjunktureller Verläufe erwies, wurden komplexere Ansätze auf der Grundlage der Kapazitätsauslastung formuliert. Zu nennen ist z.B. die

(K1) Ermittlung des Produktionspotentials durch den SVR:[34]

Der SVR definierte das Produktionspotential als „Summe aus dem potentiellen Produktionsvolumen des Sektors Unternehmen (ohne Wohnungsvermietung) und den Beiträgen des Staates, der Wohnungsvermietung und der privaten Haushalte sowie Organisationen ohne Erwerbscharakter zum realen BIP". Der Auslastungsgrad a_t ist definiert als das Verhältnis von realem BIP Y_t und gesamtwirtschaftlichem Produktionspotential Y_t^{GP}, also $a_t = Y_t/Y_t^{GP}$. Da für alle Bereiche außer dem Sektor „Unternehmen" unterstellt wird, dass das Produktionspotential voll ausgelastet ist und daher mit ihren Beiträgen zum BIP identisch ist, ist nur für den Unternehmenssektor eine Schätzung des Produktionspotentials nötig. Dieses ist definiert als das Produkt des jahresdurchschnittlichen Bruttoanlagevermögens und des von Auslastungsschwankungen bereinigten Trends der Kapitalproduktivität bei Vollauslastung der Sachkapazitäten, also

$$Y_t^{UP} = k_t \cdot \frac{K_t + K_{t+1}}{2} , \qquad (1.3\text{-}28)$$

mit Y_t^{UP} := Produktionspotential des Sektors Unternehmen im Jahr t, k_t := trendmäßige Kapitalproduktivität bei Vollauslastung der Sachkapazitäten, K_t := Bruttoanlagevermögen am Jahresanfang und $\frac{1}{2}(K_t + K_{t+1})$:=jahresdurchschnittliches Bruttoanlagevermögen. Die Berechnung der Kapitalproduktivitäten erfolgt nun in zwei Schritten:

Schritt 1: Berechnung des Trends

$$\log \widehat{k}_t = \log \widehat{c} + t \cdot \log \widehat{b} , \qquad (1.3\text{-}29a)$$

mit $\widehat{c}$, $\widehat{b}$:= geschätzte Parameter;

Schritt 2: Bestimmung der Kapitalproduktivität durch Parallelverschiebung des ermittelten Trends durch denjenigen Wert der empirisch festgestellten Kapitalproduktivität im jeweiligen Stützbereich, der von seinem Trendwert am weitesten nach oben abweicht, also

$$\log k_t = c_0 + \log \widehat{k}_t , \text{ mit } c_0 = \max\left(\log k_t - \log \widehat{k}_t\right) \qquad (1.3\text{-}29b)$$

33. OKUN stellte diese Hypothese anhand der Ergebnisse einfacher empirischer Untersuchungen in den USA im Jahre 1962 auf. 4% Arbeitslosigkeit wird danach als Vollbeschäftigung deklariert; außerdem wird die „1:3-Regel" aufgestellt, d.h. 1% Arbeitslosigkeit koste 3% reales Wirtschaftswachstum.

34. Vgl. HUJER/CREMER, 1978, S.108 ff.

Trotz einiger Einwände gegen dieses Konzept des SVR, eignet es sich – eingeschränkt – für eine konjunkturelle Diagnose. Der im Folgenden dargestellte Ansatz orientiert sich dagegen nicht an der Maximalauslastung, sondern an der durchschnittlichen Nutzung der Produktionsfaktoren und ist eher für die Beurteilung längerfristiger Tendenzen geeignet.

(K2) Ermittlung des Produktionspotentials durch die Deutsche Bundesbank:

Hierbei wird als theoretischer Ansatz die *COBB-DOUGLAS-Produktionsfunktion* zugrunde gelegt, die das BIP in Abhängigkeit des Sachkapitalstocks K und des Arbeitsvolumens L durch

$$Y_t = e^{\gamma}K^{\alpha}L^{\beta}e^{t} \ , \ (1 \leq t \leq T) \ , \qquad (1.3\text{-}30)$$

erklärt, mit α,β:= Produktionselastizitäten der Faktoren „Kapital" und „Arbeit", e^{γ}:= Absolutglied sowie e^{t}:= Restkomponente der Periode t. Dabei wird vom *mittleren* Produktionsniveau und nicht vom maximalen Auslastungsgrad ausgegangen. Die konjunkturelle Entwicklung wird durch die ermittelten Auslastungsgrade wiedergegeben. Aus den Potentialwerten werden über die COBB-DOUGLAS-Funktion die tatsächlichen Werte berechnet, aus denen durch Glätten wiederum die „Potentialwerte" berechnet werden.[35]

Bildet man *komplexe Indikatoren* nicht nach dem Konzept der gesamtwirtschaftlichen Kapazitätsauslastung, bei dem nur *eine* Maßgröße zugrunde liegt, sondern durch *Aggregation einfacher Indikatoren*, so erhält man *Gesamtindikatoren*, die nach unterschiedlichen Prinzipien konstruiert werden können. Da diese Indikatoren oft erhebliche (theoretische) Mängel aufweisen und kaum zur Prognose der konjunkturellen Entwicklung geeignet sind, sollen hier nur einige wenige angesprochen werden.

Zur Gruppe der Gesamtindikatoren gehören die *Diffusionsindizes*, die insbesondere vom *Bureau of Economic Research (NBER)* benutzt wurden, und auf der Annahme beruhen, dass sich die konjunkturelle Entwicklung nicht sprunghaft, sondern allmählich vollzieht. Sie sind einfach zu berechnen, jedoch lassen sich keine einheitlichen Kriterien dafür aufstellen, welche Einzelreihen in ihre Berechnungen eingehen sollen. Außerdem sind sie aufgrund ihrer einfachen Fortschreibung nicht für die Prognose geeignet. Weiterhin ist der *Gesamtindikator des SVR* zu nennen, der nach der sog. *„Signalwertmethode"* berechnet wird. Die einbezogenen Einzelreihen werden dabei nicht hinsichtlich ihrer Veränderungen, sondern bezüglich ihres Niveaus beurteilt. Dies erfolgt auf der Grundlage mehrerer Bewertungszonen, wobei zwischen einer *oberen* und *unteren* konjunkturellen Gefährdungsphase unterschieden wird. Erstere ist beim Übergang in eine Preissteigerungsphase, zweitere beim Übergang in die Unterbeschäftigung gegeben. Die Verwendung dieses Indikators ist wegen der Auswahl der Einzelreihen problematisch; außerdem kann er die *Intensität* der konjunkturellen Auf- und Abschwungbewegungen *nicht* einfangen. Diese Mängel werden zum Teil durch den *MVN-Indikator*[36] behoben, der nach dem *Prinzip der Standardisierung* konstruiert wird. Ausgehend vom *Gesamtindikator des SVR* werden die ursprünglichen Werte der Einzelreihen standardisiert und

35. Die Berechnungen werden dabei mit den Halbjahreswerten durchgeführt; als „tatsächliche" Werte der Produktionsfaktoren werden das *genutzte Anlagevermögen* aus Kapitalanlagebestand und einem vom IFO-Institut ermittelten Auslastungsgrad sowie das *Arbeitsvolumen* aus der Zahl der Erwerbstätigen und der mittleren Arbeitszeit benutzt. Die Werte des „Produktionspotentials" werden mit gleitenden Neunerdurchschnitten berechnet, wobei extreme Ausreißer durch fiktive Werte ersetzt werden. Außerdem sind die Werte am aktuellen Rand durch Schätzungen zu ergänzen (HUJER/CREMER, 1978, S. 112).

36. Methode der Mittelung normierter Variablen.

damit vergleichbar gemacht. Aggregation dieser standardisierten Reihen durch Bildung des arithmetischen Mittels ergibt den Gesamtindex. Dieser Indikator erfasst die Intensität der Konjunkturbewegungen besser als der ursprüngliche Gesamtindex des SVR; aus der Standardisierung ergibt sich zudem ein glatterer Verlauf, so dass zufällige Schwankungen ausgeschlossen werden und noch vorhandene Abweichungen vom Trend als konjunkturelle Schwankungen aufzufassen sind. Eine andere Weiterentwicklung des Gesamtindikators des SVR stellt der *komponentenanalytische Ansatz* dar, der die Mängel des ursprünglichen Indikators durch die Berücksichtigung der *Lead-Lag-Struktur* der eingehenden Einzelreihen beheben will. Aus diesen zeitlichen Korrelationen werden mit Hilfe einer durchzuführenden *Faktorenanalyse*[37] konjunkturelle Haupteinflüsse extrahiert, die dann als „Konjunkturfaktoren" interpretiert werden. Das Problem liegt darin, dass die gefundene faktorenanalytische Lösung nicht eindeutig sein kann bzw. nicht einfach zu interpretieren ist.

Bei der Anwendung von Gesamtindikatoren ist grundsätzlich die Problematik der Auswahl geeigneter Einzelreihen gegeben, die in ihre Berechnung eingehen. Deshalb gewinnen *subjektive Indikatoren* immer mehr an Bedeutung. Diese basieren nicht auf objektiven Daten früherer Perioden, sondern auf den *Erwartungen* der Wirtschaftssubjekte; die wichtigsten werden im Folgenden dargestellt.

(S1) IFO-Konjunkturtest:

Basis der monatlichen Erhebung des *IFO-Institutes* sind die durch direkte Befragung ermittelten *Erwartungen* und Urteile leitender Persönlichkeiten von Unternehmen. In der Regel werden dabei *„Ratingskalen"*[38] als Antwortkategorien auf Fragen vorgegeben, die sich normalerweise nicht auf das Gesamtunternehmen, sondern auf einzelne Produkte bzw. Produktgruppen beziehen. Der Konjunkturtest wird für die Bereiche „Industrie", „Bauwirtschaft", „Großhandel" und „Einzelhandel" durchgeführt; dabei sind z.B. im industriellen Sektor *Urteile* über die momentane Geschäftslage und die Veränderungstendenzen des Absätze sowie *Urteile* über die Geschäftslage in den nächsten 6 Monaten und die Veränderungstendenzen bei der Produktionstätigkeit in den nächsten 3 Monaten abzugeben.[39] In den anderen Bereichen werden die Fragen entsprechend abgewandelt.

Die erhobenen qualitativen Daten (Beurteilungen) gehen *gewichtet* – je nach relativer Bedeutung des Betriebes auf dem Markt – in den Konjunkturtest ein.[40] Die Ergebnisse werden im *„IFO-Konjunkturspiegel"* veröffentlicht, aus dem branchenspezifisch jeweils der Anteil der Firmen mit einer positiven, unveränderten oder negativen Einschätzung der Lage und Entwicklung abzulesen ist.

Die bisherige Verwendung des IFO-Konjunkturtests zeigt ihn als geeigneten *Frühindikator* für die konjunkturelle Entwicklung, wobei die Vorlaufzeit am oberen Wendepunkt größer ist als am unteren. Die Urteilsvariablen weisen eine hohe Sensibilität auf. Nicht übersehen werden dürfen jedoch die Risiken, wenn man ihn zur Prognose benützt, da die Ergebnisse des Tests sehr stark von der Anzahl und der Struktur der ausgewählten Unternehmen abhängen.

37. Zum multivariaten Verfahren „Faktorenanalyse" vergleiche man z.B. HARTUNG/ELPELT, 1992, S. 505 ff.; FAHRMEIR et al., 1996, S. 637 ff.
38. Meist werden 5-er Skalen mit den abgestuften Kategorien von „sehr gut" bis „sehr schlecht" unterstellt.
39. Im einzelnen beziehen sich die Fragen bzgl. der Veränderungstendenzen auf die Produktion, den Auftragseingang, den gesamten Auftragsbestand und die Inlandsverkaufspreise im Vormonatsvergleich sowie auf die Produktion, das Exportgeschäft und die Geschäftsentwicklung der nächsten 3 bis 6 Monate.
40. Für den Sektor „Handel" werden häufig die Jahresumsätze der Betriebe als Gewichte benutzt, für den Sektor „Industrie" die Anzahl der Beschäftigten im Produktionsprozess für das betrachtete Produkt.

(S2) IFO-Geschäftsklima:

Dieser insbesondere aus den Medien bekannte Konjunkturindikator wird vom IFO-Institut aus den Ergebnissen des Konjunkturtests berechnet. In ihn gehen die Salden aus den positiven und negativen Angaben für die aktuelle Geschäftslage (GL) und deren erwartete Änderung (GE) ein. Da beide Salden zwischen – 100 % und + 100 % schwanken können, wird der Gesamtindikator „Geschäftsklima“ (KL) mit Werten berechnet, die jeweils um 200 Einheiten korrigiert sind. Es gilt[41]

$$KL = \sqrt{(GL + 200) \cdot (GE + 200)} - 200 \quad ; \qquad (1.3\text{-}31)$$

d.h. im Geschäftsklimaindikator werden die Einschätzungen der gegenwärtigen Lage und zukünftigen Entwicklung kombiniert. Als Problem wird die Gleichgewichtung von GL und GE gesehen, die weder theoretisch noch ökonomisch fundiert ist; ebenso sind die gewählten Gewichte einzelner Positionen, die in die Größen zur Berechnung der Geschäftslage und der erwartete Änderung eingehen, zum Teil nicht nachvollziehbar.

(S3) IFO-Investitionstest:

Im Rahmen des Konjunkturtests werden neben den oben angesprochenen „Standardfragen“ auch Sonderfragen gestellt, die eine Erfassung des Umfangs der getätigten sowie der geplanten Investitionen erlaubt. Die Vorgehensweise bei der Konstruktion dieses Indikators ist mit der des Konjunkturtests vergleichbar.

Es gibt noch weitere subjektive Indikatoren, die hier nicht mehr explizit dargestellt werden, da sie nicht die Bedeutung der bisher angesprochenen erreichten.

1.3.2 Ausreißerwerte und Messfehler

Ein Problem bei der statistischen Datenanalyse stellt das Vorliegen von Ausreißerwerten und Messfehlern dar. Sie können die Analyseergebnisse langanhaltend verzerren. Messfehler werden in den stochastischen Ansätzen der Ökonometrie mit einer Störkomponente eingefangen, die den unterstellten Gesamtzusammenhang der betrachteten ökonomischen Größen überlagert (vgl. Kapitel 2). Ausreißerwerte sollten vor der Hauptanalyse erkannt und ausgeschlossen werden. In ökonomischen Zeitreihen sind solche Werte häufig zu finden; man denke z.B. an den einmaligen Effekt eines singulären Ereignisses wie den höheren Energieimport in strengen Wintern.

Eine Möglichkeit der Ausreißererkennung besteht in der Anwendung der Methoden der *Explorativen Datenanalyse (EDA)*.[42] Sie gehören zu den deskriptiven statistischen Verfahren und unterstellen keinen bestimmtem Verteilungstyp. Sie sind relativ einfach zu handhaben[43] und sollen im Folgenden kurz dargestellt werden.

1.3.2.1 Stamm-Blätter-Darstellung

Das Grundprinzip besteht in der Aufteilung jeder Merkmalsausprägung x_t in einen Stamm und ein Blatt, wobei das Blatt nur einstellig sein darf; gelegentlich muss deshalb vorher gerundet werden. Die Einteilung hängt von der Breite des Intervalls, in dem die Beobachtungswerte liegen, ab. Die Blatteinheit muss zur eindeutigen Festlegung ebenfalls angegeben werden:

41. Vgl. z.B. OPPENLÄNDER, 1995, S. 83 ff.
42. Vgl. z.B. HEILER/MICHELS, 1994;JAMBU, 1992; POLASEK, 1994.
43. Die Auswertung kann u.a. mit der Prozedur „Explorative Datenanalyse“ des Programmpakets SPSS 11.5 durchgeführt werden.

Tabelle 1.8

x_i	Aufteilung	Stamm	Blatt	Blatteinheit
17,3	17|3	17	3	0,1
0,994	99|4	99	4	0,001
1,55	15|5	15	5	0,01
247	24|7	24	7	1
8341	83|4	83	4	10
0,01356	1|4	1	4	0,001

Die T vorliegenden Beobachtungswerte x_t $(1 \leq t \leq T)$ werden der Größe nach geordnet, also $x_{[1]} \leq x_{[2]} \leq \ldots \leq x_{[T]}$. Man berechnet zuerst den Median z nach (1.3-6) und ordnet anschließend jedem $x_{[t]} \leq z$ den Rangwert $\text{rg}\, x_{[t]} = t$ und jedem $x_{[t]} \geq z$ den Rangwert $\text{rg}\, x_{[t]} = T - t + 1$ zu. Diese Rangwerte heißen *Tiefe*. In der *Stamm-Blätter-Darstellung*, die eine spezielle, übersichtlichere Darstellung eines Datensatzes darstellt, wird vor dem Stamm nur die Tiefe des größten zu ihm gehörenden Beobachtungswertes angegeben. Für den Stamm, der den Median enthält, steht statt dessen – in runden Klammern – die Anzahl der dort enthaltenen Werte.

1.3.2.2 Kennwertediagramm

Zur näheren Charakterisierung des gegebenen Datensatzes ermittelt man nun bestimmte *Lageparameter*. Ausgehend vom *Median* z, der auf Ausreißerwerte nicht reagiert und die Tiefe $\frac{n+1}{2}$ besitzt, berechnet man die Lageparameter f_L und f_U, das untere bzw. obere *Viertel (fourths)*, deren Tiefe jeweils durch[44]

$$\frac{[\text{Tiefe von z}] + 1}{2} \tag{1.3-32}$$

gegeben ist. Anschließend ermittelt man das untere und obere *Achtel (eigths)*, e_L und e_U, mit Hilfe ihrer Tiefe

$$\frac{[\text{Tiefe von f}] + 1}{2}\;; \tag{1.3-33}$$

diese Vorgehensweise wird sukzessive weitergeführt mit der Berechnung der jeweils nächsten Lageparameter d_L und d_U *(sixteenths)*, c_L und c_U *(thirty-seconds)* usw., deren Tiefe gegeben ist durch

$$\frac{[\text{Tiefe des vorangehenden Lageparameters}] + 1}{2}\;, \tag{1.3-34}$$

bis die Extremwerte des Datensatzes erreicht sind. Diese besitzen die Tiefe Eins.

Die Lageparameter werden anschließend in einer übersichtlichen Darstellung, dem *Kennwertediagramm*, zusammengefasst. Sind die Beobachtungswerte symmetrisch zum Median gelegen, so gilt

44. Die in den Formeln (1.3-32) bis (1.3-34) verwendete Schreibweise [...] bedeutet, dass bei Nichtganzzahligkeit die größte ganze Zahl unterhalb der in Klammern stehende Zahl in die Berechnung eingeht.

$$z = \frac{1}{2}(f_L + f_U) = \frac{1}{2}(e_L + e_U) = \frac{1}{2}(d_L + d_U) = \ldots = \frac{1}{2}. \qquad (1.3\text{-}38)$$

Diese Größen werden mit mid_f, mid_e, mid_d, . . ., $mid_{extr.}$ bezeichnet und in das Diagramm mit aufgenommen; mit ihrer Hilfe kann beurteilt werden, ob die Beobachtungswerte symmetrisch, rechts- oder linksschief ist. Gilt $z < mid_f < mid_e < mid_d < \ldots$, so sind sie rechtsschief; gilt dagegen $z > mid_f > mid_e > mid_d > \ldots$, so liegt Linksschiefe vor. Dies wird durch Abbildung 1.2 verdeutlicht.

Abbildung 1.2

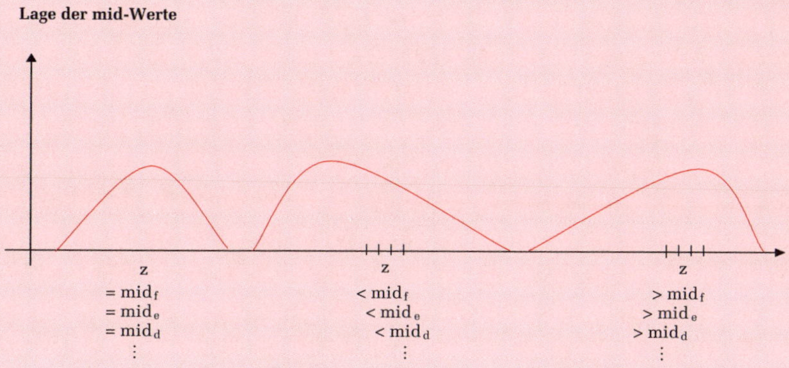

Schließlich gehen noch die Größen $spread_f = f_U - f_L$, $spread_e = e_U - e_L$, $spread_d = d_U - d_L$, ..., $spread_{extr.}$ in das Diagramm ein. Sie erfassen die Streuung der Beobachtungswerte; $spread_{extr.}$ entspricht der Spannweite. Ihr und dem Maß $spread_f$ kommt besondere Bedeutung zu. Diese Vorgehensweise wird in Beispiel 1.7 verdeutlicht.

Beispiel 1.7 Gegeben seien die Beobachtungswerte aus Beispiel 1.3. Für die Merkmale „Umsatz“ und „Beschäftigtenzahl“ ergeben sich folgende *Stamm-Blätter-Darstellungen*:[45]

Tabelle 1.9

Umsatz			Beschäftigtenzahl		
n = 2, Blatteinheit = 1			n = 22, Blatteinheit = 10		
Tiefe	Stamm	Blatt	Tiefe	Stamm	Blatt
3	0	678	(13)	0	0023344466667
(9)	1	022335789	9	1	002899
10	2	09		2	
8	3	1557	3	3	2
⋮	⋮	⋮	2	4	14

45. In Anlehnung an die Auswertung mit dem Programmpaket SPSS 11.5 werden die Zahlen nicht den normalen Rundungsregeln unterworfen, sondern die Stellen nach dem Blatt werden abgeschnitten.

Umsatz			Beschäftigtenzahl		
n = 2, Blatteinheit = 1			n = 22, Blatteinheit = 10		
Tiefe	Stamm	Blatt	Tiefe	Stamm	Blatt
4	7	48			
2	8	5			
⋮	⋮	⋮			
1	16	2			

Die wichtigen *Lageparameter* für das Merkmal „Umsatz" berechnen sich aus dem vorliegenden Datensatz nach (1.3-32) bis (1.3-34) mit

$$\text{Tiefe von z:} \quad \frac{n+1}{2} = \frac{22+1}{2} = 11,5 \Rightarrow z = 19,0755 \ ; \quad \text{(B1-10a)}$$

[46]

$$\text{Tiefe von z:} \quad \frac{n+1}{2} = \frac{22+1}{2} = 11,5 \Rightarrow z = 19,0755 \ ; \quad \text{(B1-10b)}$$

$$\text{Tiefe von f:} \quad \frac{[11,5]+1}{2} = 6 \Rightarrow f_L = 12,779 \ ; \ f_U = 35,946 \ ; \quad \text{(B1-10c)}$$

$$\text{Tiefe von e:} \quad \frac{[6]+1}{2} = 3,5 \Rightarrow e_L = \frac{8,450+10,115}{2} = 9,2825 \ ;$$

$$e_U = \frac{78,396+74,048}{2} = 76,222 \ ; \quad \text{(B1-10d)}$$

$$\text{Tiefe von d:} \quad \frac{[3,5]+1}{2} = 2 \Rightarrow d_L = 7,283 \ ; \ d_U = 85,555 \ ; \quad \text{(B1-10e)}$$

$$\text{Extremwerte: } 6,806; \ 162,384. \quad \text{(B1-10f)}$$

Die daraus berechneten *mid-Werte* lauten

$$\text{mid}_f = \frac{12,779+35,946}{2} = 24,3625 \ ;$$

$$\text{mid}_e = \frac{9,2825+76,222}{2} = 42,7523 \ ; \quad \text{(B1-11a)}$$

$$\text{mid}_d = \frac{7,283+85,555}{2} = 46,419 \ ;$$

$$\text{mid}_{extr.} = \frac{6,809+162,384}{2} = 84,5965 \ . \quad \text{(B1-11b)}$$

Da $z < \text{mid}_f < \text{mid}_e < \text{mid}_d < \text{mid}_{extr.}$, ist durch diese Lageparameter ebenfalls die Rechtsschiefe der beobachteten Verteilung des Merkmals „Umsatz" belegt. Schließlich sind noch die Streuungsparameter für den Datensatz zu

46. Vgl. Beispiel 1.3.

berechnen. Sie ergeben sich hier mit $\text{spread}_f = 23,167$; $\text{spread}_e = 66,9395$; $\text{spread}_d = 78,272$ und $\text{spread}_{\text{extr.}} = 155,575$; es ist also eine erhebliche Streuung der Beobachtungswerte zu erkennen.

Das zugehörige *Kennwertediagramm* für das Merkmal „Umsatz" [in Mio. €] ist somit durch

Tabelle 1.10a

Lageparameter	Tiefe	unten	oben	mid	spread
z	11,5	19,0755			
f	6	12,779	35,9460	24,3625	23,1670
e	3,5	9,2825	76,2220	42,752	66,9395
d	2	7,2830	85,5550	46,4190	78,2720
Extr.	1	6,8090	162,3840	84,5965	155,5750

gegeben. Analog ergibt sich das zugehörige *Kennwertediagramm* für das Merkmal „Beschäftigtenzahl" [in 1 000] durch[47]

Tabelle 1.10b

Lageparameter	Tiefe	unten	oben	mid	spread
z	11,5	64,9			
f	6	42,70	183,00	112,85	140,30
e	3,5	31,85	261,55	146,70	229,70
d	2	9,50	416,50	213,00	407,00
Extr.	1	8,60	446,80	227,70	438,20

Auch hier wird durch den Vergleich der *mid-Werte* eine extreme Rechtsschiefe der Verteilung sowie eine große Streuung erkennbar.

1.3.2.3 Schachteldiagramm

Eine graphische Darstellung der wichtigsten Befunde aus der Stamm-Blätter-Darstellung und dem Kennwertediagramm erleichtert einen ersten Überblick über das vorhandene Datenmaterial und die Ausreißererkennung. In dieses *Schachteldiagramm* gehen neben den ermittelten Lageparametern z, f_U und f_L auch noch die Werte $f_L - 1,5 \cdot \text{spread}_f$, $f_L - 3,0 \cdot \text{spread}_f$, $f_U + 1,5 \cdot \text{spread}_f$ sowie $f_U + 3,0 \cdot \text{spread}_f$ ein. Diese werden als innere untere, äußere untere, innere obere sowie äußere obere Grenze bezeichnet. Alle Beobachtungswerte, die außerhalb der beiden inneren Grenzen liegen, sind als Ausreißer, Werte außerhalb der äußeren Grenzen als extreme Ausreißer identifiziert.

47. Man beachte auch hier, dass die in Tabelle 1.2 gegebenen Beobachtungswerte für dieses Merkmal zuerst der Größe nach zu ordnen sind.

Beispiel 1.7a Die zu dem Datensatz aus Beispiel 1.7 gehörenden Schachteldiagramme sind in den nachstehenden Abbildungen 3a und 3b wiedergegeben.[48]

Abbildung 3a und 3b

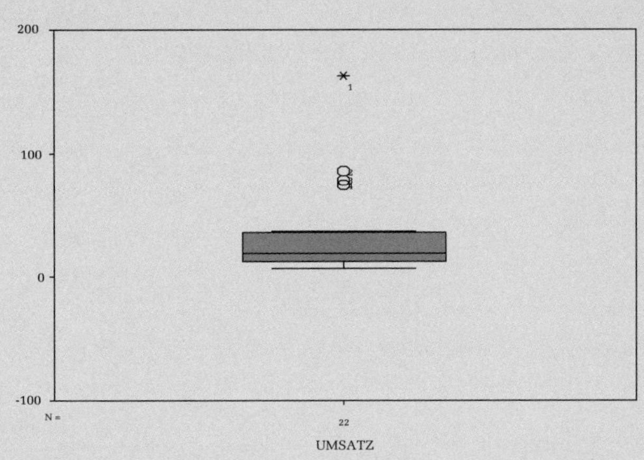

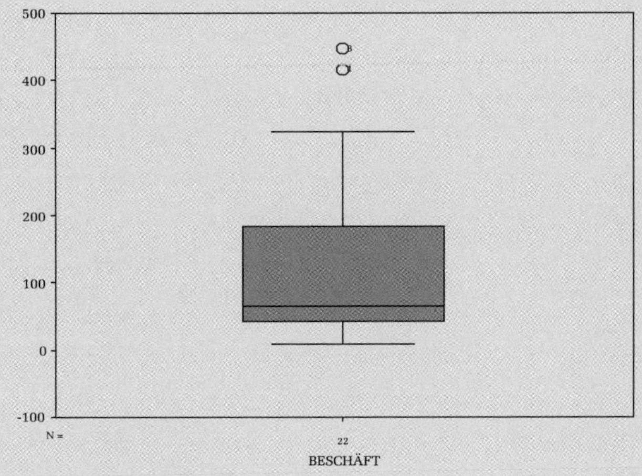

Nach der Darstellung der in der Empirischen Wirtschaftsforschung verwendeten *einfachen* Methoden der Datenanalyse werden im nächsten Abschnitt aufwändigere Verfahren vorgestellt, die zur *Trend- und Saisonbereinigung* bei ökonomischen Zeitreihen benutzt werden. Eine Extrapolation des Trends ist anschließend möglich.

48. Die Diagramme wurden mit der Prozedur „Explorative Datenanalyse" des Programmpakets SPSS 11.5 erstellt. Die (extremen) Ausreißerwerte sind mit den Symbolen o bzw. * gekennzeichnet.

1.4 Trend- und Saisonbereinigung von Zeitreihendaten

Liegen Zeitreihendaten vor, so ist es oft wünschenswert, vor der Anwendung von Prognoseverfahren auch eine Trend- bzw. Saisonbereinigung durchzuführen, um die Ergebnisse verlässlicher zu machen. Bevor in Abschnitt 1.4.1 einige Methoden zur Trendbestimmung/-bereinigung und in Abschnitt 1.4.2 Verfahren zur Saisonbereinigung vorgestellt werden, erfolgt eine kurze Darstellung der wichtigen empirischen Momente einer Zeitreihe sowie eines grundlegenden analytischen Modellansatzes.

Gegeben sei eine Zeitreihe $\{x_t\}$, $(1 \leq t \leq T)$, die eine geordnete Folge von Beobachtungen eines statistischen Merkmals darstellt. Für jeden Zeitpunkt t einer Menge T von äquidistanten Beobachtungszeitpunkten liegt genau eine Beobachtung x_t vor. Von Interesse sind insbesondere *stationäre* Zeitreihen. Solche liegen vor, wenn sie keine systematischen lang- und/oder kurzfristige Veränderungen, also keinen Trend und/oder Saisonschwankungen aufweisen. Neben dem arithmetischen Mittel $\bar{x}$ und der Varianz s^2 bzw. der Standardabweichung s, die nach (1.3-5) und (1.3-9) berechnet werden, ist noch die Autokovarianz und der daraus berechnete Autokorrelationskoeffizient für die Beschreibung der Zeitreihe von Bedeutung. Die *Autokovarianz* für die (T-1) direkt aufeinanderfolgenden Beobachtungswertepaare (x_1, x_2), (x_2, x_3), $\ldots$, (x_{T-1}, x_T) ist gegeben durch

$$\mathrm{cov}_{t,t+1} = \frac{1}{T-1}\sum_{t=1}^{T-1}(x_t - \bar{x}_{(1)})(x_{t+1} - \bar{x}_{(2)})\,; \qquad (1.4\text{-}1a)$$

dabei sind $\bar{x}_{(1)}$ bzw. $\bar{x}_{(2)}$ die arithmetischen Mittel aus den jeweiligen ersten bzw. zweiten Komponenten von (x_t, x_{t+1}). Für weiter auseinanderliegende Wertepaare $(x_t, x_{t+\tau})$, $\tau = 0, 1, \ldots, T-1$, errechnet sie sich als

$$\mathrm{cov}_{t,t+\tau} = \frac{1}{T-\tau}\sum_{t=1}^{T-\tau}(x_t - \bar{x})(x_{t+\tau} - \bar{x})\,,^{49} \qquad (1.4\text{-}1b)$$

wobei wegen der vorausgesetzten Stationarität der Reihe $\bar{x}_{(1)} = \bar{x}_{(2)} = \bar{x}$ gesetzt werden kann. Der *Autokorrelationskoeffizient* ist damit

$$r_{t,t+\tau} = \frac{\sum_{t=1}^{T-\tau}(x_t - \bar{x})(x_{t+\tau} - \bar{x})}{\sum_{t=1}^{T}(x_t - \bar{x})^2} = \frac{\mathrm{cov}_{t,t+\tau}}{s^2}\,, \qquad (1.4\text{-}2)$$

mit $-1 \leq r_{t,t+\tau} \leq 1$. Durch ihn werden die linearen Abhängigkeiten innerhalb der Zeitreihe erfasst. Die Funktion $\mathrm{cov}_\tau := c_\tau$ einer Zeitreihe, die nach (1.4-1a) oder (1.4-1b) berechnet und in Abhängigkeit der Lags $\tau = -(T-1), \ldots, -1, 0, 1, \ldots, (T-1)$ betrachtet wird, heißt *Autokovarianzfunktion*; die zugehörige Funktion $r_\tau = c_\tau / c_0$ wird als *Autororrelationsfunktion*[50] und ihre graphische Darstellung als *Korrelogramm* bezeichnet.

Die empirischen Momente erster und zweiter Ordnung können nur dann zu einer sinnvollen Analyse benutzt werden, wenn die vorliegende Zeitreihe stationär ist, also keine lang- und kurzfristigen Veränderungen oder Saisonschwankungen enthalten sind. Da insbesondere ökonomische Zeitreihen häufig nichtstationär sind, müssen sie vorab um diese Einflüsse bereinigt werden. Da man unterstellt, dass eine Zeitreihe grund-

49. Statt (1.4-1b) wird auch die Berechnung $\mathrm{cov}_{t,t+\tau} = \frac{1}{T}\sum_{t=1}^{T-\tau}(x_t - \bar{x})(x_{t+\tau} - \bar{x})$ benutzt.

50. Die Größen (1.4-1a), (1.4-1b) und (1.4-2) sind nicht robust gegenüber Ausreißern; eine vorherige Überprüfung der Zeitreihe mit Hilfe der Methoden aus Abschnitt 1.3.2 ist ratsam.

sätzlich in verschiedene Komponenten zerlegt werden kann, ist zunächst festzugelegen, von welchem Modellansatz ausgegangen wird.

Das klassische *Komponentenmodell* der Zeitreihenanalyse setzt voraus, dass sich eine Zeitreihe x_t , $(1 \leq t \leq T)$, aus dem *Trend* m(t), der *Konjunktur* K_t, der *Saison* S_t und einer Restkomponente u_t zusammensetzt; gelegentlich werden dabei Trend und Konjunktur zur *glatten Komponente* G_t oder Konjunktur und Saison zur *zyklischen Komponente* Z_t zusammengefasst. Der Trend erfasst die langfristigen Veränderungen des mittleren Niveaus, die Konjunktur die mehrjährigen, nicht unbedingt regelmäßigen Schwankungen und die Saisonkomponente die unterjährlichen, regelmäßigen Schwankungen. In der Restgröße u_t sind die nicht erklärten Einflüsse sowie Störungen enthalten. Am häufigsten wird ein *additives Modell* unterstellt, also

$$x_t = m(t) + K_t + S_t + u_t , \ (1 \leq t \leq T) , \tag{1.4-3}$$

gelegentlich aber auch der *multiplikative* Ansatz

$$x_t = m(t) \cdot K_t \cdot S_t \cdot u_t , \ (1 \leq t \leq T) ; \tag{1.4-4}$$

dieser lässt sich durch Logarithmieren in ein additives Modell überführen. Die Ansätze (1.4-3) und (1.4-4) sind unbestimmt, solange für die einzelnen Komponenten keine weiteren Modelle unterstellt werden. Man unterscheidet dabei globale und lokale Modelle. Erstere werden für die gesamte Zeitreihe unterstellt, letztere gelten nur für bestimmte Teilbereiche der Zeitreihe. Zu den globalen Modellen zählt z.B. das lineare Regressionsmodell (Kapitel 2), in welchem die unbekannten Koeffizienten u.a. mit Hilfe der Methode der kleinsten Quadrate bestimmt werden; innerhalb der lokalen Modellen erfolgt die Bestimmung der Komponenten durch Filter.

1.4.1 Trendbestimmung und Trendbereinigung

Auf der Grundlage des gewählten Komponentenmodells kann nun der Trend einer Zeitreihe bestimmt und anschließend eliminiert werden. Im Folgenden wird zunächst ein additives Modell ohne Saison- und Konjunkturkomponente betrachtet, also

$$x_t = m(t) + u_t , \ (1 \leq t \leq T) ; \tag{1.4-5}$$

für die Zufallseinflüsse u_t wird unterstellt, dass sie Realisationen unabhängiger Zufallsgrößen $\tilde{u}_t$ sind, für die $E\,\tilde{u}_t = 0$ und $\operatorname{var} \tilde{u}_t = \sigma_{\tilde{u}}^2$, $(1 \leq t \leq T)$, gelten soll. Es können nun unterschiedliche Trendfunktionen m(t) unterstellt werden.

1.4.1.1 Lineare Trendfunktion

Die einfachste Trendfunktion stellt die Gerade

$$m(t) = \beta_1 + \beta_2 t , \ (1 \leq t T) \tag{1.4-6}$$

dar. Diese wird mit Hilfe der Methode der Kleinsten Quadrate *(Minimum-Quadrat-Methode, MQ-Methode)* den Beobachtungswerten angepasst. Zu minimieren ist somit die Summe der quadrierten Differenzen

$$S = \sum_{t=1}^{T} u_t^2 = \sum_{t=1}^{T} (x_t - m(t))^2 \overset{(1.4-6)}{=} \sum_{t=1}^{T} (x_t - \beta_1 - \beta_2 t)^2 \rightarrow \min ! \tag{1.4-7}$$

Die partiellen Ableitungen erster Ordnung nach den Unbekannten β_1 und β_2 lauten

$$\frac{\partial S}{\partial \beta_1} = -2 \sum_{t=1}^{T} (x_t - \beta_1 - \beta_2 t) \tag{1.4-8a}$$

und

$$\frac{\partial S}{\partial \beta_2} = -2 \sum_{t=1}^{T} t \cdot (x_t - \beta_1 - \beta_2 t) \; ; \qquad (1.4\text{-}8b)$$

Nullsetzen liefert die sog. *Normalgleichungen*, deren Auflösung die Schätzwerte[51]

$$\widehat{\beta}_2 = \frac{\sum_{t=1}^{T} (t - \bar{t}) \cdot (x_t - \bar{x})}{\sum_{t=1}^{T} (t - \bar{t})^2} = \frac{\sum_{t=1}^{T} t \cdot x_t - T \cdot \bar{t} \cdot \bar{x}}{\sum_{t=1}^{T} t^2 - T \cdot \bar{t}^2} \qquad (1.4\text{-}9a)$$

und

$$\widehat{\beta}_1 = \bar{x} - \widehat{\beta}_2 \cdot \bar{t} \qquad (1.4\text{-}9b)$$

ergibt; die geschätzte Trendfunktion ist somit

$$\widehat{m}(t) = \widehat{\beta}_1 + \widehat{\beta}_2 t \, . \qquad (1.4\text{-}10)$$

Beispiel 1.8 Tabelle 1.11 beinhaltet die privaten Konsumausgaben C^{priv} in [Mrd. €] der Bundesrepublik Deutschland (alte und neue Länder) für die Jahre 1991 bis 2002 in Preisen von 1995.[52] Diesen Werten soll eine lineare Trendfunktion m(t) angepasst werden.

Tabelle 1.11

Jahr t	1991 (t = 1)	1992 (t = 2)	1993 (t = 3)	1994 (t = 4)	1995 (t = 5)	1996 (t = 6)	1997 (t = 7)	1998 (t = 8)
C^{priv}	966,10	992,50	993,60	1004,10	1024,80	1035,10	1041,20	1059,50

Jahr t	1999	2000 (t = 10)	2001 (t = 11)	2002 (t = 12)
C^{priv}	1099,20	1114,80	1131,60	1124,30

Die nach (1.4-9a) und (1.4-9b) berechneten Parameterschätzwerte lauten $\widehat{\beta}_2 = 15,4794$ und $\widehat{\beta}_1 = 948,309$, so dass sich die geschätzte lineare Trendfunktion mit

$$\widehat{m}(t) = 948,309 + 15,4794\,t \qquad (B1\text{-}12)$$

ergibt. Die Anpassungsgüte dieses linearen Trendmodells ist mit einem Bestimmtheitsmaß von $r^2 = 0,967$ sehr gut.[53]

51. In diesem Kapitel werden die Schätzwerte bzw. -funktionen der unbekannten Parameter eines Ansatzes mit "^ " gekennzeichnet.

52. Quelle: Institut der Deutschen Wirtschaft, Deutschland in Zahlen, 2003, S. 19.

53. Zum Bestimmtheitsmaß vergleiche man die Ausführungen von Kapitel 2.

1.4.1.2 Polynomiale Trendfunktionen

Neben der linearen wird häufig auch eine polynomiale Anpassung des Trends an die gegebenen Zeitreihenwerte vorgenommen, da sich genügend „glatte" Funktionen grundsätzlich in einem endlichen Zeitintervall durch Polynome gut approximieren lassen;[54] eine Trendextrapolation, d.h. eine Prognose sollte dann allerdings nicht vorgenommen werden. Die Trendfunktion ist hier durch

$$m(t) = \beta_1 + \beta_2 t + \beta_3 t^2 + \ldots + \beta_k t^{k-1}, \quad (1 \leq t \leq T) \qquad (1.4\text{-}11)$$

gegeben. Die Schätzung der Parameter erfolgt wiederum mit Hilfe der *MQ – Methode*; der Ansatz ist somit

$$S = \sum_{t=1}^{T} u_t^2 = \sum_{t=1}^{T} (x_t - m(t))^2 \overset{(1.4-11)}{=} \sum_{t=1}^{T} (x_t - \beta_1 - \beta_2 t - \beta_3 t^2 - \ldots - \beta_k t^{k-1})^2 \rightarrow \min ! \qquad (1.4\text{-}12)$$

Nullsetzen aller partiellen Ableitungen $\frac{\partial S}{\partial \beta_{k'}}$, $(1 \leq k' \leq k)$, und Auflösen der daraus resultierenden k Normalgleichungen liefert die Schätzungen $\widehat{\beta}_1, \ldots, \widehat{\beta}_k$. Ein Maß für die Güte der Anpassung dieses polynomialen Trendmodells ist die Summe der quadrierten Differenzen der Beobachtungswerte x_t vom geschätzten Trend

$$\widehat{m}(t) = \widehat{\beta}_1 + \widehat{\beta}_2 t + \widehat{\beta}_3 t^2 + \ldots + \widehat{\beta}_k t^{k-1}, \qquad (1.4\text{-}13)$$

also

$$S = \sum_{t=1}^{T} (x_t - \widehat{m}(t))^2 . \qquad (1.4\text{-}14)$$

[55]

Beispiel 1.9 Den in Tabelle 1.11 gegebenen Werten x_t der privaten Konsumausgaben C^{priv} der BRD für die Jahre 1991 bis 2002 soll nun ein Polynom 2. Grades angepasst werden. Nach der MQ-Methode ergibt sich hier

$$\widehat{m}(t) = 958{,}180 + 11{,}2492\,t + 0{,}3254\,t^2, \qquad (B1\text{-}13)$$

mit dem Bestimmtheitsmaß $r^2 = 0{,}971$; d.h. die Anpassungsgüte konnte im Vergleich zum linearen Trendmodell noch etwas verbessert werden.

Da die MQ-Schätzfunktionen $\tilde{\widehat{\beta}}_{k'}$, $(1 \leq k' \leq k)$, unter bestimmten Voraussetzungen für die Störvariablen $\tilde{u}_t$, $(1 \leq t \leq T)$, Optimalitätseigenschaften besitzen, also BLUE[56] sind, sollten diese getroffenen Annahmen auf ihre Gültigkeit überprüft werden. Diese Annahmen sind

54. Die Begründung liefert die bekannte Satz über die Entwicklung von TAYLOR-Reihen (vgl. z.B. BRONSTEIN et al., 1993, S. 229 u. 256.

55. Die Abweichungsquadratsumme S kann auch zur Bestimmung des Polynomgrades benutzt werde. Dazu passt man sukzessive Polynome ersten, zweiten, dritten usw. Grades an und ermittelt jeweils die Größe nach (1.4-14). S sollte zuerst schnell, dann langsamer abnehmen. Der gesuchte Polynomgrad ist derjenige, ab dem keine wesentliche Abnahme mehr zu erzielen ist.

56. Die Abkürzung „BLUE" steht für „Beste, Lineare, Unverzerrte Estimators (Schätzfunktionen)": Zu diesen Eigenschaften vergleiche man Kapitel 2. $\widehat{\beta}_{k'}$ sind dann die Realisationen der Schätzfunktionen $\tilde{\widehat{\beta}}_{k'}$.

(A1) $$\mathrm{E}\,\tilde{u}_t = 0\,,\ (1 \leq t \leq T) \tag{1.4-15}$$

(A2) $$\begin{aligned} \operatorname{var}\tilde{u}_t &= \sigma_u^2\,,\ (1 \leq t \leq T)\ \text{und} \\ \operatorname{cov}\tilde{u}_{t,t'} &= 0\,,\ (1 \leq t, t' \leq T)\,,\ t \neq t' \end{aligned} \tag{1.4-16}$$

(A3) die $\tilde{u}_t$ sind normalverteilt; (1.4-17)

d.h. wegen (A1) und (A2) gilt $\underline{u} \rightarrow N\left(\underline{0}; \underline{I}_{(T\times T)}\right)$, mit $\underline{\tilde{u}} := (T \times 1)$–Vektor der Störvariablen und $\Sigma_{\tilde{u}\tilde{u}} = \underline{I}_{(T\times T)} := (T \times T)$–Varianz-Kovarianz-Matrix der Störgrößen. Diese ist wegen (A2) eine Einheitsmatrix, da die Störgrößen als stochastisch unabhängig[57] und mit im Zeitablauf konstanter Varianz, d.h. als homoskedastisch, vorausgesetzt werden.[58]

Da die Annahmen (A1) bis (A3) relativ einschränkend sind, sollte ihre Gültigkeit bei Verwendung der obigen Ansätze zur Trendbestimmung überprüft werde. Ein wichtiges, erstes Instrument ist dabei die *Residuenanalyse*, also die Analyse von $\hat{u}_t = x_t - \hat{m}_t$. Falls die Normalverteilungsannahme (A3) erfüllt ist, sollte das Histogramm dieser Residuen einer Normalverteilung folgen. Die Annahme (A1) lässt sich dagegen durch ein Abtragen der Residuen $\hat{u}_t$ gegen die Variable „Zeit t" überprüfen. Es sollten keine systematischen Effekte mehr für m(t) erkennbar, alle diese Einflüsse somit durch den Ansatz erfasst sein. Eine derartige Graphik liefert auch einen ersten Überblick über das Vorliegen möglicher Strukturbrüche.[59]Von diesen ist auszugehen, wenn sich der Parametervektor $\underline{\beta} = (\beta_1, \ldots, \beta_k)'$ eines Modells im Zeitraum $t \in \{1, \ldots, T_0 < T\}$ signifikant von dem im Zeitraum $t \in \{T_0 + 1, \ldots, T\}$ unterscheidet, also keine Zeitkonstanz vorliegt.

Die *Annahme konstanter Varianzen* im Zeitablauf lässt sich ebenfalls durch eine Graphik prüfen, indem die Residuen $\hat{u}_t$ gegen die geschätzten Werte $\hat{m}(t)$ abgetragen werden. Nimmt die Varianz mit steigendem Trendwert zu, so ergibt sich eine keilförmige Struktur; Homoskadastie der Störgrößen kann dann nicht vorausgesetzt werden (vgl. Abbildung 1.4).

Abbildung 1.4

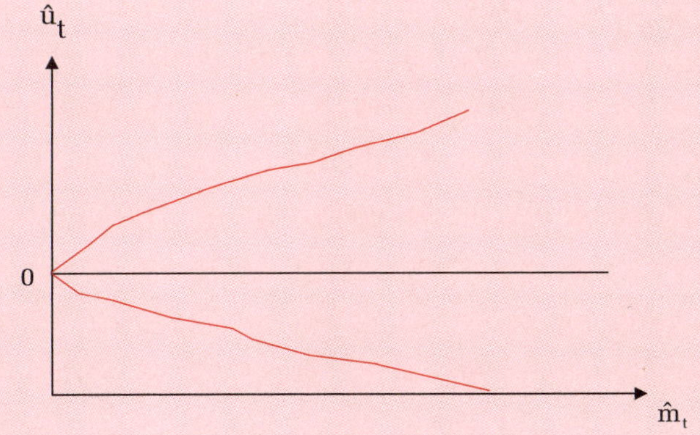

57. Da neben der Unkorreliertheit der $\tilde{u}_t$ auch die Normalverteilung unterstellt wird, sind die u_t stochastisch unabhängig.

58. Man vergleiche dazu ausführlich Kapitel 2.2.1.

59. Zur exakten Überprüfung von Strukturbrüchen mit Hilfe statistischer Testverfahren vergleiche man Kapitel 2.

Die *Annahme der stochastischen Unabhängigkeit* der Störvariablen umfasst auch die Tatsache, dass keine Autokorrelation der Störvariablen vorliegt. Von Interesse ist insbesondere die Autokorrelation erster Ordnung, die durch $\tilde{u}_t = \rho \tilde{u}_{t-1}$, $(2 \leq t \leq T)$, ausgedrückt werden kann. ρ ist dabei der Korrelationskoeffizient der Störgrößen in der Grundgesamtheit.[60] Diese kann man wiederum in einer Graphik erkennen, in welcher die Residuen $\hat{u}_t$ gegen die geschätzten Trendwerte $\hat{m}_t$ abgetragen werden. *Positive Autokorrelation* liegt vermutlich dann vor, wenn langsame Schwankungen erkennbar sind; schnelle regelmäßige Schwankungen deuten dagegen auf eine *negative Autokorrelation* der Störvariablen u_t:[61]

Abbildung 1.5a

Positive Autokorrelation

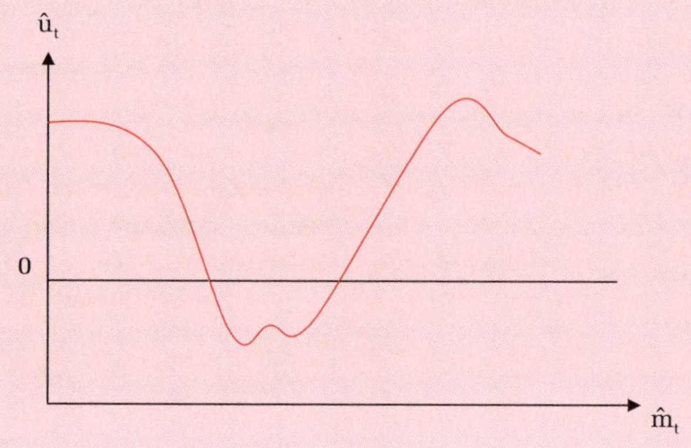

Abbildung 1.5b

Negative Autokorrelation

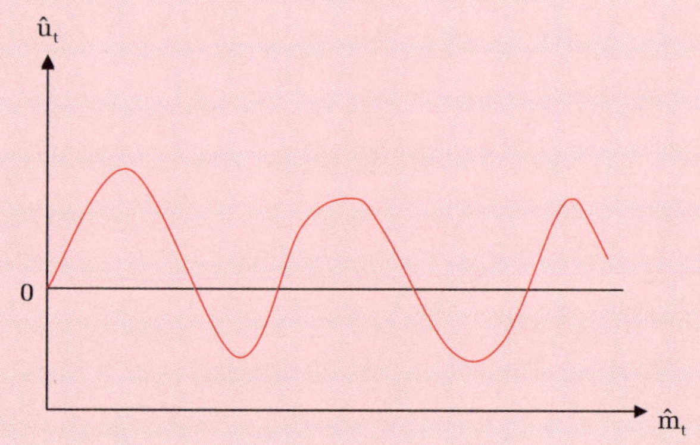

60. Er ist analog zum Korrelationskoeffizienten (1.3-12) in der Stichprobe definiert.

61. Gerade die Annahme der stochastischen Unabhängigkeit der Störvariablen ist bei Zeitreihendaten meist nicht erfüllt. Deshalb sind die Komponentenmodelle theoretisch mittlerweile von geringer Bedeutung; sie wurden von den BOX-JENKINS-Modellen verdrängt.

Die Residuenanalyse erlaubt ein erstes Urteil darüber, ob von den getroffenen Annahmen (A1) bis (A3) und damit von den Optimalitätseigenschaften der $\tilde{\hat{\beta}}_{k'}$ auszugehen ist. Daneben gibt es einige statistische Testverfahren, mit Hilfe derer man diese Annahmen prüfen kann.[62]

1.4.1.3 Nichtlineare Trendfunktionen

Häufig muss der Trend in einer Zeitreihe als nichtlineare Funktion angesetzt werden. Solche Modelle lassen sich z. B. durch Logarithmieren leicht linearisieren, wenn man den *exponentiellen Ansatz*

$$x_t = e^{\beta_1 + \beta_2 t + \ldots + \beta_k t^{k-1} + u_t} \tag{1.4-18}$$

oder den *Potenzansatz*

$$x_t = \beta_1 \cdot t^{\beta_2} \cdot \ \ldots \ \cdot t^{(k-1)\beta_k} \cdot u_t \tag{1.4-19}$$

wählt. Es sind jedoch sind viele andere nichtlineare Modelle, die sich nicht in ein lineares Modell überführen lassen, denkbar. Deshalb ist eine andere Vorgehensweise bei der Anpassung einer nichtlinearen Trendfunktion nötig:

Der Zeitreihe $\{x_t\}$, $1 \leq t \leq T$, soll eine Funktion $m(t;\theta)$ angepasst werden, die von dem Parameter θ abhängt.[63] Wird dazu wiederum die *MQ-Methode* angewendet, d.h. vom Ansatz

$$\sum_{t=1}^{T} [x_t - m(t;\theta)]^2 \rightarrow \min ! \tag{1.4-20}$$

ausgegangen, so liefert dieser Normalgleichungen, die nicht mehr explizit zu lösen sind. Deshalb wird das *GAUSS-NEWTON-Verfahren* angewendet, das auf dem Prinzip der approximativen Linearisierung beruht: Man beginnt mit einer Startlösung θ_0, in deren Nähe eine lineare Approximation der Funktion $m(t;\theta)$ gesucht wird; dies führt zu

$$m(t;\theta) \approx m(t;\theta_0) + (\theta - \theta_0) \cdot m'(t;\theta_0) \ , \tag{1.4-21}$$

mit $m'(t;\theta_0)$:= erste Ableitung von $m(t;\theta)$ nach θ an der Stelle θ_0. Somit wird von einem *nichtlinearen* Modell in θ zu einem linearen Modell in $\Delta = \theta - \theta_0$ übergegangen, also von

$$x_t = m(t;\theta) + u_t \tag{1.4-22}$$

zu

$$x_t \approx m(t;\theta_0) + \Delta \cdot m'(t;\theta_0) + u_t \ . \tag{1.4-23}$$

Die Korrektur Δ der Anfangslösung kann mit Hilfe der *MQ-Methode* geschätzt werden, deren Resultat $\hat{\Delta}$ eine verbesserte Lösung $\theta_1 = \hat{\Delta} + \theta_0$ liefern kann, die dann in einem neuen Iterationsschritt benutzt wird. Dies soll anhand des Beispiels 1.10 verdeutlicht werden.

Das GAUSS-NEWTON-Verfahren führt nicht immer zu einer Lösung; dies ist insbesondere dann der Fall, wenn die Startwerte schlecht gewählt wurden. Dann ist ein modifizierter Ansatz nötig.

62. Man vergleiche dazu Kapitel 2.

63. Eine Verallgemeinerung der Anpassung auf Funktionen m(t; θ, ...), die von mehr als einem Parameter abhängen, ist leicht möglich.

Beispiel 1.10 Den Zeitreihenwerten $x_1 = 1,5;\ x_2 = 1,8;\ x_3 = 4,6;\ x_4 = 7,9$ soll das Modell

$$x_t = e^{\theta t} + u_t \tag{B1-14}$$

angepasst werden. Dabei ist für θ eine *MQ-Schätzung* zu bestimmen.

1. Einen Startwert für θ_0 erhält man aus der Forderung

$$x_1 \overset{!}{=} e^{\theta_0 \cdot 1} \Rightarrow \theta_0 = \ln x_1 = 0,4055 \tag{B1-15}$$

2. Wegen

$$\frac{d}{d\theta}\left[e^{\theta t}\right] = m'(t;\theta) = t \cdot e^{\theta t} \tag{B1-16}$$

verwendet man das linearisierte Modell (1.4-23),

$$\begin{aligned} x_t &\approx e^{\theta_0 t} + (\theta - \theta_0) \cdot t \cdot e^{\theta_0 t} + u_t \\ &= m(t;\theta_0) + \Delta \cdot m'(t;\theta_0) + u_t\ ; \end{aligned} \tag{B1-17}$$

3. mit $\Delta = \theta - \theta_0$ lautet der MQ-Ansatz

$$S = \sum_{t=1}^{4} \left(x_t - e^{0,4055\,t} - \Delta \cdot t \cdot e^{0,4055\,t}\right)^2 \rightarrow \min ! \tag{B1-18}$$

Differentiation nach Δ und Nullsetzen der ersten Ableitung ergibt

$$\frac{dS}{d\Delta} = 2\sum_{t=1}^{4}\left(x_t - e^{0,4055\,t} - \Delta \cdot t \cdot e^{0,4055\,t}\right) \cdot \left(-t \cdot e^{0,4055\,t}\right) \overset{!}{=} 0\ , \tag{B1-18a}$$

also die Normalgleichung

$$\sum_{t=1}^{4}\left(x_t - e^{0,4055\,t}\right) \cdot t \cdot e^{0,4055\,t} = \widehat{\Delta} \cdot \sum_{t=1}^{4}\left(t \cdot e^{0,4055\,t}\right)^2\ ; \tag{B1-18b}$$

deren Lösung ist mit $\widehat{\Delta} \approx 0,1267$ gegeben.

4. Damit ist die neue Näherung θ_1 für θ gegeben mit

$$\theta_1 = \theta_0 + \widehat{\Delta} = 0,4055 + 0,1267 = 0,5355\ ; \tag{B1-19}$$

diese wird für die nächste Iteration verwendet.

An der Summe der quadrierten Abweichungen erkennt man die *Lösungsverbesserung*; hier gilt

$$\begin{aligned} \theta_0 = 0,4055 &: \quad \sum_{t=1}^{4}\left(x_t - e^{0,4055\,t}\right)^2 \approx 9,7498 \\ \theta_1 = 0,5355 &: \quad \sum_{t=1}^{4}\left(x_t - e^{0,5355\,t}\right)^2 \approx 1,6169\ . \end{aligned} \tag{B1-20}$$

Das Verfahren wird abgebrochen, wenn die Verbesserungen nur noch minimal sind; ein Abbruchkriterium ist jeweils individuell vorzugeben.

In der Praxis ist es unrealistisch, Wachstumsprozessen eine unbegrenzte Expansionsfähigkeit zu unterstellen; es ist vielmehr von einer nicht überschreitbaren Sättigungsgrenze auszugehen, die auch in der Trendextrapolation zu berücksichtigen ist. Statt der bisher angeführten Trendfunktionen benutzt man häufig folgende Ansätze:[64]

Sei

$$r(t) = \frac{m'(t)}{m(t)} \tag{1.4-24}$$

die *Wachstumsrate*[65] der Funktion m(t), die eine Funktion der Differenz zwischen der Sättigungsgrenze λ und dem erreichten Bestand sowie der Zeit t darstellen soll, also

$$r(t) = \frac{m'(t)}{m(t)} = [\lambda - m(t)] \cdot g(t) \ , \ (0 \leq m(t) \leq \lambda) \ . \tag{1.4-24a}$$

Damit ist

$$m'(t) = m(t) \cdot [\lambda - m(t)] \cdot g(t) \ ; \tag{1.4-24b}$$

durch Auflösen dieser Differentialgleichung resultiert für m(t) die nichtlineare Funktion

$$m(t) = \frac{\lambda}{1 + e^{-\lambda G(t) - C}} \ , \ \text{mit } G(t) = \int g(t) + C \ , \tag{1.4-25}$$

die für spezielle g(t) bzw. G(t) verschiedene *logistische Funktionen* ergibt. Diese sind geeignet, die unterstellten Wachstumsprozesse wiederzugeben. So erhält man z.B. die

(a) symmetrische logistische Funktion

$$m(t) = \frac{\lambda}{1 + d e^{-ct}} \ , \tag{1.4-25a}$$

indem $g(t) = \beta$, (β = konstant), gesetzt wird.[66] Diese enthält neben dem Sättigungsbestand λ noch die Dehnungsparameter c und d (λ > 0; c > 0;d > 0). Sie verläuft für $t \rightarrow -\infty$ asymptotisch zur Abszisse und für $t \rightarrow \infty$ asymptotisch zur Parallele zur Abszisse im Abstand λ und besitzt einen Wendepunkt in $(\frac{1}{c} \ln d ; \frac{\lambda}{2})$; ihren typischen Verlauf gibt Abbildung 1.6 wieder.

(b) verzögerte logistische Funktion

Diese erhält man, falls $g(t) = \beta \frac{1}{t}$, (β konstant) gesetzt wird, so dass sich wegen $G(t) = \int \beta \frac{1}{t} dt = \beta \ln t + \delta$[67]

$$m(t) = \frac{\lambda}{1 + \eta t^{-\omega}} \tag{1.4-25b}$$

ergibt, wenn $\lambda \delta \stackrel{!}{=} \omega$ und $e^{\lambda \delta + C} \stackrel{!}{=} \eta$ gesetzt wird. Neben dem Sättigungsbestand λ (λ > 0) enthält sie noch die Dehnungsparameter ω (ω > 1) und η , (η > 0). Sie ist auf das

64. Vgl. z.B. SCHAICH/SCHWEITZER, 1995, 125 ff.

65. Die Bezeichnung „Wachstumsrate" wird im Folgenden synonym zum Begriff „Wachstumsquote" benutzt.

66. aus g(t) = β folgt $G(t) = \int \beta dt = \beta t + \delta$, (δ ... Integrationskonstante); mit $\lambda \beta \stackrel{!}{=} c$ und $e^{-\lambda \delta - C} \stackrel{!}{=} d$ ergibt sich Gleichung (1.4-25a).

67. Mit δ wird wiederum die Integrationskonstante bezeichnet.

Intervall $[\ 0; \infty\ )$ beschränkt, geht durch den Nullpunkt und nähert sich für $t \to \infty$ asymptotisch der Parallele zur Abszisse im Abstand λ; der Wendepunkt liegt bei

$$\left(\eta^{\frac{1}{\omega}}\left(\frac{\omega - 1}{\omega + 1}\right)^{\frac{1}{\omega}}; \frac{\lambda}{1 + \frac{\omega + 1}{\omega - 1}}\right).$$

Ihren typischen Verlauf gibt Abbildung 1.7 wieder.

Abbildung 1.6

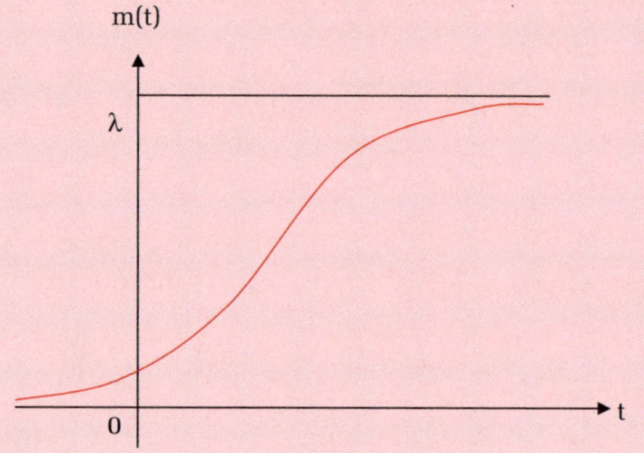

Abbildung 1.7

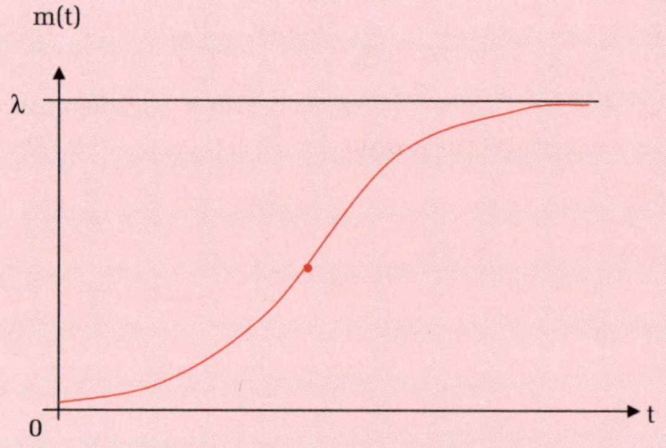

Die Parameter dieser den Sättigungsbestand berücksichtigenden Trendfunktionen müssen nun wiederum geschätzt werden. Hierzu kann ebenfalls das *GAUSS-NEWTON-Verfahren* benutzt werden; die Startwerte müssen jeweils sehr gut gewählt werden, um die Konvergenz der Methode zu gewährleisten. Die Schätzung wird dann folgendermaßen durchgeführt:

zu (a): symmetrische logistische Funktion

Mit $\lambda = \frac{B}{C}$, $d = \frac{1}{C}$ und $c = A$ ergibt sich aus (1.4-25a) die Funktion

$$m(t) = m(t; A; B; C) = \frac{B}{C + e^{-At}} \quad ;^{68} \qquad (1.4\text{-}26)$$

Einsetzen in die Differentialgleichung (1.4-24) für Wachstumsraten ergibt nach einigen Umformungen

$$r(t) = \frac{m'(t)}{m(t)} = A\left(1 - \frac{m(t; A; B; C)}{\lambda}\right) . \qquad (1.4\text{-}27)$$

Diese wird nun durch die diskreten Wachstumsraten

$$r(t) = \frac{x_{t+1} - x_t}{x_t} \approx A - \frac{A}{\lambda} x_t = \beta_1 + \beta_2 x_t \qquad (1.4\text{-}28)$$

approximiert; deren Vorteil besteht in der Linearität der Beziehung zwischen x_t und r(t), die eine MQ-Schätzung $\widehat{\beta}_1$ und $\widehat{\beta}_2$ der Parameter β_1 und β_2 erlaubt. Diese Schätzung liefert die Startwerte $A_0 = \widehat{\beta}_1$ und $\lambda_0 = \frac{\widehat{\beta}_1}{\widehat{\beta}_2}$; mit $m(t) \approx x_t$ und $\lambda = \frac{B}{C}$ erhält man aus der Funktionsgleichung (1.4-26)

$$x_t \approx \frac{\lambda C}{C + e^{-At}} , \qquad (1.4\text{-}29)$$

und daraus durch Einsetzen von A_0 und λ_0 sowie Umformung und anschließende Summation über alle t einen Startwert für C mit

$$C_0 = \frac{1}{T} \sum_{t=1}^{T} \frac{x_t e^{-A_0 t}}{\lambda_0 - x_t} . \qquad (1.4\text{-}30)$$

Der noch fehlende Startwert für den Parameter B ergibt sich daraus mit $B_0 = \lambda_0 C_0$.

Die Trendfunktion m(t;A;B;C) aus Gleichung (1.4-26) wird somit in der Nähe von A_0, B_0, C_0 durch den linearen Ansatz

$$m(t; A; B; C) \approx m_0(t) + m_1(t) \cdot \Delta A + m_2(t) \cdot \Delta B + m_3(t) \cdot \Delta C \quad (1.4\text{-}31)$$

approximiert, mit $\Delta A = A - A_0$, $\Delta B = B - B_0$, $\Delta C = C - C_0$ sowie

$$m_0(t) = \frac{B_0}{C_0 + e^{-A_0 t}} \qquad (1.4\text{-}31a)$$

$$m_1(t) = \frac{\partial}{\partial A} m(t; A; B; C)\Big|_{A_0, B_0, C_0} = \frac{t B_0 e^{-A_0 t}}{(C_0 + e^{-A_0 t})^2} \qquad (1.4\text{-}31b)$$

$$m_2(t) = \frac{\partial}{\partial B} m(t; A; B; C)\Big|_{A_0, B_0, C_0} = \frac{1}{C_0 + e^{-A_0 t}} \qquad (1.4\text{-}31c)$$

$$m_3(t) = \frac{\partial}{\partial C} m(t; A; B; C)\Big|_{A_0, B_0, C_0} = \frac{-B_0}{(C_0 + e^{-A_0 t})^2} \quad ; \qquad (1.4\text{-}31d)$$

d.h. es wird von einem linearisierten Trendmodell ausgegangen, das wiederum die Berechnung der Schätzwerte $\widehat{\Delta A}$, $\widehat{\Delta B}$ und $\widehat{\Delta C}$ nach der MQ-Methode ermöglicht, aus denen man die neuen Werte $A_1 = A_0 + \widehat{\Delta A}$, $B_1 = B_0 + \widehat{\Delta B}$ und $C_1 = C_0 + \widehat{\Delta C}$

68. $m(t) = \frac{\lambda}{1 + d e^{-ct}} = \frac{\lambda/d}{1/d + e^{-ct}} = \frac{\lambda C}{C + e^{-At}} = \frac{B}{C + e^{-At}}$.

für den nächsten Iterationsschritt ermittelt. Auch hier kann an der Summe der quadrierten Abweichungen der Zeitreihenwerte x_t vom ermittelten Wert der Trendfunktion m(t;A;B;C) die Lösungsverbesserung pro Iteration erkannt und das Verfahren abgebrochen werden, wenn diese Verbesserungen nur noch minimal sind. Dies soll an folgendem Beispiel verdeutlicht werden.

Beispiel 1.11 Den Zeitreihenwerten $x_1 = 1,5$; $x_2 = 1,8$; $x_3 = 4,6$; $x_4 = 7,9$; $x_5 = 8,6$ soll das Modell

$$x_t = m(t; A; B; C) + u_t = \frac{B}{C + e^{-At}} + u_t = \frac{\lambda C}{C + e^{-At}} + u_t \qquad \text{(B1-21)}$$

angepasst werden. Dabei ist für B, C und A eine MQ-Schätzung zu bestimmen.

1. Die Wachstumsraten ergeben sich nach Gleichung (1.4-28) mit

$$r(1) = 0,2;\ r(2) = 1,555;\ r(3) = 0,7174;\ r(4) = 0,0886; \qquad \text{(B1-22)}$$

damit gilt für die nach der MQ-Methode[69] berechneten Schätzwerte $\widehat{\beta}_1$ und $\widehat{\beta}_2$ der Parameter des linearen Ansatzes in (1.4-28)

$$\widehat{\beta}_2 = \frac{\sum_{t=1}^{4} r_t x_t - 4 \cdot \bar{x} \cdot \bar{r}}{\sum_{t=1}^{4} x_t^2 - 4 \cdot \bar{x}^2} = \frac{7,0998 - 4 \cdot 3,95 \cdot 0,6404}{89,06 - 4 \cdot 3,95^2}$$
$$\approx -0,1133 \qquad \text{(B1-23a)}$$

und

$$\widehat{\beta}_1 = \bar{r} - \widehat{\beta}_2 \cdot \bar{x} = 0,6404 + 0,1133 \cdot 3,95 = 1,0879\ . \qquad \text{(B1-23b)}$$

Die Startwerte für die Parameter A, und λ ergeben sich dadurch mit

$$A_0 = \widehat{\beta}_1 = 1,0879;\ \lambda_0 = \frac{\widehat{\beta}_1}{\widehat{\beta}_2} = \frac{1,0879}{-0,1133} = -9,6019\ , \qquad \text{(B1-24a)}$$

und daraus wiederum die Startwerte für C und B mit

$$C_0 = \frac{1}{4}\sum_{t=1}^{4} \frac{x_t e^{-1,0879t}}{(-9,6019 - x_t)} = -0,0204\ ,$$
$$B_0 = \lambda_0 C_0 = 0,1959\ . \qquad \text{(B1-24b)}$$

2. Verwendung des linearisierten Modells (1.4-31) ergibt die Approximation von m(t; A; B; C) in der Nähe der Startwerte durch

69. Vgl. (1.4-9a) und (1.4-9b) sowie Kapitel 2.

$$m(t;A;B;C) \approx m_0(t) + m_1(t)\cdot \Delta A + m_2(t)\cdot \Delta B + m_3(t)\cdot \Delta C$$

$$\overset{\substack{(1.4-31a)\\(1.4-31b)}}{\underset{\substack{(1.4-31c)\\(1.4-31d)}}{=}} \frac{0,1959}{-0,0204 + e^{-1,0879t}} + \frac{0,1959\cdot t\cdot e^{-1,0879t}}{(-0,0204 + e^{-1,0879t})^2}\cdot \Delta A$$

$$+ \frac{1}{-0,0204 + e^{-1,0879t}}\cdot \Delta B + \frac{-0,1959}{(-0,0204 + e^{-1,0879t})^2}\cdot \Delta C\,, \qquad \text{(B1-25)}$$

so dass der MQ-Ansatz zur Bestimmung der Schätzwerte die zur Berechnung der in der $\widehat{\Delta}A$, $\widehat{\Delta}B$ sowie $\widehat{\Delta}C$,nächsten Iteration verwendeten neuen Werte A_1, B_1 und C_1 benötigt werden, mit

$$S = \sum_{t=1}^{4}(x_t - m(t;A;B;C))^2 \rightarrow \min! \qquad \text{(B1-26)}$$

gegeben ist. Dabei ist für m(t; A; B; C) der in Gleichung (B1-25) gegebene Funktionsausdruck einzusetzen.

3. Partielle Differentiation von S nach ΔA, ΔB sowie ΔC und Nullsetzen aller Ableitungen erster Ordnung ergibt das Gleichungssystem

$$\frac{\partial S}{\partial A} = -2\sum_{t=1}^{4}(x_t - m(t;A;B;C))\cdot m_1(t) \overset{!}{=} 0$$

$$\frac{\partial S}{\partial B} = -2\sum_{t=1}^{4}(x_t - m(t;A;B;C))\cdot m_2(t) \overset{!}{=} 0$$

$$\frac{\partial S}{\partial C} = -2\sum_{t=1}^{4}(x_t - m(t;A;B;C))\cdot m_3(t) \overset{!}{=} 0\,, \qquad \text{(B1-26a)}$$

das unter Beachtung der konkret einzusetzenden Ausdrücke (1.4-31a) bis (1.4-31d) die Normalgleichungen liefert, deren Lösung die MQ-Schätzwerte $\widehat{\Delta}A$, $\widehat{\Delta}B$ und $\widehat{\Delta}C$ ergeben. Mit deren Hilfe können die Werte der nächsten Iteration, $A_1 = A_0 + \widehat{\Delta}A$, $B_1 = B_0 + \widehat{\Delta}B$ und $C_1 = C_0 + \widehat{\Delta}C$, bestimmt werden.

zu (b): verzögerte logistische Funktion

Die Parameter der verzögerten logistischen Funktion können mit Hilfe der *Logit-Transformation* geschätzt werden.[70] Dazu muss zuerst der Sättigungsbestand λ autonom bestimmt werden; häufig wird dafür eine andere Bestandszahl aus dem gegebenen Sachzusammenhang herangezogen,[71] die sich im Zeitablauf verändern kann. Deshalb ist auch λ als Funktion der Zeit aufzufassen, also $\lambda = \lambda(t)$; diese Größe kann eliminiert

70. Vgl. z.B. SCHAICH/SCHWEITZER, 1995, S. 128 ff.

71. Dies kann z.B. die Anzahl der betrachteten Personen, Haushalte oder Unternehmen sein.

werden, wenn man den tatsächlichen Bestand m(t) auf den zum Zeitpunkt t größtmöglichen Bestand λ(t) bezieht:

$$\lambda^*(t) = \frac{m(t)}{\lambda(t)} \overset{(1..4-25b)}{=} \frac{1}{1 + \eta t^{-\omega}} \;, \quad (0 < \lambda^*(t) < 1)\,. \tag{1.4-32}$$

Für den Sättigungsgrad $\lambda^*(t)$ gilt somit wiederum ein logistisches Wachstum. Bildet man den Quotienten des Anteils $(1 - \lambda^*(t))$ der noch nicht versorgten und des Anteils $\lambda^*(t)$ der bereits versorgten Bedarfsträger und linearisiert man durch anschließendes Logarithmieren, so ergibt sich[72]

$$\log \frac{1 - \lambda^*(t)}{\lambda^*(t)} = \log \eta t^{-\omega} = \log \eta - \omega \cdot \log t\,. \tag{1.4-33}$$

Der logarithmierte Quotient heißt *Logit* und das Verfahren der Linearisierung der logistischen Funktion *Logit-Transformation*. Durch sie hat man die Grundform einer Regressionsgleichung erreicht, deren Parameter ω und $\log \eta$ (bzw.) wiederum mit Hilfe der *MQ-Methode* wie folgt geschätzt werden können:

Sei $A := \log \eta$, $B := -\omega$, $X(t) := \log t$ sowie $L(t) := \log \frac{1 - \lambda^*(t)}{\lambda^*(t)}$; dann lautet der Ansatz (1.4-33)

$$L(t) = A + B \cdot X(t)\,, \tag{1.4-33a}$$

und der MQ-Ansatz

$$S = \sum_{t=1}^{T} \Big(L(t) - \widehat{L}(t)\Big)^2 = \sum_{t=1}^{T} \Big(L(t) - \widehat{A} - \widehat{B} \cdot X(t)\Big)^2 \rightarrow \min! \tag{1.4-34}$$

Partielle Ableitung der Abweichungsquadratsumme S nach $\widehat{A}$ und $\widehat{B}$ ergibt

$$\frac{\partial S}{\partial \widehat{A}} = 2 \sum_t \Big(L(t) - \widehat{A} - \widehat{B} \cdot X(t)\Big) \cdot (-1) \tag{1.4-34a}$$

und

$$\frac{\partial S}{\partial \widehat{B}} = 2 \sum_t \Big(L(t) - \widehat{A} - \widehat{B} \cdot X(t)\Big) \cdot (-X(t))\,, \tag{1.4-34b}$$

so dass man durch Nullsetzen die Normalgleichungen

$$\sum_t L(t) = T \cdot \widehat{A} + \widehat{B} \sum_t X(t) \tag{1.4-34c}$$

und

$$\sum_t L(t) \cdot X(t) = \widehat{A} \sum_t X(t) + \widehat{B} \sum_t X^2(t) \tag{1.4-34d}$$

erhält, aus denen man analog zu (1.4-9a) und (1.4-9b) die gesuchten Schätzwerte $\widehat{A}$ und $\widehat{B}$ und damit $\widehat{\eta}$ und $\widehat{\omega}$ bestimmen kann.

72. es gilt $\frac{1}{\lambda^*(t)} = 1 + \eta t^{-\omega} \Rightarrow \lambda^*(t) + \lambda^*(t) \cdot \eta t^{-\omega} = 1 \Rightarrow \frac{1 - \lambda^*(t)}{\lambda^*(t)} = \eta t^{-\omega}$.

Beispiel 1.12 Um die Entwicklung des Interesses von Privatpersonen an einer Internetnutzung in einer bestimmten Region der BRD festzustellen, wurden für die Jahre 1992 bis 2002 die Gesamtzahl der Ein- bis Vier-Personenhaushalte sowie Anzahl der Haushalte (HH) mit Internetanschluss erhoben. Es ergaben sich folgende Werte:

Tabelle 1.12

Jahr t	1992 (t = 1)	1993 (t = 2)	1994 (t = 3)	1995 (t = 4)	1996 (t = 5)	1997 (t = 6)	1998 (t = 7)
Gesamtzahl der HH in der Region	44 500	46 200	46 300	47 500	48 200	48 700	49 500
Anzahl der HH mit Internetanschluss	52	128	397	891	1 607	2 665	4 977

Jahr t	1999 (t = 8)	2000 (t = 9)	2001 (t = 10)	2002 (t = 11)
Gesamtzahl der HH in der Region	49 900	50 200	50 900	51 100
Anzahl der HH mit Internetanschluss	8 398	10 592	12 320	13 115

Die langfristige Entwicklung m(t) der Ausstattung der Haushalte mit einem Internetanschluss soll nun mit Hilfe der *verzögerten logistischen Funktion* angepasst werden.

Aus den empirischen Sättigungsgraden $\lambda_e^*(t)$, die in jeder Periode t als Quotient aus der Anzahl der Haushalte mit Internetanschluss und der Gesamtzahl der Haushalte ermittelt werden, ergibt sich

$$\sum_{t=1}^{11} L(t) = \sum_{t=1}^{11} \ln \frac{1 - \lambda_e^*(t)}{\lambda_e^*} = 34,8734 \qquad \text{(B1-27a)}$$

sowie

$$\sum_{t=1}^{11} X(t) = \sum_{t=1}^{11} \ln t = 17,5022 \,,$$

$$\sum_{t=1}^{11} X^2(t) = 33,4002 \text{ und } \sum_{t=1}^{11} X(t) \cdot L(t) = 40,9713 \,. \qquad \text{(B1-27b)}$$

Einsetzen dieser Summen in (1.4-34c) und (1.4-34d) und Auflösen dieses Gleichungssystems nach $\widehat{A}$ und $\widehat{B}$ z. B mit Hilfe der CRAMERschen Regel ergibt

$$\widehat{A} = \frac{34,8713 \cdot 33,4002 - 40,9713 \cdot 17,5022}{11 \cdot 33,4002 - 17,5022^2} = 7,3306 \quad \text{(B1-28a)}$$

und

$$\widehat{B} = \frac{11 \cdot 40,9713 - 17,5022 \cdot 34,8734}{11 \cdot 33,4002 - 17,5022^2} = -2,6167\,. \quad \text{(B1-28b)}$$

Damit gilt $\widehat{L}(t) = \widehat{A} + \widehat{B} \cdot X(t) = 7,3306 - 2,6167 \cdot X(t)$ und wegen der Festlegung $A := \ln \eta$ sowie $B := -\omega$ ist $\widehat{\eta} = e^{\widehat{A}} = e^{7,3306} = 1526,29$ und $\widehat{\omega} = 2,6167$. Die verzögerte logistische Funktion lautet somit

$$\widehat{\lambda}^*(t) \overset{(1.4-32)}{=} \frac{1}{1 + 1526,29 \cdot t^{-2,6167}}\,. \quad \text{(B1-29)}$$

Mit ihrer Hilfe können nun für weitere Perioden t die Sättigungsgrade $\widehat{\lambda}^*(t)$ sowie daraus dann die geschätzte Anzahl $\widehat{m}(t) = \lambda(t) \cdot \widehat{\lambda}^*(t)$ der Haushalte mit Internetanschluss berechnet werden.[73]

Es existieren noch einige weitere Trendfunktionstypen, die praktische Relevanz besitzen. Bei der Auswahl einer geeigneten Funktion sollte neben dem Kriterium der besten Anpassungsgüte des Modells jedoch stets auch die ökonomische Anwendung im Sinne einer besten sachlogischen Entscheidung im Blickfeld behalten werden, um eine möglichst große Realitätsnähe zu erreichen.

Die bisherigen Ausführungen galten der Bestimmung des *globalen Trends*; zusätzlich ist häufig die *Glättung* einer Zeitreihe nötig, um irreguläre Schwankungen auszuschalten. Dies ist mit Hilfe von *linearen Filtern* möglich; es handelt sich dabei um eine *lokale* Approximation der Zeitreihe $\{x_t\}$ durch Polynome niedrigen Grades und entspricht der näherungsweisen Bestimmung der glatten Komponente.[74] Lineare Filter sind lineare Transformationen L der gegebenen Zeitreihe $\{x_t\}$ in eine andere Zeitreihe $\{y_t\}$ gemäß

$$y_t = L x_t = \sum_{v=-q}^{s} a_v x_{t-v}\,, \quad (s+1 \leq t \leq T-q)\,, \quad \text{(1.4-35)}$$

die durch die Gewichte a_v gekennzeichnet sind; dabei heißt $\{x_t\}$ *Input* und $\{y_t\}$ *Output* des Filters. Die gefilterte Reihe ist immer kürzer als die Originalreihe, wobei für $s > 0$ der Anfang, für $q > 0$ das Ende von $\{x_t\}$ abgeschnitten ist. Der einfachste lineare Filter ist gegeben durch die Gewichte $a_v = \frac{1}{2q+1}$, mit $\sum a_v = 1$, und wird als *einfacher gleitender Durchschnitt* bezeichnet; die gefilterte Zeitreihe ergibt sich damit als

$$y_t = \frac{1}{2q+1} \sum_{v=-q}^{q} x_{t-v}\,, \quad (q+1 \leq t \leq T-q)\,. \quad \text{(1.4-35a)}$$

73. Dabei muss natürlich für die jeweilige (zukünftige) Periode t die Gesamtzahl $\lambda(t)$ der Haushalte bekannt sein.

74. Vgl. z.B. SCHLITTGEN/STREITBERG, 1995, S 35ff.; SCHAICH/SCHWEITZER, 1995, S. 131 ff.

Generell werden beliebige Gewichte zugelassen, die aber jeweils die Bedingung $\sum a_v = 1$ erfüllen müssen.[75] Die Glättung der Zeitreihe $\{x_t\}$ ist umso stärker, je mehr Werte in den Filter miteingebracht werden; der Nachteil ist, dass dann umso mehr Werte am Rand der Zeitreihe fehlen; dies ist besonders am aktuellen Rand der Reihe von Bedeutung. Einfache gleitende Durchschnitte werden häufig für ungerade Anzahlen von Werten berechnet, können aber auch für gerade Anzahlen bestimmt werden. Üblich sind einfache gleitende Dreier- bzw. Fünferdurchschnitte, die durch $y_t = \frac{1}{3}(x_{t-1} + x_t + x_{t+1})$ bzw. $y_t = \frac{1}{5}(x_{t-2} + ... + x_{t+2})$ gegeben sind. Der Outputwert y_t ist dabei jeweils der Mitte von zwei Zeitpunkten zugeordnet.

Erfolgt in einem Stützbereich der Länge (2q + 1) eine *lokale* Approximation der Zeitreihe $\{x_t\}$ durch *Polynome*, so resultieren ebenfalls *gleitende Durchschnitte*, wenn man nur den über das Polynom berechneten Wert y_t des mittleren Zeitpunktes t dieses Bereiches als geglätteten Wert statt des Originalwertes nimmt. Soll z.B. den ersten 5 Werten einer gegebenen Zeitreihe $\{x_t\}$, $(1 \leq t \leq T)$, ein Polynom 2. Grades nach der MQ-Methode angepasst werden (q = 2; p = 2), so muss

$$S = \sum_{t=1}^{5}(x_t - \beta_1 - \beta_2 t - \beta_3 t^2)^2 \rightarrow \min ! \qquad (1.4\text{-}36)$$

bzw. – nach Umnummerierung –

$$\sum_{t=-2}^{2}(x_t - \beta_1 - \beta_2 t - \beta_3 t^2)^2 \rightarrow \min ! \qquad (1.4\text{-}36a)$$

gelten. Wegen $\sum_{t=-2}^{2} t = \sum_{t=-2}^{2} t^3 = 0$ vereinfacht sich das sich daraus ergebende *Normalgleichungssystem* zu

$$\begin{aligned} 5\beta_1 + \quad\quad\quad 10\beta_3 &= \sum x_t \\ 10\beta_2 \quad\quad &= \sum t x_t \\ 10\beta_1 + \quad\quad\quad 34\beta_3 &= \sum t^2 x_t \ , \end{aligned} \qquad (1.4\text{-}37)$$

dessen Auflösung den gesuchten Schätzwert[76]

$$\widehat{\beta}_1 = \frac{1}{35}(-3x_{t-2} + 12x_{t-1} + 17x_t + 12x_{t+1} - 3x_{t+2}) \qquad (1.4\text{-}38)$$

ergibt. Nach Rücknummerierung erhält man den zu den ersten fünf Beobachtungswerten $x_1, \ldots, x_5$ gehörenden geglätteten Wert

$$y_3 = \frac{1}{35}(-3x_1 + 12x_2 + 17x_3 + 12x_4 - 3x_5) \ , \qquad (1.4\text{-}39)$$

allgemein somit

$$y_t = \frac{1}{35}(-3x_{t-2} + 12x_{t-1} + 17x_t + 12x_{t+1} - 3x_{t+2}) \ . \qquad (1.4\text{-}39a)$$

75. Setzt man speziell $a_\nu = \alpha(1-\alpha)^\nu$, $(0 < \alpha < 1)$, so liegt speziell die *Methode der exponentiellen Glättung 1. Ordnung* vor; für deren Gewichte ist die Bedingung $\sum a_\nu = \alpha\frac{1}{1-(1-\alpha)} = 1$ erfüllt (SCHLITTGEN/STREITBERG, 1995, S. 44 ff.; MIESBACH, 1982, S. 47 ff.; MOOSMÜLLER, 1988, 209 ff.).

76. Da der Wert des Polynoms nur für den mittleren Zeitpunkt, also – nach Umnummerierung – für t = 0 benötigt wird, ist nur β_1 zu berechnen.

Die Glättung einer Zeitreihe durch Verwendung eines Polynoms 2. Grades zur lokalen Approximation im Stützbereich von $(t-2)$ bis $(t+2)$ entspricht also der Anwendung eines linearen Filters mit den Gewichten $(-\frac{3}{35}; \frac{12}{35}; \frac{17}{35}; \frac{12}{35}; -\frac{3}{35})$, die Verwendung von Polynomen 1. Grades der Anwendung einfacher gleitender Durchschnitte in Bereichen mit $(2q+1)$ Werten. Das Benutzen von Polynomen im Stützbereich liefert immer symmetrische Filter $(a_{-q}, \ldots, a_s)$, d.h. es gilt grundsätzlich $a_{-v} = a_v, (1 \leq v \leq q)$ für $q = s$.

Da bei Verwendung eines Filters der Länge $(2q+1)$ an beiden Rändern jeweils q Werte verloren gehen und dies insbesondere am rechten, aktuellen Rand ungünstig ist, werden Verfahren zur *Randergänzung* benutzt. Häufige Vorgehensweisen sind

- die Anwendung eines *Prognoseverfahrens,* wobei die ursprüngliche Reihe $\{x_t\}$ um q Werte am aktuellen Rand verlängert wird; anschließend verwendet man einen Filter der Länge $(2q+1)$;
- die Verwendung der geschätzten Koeffizienten des *Polynoms,* das zur lokalen Approximation der Originalreihe $\{x_t\}$ benutzt wird; diese Koeffizienten werden anschließend zur Berechnung der am aktuellen Rand fehlenden Werte herangezogen. Wird z.B. einem Stützbereich der Länge $(2q+1)$ ein Polynom 1. Grades angepasst, so ergibt sich der neue Wert der gefilterten Zeitreihe als

$$y_{T-q+s} = \frac{1}{2q+1} \sum_{t=-q}^{q} \left(1 + \frac{3st}{q(q+1)}\right) \cdot x_{T-q+t}, \quad (s = q, q-1, \ldots, -q); \tag{1.4-40}$$

[77]

somit erhält man z.B. für $q = 1$ $(s = q)$ am aktuellen Rand den Wert

$$y_T = -\frac{1}{6} x_{T-2} + \frac{1}{3} x_{T-1} + \frac{5}{6} x_T \tag{1.4-40a}$$

und für *q = 2 (s = q)* sowie *q = 2 (s = q – 1)* die Werte

$$y_T = -\frac{1}{5} x_{T-4} + 0 \cdot x_{T-3} + \frac{1}{5} x_{T-2} + \frac{2}{5} x_{T-1} + \frac{3}{5} x_T \tag{1.4.-40b}$$

sowie

$$y_{T-1} = 0 \cdot x_{T-4} + \frac{1}{10} x_{T-3} + \frac{2}{10} x_{T-2} + \frac{3}{10} x_{T-1} + \frac{4}{10} x_T \quad . \tag{1.4-40c}$$

Beträgt die Länge des Stützbereiches dagegen 2q und soll diesem ebenfalls eine Gerade angepasst werden, so berechnet sich der gefilterte Zeitreihenwert am aktuellen Rand als

$$y_{T-q+s} = \sum_{t=-q+1}^{q} \frac{2q^2 + 1 - 3t + 6st - 3s}{2q(2q^2+1) - 3q} x_{T-q+t}, \quad (s = q, q-1, \ldots, -q); \tag{1.4-41}$$

[78]

---

77. Für speziell s = 0 ergibt sich der einfache gleitende Durchschnitt $y_{T-q} = \frac{1}{2q+1} \sum_{t=-q}^{q} x_{T-q+t}$.

78. Wählt man speziell s=0,5, wird der einfache gleitende Durchschnitt jeweils in die Mitte zweier gegebener Zeitpunkte gesetzt. Da dies oft nicht gewünscht ist, wird der gleitende Durchschnitt für die beiden Zeitpunkte links und rechts von dieser Mitte berechnet; da dann jedoch für *alle* Werte der Zeitreihe ein asymmetrischer gleitender Durchschnitt entsteht, umgeht man diese Schwierigkeit durch die Berechnung dieser Werte derart, dass dort der jeweilige erste und letzte Wert des Stützbereiches nur mit 0,5 bewertet eingeht.

Beispiel 1.13 Die Glättung der Reihe der privaten Konsumausgaben C^{priv} der BRD für die Jahre 1991 bis 2002 aus Beispiel 1.8 soll mit Hilfe eines einfachen gleitenden Durchschnittes vorgenommen werden, indem dem Stützbereich der Länge $(2q + 1) = 3$ eine Gerade angepasst und diese Methode auch für die Randergänzung benutzt wird.

Nach (1.4-40) berechnen sich für den gegebenen Stützbereich die Outputwerte y_t für die Zeitpunkte $2 \leq t \leq T - 1$ als $(s = 0)$

$$y_2 = \tfrac{1}{3}(x_1 + x_2 + x_3) = \tfrac{966{,}10 + 992{,}50 + 993{,}60}{3} \approx 984{,}07$$

$$\vdots \qquad\qquad \vdots$$

$$y_{11} = \tfrac{1}{3}(x_{10} + x_{11} + x_{12}) = \tfrac{1114{,}80 + 1131{,}60 + 1124{,}30}{3} \approx 1123{,}57\ ; \tag{B1-30a}$$

der Wert am aktuellen Rand ergibt sich dann nach (1.4-40a) mit $(s = 1)$

$$\begin{aligned} y_{12} &= -\frac{1}{6}x_{10} + \frac{1}{3}x_{11} + \frac{5}{6}x_{12} \\ &= -\frac{1114{,}80}{6} + \frac{1131{,}60}{3} + \frac{5 \cdot 1124{,}30}{6} \approx 1128{,}32 \end{aligned} \tag{B1-30b}$$

und der noch zu ergänzende erste Outputwert der Reihe mit $(s = -1)$

$$\begin{aligned} y_1 &= \frac{5}{6}x_1 + \frac{1}{3}x_2 - \frac{1}{6}x_3 \\ &= \frac{5 \cdot 966{,}10}{6} + \frac{992{,}50}{3} - \frac{993{,}60}{6} \approx 970{,}32\ . \end{aligned} \tag{B1-30c}$$

Nachstehende Tabelle 1.13 enthält die ursprünglichen Inputwerte x_t sowie die dazu berechneten geglätteten Outputwerte y_t. Die Darstellung erfolgt in Abbildung 1.8.

Tabelle 1.13

Jahr t	1991 (t = 1)	1992 (t = 2)	1993 (t = 3)	1994 (t = 4)	1995 (t = 5)	1996 (t = 6)	1997 (t = 7)	1998 (t = 8)
$C^{priv}(x_t)$	966,10	992,50	993,60	1004,10	1024,80	1035,10	1041,20	1059,80
y_t	970,32	984,07	996,73	1007,50	1021,33	1033,70	1045,27	1066,73

Jahr t	1999 (t = 9)	2000 (t = 10)	2001 (t = 11)	2002 (t = 12)
$C^{priv}(x_t)$	1099,20	1114,80	1131,60	1124,30
y_t	1091,27	1115,20	1123,57	1128,32

Abbildung 1.8

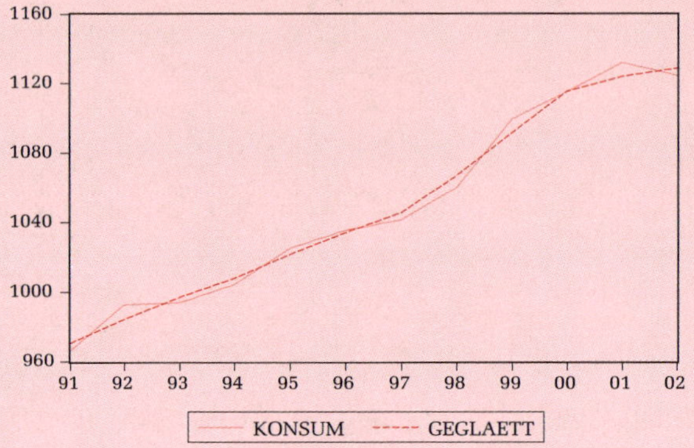

Wird einer Zeitreihe – global oder lokal – ein Polynom angepasst, so stellt sich grundsätzlich die Frage, welcher Polynomgrad am besten zu wählen ist. Ein Kriterium dafür wurde schon in Formel (1.4-14) angegeben. Eine andere Vorgehensweise zur Bestimmung dieses Grades ist die *Methode der variaten Differenzen*, die auf der Aussage basiert, dass für ein Polynom f(t) p-ten Grades in t grundsätzlich gilt, dass die Differenz $g(t) = f(t) - f(t-1)$ wiederum ein Polynom vom Grade höchstens $(p-1)$ darstellt. Diese Aussage kann mit Hilfe des binomischen Lehrsatzes verifiziert werden. Da durch die Bildung von Differenzen der Grad des Polynoms um Eins reduziert wird, erhält man durch p-malige Anwendung einen konstanten Wert. Wendet man dieses Vorgehen auf Zeitreihen an, so stellt dies wiederum eine lineare Transformation *(lineare Filtration)* der Originalreihe dar und der lineare Filter Δ, definiert durch

$$\Delta x_t = x_t - x_{t-1}\,, \quad (2 \leq t \leq T)\,, \tag{1.4-42}$$

heißt *Differenzenfilter 1. Ordnung.*[79] *Differenzenfilter p-ter Ordnung* sind rekursiv definiert als

$$\Delta^p x_t = \Delta^{p-1} x_t - \Delta^{p-1} x_{t-1}\,. \tag{1.4-42a}$$

Für ökonomische Zeitreihen genügt es häufig, Differenzen 1. Ordnung zu bilden; diese sind als Zuwächse zu interpretieren und durch sie können Veränderungen des Niveaus beseitigt werden. Will man auch noch die Nichtstationarität der Zuwächse herausnehmen, so genügt die Bildung der Differenzen 2. Ordnung.[80]

79. Diese Art von Filtration wird z.B. auch innerhalb des Verfahrens der Methode des exponentiellen Glättens verwendet, wenn von einem Modell mit linearem Trend auszugehen ist. Man spricht dann von exponentieller Glättung 2. Ordnung (vgl. z.B. MIEBACH, 1982, S. 47 ff.; MOOSMÜLLER, 1988, S. 213 ff.; QUELLE, 1982, S. 15 ff.).

80. Der Differenzenfilter 2. Ordnung wäre also
$\Delta^2 x_t = \Delta x_t - \Delta x_{t-1} = x_t - x_{t-1} - (x_{t-1} - x_{t-2}) = x_t - 2x_{t-1} + x_{t-2}$.
Die Gewichte sind somit $a_0 = 1$, $a_1 = -2$, $a_2 = 1$, deren Summe Null.

Die bisherigen Ausführungen zur Trendbestimmung für eine Zeitreihe $\{x_t\}$ gehen von einer festen Folge von Beobachtungswerten x_t aus, die mit Hilfe eines bestimmten Modells in einzelne Komponenten zerlegt werden können. Die Trendbereinigung erfolgt im additiven Modell (1.4-3) einfach durch anschließende Subtraktion der berechneten Werte $\widehat{m}(t)$ von den Originalwerten x_t der Zeitreihe; im multiplikativen Modell (1.4-4) muss entsprechend dividiert werden. Wird dagegen eine Zeitreihe als Realisierung eines *stochastischen Prozesses* verstanden, führt dies u.a. zu den bekannten *ARMA*- bzw. *ARIMA-Modellen*. Dabei werden die Zeitreihenwerte als Zufallsvariablen aufgefasst, die einer Kombination aus einem *autoregressiven* (= AR-) und einem *moving-average*- (= MA-) Prozess folgen.[81]

Im nächsten Abschnitt sollen nun einige Möglichkeiten der Bestimmung der Saisonkomponente S_t des Ansatzes (1.4-3) bzw. (1.4-4) gezeigt werden; wird diese zusätzlich zur Trendkomponente durch Subtraktion bzw. Division eliminiert, so liegt die nur noch von Zufallseinflüssen überlagerte Konjunkturkomponente isoliert vor.[82]

1.4.2 Saisonbereinigung

Es existiert eine Vielzahl von Verfahren zur Saisonbereinigung,[83] von denen hier nur einige wenige in ihrer Grundversion vorgestellt werden sollen. Dabei wird hauptsächlich auf „traditionelle“ Verfahren abgestellt, die auf dem Komponentenmodell beruhen, da diese insbesondere in der amtlichen Statistik eine weite Verbreitung gefunden haben und dort in Form von weiterentwickelten Varianten auch heute noch angewendet werden.

1.4.2.1 Das Phasendurchschnittsverfahren

Dieses einfache traditionelle Verfahren eignet sich zur Elimination einer Saisonkomponente, die über die Zeit hinweg ein relativ *konstantes Muster* und eine relativ *konstante* (proportionale) *Größe* aufweist. Dabei wird folgendermaßen vorgegangen:

1. Schritt: Berechnung der sog. *Phasendurchschnitte*:

Liegen Zeitreihenwerte von T Jahren in Monatswerten[84] vor, also insgesamt $12 \cdot T$ Beobachtungswerte, so sind die arithmetischen Mittel aller Beobachtungen des gleichen Monats zu bilden, also

$$\bar{x}_i = \frac{1}{T}\sum_{t=1}^{T} x_{t,i} \ , (1 \leq i \leq 12) \ , \qquad (1.4\text{-}43)$$

mit $x_{t,i}$:= Zeitreihenwert des Monats i im Jahr t.

81. An dieser Stelle sei auf die vielfältige einschlägige Literatur zu ARMA- und ARIMA-Modellen verwiesen, da deren Darstellung den Rahmen dieses Grundlagenbuches überschreiten würde. Hier werden nur kurz die entsprechenden saisonalen Modelle in Kapitel 1.4.2.4 angesprochen.

82. In der neueren Zeitreihenanalyse wird anstelle von Komponenten insbesondere von spektralanalytischen Ansätzen ausgegangen. Aus oben genannten Gründen wird hier auf die weiterführende einschlägige Literatur verwiesen.

83. Für die moderneren Verfahren existiert eine Anzahl von Computerprogrammen, wie z.B. EVIEWS 4 oder SAS 8.2, die diese in verschiedenen Varianten zur Unterstützung anbieten.

84. Entsprechendes gilt für Quartalsdaten etc.

2. Schritt: Berechnung des *Gesamtdurchschnitts*:

$$\bar{x} = \frac{1}{12} \sum_{i=1}^{12} \bar{x}_i \ . \tag{1.4-44}$$

3. Schritt: Berechnung der *Saisonmesszahlen (Saisonfaktoren)*:

$$S_i = \frac{\bar{x}_i}{\bar{x}} \ ; \tag{1.4-45}$$

man bildet also z.B. das Verhältnis von Dezemberdurchschnitt und Gesamtdurchschnitt. Gilt $S_i > 1$, so sind die Dezemberwerte überdurchschnittlich groß, ist dagegen $S_i < 1$, so sind sie überdurchschnittlich klein.[85]

4. Schritt: Berechnung der *saisonbereinigten Monatswerte*:

$$\hat{x}_{t,i} = \frac{x_{t,i}}{S_i} \ , \ (1 \leq t \leq T \, ; \, 1 \leq i \leq 12) \ . \tag{1.4-46}$$

Da im Bereich der Wirtschaftswissenschaften über die Jahre hinweg kaum von einer konstanten Saisonfigur ausgegangen werden kann, ist die Anwendung des geschilderten Verfahrens nicht zu vertreten, obwohl es früher wegen seiner Einfachheit in der Praxis häufig benutzt wurde. Letzteres gilt auch für das sog. *alte Bundesbankverfahren*. Deshalb wird ein weiteres, weit verbreitetes traditionelles Verfahren zur Saisonbereinigung vorgestellt.

1.4.2.2 Das CENSUS-X-11 -Verfahren

Diese ursprünglich vom *US Bureau of the Census* entwickelte und weiter verbesserte Methode wird u.a. seit 1970 von der Deutschen Bundesbank zur Berechnung saisonbereinigter Daten verwendet. Sie besteht aus mehreren ineinandergreifenden Techniken, die im einzelnen mehrfach wiederholt werden können und meist auf der Berechnung gleitender Durchschnitte beruhen. Eine geschlossene Darstellung des Verfahrens ist nicht möglich; d.h. es existiert keine exakte, modelltheoretische Festlegung des CENSUS-X-11 – Verfahrens. Die Vorgehensweise kann jedoch in zwei große Arbeitsgänge eingeteilt werden, wobei grundsätzlich wiederum das Komponentenmodell (1.4-3) bzw. (1.4-4) unterstellt wird. Der *erste Arbeitsgang* umfasst folgende Schritte:[86]

1. Glättung der ursprünglichen Zeitreihe $\{x_t\}$ mit Hilfe eines gleitenden Zwölfer-Monats-Durchschnitts, wobei die Reihe vorab auch noch einer arbeitstäglichen Bereinigung zum Ausgleich von Kalenderunregelmäßigkeiten unterzogen werden kann. Mit der Division der Originalwerte durch die geglätteten Werte (=: *„S-I-Quotienten“*) kann ein linearer Trend ermittelt werden.
2. Ausreißerwerte können dadurch bereinigt werden, dass man sie durch das arithmetische Mittel ihrer zwei benachbarten Werte ersetzt. Welche Werte als Ausreißer angesehen werden, bleibt dem Benutzer des Verfahrens überlassen. Eine Möglichkeit besteht in der Berechnung von symmetrisch zu den S-I-Quotienten gelegenen Intervallen der Länge $4 \cdot \sigma_i$, wobei die σ_i den zugehörigen Standardabweichungen ent-

85. Statt des Verhältnisses (1.4-45) wird manchmal zur Berechnung der Saisonfaktoren auch die jeweilige Differenz gebildet (vgl. KENDALL,1976,S.58f.). Dann müssen die im nächsten Schritt berechneten saisonbereinigten Werte ebenfalls als Differenzen berechnet werden, also $\hat{x}_{t,i} = x_{t,i} - S_i, (1 \leq t \leq T; \ 1 \leq i \leq 12)$.

86. Vgl. CREUTZ, 1979, S. 79 ff.; KIRCHNER, 1999, S. 27 ff.; LEINER, 1986, S. 56 ff.; STIER, 1980, S. 1 ff.; ders., 2001, S. 202 ff.; WINKER, 1997, S. 57.

sprechen. Werte, die außerhalb dieser Intervalle liegen, werden als Ausreißer definiert.[87] Es können aber auch die in Kapitel 1.3.2 geschilderten Verfahren benutzt werden.

3. Saisonale Faktoren werden durch weitere Glättung mit Hilfe gleitender Durchschnitte gebildet.

Dieser erste Arbeitsgang kann nochmals unter Berücksichtigung obiger Ergebnisse durchgeführt werden, um z.B. eine endgültige arbeitstägliche Bereinigung zu erreichen. Im *zweiten Gang* sind anschließend folgende Schritte durchzuführen:

1. Neuschätzung der glatten Komponente mit dem *15-Elemente-Durchschnitt von SPENCER*,[88] der zur Schätzung bzw. Eliminierung eines Trendpolynoms 3. Grades benutzt werden kann.
2. Berechnung von Saisonfaktoren; falls nötig, müssen diese wiederum extremwertbereinigt werden.
3. Berechnung der saisonbereinigten Werte durch Division der Originalwerte mit den saisonalen Faktoren.
4. Anwendung des 15-Elemente-Durchschnitts nach SPENCER auf die ermittelten saisonbereinigten Werte, um eine Trendschätzung zu erhalten.

Obwohl das CENSUS-X11-Verfahren gegenüber z.B. dem Bundesbankverfahren erhebliche Vorteile aufweist[89] und auch international eine weite Verbreitung gefunden hat, muss aus theoretischer Sicht doch auf einige *grundsätzliche Probleme* hingewiesen werden. Diese beziehen sich sowohl auf die methodisch etwas undurchsichtige Struktur des Verfahrens als auch auf seinen experimentellen Charakter. Insbesondere ergeben sich auch Probleme daraus, dass sich die nach dieser Methode berechneten saisonbereinigten Werte meist nicht zur Summe der Originalwerte eines Jahres aufsummieren. Diese Differenz wird in das jeweilige Folgejahr „verschleppt", was sich insbesondere für die Analyse am aktuellen Rand negativ auswirken kann. Das Verfahren wurde jedoch laufend weiterentwickelt und wird heute z.B. in der Variante *X-12-ARIMA*[90] vom Statistischen Bundesamt, von der Deutschen Bundesbank und von der Europäischen Zentralbank zur Berechnung saisonbereinigter Werte benutzt. Es wird kostenlos vom *Bureau of the Census* zur Verfügung gestellt[91] und besteht aus *drei Teilen*: Im ersten Teil werden dem Benutzer neue Möglichkeiten zur Extremwert- und Kalenderbereinigungen auf der Grundlage von Regressionsmodellen gegeben; außerdem können Prognosewerte bestimmt werden, die der Stabilisation der bereinigten Werte am aktuellen Rand dienen. Auch das Problem fehlender Reihenwerte wurde gelöst. Der *Hauptteil* von X-12-ARIMA stimmt – bis auf wenige Änderungen – mit dem herkömmlichen X-11-Verfahren überein; d.h. es basiert wiederum auf der Berechnung gleitender Durchschnitte; neu ist jedoch die

87. Vgl. STIER, 1980, S. 3.

88. Die Gewichte ergeben sich hierbei als $\frac{1}{320}(-3; -6; -5; 3; 21; 46; 67; 74; 67; 46; 21; 3; -5; -6; -3)$und können als Kombination eines einfachen gleitenden Fünfer- mit einem doppelten Viererdurchschnitt und anschließender spezieller Gewichtung verstanden werden (KENDALL, 1976, S. 36; LEINER, 1986, S. 58).

89. So kann wegen der arbeitstäglichen Bereinigung von einer gleichmäßigeren Zeitreihe ausgegangen werden, was die Berechnung kurzfristiger Trends und damit die aktuelle Konjunkturanalyse erleichtert. Außerdem müssen bei der Einbeziehung neuer, aktuellerer Daten die bisherigen Ergebnisse nur geringfügig verändert werden.

90. Vgl. z.B. FINDLEY et al., 1988, S. 591 ff.; KIRCHNER, 1999, S. 33 ff.; SPETH, 1999, S. 23 f.; Monatsberichte der Deutschen Bundesbank, 1999, S. 39 ff.

91. URL: http://www.census.gov sowie http://www.destatis.de/mve/d/bv4.htm (Zugriff: 14.07.2003); auch das Programmpaket EVIEWS4 enthält die Prozeduren „CENSUS X-11" und „CENSUS X-12".

Möglichkeit, Saisonfilter automatisch wählen zu können. Im *dritten* Teil werden dem Anwender einige diagnostische Instrumente zur Verfügung gestellt; diese sind wichtig für die Bewertung der gewählten Optionen und für die Festsetzung der Verfahrensparameter.[92]

Vergleichende Studien ergaben, dass sich die Saisonbereinigung bei wichtigen wirtschaftsstatistischen Zeitreihen am aktuellen Rand verbessern lässt, wenn man mit X-12-ARIMA statt mit CENSUS X-11 arbeitet. Dies ist insbesondere bei realwirtschaftlichen Zeitreihen mit hohen irregulären Einflüssen der Fall;[93] nachteilige Auswirkung ergaben sich beim Einsatz von X-12-ARIMA im Vergleich zu CENSUS X-11 nicht, so dass von exakteren Aussagen bezüglich der aktuellen Entwicklung wichtiger wirtschaftlicher Größen ausgegangen werden kann, wenn dieses neuere Verfahren zur Saisonbereinigung herangezogen wird.

Beispiel 1.14 Tabelle 1.14 (vgl. *Anhang A1*) enthält in Spalte 2 die jeweilige Anzahl x_t der Erwerbstätigen in der BRD (Monatsdurchschnitte [in 1 000]) von Januar 1996 bis April 2003,[94] sowie in Spalte 3 bzw. 4 die nach dem CENSUS-X-11-Verfahren bzw. dessen X-12-Variante berechneten zugehörigen saisonbereinigten Werte $\hat{x}_t$.[95] Die Abbildungen 1.9a bzw. 1.9b zeigen die jeweiligen Graphen der Originalreihe $\{x_t\}$ sowie die der nach X-11 bzw. X-12 bereinigten Reihen $\{\hat{x}_t\}$.

92. Damit die mit X-12-ARIMA berechneten Ergebnisse von bester Qualität sind, müssen diese Parameter möglichst optimal gesetzt werden. Das Statistische Bundesamt nimmt diese Festsetzung reihenspezifisch in Abstimmung mit der Deutschen Bundesbank vor, um eine einheitliche Veröffentlichung sicherzustellen (Statistisches Bundesamt,(2002): URL: http://www.destatis.de/mve/d/bv4.htm, Zugriff am 14.07.2003). Weiterhin ist darauf zu achten, dass interne Konsistenzprobleme vermieden werden. Diese können dadurch entstehen, dass im Saisonbereinigungsblock andere Filter als im vorangehenden sog. „RegARIMA-Teil" des Verfahrens, also unterschiedliche Saisonmodellierungen, benutzt werden. Da X-12-ARIMA keine Warnhinweise für diese Art von Konsistenzproblemen enthält, muss der Benutzer selbst auf eine konsistente Optionenwahl achten. Dies kann hier durch die Vorgabe von ARIMA-Parametern gewährleistet werden, die mit den Trend- und Saisonfiltern des Saisonbereinigungsteils des Verfahrens vereinbar sind (KIRCHNER, 1999, S. 75).

93. So ergaben sich insbesondere bei den die Bauproduktion oder die Auftragseingangsstatistik betreffenden Zeitreihen Unterschiede bei den saisonbereinigten Daten, da hier außergewöhnliche Witterungsverhältnisse oder der Eingang von Großaufträgen zu beachten sind; bei monetären Zeitreihen bzw. Erwerbstätigenzeitreihen sind die Unterschiede in den Ergebnissen von CENSUS X-11 und X-12-ARIMA geringer (KIRCHNER, 1999, S. 1).

94. Quelle: Statistisches Bundesamt Deutschland: „Bevölkerung und Erwerbstätigkeit", Fachserie 1, Reihe 4.3, Heft 1/2001, S. 6; dass., (2002): URL:http://www.destatis.de/indicators/d/arb310ad.htm (Zugriff am 14.07.2003).

95. Die Berechnungen erfolgten mit Hilfe der Prozeduren „X-11" (multiplikative Variante mit arbeitstäglicher Bereinigung) sowie „X-12" (multiplikative Variante mit programmspezifischer Standardsetzung der Parameter) des Programmpakets EVIEWS 4.

Abbildung 1.9a

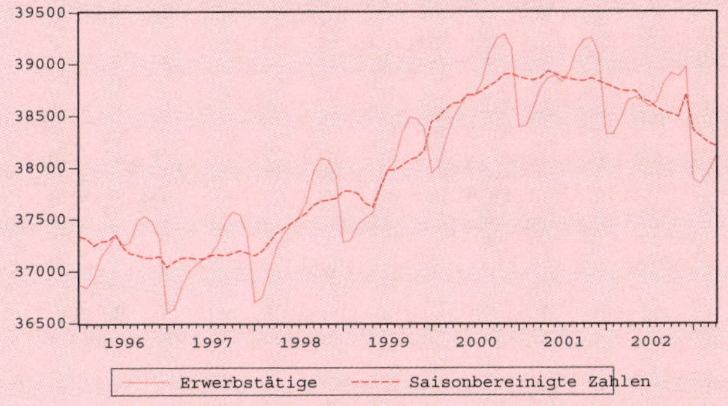

Abbildung 1.9b

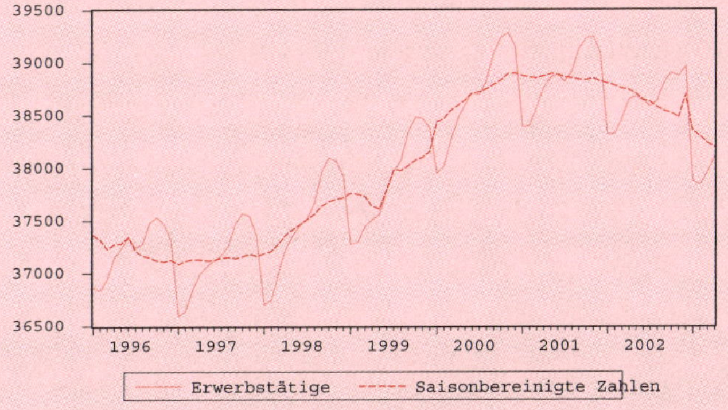

Ein weiteres traditionelles Verfahren zur Saisonbereinigung von Zeitreihenwerten, das ebenfalls heute noch in seiner neueren Variante BV4[96] z.B. vom Statistischen Bundesamt benutzt wird, soll im Folgenden dargestellt werden.

1.4.2.3 Das Berliner Verfahren

Diese Methode wurde ursprünglich an der TU Berlin in Zusammenarbeit mit dem DIW, Berlin, entwickelt und beruht auf der Annahme, dass sich eine Zeitreihe aus *additiven* Komponenten zusammensetzt (vgl. (1.4-3)), wobei die Trend- und die Konjunkturkomponente zur glatten Komponenten zusammengefasst werden. Die Grundidee ist, dass sich diese Bestandteile einer ökonomischen Reihe durch Oszillationen mit jeweils unter-

96. BV4 steht für „Version 4 des Berliner Verfahrens". Das Statistische Bundesamt stellt das Programm zu BV4 kostenlos zur Verfügung (URL: http://www.destatis.de/mve/d/bv4.htm, Zugriff am 14.07.2003).

schiedlichen Amplitudengrößen und Phasenlängen darstellen lassen, also eine *Spektralanalyse*[97] durchgeführt werden kann. Mit ihrer Hilfe soll der Beitrag der Schwingungen in unterschiedlichen Frequenzbereichen abgeschätzt[98] werden. Das Ergebnis ist das sog. *Spektrum* der Zeitreihe, d.h. eine Dichtefunktion im Frequenzbereich, die für jede Frequenz deren Beitrag zur Erklärung der Gesamtvarianz der Reihe liefert.[99]

Allgemein kann eine Schwingung durch die Funktion

$$y = \alpha \cdot \sin(\lambda t + \beta) \tag{1.4-47}$$

wiedergegeben werden, wobei α die Amplitude, λ die Frequenz und β die Phasenverschiebung kennzeichnet. Bei ökonomischen Prozessen wird davon ausgegangen, dass der Trend nur in ganz langen Perioden oszilliert, seine Frequenz λ also fast Null und damit y annähernd konstant ist. Die Konjunkturschwankungen werden als längerfristige Schwingungen um den Trend gesehen; es gilt somit $\lambda > 0$ mit einer Obergrenze, die eine Jahresschwankung beschreibt, so dass die Saisoneinflüsse nicht miterfasst werden. Liegen Monatswerte vor, kann diese Obergrenze mit $\lambda = \frac{\pi}{6}$ angegeben werden. Damit wird die glatte Komponente durch den Niedrigfrequenzbereich $0 < \lambda < \frac{\pi}{6}$ erfasst. Entsprechend werden Saisonschwankungen als Oszillationen mit kürzerer Schwingungsdauer angesehen; sie liegen somit im durch $\lambda > \frac{\pi}{6}$ festgelegten Hochfrequenzbereich. Die Restkomponente erfasst dann wie immer die nicht zuzuordnenden Teile der Zeitreihe.

Praktische Vorgehensweise beim Einsatz von BV4:

(1) Vor Beginn der Analyse ist festzulegen, ob eine Extremwertbereinigung durchgeführt werden muss und Kalendereffekte zu berücksichtigen sind. Extremwertbereinigungen basieren auf der Annahme, dass die Beobachtungen $\{x_t\}$ Realisationen eines stationären, normalverteilten Prozesses sind. Unter dieser Voraussetzung werden Erwartungswerte für die Zeitreihenwerte ermittelt. Weicht ein Wert x_t erheblich vom erwarteten ab, wird er als „extrem" angesehen und durch einen „moderateren"[100] ersetzt. Die Analyse wird dann mit der von Ausreißern bereinigten Reihe fortgeführt.

(2) Wird zusätzlich eine Berücksichtigung von Kalendereffekten gewünscht, wird die Zeitreihe einer vorläufigen Trend- und Saisonbereinigung unterzogen und anschließend die Kalenderkomponente mit Hilfe eines Regressionsmodells geschätzt. Dabei wird die vorläufig trend- und saisonbereinigte Reihe (= Kalenderkomponente und Rest) als Zielvariable betrachtet und die trend- und saisonbereinigten Reihen der Abweichungen der Wochen- und Feiertage vom jeweiligen Monatsdurchschnitt als erklärende Variablen angesetzt.

(3) Durch den Einsatz spezieller linearer Filter wird nun die gegebenenfalls extremwert- und kalenderbereinigte Reihe in die glatte Komponente $G_t = m(t) + K_t$ und die Saisonkomponente S_t zerlegt. Dabei wird zuerst G_t durch ein Polynom

97. Die zentrale Aussage hinter der Spektralanalyse ist der Satz über die FOURIER-Reihen, der besagt, dass jede hinreichend glatte Funktion durch eine FOURIER-Reihe approximiert werden kann. Eine FOURIER-Reihe ist die unendliche Summe von allgemeinen Sinusfunktionen (BRONSTEIN et al., 1993, S. 258 ff. und 482 f.).

98. Ein exakter mathematischer Zusammenhang kann wegen der Überlagerung durch irreguläre Einflüsse natürlich nicht angegeben werden.

99. Vgl. z.B. HUJER/CREMER, 1978, S. 62 ff.; LEINER, 1986, S. 59 ff., NOURNEY, 1983, S. 848 ff., Statistisches Bundesamt, 2002, URL: http://www.destatis.de/mve/d/bv4.htm ; STIER, 2001, S. 205 ff.; WEBER, 1984, S. 63 ff.; WINKER, 1997, S. 58 ff.

100. Vgl. Vorgehensweise beim CENSUS-Verfahren.

$$G_t = \sum_{i=1}^{p} a_i \cdot t^i \qquad (1.4\text{-}48)$$

approximiert, das maximal vom Grade $p = 3$ unterstellt wird. Die Schätzung der Saisonkomponente erfolgt dann durch ein trigonometrisches Polynom der Form

$$S_t = \sum_{j=1}^{q} \left[b_j \cdot \cos(\lambda_j \cdot t) + c_j \cdot \sin(\lambda_j \cdot t) \right] , \qquad (1.4\text{-}49)$$

wobei üblicherweise $q = 6$ gesetzt wird und somit insgesamt 12 Koeffizienten (Amplituden) für b_j und $c_j$die Sinus- und Kosinusfunktionen der sechs betrachteten Frequenzen (Periodizitäten von 2 Monaten bis zu einem Jahr) zu schätzen sind. Das unterstellte Gesamtmodell lautet somit

$$\tilde{x}_t = \sum_{i=1}^{p} a_i \cdot t^i + \sum_{j=1}^{q} \left[b_j \cdot \cos(\lambda_j \cdot t) + c_j \cdot \sin(\lambda_j \cdot t) \right] + \tilde{u}_t \, , \; t \in I \, , \qquad (1.4\text{-}50)$$

mit I:= Intervall der Länge m; d.h. die Schätzung der insgesamt $p + 2q$ Koeffizienten a_i, b_j und c_j erfolgt dabei auf der Basis eines Stützbereiches von m Elementen. Fasst man diese in einem Vektor $\underline{\tilde{x}}' = (\tilde{x}_1, \ldots, \tilde{x}_m)$[101] und entsprechend alle anderen Modellgrößen ebenfalls zu Matrizen bzw. Vektoren zusammen, so lautet (1.4-50) in Matrixschreibweise

$$\underline{\tilde{x}} = \underline{M}_1' \underline{a} + \underline{M}_2' \underline{b} + \underline{\tilde{u}} =: \underline{M}' \cdot \underline{d} + \underline{\tilde{u}} \, , \qquad (1.4\text{-}50a)$$

mit $\underline{a}: = (p \times 1)$–Koeffizientenvektor des Polynoms in (1.4-48), $\underline{b} = (b_1, c_1, \ldots, b_q, c_q)'$ $: = (2q \times 1)$–Koeffizientenvektor des trigonometrischen Polynoms in (1.4-49) und $\underline{\tilde{u}} = (\tilde{u}_1, \ldots, \tilde{u}_m)'$: = Vektor der Residuen; die $[(p + 1) \times m]$–Teilmatrix $\underline{M}_1$ sowie die $[(2q - 1) \times m]$–Teilmatrix $\underline{M}_2$ der Gleichung (1.4-50a) lauten

$$\underline{M}_1 \begin{pmatrix} 1 & 2 & \cdots & m \\ 1 & 2^2 & \cdots & m^2 \\ \vdots & \vdots & & \vdots \\ 1 & 2^p & \cdots & m^p \end{pmatrix}, \; \underline{M}_2 = \begin{pmatrix} \cos\lambda_1 & \cos(2\lambda_1) & \cdots & \cos(m\lambda_1) \\ \sin\lambda_1 & \sin(2\lambda_1) & \cdots & \sin(m\lambda_1) \\ \vdots & \vdots & & \vdots \\ \sin\lambda_q & \sin(2\lambda_q) & \cdots & \sin(m\lambda_q) \end{pmatrix}. \qquad (1.4\text{-}50b)$$

Gleichung (1.4-50a) kann als ökonometrisches Regressionsmodell[102] aufgefasst werden, dessen unbekannte Parameter a_i, b_j und c_j, die im Vektor $\underline{d}$ zusammengefasst sind, mit Hilfe der OLS-Schätzung bestimmt werden können, wenn man für die $\tilde{u}_t'$s einen speziellen schwach stationären, nämlich unkorrelierten Zufallsprozess mit dem Erwartungswertvektor $E(\underline{\tilde{u}}) = \underline{0}$ unterstellt. Die Berechnung der Schätzwerte $\underline{\widehat{d}}$ erfolgt deshalb durch

$$\underline{\widehat{d}} = \left(\underline{MM'}\right)^{-1} \underline{Mx} \, , \qquad (1.4\text{-}51)$$

so dass für die Schätzung der glatten sowie der Saisonkomponente

$$\underline{\widehat{x}} = \underline{M}' \underline{\widehat{d}} \overset{(1.4-51)}{=} \underline{M}'(\underline{M}\underline{M}')^{-1}\underline{M}\underline{x} =: \underline{N}' \underline{x} \qquad (1.4\text{-}52)$$

101. Der Einfachheit halber wird im Folgenden statt $t_1 \ldots, t_m$ der Zeitindex $t = 1, \ldots, m$ verwendet. Außerdem beachte man, dass die Zeitreihenwerte nun als Realisierungen der Zufallsvariablen $\{\tilde{x}_t\}$ betrachtet werden.

102. Man vergleiche im Folgenden die Ausführungen zu Kapitel 2.

gilt. Der Schätzvektor $\underline{\hat{x}}$ besitzt wiederum die Ordnung $(m \times 1)$, die Matrix $\underline{N}$ bzw. $\underline{N}'$ die Ordnung $(m \times m)$. Will man die Schätzung der glatten Komponente und der Saisonkomponente *getrennt* angeben, so müssen analog zu (1.4-52) folgende Teilmatrizen $\underline{N}_1$ bzw. $\underline{N}_2$ durch Nullsetzen der Teilmatrizen $\underline{M}_2$ bzw. $\underline{M}_1$ in der ersten, linken Matrix $\underline{M}'$ des obigen Matrizenproduktes berechnet werden:

$$\underline{N}_1 = \begin{pmatrix} \underline{M}_1 \\ \underline{0} \end{pmatrix}' \left(\underline{M}\,\underline{M}'\right)^{-1} \underline{M} \quad ; \underline{N}_2 = \begin{pmatrix} \underline{0} \\ \underline{M}_2 \end{pmatrix}' \left(\underline{M}\,\underline{M}'\right)^{-1} \underline{M} \qquad (1.4\text{-}53)$$

Damit erhält man für die Teilschätzung der *Saisonkomponente* S_t den $(m \times 1)$– Vektor

$$\underline{\hat{s}} = \underline{N}_2' \, \underline{x} \qquad (1.4\text{-}54)$$

und für die Teilschätzung der *glatten Komponente* G_t den $(m \times 1)$–Vektor

$$\underline{\hat{g}} = \underline{N}_1' \, \underline{x} \, , \qquad (1.4\text{-}55)$$

Damit sind – ausgehend vom additiven Komponentenmodell – folgende Bereinigungen der gegebenen Zeitreihe möglich:[103]

(a) *Saisonbereinigung*: $\underline{x} - \underline{\hat{s}} = \left\lfloor \underline{I} - \underline{N}_2' \right\rfloor \cdot \underline{x}$ (1.4-56)

(b) *Elimination der glatten Komponente*: $\underline{x} - \underline{\hat{g}} = \left\lfloor \underline{I} - \underline{N}_1' \right\rfloor \cdot \underline{x}$ (1.4-57)

(c) *Elimination beider Komponenten*: $\underline{x} - \underline{\hat{s}} - \underline{\hat{g}} = \left[\underline{I} - \underline{N}' \right] \cdot \underline{x}$ (1.4-58)

(d) *Sukzessive Schätzung*:[104]

(d_1) Teilschätzung der *glatten Komponente* und deren Elimination (siehe (1.4-55) und (1.4-57));

(d_2) Teilschätzung der *Saisonkomponente* aus der trend- und konjunkturbereinigten Reihe durch

$$\underline{\hat{s}} = \underline{N}_2' \left\lfloor \underline{I} - \underline{N}_1' \right\rfloor \cdot \underline{x} \qquad (1.4\text{-}59)$$

und anschließende Saisonbereinigung mit

$$\underline{x} - \underline{\hat{s}} = \left\lfloor \underline{I} - \underline{N}_2' \left\lfloor \underline{I} - \underline{N}_1' \right\rfloor \right\rfloor \cdot \underline{x} \qquad (1.4\text{-}60)$$

103. Die Matrix $\underline{I}$ entspricht dabei jeweils der Einheitsmatrix.

104. Diese entspricht der üblichen Vorgehensweise bei der konkreten Anwendung des Berliner Verfahrens. Der Hauptgrund für die sukzessive Schätzung liegt sicher darin, dass die Verwendung desselben Stützbereiches für beide Komponenten häufig problematisch ist.

Beispiel 1.15 Das Berliner Verfahren BV4 wird nun auf die Reihe $\{x_t\}$ der Erwerbstätigen in der BRD von Januar 1996 bis April 2003 aus Beispiel 1.14 angewandt.[105] Tabelle 1.15 (vgl. *Anhang A2*) enthält die Originalwerte wiederum in Spalte 2, die saison- und kalenderbereinigten Werte $\{\hat{x}_t\}$ in Spalte 3. Für den Grad des für die Schätzung der Saisonkomponente benutzten trigonometrischen Polynoms gilt dabei $q = 6$, die Prüfgröße zur Extremwertbereinigung und die Länge des gewählten Stützbereiches wurden standardmäßig $\tau = 0$ und $m = 24$ gesetzt.[106] Ergänzend wird in Spalte 4 der Tabelle auch die Schätzung der glatten Komponente wiedergegeben, um die Schätzergebnisse dieses spektralanalytischen Ansatzes zu komplettieren. Außerdem wird nicht nur die saisonbereinigte Reihe, sondern insbesondere die glatte Komponente (= Trend-Konjunktur-Komponente) zur Beurteilung ökonomischer Reihen benutzt.[107]

Als Vorteil des Berliner Verfahrens gegenüber den verschiedenen CENSUS-Verfahren gilt seine klar formulierte theoretische Grundlage auf der Basis eines linearen Regressionsmodells, so dass die Ergebnisse als verifizierbare Hypothesen über das Konjunktur- oder Saisonverhalten ökonomischer Zeitreihen betrachtet werden können.[108] Weiterhin kann es universell eingesetzt werden, d.h. bis auf etwaige Extremwert- und Kalenderbereinigungen sind hier im Gegensatz zum CENSUS-Verfahren keine reihenspezifischen Parametersetzungen vorzunehmen. Methodisch ist es den dynamischen Verfahren zuzuordnen und kann in seiner jetzt verwendeten Version 4 vollautomatisiert eingesetzt werden.[109] Als Nachteil ist zu sehen, dass eine einfache Fortschreibung nicht möglich ist, da sich alle bereinigten Werte durch Hinzukommen neuer Beobachtungen ändern. Weitere Nachteile früherer Versionen, die die verwendeten Filter betrafen, sind großenteils ausgeräumt worden. Außerdem muss auf die in der praktischen Anwendung auftretenden Spezifikationsprobleme wie z.B. die Festlegung der exakten Polynomgrade p und q oder der Länge der Stützbereiche hingewiesen werden.[110]

Das Berliner Verfahren in seiner Version 4 (BV4) und die CENSUS-Verfahren dominierten in den letzten Jahren bei der Saisonbereinigung. Letztere wurden insbesondere auch im westlichen Europa in der amtlichen Statistik eingesetzt. Heute wird in bestimmten europäischen Ländern zusätzlich das neuere Verfahren TRAMO/SEATS,[111]

105. Für die Berechnung der bereinigten Werte wird die kostenlos vom Statistischen Bundesamt zur Verfügung gestellte Version 4 des Verfahrens benutzt (URL: http://www.destatis.de/mve/d/bv4.htm, Zugriff am 14.07. 2003).

106. Nur der Originalwert für Januar 2001 wurde als „Extremwert" diagnostiziert und durch den Schätzwert 38735,5 ersetzt.

107. Man beachte, dass die saison- und kalenderbereinigte Reihe $\hat{x}_t$ der von kurzfristigen Störungen überlagerten glatten Komponente entspricht.

108. Jedoch hat es in seinen neueren Versionen auch schon eine Entwicklungsstufe erreicht, in der eine Modellfestlegung nur in größeren Umrissen möglich ist.

109. Vgl. SPETH, 1999, S.24; Statistisches Bundesamt (2003), URL: http://www.destatis.de/d/bv4.htm.

110. Einen empirischen Verfahrensvergleich findet man u.a. bei HÖPFNER, 1998, S. 949 ff. und SPETH, 1994, S. 98 ff.

111. Die Software wird kostenlos unter der URL: http://www.bde.es/servicio/software/econome.htm zur Verfügung gestellt; auch EVIEWS 4 enthält diese Routine.

das vor allem von EUROSTAT[112] propagiert wird, verwendet; in einigen Ländern wie z.B. Frankreich, Italien und den skandinavischen Ländern soll es X-11 ganz ersetzen. Das Statistische Bundesamt setzt aufgrund eigener Verfahrensvergleiche weiterhin auf BV4. Ein bezüglich aller Kriterien „überlegenes" Verfahren existiert jedoch nicht. Grundlage von TRAMO/SEATS ist ein saisonales ARIMA-Modell,[113] das anschließend additiv in ARIMA-Modelle für die einzelnen Komponenten zerlegt wird, die auf diese Art geschätzt werden. Die Behandlung von Ausreißern und von fehlenden Werten erfolgt analog zu X-12-ARIMA. Als Vorteil dieses Verfahrens wird der global formulierte Modellansatz sowie die Möglichkeit der einfachen Berechnung von Konfidenzintervallen und von Prognosen für die Komponenten gesehen. Jedoch darf nicht vergessen werden, dass eine dafür notwendige zuverlässige Modellidentifikation gerade im Rahmen der amtlichen Statistik nicht leicht ist, da meist nur relativ kurze Zeitreihen vorliegen. Weitere Vorteile dieses neueren Verfahrens liegen in den zahlreichen integrierten Tests zur Prüfung der Modellqualität sowie im Vorliegen einer automatisierten Verfahrensversion. Der globale Modellansatz beinhaltet aber auch den Nachteil, dass er nicht dynamisch ist. Deshalb können Änderungen der Zeitreihenstruktur, die eigentlich Änderungen des Modells bedingen müssten, von der gegebenen Modellstruktur nicht adäquat angepasst werden, so dass sie zu modellbedingten Ausreißerwerten führen.[114]

Die in diesem Kapitel vorgestellten Trendbestimmungs- und Saisonbereinigungsverfahren[115] werden im Rahmen der *empirischen Wirtschaftsforschung* vor allem zur aktuellen *Konjunkturbeobachtung* und *-prognose* eingesetzt. Mit ihrer Hilfe sollen die beobachteten monatlichen ökonomischen Daten von saisonalen und Kalendereinflüssen bereinigt werden, die die mittel- und langfristigen Entwicklungsrichtungen stören. Deshalb ist das Ziel der vorgestellten CENSUS-Verfahren sowie des Berliner Verfahrens, die gegebene Zeitreihe so in Komponenten zu zerlegen, dass die Trend- und Konjunkturkomponente, die diese Grundtendenzen wiedergibt, ermittelt werden kann. Soll diese „glatte" Komponente zur Beurteilung der Konjunkturlage herangezogen werden, so muss immer beachtet werden, dass die Schätzungen am aktuellen Rand mit einigen Unsicherheiten behaftet sind, da die letzten vorliegenden Beobachtungswerte nur vorläufig sind und meistens noch korrigiert werden müssen und da – unabhängig davon – bei Hinzukommen neuer Werte die Verfahren grundsätzlich einige der früheren Werte revidieren. Letzteres liegt in der Struktur der verwendeten Ansätze und Methoden. In den Ausführungen des Statistischen Bundesamtes wird darauf hingewiesen, dass deshalb die auf der Basis der durch BV4 ermittelten Trend- und Konjunkturkomponente erfolgende Beurteilung der Konjunkturentwicklung – insbesondere bei Vorliegen von Konjunkturumschwüngen – i.d.R. erst nach 3 bis 5 zusätzlichen Reihenwerten zuverlässig sein kann.[116] Deshalb wird vorgeschlagen, die glatte Komponente nicht isoliert, sondern immer im Vergleich zu den sukzessiv in der Vergangenheit ermittelten Verläufen und Endwerten zu betrachten. Dies zeigt, ob neu hinzukommende Werte die Trend – Konjunkturkomponente nach oben oder unten drücken, also in welche Richtung eine mögliche Korrektur läuft. Eine große Differenz zwischen aktuellem und vorher-

112. Statistisches Amt der Europäischen Union, Luxembourg

113. Vgl. Kapitel 1.4.2.4.

114. Vgl. SPETH, 1999, S.23 f.; weitere Verfahrensvergleiche sind nachzulesen in: STIER/WILDI, 2002, S. 447 ff.; DOSSE/PLANAS, 1996, und DEPOUTOT/PLANAS, 1998, URL: http://europa.eu.int/comm/eurostat/research/index.htm.

115. Hinzuweisen ist an dieser Stelle auch noch auf die Möglichkeit der Erfassung der Saisonkomponente durch Dummyvariable im Rahmen eines ökonometrischen Modellansatzes (vgl. Kapitel 2).

116. URL: http://www.destatis.de/indicators/d/zeitreihentext.htm.

gehenden Schätzwert kann schon auf eine Änderung der konjunkturellen Entwicklung hindeuten. Weiterhin ist zu beachten, dass bei der Beurteilung der konjunkturellen Entwicklung mit Hilfe saisonbereinigter Werte eine große Unsicherheit durch die Gefahr von notwendigen, nicht vernachlässigbaren Revisionen über größere Zeiträume hinweg bestehen kann. Wichtig ist, dass immer der Analysecharakter bei der Interpretation der veröffentlichten saisonbereinigten Reihen und der Trend-Konjunkturkomponente gesehen wird, Fehlschlüsse insbesondere in Situationen konjunktureller Umschwünge oder ökonomisch nicht plausible Ergebnisse also nicht die Gesamtanalyse in Frage stellen dürfen.[117]

Da sowohl das neuere TRAMO/SEATS-Verfahren auf einem *saisonalen ARIMA-Modell* beruht als auch ARIMA-Techniken insbesondere zur Erstellung von Prognosen in die X-12-Variante des CENSUS-Verfahrens integriert worden sind, soll dieser Ansatz im nächsten Abschnitt noch kurz vorgestellt werden.

1.4.2.4 Das saisonale ARIMA-Modell

Diese Modellierungstechnik wurde von BOX-JENKINS 1970 entwickelt und spielt in der Zeitreihenanalyse eine bedeutende Rolle.[118] Das klassische Komponentenmodell, also die Zerlegung einer Zeitreihe nach (1.4-3) bzw. (1.4-4), wird dabei verlassen; die gegebene Zeitreihe $\{x_t\}$ wird nun nicht mehr als feste Folge von Zahlen, die von Störgrößen überlagert wird, angesehen, sondern als Realisation eines *stochastischen Prozesses* $\{\tilde{x}_t\}_{t \in Z}$ aufgefasst. Dieser ist eine Folge von Zufallsvariablen $\tilde{x}_t$, bei denen der Zeitparameter t Element der abzählbaren Indexmenge Z (= Menge der ganzen Zahlen) ist. Dabei ist die gegebene zeitliche Abhängigkeitsstruktur von Interesse. Von Bedeutung sind hier spezielle stationäre[119] und invertierbare Prozesse, die als Moving-Average-Prozesse der Ordnung q (= MA[q]-Prozesse) oder als Autoregressive Prozesse der Ordnung p (= AR[p]-Prozesse) dargestellt werden können. *MA[q]-Prozesse* sind lineare Prozesse der Art

$$\tilde{x}_t = \tilde{\varepsilon}_t - \beta_1 \tilde{\varepsilon}_{t-1} - \ldots - \beta_q \tilde{\varepsilon}_{t-q} ; \qquad (1.4\text{-}61)$$

dabei ist $\{\tilde{\varepsilon}_t\}_{t \in Z}$ ein *White-Noice-Prozess* (= reiner Zufallsprozess), der aus einer Folge identisch verteilter, stochastisch unabhängiger Zufallsvariablen $\tilde{\varepsilon}_t$ mit dem Erwartungswert $E\tilde{\varepsilon}_t = \mu_{\tilde{\varepsilon}}$und der Varianz $\operatorname{var}\tilde{\varepsilon}_t = \sigma^2_{\tilde{\varepsilon}}$ für alle t besteht. Im Falle $q = \infty$ ist ein unendlicher MA-Prozess gegeben. Man erhält diese Prozesse also durch Filtration von White-Noice-Prozessen, so dass sie statt durch (1.4-61) auch durch

$$\tilde{x}_t = \beta(B)\,\tilde{\varepsilon}_t \,, \text{ mit } \beta(B) = 1 - \beta_1 B - \beta_2 B^2 - \ldots \qquad (1.4\text{-}61a)$$

117. Vgl. SPETH, 1999, S. 26.

118. Entsprechend umfangreich ist die einschlägige Literatur; deshalb werden nur einige wenige Quellen angeführt, z.B. BOX/JENKINS/REINSEL, 1994; LEINER, 1986; NAZEM, 1988; SCHLITTGEN/STREITBERG, 1995; STIER, 2001; WIE, 1990. Einen Überblick über ARIMA- und RegARIMA-Modellierungen findet man z.B. bei BELL, 1992.

119. Ein stochastischer Prozess heißt (schwach) stationär, falls er mittelwert-und kovarianzstationär ist; die erste Eigenschaft bedeutet, dass die Mittelwerte μ_t für alle t gleich sind; die zweite besagt, dass die Kovarianzfunktion der den Zeitpunkten s und t zugeordneten Zeitreihenvariablen nur von der Differenz (dem Timelag) s–t abhängt; dies muss für alle Paare von Variablen gelten.

wiedergegeben werden können; sie stellen Spezialfälle sogenannter allgemeiner linearer Prozesse[120] dar, bei denen die $\tilde{x}_t$ nur von Zufallsschocks $\tilde{\varepsilon}_t$ der Vergangenheit und der Gegenwart abhängen. Deshalb werden sie auch als einseitig bezeichnet; lineare Filter a_ν, die zu MA-Prozessen führen, sind *kausal* und es gilt $a_\nu = 0$ für $a_\nu < 0$. Ist ein endlicher MA[q]-Prozess invertierbar,[121] so lässt er sich auch als unendlicher AR-Prozess darstellen.

AR[p]-Prozesse sind Prozesse der Art

$$\tilde{x}_t = \alpha_1 \tilde{x}_{t-1} + \alpha_2 \tilde{x}_{t-2} + \ldots + \alpha_p \tilde{x}_{t-p} + \tilde{\varepsilon}_t ; \qquad (1.4\text{-}62)$$

dabei ist $\{\tilde{\varepsilon}_t\}_{t \in Z}$ wiederum ein *White-Noice-Prozess*. Im Falle $p = \infty$ heißt er unendlicher AR-Prozess. Der Name dieser Prozesse ergibt sich daraus, dass der aktuelle Wert der Zeitreihe von seinen eigenen Vergangenheitswerten abhängt. Aus Gründen der Einfachheit wird dabei $\mu_{\tilde{x}} = 0$ gesetzt; ist der Erwartungswert ungleich Null, so muss die Definition des AR[p]-Prozesses in

$$\tilde{x}_t - \mu_{\tilde{x}} = \alpha_1(\tilde{x}_{t-1} - \mu_{\tilde{x}}) + \ldots + \alpha_p(\tilde{x}_{t-p} - \mu_{\tilde{x}}) + \tilde{\varepsilon}_t \qquad (1.4\text{-}62a)$$

umgeschrieben werden. (1.4-62) kann wegen der gegebenen Invertierbarkeit wiederum in einen MA[∞]–Prozess überführt werden, so dass auch hier die Stationarität nachgewiesen ist, da diese bei MA[q]-Prozessen durch die Definitionsgleichung (1.4-61) stets gegeben ist.[122] Mit Hilfe des Operators B kann (1.4-62) dann durch

$$\tilde{x}_t = \alpha(B)\tilde{\varepsilon}_t \text{ , mit } \alpha(B) = (1 - \alpha_1 B - \alpha_2 B^2 - \ldots - \alpha_p B^p) \qquad (1.4\text{-}62b)$$

angegeben werden.

Kombiniert man nun beide Prozesstypen, so erhält man als Verallgemeinerung den *Autoregressiven-Moving-Average-Prozess der Ordnung [p,q]*, kurz *ARMA[p,q]-Prozess*, mit

$$\tilde{x}_t = \alpha_1 \tilde{x}_{t-1} + \alpha_2 \tilde{x}_{t-2} + \ldots + \alpha_p \tilde{x}_{t-p} + \tilde{\varepsilon}_t - \beta_1 \tilde{\varepsilon}_{t-1} - \ldots - \beta_q \tilde{\varepsilon}_{t-q} ; \qquad (1.4\text{-}63)$$

$\{\tilde{\varepsilon}_t\}_{t \in Z}$ ist ein White-Noice-Prozess mit $E\tilde{\varepsilon}_t = 0$ und $\operatorname{var}\tilde{\varepsilon}_t = \sigma^2_{\tilde{\varepsilon}}$ für alle t. Mit Hilfe der Polynome $\alpha(B)$ und $\beta(B)$ aus (1.4-62b) und (1.4-61a) kann er auch durch

$$\alpha(B)\tilde{x}_t = \beta(B)\tilde{\varepsilon}_t \qquad (1.4\text{-}63a)$$

beschrieben werden. Für ARMA[p,q]-Prozesse gilt das Prinzip der „Sparsamkeit", d.h. die Modelle sollen möglichst wenige Parameter enthalten. Würde man zum Vergleich der gegebenen Zeitreihe einen reinen AR[p*]- oder MA[q*]-Prozess anpassen, so gilt bei gleicher Anpassungsgüte i.d.R. $p* + q* \leq p$ bzw. $p* + q* \leq q$. Aus bestimmten Gründen ist die Verwendung der minimal möglichen Parameteranzahl wünschenswert. Weiterhin gilt für zwei unabhängige ARMA-Prozesse der Ordnung $[p_1, q_1]$ bzw. $[p_2, q_2]$,

120. Ein allgemeiner linearer Prozess ist durch $\sum_{\nu=-\infty}^{\infty} a_\nu \tilde{\varepsilon}_{t-\nu}$ gegeben, wobei $\{\tilde{\varepsilon}_t\}_{t \in Z}$ einen White-Noice-Prozess kennzeichnet und (a_ν) ein sog. absolut summierbarer Filter ist. Ein MA[q]-Prozess ergibt sich aus einem White-Noice-Prozess speziell mit dem Filter $(1, -\beta_1, \ldots, -\beta_q)$.

121. Ein MA[q]-Prozess ist invertierbar, wenn alle Lösungen des charakteristischen Polynoms $\beta(y) = 1 - \beta_1 y - \ldots - \beta_q y^q$ außerhalb des Einheitskreises liegen. (Nähere Ausführungen zum Einheitskreis findet man z.B. bei SCHLITTGEN/STREITBERG, 1995, S. 479 ff.).

122. Die Werte $\alpha_1, \ldots, \alpha_p$ sind dann derart gegeben, dass alle Lösungen der Gleichung $\alpha(B) = 0$ außerhalb des Einheitskreises liegen.

dass ihre Summe wiederum einen ARMA-Prozess mit der Ordnung [p,q] ergibt, mit $p \leq p_1 + p_2$ und $q \leq \max(p_1 + q_2, p_2 + q_1)$.

Da die betrachteten stationären AR- und MA- sowie die daraus kombinierten ARMA-Prozesse einen zeitunabhängigen Erwartungswert aufweisen, sind sie für die Modellierung *trendbehafteter* Zeitreihen, wie sie im ökonomischen Bereich meistens vorliegen, nicht geeignet. Dasselbe gilt für *saisonale* Reihen, so dass eine Modellierung von trend- und/oder saisonbehafteter Zeitreihen die Abkehr von der bisher geforderten Stationaritätsbedingung nötig macht. Damit kommt man zu nichtsaisonalen und saisonalen *ARIMA-Prozessen*.

Die Grundidee nichtsaisonaler ARIMA-Prozesse ist folgende: Enthält eine Zeitreihe einen Trend, so kann dieser durch entsprechende Differenzenbildung eliminiert werden. Der trendbereinigten Reihe kann dann ein stationärer ARMA-Prozess angepasst werden. Die gegebene Reihe $\{\tilde{x}_t\}_{t \in Z}$ wird also einer unter Umständen d-maligen Differenzenbildung

$$\tilde{w}_t = \Delta^d \tilde{x}_t \tag{1.4-64}$$

unterworfen, deren Resultat ein stationärer ARMA-Prozess ist; d.h. für die $\tilde{w}_t$ gilt wieder (vgl. (1.4-63a))

$$\alpha(B)\tilde{w}_t = \beta(B)\tilde{\varepsilon}_t \quad . \tag{1.4-65}$$

Einsetzen von (1.4-64) ergibt mit $\Delta = 1 - B$

$$\alpha(B)\,\Delta^d \tilde{x}_t = \beta(B)\tilde{\varepsilon}_t \overset{\Delta = 1 - B}{\Rightarrow} \alpha(B)\,(1 - B)^d \tilde{x}_t = \beta(B)\tilde{\varepsilon}_t \quad . \tag{1.4-66}$$

Folgt die gegebene Reihe $\{\tilde{x}_t\}_{t \in Z}$ dem Modell (1.4-66), das durch Summation oder „Integration"[123] aus einem ARMA-Modell abgeleitet wird, so nennt man diese Prozesse *Autoregressive-Integrierte-Moving-Average-Prozesse*, kurz ARIMA[p,d,q]-Prozesse. Ein spezieller ARIMA-Prozess ist der bekannte *Random-Walk*

$$\tilde{x}_t = \tilde{x}_{t-1} + \tilde{\varepsilon}_t \quad , \tag{1.4-66a}$$

der sich mit $\alpha(B) = 1$ und $\beta(B) = 1$ auch in der allgemeinen Form (1.4-66) darstellen lässt, wenn $d = 1$ gesetzt wird. Damit kann er kurz als ARIMA[0,1,0]-Prozess bezeichnet werden.

Sollen nun mit Hilfe von ARIMA-Prozessen auch Zeitreihen mit *Saisoneffekten* abgebildet werden, bei denen der aktuelle Wert $\tilde{x}_t$ nicht nur von den unmittelbar vorangegangenen Zeitpunkten abhängen, sondern auch von den Werten $\tilde{x}_{t-s}$, wobei s den Saisonzyklus einfängt,[124] so können saisonale Effekte durch den ARIMA-Prozess

$$\psi(B^s)\,(1 - B^s)^D \tilde{x}_t = \theta(B^s)\,\tilde{u}_t \tag{1.4-67}$$

dargestellt werden. Dabei sind ψ und θ Polynome des Grades P bzw. Q und B^s ein Operator, der die Verschiebung um eine ganze Saison (z.B. ein Jahr), also die Abhängigkeit eines Beobachtungswertes $\tilde{x}_t$ von den Beobachtungen $\tilde{x}_{t-s}$, einfängt. Liegen etwa Monatswerte vor, so beschreibt (1.4-67) die Abhängigkeitsstruktur der Beobachtung eines bestimmten Monats des aktuellen Jahres von den Werten desselben Monats der Vorjahre.

123. Der Ausdruck „Summation" wäre sachlich gerechtfertigter, da die Differenzenbildung durch Summation wieder rückgängig gemacht werden kann. Dieser Schritt ist z.B. bei Prognosen mit Hilfe von ARIMA-Modellen nötig, da man dann wieder auf das Niveau des Prozesses zurückkommen muss.

124. Es gilt also s = 12 für Monatsdaten, s = 4 für Quartalsdaten etc.

Die $\tilde{u}_t$ kennzeichnen dabei im allgemeinen keinen White-Noice-Prozess, da auch Korrelationen von aufeinanderfolgenden Monatswerten desselben Jahres zu erwarten sind. Unterstellt man für diese nichtsaisonalen Abhängigkeiten ebenfalls ein ARIMA-Modell, also

$$\alpha(B)(1 - B)^d \tilde{u}_t = \beta(B)\tilde{\varepsilon}_t \ , \qquad (1.4\text{-}68)$$

wobei für die $\tilde{\varepsilon}_t$ wiederum ein White-Noice-Prozess angenommen werden kann, so ergibt sich durch beidseitige Multiplikation der Gleichung (1.4-67) mit $\alpha(B)(1 - B)^d$ das *multiplikative saisonale ARIMA-Modell der Ordnung* $[p, d, q] \times [P, D, Q]$

$$\alpha(B)(1 - B)^d \psi(B^s)(1 - B^s)^D \tilde{x}_t \overset{(1.4-67)}{=} \alpha(B)(1 - B)^d \theta(B^s)\tilde{u}_t \overset{(1.4-68)}{=} \beta(B)\theta(B^s)\tilde{\varepsilon}_t \qquad (1.4\text{-}69)$$

als Gesamtmodell. Wird dieses saisonale ARIMA-Modell zur Beschreibung von ökonomischen Zeitreihen und auch zur Prognose verwendet, so muss immer bedacht werden, dass durch die Unterstellung eines White-Noice-Prozesses für die $\tilde{\varepsilon}_t$ von der zeitlichen Konstanz der Varianz dieser Störgrößen ausgegangen wird. In der Praxis hat man jedoch häufig von zeitlicher Varianzheterogenität für die $\tilde{\varepsilon}_t$ auszugehen, die zu nichtstationären ARMA- und zu ARIMA-Prozessen mit variierender Volatilität führt. Bei letzteren handelt es sich im einfachsten Fall um Reihen mit *trendabhängiger* Varianz, d.h. die Varianz wird mit steigendem Trend größer. Für diese Situationen wird empfohlen, vorab varianzstabilisierende *BOX-COX-Transformationen*[125] durchzuführen, die für positive Werte folgendermaßen lautet:

$$\tilde{y}_t = \begin{cases} \frac{\tilde{x}_t^\lambda - 1}{\lambda} & \text{für } 0 < \lambda \leq 1 \\ \ln x_t & \text{für } \lambda = 0 \end{cases} \qquad (1.4\text{-}70)$$

Mit der vorgestellten Klasse von Wahrscheinlichkeitsmodellen können also ebenfalls empirische Zeitreihen, die trend- und/oder saisonbehaftet sind, analysiert und eine anschließende Prognose durchgeführt werden. Für die konkrete Schätzung der Modellparameter sei auch an dieser Stelle auf die umfangreiche einschlägige Literatur zu ARMA- und ARIMA-Ansätzen verwiesen. Die üblichen statistischen Programmpakete wie z.B. SPSS, EVIEWS oder STATA enthalten entsprechende Prozeduren.

Die bisherigen Ausführungen bezogen sich auf die Möglichkeiten der Gewinnung von Daten sowie der Darstellung von in der Praxis häufig benutzten Methoden der Datenaufbereitung und -analyse. Dabei standen insbesondere Verfahren der Zeitreihenanalyse zur Trend- und Saisonbereinigung im Vordergrund. Im nächsten Kapitel werden nun Methoden der Ökonometrie vorgestellt, die bei ökonomischen Zeitreihen insbesondere zur Überprüfung der adäquaten Modellformulierung sowie zu Prognosezwecken benutzt werden.

125. Der allgemeine praktische Nutzen von BOX-COX-Transformationen ist jedoch nicht ganz unumstritten (vgl. z.B. MOHR, 1984, S. 119 ff.); auch das vorgestellte saisonale ARIMA-Modell von BOX/JENKINS wird dann kritisch bewertet, wenn z.B. saisonale Differenzenbildung für eine gegebene Reihe nicht nötig wäre, also eine Fehlspezifikation durch Überdifferenzierung vorliegt, die zu falschen Prognosen führt. Alternativ werden ARIMA-Modelle mit deterministischer Saisonfigur vorgeschlagen (vgl. FRANSES, 1991, S. 199 ff.).

1.5 Aufgaben

Aufgabe 1-1

Nachstehende Tabelle zeigt das Bruttoinlandsprodukt BIP [in Mrd. ECU/€] der Europäischen Union (EU-15) für die Jahre 1991 bis 2002.

Jahr	1991	1992	1993	1994	1995	1996
BIP	6215,81	6292,69	6269,60	6442,03	6594,77	6700,84

Jahr	1997	1998	1999	2000	2001	2002
BIP	6867,27	7067,83	7270,15	7529,11	7653,78	7733,47

a. Man berechne die Wachstumsraten in % zum Basisjahr 1991.

b. Man berechne das arithmetische Mittel sowie den Zentralwert für die gegebenen Werte.

c. Man bestimme die Varianz, die Standardabweichung sowie den Variationskoeffizienten.

d. Man bestimme die Schiefe der vorliegenden Stichprobenverteilung.

e. Nun sind zusätzlich die privaten Konsumausgaben C [in Mrd. ECU/€] der betrachteten EU-Länder laut nachfolgender Tabelle gegeben.

Jahr	1991	1992	1993	1994	1995	1996
C	3604,47	3663,11	3650,88	3713,34	3780,63	3852,93

Jahr	1997	1998	1999	2000	2001	2002
C	3927,43	4051,43	4197,80	4321,97	4407,37	4451,80

Man berechne den Korrelationskoeffizienten nach BRAVAIS-PEARSON für die Reihen „BIP“ und „C“.

Aufgabe 1-2

Man beschreibe einige einfache und komplexe *ökonomische Indikatoren*, die sich aus dem Stabilitätsgesetz ableiten lassen, sowie die an sie gestellten *Anforderungen* und die grundsätzlich vorhandene *Problematik* bei der Erstellung komplexer Indikatoren.

Aufgabe 1-3

Gegeben sei die Reihe der privaten Konsumausgaben der 15 EU-Länder der Jahre 1991 bis 2002 aus Aufgabe 1-1.

a. Man berechne die Autokovarianzen $\text{cov}_{t,t+1}$, sowie die zugehörigen Autokorrelationskoeffizienten.

b. Man unterstelle das klassische additive Komponentenmodell und bestimme für die Reihe der privaten Konsumausgaben die lineare Trendfunktion

$$m(t) = \beta_1 + \beta_2 t \ , \ (1 \leq t \leq 12)$$

mit Hilfe der Methode der kleinsten Quadrate (MQ-Methode).

Aufgabe 1-3

Nachstehende Tabelle enthält den privaten Konsum C^{priv} eines Landes X [in Mrd. €] der letzen 12 Jahre.

t	1	2	3	4	5	6
C^{priv}	10,5	11,3	15,2	17,3	16,8	19,5

t	7	8	9	10	11	12
C^{priv}	22,1	21,5	24,3	27,8	30,6	33,0

a. Man ermittle eine lineare Trendfunktion

$$m(t) = \beta_1 + \beta_2 t \ , \ (1 \leq t \leq 12) \ ,$$

für diese Reihe des privaten Konsums mit Hilfe der Methode der kleinsten Quadrate sowie die (geschätzte) Varianz der Schätzfunktionen $\tilde{b}_1$ und $\tilde{b}_2$.

b. Man unterstelle nun eine quadratische Trendfunktion und zeige allgemein die Möglichkeit der Schätzung der Koeffizienten mit Hilfe der MQ-Methode.

Aufgabe 1-4

Gegeben sei der Jahresumsatz eines Unternehmens [in Mrd. €] der letzten vier Jahre laut nachstehender Tabelle.

Jahr	2000	2001	2002	2003
Umsatz	2,5	3,0	5,9	10,2

Diesen Werten soll mit Hilfe der MQ-Methode das Modell

$$x_t = e^{\theta t} + u_t$$

angepasst werden. Man zeige die ersten zwei Schritte dieser Vorgehensweise und berechne ein Maß, das die Lösungsverbesserung wiedergibt.

Aufgabe 1-5

Man glätte die Reihe der privaten Konsumausgaben aus Aufgabe 1-1 mit Hilfe eines einfachen Dreier- bzw. Fünfer-Durchschnitts. Zusätzlich benütze man zur Vervollständigung der Werte am aktuellen Rand das Verfahren der Randwertergänzung.

Aufgabe 1-6

Man beschreibe die Grundlagen des Saisonbereinigungsverfahren CENSUS-X11 und dessen Variante X12-ARIMA. Welche Problematik ist insbesondere bei der Grundversion X11 gegeben?

Aufgabe 1-7

Man beschreibe die Grundlagen des Saisonbereinigungsverfahren BV4 (Berliner Verfahren, Version 4). Welchen Vorteil bzw. Nachteile besitzt es im Vergleich zu den CENSUS-Verfahren?

Aufgabe 1-8

Der vierteljährliche Umsatz [in Mrd. €] einer bestimmten Branche habe sich in den letzten 16 Quartalen gemäß nachstehender Tabelle entwickelt:

Quartal	1	2	3	4	5	6	7	8
Umsatz	320	280	290	360	330	270	300	410

Quartal	9	10	11	12	13	14	15	16
Umsatz	350	310	370	420	340	330	350	440

a. Man benutze das Phasendurchschnittsverfahren zur Berechnung der saisonbereinigten Quartalsdaten.

b. Man verwende das CENSUS-Verfahren in der Variante X-12-ARIMA sowie das TRAMO/SEATS-Verfahren zur Berechnung der saisonbereinigten Reihe.
(Hinweis: Man benutze dazu ein geeignetes Software-Paket, z.B. EVIEWS 4)

c. Man berechne die saisonbereinigten Quartalsdaten mit Hilfe des Berliner Verfahrens, Version 4 (BV4).
(Hinweis: Man benutze das vom Statistischen Bundesamt zur Verfügung gestellte Programm; URL: http://www.destatis.de/mve/d/bv4.htm).

Aufgabe 1-9

Nachstehende Tabelle enthält die monatlichen Erwerbstätigenzahlen der BRD vom Januar 2003 bis April 2004.

Monat	01.03	02.03	03.03	04.03	05.03	06.03	07.03	08.03
Erwerbstätige	37794	37775	37930	38137	38221	38298	38283	38322

Monat	09.03	10.03	11.03	12.03	01.04	02.04	03.04	04.04
Erwerbstätige	38517	38621	38606	38455	37660	37644	37779	37968

a. Man ermittle eine lineare Trendfunktion für diese Beobachtungsreihe mit Hilfe der Methode der kleinsten Quadrate.

b. Man ermittle mit Hilfe eines geeigneten Programmpakets die zugehörige saisonbereinigte Reihe der Erwerbstätigenzahlen nach CENSUS-X-12-ARIMA.

c. Man berechne die saisonbereinigten Monatsdaten mit Hilfe des Berliner Verfahrens, Version 4 (BV4).
(Hinweis: Man benutze das vom Statistischen Bundesamt zur Verfügung gestellte Programm; URL: http://www.destatis.de/mve/d/bv4.htm).

Anwendung ökonometrischer Methoden in der Empirischen Wirtschaftsforschung

2

ÜBERBLICK

2.1 Einführung

Gegenstand der Ökonometrie, einer im Jahre 1931 von der *Econometric Society*[1] gegründeten Disziplin, ist die empirische Überprüfung und numerische Konkretisierung von Strukturgleichungen und Struktursystemen, die die Wirtschaftstheorie liefert. Geeignete mathematisch-statistische Methoden sollen durch Erklärung und Prognose (volks-) wirtschaftlicher Größen bzw. Phänomene zur Lösung ökonomischer sowie wirtschaftspolitischer Probleme beitragen. Ökonometrische Modelle formulieren mathematische Gleichungssysteme, die den Wirkungszusammenhang von ökonomischen Variablen geeignet wiedergeben sollen; dieser kann dann mit Hilfe der aus dem vorliegenden empirischen Datenmaterial zu schätzenden Koeffizienten näher spezifiziert und für Prognosezwecke verwendet werden.

Damit ergeben sich für die konkrete Anwendung ökonometrischer Methoden folgende Problemfelder:

1. Festlegung eines geeigneten Modells *(Modellspezifikation)*;
2. Optimale *Schätzung* der Modell*parameter* sowie *Überprüfung* der unterstellten ökonometrischen *Struktur*;
3. *Interpretation* der Ergebnisse.

Der Aufbau dieses Kapitels ergibt sich aus dem wichtigen ersten Problemkreis, der von erheblicher praktischer Bedeutung ist, da er die Grundlage der empirischen Analyse ökonomischer Zusammenhänge darstellt. Zu unterscheiden sind z.B. *Eingleichungs- und Mehrgleichungs*modelle sowie *makro- und mikroökonometrische* Modelle. Letztere befassen sich – im Gegensatz zu den herkömmlichen Regressionsmodellen, die quantitative abhängige Variablen unterstellen, – mit der adäquaten Behandlung qualitativer abhängiger und beschränkt abhängiger Variablen sowie der Analyse von Verweildauern und Zähldaten. Diese Ansätze sind unter den Begriffen *Probit-, Logit- und Tobit-Modelle"* sowie *„Poisson- und Hazard-Raten-Modelle"* bekannt. Eingleichungsmodelle werden in Abschnitt 2.2, Mehrgleichungsmodelle in Abschnitt 2.3 behandelt; einen kurzen Überblick über die mikroökonomischen Ansätze gibt Abschnitt 2.4.

Unter einem *Modell* versteht man die Zusammenfassung aller für die Untersuchung vorab getroffenen Annahmen, wobei die Modellparameter – abgesehen von a-priori-Restriktionen – nicht numerisch präzisiert sind. Werden alle ökonomischen und statistischen Parameter numerisch festgelegt, ergibt sich aus dem Modell eine *Struktur*. Ein Modell kann somit als die Menge aller Strukturen aufgefasst werden, die mit den Modellannahmen kompatibel sind. Grundsätzlich wird in der Ökonometrie von einer gewissen Zeitkonstanz der Struktur ausgegangen. Ist dies nicht der Fall, so spricht man von *Strukturbruch*. Mit der Unterstellung der Existenz einer „wahren" Struktur, welche die vorliegenden Beobachtungswerte produziert, ist immer das Problem der zutreffenden Spezifikation des Modells sowie die Frage des Auffindens dieser „wahren" Struktur unter allen zugelassenen Strukturen für das richtig spezifizierte Modell verbunden.

Ökonometrische Modelle können in *Strukturform*, also in der der Wirtschaftstheorie adäquaten Form, oder in *reduzierter* Form, die sich aus der Strukturform durch Auf-

1. Die Econometric Society ist eine Gesellschaft zur „Fortentwicklung der ökonomischen Theorie im Zusammenhang mit der Wirtschaftsstatistik und der Mathematik", die sich der Förderung von Arbeiten widmet, welche den theoretischen-quantitativen und den empirischen Ansatz der Ökonomie in Einklang bringen (HUJER/CREMER, 1978, S. 183; FRISCH, 1933, S. 1).

lösung nach den gemeinsam abhängigen Variablen[2] ergibt, vorliegen. Die reduzierte Form ist für Prognosezwecke geeignet. Eine weitere Unterscheidung kann auch nach der Art der kausalen Verknüpfung der gemeinsam abhängigen Variablen getroffen werden. Ist diese wechselseitig, so liegen interdependente Modelle vor, innerhalb derer aufwändigere simultane Schätzmethoden anzuwenden sind; ist die Wirkungsrichtung einseitig, spricht man von rekursiven Modellen, bei denen herkömmliche Schätzmethoden angewandt werden können.

Innerhalb der gewählten Modelle kann nun zwischen der Art der vorliegenden *Parameter, Variablen* und *Gleichungen* unterschieden werden. *Parameter* können als Koeffizienten der Modellgleichungen, die direkt ökonomisch interpretierbar sind, oder als Kenngrößen stochastischer Variabler, deren ökonomische Bedeutung meist nicht unmittelbar ersichtlich ist, gegeben sein.[3] So kommen z.B. in makroökonomischen Modellen marginale Konsum- oder Investitionsquoten, Elastizitäten sowie Multiplikatoren oder Akzeleratoren unmittelbar als Modellparameter vor; zu den statistischen Parametern gehören dagegen die Momente der Verteilungen stochastischer Größen, z.B. Erwartungswerte, Varianzen und Kovarianzen, die zu schätzen sind.

Die *Modellvariablen* können u.a. durch die Begriffspaare „*erklärende* Variablen (Regressoren)" – „*erklärte* Variable (Zielvariable, Regressand)" sowie „*endogene* Variablen" – „*exogene* Variablen" kategorisiert werden. Während bei Eingleichungsmodellen die Festlegung einer in das Modell einzubeziehenden Größe als Regressor oder Regressand eindeutig ist, ist diese Unterscheidung bei Mehrgleichungsmodellen nicht adäquat. Denn in solchen Systemen kann ein und dieselbe Variable in einer Gleichung erklärte, in einer anderen erklärende Variable sein. Deshalb bezeichnet man hier eine Variable als endogen, wenn sie durch das ökonometrische Modell erklärt wird. Üblicherweise leisten dabei auch andere endogene Variable Erklärungsbeiträge. Als exogen werden Variablen dann bezeichnet, wenn sie ausschließlich erklärend sind, ihre Werte also außerhalb des Modells festgelegt werden. Bei Eingleichungsmodellen stimmen damit die Begriffe „erklärte Variable (Regressand) – endogene Variable" sowie „erklärende Variable (Regressor) – exogene Variable" überein; in Mehrgleichungsmodellen können endogene Variable sowohl Regressor als auch Regressand sein, exogene Variablen jedoch wiederum nur Regressoren. Eine weitere Kategorisierung der Modellvariablen ist durch die Begriffspaare „*verzögerte*" – „*nicht verzögerte*" Variablen und „*vorherbestimmte*" – „*gemeinsam abhängige*" Variablen möglich. Verzögerte Variablen haben im Gegensatz zu den nicht verzögerten Größen einen Zeitbezug, der nicht dem aktuellsten im Modell vorkommenden entspricht. Speziell spricht man von verzögert endogenen Variablen, wenn eine Variable mit verschiedenen Zeitindizes vorkommt. Exogene und verzögert endogene Variablen werden auch als vorherbestimmte, die unverzögert endogenen Variablen auch als gemeinsam abhängige Variablen bezeichnet.[4]

Ein ökonomisches Modell wird stets von der Realität abweichen, da erstens im allgemeinen nicht alle Einflussgrößen erfasst werden und zweitens das wirtschaftliche Verhalten des Menschen grundsätzlich auch stochastische Elemente enthält. Deshalb werden in der ökonometrischen Formulierung dieses Modells in bestimmtem Gleichungen sog. *Störgrößen* eingebracht, die den Charakter von Zufallsvariablen besitzen. Durch sie werden alle nicht näher spezifizierten, latenten Einflussgrößen sowie mögliche

2. Auf die verschiedenen Arten von Variablen, die in einem ökonometrischen Modell enthalten sein können, wird im Folgenden eingegangen.
3. SCHAICH/BRACHINGER, 1999, S. 6.
4. Vgl. z.B. SCHAICH/BRACHINGER, 1999, S. 4 f.; SCHNEEWEISS, 1990, S. 35 f.

Messfehler erfasst. Die entsprechenden Zielvariablen erhalten als Funktionen der Störvariablen ebenfalls stochastischen Charakter und die Schätzung der Modellparameter wird durch die bezüglich der Störvariablen getroffen Annahmen beeinflusst.

Die *Gleichungen* eines ökonometrischen Modells können nun ebenfalls nach bestimmten Kriterien eingeteilt werden. So kann zwischen *dynamischen* und *statischen* Beziehungen sowie zwischen *Identitäts-* und *Reaktionsbeziehungen* unterschieden werden. Von dynamischen Gleichungen spricht man, wenn in ihr die Zeit mittel- oder unmittelbar eingeht; ansonsten werden sie als statisch bezeichnet. Beispiele für dynamische Gleichungen sind autoregressive Beziehungen, Lag- oder Lead-Beziehungen, Trendfunktionen sowie Beziehungen mit zeitbezogenen Variablendifferenzen oder Differentialen. Identitätsbeziehungen bringen definitorisch gesetzte oder theoretisch postulierte Gleichheit zum Ausdruck; sie enthalten keine stochastischen Elemente. Zu den Identitätsbeziehungen zählen Definitionsgleichungen, wie z.B. die Zusammensetzung des Volkseinkommens aus Konsum- und Investitionsvolumen, sowie Gleichgewichtsbedingungen, wie sie z.B. für Marktgleichgewichte formuliert werden. Reaktionsbeziehungen dagegen erfassen die Abhängigkeiten von Variablen, in welche das Verhalten von Wirtschaftssubjekten einfließt. Sie enthalten somit auch Störvariablen. Zu den Reaktionsgleichungen zählen Verhaltensgleichungen wie sie z.B. durch Konsumfunktionen oder Investitionsfunktionen gegeben sind, institutionelle Gleichungen, die die Reaktion von Wirtschaftssubjekten auf institutionelle Maßnahmen erfassen, sowie technologische Gleichungen.

Beispiel 2.1 Anhand des folgenden einfachen makroökonomischen Modells sollen einige der oben eingeführten Begriffe verdeutlicht werden:[5]

$$\begin{aligned} C_t &= \alpha_0 + \alpha_1(Y_t - T_t) \\ I_t &= \beta_1 Y_{t-1} + \beta_2 W_t \quad , \ (0 < \alpha_1 < 1\,;\ \beta_1 > 0\,;\ \beta_2 < 0)\ , \\ Y_t &= C_t + I_t + A_t \end{aligned} \qquad \text{(B2-1)}$$

mit C_t: = private Konsumausgaben in Periode t; Y_t: = verfügbares (Volks-)Einkommen in Periode t; T_t: = Einkommenssteuervolumen in Periode t; I_t: = Investitionsvolumen in Periode t; W_t: = Wert einer wirtschaftspolitischen Steuerungsgröße in Periode t; A_t: = staatliches Ausgabenvolumen in Periode t.

Das zugehörige ökonometrische Modell lautet

$$\begin{aligned} \tilde{C}_t &= \alpha_0 + \alpha_1(Y_t - T_t) + \tilde{u}_{1t} \\ \tilde{I}_t &= \beta_1 Y_{t-1} + \beta_2 W_t + \tilde{u}_{2t} \quad , \ (0 < \alpha_1 < 1\,;\ \beta_1 > 0\,;\ \beta_2 < 0)\ , \\ Y_t &= C_t + I_t + A_t \end{aligned} \qquad \text{(B2-2)}$$

mit $\tilde{u}_{1t}$, $\tilde{u}_{2t}$: = stochastische Störvariablen, deren Einführung auch den stochastischen Charakter der abhängigen Größen $\tilde{C}_t$ und $\tilde{I}_t$ bewirkt.

(B2-2) stellt ein Mehrgleichungsmodell in Strukturform dar, da es dem ökonomischen Modell (B2-1) adäquat formuliert ist. Dabei sind T_t, W_t und A_t exogene, C_t, I_t und Y_t endogene Variablen, die auch als gemeinsam abhängige Variablen bezeichnet werden können; mit Y_{t-1} ist eine verzögert endogene Variable gegeben. Die beiden ersten Gleichungen des Modells stellen Verhaltensgleichun-

5. Vgl. JOHNSTON, 1984, S. 2 f.; LÖBUS, 2001, S. 3.

gen, also Reaktionsbeziehungen dar, deren exakte funktionale Zusammenhänge durch stochastische Einflüsse überlagert werden; die dritte Gleichung ist eine Identitätsbeziehung. Durch Umformung erhält man aus der Strukturform die reduzierte Modellform. Hier ergibt sich durch Einsetzen der beiden letzten in die erste Modellgleichung

$$C_t = \frac{\alpha_0}{1-\alpha_1} + \frac{\alpha_1\beta_1}{1-\alpha_1} Y_{t-1} + \frac{\alpha_1\beta_2}{1-\alpha_1} W_t + \frac{\alpha_1}{1-\alpha_1}(A_t - T_t) + \tilde{u}^*_{1t} , \qquad \text{(B2-2a)}$$

und – durch Einsetzen von (B2-2a) und der zweiten Modellgleichung von (B2-2) in die dritte Gleichung – die neue7 Beziehung in reduzierter Form für Y_t mit

$$Y_t = \frac{\alpha_0}{1-\alpha_1} + \frac{\beta_1}{1-\alpha_1} Y_{t-1} + \frac{\beta_2}{1-\alpha_1} W_t + \frac{1}{1-\alpha_1} A_t - \frac{\alpha_1}{1-\alpha_1} T_t . \qquad \text{(B2-2b)}$$

Zusammen mit der ursprünglichen zweiten Gleichung von (B2-2), die nicht umgeformt werden muss, ergeben die Gleichungen (B2-2a) und (B2-2b) die reduzierte Form des Modells, die auch für Prognosezwecke geeignet ist. Die Koeffizienten sind nichtlineare, rationale Funktionen in den Strukturparametern α_0, α_1, α_2, β_1 und β_2 und können, falls sie zu exogenen Variablen gehören als Multiplikatoren im volkswirtschaftlichen Sinne interpretiert werden.

Bei der konkreten Modellspezifikation ist insbesondere auf die *Auswahl der Variablen* und die Form der Variablenverknüpfung, also den *Funktionstyp*, sowie auf die zu treffenden Annahmen über die *stochastischen Eigenschaften der Störvariablen* zu achten. Werden makroökonomische Zusammenhänge untersucht, liegen meist Längsschnittdaten, also Zeitreihendaten vor. Je länger eine Zeitreihe ist, desto qualifizierter ist die auf ihr basierende Schätzung aber desto größer ist auch die Gefahr, dass sie einen Strukturbruch enthält. Zusätzlich können durch Vorliegen von Kollinearität und Autokorrelationen[6] spezielle Probleme bei der Schätzung auftreten. Ökonometrische Methoden für die Analyse und Prognose derartiger Zusammenhänge werden in den Kapiteln 2.2 und 2.3 vorgestellt. Mit ökonometrischen Verfahren für mikroökonomischen Modelle, in denen neben Längsschnittsdaten häufig auch Querschnittsdaten verwendet werden, befasst sich Kapitel 2.4. Die ökonometrischen Modellansätze von Kapitel 2.2 und 2.3 sind meist linear, so dass sie rechentechnisch und schätztheoretisch einfach zu handhaben sind. Da viele nichtlineare Beziehungen einfach linearisiert werden können,[7] ist diese Vorgehensweise gerechtfertigt. Die jeweiligen Modellannahmen beziehen auch die stochastischen Eigenschaften für die Störvariablen mitein, aus denen dann – bei Vorliegen von Strukturkonstanz – die optimalen Schätz- und Prognoseverfahren für die Modellparameter resultieren. Teste zur Überprüfung der Modellanpassungsgüte oder der Strukturkonstanz können ebenfalls abgeleitet werden.

6. Diese können z.B. bei Datenreihen mit Saisonschwankungen vorliegen.
7. Typische Vorgehensweisen sind dabei die semi- oder die doppelt-logarithmische Transformationen der Art $x = e^{\frac{y-\alpha}{\beta}} \Rightarrow y = \alpha + \beta x$; $y = \alpha\beta^x \, (\alpha, \beta > 0) \Rightarrow \ln y = \ln\alpha + \ln\beta$ oder $y = \alpha x^\beta \Rightarrow \ln y = \ln\alpha + \beta \ln x$.

Im nächsten Abschnitt werden ökonometrische Ansätze und Methoden für Zeitreihendaten vorgestellt, wenn Eingleichungsmodelle in ihrer reduzierten Form vorliegen. Neben der Darstellung des formalen methodischen Instrumentariums sollen dabei auch immer die angesprochenen praktischen Anwendungsprobleme im Blickfeld sein.

2.2 Spezifikation und Schätzung von Eingleichungsmodellen: die lineare Regressionsanalyse

2.2.1 Das klassische Modell der linearen Mehrfachregression

Das klassische lineare Regressionsmodell soll hier in seinen Grundzügen besprochen werden, wobei auf den linearen Mehrfachregressionsansatz eingegangen wird.[8] Der entsprechende Einfachregressionsansatz ist als Spezialfall zu sehen.

2.2.1.1 Das Annahmensystem des klassischen Modells der linearen Regressionsanalyse

Gegeben seien die T Beobachtungswerte y_t, $(1 \leq t \leq T)$, einer Zielvariablen $\tilde{y}$ und die entsprechenden Werte $x_{2t}, x_{3t}, \ldots, x_{kt}$, $(1 \leq t \leq T)$, der erklärenden Variablen x_2, $x_3, \ldots, x_k$. Sowohl der Regressand $\tilde{y}$ als auch die $(k-1)$ Regressoren sind metrische Merkmale, wobei die $x_2, x_3, \ldots, x_k$ deterministisch sind, $\tilde{y}$ jedoch als Funktion der in den nachfolgenden Ansatz (2.2-1) eingeführten stochastischen Störvariablen $\tilde{u}_t$, $(1 \leq t \leq T)$, ebenfalls stochastischen Charakter besitzt. Für die T k-dimensionalen Tupel von Beobachtungswerten $(x_{2t}, \ldots, x_{kt}, y_t)$ wird der wahre, unbekannte lineare Ansatz

$$\tilde{y}_t = \beta_1 + \beta_2 x_{2t} + \ldots + \beta_k x_{kt} + \tilde{u}_t \,, \quad (1 \leq t \leq T) \tag{2.2-1}$$

unterstellt, der im allgemeinen ein Absolutglied enthält. (2.2-1) kann in Matrixschreibweise mit

$$\underline{\tilde{y}} = \underline{X}\underline{\beta} + \underline{\tilde{u}} \tag{2.2-1a}$$

wiedergegeben werden, wenn für das Absolutglied ein „Scheinregressor" x_1 eingeführt wird, dessen Komponenten alle gleich Eins sind, also $\underline{x}_1 = \underline{1}$. Die Vektoren $\underline{\tilde{y}}$ und $\underline{\tilde{u}}$ besitzen die Ordnung $(T \times 1)$, die Matrix $\underline{X}$ die Ordnung $(T \times k)$ und der Vektor $\underline{\beta}$ die Ordnung $(k \times 1)$; es gilt somit

$$\underline{\tilde{y}} = \begin{pmatrix} \tilde{y}_1 \\ \tilde{y}_2 \\ \vdots \\ \tilde{y}_T \end{pmatrix}, \quad \underline{X} = \begin{pmatrix} 1 & x_{21} & \cdots & x_{k1} \\ 1 & x_{22} & \cdots & x_{k2} \\ \vdots & \vdots & \ddots & \vdots \\ 1 & x_{2T} & \cdots & x_{kT} \end{pmatrix}, \quad \underline{\beta} = \begin{pmatrix} \beta_1 \\ \beta_2 \\ \vdots \\ \beta_k \end{pmatrix}, \quad \underline{\tilde{u}} = \begin{pmatrix} \tilde{u}_1 \\ \tilde{u}_2 \\ \vdots \\ \tilde{u}_T \end{pmatrix}. \tag{2.2-1b}$$

Der unbekannte Parametervektor $\underline{\beta}$ kann mit Hilfe des vorliegenden Stichprobenbefundes geschätzt werden. Bezeichnet man mit $\underline{b}$ den $(k \times 1)$–Vektor der entsprechenden Schätzwerte, so kann $\tilde{y}_t$ auch durch die Beziehung

8. Aus der sehr umfangreichen einschlägigen Literatur wird zum Einstieg nur ein kleiner Ausschnitt wiedergegeben (vgl. z.B. ASSENMACHER, 1995; BERNDT, 1991; BIERENS, 1994; DOUGERTHY, 2002; FROHN, 1995; GREEN, 2000; JUDGE et al., 1988; JOHNSTON/DiNARO, 1997; LÖBUS, 2001; MITTELHAMMER et al., 2000; PINDYCK/RUBINFELD, 1998; RUUD, 2000; SCHAICH/BRACHINGER, 1999; SCHNEEWEISS, 1990; WOOLDRIDGE, 2002).

$$\tilde{y}_t = b_1 + b_2 x_{2t} + \ldots + b_k x_k + \tilde{e}_t \; , \; (1 \leq t \leq T) \qquad (2.2\text{-}2)$$

bzw. – in Matrixschreibweise –

$$\underline{\tilde{y}} = \underline{X}\underline{b} + \underline{\tilde{e}} \qquad (2.2\text{-}2a)$$

angegeben werden, mit $\underline{\tilde{e}} := (T \times 1)$–Vektor der Störgrößen im Schätzansatz; seine Komponenten $\tilde{e}_t$ werden auch als *Residuen* bezeichnet. Der zugehörige Wert $\widehat{y}_t$ auf der *geschätzten* Regressionshyperebene ergibt sich als

$$\widehat{y}_t = b_1 + b_2 x_{2t} + \ldots + b_k x_k \; , \; (1 \leq t \leq T) \qquad (2.2\text{-}3)$$

bzw. – in Matrixschreibweise – als

$$\underline{\widehat{y}} = \underline{X}\underline{b} \qquad (2.2\text{-}3a)$$

Im klassischen linearen Regressionsmodell (KLR) werden nun neben der Linearität des Ansatzes folgende ***Annahmen*** bezüglich der Störvariablen getroffen:[9]

(A1) : $E\underline{\tilde{u}} = \underline{0}$;

(A2) : $\underline{\Sigma}_{\underline{\tilde{u}}\underline{\tilde{u}}} = E\underline{\tilde{u}}\underline{\tilde{u}}' = \sigma^2_{\tilde{u}} \cdot \underline{I}_{(T \times T)}$, mit $\underline{I}_{(T \times T)}$: = Einheitsmatrix der Ordnung $(T \times T)$;

(A3) : $\text{rg}(\underline{X}) = k \leq T$;

(A4) : $\underline{\tilde{u}} \rightarrow N\left(\underline{0}; \sigma^2_{\tilde{u}} \cdot \underline{I}_{(T \times T)}\right)$.

(A1) besagt, dass die Störvariable $\tilde{u}$ für alle Werte der erklärenden Variablen den Erwartungswert Null besitzt. Diese Annahme ist nicht problematisch, da durch sie nur festgelegt wird, dass für jedes Tupel $(x_{2t}, \ldots, x_{kt})$, $(1 \leq t \leq T)$, von Ausprägungen der Regressoren der Einfluss der Störgröße auf die Zielvariable *im Durchschnitt* verschwindet. Dagegen ist insbesondere in der empirischen Wirtschaftsforschung häufig die Annahme (A2) verletzt; denn durch sie wird erstens die Eigenschaft der *Homoskedastie*, also der Gleichheit der Varianzen aller $\tilde{u}_t$ und zweitens die paarweise *Unkorreliertheit* der Störvariablen $\tilde{u}_t, \tilde{u}_{t'}$, $(1 \leq t, t' \leq T; t \neq t')$, unterstellt.[10] In der empirischen Praxis liegen jedoch oft Zeitreihen vor, bei denen man von steigenden Varianzen, also von *Heteroskedastie*, oder von vorhandenen *Autokorrelationen* ausgehen muss.[11] Diesen Umständen wird in einem späteren Abschnitt Rechnung getragen, indem ein anderer Modellansatz gewählt wird.[12] Die Annahme (A3) benötigt man aus formal-mathematischen Gründen für die anschließende Parameterschätzung; sie schließt *Multikollinearität* der in den Ansatz eingeführten erklärenden Variablen aus und gewährleistet die Existenz des Schätzvektors $\underline{\tilde{b}}$.[13] Die letzte Annahme (A4) benötigt man nicht für die Herleitung der Punktschätzer von $\underline{\beta}$, sondern erst für die Intervallschätzung sowie für die Durchführung von Hypothesentests.

9. Man vergleiche dazu auch die Ausführungen von Kapitel 1.4.1 zu Trendbestimmung.
10. Formal ausgedrückt kann (A2) damit in die Aussagen (A2a)
$\text{var}\,\tilde{u}_t \overset{(A1)}{=} E\tilde{u}_t^2 = \sigma^2_{\tilde{u}}$ für alle t, $(1 \leq t \leq T)$ und (A 2b)
$\text{cov}\,\tilde{u}_t, \tilde{u}_{t'} = 0$ für alle $t \neq t'$, $(1 \leq t, t' \leq T)$ aufgespalten werden.
11. Mit steigenden Varianzen muss z.B. bei der Untersuchung der Konsumausgaben in Abhängigkeit von der Einkommenshöhe ausgegangen werden; Autokorrelationen liegen z.B. bei ökonomischen Zeitreihen mit saisonalen Schwankungen vor.
12. Vgl. Kapitel 2.2.2.
13. Aus (A3) folgt $\text{rg}(\underline{X}) = \text{rg}(\underline{X}'\underline{X}) = k$, d.h. die symmetrische Matrix $\underline{X}'\underline{X}$ besitzt vollen Rang, so dass ihre Inverse $(\underline{X}'\underline{X})^{-1}$ existiert.

In den folgenden Abschnitten werden nun u.a. Schätzmethoden vorgestellt, die im Rahmen des KLR zu – im statistisch-formalen Sinne – *optimalen* Schätzern für die Modellparametern führen.

2.2.1.2 Die gewöhnliche Methode der kleinsten Quadrate

Diesem in der Regressionsanalyse am häufigsten verwendete Schätzverfahren[14] liegt folgendes Prinzip zugrunde: Die Schätzwerte $b_1, b_2, \ldots, b_k$[15] für die unbekannten Parameter $\beta_1, \beta_2, \ldots, \beta_k$ werden aus dem Stichprobenbefund so bestimmt, dass die ***Summe*** der T ***quadrierten Differenzen*** zwischen den Beobachtungswerten y_t der Zielvariablen und den zugehörigen Werten $\widehat{y}_t$, also die Summe der T quadrierten Residuen ***minimal*** ist. Formal bedeutet dies:

$$\sum_{t=1}^{T}(y_t - \widehat{y}_t)^2 = \sum_{t=1}^{T} e_t^2 = \sum_{t=1}^{T}(y_t - b_1 - b_2x_{2t} - \ldots - b_kx_{kt})^2 \rightarrow \min ! \qquad (2.2\text{-}4)$$

bzw. in Matrixschreibweise

$$\sum_{t=1}^{T} e_t^2 = \underline{e}'\underline{e} = \left(\underline{y} - \underline{X}\underline{b}\right)'\left(\underline{y} - \underline{X}\underline{b}\right) \rightarrow \min ! \qquad (2.2\text{-}4a)$$

Durch Multipikation der Klammerausdrücke und Vereinfachung ergibt sich aus (2.2-4a) der zu minimierende Ausdruck

$$\sum_{t=1}^{T} e_t^2 = \underline{y}'\underline{y} - 2\underline{b}'\underline{X}'\underline{y} + \underline{b}'\underline{X}'\underline{X}\underline{b} \ ; \qquad (2.2\text{-}4b)$$

die *notwendigen Bedingungen*[16] für das Vorliegen eines Minimums ergeben sich wie üblich dadurch, dass die partiellen Ableitungen erster Ordnung dieser Summe nach $b_1, \ldots, b_k$ jeweils gleich Null gesetzt werden, also

$$\frac{\partial}{\partial \underline{b}}(\underline{e}'\underline{e}) = \begin{pmatrix} \frac{\partial \sum e_t^2}{\partial b_1} \\ \vdots \\ \frac{\partial \sum e_t^2}{\partial b_k} \end{pmatrix} = -2\underline{X}'\underline{y} + 2\underline{X}'\underline{X}\underline{b} \stackrel{!}{=} \underline{0} \ . \qquad (2.2\text{-}5)$$

Durch Umformung erhält man für diesen mehrdimensionalen Fall das System der sog. *Normalgleichungen* mit

$$\underline{X}'\underline{X}\underline{b} = \underline{X}'\underline{y}^{17} \ , \qquad (2.2\text{-}6)$$

14. Dieses Verfahren wird kurz auch als ***MQ-Methode*** (= Minimum-Quadrat-Methode) bzw. ***OLS-Methode*** bezeichnet; der Name ergibt sich aus dem zugrundeliegendem Prinzip. Die daraus abgeleiteten Schätzfunktionen heißen auch ***MQ-Schätzfunktionen*** oder ***OLS-Schätzfunktionen***; „OLS" steht dabei für „ordinary least squares", also „gewöhnliche kleinste Quadrate"- Methode.
15. Diese sind – wie üblich – als Ausprägungen der Schätzfunktionen $\tilde{b}_1, \tilde{b}_2, \ldots, \tilde{b}_k$ bei Vorliegen eines konkreten Stichprobenbefundes aufzufassen.
16. Die hinreichenden Bedingungen für das Vorliegen eines Minimums werden hier nicht mehr dargestellt; es wurde nachgewiesen, dass auch sie gelten.
17. Setzt man in die Normalgleichungen für $\underline{e}$ den Ausdruck $\underline{y} - \underline{X}\underline{b}$ ein, so folgt wegen $\underline{y} = \underline{X}\underline{b} + \underline{e}$ und damit $(\underline{X}'\underline{X})\underline{b} = \underline{X}'(\underline{X}\underline{b} + \underline{e}) = \underline{X}'\underline{X}\underline{b} + \underline{X}'\underline{e}$ zwingend $\underline{X}'\underline{e} = \underline{0}$ und damit – aus der ersten Komponente des Matrizenproduktes – $\sum e_t = 0 \Rightarrow \bar{e} = 0$. Dieses Ergebnis wird in den weiteren formalen Ausführungen häufiger gebraucht.

das wegen Annahme (A3), welche die Existenz der Inversen von $(\underline{X}'\underline{X})$ sichert, eindeutig nach dem gesuchten Vektor $\underline{b}$ der Schätzwerte[18] für den Parametervektor $\underline{\beta}$ der wahren Regressionshyperebene aufgelöst werden kann; denn durch Linksmultiplikation von Gleichung (2.2-6) mit $(\underline{X}'\underline{X})^{-1}$ ergibt sich

$$\underline{b} = (\underline{X}'\underline{X})^{-1}\underline{X}'\underline{y} \ . \qquad (2.2\text{-}7)$$

Für den Spezialfall der *linearen Einfachregression*

$$\tilde{y}_t = \beta_1 + \beta_2 x_{2t} + \tilde{u}_t \ , \ (1 \leq t \leq T) \qquad (2.2\text{-}1b)$$

resultiert mit

$$\underline{X}'\underline{X} = \begin{pmatrix} T & \sum x_{2t} \\ \sum x_{2t} & \sum x_{2t}^2 \end{pmatrix} \quad \text{und} \quad \underline{X}'\underline{y} = \begin{pmatrix} \sum y_t \\ \sum x_{2t} y_t \end{pmatrix}$$

das Normalgleichungssystem

$$\begin{aligned} T \cdot b_1 + b_2 \sum x_{2t} &= \sum y_t \\ b_1 \sum x_{2t} + b_2 \sum x_{2t}^2 &= \sum y_t x_{2t} \ , \end{aligned} \qquad (2.2\text{-}6a)$$

aus dem sich die gesuchten OLS-Schätzwerte b_1 und b_2 für die Parameter β_1 und β_2 der wahren Regressionsgeraden als Spezialfall von (2.2-7) mit

$$b_2 = \frac{\sum x_{2t} y_t - T \cdot \bar{x}_2 \cdot \bar{y}}{\sum x_{2t}^2 - T \cdot \bar{x}_2^2} \quad \text{und} \quad b_1 = \bar{y} - b_2 \bar{x}_2 \qquad (2.2\text{-}7a)$$

ergeben, wobei $\bar{x}_2$ und $\bar{y}$ wieder die arithmetischen Mittel der Regressoren- und Regressandenwerte bezeichnen.

Der zu den Schätzwerten $\underline{b}$ aus (2.2-7) gehörende Vektor $\underline{\tilde{b}}$ der OLS-Schätzfunktionen $\tilde{b}_1, \ldots, \tilde{b}_k$ besitzt nun *optimale* Eigenschaften in dem Sinne, dass sogenannte *BLU-Schätzfunktionen*[19] vorliegen (*Satz von „GAUSS-MARKOV“*). Dies kann folgendermaßen gezeigt werden:

1. $\underline{\tilde{b}}$ ist eine *lineare Funktion* in den Parametern $\beta_1, \ldots, \beta_k$ der wahren Regressionshyperebene und den Störvariablen $\tilde{u}_1, \ldots, \tilde{u}_T$, denn

$$\begin{aligned} \underline{\tilde{b}} &= (\underline{X}'\underline{X})^{-1}\underline{X}'\underline{\tilde{y}} \underset{\underline{y} = \underline{X}\underline{\beta} + \underline{\tilde{u}}}{\overset{}{\underset{\uparrow}{=}}} (\underline{X}'\underline{X})^{-1}\underline{X}'\left(\underline{X}\underline{\beta} + \underline{\tilde{u}}\right) \\ &= (\underline{X}'\underline{X})^{-1}\underline{X}'\underline{X}\underline{\beta} + (\underline{X}'\underline{X})^{-1}\underline{X}'\underline{\tilde{u}} \underset{(\underline{X}'\underline{X})^{-1}\underline{X}'\underline{X} = \underline{I}}{\underset{\uparrow}{=}} \underline{\beta} + (\underline{X}'\underline{X})^{-1}\underline{X}'\underline{\tilde{u}} \ . \end{aligned} \qquad (2.2\text{-}8)$$

2. Für den Erwartungswert von $\underline{\tilde{b}}$ gilt damit

$$E\underline{\tilde{b}} \overset{(2.2-8)}{=} E\underline{\beta} + E\left[(\underline{X}'\underline{X})^{-1}\underline{X}'\underline{\tilde{u}}\right] = \underline{\beta} + (\underline{X}'\underline{X})^{-1}\underline{X}'E\underline{\tilde{u}} \overset{(A1)}{=} \underline{\beta} \ , \qquad (2.2\text{-}9)$$

d.h. die Schätzfunktionen $\tilde{b}_1 \ldots, \tilde{b}_k$ sind *erwartungstreu* für $\beta_1, \ldots, \beta_k$.

18. Dieser ist grundsätzlich als Ausprägung des Vektors $\underline{\tilde{b}}$ der k Schätzfunktionen $\tilde{b}_1, \ldots, \tilde{b}_k$ für einen konkret vorliegenden Stichprobenbefund aufzufassen.

19. „BLU“ steht dabei für „Beste Lineare Unverzerrte“ Schätzer, also Funktionen, die in der Klasse der erwartungstreuen, linearen Schätzer die kleinste Varianz besitzen. Eine Erweiterung des Satzes von GAUSS-MARKOV besagt weiterhin, dass im Rahmen des KLR auch Linearkombinationen $\underline{L}\underline{\beta}$ des Parametervektors $\underline{\beta}$ durch entsprechende Linearkombinationen $\underline{L}\underline{\tilde{b}}$ von $\underline{\tilde{b}}$ BLU geschätzt werden können.

3. Für die *Varianz* von $\underline{\tilde{b}}$ erhält man unter Beachtung der Symmetrie der Matrix $(\underline{X}'\underline{X})^{-1}$, also $(\underline{X}'\underline{X})^{-1'} = (\underline{X}'\underline{X})^{-1}$, und $\left(\underline{\tilde{b}} - \underline{\beta}\right) \overset{(2.2-8)}{=} (\underline{X}'\underline{X})^{-1}\underline{X}'\underline{\tilde{u}}$ die Beziehung

$$\begin{aligned} \operatorname{var}\underline{\tilde{b}} &= \underline{\sum}_{\tilde{b}\tilde{b}} = \mathrm{E}\left[\left(\underline{\tilde{b}} - \underline{\beta}\right)\left(\underline{\tilde{b}} - \underline{\beta}\right)'\right] \\ &= \mathrm{E}\left[\left((\underline{X}'\underline{X})^{-1}\underline{X}'\underline{\tilde{u}}\right)\left((\underline{X}'\underline{X})^{-1}\underline{X}'\underline{\tilde{u}}\right)'\right] = \mathrm{E}\left[(\underline{X}'\underline{X})^{-1}\underline{X}'\underline{\tilde{u}}\,\underline{\tilde{u}}'\,\underline{X}\,(\underline{X}'\underline{X})^{-1'}\right] \\ &= (\underline{X}'\underline{X})^{-1}\underline{X}'\,\mathrm{E}\,(\underline{\tilde{u}}\,\underline{\tilde{u}}')\,\underline{X}'\,(\underline{X}'\underline{X})^{-1'} \overset{(A2)}{=} (\underline{X}'\underline{X})^{-1}\underline{X}'\,\sigma_{\tilde{u}}^2\underline{I}\,\underline{X}\,(\underline{X}'\underline{X})^{-1} \\ &= \sigma_{\tilde{u}}^2(\underline{X}'\underline{X})^{-1}\underline{X}'\,\underline{X}\,(\underline{X}'\underline{X})^{-1} = \sigma_{\tilde{u}}^2(\underline{X}'\underline{X})^{-1}\,. \end{aligned} \qquad (2.2\text{-}10)$$

Mit (2.2-8), (2.2-9) und (2.2-10) sind die BLU-Eigenschaften des Vektors $\underline{\tilde{b}}$ nachgewiesen. Außerdem kann gezeigt werden, dass $\underline{\tilde{b}}$ *konsistent* ist, d.h. wegen $\mathrm{E}\,(\underline{X}'\underline{\tilde{u}}/T) = 0$ gilt auch $\underset{T\to\infty}{\mathrm{p\,lim}}\,(\underline{X}'\underline{\tilde{u}}/T) = 0$ und somit wegen (2.2-8) $\underset{T\to\infty}{\mathrm{p\,lim}}\,\underline{\tilde{b}} = \underline{\beta}$.[20]

Neben den Parametern $\beta_1, \ldots, \beta_k$ des Ansatzes (2.2-1) ist auch noch die Varianz der Störvariablen $\sigma_{\tilde{u}}^2$ unbekannt. Diese geht unter anderem in die Berechnung der Varianzen der Schätzfunktionen $\underline{\tilde{b}}$ ein.[21] Die Schätzung dieses letzten unbekannten Modellparameters soll im Rahmen des KLR ebenfalls Optimalitätseigenschaften aufweisen; sie kann folgendermaßen abgeleitet werden:

Für die Residuen gilt

$$\begin{aligned} \underline{\tilde{e}} &= \underline{y} - \underline{X}\underline{\beta} = \left(\underline{X}\underline{\beta} + \underline{\tilde{u}}\right) - \underline{X}\,(\underline{X}'\underline{X})^{-1}\underline{X}'\underline{\tilde{y}} \\ &= \left(\underline{X}\underline{\beta} + \underline{\tilde{u}}\right) - \underline{X}\,(\underline{X}'\underline{X})^{-1}\underline{X}'\left(\underline{X}\underline{\beta} + \underline{\tilde{u}}\right) \\ &= \underline{X}\underline{\beta} + \underline{\tilde{u}} - \underline{X}\underline{\beta} - \underline{X}\,(\underline{X}'\underline{X})^{-1}\underline{X}'\,\underline{\tilde{u}} \\ &= \underline{\tilde{u}} - \underline{X}\,(\underline{X}'\underline{X})^{-1}\underline{X}'\,\underline{\tilde{u}} = \left[\underline{I}_{(T\times T)} - \underline{X}\,(\underline{X}'\underline{X})^{-1}\underline{X}'\right]\underline{\tilde{u}} =: \underline{M}\,\underline{\tilde{u}}\,; \end{aligned} \qquad (2.2\text{-}11)$$

man kann zeigen, dass die Matrix $\underline{M}$ *symmetrisch* und *idempotent* ist, d.h. es gilt $\underline{M} = \underline{M}'$ und $\underline{M} = \underline{M}^2 = \underline{M}^3 = \ldots$usw.; außerdem ist $\underline{M}\,\underline{X} = \underline{0}$. Die Quadratsumme der Residuen lautet somit

$$\begin{aligned} \underline{\tilde{e}}'\,\underline{\tilde{e}} &= \sum_t \tilde{e}_t^2 \overset{(2.2-11)}{=} (\underline{M}\,\underline{\tilde{u}})'\,(\underline{M}\,\underline{\tilde{u}}) = \underline{\tilde{u}}'\underline{M}'\underline{M}\,\underline{\tilde{u}} \underset{\underline{M}'\underline{M} = \underline{M}^2 = \underline{M}}{\overset{}{\underset{\uparrow}{=}}} \underline{\tilde{u}}'\underline{M}\underline{\tilde{u}} \\ &\overset{(2.2-11)}{=} \underline{\tilde{u}}'\left[\underline{I} - \underline{X}(\underline{X}'\underline{X})^{-1}\underline{X}'\right]\underline{\tilde{u}}\,; \end{aligned} \qquad (2.2\text{-}12)$$

ihr Erwartungswert kann mit

20. Dieser Wahrscheinlichkeitslimes kann auch als $\lim_{T\to\infty} W(|\underline{\tilde{b}}_T - \underline{\beta}| > \underline{\varepsilon}) = \underline{0}$ geschrieben werden, wobei $\underline{\varepsilon}$ einen Vektor mit positiven, kleinen Zahlen darstellt.

21. Siehe Beziehung (2.2-10).

$$E\,\underline{\tilde{e}}'\underline{\tilde{e}} = \sigma_{\tilde{u}}^2 \cdot sp(\underline{M}) \overset{(2.2.-11)}{=} \sigma_{\tilde{u}}^2 \cdot sp\left[\underline{I}_{(T\times T)} - \underline{X}(\underline{X}'\underline{X})^{-1}\underline{X}'\right]$$

$$= \sigma_{\tilde{u}}^2 \cdot \left[sp\left(\underline{I}_{(T\times T)}\right) - sp\left(\underline{X}(\underline{X}'\underline{X})^{-1}\underline{X}'\right)\right] \underset{\uparrow \atop sp(\underline{A}\underline{B}\underline{C}) = sp(\underline{C}\underline{B}\underline{A})}{=} \sigma_{\tilde{u}}^2 \cdot \left[T - sp\left((\underline{X}'\underline{X})^{-1}\underline{X}'\underline{X}\right)\right]$$

$$= \sigma_{\tilde{u}}^2 \cdot \left[T - sp\left(\underline{I}_{(k\times k)}\right)\right] = (T - k)\cdot \sigma_{\tilde{u}}^2 \qquad (2.2\text{-}13)$$

angegeben werden,[22] wobei $sp(\underline{M}) :=$ die Spur der Matrix $\underline{M}$, also die Summe der Hauptdiagonalelemente von $\underline{M}$, kennzeichnet. Aus (2.2-13) folgt, dass

$$\tilde{s}_{\tilde{e}}^2 = \frac{\underline{\tilde{e}}'\underline{\tilde{e}}}{T - k} = \frac{\sum_t \tilde{e}_t^2}{T - k} \qquad (2.2\text{-}14)$$

eine *erwartungstreue Schätzfunktion* für $\sigma_{\tilde{u}}^2$ ist. Diese wird u.a. in (2.2-10) für die Berechnung der Varianzwerte von $\underline{\tilde{b}}$ bei Vorliegen eines konkreten Stichprobenbefundes benötigt.

Nachdem alle unbekannten Modellparameter im KLR optimal geschätzt sind, muss anschließend die Frage der *Anpassungsgüte* des unterstellten Modells an den gegebenen Datensatz geklärt werden. Das bekannteste und hierfür meist benutzte Beurteilungskriterium ist das sog. (*multiple*) *Bestimmtheitsmaß* r^2. Es bringt zum Ausdruck, wie viel von der Gesamtvariabilität der Regressandenwerte y_t durch den unterstellten Ansatz erklärt wird und kann folgendermaßen abgeleitet werden:[23]

Aus Ansatz (2.2-2a) folgt unter Beachtung der Beziehung $\underline{X}'\underline{\tilde{e}} = \underline{0}$

$$\underline{\tilde{y}}'\underline{\tilde{y}} = \underline{\tilde{b}}'\underline{X}'\underline{X}\underline{\tilde{b}} + \underline{\tilde{e}}'\underline{\tilde{e}} \overset{(2.2-7)}{=} \underline{\tilde{b}}'\underline{X}'\underline{X}(\underline{X}'\underline{X})^{-1}\underline{X}'\underline{\tilde{y}} + \underline{\tilde{e}}'\underline{\tilde{e}}$$

$$= \underline{\tilde{b}}'\underline{X}'\underline{\tilde{y}} + \underline{\tilde{e}}'\underline{\tilde{e}} \overset{(2.2-7)}{=} \underline{\tilde{y}}'\underline{X}(\underline{X}'\underline{X})^{-1}\underline{X}'\underline{\tilde{y}} + \underline{\tilde{e}}'\underline{\tilde{e}}\,; \qquad (2.2\text{-}15)$$

daraus ergibt sich die Streuungszerlegungsformel

$$\underbrace{\left(\underline{\tilde{y}}'\underline{\tilde{y}} - T\cdot \bar{\tilde{y}}^2\right)}_{TSS} = \underbrace{\left(\underline{\tilde{b}}'\underline{X}'\underline{X}\underline{\tilde{b}} - T\cdot \bar{\tilde{y}}^2\right)}_{ESS} + \underbrace{\underline{\tilde{e}}'\underline{\tilde{e}}}_{RSS}\,, \qquad (2.2\text{-}15a)$$

mit TSS: = Gesamtstreuung der Regressandenwerte, ESS: = durch den Regressionsansatz erklärte Streuung und RSS: = nicht erklärte Streuung (Residuenvariabilität). Für einen konkreten Stichprobenbefund ist das multiple Bestimmtheitsmaß dann definiert als

$$r^2 = \frac{ESS}{TSS} = 1 - \frac{RSS}{TSS} = 1 - \frac{\underline{e}'\underline{e}}{\underline{y}'\underline{A}\,\underline{y}}\,,^{24} \qquad (2.2\text{-}16)$$

22. Denn man kann zeigen, dass für $E\,\underline{\tilde{u}} = \underline{0}$ und $\underline{\Sigma}_{\tilde{u}\tilde{u}} = E\,\underline{\tilde{u}}\,\underline{\tilde{u}}' = \sigma_{\tilde{u}}^2 \cdot \underline{I}_{(T\times T)}$ allgemein für eine Matrix $\underline{M}$ gilt, dass $E(\underline{\tilde{u}}'\underline{M}\,\underline{\tilde{u}}) = \sigma_{\tilde{u}}^2 \cdot \underline{I}$ gilt.

23. Man beachte, dass r^2 die Ausprägung einer Zufallsgröße $\tilde{r}^2$ für einen konkret vorliegenden Datensatz ist; außerdem kann man für den Fall der linearen *Einfachregression* leicht nachprüfen, dass das Bestimmtheitsmaß das Quadrat des Stichprobenkorrelationskoeffizienten zwischen den Werten x_{2t} des Regressors x_2 und den Werten y_t der Zielvariablen darstellt.

24. Häufig findet man in der Literatur die Darstellung von r^2 in der Symbolik $r^2 = \frac{s_{\hat{y}}^2}{s_y^2} = 1 - \frac{s_e^2}{s_y^2}$, mit s_y^2: = Gesamtstreuung der y_t , $s_{\hat{y}}^2$: = Streuung der $\hat{y}_t$, also die durch den Regressionsansatz erklärte Streuung, sowie s_e^2: = Streuung der Residuen, also nicht erklärter Anteil von s_y^2.

mit

$$\underline{A}_{(T\times T)} = \underline{I}_{(T\times T)} - \frac{1}{T}\underline{i}\,\underline{i}' = \underline{I}_{(T\times T)} - \frac{1}{T}\begin{pmatrix} 1 & \dots & 1 \\ \vdots & \ddots & \vdots \\ 1 & \dots & 1 \end{pmatrix}_{(T\times T)} \quad ; \qquad (2.2\text{-}17)$$

Für dieses Maß gilt $0 \leq r^2 \leq 1$; je näher es bei Eins liegt, desto „besser" ist die Anpassungsgüte des unterstellten Modells, d.h. umso mehr wird von der gegebenen Variabilität der Zielvariablenwerte y_t durch den Ansatz erklärt.[25]

Da es in der ökonometrischen Praxis oft um einen *Vergleich* von Modellen mit *verschiedenen Anzahlen von Regressoren geht*, um den Ansatz mit der besten Anpassungsgüte herauszufinden, muss eine etwas abgewandelte Form des Bestimmtheitsmaßes r^2 benutzt werden, die diesem Umstand Rechnung trägt. Denn bei Hinzunahme weiterer Regressoren würde das Maß r^2 nie kleiner, was einen exakten Vergleich unmöglich macht. Außerdem ist man immer daran interessiert, die Modelle so klein wie möglich zu halten. Damit lässt sich das Problem auftretender Multikollinearität zwischen den erklärenden Variablen etwas reduzieren.

Für einen konkreten Stichprobenbefund ist dieses *angepasste („korrigierte") multiple Bestimmtheitsmaß* $\bar{r}^2$ durch

$$\bar{r}^2 = 1 - \frac{\underline{e}'\underline{e}/(T-k)}{\underline{y}'\underline{A}\,\underline{y}\Big/(T-1)} \qquad (2.2\text{-}18)$$

definiert; es berücksichtigt die im jeweiligen Modell gegebene Anzahl der Freiheitsgrade;[26] zwischen $\bar{r}^2$ und r^2 besteht die Beziehung

$$\bar{r}^2 = \frac{1-k}{T-k} + \frac{T-1}{T-k}r^2 \ . \qquad (2.2\text{-}19)$$

Nimmt man zusätzliche Regressoren im linearen Ansatz auf, so *kann* im Gegensatz zu r^2 das korrigierte Maß $\bar{r}^2$ auch kleiner werden und zwar dann, wenn durch Hinzunahme weiterer Regressoren der Term $(1 - r^2)$ reduziert wird, diese Reduktion aber von der Steigung des in (2.2.-19) enthaltenen Quotienten $\frac{T-1}{T-k}$ mehr als kompensiert wird.

Die Schätzung der unbekannten Modellparameter sowie die Überprüfung der Güte der Anpassung des jeweils gewählten Modells soll anhand des nachfolgenden Beispiels gezeigt werden.

25. Im Falle linearer Ansätze kann man diese Größenordnung in Prozentzahlen ausdrücken; bei nichtlinearen Ansätzen gibt dieses Maß nur wieder, ob die Anpassungsgüte „relativ gut" oder „schlecht" ist. Allgemein ist bei der Beurteilung der Anpassungsgüte zu beachten, dass r^2 automatisch nahe bei Eins liegt, wenn in einem oder in mehreren Regressoren ein linearer Trend vorhanden ist. Dagegen ist eine zusätzliche positive Eigenschaft dieses Maßes, dass es *dimensionsunabhängig* ist; dies ist insbesondere innerhalb der empirischen Wirtschaftsforschung von Vorteil.

26. Vgl. auch Kapitel 2.2.1.3, in dem die Rolle der Freiheitsgrade bei den Modellen mit Nebenbedingungen besonders deutlich wird.

Beispiel 2.2 Tabelle 2.1 enthält für die Jahre 1991 bis 2002 die privaten Konsumausgaben [in Mrd. €] in den jeweiligen Preisen (= C^{priv}), das Bruttoinlandsprodukt [in Mrd. €] in den jeweiligen Preisen (= BIP) sowie die gesamten Nettolöhne/-gehälter [in Mrd. €] (= L^{netto}) für die BRD.[27]

Tabelle 2.1

Jahr	C^{priv}	BIP	L^{netto}
1991	852,5	1502,2	481,3
1992	914,3	1613,2	512,8
1993	950,7	1654,2	528,0
1994	985,8	1735,5	526,3
1995	1024,8	1801,3	530,7
1996	1052,3	1833,7	528,0
1997	1079,8	1871,6	519,4
1998	1111,2	1929,4	531,2
1999	1156,5	1978,6	549,3
2000	1190,0	2030,0	572,8
2001	1232,2	2071,2	593,1
2002	1241,9	2108,2	594,2

Die privaten Konsumausgaben der Periode t (= y_t) sollen nun in einem *ersten Modell* nur mit Hilfe des Bruttoinlandsproduktes (= x_{2t}) und anschließend in einem *zweiten Modellansatz* zusätzlich auch durch die Nettolöhne/-gehälter dieser Periode (= x_{3t}) erklärt werden.[28]

Modell 1:

Ausgehend vom Modellansatz

$$\tilde{y}_t = \beta_1 + \beta_2 x_{2t} + \tilde{u}_t \,,\; 1 \le t \le 12, \quad \text{bzw. } \underline{\tilde{y}} = \underline{X}\underline{\beta} + \underline{\tilde{u}} \,, \qquad \text{(B2-3)}$$

mit

27. Quelle: Institut der deutschen Wirtschaft (Hrsg.): „Deutschland in Zahlen 2003“, S. 17 f. und S. 55.

28. Sämtliche Berechnungen werden auch mit Hilfe der Routine *„Lineare Regression“* des Programms SPSS 11.5 und mit Maple Version 5.1 durchgeführt.

$$\underline{y} = \begin{pmatrix} 852,5 \\ 914,3 \\ \vdots \\ 1241,9 \end{pmatrix}_{(12\times 1)} ; \underline{X} = \begin{pmatrix} 1 & 1502,2 \\ 1 & 1613,2 \\ \vdots & \vdots \\ 1 & 2108,2 \end{pmatrix}_{(12\times 2)} ;$$

$$\underline{\beta} = \begin{pmatrix} \beta_1 \\ \beta_2 \end{pmatrix}_{(2\times 1)} ; \underline{\tilde{u}} = \begin{pmatrix} \tilde{u}_1 \\ \tilde{u}_2 \\ \vdots \\ \tilde{u}_{12} \end{pmatrix}_{(12\times 1)} , \qquad \text{(B2-3a)}$$

ergibt sich der *Vektor der MQ-Schätzwerte* für $\underline{\beta}$ als

$$\underline{b} \overset{(2.2-7)}{=} (\underline{X}'\underline{X})^{-1}\underline{X}'\underline{y} = \begin{pmatrix} 8,54249 & -0,00459 \\ -0,00459 & 2,4875 \cdot 10^{-6} \end{pmatrix} \cdot \begin{pmatrix} 12\,792 \\ 23\,853\,813 \end{pmatrix}$$

$$= \begin{pmatrix} -145,894 \\ 0,657 \end{pmatrix} ; \qquad \text{(B2-4)}$$

die geschätzte *Regressionsgerade* lautet somit

$$\widehat{y} = -145,894 + 0,657\,x_2 . \qquad \text{(B2-5)}$$

Das *Bestimmtheitsmaß* ist $r^2 \overset{(2.2-16)}{=} 0,995$; die Anpassungsgüte dieses linearen Ansatzes kann somit als sehr gut bewertet werden. Die Varianz $\sigma^2_{\tilde{u}}$ wird nach (2.2-14) mit $s^2_{\tilde{e}} = \frac{e'e}{T-k} = \frac{948,296}{12-2} = 94,830$ geschätzt, so dass die geschätzte Varianz–Kovarianzmatrix von $\underline{b}$ mit

$$\widehat{\text{var}\,\underline{\tilde{b}}} \overset{(2.2-10)}{=} s^2_{\tilde{e}} \cdot (\underline{X}'\underline{X})^{-1} = 94,830 \cdot \begin{pmatrix} 8,54249 & -0,00459 \\ -0,00459 & 2,4875 \cdot 10^{-6} \end{pmatrix}$$

$$= \begin{pmatrix} 28,462^2 & -0,435 \\ -0,435 & 0,015^2 \end{pmatrix} \qquad \text{(B2-6)}$$

berechnet werden kann. Die geschätzten Standardabweichungen von $\tilde{b}_1$ und $\tilde{b}_2$ betragen damit 28,462 und 0,015. Da die Modellanpassung sehr gut ist, ist die Qualität der Prognose mit Hilfe dieses Ansatzes gesichert.

Modell 2:

Das *Modell 1* soll nun derart erweitert werden, dass neben dem Bruttoinlandsprodukt auch die Nettolöhne/-gehälter zur Erklärung des privaten Konsums herangezogen werden. Diese gehen als Variable x_3 in das Modell ein, dessen Ansatz nun durch

$$\tilde{y}_t = \beta_1 + \beta_2 x_{2t} + \beta_3 x_{3t} + \tilde{u}_t , \; 1 \leq t \leq 12, \quad \text{bzw. } \underline{\tilde{y}} = \underline{X}\underline{\beta} + \underline{\tilde{u}} , \qquad \text{(B2-7)}$$

mit

$$\underline{y} = \begin{pmatrix} 852,5 \\ 914,3 \\ \vdots \\ 1241,9 \end{pmatrix}_{(12\times 1)} ; \underline{X} = \begin{pmatrix} 1 & 1502,2 & 481,3 \\ 1 & 1613,2 & 512,8 \\ \vdots & \vdots & \vdots \\ 1 & 2108,2 & 594,2 \end{pmatrix}_{(12\times 3)} ;$$

$$\underline{\beta} = \begin{pmatrix} \beta_1 \\ \beta_2 \\ \beta_3 \end{pmatrix}_{(3\times 1)} ; \underline{\tilde{u}} = \begin{pmatrix} \tilde{u}_1 \\ \tilde{u}_2 \\ \vdots \\ \tilde{u}_{12} \end{pmatrix}_{(12\times 1)} , \qquad \text{(B2-7a)}$$

gegeben ist. Der *Vektor der MQ-Schätzwerte* für $\underline{\beta}$ lautet dann[29]

$$\underline{b} \overset{(2.2-7)}{=} (\underline{X}'\underline{X})^{-1}\underline{X}'\underline{y} = \begin{pmatrix} -238,743 \\ 0,599 \\ 0,372 \end{pmatrix} ; \qquad \text{(B2-8)}$$

die geschätzte *Regressionsebene* ist somit

$$\hat{y} = -238,743 + 0,599\,x_2 + 0,372\,x_3 . \qquad \text{(B2-9)}$$

Das *Bestimmtheitsmaß* ist hier $r^2 \overset{(2.2-16)}{=} 0,996$, das *korrigierte Bestimmtheitsmaß* ist ebenfalls $\bar{r}^2 \overset{(2.2-19)}{=} 0,99\bar{5} \approx 0,996$; die Anpassungsgüte dieses linearen Ansatzes kann somit als sehr gut bewertet werden. Die Varianz $\sigma^2_{\tilde{u}}$ wird wiederum nach (2.2-14) mit $s^2_{\tilde{e}} = \frac{e'e}{T-k} = \frac{634,703}{12-3} = 70,523$ berechnet, so dass sich die damit berechneten geschätzten Varianzen der Komponenten von $\underline{\tilde{b}}$ nach (2.2-10) mit

$$\widehat{\text{var}\,\tilde{b}_1} = 50,410^2,\ \widehat{\text{var}\,\tilde{b}_2} = 0,031^2 \text{ und } \widehat{\text{var}\,\tilde{b}_3} = 0,176^2 \qquad \text{(B2-10)}$$

ergeben.

Ein Regressor x_j, $(2 \leq j \leq k)$,wird nur dann in den Regressionsansatz eingebracht, wenn davon auszugehen ist, dass er tatsächlich einen Beitrag zur Erklärung der Zielvariablen y liefert; formal ausgedrückt bedeutet dies, dass er mit dem Regressanden korreliert ist. Für den *einfachen Korrelationskoeffizienten* zwischen y und x_j, $(2 \leq j \leq k)$, gilt bei Vorliegen eines bestimmten Stichprobenbefundes

29. $(\underline{X}'\underline{X})^{-1}$ ergibt sich hier mit $(\underline{X}'\underline{X})^{-1} = \begin{pmatrix} 36,033358 & 0,0126759 & -0,110081 \\ 0,0126759 & 0,0000133 & -0,000069 \\ -0,110081 & -0,000069 & 0,0004408 \end{pmatrix}$.

$$r_{1j} = \frac{\sum_t (x_{jt} - \bar{x}_j)(y_t - \bar{y})}{\sqrt{\left(\sum_t (x_{jt} - \bar{x}_j)^2\right) \cdot \left(\sum_t (y_t - \bar{y})^2\right)}}$$

$$= \frac{\sum_t x_{jt} y_t - T \cdot \bar{x}_j \cdot \bar{y}}{\sqrt{\left(\sum_t x_{jt}^2 - T \cdot \bar{x}_j^2\right) \cdot \left(\sum_t y_t^2 - T \cdot \bar{y}^2\right)}} \tag{2.2-20}$$

das Subskript „1“ ist dabei der Zielgröße y zugeordnet. Jeder dieser $(k - 1)$ Stichproben-Korrelationskoeffizienten ist wiederum als Ausprägung der zugehörigen Zufallsvariablen $\tilde{r}_{1j}$, $(2 \le j \le k)$,aufzufassen.

Obwohl durch die Annahmen des KLR Korrelationen zwischen den Regressoren ausgeschlossen sind, können sie in der Praxis auftreten und zu „Scheinkorrelationen“ zwischen y und einem x_j führen; der Koeffizient r_{1j}, $(2 \le j \le k)$, würde dann fälschlicherweise als signifikant diagnostiziert[30] und dem zugehörigen Regressor eine nicht vorhandene Relevanz unterstellt. Auch das multiple Bestimmtheitsmaß würde dadurch beeinflusst, denn man kann es mit Hilfe der einfachen Korrelationskoeffizienten auch durch das Produkt

$$r^2 = \underline{k}'\underline{K}^{-1}\underline{k} \tag{2.2-21}$$

ausdrücken, mit $\underline{k}$:= Vektor der einfachen Korrelationskoeffizienten zwischen y und x_j, $(2 \le j \le k)$,und $\underline{K}$:= Matrix der einfachen Korrelationskoeffizienten zwischen x_j und $x_{j'}$, $(2 \le j, j' \le k; j \ne j')$, also

$$\underline{k} = \begin{pmatrix} r_{12} \\ r_{13} \\ \vdots \\ r_{1k} \end{pmatrix}_{[(k-1)\times 1]} \quad ; \quad \underline{K} = \begin{pmatrix} 1 & r_{23} & r_{24} & \cdots & r_{2k} \\ r_{32} & 1 & r_{34} & \cdots & r_{3k} \\ r_{42} & r_{43} & 1 & \cdots & r_{4k} \\ \vdots & \vdots & \vdots & \ddots & \vdots \\ r_{k2} & r_{k3} & r_{k4} & \cdots & 1 \end{pmatrix}_{[(k-1)\times(k-1)]} . \tag{2.2-21a}$$

Die Elemente der Matrix $\underline{K}$ werden analog zu (2.2-20) berechnet; $\underline{K}$ ist somit symmetrisch.

Um dieses Problem zu umgehen und eine korrekte Beurteilung des unterstellten Regressionsansatzes zu gewährleisten, werden zusätzlich die *partiellen Korrelationskoeffizienten* zwischen den gegebenen Variablen berechnet. Von besonderem Interesse sind dabei diejenigen zwischen y und einem Regressor x_j ; diese geben im Vergleich zu den einfachen Koeffizienten r_{1j} die Korrelation zwischen der Ziel- und der betrachteten j-ten erklärenden Variablen bei Elimination der Einflüsse sämtlicher weiteren Regressoren an. Ist ein einfacher Korrelationskoeffizient r_{1j} größer als der entsprechende partielle $r_{1j\bullet}$,[31] so liegt eine Scheinkorrelation vor, d.h. der Einfluss von x_j auf y wird auf der Grundlage von r_{1j} bedeutender eingeschätzt, als er tatsächlich ist. Derartige Überlegungen können ebenso bezüglich zweier Regressoren angestellt werden.

30. Zu den Signifikanztests vgl. man Kapitel 2.2.1.3.

31. Der im Subskript enthaltene Punkt soll kennzeichnen, dass der Einfluss aller anderen Variablen ausgeschaltet wird.

Der partielle Korrelationskoeffizient zwischen zwei Variablen x_m und $x_{m'}$, $(1 \leq m, m' \leq k;\ m \neq m')$, ist bei Ausschaltung aller verbleibenden $(k-2)$ Variablen definiert als

$$r_{mm'\bullet} = \frac{r_{mm'} - \underline{c}_m' \underline{C}_{mm'}^{-1} \underline{c}_{m'}}{\sqrt{(1 - \underline{c}_m' \underline{C}_{mm'}^{-1} \underline{c}_m)(1 - \underline{c}_{m'}' \underline{C}_{mm'}^{-1} \underline{c}_{m'})}}, \qquad (2.2\text{-}22)$$

mit der $(k \times k)$–Matrix aller einfachen Korrelationskoeffizienten

$$\underline{C} = \begin{pmatrix} 1 & r_{12} & \cdots & r_{1k} \\ r_{21} & 1 & \cdots & r_{2k} \\ \vdots & \vdots & \ddots & \vdots \\ r_{k1} & r_{k2} & \cdots & 1 \end{pmatrix}, \qquad (2.2\text{-}23)$$

sowie

$r_{mm'}$:= einfacher Korrelationskoeffizient zwischen den Variablen x_m und $x_{m'}$;

$\underline{c}_m$:= $[(k-2) \times 1]$– Vektor, der durch Streichen der Elemente $r_{mm} = 1$ und $r_{m'm}$ aus der m-ten Spalte der Matrix $\underline{C}$ resultiert;

$\underline{c}_{m'}$:= $[(k-2) \times 1]$– Vektor, der durch Streichen der Elemente $r_{m'm'} = 1$ und $r_{mm'}$ aus der m′-ten Spalte der Matrix $\underline{C}$ resultiert;

$\underline{C}_{mm'}$:= $[(k-2) \times (k-2)]$–Matrix, die durch Streichen der m-ten und m'-ten Spalte sowie der m-ten und m′-ten Zeile der Matrix $\underline{C}$ resultiert.

Setzt man speziell $m = 1$ und $m' = j$, so erhält man die partiellen Korrelationskoeffizienten zwischen der Zielgröße und dem Regressor x_j. Dies soll anhand des nachfolgenden Beispiels verdeutlicht werden.

Beispiel 2.3 Gegeben seien die Daten aus Beispiel 2.2. Betrachtet wird das *Modell 2*, in welchem der private Konsum y durch das Bruttoinlandsprodukt x_2 sowie durch die Nettolöhne/-gehälter x_3 erklärt wird.

Für diesen linearen Mehrfachansatz sollen nun auch *partielle Korrelationskoeffizienten* $r_{mm'\bullet}$ berechnet werden. Die Matrix der einfachen Korrelationskoeffizienten ist hier mit

$$\underline{C} \overset{(2.2-23)}{=} \begin{pmatrix} 1 & r_{12} & r_{13} \\ r_{21} & 1 & r_{23} \\ r_{31} & r_{32} & 1 \end{pmatrix} = \begin{pmatrix} 1 & 0{,}997 & 0{,}918 \\ 0{,}997 & 1 & 0{,}902 \\ 0{,}918 & 0{,}902 & 1 \end{pmatrix} \qquad (B2\text{-}11)$$

gegeben; daraus berechnen sich die *partiellen Korrelationskoeffizienten* zwischen der Zielvariablen und jeweils einem der gegebenen Regressoren als[32]

32. Nach SPSS 11.5 ergibt sich hier $r_{12\bullet} = 0{,}988$ bzw. $r_{13\bullet} = 0{,}575$, was wiederum auf unterschiedlich gerundete Zahlen innerhalb der Berechnung zurückzuführen ist.

$$r_{12\bullet} \overset{(2.2-22)}{=} \frac{r_{12} - \underline{c}_1'\underline{C}_{12}^{-1}\underline{c}_2}{\sqrt{(1 - \underline{c}_1'\underline{C}_{12}^{-1}\underline{c}_1)\cdot(1 - \underline{c}_2'\underline{C}_{12}^{-1}\underline{c}_2)}}$$

$$\underset{\substack{\uparrow \\ \underline{C}_{12} = 1 \Rightarrow \underline{C}_{12}^{-1} = 1;\\ \underline{c}_1 = 0{,}918;\ \underline{c}_2 = 0{,}902}}{=} \frac{0{,}997 - 0{,}918 \cdot 1 \cdot 0{,}902}{\sqrt{(1 - 0{,}918^2)\cdot(1 - 0{,}902^2)}}$$

$$\approx 0{,}987 \qquad \text{(B2-11a)}$$

und

$$r_{13\bullet} \overset{(2.2-22)}{=} \frac{r_{13} - \underline{c}_1'\underline{C}_{13}^{-1}\underline{c}_3}{\sqrt{(1 - \underline{c}_1'\underline{C}_{13}^{-1}\underline{c}_1)\cdot(1 - \underline{c}_3'\underline{C}_{13}^{-1}\underline{c}_3)}}$$

$$\underset{\substack{\uparrow \\ \underline{C}_{13} = 1 \Rightarrow \underline{C}_{13}^{-1} = 1;\\ \underline{c}_1 = 0{,}997;\ \underline{c}_3 = 0{,}902}}{=} \frac{0{,}918 - 0{,}997 \cdot 1 \cdot 0{,}902}{\sqrt{(1 - 0{,}997^2)\cdot(1 - 0{,}902^2)}}$$

$$\approx 0{,}560\ . \qquad \text{(B2-11b)}$$

Da sich der partielle Korrelationkoeffizient $r_{12\bullet}$ zwischen dem Regressanden y und dem Regressor x_2 nur geringfügig vom entsprechenden einfachen Korrelationskoeffizienten r_{12} unterscheidet, kann davon ausgegangen werden, dass der Einfluss von x_2 auf y kaum vom Regressor x_3 überlagert wird; die hohe Korrelation zwischen dem privaten Konsum und dem Bruttoinlandsprodukt bleibt also auch nach Elimination des Einflusses der Nettolohnsumme bestehen. Dagegen verringert sich der Einfluss dieser Nettolohnsumme auf den privaten Konsum erheblich, wenn man die Wirkung der erklärenden Variablen „Bruttoinlandsprodukt" eliminiert. Der ursprünglich durch den einfachen Korrelationskoeffizienten $r_{13} = 0{,}918$ ausgedrückte relativ groß erscheinende Zusammenhang zwischen den privaten Konsumausgaben und dem Regressor x_3 wird erheblich vom Einfluss des Regressors x_2 überlagert, stellt also in gewissem Umfang eine „Scheinkorrelation" dar; durch Ausschalten der Wirkung von x_2 bleibt noch eine durch den partiellen Koeffizienten $r_{13\bullet}$ ausgedrückte Korrelation zwischen y und x_3 von 0,560.

Wie gut der gegebene empirische Datensatz durch die mit Hilfe der OLS-Methode geschätzte ökonometrische Struktur repräsentiert wird, kann nicht nur mit Hilfe des Bestimmtheitsmaßes, sondern auch durch die Präzision der Schätzung beurteilt werden. Diese wird durch die Größe der Varianzen der Schätzfunktionen wiedergegeben. Deshalb wird im nächsten Abschnitt die Konfidenzschätzung sowie die Möglichkeit der Hypothesenprüfung im vorliegenden KLR dargestellt.

2.2.1.3 Hypothesenprüfung, Intervallschätzung und Prognose im klassischen Modell der linearen Mehrfachregression

Im Annahmekatalog des KLR wird für die Störgrößen eine T-dimensionale Normalverteilung unterstellt, die zusammen mit den Annahmen (A1) und (A2) zur Verteilungsannahme (A4), also zu $\underline{\tilde{u}} \rightarrow N\left(\underline{0}; \sigma_{\tilde{u}}^2 \cdot \underline{I}_{(T \times T)}\right)$, führen. Da jede Komponente $\tilde{b}_j$ des OLS-Schätzvektors $\underline{\tilde{b}}$ eine lineare Funktion in $\underline{\tilde{u}}$ darstellt, ist jedes $\tilde{b}_j$ wegen der Reproduktivitätseigenschaft der Normalverteilung ebenfalls normalverteilt mit dem Erwartungswert β_j und der Varianz $\sigma_{\tilde{u}}^2 \cdot h_{jj}$, wobei h_{jj} das j-te Hauptdiagonalelement der Matrix $(\underline{X}'\underline{X})^{-1}$ darstellt.[33] Für jede Komponente $\tilde{b}_j$ gilt also

$$\tilde{b}_j \rightarrow N(\beta_j; \sigma_{\tilde{u}}^2 \cdot h_{jj}) \tag{2.2-24a}$$

und damit für den Vektor $\underline{\tilde{b}}$

$$\underline{\tilde{b}} \rightarrow N\left(\underline{\beta}; \sigma_{\tilde{u}}^2 (\underline{X}'\underline{X})^{-1}\right) \quad ; \tag{2.2-24b}$$

zur Schätzung des unbekannten Parameters verwendet man die erwartungstreue Schätzfunktion $\tilde{s}_{\tilde{e}}^2$ aus (2.2-14).

Mit Hilfe der im Folgenden dargestellten Testverfahren[34] kann nun die Qualität des gewählten Regressionsansatzes dahingehend überprüft werden, ob bestimmte Parameterwerte, die sich aus dem ökonomischen Zusammenhang ergeben, durch den gegebenen Datensatz verifiziert werden und ob bestimmte Regressoren für die Erklärung der Zielvariablenwerte wichtig sind, oder aus dem Ansatz genommen werden können. Letzteres kann man ebenfalls durch die Prüfung von Hypothesen bzgl. der entsprechenden Koeffizienten entscheiden.[35]

Eine *allgemeine Formulierung* von *Hypothesen* über Komponenten des Parametervektors $\underline{\beta}$ lautet

$$H_0 :'' \; \underline{R}\underline{\beta} = \underline{r}'' \quad , \tag{2.2-25}$$

mit $\underline{R} :=$ (q × k)– Matrix, (q ≤ k), und $\underline{r} :=$ (q × 1) –Vektor, die durch die jeweiligen konkret interessierenden Hypothesen festgelegt sind. Es wird außerdem unterstellt, dass zwischen den einzelnen Hypothesen keine linearen Abhängigkeiten bestehen, die Matrix $\underline{R}$ also den Rang q besitzt; die Zeilenzahl q dieser Matrix entspricht dabei der Anzahl der zu prüfenden Hypothesen.

Zur Prüfung von H_0 ist die Größe

$$\tilde{f} = \frac{\left(\underline{R}\underline{\tilde{b}} - \underline{r}\right)' \left[\underline{R}(\underline{X}'\underline{X})^{-1}\underline{R}'\right]^{-1} \left(\underline{R}\underline{\tilde{b}} - \underline{r}\right) \Big/ q}{\underline{\tilde{e}}'\underline{\tilde{e}}/(T - k)} \tag{2.2-26}$$

geeignet, die mit *q* und (T – k) *Freiheitsgraden F-verteilt* ist. Dies ergibt sich aus folgenden Überlegungen:

33. Vgl. (2.2-8) bis (2.2-10).
34. Für die Herleitung der Verteilung der jeweiligen Prüfgrößen sowie der daraus abzuleitenden Quantile für die Erstellung der Konfidenzintervalle benötigt man die Verteilung der Größe $\underline{\tilde{e}}'\underline{\tilde{e}}/\sigma_{\tilde{u}}^2$; es kann gezeigt werden, dass diese χ^2-verteilt ist mit (T – k) Freiheitsgraden. Dabei fließt auch ein, dass Zähler- und Nennergröße dieses Quotienten stochastisch unabhängig sind.
35. Die Hypothesen sind dann so zu formulieren, dass die interessierenden Parameter gegen den Wert Null getestet werden.

Zuerst wird der Vektor $\underline{\beta}$ durch den zugehörigen OLS-Schätzer $\underline{\tilde{b}}$ ersetzt; aus dessen BLU-Eigenschaften folgt

$$E\left(\underline{R}\,\underline{\tilde{b}}\right) = \underline{R}\cdot E\underline{\tilde{b}} \stackrel{(2.2-9)}{=} \underline{R}\,\underline{\beta} \qquad (2.2\text{-}26a)$$

sowie

$$\text{var}\left(\underline{R}\,\underline{\tilde{b}}\right) = E\left[\underline{R}\left(\underline{\tilde{b}} - \underline{\beta}\right)\left(\underline{\tilde{b}} - \underline{\beta}\right)'\underline{R}'\right] \stackrel{(2.2\text{-}10)}{=} \sigma_{\tilde{u}}^2 \underline{R}(\underline{X}'\underline{X})^{-1}\underline{R}' \; ; \qquad (2.2\text{-}26b)$$

da $\underline{R}\,\underline{\tilde{b}}$ als lineare Funktion des mehrdimensional normalverteilten Vektors $\underline{\tilde{b}}$ ebenfalls eine multivariate Normalverteilung mit den Parametern aus (2.2-26a) und (2.2-26b) besitzt, ist bei Gültigkeit der Hypothese (2.2-25)[36] auch die Größe $\left(\underline{R}\,\underline{\tilde{b}} - \underline{r}\right)$ mehrdimensional normalverteilt mit dem Erwartungswert $\underline{0}$ und der Varianz aus (2.2-26b). Damit ist nach dem allgemeinen Befund über die Verteilung quadratischer Formen die Größe

$$\left(\underline{R}\,\underline{\tilde{b}} - \underline{r}\right)'\left[\sigma_{\tilde{u}}^2\,\underline{R}\,(\underline{X}'\underline{X})^{-1}\underline{R}'\right]^{-1}\left(\underline{R}\,\underline{\tilde{b}} - \underline{r}\right) \qquad (2.2\text{-}26c)$$

χ^2-verteilt mit q Freiheitsgraden.[37] Da auch nachgewiesen werden kann, dass $\underline{\tilde{e}}'\underline{\tilde{e}}/\sigma_{\tilde{u}}^2$ mit $(T - k)$ Freiheitsgraden χ^2-verteilt ist, und die Variablen $\underline{\tilde{e}}'\underline{\tilde{e}}$ und $\underline{R}\,\underline{\tilde{b}}$ stochastisch unabhängig sind, ist die Prüfvariable $\tilde{f}$ aus (2.2-26) als Quotient dieser beiden χ^2-verteilten Größen F-verteilt mit den oben genannten Freiheitsgraden.[38]

Die allgemeine Hypothese aus (2.2-25) wird somit abgelehnt, falls $\tilde{f}$ einen Wert annimmt, für den

$$f > f[(1 - \alpha)\,|\,q\,;\,T - k] \qquad (2.2\text{-}26d)$$

gilt; dabei bezeichnet $f[(1 - \alpha)\,|\,q\,;\,T - k]$ das $(1 - \alpha)$-Quantil der F-Verteilung mit q und $(T - k)$ Freiheitsgraden.

Aus der geschilderten allgemeinen Testsituation lassen sich nun folgende *spezielle* Hypothesen und deren Überprüfung ableiten:

(a) Hypothesenprüfung für einen einzigen Steigungskoeffizienten

Setzt man in (2.2-25) *speziell* $\underline{r} = r = 0$ sowie $\underline{R} = (0 \; \ldots \; 0 \; 1 \; 0 \; \ldots \; 0)$, wobei die Eins die j-te Komponente dieser $(1 \times k)$-Matrix ist, so ergibt sich die Hypothese

$$H_0 :\text{''}\; \beta_j = 0\; \text{''}\; , \qquad (2.2\text{-}25a)$$

d.h. es wird getestet, ob die zugehörige erklärende Variable x_j einen signifikanten Einfluss auf die Zielvariable hat oder aus dem Ansatz genommen werden kann.[39] In der Prüfgröße $\tilde{f}$ aus (2.2-26) gilt dann speziell $\underline{R}\,\underline{\tilde{b}} - \underline{r} = \tilde{b}_j$ und $\underline{R}(\underline{X}'\underline{X})^{-1}\underline{R}'$ greift das j-te Hauptdiagonalelement aus $(\underline{X}'\underline{X})^{-1}$, also h_{jj},[40] heraus. Damit ergibt sich hier unter zusätzlicher Beachtung von $q = 1$ *speziell* die unter H_0 mit *1* und $(T - k)$ Freiheitsgraden *F-verteilte* Prüfvariable

---

36. Ist H_0 aus (2.2-25) richtig, gilt also $\underline{R}\,\underline{\tilde{b}} = \underline{r}$, so ist $\underline{R}(\underline{\tilde{b}} - \underline{\beta}) = \underline{R}\,\underline{\tilde{b}} - \underline{r}$.
37. Man kann zeigen, dass die Inverse $\left[\underline{R}\,(\underline{X}'\underline{X})^{-1}\underline{R}'\right]^{-1}$ existiert.
38. Man beachte, dass durch die Quotientenbildung der unbekannte Parameter $\sigma_{\tilde{u}}^2$ entfällt.
39. Allgemein kann die Hypothese $H_0 : \beta_j = \beta_{j0}$ getestet werden, wenn die Matrix $\underline{R}$ wie oben sowie die j-te Komponente des Vektors $\underline{r}$ mit β_{j0} festgelegt wird.
40. Vgl. (2.2-24a).

$$\tilde{f} = \frac{(\tilde{b}_j - 0)^2 / 1}{[\underline{\tilde{e}}'\underline{\tilde{e}}/(T - k)] \cdot h_{jj}} = \frac{\tilde{b}_j^2}{\left[\sum_t \tilde{e}_t^2 / (T - k)\right] \cdot h_{jj}} \; ; \qquad (2.2\text{-}26e)$$

der Ablehnungsbereich ergibt sich analog zu (2.2-26d). Nimmt also die Variable $\tilde{f}$ einen Wert in diesem Bereich an, so kann von einem Einfluss des Regressors x_j auf die Zielvariable ausgegangen werden; x_j bleibt im Ansatz.[41]

(b) Hypothesenprüfung für alle Steigungskoeffizienten

Wird in (2.2-25) *speziell* $\underline{r} = \underline{0}$ sowie

$$\underline{R} = \begin{pmatrix} 0 & 1 & 0 & \ldots & 0 \\ 0 & 0 & 1 & \ldots & 0 \\ \vdots & \vdots & \vdots & \ldots & 0 \\ 0 & 0 & 0 & \ldots & 1 \end{pmatrix}_{[(k-1) \times k]}$$

gesetzt, so ergibt sich die Hypothese

$$H_0 : \text{"} \beta_2 = \beta_3 = \ldots = \beta_k = 0 \text{"} \; , \qquad (2.2\text{-}25b)$$

d.h. es wird der gesamte gewählte Regressionsansatz auf den Prüfstand gestellt. In der Größe $\tilde{f}$ aus (2.2-26) ist dann der Ausdruck $\underline{R}\underline{\tilde{b}} - \underline{r}$ gleich dem $(k-1)$-komponentigen OLS-Schätzvektor $\underline{\tilde{b}}_2 := (\tilde{b}_2 \;\; \tilde{b}_3 \;\; \ldots \;\; \tilde{b}_k)'$[42] und $\underline{R}(\underline{X}'\underline{X})^{-1}\underline{R}'$ greift die rechte untere Teilmatrix der Ordnung $[(k-1) \times (k-1)]$ von $(\underline{X}'\underline{X})^{-1}$ heraus. Diese ist gleich dem Produkt $\left(\underline{X}_2'\underline{A}\,\underline{X}_2\right)^{-1}$, mit der Matrix $\underline{A}$ aus (2.2-17) und der $[T \times (k-1)]$–Matrix $\underline{X}_2$, die sämtliche Regressorenwerte enthält und sich somit aus der Gesamtmatrix $\underline{X}$ aus (2.2-1b) durch Streichen der ersten Spalte, also der Werte des „Scheinregressors", ergibt. Damit erhält man aus (2.2-26) *speziell* die Prüfgröße

$$\tilde{f} = \frac{\underline{\tilde{b}}_2' \left(\underline{X}_2'\underline{A}\,\underline{X}_2\right) \underline{\tilde{b}}_2 / (k - 1)}{\underline{\tilde{e}}'\underline{\tilde{e}}/(T - k)} \; , \qquad (2.2\text{-}26f)$$

die bei Gültigkeit von H_0 *F-verteilt* ist mit $(k-1)$und $(T-k)$ Freiheitsgraden. Der Ablehnungsbereich ergibt sich wiederum analog zu (2.2-26d); nimmt $\tilde{f}$ einen Wert in dieser kritischen Region an, so kann davon ausgegangen werden, dass *alle* Regressoren einen signifikanten Einfluss auf den Regressanden haben, der Gesamtansatz also adäquat gewählt wurde.

(c) Hypothesenprüfung für eine Teilmenge von Steigungskoeffizienten

Soll nur der Einfluss *bestimmter* Regressoren auf die Zielvariable getestet werden, setzt man *speziell* $\underline{r} = \underline{0}$ und $\underline{R} = [\,\underline{0} \;\; \underline{I}_s\,]$ und erhält somit die *spezielle* Hypothese

---

41. Statt (2.2-26e) kann man auch die Prüfgröße $\tilde{t} = \frac{\tilde{b}_j}{\sqrt{\sum \tilde{e}_t^2/(T-k)} \cdot \sqrt{h_{jj}}}$ benutzen; diese ist die positive Quadratwurzel der Größe $\tilde{f}$ aus (2.2-26e) und es ist einfach zu zeigen, dass sie bei Gültigkeit von H_0 t-verteilt ist mit $(T-k)$ Freiheitsgraden. Weiterhin ist zu beachten, dass beim Testen der allgemeineren Hypothese $H_0 : \beta_j = \beta_{j0}$ im jeweiligen Zähler der Prüfvariablen statt des speziellen Wertes „Null" der in H_0 behauptete Wert $\beta_j = \beta_{j0} \neq 0$ einzusetzen ist. Der Ablehnungsbereich ist hier zweiseitig, d.h. H_0 wird abgelehnt falls die Prüfgröße $\tilde{t}$ einen Wert annimmt, für den $|t| > t(1 - \alpha/2 \,|\, T - k)$ gilt. $t(1 - \alpha/2 \,|\, T - k)$ ist dabei das Quantil der entprechenden t-Verteilung.

42. In $\underline{\tilde{b}}_2$ werden also nur die Steigungskoeffizienten zusammengefasst; das Absolutglied ist nicht enthalten.

$$H_0 :'' \beta_{k-s+1} = \beta_{k-s+2} = \ldots = \beta_k = 0'' .^{43} \qquad (2.2\text{-}25c)$$

Werden die Werte der s interessierenden Regressoren in der Teilmatrix $\underline{X}_s$ zusammengefasst, die Matrix $\underline{X}$ also in $[\,\underline{X}_r \quad \underline{X}_s\,]$ aufgespaltet, und wird entsprechend mit dem Vektor $\underline{b}$ der Schätzwerte verfahren, so gilt gemäß der allgemeinen Beziehung (2.2-2a)

$$\tilde{\underline{y}} \overset{(2.2-2a)}{=} \underline{X}\underline{b} + \tilde{\underline{e}} = [\,\underline{X}_r \quad \underline{X}_s\,]\begin{pmatrix} \underline{b}_r \\ \underline{b}_s \end{pmatrix} + \tilde{\underline{e}} = \underline{X}_r\underline{b}_r + \underline{X}_s\underline{b}_s + \tilde{\underline{e}} \; ; \qquad (2.2\text{-}2b)$$

die Matrix $\underline{X}_r$ ist vom Typ $[T \times (k-s)]$ und erfasst die ersten $r = (k-s)$, die $(T \times s)$–Matrix $\underline{X}_s$ die letzten $(k-s)$ Spalten von $\underline{X}$. Damit ist hier $\underline{R}\tilde{\underline{b}} - \underline{r} = \tilde{\underline{b}}_s$ und das Matrizenprodukt $\underline{R}(\underline{X}'\underline{X})^{-1}\underline{R}'$ greift die rechte untere Teilmatrix der Ordnung $(s \times s)$ von $(\underline{X}'\underline{X})^{-1}$ heraus. Diese kann mit $\left(\underline{X}_2'\underline{M}_r\underline{X}_2\right)^{-1}$ angegeben werden, wobei für die idempotente und symmetrische Matrix $\underline{M}_r$ – analog zur Matrix $\underline{M}$ aus (2.2-11) –

$$\underline{M}_r = \underline{I}_{(T \times T)} - \underline{X}_r\left(\underline{X}_r'\underline{X}_r\right)^{-1}\underline{X}_r' \qquad (2.2\text{-}26g)$$

gilt. Somit ergibt das Einsetzen dieser Ausdrücke in die allgemeine Formel (2.2-26) hier die *spezielle* Prüfgröße

$$\tilde{f} = \frac{\tilde{\underline{b}}_s'\left(\underline{X}_s'\underline{M}_r\underline{X}_s\right)\tilde{\underline{b}}_s / s}{\tilde{\underline{e}}'\tilde{\underline{e}}/(T-k)} , \qquad (2.2\text{-}26h)$$

die bei Gültigkeit der Nullhypothese (2.2-25c) wiederum *F-verteilt* ist mit *s* und $(T-k)$ Freiheitsgraden. Da gezeigt werden kann, dass die Zählergröße $\tilde{\underline{b}}_s'\left(\underline{X}_s'\underline{M}_r\underline{X}_s\right)\tilde{\underline{b}}_s$ aus (2.2-26h) mit der Differenz der Residuenquadratsummen $\tilde{\underline{e}}_r'\tilde{\underline{e}}_r - \tilde{\underline{e}}'\tilde{\underline{e}}$ übereinstimmt, wobei der erste Term aus dem reduzierten Ansatz mit nur $r = (k-s)$ Regressoren und der zweite Term aus dem Gesamtansatz (2.2-1) entstammt, kann die Prüfvariable $\tilde{f}$ aus Beziehung (2.2-26h) auch in der Form

$$\tilde{f} = \frac{\left(\tilde{\underline{e}}_r'\tilde{\underline{e}}_r - \tilde{\underline{e}}'\tilde{\underline{e}}\right)/s}{\tilde{\underline{e}}'\tilde{\underline{e}}/(T-k)} \qquad (2.2\text{-}26i)$$

angegeben werden. Denn die Differenz der Residuenquadrate kann als diejenige Größe interpretiert werden, um die der nicht erklärte Anteil RSS der Gesamtstreuung TSS[44] der Werte der Zielvariablen reduziert bzw. umgekehrt der erklärte Varianzanteil ESS erhöht werden kann, wenn nicht nur die ersten r, sondern alle k Regressoren in den Ansatz aufgenommen werden. Die Vorgehensweise bei diesem Test kann somit folgendermaßen beschrieben werden:[45]

c1) Durchführung einer Regression von $\underline{y}$ auf die Variablen in $\underline{X}_r$, die nicht in der Hypothese (2.2-25c) erfasst sind, und Berechnung der zugehörigen Residuenquadratsumme $\underline{e}_r'\underline{e}_r$;

c2) Durchführung einer Regression von $\underline{y}$ auf alle Variablen $\underline{X}$ und Berechnung der zugehörigen Resuduenquadratsumme $\underline{e}'\underline{e}$; die Differenz $\underline{e}_r'\underline{e}_r - \underline{e}'\underline{e}$ ist dann analog zu oben interpretierbar;

43. Gegebenenfalls ist vorab eine Umnummerierung der s interessierenden Regressoren vorzunehmen, um sie und die zugehörigen Steigungskoeffizienten zusammenfassen zu können.

44. Man vergleiche die Steuungszerlegungsformel TSS = ESS + RSS aus (2.2-15a).

45. Da der Test auf einen einzigen Steigungskoeffizienten bzw. den zugehörigen Regressor nur einen Spezialfall darstellt, können die folgenden Ausführungen auch auf diese Situation übertragen werden.

c3) Vergleich der mittleren Quadratsummen $(\underline{e}_r'\underline{e}_r - \underline{e}'\underline{e})/s$ und $\underline{e}'\underline{e}/(T-k)$; übersteigt der Quotient dieser Summen das $(1-\alpha)$–Quantil der entsprechenden F-Verteilung mit s und (T – k) Freiheitsgraden, so wird die Hypothese (2.2-25c), dass die letzten s Regressoren *keinen* Einfluss auf die Zielvariable besitzen, beim Signifikanzniveau α abgelehnt.

Die in (2.2-25) allgemein formulierte Hypothese kann als Behauptung gesehen werden, der Parametervektor $\underline{\beta}$ gehorche q „*Nebenbedingungen*“. Wird diese Nullhypothese *nicht* abgelehnt, schätzt man das Modell neu, wobei diese „Nebenbedingungen“ im Schätzverfahren berücksichtigt werden. Damit soll eine effizientere Schätzung erreicht werden. Gesucht ist somit eine Schätzfunktion $\tilde{\underline{b}}*$, für die

$$\underline{R}\tilde{\underline{b}}* = \underline{r} \qquad (2.2\text{-}27)$$

gilt; diese erhält man durch einen LAGRANGE-Ansatz, in welchen die zu minimierende Zielfunktion (2.2-4) der MQ-Methode und die Nebenbedingung (2.2-27) eingehen. Die übliche Vorgehensweise ergibt Normalgleichungen, die auch die Nebenbedingungen berücksichtigen; aus deren Auflösung resultiert der Vektor $\tilde{\underline{b}}*$ der Schätzfunktionen mit

$$\tilde{\underline{b}}* = \tilde{\underline{b}} + (\underline{X}'\underline{X})^{-1}\underline{R}'\left[\underline{R}(\underline{X}'\underline{X})^{-1}\underline{R}'\right]^{-1}\left(\underline{r} - \underline{R}\tilde{\underline{b}}\right), \qquad (2.2\text{-}28)$$

wobei $\tilde{\underline{b}}$ wieder den Vektor der OLS-Schätzfunktionen im Modell ohne Nebenbedingungen bezeichnet. Die Komponenten von $\tilde{\underline{b}}*$ heißen *RLS-Schätzfunktionen*, da sie mit Hilfe der Methode der kleinsten Quadrate unter Beachtung von Restriktionen berechnet werden. Bezeichnet man mit $\tilde{\underline{e}}*'\tilde{\underline{e}}*$ die Residuenquadratsumme im Modell mit Nebenbedingungen, so gilt für die Differenz zwischen den entsprechenden Quadratsummen im Modell mit und ohne Nebenbedingungen

$$\tilde{\underline{e}}*'\tilde{\underline{e}}* - \tilde{\underline{e}}'\tilde{\underline{e}} = \left(\underline{r} - \underline{R}\tilde{\underline{b}}\right)'\left[\underline{R}(\underline{X}'\underline{X})^{-1}\underline{R}'\right]^{-1}\left(\underline{r} - \underline{R}\tilde{\underline{b}}\right); \qquad (2.2\text{-}29)$$

dieser Ausdruck ist identisch mit dem Zähler der Prüfgröße $\tilde{f}$ aus (2.2-26) zur Prüfung der Nullhypothese H_0 :" $\underline{R}\underline{\beta} = \underline{r}$" aus (2.2-25),[46] so dass $\tilde{f}$ auch durch

$$\tilde{f} = \frac{\left(\tilde{\underline{e}}^{*\prime}\tilde{\underline{e}}^{*} - \tilde{\underline{e}}'\tilde{\underline{e}}\right)/q}{\tilde{\underline{e}}'\tilde{\underline{e}}/(T-k)} \qquad (2.2\text{-}26j)$$

wiedergegeben werden kann. Eine alternative Formulierung dieser mit q und (T – k) Freiheitsgraden F-verteilten Größe ist

$$\tilde{f} = \frac{\left(\tilde{\underline{b}}^{*} - \tilde{\underline{b}}\right)'\underline{X}'\underline{X}\left(\tilde{\underline{b}}^{*} - \tilde{\underline{b}}\right)/q}{\tilde{\underline{e}}'\tilde{\underline{e}}/(T-k)}. \qquad (2.2\text{-}26k)$$

Die üblichere Vorgehensweise der Hypothesenprüfung mit Hilfe der Prüfvariablen $\tilde{f}$ aus (2.2-26) und deren speziellen Formen soll im Folgenden anhand der Daten und bisherigen Ergebnisse aus Beispiel 2.1 dargestellt werden.

46. Denn es gilt

$$\left(\underline{r} - \underline{R}\tilde{\underline{b}}\right)'\left[\underline{R}(\underline{X}'\underline{X})^{-1}\underline{R}'\right]^{-1}\left(\underline{r} - \underline{R}\tilde{\underline{b}}\right) = \left(\underline{R}\tilde{\underline{b}} - \underline{r}\right)'\left[\underline{R}(\underline{X}'\underline{X})^{-1}\underline{R}'\right]^{-1}\left(\underline{R}\tilde{\underline{b}} - \underline{r}\right).$$

Beispiel 2.4

a. Ausgehend von den Daten aus Tabelle 2.1 und dem *Modell 1* des Beispiels 2.2 soll nun die Hypothese getestet werden, dass das Bruttoinlandsprodukt *keinen* Einfluss auf den privaten Konsum besitzt, also keinen Erklärungsbeitrag zu C^{priv} liefert; d.h. zu testen ist $H_0 :'' \beta_2 = 0''$. Eine äquivalente Formulierung dieser Nullhypothese ist

$$H_0 :'' \underline{R}\underline{\beta} = \underline{r}'', \text{ mit } \underline{R} = (\ 0 \quad 1\ ) \text{ und } \underline{r} = r = 0\ . \qquad \text{(B2-12)}$$

Die Ausprägung der Prüfvariablen $\tilde{f}$ lautet[47]

$$\begin{aligned} f &\overset{(2.2-26e)}{=} \frac{b_2^2}{[\underline{e}'\underline{e}/(T-k)] \cdot h_{22}} \\ &\overset{(B2-4)}{=} \frac{0{,}657^2}{[948{,}296/(12-2)] \cdot 2{,}4875 \cdot 10^{-6}} \\ &\overset{(B2-6)}{=} \frac{0{,}657^2}{0{,}015^2} \\ &= 43{,}8^2\ ; \end{aligned} \qquad \text{(B2-13)}$$

sei z.B. das Signifikanzniveau (=: SN) für den Test mit $\alpha = 0{,}05$ gegeben; dann ist obige H_0 bei diesem SN *abzulehnen*, da

$$f = 43{,}8^2 >> f(1-\alpha \mid q; T-k) = f(0{,}95 \mid 1; 10) \underset{\text{Tab.}}{\overset{}{=}} 4{,}96\ ;^{48} \qquad \text{(B2-14)}$$

die vorliegenden Beobachtungen unterstützen somit den herkömmlichen Erklärungsansatz der Beeinflussung des privaten Konsums durch das Bruttoinlandsprodukt.

b. Betrachtet wird das *Modell 2* aus Beispiel 2.1; zu testen ist zunächst die Hypothese, dass die Summe der Nettolöhne/-gehälter keinen Einfluss auf den privaten Konsum besitzt, also keinen Erklärungsbeitrag für C^{priv} liefert; d.h. zu testen ist $H_0 :'' \beta_3 = 0''$. Eine äquivalente Formulierung dieser Nullhypothese ist

$$H_0 :'' \underline{R}\underline{\beta} = \underline{r}'', \text{ mit } \underline{R} = (\ 0 \quad 0 \quad 1\ ) \text{ und } \underline{r} = r = 0\ . \qquad \text{(B2-15)}$$

---

47. Die Ausprägung der Prüfgröße $\tilde{f}$ kann alternativ mit $b_2^2/\text{var}\, b_2$ angegeben werden. Statt $\tilde{f}$ kann auch die Quadratwurzel von $\tilde{f}$ benutzt werden; diese ist t-verteilt mit $(T-k)$ Freiheitsgraden und wird hier im SPSS-Ausdruck mit t = 42,789 angegeben. Die Differenz zu dem hier berechneten Wert erklärt sich aus der oben angesprochenen Rundungsproblematik.

48. Man beachte die grundsätzlich andere Vorgehensweise in der Ausgabe der SPSS-Ergebnisse. Dort wird neben der Ausprägung der Prüfgröße in der Spalte „Signifikanz" die Größe angegeben, die das Signifikanzniveau annehmen müßte, damit die Nullhypothese abgelehnt wird. Diese Größe wird manchmal auch als „Überschreitungswahrscheinlichkeit" bezeichnet. Ist dieser Wert größer als das üblicherweise vorgegebene SN von 0,01, 0,05 oder 0,10, so ist das Testergebnis als „nicht signifikant" zu betrachten, die Hypothese also nicht abzulehnen, und umgekehrt. Für die jeweiligen Quantile liegen geeignete Tabellenwerke vor.

Die Ausprägung der Prüfvariablen $\tilde{f}$ berechnet sich analog zu (B2-13) mit[49]

$$f \overset{(2.2-26e)}{=} \frac{b_3^2}{[\underline{e}'\underline{e}/(T-k)]\cdot h_{33}} = \frac{0,372^2}{[634,703/(12-3)]\cdot 0,0004408}$$

$$= \frac{0,372^2}{0,176^2} = 2,114^2 \approx 4,467; \qquad \text{(B2-16)}$$

ist das Signifikanzniveau (SN) für den Test wiederum mit $\alpha = 0,05$ gegeben, so ist obige H_0 bei diesem SN *nicht abzulehnen*, da

$$f = 2,873 < f(1-\alpha\,|\,q;T-k) = f(0,95\,|\,1;9) \underset{\substack{\uparrow\\ \text{Tab.}}}{=} 5,12\;.^{50} \qquad \text{(B2-17)}$$

Eine andere Möglichkeit der Prüfung von H_0 :" $\beta_3 = 0$" besteht in folgender Vorgehensweise: Dem Gesamtansatz (B2-7) mit drei Regressoren und der Residuenquadratsumme $\underline{e}'\underline{e} = 634,703$ wird der „reduzierte" Ansatz (B2-3) aus Beispiel 2.-2 gegenübergestellt, der zur Erklärung von C^{priv} nur zwei Regressoren unterstellt.[51] Die Residuenquadratsumme dieses Ansatzes wurde mit $\underline{e}_r'\underline{e}_r = 948,296$ berechnet. Die Ausprägung der Prüfvariablen ist nun

$$f \overset{(2.2-26i)}{=} \frac{(\underline{e}_r'\underline{e}_r - \underline{e}'\underline{e})/s}{\underline{e}'\underline{e}/(T-k)} = \frac{(948,296-634,703)/1}{634,703/(12-3)} \approx 4,447\;;^{52} \qquad \text{(B2-18)}$$

$H_0 : \beta_3 = 0$ wird bei einem SN $\alpha = 0,05$ *nicht abgelehnt*, da $f < f(1-\alpha\,|\,s;T-k) = f(0,95\,|\,1;8) = 5,32$; diese Aussage stimmt also mit dem vorherigen Ergebnis überein. Die Summe der Nettolöhne/-gehälter könnte aus dem Ansatz genommen werden.

Nun soll der Erklärungsgehalt des Gesamtansatzes von *Modell 2* überprüft werden, also H_0 :" $\beta_2 = \beta_3 = 0$"; diese Hypothese ist äquivalent zu

$$H_0 :\text{"}\ \underline{R}\underline{\beta} = \underline{r}\text{"}, \text{ mit } \underline{R} = \begin{pmatrix} 0 & 1 & 0 \\ 0 & 0 & 1 \end{pmatrix} \text{ und } \underline{r} = \begin{pmatrix} 0 \\ 0 \end{pmatrix}; \qquad \text{(B2-19)}$$

Der Wert der Prüfvariablen berechnet sich hier mit[53]

49. Die Berechnung von $(\underline{X}'\underline{X})^{-1}$ und damit der Hauptdiagonalelemente h_{jj} ist nicht explizit dem SPSS-Ausdruck zu entnehmen; sie erfolgte zusätzlich mit Hilfe des Programms Maple V.5.1. Die Ausprägung der Prüfgröße lässt sich auch mit $b_3^2/\text{var}\,b_3$ angeben. Zu beachten ist wiederum, dass sich aufgrund von unterschiedlichen Rundungen in SPSS 11.5 eine Ausprägung der Prüfgröße von $f = t^2 = 2,109^2 \approx 4,448$ ergibt. Dies ändert aber nichts an der zu treffenden Aussage bzgl. der Nullhypothese.

50. Das gleiche Ergebnis resultiert natürlich auf der Grundlage der t-verteilten Prüfgröße, da $t = 2,109 < t(1-\alpha/2\,|\,T-k) = t(0,975\,|\,9) = 2,262$. Weiterhin sei noch auf die Ausführungen der vorletzten Fußnote verwiesen.

51. Die formulierte H_0 entspricht also der allgemeinen Formulierung, dass nur die ersten r Regressoren einen Einfluss auf den Regressanden heben, nicht jedoch die letzten s erklärenden Variablen; hier ist r = 1 und s = 1 zu setzen.

52. Auch hier ist die geringfügige Abweichung zu der in (B2-16) berechneten Ausprägung der Prüfgröße durch unterschiedliche Rundungen zu erklären.

53. Die Berechnungen wurden mit Hilfe des Programms Maple Version 5.1. durchgeführt.

$$f \stackrel{(2.2-26)}{=} \frac{(\underline{R}\underline{b} - \underline{r})'\left[\underline{R}(\underline{X}'\underline{X})^{-1}\underline{R}'\right]^{-1}(\underline{R}\underline{b} - \underline{r})/q}{\underline{e}'\underline{e}/(T-k)} \approx 1233,86 \; , \qquad \text{(B2-20)}$$

so dass auf dem Niveau von z.B. $\alpha = 0,05$ diese H_0 *abzulehnen* ist, da $f \gg f(0,95\,|\,2\,;\,9) = 4,26$; d.h. der unterstellte Ansatz liefert durchaus einen Erklärungsbeitrag für die abhängige Variable C^{priv}, was auch schon durch das in Beispiel 2.1 berechnete hohe Bestimmtheitsmaß bestätigt wurde.

Nach dieser Darstellung der Möglichkeiten zur Überprüfung verschiedener Modellansätze sowie bestimmter Vorgaben bzgl. einzelner Parameterwerte, die u.U. aus dem ökonomischen Zusammenhang vorgegeben sind, soll noch kurz auf die *Intervallschätzung im KLR* eingegangen werden.

Aus (2.2-24a) folgt, dass das *Konfidenzintervall* der Größe $(1-\alpha)$ für einen *einzelnen Koeffizienten* β_j mit

$$\left[b_j - t(1-\alpha/2\,|\,T-k) \cdot \sqrt{\frac{\sum e_t^2}{T-k}} \cdot \sqrt{h_{jj}} \; ; \; b_j + t(1-\alpha/2\,|\,T-k) \cdot \sqrt{\frac{\sum e_t^2}{T-k}} \cdot \sqrt{h_{jj}}\right]$$
(2.2-30)

gegeben ist. Das Quantil ergibt sich dabei aus der für die Prüfgröße $\tilde{t}$ abgeleiteten Verteilung.[54]

Konfidenzintervalle lassen sich aber nicht nur für einzelne Koeffizienten β_j, sondern auch *simultan* für mehrere Parameter angeben. Dazu verwendet man das Ergebnis, dass die Größe $(\underline{R}\underline{\tilde{b}} - \underline{\beta})'[\sigma_{\tilde{u}}^2 \underline{R}(\underline{X}'\underline{X})^{-1}\underline{R}']^{-1}(\underline{R}\underline{\tilde{b}} - \underline{\beta})$ mit q Freiheitsgraden χ^2-verteilt ist;[55] da auch $\underline{\tilde{e}}'\underline{\tilde{e}}/\sigma_{\tilde{u}}^2$ χ^2-verteilt ist mit $(T-k)$ Freiheitsgraden und beide Variablen stochastisch unabhängig sind, ist der Quotient $\tilde{f}$ aus beiden Größen mit q und $(T-k)$ Freiheitsgraden F-verteilt ist.[56] Durch geeignete Wahl der Matrix $\underline{R}$ und Umformung nach den entsprechenden Komponenten von $\underline{\beta}$ erhält man das gemeinsame Konfidenzintervall für Gruppen von Parametern aus $\underline{\beta}$.

---

54. Mit Hilfe dieses Konfidenzintervalls kann auch die Hypothese aus (2.2-25a) getestet werden: Gilt $0 \in KI$, so kann sie nicht abgelehnt werden, d.h. der zugehörige Regressor x_j hat keinen signifikanten Einfluss auf die Zielvariable y und kann aus dem Ansatz genommen werden. Für $0 \notin KI$ ist dagegen der Einfluss bestätigt. Diese Vorgehensweise der Prüfung von Hypothesen ist grundsätzlich auch mit Hilfe simultaner Konfidenzintervalle möglich.
55. Vgl. dazu (2.2-26c).
56. Man beachte, dass bei der Quotientenbildung der unbekannte Parameter $\sigma_{\tilde{u}}^2$ gekürzt werden kann.

Beispiel 2.5 Ausgehend von den Beobachtungswerten und den bisherigen Ergebnissen aus Beispiel 2.2 und 2.4 lassen sich für die zu schätzenden Regressionsparameter β_j für das *Modell 1* die *95%-Konfidenzintervalle*[57]

$$\left[b_1 \pm t(0{,}975|10)\cdot\sqrt{\frac{\sum e_t^2}{T-k}}\cdot\sqrt{h_{11}}\right] \underset{\underset{\text{Tab.}}{\uparrow}}{\overset{\substack{(B2-4)\\(B2-6)}}{=}} [-145{,}894 \pm 2{,}228\cdot 28{,}462]$$
$$= [-209{,}307 \leq \beta_1 \leq -82{,}481] \quad \text{(B2-21)}$$

und

$$\left[b_2 \pm t(0{,}975|10)\cdot\sqrt{\frac{\sum e_t^2}{T-k}}\cdot\sqrt{h_{22}}\right] \underset{\underset{\text{Tab.}}{\uparrow}}{\overset{\substack{(B2-4)\\(B2-6)}}{=}} [0{,}657 \pm 2{,}228\cdot 0{,}015]$$
$$= [0{,}624 \leq \beta_2 \leq 0{,}690] \quad \text{(B2-22)}$$

berechnen. Da beide Konfidenzintervalle die Null nicht enthalten, bestätigen sie die Aussage der Hypothesenprüfung aus Beispiel 2.4 sowie des in Beispiel 2.2 ermittelten Bestimmtheitsmaßes für *Modell 1*, dass das Bruttoinlandsprodukt den privaten Konsum beeinflusst.

Analog können für *das Modell 2* unter Beachtung der Ergebnisse (B2-8) und (B2-10) aus Beispiel 2.2 folgende 95%-Konfidenzintervalle für die einzelnen Koeffizienten β_j ermittelt werden:

$$[-352{,}779 \leq \beta_1 \leq -124{,}708]\,;\,[0{,}530 \leq \beta_2 \leq 0{,}668]\,;\,[-0{,}027 \leq \beta_3 \leq 0{,}771] \quad \text{(B2-23)}$$
[58]

Auch sie bestätigen die Aussagen der Hypothesenprüfung aus Beispiel 2.4; der Regressor x_3 könnte aus dem Ansatz genommen werden, da auf dem Niveau $\alpha = 0{,}05$ kein signifikanter Einfluss der Variablen „Nettolöhne/-gehälter" bestätigt werden kann. Dies ergibt sich aus dem ermittelten Konfidenzintervall für β_3, das die Null enthält.

Sind für einen konkreten Stichprobenbefund die OLS-Schätzwerte $\underline{b}$ und s_e^2 ermittelt und ist die Güte des unterstellten Regressionsansatzes überprüft worden, so kann anschließend eine *Prognose* für den *zukünftigen Wert* der Zielvariablen durchgeführt werden. Die Durchführung von Prognosen ist insbesondere im Rahmen der empirischen Wirtschaftsforschung von großer Bedeutung. Dabei wird grundsätzlich unterstellt, dass sämtliche gegebenen Strukturen auch in der Zukunft gelten, also *kein Strukturbruch*[59] gegeben ist, da sonst die Prognosen fehlerhaft sind.

Prognosen können grundsätzlich für den *individuellen Wert* y_z oder den *Erwartungswert* Ey_z der Zielgröße erstellt werden. Sie erfolgen auf der Grundlage der mit Hilfe der

57. Die Konfidenzintervalle wurden wiederum mit der Routine *„Lineare Regression"* des Programmpaketes SPSS 11.5 berechnet; daraus ergeben sich aufgrund von Rundungen etwaige kleine Abweichungen in den ermittelten Zahlen.

58. Die Konfidenzintervalle wurden mit der Routine *„Lineare Regression"* des Programmpaketes SPSS 11.5 berechnet; hier gehen die Quantile $t(0{,}975\,|\,9) = 2{,}262$ in die Berechnung ein.

59. Tests auf Strukturbrüche werden in Kapitel 2.2.1.4.2 behandelt.

MQ-Methode ermittelten Schätzwerte $\underline{b}$ und unterscheiden sich in ihrer Berechnung nicht; nur die Varianz der jeweiligen Schätzfunktionen ist verschieden, so dass sich andere Grenzen für die Konfidenzintervalle ergeben. Für den *individuellen Wert*, für den der Ansatz

$$\tilde{y}_z = \underline{X}_z\underline{\beta} + \tilde{u}_z \tag{2.2-31}$$

gelten soll, resultiert der *Prognosewert*

$$\widehat{y}_z = (1 \quad x_{2z} \quad x_{3z} \quad \dots \quad x_{kz}) \cdot \begin{pmatrix} b_1 \\ b_2 \\ b_3 \\ \vdots \\ b_k \end{pmatrix} = \underline{X}_z\underline{b} \ , \tag{2.2-32a}$$

mit $\widehat{y}_z :=$ prognostizierter individueller Wert der Zielgröße, $\underline{X}_z := (1 \times k)$–Matrix der *bekannten* zukünftigen Werte der erklärenden Variablen und $\underline{b} :=$ Vektor der gegebenen OLS-Schätzwerte für $\underline{\beta}$. Der sich daraus ergebende *Prognosefehler* $\tilde{e}_z = \tilde{y}_z - \tilde{\widehat{y}}_z$ besitzt einen Erwartungswert von Null und eine Varianz, die – unter Beachtung des Annahmesystems des KLR – mit

$$\begin{aligned} \operatorname{var}\tilde{e}_z &= E\left[-\underline{X}_z\left(\tilde{\underline{b}} - \underline{\beta}\right) + \tilde{u}_z\right]^2 = \sigma_{\tilde{u}}^2\underline{X}_z\,(\underline{X}'\underline{X})^{-1}\underline{X}_z' + \sigma_{\tilde{u}}^2 \\ &= \sigma_{\tilde{u}}^2\left[\underline{X}_z\,(\underline{X}'\underline{X})^{-1}\underline{X}_z' + 1\right] \end{aligned} \tag{2.2-33}$$

berechnet werden kann. Wird der unbekannte Parameter $\sigma_{\tilde{u}}^2$ wieder qualifiziert durch $\tilde{s}_{\tilde{e}}^2$ geschätzt, so ergibt sich für die zu $\tilde{e}_z$ gehörende standardisierte Größe eine *t-Verteilung* mit $(T - k)$Freiheitsgraden. Durch Umformung erhält man das *Konfidenzintervall* für y_z mit

$$\left[\underline{X}_z\underline{b} \pm t(1 - \alpha/2\,|\,T - k) \cdot s_{\tilde{e}} \cdot \sqrt{\underline{X}_z(\underline{X}'\underline{X})^{-1}\underline{X}_z' + 1}\right] . \tag{2.2-34}$$

Für den *erwarteten Wert* des Regressanden, also für

$$E\,\tilde{y}_z = E\left(\underline{X}_z\underline{\beta} + \tilde{u}_z\right) \stackrel{(A1)}{=} \underline{X}_z\underline{\beta} \ , \tag{2.2-35}$$

erhält man als *Prognosewert* ebenfalls

$$\widehat{Ey}_z = \underline{X}_z\underline{b} \ ; \tag{2.2-32b}$$

die Varianz der zugehörigen Schätzfunktion $\underline{X}_z\tilde{\underline{b}}$ lautet – wiederum unter Beachtung des Annahmesystems des KLR –

$$\operatorname{var}\left(\underline{X}_z\tilde{\underline{b}}\right) = E\left[\underline{X}_z\left(\tilde{\underline{b}} - \underline{\beta}\right)\right]^2 = E\left[\underline{X}_z\left(\tilde{\underline{b}} - \underline{\beta}\right)\left(\tilde{\underline{b}} - \underline{\beta}\right)'\underline{X}_z'\right] = \sigma_{\tilde{u}}^2\underline{X}_z\,(\underline{X}'\underline{X})^{-1}\underline{X}_z' \ ; \tag{2.2-36}$$

da $\tilde{\underline{b}}$ wegen der Annahme (A4) eine multivariate Normalverteilung besitzt, ist auch der Skalar $\underline{X}_z\tilde{\underline{b}}$ normalverteilt mit den Parametern $\underline{X}_z\underline{\beta}$ und $\sigma_{\tilde{u}}^2\underline{X}_z(\underline{X}'\underline{X})^{-1}\underline{X}_z$. Wird der $\sigma_{\tilde{u}}^2$ wieder durch $\tilde{s}_{\tilde{e}}^2$ geschätzt, ergibt sich für die Größe $\left(\underline{X}_z\tilde{\underline{b}} - \underline{X}_z\underline{\beta}\right) \Big/ \tilde{s}_{\tilde{e}} \cdot \sqrt{\underline{X}_z(\underline{X}'\underline{X})^{-1}\underline{X}_z}$

eine *t-Verteilung* mit (T − k) Freiheitsgraden. Durch Umformung erhält man das im Vergleich zu (2.2-34) engere *Konfidenzintervall* für Ey_z mit

$$\left[\underline{X}_z\underline{b} \pm t(1-\alpha/2\,|\,T-k)\cdot s_{\tilde{e}}\cdot\sqrt{\underline{X}_z(\underline{X}'\underline{X})^{-1}\underline{X}_z'}\right]. \qquad (2.2\text{-}37)$$

Beispiel 2.6

Ausgehend von den Schätzergebnissen (B2-8) und $s_{\tilde{e}}^2 = 70{,}523$ *für Modell 2* aus Beispiel 2.2 soll nun der private Konsum sowie der durchschnittlich zu erwartende private Konsum in der BRD für das Jahr 2003 prognostiziert werden, wenn man davon ausgeht, dass das BIP in diesem Jahr 2142,5 [Mrd. €] und die Nettolöhne/-gehälter 609,2 [Mrd. €] betragen. Weiterhin sind die jeweiligen 95%-Konfidenzintervalle für die zu prognostizierenden Größen zu ermitteln.

a. Der Prognosewert $\hat{y}_z = \hat{y}_{2003}$ für den privaten Konsum C^{priv} ist

$$\begin{aligned}\hat{y}_{2003} &\overset{(2.2-32a)}{\underset{(B2-8)}{=}} (1 \quad 2142{,}5 \quad 609{,}2)\cdot\begin{pmatrix}-238{,}743\\0{,}599\\0{,}372\end{pmatrix}\\ &= -238{,}743 + 0{,}599\cdot 2142{,}5 + 0{,}372\cdot 609{,}2\\ &= 1271{,}2369\ ; \qquad (B2\text{-}24)\end{aligned}$$

d.h. für das Jahr 2003 wird unter den gegebenen Voraussetzungen ein privater Konsum in Höhe von 1271,2369 [Mrd. €] prognostiziert. Das zugehörige 95%-Konfidenzintervall für diesen individuellen Prognosewert ergibt sich mit[60]

$$\begin{aligned}&\left[1271{,}2369 \pm t(0{,}975\,|\,9)\cdot\sqrt{70{,}523}\cdot\sqrt{0{,}75059554+1}\right]\\ &\underset{\text{Tab.}}{\underset{\uparrow}{=}} [1271{,}2369 \pm 2{,}262\cdot 14{,}7012]\\ &= [1237{,}9828\ ;\ 1304{,}4910]\,. \qquad (B2\text{-}25)\end{aligned}$$

b. Der durchschnittlich zu erwartende Wert $\widehat{Ey}_{2003}$ des privaten Konsums für 2003 berechnet sich nach (2.2-32b) ebenfalls mit 1271,2369 [Mrd. €]. Das zugehörige 95%-Konfidenzintervall ist nun jedoch

$$\begin{aligned}&\left[1271{,}2369 \pm t(0{,}975\,|\,9)\cdot\sqrt{70{,}523}\cdot\sqrt{0{,}75059554}\right]\\ &\underset{\text{Tab.}}{\underset{\uparrow}{=}} [1271{,}2369 \pm 2{,}262\cdot 11{,}1111]\\ &= [1246{,}1036\ ;\ 1296{,}3702]\ ; \qquad (B2\text{-}26)\end{aligned}$$

es ist grundsätzlich enger als das entsprechende Intervall für den individuellen Prognosewert, die Prognose also genauer.

60. Die Berechnung der Matrix $(\underline{X}'\underline{X})^{-1}$ ist ebenfalls dem Beispiel 2.2 zu entnehmen.

Die bisherigen Ausführungen zur Prognose beziehen sich auf sog. *ex-ante-Prognosen*; diese liegen vor, wenn sich die Prognosen auf zukünftige (erwartete) Werte einer Zielgröße beziehen. Prognosen können aber auch für vergangene Perioden durchgeführt werden; man spricht dann von *ex-post-Prognosen*. Diese haben vor allem eine Prüffunktion für den Erklärungsgehalt des angesetzten Modells und sind für die Entwicklung von (Prognose-)Modellen bedeutsam. Im ökonomischen Kontext werden sie z.B. zur Untersuchung möglicher wirtschaftspolitischer Maßnahmen herangezogen. Von Interesse ist dann, welche Auswirkungen diese gehabt hätten, wenn sie in der Vergangenheit eingesetzt worden wären. Außerdem werden in der Praxis auch sog. *pseudo-ex-ante-Prognosen* durchgeführt; diese beziehen sich auf aktuelle Größen und werden verwendet, um Daten zu approximieren, die nur mit erheblicher Verzögerung vorliegen. Sie können aber auch in Situationen angebracht sein, in denen die Beobachtungen zwar vorliegen, jedoch nicht für die Schätzung benutzt werden.

Prognosen sind neben Erklärungen Bestandteil der *Bewertung*. Diese besteht bei den Erklärungen grundsätzlich in Hypothesenprüfungen, die aber nur möglich sind, wenn der erklärte Zusammenhang dazu benutzt wird, ein schon eingetretenes Ereignis im nachhinein zu prognostizieren.[61] Alle Prognosearten sind für die Bewertung relevant, jedoch müssen gerade im Rahmen der empirischen Wirtschaftsforschung immer die Grenzen ihres Einsatzes im Blickfeld bleiben. Denn hier ist u.U. von Fehlern im erhobenen Datenmaterial auszugehen, die sich fortpflanzen; außerdem sind Prognosen erheblich von der richtigen Modellspezifikation, von gegebener Strukturkonstanz und von der Einhaltung der getroffenen Modellannahmen abhängig.[62] Auch die Tatsache, dass die Prognosen selbst Einfluss auf das Verhalten von Wirtschaftssubjekten haben, darf nicht übersehen werden. Die Bewertung der Prognosegüte kann bei ex-post-Prognosen durch einen geeigneten Vergleich der für den Prognosezeitraum vorliegenden Beobachtungswerte y_{z_t} mit den geschätzten Werte $\hat{y}_{z_t}$ der Zielgröße erfolgen. Bei den pseudo-ex-ante-Prognosen kann geprüft werden, ob das unterstellte Modell die nicht zur Schätzung benutzten Daten reproduzieren kann. Diese Überprüfungen sind bei ex-ante-Prognosen nicht möglich; die üblichen Bewertungsmaße sind also nur bei ex-post- und pseudo-ex-ante-Prognosen einzusetzen.

Bewertungsmaße können sich auf die *Anpassungsgüte* von Schätzung und Prognose oder direkt auf die *Prognosegüte* beziehen. Übliche Maße für die *Anpassungsgüte* sind z.B. das (angepasste) Bestimmtheitsmaß und die Konfidenzintervalle, in welche jeweils auch die geschätzte Varianz $s_{\hat{e}}^2$ eingeht; neben diesen schon geschilderten Größen wird auch die Ausprägung der DURBIN-WATSON-Prüfgröße[63] herangezogen. Maße für die Bewertung der *Prognosegüte* beurteilen das Modell auf der Grundlage neu hinzugekommener Daten; mit Hilfe sog. *prediktiver Tests* wird überprüft, ob diese ebenfalls durch die angenommene Struktur reproduziert werden. Zu diesen Tests zählen Verfahren der *Tendenzanalyse* und der *Genauigkeitsanalyse*. Zur Tendenzanalyse gehören z.B. einfache *Prognose-Relations-Diagramme*, in denen die prognostizierten den realisierten Veränderungen gegenübergestellt werden, oder *Veränderungsraten*, die den Anteil der

61. Vgl. HUJER/CREMER, 1978, S. 250; WINKER, 1997, S. 231.
62. Man vergleiche dazu die bisherigen Ausführungen zur Hypothesenprüfung für die Modellspezifikation sowie zu Strukturbrüchen und Verletzung anderer Modellannahmen in Kapitel 2.2.1.4.
63. Siehe Kapitel 2.2.1.4.4.

Über- oder Unterschätzungen des Niveaus der tatsächlichen Werte durch die Prognose wiedergeben.[64] Auch die Analyse von *Wendepunkten*,[65] bei der die Vorzeichen von prognostizierten und tatsächlichen Veränderungen betrachtet werden, ist hier anzuführen. Diese Vorgehensweise ist im Bereich der Wirtschaftspolitik von Bedeutung, da hier gerade die Übergänge von konjunkturellen Auf- und Abschwüngen von Interesse sind. Maße, die der Genauigkeitsanalyse für Prognosen zugerechnet werden, sind z.B. der *mittlere absolute* oder der *mittlere quadratische Fehler* der Abweichungen von realisierten Beobachtungen y_{z_t} und prognostizierten Werten $\hat{y}_{z_t}$ für alle z_t des Prognosezeitraums, also $\sum_{z_t} |y_{z_t} - \hat{y}_{z_t}|/.T$ oder $\sum_{z_t} (y_{z_t} - \hat{y}_{z_t})^2/.T$; ein weiteres bekanntes Maß ist der *THEIL'sche Ungleichheitskoeffizient U*, der dimensionslos und auf das [0; 1]-Intervall normiert ist.[66] Schließlich seien noch weitere, verbesserte Ansätze zur Prüfung der Schätz- und Prognosegüte erwähnt. Zu nennen wären das sog. *„Fine-tuning"* oder die *Multiplikatoranalyse*. Die erste Vorgehensweise bezieht Korrekturen früherer Fehler in den Ansatz mitein, die zweite betrachtet die Wirkung wirtschaftspolitischer Instrumentvariablen auf die Zielgröße.

Alle bisherigen Ergebnisse wurden unter der Voraussetzung der *Gültigkeit des Annahmesystems* (A1) bis (A4) abgeleitet. Da dieses sehr einschränkend und in der empirischen Praxis häufig nicht vorzufinden ist, soll im nächsten Abschnitt geklärt werde, welche Konsequenzen die *Verletzung der Annahmen* des KLR für die Qualität der OLS-Schätzfunktionen und der Prognose haben, wie man das Vorliegen derartiger Verletzungen überprüfen kann und welche Möglichkeiten existieren, andere, adäquate Modelle und Schätz- und Prognoseverfahren anzuwenden.

2.2.1.4 Verletzung von Modellannahmen

Nicht nur die Modellspezifikation kann möglicherweise falsch sein und zu fehlerhaften Ergebnissen führen; auch die Annahmen des KLR[67] können verletzt sein. Dies führt zur Einbuße der optimalen Eigenschaften der OLS-Schätzfunktionen und zu falschen Prognosen. So kann für das gegebene Datenmaterial die Linearität des Ansatzes nicht adäquat sein; ebenso sind Strukturbrüche denkbar. Außerdem können heteroskedastische und/ oder autokorrelierte Störvariablen sowie lineare Abhängigkeiten in der Beobachtungsmatrix $\underline{X}$ vorliegen.[68] Diese Verletzungen der Modellannahmen und ihre Konsequenzen werden nun im Einzelnen betrachtet:

2.2.1.4.1 Nichtlineare Modellansätze

Nichtlineare Ansätze können z.B. in der Form

$$\tilde{y}_t = \beta_1 \cdot x_{2t}^{\beta_2} \cdot \ldots \cdot x_{kt}^{\beta_k} \cdot e^{\tilde{u}_t}, \ (1 \leq t \leq T) \qquad (2.2\text{-}38)$$

64. Siehe z.B. HUJER/CREMER, 1978, S. 259 ff.
65. Siehe z.B. WINKER, 1997, 245 f.; HUJER/CREMER, 1978, S. 261 ff.
66. Dieser ist üblicherweise durch
$U = \sqrt{\frac{1}{T}\sum_{z_t} (\Delta \hat{y}_{z_t} - \Delta y_{z_t})^2 / .\frac{1}{T}\sum_{z_t} (y_{z_t} - y_{z_t - 1})^2}$ gegeben, wobei
$\Delta \hat{y}_{z_t} = (\hat{y}_{z_t} - y_{z_t-1})/y_{z_t-1}$ und $\Delta y_{z_t} = (y_{z_t} - y_{z_t-1})/y_{z_t-1}$ gilt. Er ist Null für den Fall, dass realisierte und prognostizierte Werte übereinstimmen, also eine exakte Vorhersage getroffen wurde. Er ist Eins, wenn die Veränderung bezüglich der Vorperiode gleich dem Prognosefehler ist, also Zähler und Nenner übereinstimmen. U sollte also möglichst klein sein, damit man von einer guten Prognosequalität ausgehen kann (vgl. THEIL, 1966, S. 28). Man beachte, dass es von diesem aß einige modifizierte Ansätze gibt.
67. Vgl. Kapitel 2.2.1.1
68. Von stochastischen Regressoren soll hier abgesehen werden. Diese treten z.B. bei autoregressiven Ansätzen in Eingleichungsmodellen auf. Die mit Hilfe von geeignet transformierten Werten berechneten OLS-Schätzer sind dann nicht mehr konsistent.

gegeben sein. Als typisches ökonomisches Beispiel kann die neoklassische COBB-DOUGLAS-Produktionsfunktion $Y = c \cdot A^{\alpha} \cdot K^{\beta}$ angeführt werden, wobei mit Y das Produktionsergebnis und mit A bzw. K der Einsatz des Faktors „Arbeit" bzw. „Kapital" bezeichnet wird. Für den Störterm gelte

$$E\left(e^{\tilde{u}_t}\right) = 1\,,\ (1 \leq t \leq T)\ ; \qquad (2.2\text{-}38a)$$

diese Bedingung muss erfüllt sein, damit wiederum Korrelationen zwischen den Störgrößen und den Regressoren ausgeschlossen sind, also nur die als nicht wichtig identifizierten Einflüsse durch die Störvariablen erfasst werden, und somit das Modell bezüglich der aufgenommenen Regressoren richtig spezifiziert ist. Außerdem stellt (2.2-38a) sicher, dass der Parameter β_1 identifizierbar, also von $e^{\tilde{u}_t}$ unterscheidbar ist.

Dieses nichtlineare Modell kann durch Logarithmieren leicht in ein lineares Modell überführt werden; es gilt

$$\ln \tilde{y}_t = \ln \beta_1 + \beta_2 \ln x_{2t} + \ldots + \beta_k \ln x_{kt} + \tilde{u}_t\,,\ (1 \leq t \leq T) \qquad (2.2\text{-}39)$$

oder

$$y_t^{**} = \beta_1^{**} + \beta_2\, x_{2t}^{**} + \ldots + \beta_k\, x_{kt}^{**} + \tilde{u}_t\,,\ (1 \leq t \leq T)\,, \qquad (2.2\text{-}39a)$$

mit $y_t^{**} := \ln y_t$, $\beta_1^{**} := \ln \beta_1$ sowie $x_{jt}^{**} := \ln x_{jt}$, $(2 \leq j \leq k)$. Damit dieses linearisierte Modell als KLR aufgefasst und somit der Vektor $\underline{\tilde{b}}^{**}$ der Schätzfunktionen für $\underline{\beta}^{**}$[69] wieder optimal nach (2.2-7) berechnet werden kann, müssten alle Annahmen dieses Modells erfüllt sein. Dies ist hier aber nicht der Fall, denn die Bedingung (2.2-38a) des ursprünglichen nichtlinearen Ansatzes widerspricht der Annahme (A1) des KLR, da[70]

$$E\,\tilde{u}_t = \ln\left(e^{E\,\tilde{u}_t}\right) < \ln E\left(e^{\tilde{u}_t}\right) \overset{(2.2-38a)}{=} \ln 1 = 0\ , \qquad (2.2\text{-}40)$$

also $E\,\tilde{u}_t < 0$ für alle t. Würde der Parametervektor $\underline{\beta}^{**}$ trotzdem durch den OLS-Vektor $\underline{\tilde{b}}^{**}$ nach (2.2-7) geschätzt, so ist dieser wiederum für alle $(k-1)$ ursprünglichen Komponenten $\beta_2, \ldots, \beta_k$ von $\underline{\beta}^{**}$ erwartungstreu, jedoch nicht für die erste Komponente β_1; denn es gilt

$$E\,\tilde{b}_1 \neq e^{E\,\tilde{b}_1^{**}} = e^{\beta_1^{**}} = e^{\ln \beta_1} = \beta_1\ . \qquad (2.2\text{-}41)$$

$\underline{\tilde{b}}^{**}$ ist ein in einer Komponente ein verzerrter Schätzvektor. Werden also nichtlineare Ansätze durch bestimmte Transformationen[71] linearisiert, so muss immer überlegt werden, ob für die transformierten Störgrößen die Annahmen des KLR gelten. Denn nur dann behält der nach (2.2-7) berechnete Vektor $\underline{\tilde{b}}^{**}$ der Schätzfunktionen seine optimalen Eigenschaften. Kann im transformierten Ansatz jedoch nicht von der Gültigkeit der Annahmen des KLR ausgegangen werden, sollte man sich bei der Interpretation der Schätzungen immer bedenken, dass eine systematische Über- oder Unterschätzung der Parameterwerte vorliegen kann. Trotzdem wird diese Art der Linearisierung in der Praxis häufig verwendet.

---

69. $\underline{\beta}^{**}$ist nun der Vektor mit den Komponenten $(\ln \beta_1;\ \beta_2;\ \ldots\ ;\beta_k) = (\beta_1^{**};\ \beta_2;\ \ldots\ ;\beta_k)$.

70. Im Allgemeinen ist der Erwartungswert einer nichtlinearen Funktion nicht gleich dieser Funktion des Erwartungswertes, d.h. es gilt $E\left(e^{\tilde{x}}\right) \neq e^{E\,\tilde{x}}$.

71. Weitere typische Transformationen wurden in Kapitel 2.1 kurz angesprochen.

2.2.1.4.2 Vorliegen von Strukturbrüchen

Strukturbrüche können sowohl im Absolutglied als auch in den Steigungsparametern des Ansatzes gegeben sein und führen ebenfalls zu suboptimalen Schätzfunktionen sowie zu fehlerhaften Prognosen. Deshalb ist der vorliegende Datensatz auf das Vorliegen derartiger Strukturveränderungen hin zu testen, um eine qualifizierte Schätzung zu gewährleisten.[72]

Testverfahren auf Strukturbrüche können mir Hilfe der schon im vorhergehenden Abschnitt vorgestellten Prüfgröße (2.2-26), insbesondere in der Form (2.2-26j), durchgeführt werden, wenn man die hier relevanten Hypothesen analog zu (2.2-25) formuliert und die Beobachtungswerte in der Matrix $\underline{X}$ sowie im Vektor $\underline{\tilde{y}}$ geeignet aufteilt bzw. anordnet. Diese Anordnung ergibt sich aus der jeweiligen H_0 und dem daraus abzuleitenden Parametervektor $\underline{\beta}$, der zu schätzen ist. Dies soll im Folgenden gezeigt werden:

(a) Strukturbruch im Absolutglied und in allen Steigungsparametern

Gegeben seien p Zeitperioden $(p \geq 2)$und jeweils ein Modell mit k Regressoren $(k \geq 2)$; die Nullhypothese, es läge *kein* Strukturbruch vor,[73] lautet

$$H_0 :'' \ \underline{\beta}_1^{(k)} = \underline{\beta}_2^{(k)} = \ldots = \underline{\beta}_p^{(k)} '' \ ; \qquad (2.2\text{-}42)$$

im *speziellen Fall* der linearen Einfachregression $(k = 2)$ mit zwei Zeitperioden $(p = 2)$ ist sie mit

$$H_0 :'' \ \underline{\beta}_1^{(2)} = \underline{\beta}_2^{(2)} \Leftrightarrow \underline{\beta}_1^{(2)} - \underline{\beta}_2^{(2)} = \underline{0} \text{ bzw. } H_0 :'' \ \underline{R}\underline{\beta} = \underline{r}'' \qquad (2.2\text{-}42a)$$

gegeben; dabei gilt $\underline{R}_{[2\times(2+2)]} = \left[\underline{I}_{(2\times 2)} ; -\underline{I}_{(2\times 2)}\right]$ und $\underline{r}_{(2\times 1)} = \underline{0}$, also

$$H_0 : \begin{pmatrix} 1 & 0 & -1 & 0 \\ 0 & 1 & 0 & -1 \end{pmatrix} \cdot \begin{pmatrix} \beta_{11} \\ \beta_{12} \\ \beta_{21} \\ \beta_{22} \end{pmatrix} = \begin{pmatrix} 0 \\ 0 \end{pmatrix} . \qquad (2.2\text{-}42b)$$

Das zugehörige Regressionsmodell kann als *restringiertes* Modell, also Modell *mit* Nebenbedingungen[74] aufgefasst werden, das für den *allgemeinen* Fall des Vorliegens von p Zeitperioden und k Regressoren mit

$$\begin{pmatrix} \underline{\tilde{y}}_1 \\ \underline{\tilde{y}}_2 \\ \vdots \\ \underline{\tilde{y}}_p \end{pmatrix} = \begin{pmatrix} \underline{X}_1^{(k)} \\ \underline{X}_2^{(k)} \\ \vdots \\ \underline{X}_p^{(k)} \end{pmatrix} \cdot \begin{pmatrix} \beta_1 \\ \beta_2 \\ \vdots \\ \beta_k \end{pmatrix} + \begin{pmatrix} \underline{\tilde{u}}_1 \\ \underline{\tilde{u}}_2 \\ \vdots \\ \underline{\tilde{u}}_p \end{pmatrix} \qquad (2.2\text{-}43)$$

gegeben ist. Dabei werden die Werte der Zielvariablen entsprechend der vorgegebenen Zeitperioden in p Teilvektoren der Ordnung $(T_{p'} \times 1)$, $(1 \leq p' \leq p ; \sum_{p'} T_{p'} = T)$, zusammengefasst; mit den Regressorenwerten und dem Vektor der Störgrößen wird analog verfahren, d.h. die Gesamtmatrix $\underline{X}_{(T\times k)}$ wird in p Teilmatrizen $\underline{X}_{p'}^{(k)}$ der Ord-

---

72. Dies bedeutet, dass man bei Vorliegen von Strukturbrüchen die Parameter für die unterschiedlichen Teilintervalle/Teilperioden getrennt schätzt.
73. Man beachte, dass die Nullhypothese oft als Negation der eigentlich interessierenden Arbeitshypothese formuliert wird.
74. Vgl. Kapitel 2.2.1.3.

nungen $(T_{p'} \times k)$ und der Vektor $\underset{\sim}{\tilde{u}}_{(T\times1)}$ in die p Teilvektoren $\underline{\tilde{u}}_{p'}$ der Ordnungen $(T_{p'} \times 1)$ aufgeteilt.[75] Der zu schätzende Parametervektor $\underline{\beta}$ wird hier nach Maßgabe der gegebenen Nullhypothese in der bisherigen Form betrachtet, da die Parameter für alle Zeitperioden strukturäquivalent unterstellt werden. Im *speziellen Fall* der linearen Einfachregression und $p = 2$ Zeitperioden erhält man

$$\begin{pmatrix} \underline{\tilde{y}}_1 \\ \underline{\tilde{y}}_2 \end{pmatrix} = \begin{pmatrix} \underline{X}_1^{(2)} \\ \underline{X}_2^{(2)} \end{pmatrix} \cdot \begin{pmatrix} \beta_1 \\ \beta_2 \end{pmatrix} + \begin{pmatrix} \underline{\tilde{u}}_1 \\ \underline{\tilde{u}}_2 \end{pmatrix}, \qquad (2.2\text{-}43a)$$

mit

$$\underline{\tilde{y}}_1 = \begin{pmatrix} \tilde{y}_1 \\ \tilde{y}_2 \\ \vdots \\ \tilde{y}_{T_1} \end{pmatrix}, \ \underline{\tilde{y}}_2 = \begin{pmatrix} \tilde{y}_{T_1+1} \\ \tilde{y}_{T_1+2} \\ \vdots \\ \tilde{y}_{T_2} \end{pmatrix}, \ \underline{X}_1 = \begin{pmatrix} 1 & x_1 \\ 1 & x_2 \\ \vdots & \vdots \\ 1 & x_{T_1} \end{pmatrix}, \ \underline{X}_2 = \begin{pmatrix} 1 & x_{T_1+1} \\ 1 & x_{T_1+2} \\ \vdots & \vdots \\ 1 & x_{T_1+T_2} \end{pmatrix}, \ \underline{\beta} = \begin{pmatrix} \beta_1 \\ \beta_2 \end{pmatrix} \qquad (2.2\text{-}43b)$$

und entsprechender Aufspaltung von $\underline{\tilde{u}}$.

Für dieses restringierte Modell wird nun mit Hilfe der MQ-Methode der Parametervektor $\underline{\beta}$ in der üblichen Art nach (2.2-7) durch $\underline{\tilde{b}}$ optimal geschätzt. Die zugehörige Residuenquadratsumme sei mit $\underline{\tilde{e}}'_{R_1}\underline{\tilde{e}}_{R_1}$ bezeichnet. Diese wird im verwendeten Testverfahren der Residuenquadratsumme $\underline{\tilde{e}}'_{UR}\underline{\tilde{e}}_{UR}$ des *nicht restringierten Modells*, also des Modells *ohne* Nebenbedingungen, gegenübergestellt. In diesem unrestringierten Modell wird unterstellt, dass *alle* Parameter des Ansatzes einem *Strukturbruch* unterliegen, also sowohl die Absolutglieder als auch sämtliche Steigungskoeffizienten in den p Teilperioden unterschiedliche Werte annehmen. Formal lautet dieser Ansatz im *allgemeinen Fall*

$$\begin{pmatrix} \underline{\tilde{y}}_1 \\ \underline{\tilde{y}}_2 \\ \vdots \\ \underline{\tilde{y}}_p \end{pmatrix} = \begin{pmatrix} \underline{X}_1^{(k)} & \underline{0} & \dots & \underline{0} \\ \underline{0} & \underline{X}_2^{(k)} & \dots & \underline{0} \\ \vdots & \vdots & \ddots & \vdots \\ \underline{0} & \underline{0} & \dots & \underline{X}_p^{(k)} \end{pmatrix} \cdot \begin{pmatrix} \underline{\beta}_1^{(k)} \\ \underline{\beta}_2^{(k)} \\ \vdots \\ \underline{\beta}_p^{(k)} \end{pmatrix} + \begin{pmatrix} \underline{\tilde{u}}_1 \\ \underline{\tilde{u}}_2 \\ \vdots \\ \underline{\tilde{u}}_p \end{pmatrix} \qquad (2.2\text{-}44)$$

und im *speziellen Fall* $(k = 2; p = 2)$

$$\begin{aligned} \begin{pmatrix} \underline{\tilde{y}}_1 \\ \underline{\tilde{y}}_2 \end{pmatrix} &= \begin{pmatrix} \underline{X}_1^{(2)} & \underline{0} \\ \underline{0} & \underline{X}_2^{(2)} \end{pmatrix} \cdot \begin{pmatrix} \underline{\beta}_1^{(2)} \\ \underline{\beta}_2^{(2)} \end{pmatrix} + \begin{pmatrix} \underline{\tilde{u}}_1 \\ \underline{\tilde{u}}_2 \end{pmatrix} \\ &= \begin{pmatrix} \underline{i}_1 & \underline{x}_1 & \underline{0} & \underline{0} \\ \underline{0} & \underline{0} & \underline{i}_2 & \underline{x}_2 \end{pmatrix} \cdot \begin{pmatrix} \beta_{11} \\ \beta_{12} \\ \beta_{21} \\ \beta_{22} \end{pmatrix} + \begin{pmatrix} \underline{\tilde{u}}_1 \\ \underline{\tilde{u}}_2 \end{pmatrix}, \end{aligned} \qquad (2.2\text{-}44a)$$

wenn man die Teilmatrizen der Regressorenwerte in die Spalte der Einsen für das jeweilige Absolutglied und der Spalte der Werte des Regressors x_2 in den beiden Perioden aufteilt.

75. Der Index (k) soll jeweils andeuten, dass *alle* k Regressoren, inklusive des Scheinregressors, und damit *alle* Komponenten des Parametervektors (Steigungsparameter und Absolutglied) betrachtet werden.

Die OLS-Schätzung der unbekannten Parameter kann dann für alle p Teilperioden simultan nach (2.2-7) erfolgen, wobei die Anordnung der gegebenen Beobachtungswerte aus (2.2-44) zu beachten ist. Der Vektor der Schätzfunktionen ergibt sich damit als

$$\begin{pmatrix} \tilde{\underline{b}}_1^{(k)} \\ \tilde{\underline{b}}_2^{(k)} \\ \vdots \\ \tilde{\underline{b}}_p^{(k)} \end{pmatrix} = \begin{pmatrix} (\underline{X}_1'\underline{X}_1)^{-1} & \underline{0} & \cdots & \underline{0} \\ \underline{0} & (\underline{X}_2'\underline{X}_2)^{-1} & \cdots & \underline{0} \\ \vdots & \vdots & \ddots & \vdots \\ \underline{0} & \underline{0} & \cdots & (\underline{X}_p'\underline{X}_p)^{-1} \end{pmatrix} \cdot \begin{pmatrix} \underline{X}_1'\tilde{\underline{y}}_1 \\ \underline{X}_2'\tilde{\underline{y}}_2 \\ \vdots \\ \underline{X}_p'\tilde{\underline{y}}_p \end{pmatrix} \quad ;(2.2\text{-}45)$$

anschließend kann die zugehörige Residuenquadratsumme $\underline{e}_{UR}'\underline{e}_{UR}$ durch Addition der Residuenquadratsummen für alle p Teilpersioden berechnet werden.

Der *Test auf Strukturbruch* in *allen* Koeffizienten des Regressionsansatzes wird nun mit Hilfe der Prüfgröße

$$\tilde{f} = \frac{\left(\tilde{\underline{e}}_{R_1}'\tilde{\underline{e}}_{R_1} - \tilde{\underline{e}}_{UR}'\tilde{\underline{e}}_{UR}\right)/k(p-1)}{\tilde{\underline{e}}_{UR}'\tilde{\underline{e}}_{UR}/(T-pk)} \quad (2.2\text{-}46)$$

durchgeführt, die mit $k(p-1)$ und $(T-pk)$ Freiheitsgraden *F-verteilt* ist[76] und die Residuenquadratsummen beider Modelle gegenüberstellt. Die Anzahl der Zählerfreiheitsgrade ergibt sich aus der Differenz der Freiheitsgrade von $\tilde{\underline{e}}_{R_1}'\tilde{\underline{e}}_{R_1}$ und $\tilde{\underline{e}}_{UR}'\tilde{\underline{e}}_{UR}$, also aus $(T-k)-(T-pk)$; bei den Nennerfreiheitsgraden beachte man, dass man – im Gegensatz zum bisher betrachteten Modell mit k unbekannten Parametern $\beta_1, \ldots, \beta_k$ – jetzt wegen der Strukturbruchvermutung $p \cdot k$ Parameter $\underline{\beta}_1^{(k)}, \ldots, \underline{\beta}_p^{(k)}$ zu schätzen hat. Die in (2.2-42) formulierte Hypothese wird *abgelehnt*, falls die Prüfvariable eine Ausprägung annimmt, für die

$$f > f(1-\alpha \,|\, k(p-1); T-pk) \quad (2.2\text{-}46a)$$

gilt; dann ist auf dem Signifikanzniveau α von einem Strukturbruch in allen Parametern auszugehen. $f(1-\alpha \,|\, k(p-1); T-pk)$ bezeichnet dabei das $(1-\alpha)$-Quantil der Prüfverteilung. Beispiel 2.-6 am Ende des Kapitels verdeutlicht die Vorgehensweise für diesen Test.

(b) Strukturbruch in den Steigungskoeffizienten

Oft ist nur die *Verschiedenheit der Steigungskoeffizienten* von Interesse, nicht aber ein Unterschied in den Absolutgliedern. Auch hier wird die Nullhypothese wieder als Negation der Arbeitshypothese formuliert. Für den *allgemeinen Fall* $(p \geq 2; k \geq 2)$lautet sie

$$H_0:\text{"}\ \underline{\beta}_1^{(k-1)} = \underline{\beta}_2^{(k-1)} = \ldots = \underline{\beta}_p^{(k-1)}\text{"} \;; \quad (2.2\text{-}47)$$

im *speziellen Fall* $(p = 2; k = 2)$ kann sie mit

$$H_0:\text{"}\ \underline{\beta}_1^{(k-1)} = \underline{\beta}_2^{(k-1)} \Leftrightarrow \underline{\beta}_1^{(k-1)} - \underline{\beta}_2^{(k-1)} = \underline{0} \text{ bzw. } H_0:\text{"}\ \underline{R}\underline{\beta} = \underline{r}\text{"} \quad (2.2\text{-}47a)$$

formuliert werden, wobei $\underline{R}_{(1\times 3)} = (0 \quad 1 \quad -1)$ und $\underline{r}_{(1\times 1)} = r = 0$, also

76. Denn die Zähler- und Nennergrößen, also die Residuenquadratsummen sowie deren Differenz, sind jeweils χ^2-verteilt mit der Anzahl an Freiheitsgraden, durch die sie jeweils dividiert werden.

$$H_0 : \begin{pmatrix} 0 & 1 & -1 \end{pmatrix} \cdot \begin{pmatrix} \beta_1 \\ \beta_{12} \\ \beta_{22} \end{pmatrix} = 0 \ . \qquad (2.2\text{-}47b)$$

Das zugehörige *restringierte* Regressionsmodell ist dann im *allgemeinen Fall* durch

$$\begin{pmatrix} \tilde{\underline{y}}_1 \\ \tilde{\underline{y}}_2 \\ \vdots \\ \tilde{\underline{y}}_p \end{pmatrix} = \begin{pmatrix} \underline{i}_1 & \underline{0} & \dots & \underline{0} & \underline{X}_1^{(k-1)} \\ \underline{0} & \underline{i}_2 & \dots & \underline{0} & \underline{X}_2^{(k-1)} \\ \vdots & \vdots & \ddots & \vdots & \vdots \\ \underline{0} & \underline{0} & \dots & \underline{i}_p & \underline{X}_p^{(k-1)} \end{pmatrix} \cdot \begin{pmatrix} \beta_{11} \\ \beta_{21} \\ \vdots \\ \beta_{p1} \\ \underline{\beta}^{(k-1)} \end{pmatrix} + \begin{pmatrix} \tilde{\underline{u}}_1 \\ \tilde{\underline{u}}_2 \\ \vdots \\ \tilde{\underline{u}}_p \end{pmatrix} \qquad (2.2\text{-}48)$$

gegeben, mit $\underline{\beta}^{(k-1)} := [(k-1) \times 1]-$Vektor sämtlicher Steigungskoeffizienten, die in allen p Zeitperioden gleich groß unterstellt werden und $\beta_{11}, \beta_{21}, \dots, \beta_{p1} :=$ Absolutglieder in den jeweiligen Zeitperioden; die Matrizen der Regressorenwerte werden in jeder Periode aufgespalten in $\underline{X}_{p'}^{(k)} = \left[\underline{i}_{p'} ; \underline{X}_{p'}^{(k-1)}\right], (1 \le p' \le p)$, d.h. die Werte des Regressors für das Absolutglied werden in jeder Periode getrennt betrachtet und entsprechend (2.2-48) im Modell angeordnet. Für den *speziellen Fall* kann (2.2-48) mit

$$\begin{pmatrix} \tilde{\underline{y}}_1 \\ \tilde{\underline{y}}_2 \end{pmatrix} = \begin{pmatrix} \underline{i}_1 & \underline{0} & \underline{x}_1 \\ \underline{0} & \underline{i}_2 & \underline{x}_2 \end{pmatrix} \cdot \begin{pmatrix} \beta_{11} \\ \beta_{21} \\ \beta_2 \end{pmatrix} + \begin{pmatrix} \tilde{\underline{u}}_1 \\ \tilde{\underline{u}}_2 \end{pmatrix} \qquad (2.2\text{-}48a)$$

angegeben werden.

Die Parameter dieses Modells *mit* Nebenbedingungen werden nun wieder nach der MQ-Methode mit (2.2-7) optimal geschätzt, wobei die spezielle Anordnung der Werte in der Gesamtmatrix $\underline{X}$ nach (2.2-48) zu beachten ist. Anschließend kann die Residuenquadratsumme für diesen Ansatz berechnet werden, die hier mit $\tilde{\underline{e}}_{R_2}'\tilde{\underline{e}}_{R_2}$ bezeichnet wird. Diese wird im verwendeten Testverfahren wieder der Residuenquadratsumme $\tilde{\underline{e}}_{UR}'\tilde{\underline{e}}_{UR}$ des in (2.2-44) formulierten *nicht restringierten Modells* gegenübergestellt, das *Strukturbrüche* in *sämtlichen* Parametern unterstellt.

Der *Test auf Strukturbruch* in den *Steigungskoeffizienten* des gewählten Regressionsansatzes wird dann mit Hilfe der Prüfgröße

$$\tilde{f} = \frac{\left(\tilde{\underline{e}}_{R_2}'\tilde{\underline{e}}_{R_2} - \tilde{\underline{e}}_{UR}'\tilde{\underline{e}}_{UR}\right) / [(k-1)\cdot(p-1)]}{\tilde{\underline{e}}_{UR}'\tilde{\underline{e}}_{UR} / (T - pk)} \qquad (2.2\text{-}49)$$

durchgeführt, die analog zu (2.2-46) *F-verteilt* ist mit $(k-1)\cdot(p-1)$ und $(T-pk)$ Freiheitsgraden.[77] Die Hypothese (2.2-47) wird *abgelehnt*, falls gilt

$$f > f(1-\alpha \,|\, (k-1)\cdot(p-1); T-pk) \ ; \qquad (2.2\text{-}49a)$$

dann ist auf dem Signifikanzniveau α von einem Strukturbruch in den Steigungskoeffizienten auszugehen. $f(1-\alpha \,|\, (k-1)\cdot(p-1); T-pk)$ bezeichnet dabei das $(1-\alpha)-$ Quantil der Prüfverteilung. Die Vorgehensweise bei diesem Test wird ebenfalls in Beispiel 2.7 am Ende dieses Kapitels verdeutlicht.

Dieser *Test auf Strukturbruch* in den *Steigungskoeffizienten* des gewählten Regressionsansatzes kann im *speziellen Fall* des Vorliegens *zweier* Zeitperioden alternativ auch

77. Die Verteilung dieser Prüfvariablen ergibt sich analog zu (2.2-46); die Anzahl der Zählerfreiheitsgrade erhält man wiederum aus der Differenz der Freiheitsgrade, die den einzelnen Residuenquadratsummen zugeordnet sind, also aus $[(T-p-k+1)-(T-pk)]$.

mit Hilfe von *Dummyvariablen* durchgeführt werden. Dies soll am Beispiel der *linearen Einfachregression* gezeigt werden.[78]

Bei der Betrachtung von $p = 2$ Zeiträumen und einer erklärenden Variablen x_2 werden zwei *Dummyvariablen („Scheinvariablen")* der Art

$$D_{1t} = \begin{cases} 1 & \text{für } 1 \leq t \leq T_1 \\ 0 & \text{für } T_1 + 1 \leq t \leq T_1 + T_2 = T \end{cases} \qquad (2.2\text{-}50a)$$

$$D_{2t} = \begin{cases} 0 & \text{für } 1 \leq t \leq T_1 \\ 1 & \text{für } T_1 + 1 \leq t \leq T_1 + T_2 = T \end{cases} \qquad (2.2\text{-}50b)$$

folgendermaßen in den Ansatz eingeführt:

$$\tilde{y}_t = \beta_1 + \beta_2(D_{1t}x_t) + \beta_3(D_{2t}x_t) + \tilde{u}_t\,,\ (1 \leq t \leq T)\,, \qquad (2.2\text{-}51a)$$

bzw. wegen (2.2-50a) und (2.2-50b)

$$\begin{aligned} \tilde{y}_t &= \beta_1 + \beta_2 x_t + (\beta_3 - \beta_2)\cdot\underbrace{D_{2t}x_t}_{:=x_t^*} + \tilde{u}_t \\ &= \beta_1 + \beta_2 x_t + (\beta_3 - \beta_2)x_t^* + \tilde{u}_t\ ,\quad (1 \leq t \leq T)\,, \end{aligned} \qquad (2.2\text{-}51b)$$

und damit in Matrixschreibweise

$$\begin{pmatrix} \underline{\tilde{y}}_1 \\ \underline{\tilde{y}}_2 \end{pmatrix} = \begin{pmatrix} \underline{i}_1 & \underline{x}_1 & \underline{x}_1^* \\ \underline{i}_2 & \underline{x}_2 & \underline{x}_2^* \end{pmatrix} \cdot \begin{pmatrix} \beta_1 \\ \beta_2 \\ \beta_3 - \beta_2 \end{pmatrix} + \begin{pmatrix} \underline{\tilde{u}}_1 \\ \underline{\tilde{u}}_2 \end{pmatrix}. \qquad (2.2\text{-}51c)$$

Zu testen ist dann die Hypothese $H_0 : \beta_3 - \beta_2 = 0$, also die Gleichheit der Steigungskoeffizienten in beiden Zeiträumen.

(c) Strukturbruch in den Absolutgliedern

Von Interesse kann auch sein, ob sich die *Absolutglieder* in den einzelnen Zeitperioden *unterscheiden*; dabei wird in der Praxis häufig zusätzlich die *Gleichheit der Steigungsparameter* unterstellt. Formuliert man wiederum die Nullhypothese als Negation der Arbeitshypothese, so lautet sie für den *allgemeinen Fall* $(p \geq 2;\ k \geq 2)$

$$H_0 :\text{"}\ \beta_{11} = \beta_{21} = \ldots = \beta_{p1} \text{ bei identischem } \underline{\beta}^{(k-1)}\text{"} \qquad (2.2\text{-}52)$$

und für den *speziellen Fall* $(p = 2;\ k = 2)$

$$H_0 :\text{"}\ \beta_{11} = \beta_{21} \Leftrightarrow \beta_{11} - \beta_{21} = 0 \text{ bei gleichem } \beta_2\text{" bzw. } H_0 :\text{"}\ \underline{R}\underline{\beta} = \underline{r}\text{"}, \qquad (2.2\text{-}52a)$$

mit $\underline{R}_{(1\times 3)} = (1\ \ -1\ \ 0)$ und $\underline{r} = r = 0$, also

78. Diese alternative Testmethode kann grundsätzlich auch bei gleichzeitiger Strukturbruchvermutung in mehreren Koeffizienten des Ansatzes, z.B. im Falle linearer Mehrfachregression in mehreren Steigungskoeffizienten oder zusätzlich auch im Absolutglied angewendet werden. Letzteres gilt auch für lineare Einfachregressionsansätze (vgl. Abschnitt (a)). Da in diesen Fällen bei Verwendung von Dummygrößen lineare Abhängigkeiten in der neuen Matrix der Regressorenwerte auftreten, die nur durch spezielle Umformungen des Ansatzes eliminiert werden können, soll die Testalternative mit Hilfe von Dummys hier nur bei Strukturbruchvermutung in *einem* Koeffizienten gezeigt werden. Für den Fall der Strukturbruchvermutung in *mehreren* Modellparametern sei auf die allgemeine Testmethode auf der Grundlage der Prüfgröße f verwiesen. Lineare Abhängigkeiten führen dazu, dass die OLS-Schätzwerte nicht bestimmbar sind; die Interpretation der Parameter der umgeformten Ansätze ist unterschiedlich zu der des Originalansatzes und deshalb in der praktischen Anwendung oft unerwünscht.

$$H_0 : \begin{pmatrix} 1 & -1 & 0 \end{pmatrix} \cdot \begin{pmatrix} \beta_{11} \\ \beta_{21} \\ \beta_2 \end{pmatrix} = 0 \, . \qquad (2.2\text{-}52b)$$

Das zugehörige *restringierte* Modell ist damit im *allgemeinen Fall* durch

$$\begin{pmatrix} \tilde{\underline{y}}_1 \\ \tilde{\underline{y}}_2 \\ \vdots \\ \tilde{\underline{y}}_p \end{pmatrix} = \begin{pmatrix} \underline{i}_1 & \underline{X}_1^{(k-1)} \\ \underline{i}_2 & \underline{X}_2^{(k-1)} \\ \vdots & \vdots \\ \underline{i}_p & \underline{X}_p^{(k-1)} \end{pmatrix} \cdot \begin{pmatrix} \beta_1 \\ \underline{\beta}^{(k-1)} \end{pmatrix} + \begin{pmatrix} \tilde{\underline{u}}_1 \\ \tilde{\underline{u}}_2 \\ \vdots \\ \tilde{\underline{u}}_p \end{pmatrix} \qquad (2.2\text{-}53)$$

gegeben, mit $\beta_1 :=$ interessierendes Absolutglied, das in allen Zeitperioden als gleich groß unterstellt wird, und $\underline{\beta}^{(k-1)} := [(k-1) \times 1]$–Vektor sämtlicher Steigungskoeffizienten, die in diesem praxisrelevanten Fall für den gesamten Zeitraum als identisch angenommen werden. Es entspricht dem restringierten Modell aus Abschnitt (a), nur werden hier die Matrizen der Regressorenwerte in jeder Periode in $\underline{X}_{p'}^{(k)} = \left[\underline{i}_{p'}; \underline{X}_{p'}^{(k-1)}\right]$, $(1 \leq p' \leq p)$, aufgeteilt, d.h. die Werte des Regressors für das Absolutglied wiederum getrennt betrachtet. Für den *speziellen Fall* kann (2.2-53) mit

$$\begin{pmatrix} \tilde{\underline{y}}_1 \\ \tilde{\underline{y}}_2 \end{pmatrix} = \begin{pmatrix} \underline{i}_1 & \underline{x}_1 \\ \underline{i}_2 & \underline{x}_2 \end{pmatrix} \cdot \begin{pmatrix} \beta_1 \\ \beta_2 \end{pmatrix} + \begin{pmatrix} \tilde{\underline{u}}_1 \\ \tilde{\underline{u}}_2 \end{pmatrix} \qquad (2.2\text{-}53a)$$

angegeben werden.

Die Parameter dieses Modells *mit* Nebenbedingungen werden wieder nach der MQ-Methode mit (2.2-7) optimal geschätzt; anschließend kann die Residuenquadratsumme für diesen Ansatz berechnet werden, die hier wieder mit $\tilde{\underline{e}}_{R_1}' \tilde{\underline{e}}_{R_1}$ gegeben ist. Diese wird im verwendeten Testverfahren der Residuenquadratsumme des *nicht restringierten Modells* gegenübergestellt, das in diesem Fall jedoch nicht durch (2.2-44), sondern durch

$$\begin{pmatrix} \tilde{\underline{y}}_1 \\ \tilde{\underline{y}}_2 \\ \vdots \\ \tilde{\underline{y}}_p \end{pmatrix} = \begin{pmatrix} \underline{i}_1 & \underline{0} & \cdots & \underline{0} & \underline{X}_1^{(k-1)} \\ \underline{0} & \underline{i}_2 & \cdots & \underline{0} & \underline{X}_2^{(k-1)} \\ \vdots & \vdots & \ddots & \vdots & \vdots \\ \underline{0} & \underline{0} & \cdots & \underline{i}_p & \underline{X}_p^{(k-1)} \end{pmatrix} \cdot \begin{pmatrix} \beta_{11} \\ \beta_{21} \\ \vdots \\ \beta_{p1} \\ \underline{\beta}^{(k-1)} \end{pmatrix} + \begin{pmatrix} \tilde{\underline{u}}_1 \\ \tilde{\underline{u}}_2 \\ \vdots \\ \tilde{\underline{u}}_p \end{pmatrix} \qquad (2.2\text{-}54)$$

anzugeben ist; denn es ist die zusätzlich getroffene Voraussetzung der Identität sämtlicher Steigungskoeffizienten zu beachten. Es entspricht somit dem restringierten Modell aus Abschnitt (b), so dass die nach der OLS-Schätzung der Modellparameter zu berechnende Residuenquadratsumme mit $\tilde{\underline{e}}_{R_2}' \tilde{\underline{e}}_{R_2}$ übereinstimmt.

Der *Test auf Strukturbruch* im Absolutglied des Regressionsansatzes wird dann mit Hilfe der Prüfgröße

$$\tilde{f} = \frac{\left(\tilde{\underline{e}}_{R_1}' \tilde{\underline{e}}_{R_1} - \tilde{\underline{e}}_{R_2}' \tilde{\underline{e}}_{R_2}\right) \Big/ (p-1)}{\tilde{\underline{e}}_{R_2}' \tilde{\underline{e}}_{R_2} \Big/ (T - p - k + 1)} \qquad (2.2\text{-}55)$$

durchgeführt, die mit $(p-1)$und $(T - p - k + 1)$ Freiheitsgraden *F-verteilt* ist.[79] Die Hypothese (2.2-52) wird *abgelehnt*, falls

79. Die Verteilung dieser Prüfvariablen ergibt sich analog zu (2.2-46) und (2.2-49); die Anzahl der Zählerfreiheitsgrade erhält man wiederum aus der Differenz der Freiheitsgrade, die den einzelnen Residuenquadratsummen zugeordnet sind.

$$f > f(1 - \alpha | p - 1; T - p - k + 1) \;; \tag{2.2-55a}$$

dann ist auf dem Signifikanzniveau α von einem Strukturbruch im Absolutglied auszugehen. $f(1 - \alpha | p - 1; T - p - k + 1)$ bezeichnet dabei das $(1 - \alpha)$-Quantil der Prüfverteilung. Die Vorgehensweise im Rahmen dieses Tests wird wiederum durch das nachfolgende Beispiel 2.7 verdeutlicht.

Zuerst soll ebenfalls noch für das Modell der *linearen Einfachregression* gezeigt werden, wie dieser *Test auf Strukturbruch* im *Absolutglied* des Regressionsansatzes im *speziellen Fall* des Vorliegens *zweier* Zeitperioden wiederum alternativ mit Hilfe von *Dummyvariablen* durchgeführt werden kann.[80]

Für $p = 2$ Zeitperioden und einer erklärenden Variablen x_2 werden die zwei Dummyvariablen aus (2.2-50a) und (2.2-50b) in den Ansatz mit

$$\tilde{y}_t = \beta_1 D_{1t} + \beta_2 D_{2t} + \beta_3 x_t + \tilde{u}_t \,, \; (1 \leq t \leq T), \tag{2.2-56a}$$

eingeführt; dieser kann wegen (2.2-50a) und (2.2-50b) in

$$\tilde{y}_t = \beta_1 + (\beta_2 - \beta_1) \cdot D_{2t} + \beta_3 x_t + \tilde{u}_t \,, \; (1 \leq t \leq T), \tag{2.2-56b}$$

bzw.

$$\begin{pmatrix} \underline{\tilde{y}}_1 \\ \underline{\tilde{y}}_2 \end{pmatrix} = \begin{pmatrix} \underline{i}_1 & \underline{0} & \underline{x}_1 \\ \underline{0} & \underline{i}_2 & \underline{x}_2 \end{pmatrix} \cdot \begin{pmatrix} \beta_1 \\ \beta_2 - \beta_1 \\ \beta_3 \end{pmatrix} + \begin{pmatrix} \underline{\tilde{u}}_1 \\ \underline{\tilde{u}}_2 \end{pmatrix} \tag{2.2-56c}$$

überführt werden. Testet man nun die Signifikanz der Variablen D_{2t}, so prüft man die Hypothese H_0 :″ $\beta_2 - \beta_1 = 0$″, also die Gleichheit der Absolutglieder in den beiden Zeitperioden.

Beispiel 2.7 Tabelle 2.2 enthält für die Jahre 1950, 1960, 1970, 1980 und 1990 sowie für die Jahre 1991 bis 2002 die gesamten Bruttoanlageinvestitionen [in Mrd. €] von Unternehmen und Staat in den jeweiligen Preisen (= INV) und das Bruttoinlandsprodukt [in Mrd. €] in den jeweiligen Preisen (= BIP) für die alten Bundesländer[81] sowie für die gesamte BRD (alte und neue Bundesländer).[82]

Tabelle 2.2

Jahr	INV	BIP
1950	9,56	49,70
1960	37,63	154,77
1970	87,99	345,27
1980	169,80	752,62

80. Die früheren Ausführungen zur Einsatzmöglichkeit von Dummyvariablen gelten analog.

81. Quelle: Institut der deutschen Wirtschaft (Hrsg.): „Deutschland in Zahlen 1996“, Köln; die Umrechnung der DM-Beträge erfolgte auf der Basis „1 € = 1,95583 DM“ bzw. „1 DM = 0,51129 €“.

82. Quelle: Institut der deutschen Wirtschaft (Hrsg.): „Deutschland in Zahlen 2003“, Köln, S. 17 u. S. 24.

Jahr	INV	BIP
1990	259,63	1240,39
1991	356,90	1502,20
1992	387,90	1613,20
1993	381,00	1654,20
1994	401,50	1735,50
1995	404,20	1801,30
1996	399,10	1833,70
1997	401,10	1871,60
1998	412,70	1929,40
1999	426,10	1978,60
2000	438,80	2030,00
2001	416,30	2071,20
2002	387,80	2108,20

Die Bruttoanlageinvestitionen der Periode t ($= y_t$) sollen nun durch das Bruttoinlandsprodukt dieser Periode ($= x_t$) mit Hilfe des linearen Einfachregressionsansatzes

$$\tilde{y}_t = \beta_1 + \beta_2 x_{2t} + \tilde{u}_t\ , \ (1 \leq t \leq 16), \text{bzw. } \underline{\tilde{y}} = \underline{X}\underline{\beta} + \underline{\tilde{u}} \qquad \text{(B2-27)}$$

erklärt werden, mit

$$\underline{X} = \begin{pmatrix} 1 & 49,70 \\ \vdots & \vdots \\ 1 & 2108,20 \end{pmatrix}_{(17 \times 2)} ; \ \underline{y} = \begin{pmatrix} 9,56 \\ \vdots \\ 387,20 \end{pmatrix}_{(17 \times 1)} ;$$

$$\underline{\beta} = \begin{pmatrix} \beta_1 \\ \beta_2 \end{pmatrix} ; \ \underline{\tilde{u}} = \begin{pmatrix} \tilde{u}_1 \\ \vdots \\ \tilde{u}_{17} \end{pmatrix}_{(17 \times 1)} . \qquad \text{(B2-27a)}$$

Die Daten liefern folgendes Streudiagramm:[83]

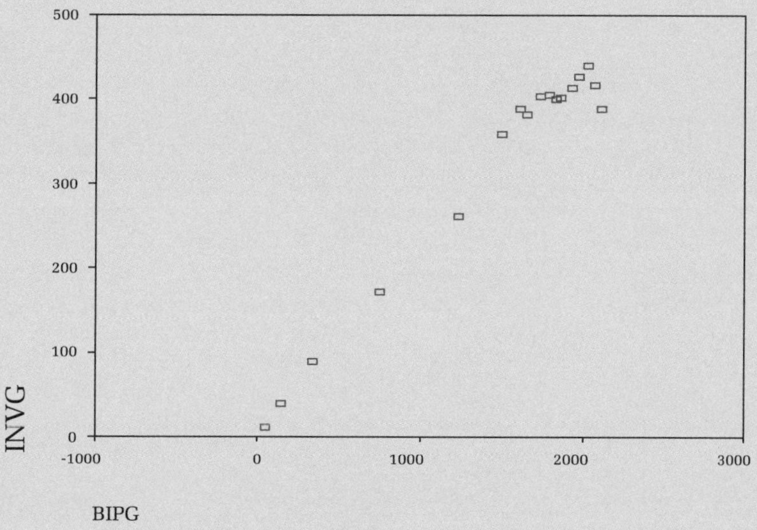

Der Vektor der Schätzwerte lautet

$$\underline{b} \overset{(2.2-7)}{=} \left(\underline{X}'\underline{X}\right)^{-1}\underline{X}'\underline{y} = \begin{pmatrix} 14,722 \\ 0,208 \end{pmatrix}, \qquad \text{(B2-28)}$$

die Regressionsgerade somit

$$\hat{y} = 14,722 + 0,208 \cdot x_2 \; . \qquad \text{(B2-28a)}$$

Es soll nun überprüft werden, ob in den vorliegenden Daten ein Strukturbruch erkennbar ist; dies liegt nahe, da ab 1991 (t = 6) die Betrachtung der Größen für die gesamte BRD und nicht nur für die alten Bundesländer erfolgt. Zur Prüfung der unterschiedlichen Hypothesen bezüglich des Vorliegens eines Strukturbruches wird der gesamte Betrachtungszeitraum von T = 17 Perioden in die zwei Teilperioden der Jahre 1950 bis 1990 (= Teilperiode 1 mit t = 1,..., 5) und der Jahre 1991 bis 2002 (= Teilperiode 2 mit t = 6 ,...,17) aufgeteilt.

a. *Test auf Strukturbruch im Absolutglied und im Steigungskoeffizienten*
   Zu testen ist die Hypothese[84]

$$H_0 : \text{"} \underline{\beta}_1^{(2)} = \underline{\beta}_2^{(2)} \text{"} \Leftrightarrow \text{"} \underline{R}\underline{\beta} = \underline{r} \text{"}, \text{ mit}$$

$$\underline{R} = \begin{pmatrix} 1 & 0 & -1 & 0 \\ 0 & 1 & 0 & -1 \end{pmatrix}, \; \underline{\beta} = \begin{pmatrix} \beta_{11} \\ \beta_{12} \\ \beta_{21} \\ \beta_{22} \end{pmatrix} \text{ und } \underline{r} = \begin{pmatrix} 0 \\ 0 \end{pmatrix}; \qquad \text{(B2-29)}$$

83. Sämtliche Grafiken und Berechnungen wurden mit Hilfe des Programmpaketes SPSS 11.5 erstellt.
84. Vgl. (2.2-42a) und (2.2-42b).

das zugehörige *restringierte Modell*, also das Modell *mit* Nebenbedingungen, lautet $(p = 2, k = 2)$[85]

$$\begin{pmatrix} \underline{\tilde{y}}_1 \\ \underline{\tilde{y}}_2 \end{pmatrix} = \begin{pmatrix} \underline{X}_1^{(2)} \\ \underline{X}_2^{(2)} \end{pmatrix} \cdot \begin{pmatrix} \beta_1 \\ \beta_2 \end{pmatrix} + \begin{pmatrix} \underline{\tilde{u}}_1 \\ \underline{\tilde{u}}_2 \end{pmatrix} . \qquad \text{(B2-30)}$$

Dieses Modell unterstellt, dass weder im Absolutglied β_1 noch im Steigungskoeffizienten β_2 im gesamten Betrachtungszeitraum ein Strukturbruch auftritt; es stellt somit die Negation obiger H_0 dar und ist äquivalent zum Modell (B2-27), so dass sich der Vektor der MQ-Schätzwerte wieder mit $\underline{b}' = (14,722\,;\ 0,208)$ ergibt. Das zugehörige Bestimmtheitsmaß ist hier $r^2 = 0,973$ und die Residuenquadratsumme $RSS = \underline{e}_{R_1}'\underline{e}_{R_1} = 9345{,}214$. Diesem restringierten Modell wird das *unrestringierte* Modell, also das Modell *ohne* Nebenbedingungen, gegenübergestellt, das einen Strukturbruch in *beiden* Parametern unterstellt, also[86]

$$\begin{pmatrix} \underline{\tilde{y}}_1 \\ \underline{\tilde{y}}_2 \end{pmatrix} = \begin{pmatrix} \underline{X}_1^{(2)} & \underline{0} \\ \underline{0} & \underline{X}_2^{(2)} \end{pmatrix} \cdot \begin{pmatrix} \underline{\beta}_1^{(2)} \\ \underline{\beta}_2^{(2)} \end{pmatrix} + \begin{pmatrix} \underline{\tilde{u}}_1 \\ \underline{\tilde{u}}_2 \end{pmatrix}$$

$$= \begin{pmatrix} \underline{i}_1 & \underline{x}_1 & \underline{0} & \underline{0} \\ \underline{0} & \underline{0} & \underline{i}_2 & \underline{x}_2 \end{pmatrix} \cdot \begin{pmatrix} \beta_{11} \\ \beta_{12} \\ \beta_{21} \\ \beta_{22} \end{pmatrix} + \begin{pmatrix} \underline{\tilde{u}}_1 \\ \underline{\tilde{u}}_2 \end{pmatrix} ; \qquad \text{(B2-31)}$$

für beide Teilperioden kann hier die Schätzung getrennt erfolgen, wobei $\underline{y}_1$ die ersten fünf Werte der Variablen INV und $\underline{X}_1^{(2)}$ in der zweiten Spalte die ersten fünf Werte der Variablen BIP aus obiger Tabelle 2.2 enthält; die erste Spalte von $\underline{X}_1^{(2)}$ besteht aus dem Vektor $\underline{i}_1$. Analog setzen sich dann $\underline{y}_2$ und $\underline{X}_2^{(2)}$ aus den restlichen Werten der Tabelle zusammen. Daraus ergibt sich für die Periode 1 der Schätzvektor

$$\underline{b}_1 \overset{(2.2-7)}{=} \left(\underline{X}_1^{(2)\prime}\underline{X}_1^{(2)}\right)^{-1}\underline{X}_1^{(2)\prime}\underline{y}_1 = \begin{pmatrix} 7,027 \\ 0,208 \end{pmatrix} , \qquad \text{(B2-32)}$$

mit einem Bestimmtheitsmaß für den Modellansatz von $r^2 = 0,995$ und einer Residuenquadratsumme von $RSS_{UR1} = \underline{e}_{UR1}'\underline{e}_{UR1} = 214,912$. Entsprechend resultiert für die zweite Periode

$$\underline{b}_2 \overset{(2.2-7)}{=} \left(\underline{X}_2^{(2)\prime}\underline{X}_2^{(2)}\right)^{-1}\underline{X}_2^{(2)\prime}\underline{y}_2 = \begin{pmatrix} 249,184 \\ 0,00824 \end{pmatrix} , \qquad \text{(B2-33)}$$

mit $r^2 = 0,531$ und $RSS = \underline{e}_{UR2}'\underline{e}_{UR2} = 2405,599$. Damit kann die Residuenquadratsumme für das *gesamte* unrestringierte Modell (B2-31) mit $\underline{e}_{UR}'\underline{e}_{UR} = \underline{e}_{UR1}'\underline{e}_{UR1} + \underline{e}_{UR2}'\underline{e}_{UR2} = 2620{,}511$ angegeben werden.

85. Vgl. (2.2-43a).

86. Vgl. (2.2-44a).

Die Prüfvariable für das Testen obiger H_0 nimmt hier den Wert

$$f \overset{(2.2-46)}{=} \frac{\left(\underline{e}'_{R_1}\underline{e}_{R_1} - \underline{e}'_{UR}\underline{e}_{UR}\right)/k(p-1)}{\underline{e}'_{UR}\underline{e}_{UR}/(T-pk)} = \frac{(9345,214 - 2620,511)/2\cdot(2-1)}{2620,511/(17-2\cdot 2)} \approx 16,68 \qquad \text{(B2-34)}$$

an; soll die H_0 : *„Es liegt kein Strukturbruch in beiden Modellparametern vor"* z.B. beim Signifikanzniveau $\alpha = 0,05$ geprüft werden, so muss sie *abgelehnt* werden, da

$$f(1-\alpha \mid k(p-1);(T-pk)) = f(0,95 \mid 2;13) = 3,81 < f = 16,68\ .^{87} \qquad \text{(B2-35)}$$

Um zu überprüfen, ob von einem Strukturbruch in *beiden* Modellparametern oder nur in *einem* der Parameter auszugehen ist, werden im folgenden die entsprechenden Testverfahren bezüglich β_2 und β_1 getrennt durchgeführt.

b. *Test auf Strukturbruch im Steigungskoeffizienten*
Zu testen ist die Hypothese[88]
H_0 :" $\beta_{12} = \beta_{22}$" bzw. H_0 :" $\underline{R}\underline{\beta} = \underline{r}$", mit
$\underline{R}_{(1\times 3)} = (0 \quad 1 \quad -1)$ und $\underline{r}_{(1\times 1)} = r = 0$, also

$$H_0 :'' \ (0 \quad 1 \quad -1)\cdot \begin{pmatrix}\beta_1\\ \beta_{12}\\ \beta_{22}\end{pmatrix} = 0''; \qquad \text{(B2-36)}$$

das zugehörige *restringierte* Modell lautet $(p = 2; k = 2)$[89]

$$\begin{pmatrix}\underline{\tilde{y}}_1\\ \underline{\tilde{y}}_2\end{pmatrix} = \begin{pmatrix}\underline{i}_1 & \underline{0} & \underline{x}_1\\ \underline{0} & \underline{i}_2 & \underline{x}_2\end{pmatrix}\cdot\begin{pmatrix}\beta_{11}\\ \beta_{21}\\ \beta_2\end{pmatrix} + \begin{pmatrix}\underline{\tilde{u}}_1\\ \underline{\tilde{u}}_2\end{pmatrix}. \qquad \text{(B2-37)}$$

Dieses Modell unterstellt, dass der Steigungskoeffizient in beiden Teilperioden gleich ist;[90] der Vektor der MQ-Schätzwerte wird wiederum nach (2.2-7) berechnet und lautet $\underline{b}' = (b_{11}, b_{21}, b_2) = (25,951; 85,743; 0,171)$; das zugehörige Bestimmtheitsmaß dieses Ansatzes ist $r^2 = 0,997$ und die Residuenquadratsumme ist mit $RSS = \underline{e}'_{R_2}\underline{e}_{R_2} = 7104,191$ gegeben. (B2-37) wird nun wiederum dem unrestringierten Modell (B2-31) mit der Residuenquadratsumme $\underline{e}'_{UR}\underline{e}_{UR} = 2620,511$ gegenübergestellt.
Die Prüfvariable für das Testen der H_0: *„Es liegt kein Strukturbruch im Steigungskoeffizienten vor"* nimmt hier den Wert

87. Die gleiche Aussage wäre bei einem Signivikanzniveau von z.B $\alpha = 0,01$ zu treffen, da das entsprechende Quantil der F-Verteilung dann mit 6,70 gegeben ist.
88. Vgl. (2.2-47a) und (2.2-47b).
89. Vgl. (2.2-48a).
90. Dieses Modell stellt somit wieder die Negation der Nullhypothese dar. Das Absolutglied ist hier nicht von Interesse; es wird deshalb analog zum anschließend gegenüberzustellenden unrestringierten Modell behandelt.

$$f \overset{(2.2-49)}{=} \frac{\left(\underline{e}'_{R_2}\underline{e}_{R_2} - \underline{e}'_{UR}\underline{e}_{UR}\right) / [(k-1)\cdot(p-1)]}{\underline{e}'_{UR}\underline{e}_{UR}/(T-pk)}$$

$$= \frac{(7104{,}191 - 2620{,}511)/[(2-1)\cdot(2-1)]}{2620{,}511/(17-2\cdot 2)}$$

$$\approx 22{,}24 \qquad \text{(B2-38)}$$

an; diese H_0wird ebenfalls auf dem Niveau $\alpha = 0{,}05$ *abgelehnt*, da

$$f(1-\alpha\,|\,[(k-1)\cdot(p-1)];(T-pk)) = f(0{,}95\,|\,1;13)$$
$$= 4{,}67 < f = 22{,}24\,.^{91} \qquad \text{(B2-39)}$$

Es ist also von einem Strukturbruch im Steigungskoeffizienten auszugehen.

c. *Test auf Strukturbruch im Absolutglied*
Zu testen ist die Hypothese[92]
H_0:" $\beta_{11} = \beta_{21} \Leftrightarrow \beta_{11} - \beta_{21} = 0$" bzw. H_0:" $\underline{R}\underline{\beta} = \underline{r}$", mit $\underline{R}_{(1\times 3)} = (1 \;\; -1 \;\; 0)$ und $\underline{r} = r = 0$, also

$$H_0 :" \; (1 \;\; -1 \;\; 0)\cdot \begin{pmatrix} \beta_{11} \\ \beta_{21} \\ \beta_2 \end{pmatrix} = 0" \;; \qquad \text{(B2-40)}$$

das zugehörige *restringierte* Modell lautet $(p = 2; k = 2)$[93]

$$\begin{pmatrix} \underline{\tilde{y}}_1 \\ \underline{\tilde{y}}_2 \end{pmatrix} = \begin{pmatrix} \underline{X}_1^{(2)} \\ \underline{X}_2^{(2)} \end{pmatrix} \cdot \begin{pmatrix} \beta_1 \\ \beta_2 \end{pmatrix} + \begin{pmatrix} \underline{\tilde{u}}_1 \\ \underline{\tilde{u}}_2 \end{pmatrix} \qquad \text{(B2-41)}$$

und ist somit mit dem Modell (B2-27) bzw. (B2-30) identisch; die Residuenquadratsumme kann wieder mit $RSS = \underline{e}'_{R_1}\underline{e}_{R_1} = 9345{,}214$ berechnet werden.
Diesem Modell wird nun das *unrestringierte* Modell nach (2.2-54)[94] gegenübergestellt, das für $p = 2$ Teilperioden und $k = 2$ dem Ansatz (B2-37) entspricht, also mit

$$\begin{pmatrix} \underline{\tilde{y}}_1 \\ \underline{\tilde{y}}_2 \end{pmatrix} = \begin{pmatrix} \underline{i}_1 & \underline{0} & \underline{x}_1 \\ \underline{0} & \underline{i}_2 & \underline{x}_2 \end{pmatrix} \cdot \begin{pmatrix} \beta_{11} \\ \beta_{21} \\ \beta_2 \end{pmatrix} + \begin{pmatrix} \underline{\tilde{u}}_1 \\ \underline{\tilde{u}}_2 \end{pmatrix} \qquad \text{(B2-42)}$$

gegeben ist; die Residuenquadratsumme ist hier $RSS = \underline{e}'_{R_2}\underline{e}_{R_2} = 7104{,}191$.

91. Auch hier gilt, dass die gleiche Aussage bei einem Signivikanzniveau von z.B. $\alpha = 0{,}01$ zu treffen wäre, da das entsprechende Quantil der F-Verteilung mit 9,07 gegeben ist.
92. Vgl. (2.2-52a) und (2.2-52b); der Steigungskoeffizient wird dabei für beide Teilperioden als identisch unterstellt.
93. Vgl. (2.2-53a).
94. Man beachte, dass dieses nicht mehr identisch mit dem bisher als „unrestringiert“ bezeichneten Modell nach (2.2-44a) ist.

Die Prüfvariable für das Testen der H_0: *„Es liegt kein Strukturbruch im Absolutglied vor“* nimmt hier den Wert

$$f \overset{(2.2-55)}{=} \frac{\left(\underline{e}'_{R_1}\underline{e}_{R_1} - \underline{e}'_{R_2}\underline{e}_{R_2}\right)/(p-1)}{\underline{e}'_{R_2}\underline{e}_{R_2}/(T-p-k+1)}$$

$$= \frac{(9345,214 - 7104,191)/(2-1)}{7104,191/(17-2-2+1)} \approx 4,42 \qquad \text{(B2-43)}$$

an; diese H_0 wird auf dem Niveau $\alpha = 0,05$ *nicht abgelehnt*, da

$$f(1-\alpha\,|\,(p-1);(T-p-k+1)) = f(0,95\,|\,1;14)$$
$$= 4,60 > f = 4,42\;.^{95} \qquad \text{(B2-44)}$$

Bei gemeinsamer Betrachtung aller drei durchgeführten Tests auf Strukturbruch ergibt sich somit, dass ein *Strukturbruch im Steigungsparameter, nicht jedoch im Absolutglied* vermutet werden muss.

2.2.1.4.3 Vorliegen von Multikollinearität

In der Annahme (A3) des KLR wird vorausgesetzt, dass für den Rang der Matrix $\underline{X}_{(T\times k)}$ der Regressorenwerte $\text{rg}\,\underline{X} = k \leq T$ gilt; daraus ergibt sich auch für das Matrizenprodukt $\underline{X}'\underline{X}_{(k\times k)}$ ebenfalls der Rang k, so dass die zugehörige Inverse und damit der Vektor $\tilde{\underline{b}}$ der OLS-Schätzfunktionen existiert (vgl. (2.2-7)). Sind dagegen in den Regressorenwerten *lineare Abhängigkeiten*, also *Multikollinearität* gegeben, so ist $\text{rg}\,\underline{X} < k$ und die Matrix $\underline{X}'\underline{X}_{(k\times k)}$ ist singulär; damit existiert deren Inverse nicht und $\tilde{\underline{b}}$ kann nicht berechnet werden. Die Realisationen der Schätzfunktionen in $\tilde{\underline{b}}$ und irgendeines anderen Vektors $\tilde{\underline{b}} \cdot \lambda$, $\lambda \in R$, sind beobachtungsäquivalent, $\underline{\beta}$ somit nicht identifizierbar und schätzbar.[96] Die MQ-Methode liefert hier ein System von Normalgleichungen, das nicht eindeutig lösbar ist, sondern unendlich viele Lösungen besitzt.

In der ökonometrischen Praxis spielt diese exakte Multikollinearität kaum eine Rolle; hier treten dagegen häufig *„Fastkollinearitäten“* auf. Diese bewirken ein mehr oder weniger starkes *Ansteigen der Varianzen* der nach der MQ-Methode berechneten *OLS-Schätzfunktionen* $\tilde{\underline{b}}$, was leicht anhand der Beziehung (2.2-10) gezeigt werden kann. Denn die Varianzen der in $\tilde{\underline{b}}$ zusammengefassten Schätzfunktionen $\tilde{b}_j$ sind die Hauptdiagonalelemente $\sigma^2_{\tilde{u}} \cdot h_{jj}$[97] der in (2.2-10) gegebenen Matrix $\sigma^2_{\tilde{u}}(\underline{X}'\underline{X})^{-1}$; berechnet man nun die Inverse $(\underline{X}'\underline{X})^{-1}$ z.B. mit Hilfe der zugehörigen adjungierten Matrix $\underline{A}_{ad}$,[98] so werden die Elemente der Inversen umso größer, je näher der Wert der im Nenner stehenden Determinante von $(\underline{X}'\underline{X})$ bei Null liegen, also je stärker die in der Matrix

95. Die gleiche Aussage wäre zu treffen bei einem Signivikanzniveau von z.B. $\alpha = 0{,}01$, da das entsprechende Quantil der F-Verteilung mit 8,86 gegeben ist.

96. Solche Situationen können z.B. dann auftreten, wenn die Zeitreihen mehrerer ökonomischer Variablen, die als Regressoren in den Ansatz eingehen, eine gleichlaufende Trendkomponente beinhalten.

97. Vgl. (2.2-24a).

98. Es gilt allgemein $(\underline{X}'\underline{X})^{-1} = \frac{1}{\det(\underline{X}'\underline{X})}\underline{A}_{ad}$.

$(\underline{X}'\underline{X})$ auftretende Fastkollinearität ist. Die Auswirkungen des Vorliegens von linearen Abhängigkeiten der Regressoren können auch folgendermaßen aufgezeigt werden:

Bezeichnet man mit $\underline{X}_* = \underline{A}\underline{X}^{(k-1)}$ die $[T \times (k-1)]$–Matrix der um den jeweiligen Mittelwert zentrierten Werte der Regressoren[99] und teilt man diese Matrix auf in $\underline{X}_* = \left[\underline{x}_{j*} ; \underline{X}_{j*}\right]$, mit $\underline{x}_{j*} :=$ Vektor der transformierten Beobachtungswerte des j-ten Regressors und $\underline{X}_{j*} :=$ Martix der zentrierten Werte der restlichen $(k-2)$ Regressoren, so ist

$$\underline{X}_*'\underline{X}_* = \begin{pmatrix} \underline{x}_{j*}'\underline{x}_{j*} & \underline{x}_{j*}'\underline{X}_{j*} \\ \underline{X}_{j*}'\underline{x}_{j*} & \underline{X}_{j*}'\underline{X}_{j*} \end{pmatrix} ; \qquad (2.2\text{-}57)$$

für die linke obere Blockmatrix resultiert als Teil der zugehörigen Inversen die skalare Größe

$$\left[\underline{x}_{j*}'\underline{x}_{j*} - \underline{x}_{j*}'\underline{X}_{j*}\left(\underline{X}_{j*}'\underline{X}_{j*}\right)^{-1}\underline{X}_{j*}'\underline{x}_{j*}\right]^{-1} = \left(\underline{x}_{j*}'\underline{M}_{j*}\underline{x}_{j*}\right)^{-1}, \qquad (2.2\text{-}58)$$

mit

$$\underline{M}_{j*} = \underline{I}_{(T\times T)} - \underline{X}_{j*}\left(\underline{X}_{j*}'\underline{X}_{j*}\right)^{-1}\underline{X}_{j*}' \,. \qquad (2.2\text{-}58a)$$

Für die Varianz der Schätzfunktion $\tilde{b}_j$ ergibt sich damit nach (2.2-10) unter Berücksichtigung der Verwendung der transformierten Regressorenwerte

$$\text{var}\,\tilde{b}_j = \sigma_{\ddot{u}}^2 \cdot h_{jj} = \frac{\sigma_{\ddot{u}}^2}{\underline{x}_{j*}'\underline{M}_{j*}\underline{x}_{j*}} \,, \ (2 \le j \le k) \ ; \qquad (2.2\text{-}58b)$$

es kann gezeigt werden, dass das Produkt $\underline{x}_{j*}'\underline{M}_{j*}\underline{x}_{j*}$ die Residuenquadratsumme RSS_j eines Regressionsansatzes mit dem j-ten Regressor als Zielgröße und den übrigen $(k-2)$ Regressoren als erklärende Variablen darstellt.[100] Diese wird mit steigender linearer Abhängigkeit zwischen x_j und den restlichen Regressoren kleiner, die Varianz von $\tilde{b}_j$ größer und damit die Schätzung immer weniger präzise. Die in (2.2-58b) gewählte Form von var $\tilde{b}_j$ zeigt auch, dass nicht alle Schätzfunktionen in gleicher Weise von einer gegebenenfalls vorhandenen Multikollinearität beeinflusst werden, da der Wert von RSS_j davon abhängt, welcher Regressor als Zielvariable in den Ansatz eingeht. Auf den *Grad der linearen Abhängigleit* kann man durch einen Vergleich der jeweiligen multiplen Bestimmtheitsmaße r_j^2, $(2 \le j < k)$, schließen. Diese sind für einen konkreten Stichprobenbefund analog zu (2.2.-16) definiert als

$$r_j^2 = 1 - \frac{RSS_j}{TSS_j} \,, \qquad (2.2\text{-}59)$$

wobei mit TSS_j die Gesamtstreuung der Werte des als Zielvariable ausgewählten j-ten Regressors bezeichnet wird. Die Varianz von $\tilde{b}_j$ kann somit durch

$$\text{var}\,\tilde{b}_j = \frac{\sigma_{\ddot{u}}^2}{RSS_j} = \frac{\sigma_{\ddot{u}}^2}{TSS_j\left(1 - r_j^2\right)} \,, \ (2 \le j \le k) \,, \qquad (2.2\text{-}60)$$

wiedergegeben werden. Bezeichnet man diese Varianz im *Idealfall* fehlender Multikollinearität mit var $\tilde{b}_{jO}$, so kann sie wegen $r_j^2 = 0$ mit

$$\text{var}\,\tilde{b}_{jO} = \frac{\sigma_{\ddot{u}}^2}{TSS_j} \,, \ (2 \le j \le k) \,, \qquad (2.2\text{-}60a)$$

99. Die Matrix $\underline{A}$ ist dabei die in (2.2-17) definierte Transformationmatrix; der „Scheinregressor" $\underline{i}$ für das Absolutglied entfällt.

100. Vgl. dazu (2.2-12).

angegeben werden. Der Quotient

$$\frac{\operatorname{var}\tilde{b}_j}{\operatorname{var}\tilde{b}_{jO}} = \frac{1}{1 - r_j^2}, \quad (2 \leq j \leq k) \tag{2.2-61}$$

misst dann das Ausmaß der Verschlechterung der Präzision der Schätzung und zeigt gleichzeitig, welche Koeffizienten davon am meisten betroffen sind. *Multikollinearität* ist ein *reines Datenproblem*; auf kleine Änderungen im Datenmaterial reagieren die $\tilde{b}_j$ relativ stark. Multikollinearität vergrößert die Varianzen sowie die Kovarianzen dieser Schätzfunktionen.

Die einschlägigen Softwareprogramme geben *„Kenngrößen"* zur Aufdeckung vorhandener (Fast-)Multikollinearität aus.[101] Einen ersten Hinweis liefert auch die Determinante $\det(\underline{X}'\underline{X})$, die dann nahe bei Null liegt. Da es sich dabei um kein normiertes Maß handelt und daraus auch nicht erkennbar ist, *welche* Regressoren für diese lineare Abhängigkeit verantwortlich ist, wird bei der Diagnose auf den Vergleich der Bestimmtheitsmaße r_j^2 aus (2.2-59) und auf den Quotienten aus (2.2-61) zurückgegriffen.

Ein *weiteres Maß* zur Feststellung, welche Steigungskoeffizienten am meisten von Multikollinearität betroffen sind, geht von der *Zerlegung der Varianzen* aus. Da allgemein

$$(\underline{X}'\underline{X}) \cdot Z = \underline{Z} \cdot \underline{\Lambda} \Rightarrow (\underline{X}'\underline{X}) = \underline{Z} \cdot \underline{\Lambda} \cdot \underline{Z}' \Rightarrow (\underline{X}'\underline{X})^{-1} = \underline{Z} \cdot \underline{\Lambda}^{-1} \cdot \underline{Z}' \tag{2.2-62}$$

gilt mit $\underline{\Lambda} :=$ Diagonalmatrix der Eigenwerte $\lambda_1, \ldots, \lambda_k$ von $\underline{X}'\underline{X}$ und $\underline{Z} :=$ Matrix der zugehörigen orthogonalen Eigenvektoren, ist

$$\operatorname{var}\underline{\tilde{b}} \overset{(2.2-10)}{=} \sigma_{\tilde{u}}^2 (\underline{X}'\underline{X})^{-1} \overset{(2.2-62)}{=} \sigma_{\tilde{u}}^2 \underline{Z} \cdot \underline{\Lambda} \cdot \underline{Z}' \tag{2.2-63}$$

und damit

$$\operatorname{var}\tilde{b}_j = \sigma_{\tilde{u}}^2 \left(\frac{z_{j1}^2}{\lambda_1} + \frac{z_{j2}^2}{\lambda_2} + \ldots + \frac{z_{jk}^2}{\lambda_k} \right) \quad \text{für alle j.} \tag{2.2-63a}$$

Aus (2.2-63) bzw. (2.2-63a) sind die *Anteile an der Varianz* ersichtlich, die mit dem jeweiligen Eigenwert verbunden sind. Je größer sie sind, desto stärker ist der Einfluss des jeweiligen Regressors x_j und desto schwerwiegender ist eine mögliche lineare Abhängigkeit dieser erklärenden Variablen von den restlichen Regressoren.[102]

101. So wird z.B. von SPSS 11.5 im Rahmen der Kollinearitätsdiagnose der Routine *„Lineare Regression"* neben dem Quotienten (2.2-61), der hier *„Varianzinflationsfaktor VIF"* genannt wird, und der als *„Toleranz"* bezeichneten Nennergröße von (2.2–61) auch der sog. *„Konditionsindex(= Bindungsindex)"* ausgegeben; dieser stellt die positive Quadratwurzel des Quotienten aus dem maximalen Eigenwert der Matrix $(\underline{X}'\underline{X})$ und dem zum betrachteten Regressor j gehörenden Eigenwert dar. Folgende *Faustregeln* zur Einschätzung für das Vorliegen von Multikollinearität wurden aufgestellt: Liegt der Konditionsindex zwischen 10 und 30, so kann von mäßiger Kollinearität ausgegangen werden; bei Werten über 30 wird starke Kollinearität des Regressor j mit den restlichen erklärenden Variablen vermutet. Ist der Varianzfaktor VIF für den Regressor j größer als 10 bzw. die entsprechende Toleranz kleiner als 0,1 oder sogar kleiner als 0,01, so muss ebenfalls von Kollinearität zwischen j und den restlichen Regressoren ausgegangen werden. Liegt dagegen der Idealfall fehlender Multikollinearität, also Orthogonalität der Vektoren der Regressorenwerte, vor, so ist VIF bzw. die Toleranz gleich Eins. Zur Diagnose von Multikollinearität vergleiche man z.B. BELSLEY/KUH/WELSH, 1980, S. 85 ff.; BROSIUS, 2002, S. 563 ff.

102. Die Varianzanteile der jeweiligen Regressoren werden z.B. von SPSS 11.5 ebenfalls im Rahmen der Kollinearitätsdiagnose angegeben.

Beispiel 2.8 Gegeben seien die Daten aus Tabelle 2.1 des Beispiels 2.2 Betrachtet wird der *Modellansatz 2*, im Rahmen dessen der private Konsum C^{priv} (= y) sowohl durch das Bruttoinlandsprodukt BIP (= x_2) als auch durch die Summe der Nettolöhne/-gehälter L^{netto} (= x_3) erklärt wird. Es soll nun geprüft werden, ob zwischen den beiden Regressoren *(Fast-)Multikollinearität* vorliegt. Dazu werden die jeweiligen Bestimmtheitsmaße r_j^2 berechnet, die sich aus der Regression von x_j auf die restlichen $(k - 2)$ Regressoren des ursprünglichen Ansatzes ergeben, wobei von der Matrix der zentrierten Regressorenwerte ausgegangen wird.[103] Diese ergeben sich hier für beide durchzuführenden Regressionen mit $r_2^2 = r_3^2 = 0{,}813$. Sowohl die lineare Einfachregression des Bruttoinlandproduktes x_2 auf die Nettolohnsumme x_3 als auch der umgekehrte Ansatz ergeben dasselbe Bestimmtheitsmaß von 81,3%; beide Ansätze enthalten ein Absolutglied. Das jeweilige r_j^2 kann nun in den Quotienten (2.2-61) eingesetzt und zur Überprüfung des Vorliegens von Multikollinearität in den Regressoren x_2 und x_3 benutzt werden. Hier gilt

$$\frac{\operatorname{var}\tilde{b}_2}{\operatorname{var}\tilde{b}_{20}} = \frac{1}{1 - r_2^2} = \frac{1}{1 - 0{,}813} = \frac{1}{0{,}187} \approx 5{,}348 \;; \qquad \text{(B2-45)}$$

dasselbe ergibt sich für den Quotienten bzgl. $\tilde{b}_3$.[104] Da diese Werte kleiner als 10 sind und die *„Toleranzen"* mit 0,187 jeweils größer als 0,1, kann davon ausgegangen werden, dass höchstens *schwache Kollinearität* in den Regressoren des Gesamtansatzes vorliegt.[105]

Ist *Multikollinearität* in den Daten festgestellt worden, stellt sich die Frage, wie sie *behoben* werden kann. Folgende Vorgehensweisen sind in der ökonometrischen Praxis häufig zu finden:[106]

Eine Möglichkeit zur Behebung von Multikollinearität besteht in der Anwendung der Methode der *„Ridge-Regression"*, bei der das Problem auf numerische Weise gelöst wird. Denn es wird vorgeschlagen, statt der OLS-Schätzfunktionen $\underline{\tilde{b}}$ die Schätzfunktionen

$$\underline{\tilde{b}}_R = \left(\underline{X}'\underline{X} + c \cdot \underline{I}_{(k \times k)}\right)^{-1} \underline{X}'\underline{y} \qquad \text{(2.2-64)}$$

mit $(c > 0;\ c \in R)$ zu benutzen, die im Vergleich zu $\underline{\tilde{b}}$ eine kleinere Varianz besitzen. Bei der Berechnung von $\underline{\tilde{b}}_R$ wird somit im Vergleich zu $\underline{\tilde{b}}$ den Hauptdiagonalelementen von $(\underline{X}'\underline{X})^{-1}$ eine Zahl c zugeschlagen, da i.d.R. bei Vorliegen von Multikollinearität die Nebendiagonalelemente dieser Matrix im Vergleich zur Hauptdiagonalen erhöht werden.

103. Vgl. (2.2-57).

104. Die kleinen Abweichungen zum SPSS-Ergebnis, in welchem VIF jeweils mit 5,358 berechnet wird, ergeben sich wiederum aus Rundungsabweichungen.

105. Jedoch überschreiten zum Teil die jeweiligen nach (2.2-63a) mit Hilfe von SPSS 11.5 berechneten Varianzanteile für die Regressoren sowie insbesondere der Konditionsindex für die Nettolohnsumme mit 83,332 weit die durch die Faustregeln angegebene Grenzen, so dass – nach *diesen* Kriterien beurteilt – von Kollinearität ausgegangen werden muss.

106. Bezüglich der Darstellung weiterer Methoden zur Behebung von Multikollinearität sei auf die einschlägige Literatur verwiesen.

Dieser Effekt soll durch die Verwendung von $\tilde{\underline{b}}_R$ gemildert werden. Die *Ridge*-Schätzfunktionen sind jedoch im Gegensatz zu den OLS-Funktionen verzerrt, denn es gilt

$$E\,\tilde{\underline{b}}_R = (\underline{X}'\underline{X} + c \cdot \underline{I})^{-1}\underline{X}'\underline{X}\underline{\beta} \neq \underline{\beta} \; ; \qquad (2.2\text{-}65)$$

die Varianz lautet

$$\operatorname{var}\tilde{\underline{b}}_R = \sigma^2_{\tilde{u}}(\underline{X}'\underline{X} + c \cdot \underline{I})^{-1}\underline{X}'\underline{X}(\underline{X}'\underline{X} + c \cdot \underline{I})^{-1} < \operatorname{var}\tilde{\underline{b}} \; . \qquad (2.2\text{-}66)$$

Je größer der Skalar c gewählt wird, desto größer ist der Bias von $\tilde{\underline{b}}_R$, aber desto kleiner ist im Vergleich die Varianz, d.h. umso präziser ist die Schätzung. Das Problem besteht jedoch in der konkreten Festlegung dieser reellen Zahl c. In der Praxis ist nur eine iterative Bestimmung von c möglich, solange, bis sich $\tilde{\underline{b}}_R$ stabilisiert. Es wird empfohlen, in der empirischen Arbeit von Ridge-Schätzfunktionen insbesondere innerhalb der Hypothesentests bzgl. $\underline{\beta}$ abzusehen.[107] Nachfolgendes Beispiel demonstriert die Instabilität der Schätzfunktion $\tilde{\underline{b}}_R$ in Abhängigkeit der Wahl des Parameters c:

Beispiel 2.9 Gegeben seien die Daten der Tabelle 2.1 aus Beispiel 2.2 Betrachtet man das *Modell 2*, so ergab sich eine schwache Kollinearität zwischen den beiden Regressoren x_2 und x_3 (vgl. Beispiel 2.8). Wendet man nun zur Behebung dieser schwachen linearen Abhängigkeit die *Ridge-Regression* an, so ergeben sich statt des in (B2-8) berechneten Vektors der OLS-Schätzwerte $\underline{b}' = (\,-238{,}743 \quad 0{,}599 \quad 0{,}372\,)$ folgende Ausprägungen für den Vektor der Ridge-Schätzfunktionen $\tilde{\underline{b}}_R$, falls man sukzessive c = 0,01; 0,1; 0,5 sowie c = 1,0 wählt:[108]

$$c = 0{,}01 : \underline{b}_R' = (\,-177{,}884 \quad 0{,}633 \quad 0{,}141\,) \qquad (B2\text{-}46a)$$

$$c = 0{,}1 : \underline{b}_R' = (\,-52{,}603 \quad 0{,}678 \quad -0{,}245\,) \qquad (B2\text{-}46b)$$

$$c = 0{,}5 : \underline{b}_R' = (\,-12{,}739 \quad 0{,}692 \quad -0{,}368\,) \qquad (B2\text{-}46c)$$

$$c = 1{,}0 : \underline{b}_R' = (\,-6{,}543 \quad 0{,}694 \quad -0{,}387\,) \qquad (B2\text{-}46d)$$

Je größer also der Wert c gewählt wird, den man zu den Hauptdiagonalelementen der Matrix $\underline{X}'\underline{X}$ addiert,[109] desto größer sind die Abweichungen in den resultierenden Schätzwerten. Dies trifft hier insbesondere auf das Absolutglied und auf den geschätzten Koeffizienten von x_3 zu; der Wert b_2 bleibt dagegen relativ stabil.

---

107. Vgl. z.B. SCHIPS, 1990, S. 106.

108. Alle Berechnungen in diesem Beispiel wurden mit dem Programm MAPLE, Version 5.1 durchgeführt; zu beachten ist, dass hier aufgrund von Rundungen für den nach (2.2-7) berechneten Vektor der OLS-Schätzwerte statt (B2-8) der Vektor $\underline{b}' = (\,-241{,}938;\ 0{,}610;\ 0{,}338\,)$ resultiert und zu Vergleichszwecken herangezogen wird.

109. Die ursprüngliche Matrix $\underline{X}'\underline{X}$ aus Beispiel 2.2 lautet

$$\underline{X}'\underline{X} = \begin{pmatrix} 12 & 22147{,}1 & 6467{,}1 \\ 22147{,}1 & 41268499{,}11 & 11998199{,}44 \\ 6467{,}1 & 11998199{,}44 & 3497437{,}09 \end{pmatrix}$$; entsprechend ist sie z.B. für c = 0,01 mit

$$\underline{X}'\underline{X} = \begin{pmatrix} 12{,}01 & 22147{,}1 & 6467{,}1 \\ 22147{,}1 & 41268499{,}12 & 11998199{,}44 \\ 6467{,}1 & 11998199{,}44 & 3497437{,}1 \end{pmatrix}$$ gegeben usw.

Eine andere Möglichkeit der Behebung von Multikollineartät besteht in der *exogenen Bestimmung von Steigungskoeffizienten*. Sind $s = k - r$ Koeffizienten von $\underline{\beta}$ als Resultat einer getrennten Untersuchung exogen durch die Werte $\underline{b}_s$ bestimmbar,[110] so können diese folgendermaßen in die Schätzung der restlichen r Parameter eingehen: Man teilt zunächst die Matrix der Regressorenwerte in $\underline{X} = [\underline{X}_r ; \underline{X}_s]$ und die Vektoren $\underline{\beta}$ und $\underline{\tilde{b}}$ in $\underline{\beta}' = \left(\underline{\beta}_r' ; \underline{\beta}_s'\right)$ und $\underline{\tilde{b}}' = \left(\underline{\tilde{b}}_r' ; \underline{\tilde{b}}_s'\right)$ auf. Anschließend werden die Beobachtungswerte der Zielvariablen mit $\underline{X}_s$ korrigiert, d.h. man bildet die Differenz

$$\underline{y}^* = \underline{y} - \underline{X}_s \underline{b}_s \; ; \tag{2.2-67}$$

diese korrigierten Werte werden dann in einer OLS-Schätzung für die restlichen r Parameter verwendet. Man erhält damit

$$\underline{b}_r = \left(\underline{X}_r'\underline{X}_r\right)^{-1}\underline{X}_r'\underline{y}^* \; . \tag{2.2-68}$$

Setzt man nun $\underline{\tilde{y}} = \underline{X}_r\underline{\beta}_r + \underline{X}_s\underline{\beta}_s + \underline{\tilde{u}}$ in (2.2-67) und (2.2-68) ein, so ergibt sich die zugehörige Schätzfunktion mit

$$\underline{\tilde{b}}_r = \underline{\beta}_r + \left(\underline{X}_r'\underline{X}_r\right)^{-1}\underline{X}_r'\underline{\tilde{u}} - \left(\underline{X}_r'\underline{X}_r\right)^{-1}\underline{X}_r'\underline{X}_s\left(\underline{\tilde{b}}_s - \underline{\beta}_s\right) \; ; \tag{2.2-69}$$

diese ist wegen $E\,\underline{\tilde{u}} = \underline{0}$ und $E\,\underline{b}_s = \underline{\beta}_s$ erwartungstreu für $\underline{\beta}_r$ und besitzt die Varianz

$$\operatorname{var}\underline{\tilde{b}}_r = \sigma_{\tilde{u}}^2\left(\underline{X}_r'\underline{X}_r\right)^{-1} + \left(\underline{X}_r'\underline{X}_r\right)^{-1}\underline{X}_r'\underline{X}_s\underline{\Sigma}_{\tilde{b}_s\tilde{b}_s}\underline{X}_s'\underline{X}_r\left(\underline{X}_r'\underline{X}_r\right)^{-1} \; . \tag{2.2-70}$$

Dabei wird unterstellt, dass die beiden Datensätze unabhängig sind; der erste Summand ist die Varianz von $\underline{\tilde{b}}_r$, der zweite Summand stellt den Korrekturfaktor bei exogener Schätzung von $\underline{\beta}_s$ dar. $\sigma_{\tilde{u}}^2$ wird wieder durch $\underline{e}'\underline{e}/(T - k)$ geschätzt.[111]

Beispiel 2.10 Ausgehend von den Daten aus Beispiel 2.2 soll nun der Koeffizient für der Regressor x_3 (= Summe der Nettolöhne/-gehälter) *exogen* mit $\beta_3 = 0,3$ gegeben sein. Die Matrix $\underline{X}_{(12\times3)}$ der Regressorenwerte und der Vektor der Schätzwerte $\underline{b}$ werden aufgespalten in $\underline{X}_{(12\times3)} = [\underline{X}_{(12\times2)}; \underline{X}_{(12\times1)}] = [(\,\underline{i} \;\; \underline{x}_2\,); \underline{x}_3]$ und $\underline{b}' = \left(\underline{b}'_{(1\times2)}; b_3\right) = (b_1 \;\; b_2 \;\; 0,3)$; anschließend werden die Werte der Zielvariablen nach (2.2-67) korrigiert, d.h. es gilt hier $\underline{y}^* = \underline{y} - 0,3 \cdot \underline{x}_3$. Mit diesen korrigierten Zielgrößen und der Teilmatrix $\underline{X}_r = (\,\underline{i} \;\; \underline{x}_2\,)$ der ursprünglichen Regressorenwerte für das BIP (= x_2) wird eine lineare Einfachregression durchgeführt; es resultiert dann der nach (2.2-68) berechnete Vektor der OLS-Schätzwerte $\underline{b}_r' = (-220,814 \;\; 0,610\,)$,[112] also die Regressionsgerade

$$y = -220,814 + 0,610\,x_2 \, . \tag{B2-47}$$

110. Dabei wird unterstellt, dass die zugehörigen Schätzfunktionen $\underline{\tilde{b}}_s$ erwartungstreu sind und eine Varianz-Kovarianz-Matrix $\underline{\Sigma}_{\tilde{b}_s\tilde{b}_s}$ besitzen, die in etwa gleich der wahren Varianz-Kovarianz-Martix ist.

111. Die Anzahl der Freiheitsgrade ist auch hier $(T - k)$ und nicht $(T - r)$, da alle k Regressoren in die Bestimmung der Residuen eingehen.

112. Diese Werte wurden mit Hilfe der Routine *„Lineare Regression"* des Programms SPSS 11.5 berechnet.

Die geschätzten Varianzen für $\tilde{b}_1$ und $\tilde{b}_2$ ergeben sich mit $23{,}449^2$ und $0{,}013^2$. Man sieht, dass sich im Vergleich zum Originalansatz in Beispiel 2.-2 die Varianzen der Schätzer verringern; der Schätzwert für den Regressor x_2 verändert sich kaum, der Schätzwert für das Absolutglied jedoch in größerem Ausmaß. Die Güte der Schätzung der restlichen Parameter der Ansatzes hängt selbstverständlich davon ab, wie qualifiziert die exogene Festlegung einzelner Koeffizienten erfolgen kann.

Eine weitere Möglichkeit der Behebung von Multikollinearität in den Daten ist dadurch gegeben, bestimmte erklärende Variablen aus dem Ansatz zu nehmen. Bei dieser *Unterdrückung einzelner Regressoren* werden einige Steigungskoeffizienten gleich Null gesetzt, also ein Modell mit allgemein q Nebenbedingungen betrachtet, wie es in Kapitel 2.2.1.3 mit (2.2-1a) unter Beachtung von (2.2-27) schon formuliert wurde. Der zugehörige Vektor $\underline{\tilde{b}}_*$ der RLS-Schätzfunktionen ist durch Beziehung (2.2-28) gegeben. In Kapitel 2.2.1.3 wurde er dem OLS-Schätzvektor $\underline{\tilde{b}}$ für das Modell ohne Nebenbedingungen gegenübergestellt und es wurde geprüft, ob die Parameter diesen Nebenbedingungen genügen. Betrachtet man nun *speziell* die Hypothese (2.2-25c), dass einige Koeffizienten gleich Null sind, entspricht dies der hier angesprochenen Situation der Unterdrückung von Variablen, um Multikollinearität auszuschalten.

Ein *Maß* für die *Verbesserung* der Präzision der Schätzung und damit für die Verbesserung des Ansatzes durch das Ausschalten linearer Abhängigkeiten bei Verwendung von $\underline{\tilde{b}}_*$ statt $\underline{\tilde{b}}$ kann mit Hilfe der *Matrix des mittleren quadratischen Fehlers* von $\underline{\tilde{b}}_*$ angegeben werden. Diese ist definiert als[113]

$$\mathrm{MSE}\left(\underline{\tilde{b}}_*\right) = \mathrm{E}\left[\left(\underline{\tilde{b}}_* - \underline{\beta}\right)\left(\underline{\tilde{b}}_* - \underline{\beta}\right)'\right] \; ; \qquad (2.2\text{-}71)$$

$\underline{\tilde{b}}_*$ ist nun *„besser“* als $\underline{\tilde{b}}$, d.h. diese restringierten Schätzfunktionen weisen einen *kleineren* mittleren quadratischen Fehler auf, falls für einen beliebigen Vektor $\underline{\alpha} \neq \underline{0}$

$$\mathrm{MSE}\left(\underline{\alpha}\cdot\underline{\tilde{b}}_*\right) = \underline{\alpha}' \cdot \mathrm{MSE}\left(\underline{\tilde{b}}_*\right)\cdot\underline{\alpha} \leq \mathrm{MSE}\left(\underline{\alpha}\cdot\underline{\tilde{b}}\right) = \underline{\alpha}' \cdot \mathrm{MSE}\left(\underline{\tilde{b}}\right)\cdot\underline{\alpha} \; . \qquad (2.2\text{-}72)$$

Ein etwas *weniger strenges Maß* ist durch

$$\mathrm{sp}\left[\mathrm{MSE}\left(\underline{\tilde{b}}_*\right)\right] \leq \mathrm{sp}\left[\mathrm{MSE}\left(\underline{\tilde{b}}\right)\right] \qquad (2.2\text{-}73)$$

gegeben, mit $\mathrm{sp}[\ldots] := $ *Spur* der Matrix $[\ldots]$.

Zur Prüfung, ob die Bedingungen (2.2-72) bzw. (2.2-73) erfüllt sind, also $\underline{\tilde{b}}_*$ kleinere Varianzen als $\underline{\tilde{b}}$ aufweist, wird wieder die Größe $\tilde{f}$ aus (2.2-26j) herangezogen. Diese besitzt bei Gültigkeit des *schärferen MSE-Kriteriums* (2.2-72) eine *(zentrale) F-Verteilung*[114] mit q und $(T - k)$ Freiheitsgraden, falls $\underline{R}\underline{\beta} = \underline{r}$; ist jedoch $\underline{R}\underline{\beta} \neq \underline{r}$, so besitzt $\tilde{f}$

113. Diese Matrix ist symmetrisch und von der Ordnung $(k \times k)$; die Hauptdiagonalelemente entsprechen dem mittleren quadratischen Fehler der jeweiligen Schätzfunktion $\tilde{b}_{j*}$.

114. Diese entspricht einer F-Verteilung mit dem Nichtzentralitätsparameter $f_n = 0$ und wird auch nur als „F-Verteilung“ bezeichnet.

eine nichtzentrale F-Verteilung mit q und (T − k)-Freiheitsgraden sowie dem Nichtzentralitätsparameter f_n, der mit

$$f_n = \frac{\left(\underline{r} - \underline{R}\underline{\beta}\right)' \left[\underline{R}(\underline{X}'\underline{X})^{-1}\underline{R}'\right]^{-1} \left(\underline{r} - \underline{R}\underline{\beta}\right)}{2\sigma_{\tilde{u}}^2} \qquad (2.2\text{-}74)$$

angegeben werden kann. Die unbekannten Größen $\underline{\beta}$ und $\sigma_{\tilde{u}}^2$ werden wie üblich durch $\underline{\tilde{b}}$ und $\tilde{s}_{\tilde{e}}^2$ geschätzt.[115] Entsprechende Aussagen lassen sich bezüglich des *schwächeren MSE-Kriterium* (2.2-73) treffen.[116]

Beispiel 2.11 Ausgehend von den Daten und den Ergebnissen der Schätzung für die betrachteten *Modelle 1 und 2* des Beispiels 2.2 lassen sich folgende Größen für das *schwache MSE-Kriterium* ableiten, wenn das Modell 1 als dasjenige mit Variablenunterdrückung ($\beta_3 = 0$) im Vergleich zu Modell 2 aufgefasst wird und damit $\underline{b}' = \underline{b}_*' \overset{(B2-4)}{=} (-145,894\,;\ 0,657)$ gesetzt wird. Dieser Vektor wird mit $\underline{b}' \overset{(B2-8)}{=} (-238,743\,;\ 0,599\,;\ 0,372)$ des Modells 2 verglichen. Die Residuenquadratsumme des Modell 1 ist $\underline{e}_*'\underline{e}_* = 948,296$; für Modell 2 ergab sich $\underline{e}'\underline{e} = 634,703$. Die Spur der MSE-Matrizen nach (2.2-71) bzw. (2.2-73) ergibt sich jeweils als Summe der geschätzten Varianzen der Komponenten des Schätzvektors $\underline{\tilde{b}}_*$ bzw. $\underline{\tilde{b}}$; hier resultiert speziell

$$sp[MSE(\underline{\tilde{b}}_*)] \overset{(B2-6)}{=} 28,462^2 + 0,015^2 \approx 810,08567 \approx 28,462004^2 \qquad (B2\text{-}48)$$

und

$$sp[MSE(\underline{\tilde{b}})] \overset{(B2-10)}{=} 50,410^2 + 0,031^2 + 0,176^2 \approx 2541,2 \approx 50,41032^2. \qquad (B2\text{-}49)$$

Damit gilt die Beziehung (2.2-73), d.h. man kann von einer Verbesserung der Schätzung ausgehen, wenn man Modell 1 statt Modell 2 benützt, den Regressor x_3 also unterdrückt, um Multikollinearität auszuschalten. Geprüft werden kann diese Aussage auch noch mit Hilfe der Größe $\tilde{f}$ aus (2.2-26j), die hier den Wert

$$f \overset{(2.2-26j)}{=} \frac{(\underline{e}_*'\underline{e}_* - \underline{e}'\underline{e})/q}{\underline{e}'\underline{e}/(T-k)} = \frac{(948,296 - 634,703)/1}{634,703/(12-3)} \approx 4,4467 \qquad (B2\text{-}50)$$

annimmt. Da $f < f(1-\alpha\,|\,q\,;\,T-k\,;\,f_n) = f(0,95\,|\,1\,;\,9\,;\,0,5) = 9,598$,[117] wird die Nullhypothese $H_0:\ \beta_3 = 0$ beim üblichen Signifikanzniveau $\alpha = 0,05$ *nicht abgelehnt*, die obige Aussage nach dem MSE-Kriterium somit bestätigt.

---

115. Der Test auf Gültigkeit des *strengeren* Kriteriums läuft damit in folgenden Schritten ab: 1.) Berechnung der Ausprägung von $\tilde{f}$; 2.) ist $f > f(1-\alpha\,|\,q\,;\,T-k\,;\,f_n = 0,5)$, wird die Nullhypothese, dass $\underline{\tilde{b}}_*$ eine kleinere Varianz als $\underline{\tilde{b}}$ aufweist, abgelehnt, ansonsten verwendet man $\underline{\tilde{b}}_*$. $f(1-\alpha\,|\,q\,;\,T-k\,;\,f_n = 0,5)$ ist dabei das (1 – α)-Quantil der entsprechenden nichtzentralen F-Verteilung.

116. Bei der Prüfung dieses *schwächeren* Kriteriums ist analog zu der in der letzten Fußnote beschriebenen Art vorzugehen; nur wird hier im Falle der Nichtzentralität das Quantil $f(1-\alpha\,|\,q\,;\,T-k\,;\,f_n = q/2)$ benutzt.

117. Die Quantile sind einschlägigen Tabellenwerken zu entnehmen; unterstellt wird hier $\underline{R}\underline{\beta} \neq \underline{r}$. Im übrigen wird H_0 auch nicht abgelehnt, falls man wegen $\underline{R}\underline{\beta} = \underline{r}$ eine zentrale F-Verteilung unterstellen darf; denn auch dann ist das 95%-Quantil mit 1 und 9 Freiheitsgraden mit 5,12 größer als die Ausprägung der Prüfgröße.

Es sei noch auf einen möglichen Zielkonflikt hingewiesen, der beim Versuch, (Fast-) Multikollinearität durch Variablenunterdrückung auszuschalten, auftreten kann. So ist die Situation denkbar, dass die multiplen Bestimmtheitsmaße r_j^2 zwischen den Regressoren auf lineare Abhängigkeiten schließen lassen, aber die davon betroffenen Variablen laut Prüfgröße $\tilde{f}$ für diese Koeffizienten deuten darauf hin, dass sie nicht aus dem Ansatz genommen werden können.[118] Dann muss eine Abwägung nach Sachlogik erfolgen.

2.2.1.4.4 Autokorrelierte Störgrößen

Autokorrelierte Störvariablen sind in der empirischen Wirtschaftsforschung häufig gegeben. Sie stellen eine Verletzung von Annahme (A2) des KLR dar und manifestieren sich in Nebendiagonalelementen von $\underline{\Sigma}_{\tilde{u}\tilde{u}} = \mathrm{E}\,\underline{\tilde{u}}\,\underline{\tilde{u}}'$, die ungleich Null sind. Werden die unbekannten Parameter mit Hilfe der OLS-Schätzfunktionen $\underline{\tilde{b}}$ geschätzt, so besitzen diese nicht mehr ihre Optimalitätseigenschaften. Sie sind zwar noch unverzerrt, jedoch nicht mehr effizient; außerdem führt die OLS-Schätzung zu falschen Verteilungsannahmen für die in den vorangegangenen Abschnitten abgeleiteten Prüfgrößen $\tilde{f}$ und damit auch zu falschen Konfidenzintervallen. Autokorrelierte Störvariablen können durch Fehlspezifikationen des Modellansatzes, z.B. durch die Wahl eines falschen funktionalen Zusammenhangs zwischen Zielvariable und erklärende Variablen sowie durch das Vernachlässigen wichtiger Regressoren entstehen; sie können aber auch durch Messfehler bedingt sein. Auch die Verwendung saisonbereinigter Werte kann sie verursachen, wenn die benutzten Glättungsalgorithmen die Zufallsschwankungen auf mehrere zeitlich aufeinanderfolgende Perioden verteilen. Formal kann diese Situation folgendermaßen dargestellt werden:

Ausgehend von der *Autokovarianz* zur Differenz (zum Lag) τ

$$\delta_\tau = \mathrm{E}\,\tilde{u}_t\tilde{u}_{t-\tau}\,,\ (\tau = 0, \pm 1, \pm 2, \ldots)\,, \tag{2.2-75}$$

und der Varianz $\delta_0 = \mathrm{E}\,\tilde{u}_t^2 = \sigma_{\tilde{u}}^2$ für alle t, ergibt sich der *Autokorrelationskoeffizient* zur Differenz s mit[119]

$$\rho_s = \frac{\mathrm{E}\,\tilde{u}_t\tilde{u}_{t-\tau}}{\sqrt{\mathrm{var}\,\tilde{u}_t \cdot \mathrm{var}\,\tilde{u}_{t-\tau}}} = \frac{\delta_\tau}{\delta_0}\,,\ (\tau = 0, \pm 1, \pm 2, \ldots)\,; \tag{2.2-76}$$

damit liegt für die Störvariablen statt $\mathrm{E}\,\underline{\tilde{u}}\,\underline{\tilde{u}}'$ aus Annahme (A2) die Varianz-Kovarianz-Matrix

$$\underline{\Sigma}_{\tilde{u}\tilde{u}} = \mathrm{E}\,\underline{\tilde{u}}\,\underline{\tilde{u}}' = \sigma_{\tilde{u}}^2 \cdot \begin{pmatrix} 1 & \rho_1 & \rho_2 & \cdots & \rho_{T-1} \\ \rho_1 & 1 & \rho_1 & \cdots & \rho_{T-2} \\ \vdots & \vdots & \vdots & \ddots & \vdots \\ \rho_{T-1} & \rho_{T-2} & \rho_{T-3} & \cdots & 1 \end{pmatrix} =: \sigma_{\tilde{u}}^2 \cdot \underline{\Omega}_1^* \tag{2.2-77}$$

vor. Unterstellt man für die Störvariablen *speziell* einen *autoregressiven Prozess 1. Ordnung (AR[1]-Prozess)*, also

$$\tilde{u}_t = \rho\,\tilde{u}_{t-1} + \tilde{\varepsilon}_t\,,\ (1 \le t \le T)\,, \tag{2.2-78}$$

mit

$$|\rho| < 1\,,\ \mathrm{E}\,\underline{\tilde{\varepsilon}} = \underline{0} \text{ und } \mathrm{E}\,\underline{\tilde{\varepsilon}}\,\underline{\tilde{\varepsilon}}' = \sigma_{\tilde{\varepsilon}}^2 \cdot \underline{I}\,,^{120} \tag{2.2-78a}$$

118. Vgl. Abschnitt 2.2.1.3.

119. Man vergleiche dazu auch die Ausführungen von Kapitel 1.4, insbesondere die Beziehungen (1.4-1a), (1.4-1b) und (1.4-2).

120. Hier handelt es sich um einen *„White-Noice-Prozess“*.

so kann gezeigt werden, dass die Störvariablen $\tilde{u}_t$ die gleiche Varianz $\sigma^2_{\tilde{u}} = \sigma^2_{\tilde{\varepsilon}}/(1-\rho^2)$ besitzen und die Varianz-Kovarianz-Matrix (2.2-77) dann *speziell* mit

$$\underline{\Sigma}_{\tilde{u}\tilde{u}} = \mathrm{E}\,\underline{\tilde{u}}\,\underline{\tilde{u}}' = \sigma^2_{\tilde{u}} \cdot \begin{pmatrix} 1 & \rho & \rho^2 & \dots & \rho^{T-1} \\ \rho & 1 & \rho & \dots & \rho^{T-2} \\ \vdots & \vdots & \vdots & \ddots & \vdots \\ \rho^{T-1} & \rho^{T-2} & \rho^{T-3} & \dots & 1 \end{pmatrix} =: \sigma^2_{\tilde{u}} \cdot \underline{\Omega}^*_{1a} \quad (2.2\text{-}77a)$$

gegeben ist. Die zugehörige *Autokorrelationsfunktion* ist $\rho_s = \rho^s$ für alle s.

Der gegebene Datensatz sollte vor der Durchführung von Hypothesentests, Schätzung und Prognose immer auf Autokorrelation geprüft werden, da die OLS-Schätzfunktionen bei Vorliegen solcher Störvariablen ihre BLU-Eigenschaften verlieren. Eine erste Prüfung auf Autokorrelation ist mit Hilfe der *Residuenanalyse* möglich; diese Vorgehensweise wurde für den *speziellen* Fall der *Trendbestimmung* in Kapitel 1.4.1 bereits dargestellt.[121] Dieser graphische Überblick sollte allen weiteren Berechnungen vorangestellt werden. Das bekannteste *Testverfahren* zur Prüfung auf *Autokorrelation 1. Ordnung* ist der *DURBIN-WATSON-Test*. Geprüft wird die Hypothese, es sei keine Autokorrelation der Störvariablen gegeben, also H_0 : }} $\rho = 0$",[122] gegen die Hypothese H_1 :" $\rho \neq 0$". Da der Test die *nicht beobachtbaren* Ausprägungen u_t der Störvariablen betrifft, behilft man sich bei der konkreten Durchführung des Verfahrens mit den *beobachtbaren* Residuenwerten $\underline{e} = \underline{y} - \underline{X}\underline{b}$ der OLS-Schätzung. Diese Vorgehensweise verursacht aber zusätzliche Probleme; denn nach (2.2-11) gilt $\underline{\tilde{e}} = \underline{M}\,\underline{\tilde{u}}$, mit der idempotenten, symmetrischen Matrix $\underline{M}_{(T\times k)} = \underline{I} - \underline{X}(\underline{X}'\underline{X})^{-1}\underline{X}'$, so dass die Varianz-Kovarianz-Matrix der Residuen durch $\mathrm{E}\,\underline{\tilde{e}}\underline{\tilde{e}}' = \sigma^2_{\tilde{u}}\underline{M}$ gegeben ist. Diese Matrix ist nicht diagonal, d.h. die Nebendiagonalelemente sind nicht alle gleich Null. Deshalb sind die OLS-Residuen auch dann autokorreliert, wenn obige Nullhypothese richtig ist, also $\mathrm{E}\,\underline{\tilde{u}}\,\underline{\tilde{u}}' = \sigma^2_{\tilde{u}}\underline{I}$ zutrifft. Zusätzlich ist zu beachten, dass die Matrix $\underline{M}$ funktional von der Matrix $\underline{X}$ der Beobachtungswerte der Regressoren abhängt. Deshalb ist es *nicht möglich*, ein Testverfahren auf der Basis der e_t, $(1 \le t \le T)$, zu entwickeln, das für *jede* denkbare Matrix $\underline{X}$ gültig ist. Dem trägt der DURBIN-WATSON-Test Rechnung, indem für die bei Gültigkeit von H_0 gegebene Verteilung der Prüfvariablen

$$\tilde{d} = \frac{\sum_{t=2}^{T} (\tilde{e}_t - \tilde{e}_{t-1})^2}{\sum_{t=1}^{T} \tilde{e}_t^2} \underset{T\to\infty}{\overset{\uparrow}{\approx}} 2(1-\tilde{b}) \ , \qquad (2.2\text{-}79)$$

mit

$$\tilde{b} = \frac{\sum_{t=2}^{T} \tilde{e}_t\tilde{e}_{t-1}}{\sum_{t=1}^{T} \tilde{e}_t^2} = \frac{\sum_{t=2}^{T} \tilde{e}_t\tilde{e}_{t-1}}{\sqrt{\sum_{t=1}^{T} \tilde{e}_t^2 \cdot \sum_{t=1}^{T} \tilde{e}_t^2}} = \tilde{\hat{\rho}},^{123} \qquad (2.2\text{-}79a)$$

121. Die *Abbildungen 1.5a* bzw. *1.5b* zeigen den Verlauf der geschätzten Residuenwerte $\hat{u}_t$ in Abhängigkeit vom geschätzten Trend $\hat{m}_t$ bei Vorliegen positiver bzw. negativer Autokorrelation erster Ordnung. Dabei war speziell die „Zeit“ die erklärende Variable im Ansatz. Im dem hier angesprochenen Fall allgemeiner linearer Regressionsansätze wird ein Streudiagramm (Korrelogramm) betrachtet, bei dem die Residuen verschiedener Zeitpunkte gegeneinander abgetragen werden.

122. H_0 könnte auch als $\mathrm{E}\,\underline{\tilde{u}}\,\underline{\tilde{u}}' = \sigma^2_{\tilde{u}}\underline{I}$ formuliert werden.

123. Mit $\hat{\rho}$ wird der geschätzte Autokorrelationskoeffizient 1. Ordnung bezeichnet.

dieses Tests *untere* und *obere Schranken* d_L und d_U ermittelt werden, zwischen denen die exakte Verteilung von $\tilde{d}$ liegt. Diese hängen von der Anzahl T der Beobachtungswerte sowie der Regressorenzahl k ab und werden unter der Voraussetzung berechnet, dass das Modell ein Absolutglied enthält.[124] Der Wertebereich von $\tilde{d}$ ist $0 \leq d \leq 4$.[125] Liegt positive Autokorrelation der Residuen e_t vor, so ist $d < 2$; liegt negative Autokorrelation der e_t vor, ist $d > 2$. Bei Gültigkeit von H_0 ist $d \approx 2$ und für den Erwartungswert der Prüfverteilung gilt dann $E\tilde{d} \approx 2 + [2 \cdot (k - 1)/(T - k)]$. Wird nun $H_0 : \rho = 0$ gegen die Alternative $H_1^{'}$: „*positive* Autokorrelation ist vorhanden" getestet, so wird H_0 abgelehnt, falls $d < d_L$; für $d > d_U$ wird H_0 nicht abgelehnt. Im Gegensatz zu sonstigen Tests existiert hier wegen der Abhängigkeit der Prüfvariablen von der Matrix $\underline{X}$ auch ein *Indifferenzbereich*, der mit $d_L < d < d_U$ gegeben ist; nimmt $\tilde{d}$ einen Wert in diesem Bereich an, so kann keine Entscheidung bezüglich der Ablehnung oder Nichtablehnung von H_0 getroffen werden. Testet man $H_0 :'' \rho = 0''$ gegen die Alternative $H_1^{''}$:„*negative* Autokorrelation liegt vor", so nimmt $\tilde{d}$ einen Wert $d > 2$ an; dann wird statt $\tilde{d}$ die Prüfvariable $(4 - \tilde{d})$ benutzt und anschließend wie oben verfahren.

Beispiel 2.12 Ausgehend von den Daten aus Beispiel 2.2 erhält man für das *Modell 1* bzw. das *Modell 2* eine Ausprägung der DURBIN-WATSON-Prüfgröße von $d = 1,336$ bzw. $d = 1,682$.[126] Da jeweils $d < 2$ gegeben ist, liegt möglicherweise *positive* Autokorrelation vor, d.h. man kann die berechneten Werte sofort mit den entsprechenden Quantilen vergleichen. Bei einem Signifikanzniveau von $\alpha = 0,05$ ist für $T = 12$ und $k' = 1$ *(Modell 1)* bzw. $k' = 2$ *(Modell 2)* $d_L = 0,971$ und $d_U = 1,331$ bzw. $d_L = 0,812$ und $d_U = 1,579$.[127] Damit gilt für beide Modelle $d > d_U$, d.h. die Ausprägung der DURBIN-WATSON-Prüfgröße liegt jeweils im Nichtablehnungsbereich der Hypothese $H_0 :'' \rho = 0''$; man kann somit bei $\alpha = 0,05$ nicht davon ausgehen, dass die Störgrößen einer Autokorrelation 1. Ordnung unterliegen.

Der DURBIN-WATSON-Test darf in seiner üblichen Form nicht auf Datensätze angewendet werden, bei denen die Matrix $\underline{X}$ *stochastische* Elemente enthält. Diese Situation würde z.B. gegeben sein, wenn aus dem ökonomischen Zusammenhang abzuleiten ist, dass im zugehörigen ökonometrischen Modell eine *verzögerte* Zielvariable als Regressor

124. Entsprechende Tabellenwerke wurden von DURBIN und WATSON (1951) entwickelt. Enthält der Ansatz kein Absolutglied, müssen abgewandelte Tabellenwerke benutzt werden. Diese sind dem Anwender ebenfalls allgemein zugänglich.

125. Dies ist leicht *daran* zu erkennen, dass der Parameter b aus (2.2-79a) den Steigungskoeffizienten der Regressionsbeziehung $e_t = be_{t-1}$ darstellt. Diese spezielle Gerade hat bei Vorliegen von positiver Autokorrelation die Steigung „+ 1", bei negativer Autokorrelation die Steigung „- 1". Einsetzen dieser Werte in (2.2-79) ergibt die Grenzen des Wertebereichs der Prüfgröße.

126. Beide Werte der Teststatistik wurden mit Hilfe der Routine *„Lineare Regression"* des Programms SPSS 11.5 berechnet.

127. Mit k' wird die Anzahl der Regressoren *ohne* Absolutglied bezeichnet, die jeweils im Ansatz enthalten sind. Diese Vorgabe ist nötig, da die zur Verfügung stehenden Tabellenwerke entsprechend aufgebaut sind.

in den Ansatz aufgenommen werden soll. Für große Stichprobenumfänge T wurde von DURBIN dafür eine eigene Testvariante entwickelt.[128]

Dass die Prüfgröße $\tilde{d}$ tatsächlich einen autoregressiven Prozess 1. Ordnung erfasst, soll abschließend durch folgende Überlegungen verdeutlicht werden: Die Residuen e_t ergeben im Mittel Null; graphisch gesehen gruppieren sie sich also um die als Abszisse gegebene Zeitachse. Sind sie *positiv* autokorreliert, so liegen aufeinanderfolgende Werte e_t entweder ober- oder unterhalb der Abszisse dicht beieinander; die Differenzen $e_t - e_{t-1}$ sind damit tendenziell kleiner als die Residuen selbst. Bei *negativer* Autokorrelation der e_t besteht dagegen die Tendenz, dass aufeinanderfolgende Werte ober- und unterhalb der Abszisse (und umgekehrt) liegen; damit sind die Differenzen $e_t - e_{t-1}$ tendenziell größer als die Residuen selbst. In den Abbildungen 2.10a und 2.10b wird dies graphisch verdeutlicht.

Daraus folgt, dass die Prüfvariable $\tilde{d}$ des DURBIN-WATSON-Tests bei Vorliegen positiver Autokorrelation relativ „klein" und bei gegebener negativer Autokorrelation relativ „groß" wird (vgl. (2.2-79)).

Wurde Autokorrelation festgestellt, so muss statt der OLS-Schätzung ein anderes Verfahren benutzt werden, damit die abgeleiteten Schätzfunktionen wieder optimal sind. Diese *verallgemeinerte Methode der kleinsten Quadrate* wird in Kapitel 2.2.2 vorgestellt. Sie setzt voraus, dass ρ und damit die Matrix $\underline{\Omega}_{1a}^{*}$ aus (2.2-77a) *bekannt* ist; ist dies nicht der Fall, so müssen diese Parameter geschätzt und ein *zweistufiges Schätzverfahren* angewandt werden.

Da in der empirischen Wirtschaftsforschung häufig auch Vierteljahresdaten vorliegen, soll noch kurz der *WALLIS-Test*, eine Variante des DURBIN-WATSON-Tests vorgestellt werden. Gilt für $\tilde{u}_t$ die Beziehung

$$\tilde{u}_t = \rho_4 \tilde{u}_{t-4} + \tilde{\varepsilon}_t , \ (1 \leq t \leq T), \tag{2.2-80}$$

mit wiederum $|\rho| < 1$, $E\underline{\tilde{\varepsilon}} = \underline{0}$ und $E\underline{\tilde{\varepsilon}}\underline{\tilde{\varepsilon}}' = \sigma_{\tilde{\varepsilon}}^2 \cdot \underline{I}$, so wird zur Prüfung der Hypothese $H_0: \rho_4 = 0$ die modifizierte Prüfgröße

$$\tilde{d}_4 = \frac{\sum_{t=5}^{T} (\tilde{e}_t - \tilde{e}_{t-4})^2}{\sum_{t=1}^{T} \tilde{e}_t^2} \tag{2.2-81}$$

benutzt und deren Ausprägung mit den *unteren* und *oberen* Schranken d_{4L} und d_{4U} für eine nichtstochastische Matrix $\underline{X}$ verglichen. Für diese Grenzen wurden von WALLIS Tabellenwerke erstellt.[129]

128. Die Prüfgröße dieses als *„DURBIN's h-Test"* bezeichneten Verfahrens ist $\tilde{h} = \hat{\rho} \cdot \sqrt{T/(1 - T \cdot \mathrm{var}\,\tilde{b}_v)}$, wobei der Index „v" das Timelag kennzeichnet (v = 1,2,...) ; diese ist bei Gültigkeit von H_0 standardnormalverteilt. Manchmal wird auch das Quadrat dieser Prüfgröße verwendet, das dann mit einem Freiheitsgrad χ^2–verteilt ist.

129. Vgl. z.B. WALLIS, 1972, S. 623; JOHNSTON, 1984, S. 558.

Abbildung 2.10a

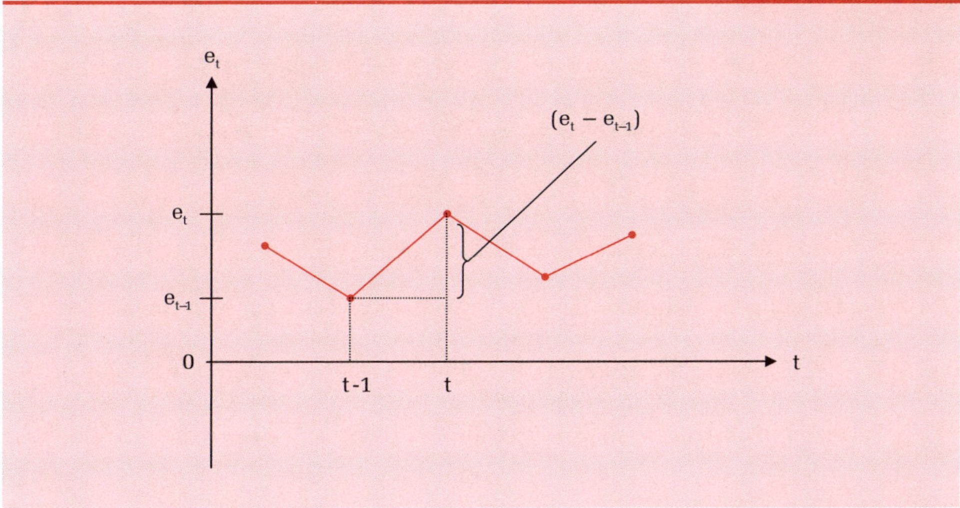

Abbildung 2.10b

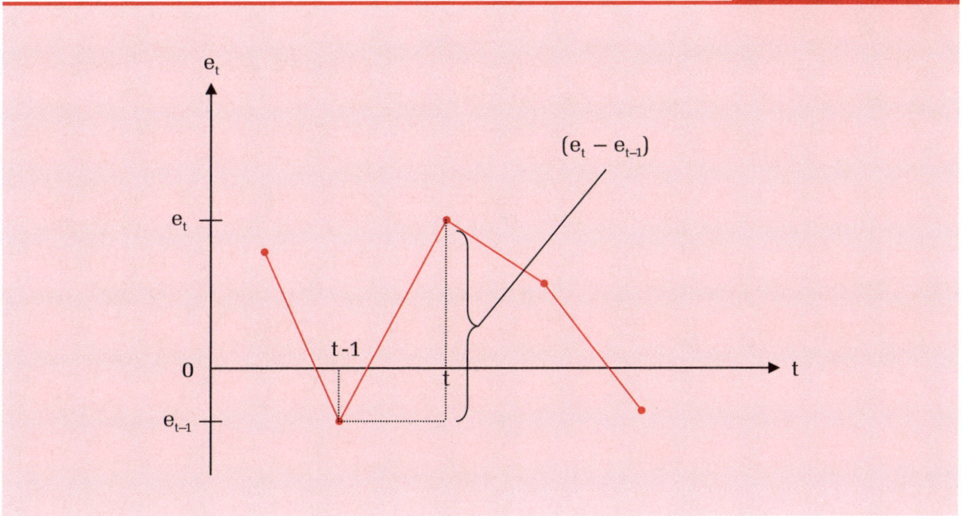

Beispiel 2.13 Gegeben seien die Monatsdurchschnittswerte [in 1 000] der Erwerbstätigenzahlen in der BRD von Januar 1996 bis April 2003 aus Beispiel 1.14. Führt man eine klassische lineare Regressionsanalyse mit diesen Größen als Zielvariablenwerte y_t bezüglich des Regressors „Zeit" t durch, so ergibt sich mit den nach (2.2-7) berechneten OLS-Schätzwerten die Regressionsgerade[130]

$$\widehat{y}_t \overset{(2.2-3)}{=} 36\,907{,}654 + 24{,}202 \cdot t \;,\; (1 \leq t \leq 88)\,. \qquad \text{(B2-51)}$$

a. Zuerst soll geprüft werden, ob die Störvariablen des gegebenen Regressionsansatz einem *autoregressiven Prozess 1. Ordnung* unterliegen. Die Hypothese $H_0 : \rho = 0$ wird mit Hilfe des DURBIN-WATSON-Tests geprüft. Unter Beachtung der Regressionsergebnisse aus (B2-51) berechnet man zuerst die Residuen $e_t = y_t - \widehat{y}_t$ und daraus die Ausprägungen der Prüfgröße $\tilde{d}$ nach (2.2-79) mit

$$d = \frac{\sum\limits_{t=2}^{88} (e_t - e_{t-1})^2}{\sum\limits_{t=1}^{88} e_t^2} = \frac{5\ 323\ 927{,}01}{16\ 578\ 547{,}8} \approx 0{,}3211\ ;^{131} \qquad \text{(B2-52)}$$

Bei einem Signifikanzniveau von $\alpha = 0{,}05$ entnimmt man den Tabellenwerken die *untere* bzw. *obere Schranke* $d_L \approx 1{,}635$ bzw. $d_U \approx 1{,}679$.[132] Da $d < d_L$, wird $H_0 : \rho = 0$ abgelehnt; es ist somit von einer (positiven) Autokorrelation 1. Ordnung auszugehen.

b. Es wird nun vermutet, dass die Zahlen der Erwerbstätigen auch im *Vierteljahresturnus autokorreliert* sind. Diese Hypothese soll mit Hilfe des WALLIS-Tests überprüft werden. Dazu berechnet man wiederum für alle Monate t mit Hilfe der Gleichung (B2-51) die Residuen $e_t = y_t - \widehat{y}_t$ und daraus die Ausprägung der Prüfgröße $\tilde{d}_4$ nach (2.2-81); für die betrachteten Monatsdaten ergibt sich

$$d_4 = \frac{\sum\limits_{t=5}^{88} (e_t - e_{t-4})^2}{\sum\limits_{t=1}^{88} e_t^2} = \frac{23\ 795\ 8\,30{,}1}{16\ 578\ 547{,}8} \approx 1{,}4353\ . \qquad \text{(B2-53)}$$

Den Tabellen entnimmt man für T = 88 und k = 2 bei einem Signifikanzniveau $\alpha = 0{,}05$ die *untere* bzw. *obere Schranke* $d_{4L} = 1{,}562$ bzw. $d_{4U} = 1{,}607$; da $d < d_{4L}$, wird – analog zum DURBIN-Watson-Test – die $H_0 : \rho_4 = 0$ bei diesem Signifikanzniveau abgelehnt, d.h. es kann auch von einer vierteljährlichen Autokorrelation der Erwerbstätigenzahlen ausgegangen werden.

130. Berechnung erfolgte mit Hilfe der Routine „Lineare Regression" von SPSS 11.5.

131. Vgl. dazu auch die mit Hilfe von SPSS 11.5 berechneten Ergebnisse. Da d < 2, testet man hier obige Nullhypothese gegen die Hypothese, dass positive Autokorrelation vorliegt.

132. Dies sind die exakten Schranken für T = 90; für T = 85 ergibt sich $d_L = 1{,}624$ bzw. $d_U = 1{,}671$. Für T = 88 sind die Schranken nicht exakt tabelliert. Der gegebene Prüfvariablenwert liegt jedoch jeweils weit entfernt, so dass die zu treffende Aussage bzgl. Ablehnung/Nichtablehnung obiger H_0 eindeutig ist.

2.2.1.4.5 Heteroskedastische Störgrößen

Heteroskedastische Störvariablen stellen ebenfalls eine Verletzung der Annahme (A2) des KLR dar und manifestieren sich in unterschiedlichen Hauptdiagonalelementen der Matrix $\underline{\Sigma}_{\underline{\tilde{u}}\underline{\tilde{u}}} = \mathrm{E}\,\underline{\tilde{u}}\,\underline{\tilde{u}}'$; d.h. man kann *nicht* von einer *(zeit-)konstanten* Varianz für alle $\tilde{u}_t$ ausgehen. Die Folge ist, dass die OLS-Schätzer $\underline{\tilde{b}}$ ineffizient werden; diese größere Varianz von $\underline{\tilde{b}}$ führt zu höheren Prognosefehlern und falschen Aussagen bezüglich der Signifikanz innerhalb der verwendeten Testverfahren. Heteroskedastie kann vor allem bei Querschnittsstudien auftreten, wenn die Beobachtungen als *aggregierte Daten*[133] oder *wiederholte Beobachtungen der Zielvariablen bei gegebenem Wert der erklärenden Variablen* vorliegen. Formal können diese beiden für das Vorliegen von Heteroskedastie typischen Situationen folgendermaßen erfasst werden:

Liegen *aggregierte Daten* vor, so gilt statt (2.2-1) das Modell

$$\bar{\tilde{y}}_i = \beta_1 + \beta_2 \bar{x}_{2i} + \ldots + \beta_k \bar{x}_{ki} + \bar{\tilde{u}}_i \,, \quad (1 \le i \le m), \tag{2.2-82}$$

mit $\bar{\tilde{y}}_i = \frac{1}{T_i}\sum_{t=1}^{T_i} y_{ti}$, $\bar{x}_{ji} = \frac{1}{T_i}\sum_{t=1}^{T_i} x_{tji}$, $\bar{\tilde{u}}_i = \frac{1}{T_i}\sum_{t=1}^{T_i} \tilde{u}_{ti}$ $(2 \le j \le k;\ 1 \le i \le m)$ und den Varianzen $\mathrm{var}\,\bar{\tilde{u}}_i = \sigma^2_{\tilde{u}}/T_i$. Der Umfang der i-ten Gruppe wird mit T_i bezeichnet und es ist $\sum_i T_i = T$. Die Varianz-Kovarianz-Matrix der $\bar{\tilde{u}}_i$ ist dann durch

$$\underline{\Sigma}_{\bar{\tilde{u}}\bar{\tilde{u}}} = \mathrm{E}\,\underline{\bar{\tilde{u}}}\,\underline{\bar{\tilde{u}}}' = \sigma^2_{\tilde{u}} \cdot \begin{pmatrix} 1/T_1 & 0 & \ldots & 0 \\ 0 & 1/T_2 & \ldots & 0 \\ \vdots & \vdots & \ddots & \vdots \\ 0 & 0 & \ldots & 1/T_m \end{pmatrix} =: \sigma^2_{\tilde{u}} \cdot \underline{\Omega}^*_2 \tag{2.2-83}$$

gegeben und die unbekannten Parameter $\underline{\beta}$ können durch die *verallgemeinerte Methode der kleinsten Quadrate*[134] optimal geschätzt werden, da $\underline{\Omega}^*_2$ bekannt ist.

Sind für *gegebene Regressorenwerte wiederholte Zielvariablenwerte* gegeben, so lautet das Modell im speziellen Fall der linearen Einfachregression

$$\tilde{y}_{ti} = \beta_1 + \beta_2 x_{2i} + \tilde{u}_{ti} \,, \quad (1 \le i \le m;\ 1 \le t \le T_i). \tag{2.2-84}$$

Für den Vektor $\underline{\tilde{u}}_i$ der Störvariablen für wird dann $\mathrm{E}\,\underline{\tilde{u}}_i = \underline{0}$ und $\underline{\Sigma}_{\underline{\tilde{u}}_i\underline{\tilde{u}}_i} = \mathrm{E}\,\underline{\tilde{u}}_i\,\underline{\tilde{u}}_i' = \sigma^2_{\tilde{u}} \cdot \underline{I}_{(T_i \times T_i)}$, $(1 \le i \le m)$, vorausgesetzt; dies bedeutet, dass für ein bestimmtes x_{2i} für die zugehörigen Störgrößen $\tilde{u}_{ti}$, $(1 \le t \le T_i)$, Homoskedastie, aber für verschiedene Regressorenwerte x_{2i} und $x_{2i'}$, $i \neq i'$, Heteroskedastie vorausgesetzt wird. Zusätzlich wird für i und i′, $i \neq i'$, von der Unkorreliertheit der Störgrößen ausgegangen; es soll also $\mathrm{E}\,\underline{\tilde{u}}_i\underline{\tilde{u}}_{i'}' = \underline{0}$ für alle i, i′, $i \neq i'$, gelten. Somit lautet das Gesamtmodell in Matrixschreibweise

133. Ein typisches Beispiel wäre das einfache ökonometrische Modell einer auf Querschnittsdaten beruhenden Sparfunktion $\tilde{S}_t = \beta_1 + \beta_2 Y_t + \tilde{u}_t$, mit $\tilde{S}_t$: = Sparaufkommen des Haushalts t und Y_t:= Einkommen des Haushalts t. Voraussichtlich ist hier davon auszugehen, dass Haushalte mit hohem Einkommen eine größere Flexibilität in ihrem Sparverhalten zeigen können als solche mit niedrigem Einkommen. Die Varianz vergrößert sich also mit zunehmender Einkommenshöhe. Niedrigere Varianzen können sich ergeben, wenn sich der Werte einer Variablen „einpendelt" (vgl. z.B. Wechselkurse). Aggregierte Beobachtungen liegen auch im Falle des Vergleichs ganzer Wirtschaftszweige vor, wenn die einzelnen Unternehmensdaten zusammengefasst werden.

134. Vgl. Kapitel 2.2.2.1.

$$\begin{pmatrix} \tilde{\underline{y}}_1 \\ \tilde{\underline{y}}_2 \\ \vdots \\ \tilde{\underline{y}}_m \end{pmatrix} = \begin{pmatrix} \underline{X}_1 \\ \underline{X}_2 \\ \vdots \\ \underline{X}_m \end{pmatrix} \cdot \begin{pmatrix} \beta_1 \\ \beta_2 \\ \vdots \\ \beta_k \end{pmatrix} + \begin{pmatrix} \tilde{\underline{u}}_1 \\ \tilde{\underline{u}}_2 \\ \vdots \\ \tilde{\underline{u}}_m \end{pmatrix} , \qquad (2.2\text{-}84a)$$

mit

$$\tilde{\underline{y}}_i = \begin{pmatrix} \tilde{y}_{1i} \\ \vdots \\ \tilde{y}_{T_i i} \end{pmatrix} , \ \underline{X}_i = \begin{pmatrix} 1 & x_{2i} \\ \vdots & \vdots \\ 1 & x_{2i} \end{pmatrix}_{(T_i \times 2)} , \ \tilde{\underline{u}}_i = \begin{pmatrix} \tilde{u}_{1i} \\ \vdots \\ \tilde{u}_{T_i i} \end{pmatrix} , \ 1 \leq i \leq m , \qquad (2.2\text{-}84b)$$

und der Varianz-Kovarianz-Matrix

$$\underline{\Sigma}_{\tilde{\underline{u}}\tilde{\underline{u}}} = E\,\tilde{\underline{u}}\,\tilde{\underline{u}}' = \begin{pmatrix} \sigma_1^2 \cdot \underline{I}_{(T_1 \times T_1)} & 0 & \dots & 0 \\ 0 & \sigma_2^2 \cdot \underline{I}_{(T_2 \times T_2)} & \dots & 0 \\ \vdots & \vdots & \ddots & \vdots \\ 0 & 0 & \dots & \sigma_m^2 \cdot \underline{I}_{(T_m \times T_m)} \end{pmatrix} =: \underline{\Omega}_3^* \qquad (2.2\text{-}84c)$$

für die Störgrößen.[135]

Analog zur Autokorrelation sollte das vorliegende Datenmaterial vor der Durchführung von Schätzung und Prognose auf *Heteroskedastie* getestet werden. Im dargestellten *zweiten* Modell (2.2-84) mit heteroskedastischen Störvariablen kann unter der Voraussetzung, dass für alle $\tilde{\underline{u}}_i$ eine Normalverteilung vorliegt, also $\tilde{\underline{u}}_i \rightarrow N\left(\underline{0}; \sigma_i^2 \cdot \underline{I}_{(T_i \times T_i)}\right)$, die Nullhypothese der *Gleichheit der Varianzen*,

$$H_0 : \sigma_1^2 = \sigma_2^2 = \dots = \sigma_m^2 , \qquad (2.2\text{-}85)$$

mit Hilfe der Variablen

$$\tilde{\chi}^{2*} = \frac{1}{c}\left(T^* \cdot \ln \tilde{s}^2 - \sum_{i=1}^{m} (T_i - 1) \cdot \ln \tilde{s}_i^2\right) , \qquad (2.2\text{-}86)$$

$T^* = \sum_i (T_i - 1)$, $c = 1 + \frac{1}{3(m-1)}\left(\sum_{i=1}^{m} \frac{1}{T_i} - \frac{1}{T^*}\right)$, überprüft werden.[136] Diese ist bei Gültigkeit von H_0 asymptotisch χ^2*–verteilt* mit $(m - 1)$ Freiheitsgraden. Dabei ist $\tilde{s}_i^2$ die Stichprobenvarianz in der i-ten Gruppe und $\tilde{s}^2$ die entsprechende gepoolte Stichprobenvarianz, die unter der Voraussetzung, dass alle Beobachtungswerte der *Regressoren* in einer Gruppe i *gleich* sind, allgemein durch

$$\tilde{s}_i^2 = \sum_{t=1}^{T_i} (y_{ti} - \bar{y}_i)^2 \Big/ (T_i - 1) \quad \text{und} \quad \tilde{s}^2 = \sum_{i=1}^{m} (T_i - 1) \cdot \tilde{s}_i^2 \Big/ T^* \qquad (2.2\text{-}86a)$$

berechnet werden. Sind die Werte der *erklärenden Variablen* innerhalb einer Gruppe i *verschieden*, so berechnet man $\tilde{s}_i^2$ jeweils durch

135. Dieses Modell kann zu einem linearen Mehrfachregressionsmodell erweitert werden. Ein typisches Beispiel dafür wäre die Betrachtung der Investitionsausgaben y_{ti} eines Unternehmens i im Jahr t in Abhängigkeit vom Jahresumsatz x_{2ti} dieser Firma im Jahr t und noch weiteren erklärenden Variablen x_{jti}. Insgesamt werden m Firmen über eine Anzahl T_i von Jahren betrachtet, wobei dieser Beobachtungszeitraum pro Unternehmen nicht gleich lang sein muss. Es handelt sich in dieser Situation um eine *Kombination* von Quer- und Längsschnittdaten.

136. Siehe allgemein den BARLETT-Test für den Vergleich von Varianzen.

$$\tilde{s}_i^2 = \frac{\left(\underline{\tilde{y}}_i - \underline{X}_i\underline{\tilde{b}}_i\right)'\left(\underline{\tilde{y}}_i - \underline{X}_i\underline{\tilde{b}}_i\right)}{T_i - k} = \frac{\underline{e}_i'\underline{e}_i}{T_i - k}, \; (1 \le i \le m), \qquad (2.2\text{-}86b)$$

mit $\underline{\tilde{b}}_i :=$ OLS-Schätzvektor für die i-te Gruppe, also $\underline{\tilde{b}}_i = \left(\underline{X}_i'\underline{X}_i\right)^{-1}\underline{X}_i'\underline{\tilde{y}}_i$.

Der Nachteil des vorgestellten Verfahrens ist, dass nur für *dieses* Modell auf Heteroskedastie geprüft werden kann. Ein allgemeinerer Test ist der *BREUSCH-PAGAN-Test*, bei dem vom Ansatz (2.2-1) mit nun $\tilde{u}_t \rightarrow N(0; \sigma_t^2)$ ausgegangen wird. Dabei ist $\sigma_t^2 = g(\underline{x}_t^{*\prime} \cdot \underline{\delta})$ eine Funktion der im Vektor $\underline{x}_t^*$ zusammengefassten k′ erklärenden Variablen, welche die Heteroskedastie verursachen,[137] und $\underline{\delta}$ ein Koeffizientenvektor der Ordnung $(k' \times 1)$; die Funktion g muss nicht näher spezifiziert werden. Die zu testende Hypothese lautet dann

$$H_0: \delta_2 = \delta_3 = \ldots = \delta_{k'} = 0 \qquad H_0: \sigma_t^2 = g(\delta_1) \text{ für alle t} \;; \qquad (2.2\text{-}87)$$

Liegen große Stichprobenumfänge vor, so kann diese Hypothese folgendermaßen getestet werden:

(1) Durchführen einer OLS-Regression von $\underline{y}$ auf $\underline{X}$ und anschließende Berechnung der Residuenwerte $\underline{e}$;

(2) Berechnung der geschätzten Varianz $s^{2*} = \sum_{T=1}^{T} \underline{e}'\underline{e} \Big/ T$ sowie der Quotientenreihe $q_t = e_t^2/s^{2*}, \; (1 \le t \le T)$;

(3) Festlegung der k′ erklärenden Variablen für den Vektor $\underline{x}_t^*$, also derjenigen Variablen, von denen vermutlich die Heteroskedastie ausgeht; Regression der Reihe der q_t auf $\underline{x}_t^{*\prime}$ und Berechnung des erklärten Varianzanteils ESS für diesen Regressionsansatz;

(4) die Größe $\tilde{\chi}^{2**} = ESS/2$ ist bei Gültigkeit von H_0 χ^2*–verteilt* mit $(k' - 1)$ Freiheitsgraden; Die Nullhypothese gegebener Homoskedastie wird abgelehnt, falls $\tilde{\chi}^{2**}$einen Wert annimmt, der größer als das $(1 - \alpha)$–Quantil der Prüfverteilung ist.

Mit Hilfe des BREUSCH-PAGAN-Tests ist eine Prüfung auf Vorliegen von Heteroskedastie möglich, jedoch wird keine Schätzung der Heteroskedastie mitgeliefert, von der man bei Ablehnung obiger H_0 aus (2.2-87) ausgehen muss. Ein weiterer Test liefert dazu Hinweise. Bei diesem *Test von GLESJER* wird allerdings die Einschränkung gemacht, dass nur *eine* Variable x_j die Heteroskedastie verursacht. Der Test läuft dann folgendermaßen ab:

(1) Durchführen einer OLS-Regression von $\underline{y}$ auf $\underline{X}$ und anschließende Berechnung der Residuenwerte $\underline{e}$;

(2) nichtlineare Regression der absoluten Größen $|e_t|$ auf die Werte der ausgewählten Variablen x_j, also $|\tilde{e}_t| = \beta_1^* + \beta_2^* x_{jt}^h + \tilde{\varepsilon}_t, \; (1 \le t \le T)$, für vorab festgelegtes h;

(3) der geschätzte Steigungskoeffizient b_2^* geht anschließend in die Nullhypothese ein; sie lautet $H_0: b_2^* = 0$ und deutet bei Ablehnung auf Vorliegen von Heteroskedastie.[138]

Hat sich herausgestellt, dass von heteroskedastischen Störvariablen auszugehen ist und dass die Variable x_j dafür verantwortlich ist, so kann dies im Ansatz berücksichtigt werden. Gilt z.B. $\sigma_t^2 = \sigma_{\tilde{u}}^2 x_{jt}^2, \; (1 \le t \le T)$, so kann die Varianz-Kovarianz-Matrix der Störgrößen $\tilde{u}_t$ mit

137. Auch hier wird die erste Komponente des Vektors gleich Eins gesetzt.

138. Vgl. Test auf Steigungskoeffizienten in Kapitel 2.2.1.3.(a). Zu beachten ist dabei, dass das Annahmesystem, das diesem Signifikanztest zugrunde liegt, verletzt ist; die Resultate müssen entsprechend gewertet werden.

$$\underline{\Sigma}_{\tilde{u}\tilde{u}} = \mathrm{E}\,\underline{\tilde{u}}\,\underline{\tilde{u}}' = \sigma_{\tilde{u}}^2 \cdot \begin{pmatrix} x_{j1}^2 & 0 & \dots & 0 \\ 0 & x_{j2}^2 & \dots & 0 \\ \vdots & \vdots & \ddots & \vdots \\ 0 & 0 & \dots & x_{jT}^2 \end{pmatrix} =: \sigma_{\tilde{u}}^2 \cdot \underline{\Omega}_4^* \qquad (2.2\text{-}88)$$

angegeben werden und die unbekannten Modellparameter $\underline{\beta}$ können wieder durch die *verallgemeinerte Methode der kleinsten Quadrate* geschätzt werden, wenn $\underline{\Omega}_4^*$ *bekannt* ist.[139] Ist dies nicht der Fall, muss ein geeignetes *zweistufiges Schätzverfahren* angewendet werden.

Beispiel 2.14 Tabelle 2.3 des *Anhangs A3* enthält die vierteljährlichen saison- und kalenderbereinigten Werte des Bruttoinlandprodukts BIP [in Mrd. €] der BRD vom 01.01.1991 bis 30.09.2003 sowie die entprechenden privaten Konsumausgaben C^{priv} [in Mrd. €].[140] Mit Hilfe des *Tests von GLESJER* soll die Vermutung überprüft werden, dass die privaten Konsumausgaben mit zunehmendem BIP größeren Schwankungen unterliegen, die Varianz der Störgrößen also mit steigendem BIP zunimmt. Diese Art von Heteroskedastizität soll für den Exponenten $h = 2$ geprüft werden.[141]

(1) Die OLS-Einfachregression von C^{priv} (= y) auf BIP (= x) ergibt

$$\widehat{C}^{priv} = -19330{,}834 + 1{,}052 \cdot \mathrm{BIP} \ , \qquad (B2\text{-}54)$$

mir einem Bestimmtheitsmaß von $r^2 = 0{,}954$. Daraus berechnen sich die zugehörigen Residuen mit $e_t = C_t^{priv} + 19\,330{,}834 - 1{,}052\,\mathrm{BIP}_t\,,\ (1 \le t \le 51)$.

(2) Anschließend wird mit $h = 2$ die nichtlineare Regression

$$|\tilde{e}_t| = \beta_1^* + \beta_2^* \cdot \mathrm{BIP}^2 + \tilde{\varepsilon}_t\,,\ (1 \le t \le 51)\,, \qquad (B2\text{-}55)$$

durchgeführt; deren Ergebnis lautet[142]

$$|\widehat{e}| = 2421{,}124 - 9{,}822 \cdot 10^{-7} \cdot \mathrm{BIP}^2. \qquad (B2\text{-}56)$$

(3) Zu prüfen ist nun die Hypothese $H_0 : b_2^* = 0$; die Prüfvariable $\tilde{t} = \sqrt{\tilde{f}}$ aus Gleichung (2.2-26a) nimmt hier die Ausprägung $t = -4{,}997$ an, so dass diese Hypothese bei einem Signifikanzniveau von $\alpha = 0{,}05$ abzulehnen ist, da $|t| > t(1 - \alpha/2\,|\,T - k) = t(0{,}975|\,56) \approx 2{,}0$.[143] Somit muss auf Heteroskedastie geschlossen werden.

139. Diese stellt wiederum eine OLS-Schätzung im geeignet transformierten Ansatz dar (vgl. Kapitel 2.2.2).
140. Quelle: Dt. Bundesbank (2004): Zeitreiheninformation, URL: http://www.bundesbank.de/stat/zeitreihen/ index.html, (Zugriff am 05.02.2004); dabei wurden die DM-Werte der Jahre 1991 bis 1999 in EUR-Werte mit dem Faktor 1,95583 umgerechnet.
141. Sämtliche Berechnungen wurden mit Hilfe der Routine „Lineare Regression" des Programmpakets SPSS 11.5 durchgeführt.
142. Zu beachten ist, dass das Bestimmtheitsmaß *dieses* Ansatzes mit 0,338 relativ schlecht ist, wenngleich es in nichtlinearen Ansätzen nicht mehr als *Prozentsatz* der erklärten Varianz zu interpretieren ist. Dasselbe gilt auch für z.B. h = -1; -0,5; 0,5; 1,5; 3... . Dies ist bei der formalen Aussage bezüglich des Vorliegens von Heteroskedastie zu berücksichtigen.
143. Dieses Quantil entspricht dem 97,5%-Quantil der t-Verteilung mit 60 Freiheitsgraden. Die Signifikanz lässt sich auch aus dem vorliegenden SPSS-Ergebnis ablesen.

Bevor die verallgemeinerte Methode der kleinsten Quadrate vorgestellt wird, die bei Verletzung der Annahme (A2) des KLR durch Vorliegen von autokorrelierten oder heteroskedastischen Störvariablen anzuwenden ist, um optimale Schätzer zu erhalten, soll in Kapitel 2.2.1.5 noch auf einige Ergänzungen zur OLS-Schätzung und im Kapitel 2.2.1.6 auf ein weiteres Schätzverfahren im Rahmen des KLR eingegangen werden. Diese *Maximum-Likelihood-Schätzung* (kurz: *ML-Schätzung*) der Modellparameter erfolgt wie die OLS-Schätzung unter dem Annahmesystems (A1) bis (A4) des klassischen linearen Regressionsansatzes.

2.2.1.5 Einige Ergänzungen zur OLS-Schätzung

Eine *erste* Anmerkung bezieht sich auf *Modelle ohne Absolutglied*. Bei Gültigkeit aller Annahmen des KLR sind die Aussagen bezüglich der BLU-Eigenschaften der OLS-Schätzfunktionen (2.2-7) und (2.2-14) für die Parameter $\beta_2, \ldots, \beta_k$ und $\sigma_{\tilde{u}}^2$ zu übertragen. Die Summe der Residuen $\sum_t e_t$ ist jedoch nicht gleich Null; deshalb kann das multiple Bestimmtheitsmaß r^2 nicht mehr zur Beschreibung der Anpassungsgüte des gewählten Ansatzes benutzt werden. Für r^2 ergibt sich zusätzlich der Nachteil, dass es nicht mehr auf das $[0; 1]$–Intervall normiert ist. Zu beachten ist auch, dass der ursprüngliche DURBIN-WATSON-Test auf Autokorrelation der Störvariablen auf der Basis von Modellen *mit* Absolutglied entwickelt wurde; werden Modelle *ohne* Absolutglied zugrunde gelegt, so sind andere Grenzen für die Festlegung von Ablehnungs-, Indifferenz- und Nichtablehnungsbereich zu beachten.

Eine *zweite* Bemerkung bezieht sich auf *Modelle mit Fehlern in den Beobachtungswerten* y_t und $x_{2t}, \ldots, x_{kt}, (1 \leq t \leq T)$. Diese Situation soll am *speziellen Fall* der linearen Einfachregression näher betrachtet werden. Seien die fehlerbehafteten Werte y_t^*, x_{2t}^* additiv aus den jeweils „wahren" Werten y_t, x_{2t} und einem stochastischen Fehler $\tilde{\varepsilon}_t$, $\tilde{\eta}_t$ zusammengesetzt, also $\tilde{y}_t^* = \tilde{y}_t + \tilde{e}_t$ und $x_t^* = x_t + \tilde{\eta}_t$ für alle t. Dann lässt sich das einfache lineare Modell durch

$$\tilde{y}_t^* = \beta_1 + \beta_2 x_t^* + (\tilde{u}_t + \tilde{e}_t - \beta_2 \tilde{\eta}_t), \; (1 \leq t \leq T), \qquad (2.2\text{-}89)$$

wiedergeben und für die nach der MQ-Methode berechnete OLS-Schätzfunktion für β_2 gilt dann analog zu (2.2-7a)

$$\tilde{b}_2^* = \frac{\sum_t (x_t^* - \bar{x}^*)(\tilde{y}_t^* - \bar{\tilde{y}}^*)}{\sum_t (x_t^* - \bar{x}^*)^2} = \beta_2 + \frac{\frac{1}{T}\sum_t (x_t^* - \bar{x}^*)(\tilde{u}_t + \tilde{e}_t - \beta_2 \tilde{\eta}_t)}{\frac{1}{T}\sum_t (x_t^* - \bar{x}^*)^2}.\text{[144]} \qquad (2.2\text{-}90)$$

Diese Schätzfunktion ist *nicht* mehr *erwartungstreu*; zusätzlich kann gezeigt werden, dass sie auch *nicht* mehr *konsistent* ist. Damit ist die OLS-Schätzfunktion $\tilde{b}_1^*$ ebenfalls verzerrt und inkonsistent für β_1. Ohne zusätzliche Informationen können bei solchen Modellen keine konsistenten Schätzfunktionen gefunden werden.[145]

Eine *dritte* Anmerkung betrifft Modelle, in denen für den Wahrscheinlichkeitslimes

$$\operatorname*{p\,lim}_{T \to \infty} \frac{1}{T} \underline{X}' \underline{\tilde{u}} \neq 0 \qquad (2.2\text{-}91)$$

gilt. Daraus folgt, dass die OLS-Schätzfunktionen $\underline{\tilde{b}}$ *nicht* mehr *konsistent* sind, denn in diesem Fall gilt

144. Vgl. z.B. SCHIPS, 1990, S. 187.

145. Vgl. SCHNEEWEISS/MITTAG, 1986, S. 34 und S. 39 ff.

$$\operatorname*{p\,lim}_{T\to\infty} \underline{\tilde{b}} \overset{(2.2-8)}{=} \operatorname*{p\,lim}_{T\to\infty} \left[\underline{\beta} + (\underline{X}'\underline{X})^{-1}\underline{X}'\underline{\tilde{u}} \right]$$

$$\underset{(\underline{X}'\underline{X})^{-1} = \frac{1}{T}\left(\frac{\underline{X}'\underline{X}}{T}\right)^{-1}}{\overset{\uparrow}{=}} \underline{\beta} + \left(\frac{\underline{X}'\underline{X}}{T}\right)^{-1} \cdot \operatorname*{p\,lim}_{T\to\infty} \frac{1}{T}\underline{X}'\underline{\tilde{u}} \overset{(2.2-91)}{\neq} \underline{\beta} \tag{2.2-92}$$

Aus (2.2-91) resultiert, dass die Kovarianzen zwischen den erklärenden Variablen und den Störgrößen auch für unendliche Stichprobenumfänge nicht verschwinden. Schätzt man unter dieser Voraussetzung im Modell (2.2-1) die unbekannten Parameter wieder mit Hilfe der MQ-Methode, so ergibt sich aus den notwendigen Bedingungen für die Minimierungsaufgabe bzgl. der Residuenquadratsumme $\underline{e}'\underline{e}$ das aus Abschnitt 2.2.1.2 bekannte Normalgleichungssystem (2.2-6), das wiederum den OLS-Schätvektor $\underline{\tilde{b}}$ liefert. Dieser ist nun aber wegen der Korreliertheit von $\underline{X}$und $\underline{\tilde{u}}$ inkonsistent. Um dies zu umgehen, sucht man eine Matrix $\underline{W}$ der Ordung $(T \times k)$, deren Elemente zwar mit den Werten aus $\underline{X}$, nicht jedoch mit $\underline{\tilde{u}}$ korreliert sind, d.h. für sie soll wie im ursprünglichen KLR-Ansatz

$$\operatorname*{p\,lim}_{T\to\infty} \frac{1}{T}\underline{W}'\underline{\tilde{u}} = 0 \tag{2.2-93}$$

gelten. Statt vom Modell (2.2-1) bzw. (2.2-1a) wird nun vom sog. *Intrumentalvariablenansatz*

$$\underline{W}'\underline{\tilde{y}} = \underline{W}'\underline{X}\underline{\beta} + \underline{W}'\underline{\tilde{u}} \tag{2.2-94}$$

ausgegangen, für den der Vektor

$$\underline{\tilde{b}}_I = (\underline{W}'\underline{X})^{-1}\underline{W}'\underline{\tilde{y}} \tag{2.2-95}$$

der Instrumentalvariablenschätzer resultiert. Die Variablen $w_1, \ldots, w_k$, deren Beobachtungswerte in der Matrix $\underline{W}$ zusammengefasst sind, heißen *Instumentalvariable*. Die Komponenten von $\underline{\tilde{b}}_I$ sind dann wieder ein *konsistente* Schätzfunktionen.[146] Ein typisches Beispiel für die Benutzung solcher Instrumentalvariablen innerhalb der empirischen Wirtschaftsforschung sind autoregressive Ansätze, die mit Hilfe der *KOYCK-Transformation* aus speziellen *Modellen mit verteilten Verzögerungen* abgeleitet wurden. Das KOYCK-Modell mit seiner speziellen Lag-Verteilung ist durch

$$\tilde{y}_t = \beta_1 + \beta_2(1 - \delta)(x_t + \delta x_{t-1} + \delta^2 x_{t-2} + \ldots) + \tilde{u}_t\,, \quad (0 < \delta < 1), \tag{2.2-96}$$

gegeben; wird von der t-ten Gleichung das δ–fache der $(t - 1)$–ten Modellgleichung subtrahiert, so ergibt sich

$$\tilde{y}_t - \delta\tilde{y}_{t-1} = \beta_1(1 - \delta) + \beta_2(1 - \delta)x_t + (\tilde{u}_t - \delta\tilde{u}_{t-1}) \tag{2.2-96a}$$

bzw. durch Auflösen nach $\tilde{y}_t$

$$\tilde{y}_t = \beta_1(1 - \delta) + \beta_2(1 - \delta)x_t + \delta\tilde{y}_{t-1} + (\tilde{u}_t - \delta\tilde{u}_{t-1})\ . \tag{2.2-96b}$$

Das ursprüngliche Modell (2.2-96) mit seinen geometrisch verteilten Gewichten kann also durch eine einfache Transformation in einen Ansatz mit einer verzögerten endoge-

146. Vgl. z.B. ASSENMACHER, 1995; S. 208 ff.; SCHIPS, 1990, S. 164 ff.; SCHNEEWEISS, 1990, S. 33, S. 77 und S. 137; RUUD, 2000, S. 486 ff.

nen Variablen überführt werden. Man beachte jedoch, dass im Modell (2.2-96b) die Störvariablen $\tilde{\varepsilon}_t = \tilde{u}_t - \tilde{u}_{t-1}$ autokorreliert sind.[147]

Schließlich soll noch die Möglichkeit angesprochen werden, *saisonale Schwankungen* mit Hilfe von *Dummyvariablen* zu modellieren.[148] Sind beispielsweise 4 · T Vierteljahreswerte der Zielvariablen $\tilde{y}$ gegeben, die saisonale Effekte enthalten, so können sie mit Hilfe der $(4T \times 4)$–Matrix

$$\underline{D} = \begin{pmatrix} 1 & 0 & 0 & 0 \\ 0 & 1 & 0 & 0 \\ 0 & 0 & 1 & 0 \\ 0 & 0 & 0 & 1 \\ 1 & 0 & 0 & 0 \\ 0 & 1 & 0 & 0 \\ \vdots & \vdots & \vdots & \vdots \\ 0 & 0 & 0 & 1 \end{pmatrix} \tag{2.2-97}$$

saisonbereinigt werden. $\underline{D}$ ist die Matrix der Werte von vier Dummyvariablen

$$D_{\upsilon t} = \begin{cases} 1 \text{ , falls der } T - \text{te Beobachtungswert zum } \upsilon - \text{ten Vierteljahr gehört} \\ 0 \text{ sonst} \end{cases} ;(2.2\text{-}98)$$

zusätzlich wird eine Matrix

$$\underline{\Pi} = \begin{pmatrix} 1 & 1^2 & \dots & 1^p \\ 2 & 2^2 & \dots & 2^p \\ 3 & 3^2 & \dots & 3^p \\ 4 & 4^2 & \dots & 4^p \\ \vdots & \vdots & \ddots & \vdots \\ 4T & (4T)^2 & \dots & (4T)^p \end{pmatrix} \tag{2.2-99}$$

eingeführt, die den gegebenen Trend und die zyklische Komponente der Zeitreihe erfasst.[149] Anschließend wird eine Regression

$$\underline{\tilde{y}} = \underline{\Pi}\,\underline{b}_1 + \underline{D}\,\underline{b}_2 + \underline{\tilde{e}} = [\,\underline{\Pi} \quad \underline{D}\,] \cdot \begin{pmatrix} \underline{b}_1 \\ \underline{b}_2 \end{pmatrix} + \underline{\tilde{e}} \tag{2.2-100}$$

angesetzt, aus der sich durch Anwendung der MQ-Methode die OLS-Schätzfunktionen

$$\begin{pmatrix} \underline{\tilde{b}}_1 \\ \underline{\tilde{b}}_2 \end{pmatrix} = \begin{pmatrix} \underline{\Pi}'\underline{\Pi} & \underline{\Pi}'\underline{D} \\ \underline{D}'\underline{\Pi} & \underline{D}'\underline{D} \end{pmatrix}^{-1} \cdot \begin{pmatrix} \underline{\Pi}'\underline{\tilde{y}} \\ \underline{D}'\underline{\tilde{y}} \end{pmatrix} \tag{2.2-101}$$

ergeben. Damit gilt für den Vektor $\underline{\tilde{b}}_2$

$$\underline{\tilde{b}}_2 = (\underline{D}'\underline{P}\,\underline{D})^{-1}\underline{D}'\underline{P}\,\underline{\tilde{y}} \ , \tag{2.2-102}$$

mit

$$\underline{P} = \underline{I}_{(4T \times 4T)} - \underline{\Pi}(\underline{\Pi}'\underline{\Pi})^{-1}\underline{\Pi}' \ , \tag{2.2-102a}$$

147. Zur KOYCK-Transformation vergleiche man u.a. SCHAICH/BRACHINGER, 1999, S. 266 ff.

148. Diese mögliche Vorgehensweise wurde schon im Rahmen der Saisonbereinigungsverfahren in Kapitel 1.4.2 erwähnt.

149. Häufig wird in der Praxis p = 3 oder p = 6 gesetzt (vgl. auch Kapitel 1.4.2). Die Einbeziehung dieser Trendkomponente in den folgenden Regressionsansatz ist auch aus formalen Gründen nötig; denn mit der Berechnung der saisonbereinigten Werte $\underline{y}_s$ durch den Ansatz $\underline{y}_s = \underline{y} - \underline{D}\,\underline{b}$ würden nur die Abweichungen der Regressandenwerte von den Vierteljahresdurchschnitten erfasst.

so dass sich für die zu den Werten $\underline{y}$ gehörenden *saisonbereinigten* Werte

$$\underline{y}_s = \underline{y} - \underline{\underline{D}}\,\underline{b}_2 \qquad (2.2\text{-}103)$$

ergeben.

Beispiel 2.15 Tabelle 2.4 enthält die Vierteljahreswerte [in 1 000] der inländischen Erwerbslosen der BRD vom ersten Quartal des Jahres 1999 bis einschließlich des dritten Quartals des Jahres 2003.[150]

Tabelle 2.4

Zeitraum	Erwerbslose	
1999	I	3641
	II	3293
	III	3241
	IV	3157
2000	I	3361
	II	3013
	III	3269
	IV	2920
2001	I	3238
	II	3009
	III	3058
	IV	3133
2002	I	3524
	II	3321
	III	3346
	IV	3392
2003	I	3887
	II	3647
	III	3587

150. Quelle: Statistisches Bundesamt (2004), URL: http://www.destatis.de/indicators/d/vgr910ad.htm (Zugriff: 11.02.2004).

Modelliert man die Trendkomponente mit p = 3, so resultiert der nach (2.2-101) berechnete Vektor der OLS-Schätzwerte[151]

$$\underline{b}' = (-180,120;\ 15,630;\ -0,311;\ 3\,879,750;\ 3\,603,261;\ 3\,571,144;\ 3\,572,933) \tag{B2-57}$$

die letzten vier Komponenten des Vektors entsprechen den geschätzten Koeffizienten der Saisondummys.

Im nächsten Abschnitt soll kurz eine weitere Möglichkeit der qualifizierten Schätzung der Parameter des linearen Regressionsmodells (2.2-1) dargestellt werden.

2.2.1.6 Die Maximum-Likelihood-Methode

Betrachtet wird wieder das klassische lineare Regressionsmodell (2.2-1) mit den Annahmen (A1) bis (A4). Da für die Störvariablen eine Normalverteilung mit den in (A4) gegebenen Parametern unterstellt wird, ist auch der Regressandenvektor $\underline{\tilde{y}}$ als Funktion in $\underline{\tilde{u}}$ normalverteilt mit den Parametern $\mathrm{E}\,\underline{\tilde{y}} = \underline{X}\,\underline{\beta}$ und $\underline{\Sigma}_{\tilde{y}\tilde{y}} = \mathrm{E}\,\underline{\tilde{y}}\,\underline{\tilde{y}}' = \sigma^2_{\tilde{u}} \cdot \underline{I}_{(T \times T)}$. Interpretiert man die Beobachtungswerte der Zielvariablen als einfache Zufallsstichprobe vom Umfang T, so lautet die Likelihoodfunktion für die unbekannten Modellparameter $\underline{\beta}$ und $\sigma^2_{\tilde{u}}$[152]

$$\mathrm{L}(\beta_1, \ldots, \beta_k, \sigma^2_{\tilde{u}} \mid y_1, \ldots, y_T) = \frac{1}{\left(2\pi\sigma^2_{\tilde{u}}\right)^{T/2}} \cdot e^{-\frac{(\underline{y} - \underline{X}\underline{\beta})'(\underline{y} - \underline{X}\underline{\beta})}{2\sigma^2_{\tilde{u}}}} \;; \tag{2.2-104}$$

zur Bestimmung des gesuchten Maximums geht man üblicherweise von der logarithmierten Funktion

$$\begin{aligned}\ln \mathrm{L}(\beta_1, \ldots, \beta_k, \sigma^2_{\tilde{u}} \mid y_1, \ldots, y_T) &= -\frac{T}{2} \cdot \ln(2\pi) - \frac{T}{2} \cdot \ln \sigma^2_{\tilde{u}} - \frac{\left(\underline{y} - \underline{X}\underline{\beta}\right)'\left(\underline{y} - \underline{X}\underline{\beta}\right)}{2\sigma^2_{\tilde{u}}} \\ &= -\frac{T}{2} \cdot \ln(2\pi) - \frac{T}{2} \cdot \ln \sigma^2_{\tilde{u}} - \frac{\left(\underline{y}'\underline{y} - 2\underline{\beta}'\underline{X}'\underline{y} - \underline{\beta}'\underline{X}'\underline{X}\underline{\beta}\right)}{2\sigma^2_{\tilde{u}}}\end{aligned} \tag{2.2-104a}$$

aus, woraus sich die notwendigen Bedingungen für das Vorliegen eines Maximums mit

$$\frac{\partial \ln \mathrm{L}\left(\underline{\beta}; \sigma^2_{\tilde{u}}\right)}{\partial \underline{\beta}} = -\frac{1}{2\sigma^2_{\tilde{u}}} \cdot 2\underline{X}'\left(\underline{y} - \underline{X}\underline{\beta}\right) \overset{!}{=} \underline{0} \tag{2.2-105a}$$

151. Um Kollinearität zu vermeiden, muss bei Einführung von vier Saisondummys das Absolutglied aus dem Ansatz genommen werden; eine andere Möglichkeit besteht darin, eine Dummyvariable weniger zu verwenden Dann entsprechen die geschätzten Koeffizienten den Abweichungen gegenüber der nicht verwendeten Saisondummy (vgl. z.B. BROSIUS, 2002, 562 f.). Die mit Hilfe der Routine *„Lineare Regression"* des Programms SPSS 11.5 berechneten Koeffizienten in (B2-57) wurden mit einem Ansatz ohne Absolutglied berechnet. Wählt man die zweite Berechnungsmöglichkeit resultiert $\underline{b}'$ = (3572,933; -180,120; 15,630; -0,311; 306,817; 30,328; -1,789). Das Absolutglied entspricht dem Koeffizienten der letzten Dummyvariablen in (B2-57); die letzten drei Koeffizienten geben dann die Abweichungen der Erwebslosenzahlen der ersten drei Quartale bezüglich des vierten Quartals wieder. Die saisonbereinigten Werte berechnen sich analog zu (2.2-103).

152. Zur Definition der Likelihoodfunktion im KLR vergleiche man u.a. ASSENMACHER, 1995, S. 126; SCHIPS, 1990, S. 174; SCHNEEWEISS, 1990, S. 166.

und

$$\frac{\partial \ln L\left(\underline{\beta};\sigma_{\tilde{u}}^2\right)}{\partial \sigma_{\tilde{u}}^2} = -\frac{T}{2\sigma_{\tilde{u}}^2} + \frac{1}{2\sigma_{\tilde{u}}^4}\cdot\left(\underline{y}-\underline{X}\underline{\beta}\right)'\left(\underline{y}-\underline{X}\underline{\beta}\right) \overset{!}{=} 0 \quad (2.2\text{-}105b)$$

ergeben. Daraus resultieren die gesuchten *ML-Schätzfunktionen*[153] mit

$$\tilde{\underline{b}}_{ML} = (\underline{X}'\underline{X})^{-1}\underline{X}'\underline{y} \quad (2.2\text{-}106)$$

und

$$\tilde{s}^2_{\tilde{e}_{ML}} = \frac{\left(\tilde{\underline{y}} - \underline{X}\tilde{\underline{b}}_{ML}\right)'\left(\tilde{\underline{y}} - \underline{X}\tilde{\underline{b}}_{ML}\right)}{T} = \frac{\tilde{\underline{e}}'_{ML}\tilde{\underline{e}}_{ML}}{T}\,. \quad (2.2\text{-}107)$$

Für den Parametervektor $\underline{\beta}$ ergeben sich also im KLR sowohl nach der ML-Methode als auch nach der MQ-methode *identische* Schätzfunktionen $\tilde{\underline{b}}_{ML}$ und $\tilde{\underline{b}}$ mit den gleichen Optimalitätseigenschaften; die Schätzfunktion $\tilde{s}^2_{\tilde{e}_{ML}}$ für den Parameter $\sigma^2_{\tilde{u}}$ dagegen unterscheidet sich von der OLS-Schätzfunktion $\tilde{s}^2_{\tilde{e}}$ durch die Größe im Nenner.[154] Sie ist offensichtlich verzerrt, denn es gilt

$$E\,\tilde{s}^2_{\tilde{e}_{ML}} \overset{(2.2-107)}{=} E\left(\frac{\tilde{\underline{e}}'_{ML}\tilde{\underline{e}}_{ML}}{T}\right) = E\left(\frac{\tilde{\underline{e}}'\tilde{\underline{e}}}{T}\right) = E\left(\frac{T-k}{T}\cdot\tilde{s}^2_{\tilde{e}}\right) \overset{(2.2-13)}{=} \frac{T-k}{T}\cdot\sigma^2_{\tilde{u}}\,, \quad (2.2\text{-}108)$$

also $E\,\tilde{s}^2_{\tilde{e}} \neq \sigma^2_{\tilde{u}}$. In der empirischen Praxis wird deshalb häufig die OLS-Schätzung bevorzugt.

2.2.2 Das verallgemeinerte Modell der linearen Regressionsanalyse

Ist im linearen Regressionsmodell (2.2-1) bzw. (2.2-1a) die Annahme (A2) nicht erfüllt, so sind die OLS-Schätzfunktionen $\tilde{\underline{b}}$ nicht mehr optimal. Dies ist speziell bei Vorliegen von autoregressiven oder heteroskedastischen Störvariablen gegeben; in diesen in der empirischen Praxis häufig anzutreffenden Fällen kann die Annahme (A2) in der Form

(A2') $$E\,\tilde{\underline{u}}\,\tilde{\underline{u}}' = \sigma^2_{\tilde{u}}\cdot\underline{\Omega} \quad (2.2\text{-}109)$$

angegeben werden, wobei die Matrix $\underline{\Omega}$ je nach Situation der Matrix $\underline{\Omega}_1^*$ bzw. $\underline{\Omega}_{1a}^*$, $\underline{\Omega}_2^*$, $\underline{\Omega}_3^*$ oder $\underline{\Omega}_4^*$ aus den Beziehungen (2.2-77) bzw. (2.2-77a), (2.2-83), (2.2-84c) oder (2.2-88) entspricht.

Das Modell (2.2-1) bzw. (2.2-1a) mit dem Annahmesystem (A2') sowie (A1), (A3) und (A4)[155] aus Kapitel 2.2.1.1 wird als *verallgemeinertes Modell der linearen Regressionsanalyse (VLR)* bezeichnet. Würde man innerhalb dieses Ansatzes eine OLS-Schätzung durchführen, so ergeben sich die Schätzfunktionen für $\underline{\beta}$ mit

$$\tilde{\underline{b}} = \underline{\beta} + (\underline{X}'\underline{X})^{-1}\underline{X}'\tilde{\underline{u}}\ ; \quad (2.2\text{-}110)$$

---

153. Auch die hinreichenden Bedingungen für das Vorliegen von relativen Maxima sind erfüllt (vgl. z.B. SCHNEEWEISS, 1990, S. 355 f.).

154. Die Zählergröße $\tilde{\underline{e}}'_{ML}\tilde{\underline{e}}_{ML}$ unterscheidet sich dagegen nicht von der Größe $\tilde{\underline{e}}'\tilde{\underline{e}}$, da beide mit den identischen Schätzvektoren $\tilde{\underline{b}}_{ML}$ und $\tilde{\underline{b}}$ berechnet werden.

155. Man beachte, dass in der Normalverteilungsannahme (A4) nun aber die Varianz-Kovarianz-Matrix aus (A2') zu beachten ist.

diese sind wegen (A1) wiederum erwartungstreu, d.h. es gilt $E\underline{\tilde{b}} = \underline{\beta}$, jedoch ist ihre Varianz-Kovarianz-Matrix nun nicht durch $\sigma^2_{\tilde{u}} \cdot (\underline{X}'\underline{X})^{-1}$,[156] sondern durch

$$\operatorname{var}\underline{\tilde{b}} = \Sigma_{\tilde{b}\tilde{b}} = E\left[\left(\underline{\tilde{b}} - \underline{\beta}\right)\left(\underline{\tilde{b}} - \underline{\beta}\right)'\right] = E\left[(\underline{X}'\underline{X})^{-1}\underline{X}'\underline{\tilde{u}}\,\underline{\tilde{u}}'\underline{X}(\underline{X}'\underline{X})^{-1}\right]$$

$$= \sigma^2_{\tilde{u}} \cdot (\underline{X}'\underline{X})^{-1}\underline{X}'\,\underline{\Omega}\,\underline{X}(\underline{X}'\underline{X})^{-1} \tag{2.2-111}$$

gegeben, d.h. die Schätzfunktionen sind nicht mehr optimal. Verwendet man sie zur Berechnung der bisherigen Prüfgrößen bzw. zur Konfidenzschätzung, so führt dies zu falschen Resultaten. Deshalb muss eine andere Schätzmethode benutzt werden, die im Folgenden dargestellt wird.

2.2.2.1 Die verallgemeinerte Methode der kleinsten Quadrate

Unter der Voraussetzung, dass die Matrix $\underline{\Omega}$ aus Annahme (A2') bekannt ist, kann der Parametervektor $\underline{\beta}$ des VLR durch die *verallgemeinerte Methode der kleinsten Quadrate* optimal im Sinne der BLU-Eigenschaften geschätzt werden. Diese Methode wird auch als GLS[157]*-METHODE* oder *AITKEN-Schätzverfahren* bezeichnet und kann wie folgt abgeleitet werden:

Multipliziert man den Modellansatz (2.2-1a) von links mit einer nichtsingulären Transformationsmatrix $\underline{F}$ der Ordnung $(T \times T)$, so erhält man

$$\underline{F}\,\underline{\tilde{y}} = (\underline{F}\,\underline{X})\underline{\beta} + \underline{F}\,\underline{\tilde{u}} \ ; \tag{2.2-112}$$

die Komponenten von $\underline{F}\,\underline{\tilde{y}}$ und $\underline{F}\,\underline{\tilde{u}}$ stellen somit Linearkombinationen in den jeweils ursprünglichen Elementen dar. Die Varianz-Kovarianz-Matrix der Störvariablen ist dann durch

$$E(\underline{F}\underline{\tilde{u}}\,\underline{\tilde{u}}'\underline{F}') = \sigma^2_{\tilde{u}} \cdot \underline{F}\,\underline{\Omega}\,\underline{F}' \tag{2.2-113}$$

gegeben. Ist nun die Transformationsmatrix so bestimmbar, dass $\underline{F}\,\underline{\Omega}\,\underline{F}' = \underline{I}_{(T\times T)}$, könnte auf die transformierten Variablen $\underline{F}\,\underline{\tilde{y}}$ und $\underline{F}\,\underline{X}$ die OLS-Methode angewendet werden, die dann zu optimalen Schätzern in diesen Variablen führt; diese können wiederum in den Testverfahren sowie in der Konfidenzschätzung verwendet werden können.

Bekannte Befunde aus der Linearen Algebra besagen, dass für jede symmetrische und positiv definite Matrix,[158] eine nichtsinguläre Matrix $\underline{V}$ gefunden werden kann, für die $\underline{\Omega} = \underline{V}\underline{V}'$ mit $\underline{V} = \underline{Z}\,\underline{\Lambda}^{1/2}$ gilt. Dabei ist $\underline{\Lambda}^{1/2}$ eine Diagonalmatrix, deren Hauptdiagonalelemente $\sqrt{\lambda_t}$, $(1 \le t \le T)$,die positiven Quadratwurzeln der Eigenwerte von $\underline{\Omega}$ darstellen; in $\underline{Z}$ sind die zugehörigen orthogonalen Eigenvektoren zusammengefasst. Da $\underline{V}$ nichtsingulär ist, existiert ihre Inverse $\underline{V}^{-1}$und es gilt $\underline{V}^{-1}\underline{\Omega}\,\underline{V}'^{-1} = \underline{I}_{(T\times T)}$. Damit stellt $\underline{F} = \underline{V}^{-1}$ eine geeignete Transformationsmatrix dar und man erhält $\underline{\Omega}^{-1} = \underline{V}'^{-1}\underline{V}^{-1} = \underline{F}'\underline{F}$. Wendet man nun auf den transformierten Ansatz (2.2-112) die OLS-Methode an, so erhält man statt (2.2-7) als Vektor der Schätzfunktionen

$$\underline{\tilde{b}}_G = (\underline{X}'\underline{F}'\underline{F}\,\underline{X})^{-1}\underline{X}'\underline{F}'\underline{F}\,\underline{\tilde{y}} = (\underline{X}'\underline{\Omega}^{-1}\underline{X})^{-1}\underline{X}'\underline{\Omega}^{-1}\,\underline{\tilde{y}} \ ; \tag{2.2-114}$$

156. Vgl. (2.2-10).

157. „GLS“ ist die Abkürzung von „Generalized Least Squares“; sie wurde von AITKEN entwickelt.

158. Diese Eigenschaften sind für $\underline{\Omega}$ erfüllt.

diese sind im Rahmen des VLR optimal, da der Ansatz (2.2-112) dem Annahmesystem des KLR genügt. Die zugehörige Varianz-Kovarianz-Matrix lautet

$$\operatorname{var} \tilde{\underline{b}}_G = \sigma_{\tilde{u}}^2 \cdot (\underline{X}'\underline{\Omega}^{-1}\underline{X})^{-1} \quad . \tag{2.2-115}$$

Der Vektor der OLS-Residuen für den transformierten Ansatz ist

$$\underline{\tilde{e}}_G = \underline{F}\,\underline{\tilde{y}} - \underline{F}\,\underline{X}\,\tilde{\underline{b}}_G \;, \tag{2.2-116}$$

so dass man den unbekannten Modellparameter $\sigma_{\tilde{u}}^2$ analog zu (2.2-14) *erwartungstreu* mit

$$\begin{aligned}\tilde{s}_{\tilde{e}_G}^2 &= \frac{\underline{e}_G'\underline{e}_G}{T-k} \overset{(2.2\text{-}116)}{=} \frac{\left(\underline{F}\,\underline{\tilde{y}} - \underline{F}\,\underline{X}\,\tilde{\underline{b}}_G\right)'\left(\underline{F}\,\underline{\tilde{y}} - \underline{F}\,\underline{X}\,\tilde{\underline{b}}_G\right)}{T-k} \\ &= \frac{\left(\underline{\tilde{y}} - \underline{X}\tilde{\underline{b}}_G\right)'\underline{F}'\underline{F}\left(\underline{\tilde{y}} - \underline{X}\tilde{\underline{b}}_G\right)}{T-k} = \frac{\left(\underline{\tilde{y}} - \underline{X}\tilde{\underline{b}}_G\right)'\underline{\Omega}^{-1}\left(\underline{\tilde{y}} - \underline{X}\tilde{\underline{b}}_G\right)}{T-k} \\ &= \frac{\underline{\tilde{y}}'\underline{\Omega}^{-1}\underline{\tilde{y}} - \tilde{\underline{b}}_G\underline{X}'\underline{\Omega}^{-1}\underline{\tilde{y}}}{T-k}\end{aligned} \tag{2.2-117}$$

schätzen kann.

Da bezüglich der Störvariablen die Normalverteilungsannahme (A4) gilt, können alle Testverfahren aus früheren Kapiteln auch für dieses Modell verwendet werden; denn die Prüfgrößen besitzen dann dieselben Verteilungen, wenn statt des OLS-Schätzers $\tilde{\underline{b}}$ der GLS-Schätzvektor $\tilde{\underline{b}}_G$ benutzt wird. So ist z.B. zur Prüfung der Hypothese $H_0: \underline{R}\,\underline{\beta} = \underline{r}$ statt der Größe (2.2-26) nun die Prüfvariable

$$\tilde{f}_G = \frac{\left(\underline{R}\tilde{\underline{b}}_G - \underline{r}\right)'\left[\underline{R}(\underline{X}'\underline{\Omega}^{-1}\underline{X})^{-1}\underline{R}\right]^{-1}\left(\underline{R}\tilde{\underline{b}}_G - \underline{r}\right)\Big/q}{\underline{e}_G'\underline{e}_G/(T-k)} \tag{2.2-118}$$

zu verwenden. Diese besitzt dieselbe Verteilung wie die Größe $\tilde{f}$ aus (2.2-26).

Ein Problem bei den VLR-Ansätzen ist, dass kein eindeutiger Wert für das (multiple) Bestimmtheitsmaß r^2 angegeben werden kann. Je nachdem, ob man mit gewichteten Quadratsummen oder mit der Transformationsmatrix $\underline{F}$ arbeitet, r^2 also entweder durch

$$r^2 = \frac{ESS}{TSS} = \frac{\underline{b}_G\underline{X}'\underline{F}'\underline{F}\,\underline{X}\,\underline{b}_G}{\underline{y}'\underline{F}'\underline{F}\,\underline{y}} \tag{2.2-119a}$$

oder mit

$$r^2 = \frac{\underline{b}_G\underline{X}'\underline{\Omega}^{-1}\underline{y}}{\underline{y}'\,\underline{\Omega}^{-1}\underline{y}} \tag{2.2-119b}$$

berechnet, bekommt man unterschiedliche numerische Werte. Denn diese Gleichungen sind auch für ein Vielfaches von $\underline{F}$ richtig.

Die GLS-Schätzung ist nur dann anwendbar, wenn die Matrix $\underline{\Omega}$ aus (A2') *bekannt* ist; ist dies nicht der Fall, so muss ein zweistufiges Schätzverfahren benutzt werden. Dabei gibt es keine allgemein gültige Vorgehensweise, sondern die Lösung muss dem jeweiligen Sachverhalt angepasst werden. Wie die GLS-Schätzung bzw. das zweistufige Schätzverfahren in den speziellen Fällen von Autokorrelation und Heteroskedastie in den Störgrößen aussieht, soll im folgenden Abschnitt kurz dargestellt werden. Dabei wird auf die in den Kapiteln 2.2.1.4.4 und 2.2.1.4.5 gewonnenen Ergebnisse zurückgegriffen.

2.2.2.2 Die GLS-Schätzung bei Vorliegen von autokorrelierten bzw. heteroskedastischen Störgrößen

Liegen *autokorrelierte Störvariablen 1. Ordnung*[159] vor, so ist die Varianz-Kovarianz-Matrix in Annahme (A2') speziell durch die Beziehung (2.2-77a) aus Kapitel 2.2.1.4.4 gegeben; d.h. die Matrix $\underline{\Omega}$ ist hier gleich der speziellen Matrix $\underline{\Omega}^*_{1a}$ bei Vorliegen eines AR[1]-Prozesses. Unter der Annahme, dass der Autokorrelationskoeffizient ρ *bekannt* ist, ist auch $\underline{\Omega}^*_{1a}$ bekannt und $\sigma^2_{\tilde{u}}$ lässt sich durch $\sigma^2_{\tilde{\varepsilon}}/(1 - \rho^2)$ angeben. Da die Inverse von $\underline{\Omega}^*_{1a}$ hier durch

$$\underline{\Omega}^{*-1}_{1a} = (1 - \rho^2)^{-1} \cdot \begin{pmatrix} 1 & -\rho & 0 & \dots & 0 & 0 \\ -\rho & 1+\rho^2 & -\rho & \dots & 0 & 0 \\ 0 & -\rho & 1+\rho^2 & \dots & 0 & 0 \\ \vdots & & & \ddots & & \vdots \\ 0 & 0 & 0 & \dots & 1+\rho^2 & -\rho \\ 0 & 0 & 0 & \dots & -\rho & 1 \end{pmatrix} \qquad (2.2\text{-}120)$$

gegeben ist, lautet die Transformationsmatrix $\underline{F}$ in diesem *speziellen Fall*

$$\underline{F} = \frac{1}{\sqrt{1 - \rho^2}} \cdot \begin{pmatrix} \sqrt{1-\rho^2} & 0 & 0 & \dots & 0 \\ -\rho & 1 & 0 & \dots & 0 \\ 0 & -\rho & 1 & & 0 \\ \vdots & & \ddots & \ddots & \vdots \\ 0 & 0 & 0 & -\rho & 1 \end{pmatrix} ; \qquad (2.2\text{-}121)$$

die mit Hilfe der Matrix $\underline{F}$ transformierten Werte $\underline{F}\,\tilde{\underline{y}}$, $\underline{F}\,\underline{X}$ sowie $\underline{F}\,\tilde{\underline{u}}$ genügen wieder einem KLR-Ansatz, innerhalb dessen sich der Parametervektor $\underline{\beta}$ optimal durch den Vektor $\tilde{\underline{b}}$ aus (2.2-7) schätzen lässt. Wird für $\underline{\Omega}^{-1}$ konkret die Matrix $\underline{\Omega}^{*-1}_{1a}$ aus Beziehung (2.2-120) eingesetzt, ergibt sich für $\sigma^2_{\tilde{u}}$ die erwartungstreue Schätzfunktion $\tilde{s}^2_{\tilde{e}_G}$ aus (2.2-117).

Ist der Autokorrelationskoeffizient ρ *nicht bekannt*, so muss ein zweiphasiges Schätzverfahren angewendet werden. Dabei werden zuerst für den Ansatz (2.2-1) der OLS-Schätzer $\tilde{\underline{b}}$ und daraus die OLS-Residuen $\tilde{\underline{e}} = \tilde{\underline{y}} - \underline{X}\tilde{\underline{b}}$ bestimmt. Dann ersetzt man im Ansatz (2.2-78) die Störvariablen $\tilde{u}_t$und $\tilde{u}_{t-1}$ durch ihre Schätzungen und erhält

$$\tilde{e}_t = \rho\,\tilde{e}_{t-1} + \tilde{\varepsilon}_t, \; (2 \le t \le T). \qquad (2.2\text{-}122)$$

Dieser Ansatz kann als Modell der linearen Einfachregression mit dem Steigungskoeffizienten ρ betrachtet werden; dieser lässt sich wie üblich mit der MQ-Methode schätzen und es ergibt sich der in (2.2-79a) gegebene Ausdruck für die Schätzung $\widehat{\rho}$. Ersetzt man in obigen Matrizen $\underline{\Omega}^{*-1}_{1a}$ und $\underline{F}$ den unbekannten Parameter ρ durch $\widehat{\rho}$, so kann in der zweiten Phase des Verfahrens der modifizierte GLS-Schätzer $\tilde{\underline{b}}_G$ nach (2.2-114) berechnet werden. Zu beachten ist, dass hier keine statistischen Eigenschaften angegeben werden können.[160]

Eine andere Möglichkeit der Behandlung des Schätzproblems bei Vorliegen eines AR[1]-Prozesses bei *bekanntem*[161] ρ ist, durch *Differenzenbildung* eine geeignete Transformation derart vorzunehmen, dass der neue Ansatz einem KLR entspricht, innerhalb dessen die Störvariablen wiederum homoskedastisch und unkorreliert sind. Führt man

159. Vgl. Beziehung (2.2-78) in Abschnitt 2.2.1.4.4.

160. Jedoch existieren asymptotische Eigenschaften dieser modifizierten Schätzfunktionen, welche u.a. bei SCHÖNFELD angeführt sind (SCHÖNFELD, 1969, S. 206 ff.).

161. Ist ρ nicht bekannt, so muss dieser Parameter analog zu oben geschätzt werden.

anschließend für den modifizierten Ansatz eine OLS-Schätzung nach (2.2-7) und (2.2-14) durch, so sind die Schätzfunktionen optimal im Sinne von BLU.[162] Die Differenzenbildung erfolgt dabei durch die jeweilige Subtraktion der mit ρ multiplizierten $(t-1)$-ten Gleichung des Modells (2.2-1) bzw. (2.2-1a) von der t-ten Gleichung, so dass das System

$$\Delta \tilde{y}_t = \beta_1(1-\rho) + \beta_2 \Delta x_{2t} + \ldots + \beta_k \Delta x_{kt} + \tilde{\varepsilon}_t \, , \; (2 \leq t \leq T) \, , \qquad (2.2\text{-}123)$$

vorliegt, mit $\Delta \tilde{y}_t := \tilde{y} - \rho \, \tilde{y}_{t-1}$, $\Delta x_{jt} := x_{jt} - \rho x_{jt-1}$, $\tilde{\varepsilon}_t := \tilde{u}_t - \rho \tilde{u}_{t-1}$; es ist leicht zu zeigen, dass die neuen Störgrößen $\tilde{\varepsilon}_t$, $(2 \leq t \leq T)$, wiederum homoskedastisch und unkorreliert sind.

Der modifizierte Ansatz (2.2-123) kann also aus dem ursprünglichen Modell (2.2-1a) durch linksseitige Multiplikation mit einer Matrix $\underline{F}_D$ der Ordnung $[(T-1) \times T]$ gewonnen werden, die hier speziell mit

$$\underline{F}_D = \begin{pmatrix} -\rho & 1 & 0 & \ldots & 0 \\ 0 & -\rho & 1 & & \vdots \\ \vdots & & \ddots & \ddots & 0 \\ 0 & \ldots & 0 & -\rho & 1 \end{pmatrix}_{[(T-1)\times T]} \qquad (2.2\text{-}123a)$$

festzulegen ist. Diese ist keine Transformationsmatrix im Sinne der in Abschnitt 2.2.2.1 allgemein abgeleiteten Matrix $\underline{F}$, für die $\underline{F}\,\underline{\Omega}\,\underline{F}' = \underline{I}_{(T\times T)}$ und damit $\underline{F}'\underline{F} = \underline{\Omega}^{-1}$gelten soll, jedoch genügt der modifizierte Ansatz

$$\underline{F}_D\underline{\tilde{y}} = \underline{F}_D\underline{X} + \underline{F}_D\underline{\tilde{u}} \qquad (2.2\text{-}123b)$$

dem Annahmensystem eines KLR. Eine anschließende MQ-Schätzung liefert optimale Schätzungen für $\beta_1(1-\rho)$, $\beta_2, \ldots, \beta_k$, mit

$$\underline{\tilde{b}}_D \overset{(2.2-7)}{=} ((\underline{F}_D\underline{X})'\underline{F}_D\underline{X})^{-1}(\underline{F}_D\underline{X})'\underline{F}_D\underline{y} \; ; \qquad (2.2\text{-}124)$$

die Schätzfunktion für den ursprünglichen Modellparameter β_1 lässt sich daraus mit $\tilde{b}_1 = \frac{\tilde{b}_{D1}}{1-\rho}$ berechnen.

Ein Vergleich der beiden Designmatrizen $\underline{FX}$ und $\underline{F}_D\underline{X}$ zeigt, dass sie sich nur um den Faktor $\sqrt{1-\rho^2}$ unterscheiden; Analoges gilt für die jeweiligen transformierten Vektoren der Zielvariablen. Die beiden Vektoren der Schätzfunktionen $\underline{\tilde{b}}_G$ bzw. $\underline{\tilde{b}}_D$ liefern deshalb nicht allzu verschiedene Ergebnisse; dies wird in der praktischen Anwendung bestätigt.

162. Die Schätzfunktion (2.2.-10) ist wiederum nur unverzerrt und konsistent.

Beispiel 2.16 Betrachtet werden die Monatsdurchschnittswerte [in 1 000] der Erwerbstätigenzahlen in der BRD von Januar 1996 bis April 2003 aus Beispiel 1.14. In Beispiel 2.13 wurde mit Hilfe des DURBIN-WATSON-Tests festgestellt, dass für diese Zeitreihe bei $\alpha = 0{,}05$ von einer (positiven) Autokorrelation 1. Ordnung der Störgrößen auszugehen ist. Deshalb wird nun statt vom dort unterstellten KLR-Ansatz (B2-51) von einem VLR-Ansatz ausgegangen und eine GLS-Schätzung durchgeführt werden. Dabei sollen beide oben dargestellten Vorgehensweisen der Transformation zum Einsatz kommen, die Schätzwerte also sowohl nach (2.2-114) als auch nach (2.2-124) bestimmt werden.

Da der Autokorrelationskoeffizient ρ nicht bekannt ist, muss er vor der jeweiligen Transformation des gegebenen Ansatzes geschätzt werden. Aus der in Beispiel 2.13 durchgeführten OLS-Schätzung mit dem Ergebnis (B2-51) erhält man hier die Residuen[163]

$$e_t \overset{(B2-51)}{=} y_t - 36\,907{,}654 - 24{,}202 \cdot t\,,\ (1 \le t \le 88)\ ; \qquad \text{(B2-58)}$$

anschließend führt man eine MQ-Schätzung für das autoregressive Modell (2.2-122) durch und erhält den Schätzwert $\hat{\rho} = 0{,}858$. Dieser wird dann für die konkrete Festlegung der jeweiligen Transformationsmatrizen $\underline{F}$ bzw. $\underline{F}_D$ benutzt.

a. Führt man das gegebene Modell, das einen [AR1]-Prozess unterstellt, mit Hilfe der Matrix

$$\underline{F} \overset{(2.2-121)}{=} \frac{1}{\sqrt{1-0{,}858^2}} \begin{pmatrix} \sqrt{1-0{,}858^2} & 0 & 0 & \dots & 0 \\ -0{,}858 & 1 & 0 & \dots & 0 \\ 0 & -0{,}858 & 1 & & 0 \\ \vdots & & \ddots & \ddots & \vdots \\ 0 & 0 & 0 & -0{,}858 & 1 \end{pmatrix} \qquad \text{(B2-59)}$$

in ein KLR-Modell über, so ergeben sich die in Tabelle 2.5 des *Anhangs A 4* modifizierten Werte $\underline{F}\,\underline{y}$ und $\underline{F}\,\underline{X}$, die den Ausgangspunkt für eine OLS-Schätzung nach (2.2-7) darstellen. Das Resultat dieser Schätzung ist

$$\hat{y} = 36\,987{,}933 + 21{,}037 \cdot t\,,\ (2 \le t \le 88)\ ; \qquad \text{(B2-60)}$$

die absoluten „Fehlerbeträge", die sich durch die für die gegebene Beobachtungsreihe nicht adäquate Verwendung der OLS-Schätzung ergeben, können hier mit

$$f_{b_1} = |36\,907{,}654 - 36\,987{,}933| = 80{,}279 \text{ und}$$
$$f_{b_2} = |24{,}202 - 21{,}037| = 3{,}165 \qquad \text{(B2-61)}$$

angegeben werden.

163. Man vergleiche im Folgenden Tabelle 2.5 des *Anhangs A 4*. Alle Berechnungen erfolgten mit Hilfe der Routine *„Lineare Regression"* des Programmpaketes SPSS 11.5.

b. Transformiert man den gegebenen VLR-Ansatz mit Hilfe der Matrix

$$\underline{F}_D = \begin{pmatrix} -0,858 & 1 & 0 & \dots & 0 \\ 0 & -0,858 & 1 & & \vdots \\ \vdots & & \ddots & \ddots & 0 \\ 0 & \dots & 0 & -0,858 & 1 \end{pmatrix}, \qquad \text{(B2-62)}$$

so ergeben sich die ebenfalls in Tabelle 2.5 des Anhangs A 4 angeführten modifizierten Werte $\underline{F}_D\,\underline{y}$ und $\underline{F}_D\,\underline{X}$, die für die anschließend durchgeführte OLS-Schätzung nach (2.2-7) benutzt werden. Das Resultat dieser Schätzung ist hier[164]

$$\hat{y} = 37\,097,124 + 19,323 \cdot t\,,\ (2 \leq t \leq 88)\,, \qquad \text{(B2-63)}$$

so dass die absoluten „Fehlerbeträge", die sich durch die Verwendung *dieses* modifizierten Ansatzes statt des mit der Matrix $\underline{F}$ transformierten Ansatzes aus Teilaufgabe a ergeben, mit

$$f_{b_1} = |37\,097,124 - 36\,987,933| = 109,191 \text{ und}$$
$$f_{b_2} = |19,323 - 21,037| = 1,714 \qquad \text{(B2-64)}$$

zu berechnen sind.

In Abbildung 2.11 wird die nach (B2-51) berechneten OLS-Schätzung den nach (B2-60) sowie (B2-63) berechneten GLS-Schätzungen gegenübergestellt; die Reihe der ursprünglichen Beobachtungswerte ist ebenfalls verzeichnet.

Abbildung 2.11

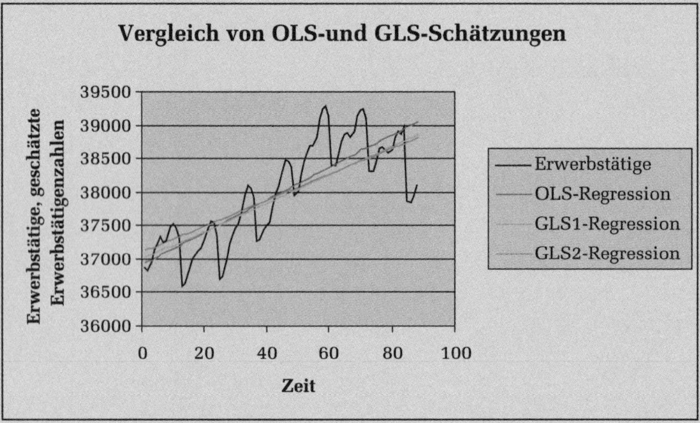

164. Die Konstante b_1 ist dabei aus b_{D1} durch $b_1 = b_{D1}/(1-\hat{\rho}) = 5\,267,792/(1-0,858) = 37\,097,124$ rückgerechnet worden.

Sind rein *heteroskedastische* Störvariablen gegeben, die aus *aggregierten* Daten resultieren, so ist die Varianz-Kovarianz-Matrix in Annahme (A2') speziell durch die Beziehung (2.2-83) aus Kapitel 2.2.1.4.5 gegeben; d.h. die Matrix $\underline{\Omega}$ ist hier gleich der speziellen Matrix $\underline{\Omega}_2^*$, Da diese grundsätzlich *bekannt* ist , kann $\underline{\beta}$ in diesem Fall immer durch $\underline{\tilde{b}}_G$ optimal geschätzt werden.

Beispiel 2.17 Tabelle 2.6 enthält für die angegebenen Jahre den Umsatz [in Mio. €], die Anzahl der Beschäftigten [in 1 000] sowie die Anzahl der Betriebe im Baugewerbe der BRD.[165]

Tabelle 2.6

Jahr	1995	1997	1999	2000	2001	2002
Umsatz [in Mio. €]	116 831	107 552	103 780	98641	91 344	85977
Beschäftigte [in 1 000]	1 412	1 221	1 110	1 050	954	880
Anzahl der Betriebe	73 853	77 055	80 560	81 112	79 002	78 526

Der gegebene Umsatz sowie die Beschäftigtenzahlen stellen pro Jahr jeweils die aggregierte Summe der Einzelumsätze sowie der Beschäftigtenzahlen der Betriebe dieser Branche dar. Es soll nun eine Regression der durchschnittlichen Jahresumsätze $\bar{y}_i$ auf die durchschnittlich gegebenen Beschäftigtenzahl $\bar{x}_i$, $(1 \leq i \leq 6)$, analog zu Ansatz (2.2-82) durchgeführt werden, wobei $T_1 = 73\,853, \ldots, T_6 = 78\,526$ zu setzen ist. Es ist somit eine GLS-Schätzung mit

$$\underline{\Omega}_2^* \overset{(2.2-83)}{=} \begin{pmatrix} \frac{1}{73\,853} & 0 & 0 & 0 & 0 & 0 \\ 0 & \frac{1}{77\,055} & 0 & 0 & 0 & 0 \\ 0 & 0 & \frac{1}{80\,560} & 0 & 0 & 0 \\ 0 & 0 & 0 & \frac{1}{81\,112} & 0 & 0 \\ 0 & 0 & 0 & 0 & \frac{1}{79\,002} & \\ 0 & 0 & 0 & 0 & 0 & \frac{1}{78\,526} \end{pmatrix} \qquad \text{(B2-65)}$$

durchzuführen, deren Ergebnis mit

$$\hat{\bar{y}} = 36974,2313 + 57,715\,\bar{x} \qquad \text{(B2-66)}$$

angegeben werden kann.[166]

Resultiert der heteroskedastische Ansatz dagegen aus der *speziellen* Situation $\sigma_t^2 = \sigma_{\bar{u}}^2 x_{jt}^2$, $(1 \leq t \leq T)$, so ist die Varianz-Kovarianz-Matrix durch die Beziehung (2.2-88) aus Kapitel 2.2.1.4.5 festgelegt. Die Matrix $\underline{\Omega}$ aus (A2') ist damit gleich der speziellen Diagonalmatrix $\underline{\Omega}_4^*$, deren Inverse mit

165. Quelle: Statistisches Jahrbuch, 2003, S. 22.

166. Sämtliche Berechnungen erfolgten mit Hilfe der Routine „Lineare Regression" des Programmpaketes SPSS 11.5.

$$\underline{\Omega}_4^{*-1} = \begin{pmatrix} \frac{1}{x_{j1}^2} & 0 & \dots & 0 \\ 0 & \frac{1}{x_{j2}^2} & \dots & 0 \\ \vdots & \vdots & \ddots & \vdots \\ 0 & 0 & \dots & \frac{1}{x_{jT}^2} \end{pmatrix} \qquad (2.2\text{-}125)$$

angegeben werden kann. Die zugehörige Transformationsmatrix ist somit

$$\underline{F} = \begin{pmatrix} \frac{1}{x_{j1}} & 0 & \dots & 0 \\ 0 & \frac{1}{x_{j2}} & \dots & 0 \\ \vdots & \vdots & \ddots & \vdots \\ 0 & 0 & \dots & \frac{1}{x_{jT}} \end{pmatrix} ; \qquad (2.2\text{-}126)$$

daraus resultiert der *spezielle* transformierte Ansatz[167]

$$\left(\frac{\tilde{y}_t}{x_{jt}}\right) = \beta_1\left(\frac{1}{x_{jt}}\right) + \beta_2\left(\frac{x_{2t}}{x_{jt}}\right) + \dots + \beta_j + \dots + \beta_k\left(\frac{x_{kt}}{x_{jt}}\right) + \left(\frac{\tilde{u}_t}{x_{jt}}\right), \ (1 \le t \le T); \qquad (2.2\text{-}127)$$

man sieht, dass in diesem Fall der ursprüngliche Steigungskoeffizient des Regressors x_j, der hier als diejenige erklärende Variable ausfindig gemacht wurde, welche für die Heteroskedastie verantwortlich ist, im transformierten Ansatz zum Absolutglied wird. Dividiert man also ex ante alle Beobachtungswerte des gegebenen Datensatzes durch die Beobachtungswerte von x_j, kann man anschließend eine OLS-Schätzung durchführen.[168]

Beispiel 2.18 Ausgehend von den Ergebnissen des Beispiels 2.14 soll nun davon ausgegangen werden, dass für die Regression von privaten Konsumausgaben (= y) auf das BIP (= x_2) var $\tilde{u}_t = \sigma_{\tilde{u}}^2 \cdot x_{2t}$ für alle t gilt. Damit wird vom Ansatz (2.2-127) ausgegangen, d.h. die gegebenen Regressanden- und Regressorenwerte werden zunächst durch die jeweiligen Werte x_{2t} des BIP dividiert und anschließend einer OLS-Schätzung unterzogen. Der neue Ansatz lautet hier speziell

$$\left(\frac{\tilde{y}_t}{x_{2t}}\right) = \beta_1\left(\frac{1}{x_{2t}}\right) + \beta_2 + \left(\frac{\tilde{u}_t}{x_{2t}}\right), \ (1 \le t \le 51) \qquad (B2\text{-}67)$$

bzw.

$$\tilde{y}_t^* = \beta_1 x_1^* + \beta_2 + \tilde{u}_t^*, \ (1 \le t \le 51) ; \qquad (B2\text{-}67a)$$

die anschließende OLS-Schätzung ergibt die Regressionsgerade

$$\widehat{C}^{priv} = -19\,894 + 1{,}065 \cdot BIP \ . \qquad (B2\text{-}68)$$

[169]

167. Ein typisches Beispiel für eine derartige Situation wäre im Falle der Betrachtung der sog. „ENGEL'schen Nachfragefunktion“ gegeben.

168. Eine andere Möglichkeit zur Berechnung der Schätzwerte besteht natürlich in der direkten Benutzung von $\underline{b}_G$.

169. Man vergleiche dazu die Ergebnisse (B2-54) der OLS-Schätzung im KLR.

Sieht man von diesem geschilderten *speziellen* Fall der Heteroskedastie nach (2.2-88) ab, in dem die GLS-Schätzung einfach durchzuführen ist, muss i.d.R. von einer *unbekannten* Matrix $\underline{\Omega}$ ausgegangen werden, deren Elemente vorab zu schätzen sind. Damit ist im Allgemeinen wieder ein *zweiphasiges Verfahren* anzuwenden. So könnte z.B. bei Vorliegen wiederholter Zielvariablenwerte in der ersten Phase die Schätzung der unbekannten Elemente von $\underline{\Omega}$ dadurch geschehen, dass man die unbekannten Parameter σ_i^2, $(1 \leq i \leq m)$, für die einzelnen Beobachtungstupel der Regressoren durch die zugehörigen Residuenquadratsummen $\underline{e}_i'\underline{e}_i$ schätzt und in die Varianz-Kovarianz-Matrix (2.2-84c) einsetzt. Anschließend kann in der zweiten Phase die GLS-Schätzung durchgeführt werden. Auch hier muss beachtet werden, dass für endliche Stichprobenumfänge die optimalen Eigenschaften dieser Schätzfunktionen nicht mehr exakt vorhanden sind.[170]

2.3 Spezifikation und Schätzung von linearen Mehrgleichungsmodellen

Die bisherigen Ausführungen beziehen sich auf ökonometrische (lineare) Eingleichungsmodelle, die aus den entsprechenden ökonomischen Zusammenhängen abgeleitet wurden. Bei der Betrachtung ökonomischer Vorgänge liegen jedoch relativ selten rein exogene Variablen[171] vor; außerdem ist deren Beschreibung durch Eingleichungsmodelle häufig nicht adäquat. Als Beispiel sei auf das einfache makroökonomische *Mehrgleichungsmodell* (B2-1) aus Kapitel 2.1 verwiesen, bei dem die gemeinsam abhängigen Variablen C_t, I_t und Y_t (private Konsumausgaben, Investitionsvolumen und verfügbares Einkommen in Periode t) in den Gleichungen auch als erklärende Variablen vorkommen. Dies führt bei Anwendung der MQ-Methode im zugehörigen ökonometrischen Modell (B2-2) für die Modellparameter zu verzerrten Schätzfunktionen. Außerdem kann aus theoretischer Sicht die Parameterschätzung für eine einzelne Gleichung eines *Mehrgleichungsmodells* im allgemeinen nicht einfach von den Eingleichungsmodellen übertragen werden, da der Wirkungszusammenhang zwischen den Modellvariablen wechselseitig sein kann. Eine isolierte Betrachtung ist dann in diesem Modell nicht erlaubt. Deshalb soll im Folgenden auf die unterschiedliche Darstellungsform von Mehrgleichungsmodellen eingegangen werden, wobei insbesondere der bei interdependenten Modellen gegebenen Schätzproblematik Rechnung getragen wird.[172]

2.3.1 Formen von Mehrgleichungsmodellen

Ein vollständig lineares ökonometrisches Mehrgleichungssystem liegt in seiner *Strukturform* vor, wenn es durch

$$\underline{Y}\underline{\Gamma} = \underline{X}^*\underline{B} + \underline{U} \qquad (2.3\text{-}1)$$

wiedergegeben werden kann,[173] mit

170. Zu den asymptotischen Eigenschaften vergleiche man wiederum SCHÖNFELD, 1969, S. 206 ff.

171. Man vergleiche die Ausführungen von Kapitel 2.1.

172. Zur weiteren Vertiefung sei auf die einschlägige Literatur verwiesen, wobei zum Einstieg wiederum nur einige wenige Quellen angeführt werden (z.B. ASSENMACHER, 1995; GREEN, 2000; LÖBUS, 2001; MITTELHAMMER et al., 2000; RUUD, 2000; SCHIPS, 1990; SCHNEEWEISS, 1990).

173. Man vergleiche auch die Ausführungen von Kapitel 2.1 und beachte zusätzlich, dass aus schreibtechnischen Gründen in diesem Kapitel die Elemente der stochastischen Matrizen $\tilde{\underline{U}}$ und $\tilde{\underline{Y}}$ nur mit $\underline{U}$ und $\underline{Y}$ bezeichnet werden.

$$\underline{Y} = \begin{pmatrix} y_{11} & \cdots & y_{G1} \\ \vdots & \ddots & \vdots \\ y_{1T} & \cdots & y_{GT} \end{pmatrix} ; \underline{X}^* = \begin{pmatrix} 1 & x^*_{21} & \cdots & x^*_{k1} \\ \vdots & \vdots & \ddots & \vdots \\ 1 & x^*_{2T} & \cdots & x^*_{kT} \end{pmatrix} ; \underline{U} = \begin{pmatrix} u_{11} & \cdots & u_{G1} \\ \vdots & \ddots & \vdots \\ u_{1T} & \cdots & u_{GT} \end{pmatrix} ;$$

$$\underline{\Gamma}' = \begin{pmatrix} \gamma_{11} & \gamma_{12} & \cdots & \gamma_{1G} \\ \vdots & \vdots & \ddots & \vdots \\ \gamma_{G1} & \gamma_{G2} & \cdots & \gamma_{GG} \end{pmatrix} ; \underline{B}' = \begin{pmatrix} \beta_{11} & \beta_{12} & \cdots & \beta_{1k} \\ \vdots & \vdots & \ddots & \vdots \\ \beta_{G1} & \beta_{G2} & \cdots & \beta_{Gk} \end{pmatrix} . \qquad (2.3\text{-}1a)$$

Die $(T \times G)$–Matrix $\underline{Y}$ enthält alle Werte der *gemeinsam abhängigen* Modellvariablen, die wegen der in den Ansatz eingebrachten Störvariablen u_{gt}, $(1 \leq g \leq G; 1 \leq t \leq T)$, ebenfalls stochastischen Charakter besitzen; diese werden in der $(T \times G)$–Matrix $\underline{U}$ zusammengefasst. Die $(T \times k)$–Matrix $\underline{X}^*$ enthält die Werte aller *vorherbestimmten* Variablen, wobei wiederum die Ausprägungen des „Scheinregressors“ für die Aufnahme des Absolutgliedes im Ansatz in der ersten Spalte stehen. Die Matrix $\underline{X}^*$ kann jetzt im Gegensatz zur Matrix $\underline{X}$ in Kapitel 2.2 neben den Werten rein *exogener* Variablen auch die Werte von verzögert *endogenen* Variablen enthalten;[174] letztere sind somit ex ante ebenfalls als stochastische Größen zu betrachten. Die $(G \times G)$–Matrix $\underline{\Gamma}$ bzw. $\underline{\Gamma}'$ fasst die Koeffizienten der endogenen Variablen, die $(G \times k)$– Matrix $\underline{B}'$ die Koeffizienten der vorherbestimmten Variablen des gegebenen Mehrgleichungsmodells zusammen. Statt in der Form (2.3-1) wird dieses Modell in der Literatur auch oft durch den zugehörigen transponierten Ansatz beschrieben. Dann lautet für eine konkret betrachtete Periode t die Berechnung (2.3-1)

$$\underline{\Gamma}'\underline{y}_t = \underline{B}'\underline{x}^*_t + \underline{u}_t , \ (1 \leq t \leq T) ; \qquad (2.3\text{-}1b)$$

dabei ist $\underline{y}_t$ die t-te Spalte von $\underline{Y}'$,$\underline{x}^*_t$ die t-te Spalte von $\underline{X}^{*'}$und $\underline{u}_t$die t-te Spalte von $\underline{U}'$. Gilt speziell $G = 1$, so liegt ein *Eingleichungsmodell* vor;[175] im allgemeinen Fall $G > 1$ darf das Gesamtmodell wegen der vorhandenen Interdependenzen zwischen den endogenen Variablen und den bei den Störvariablen vorhandenen Korrelationen nicht als ein System von G Eingleichungsmodellen aufgefasst werden; eine einfache Übertragung der Schätzung und Prognose ist somit im allgemeinen nicht möglich. Das Modell heißt *vollständig*, wenn das Gleichungssystem eindeutig nach allen abhängigen Variablen aufgelöst werden kann; dafür muss vorausgesetzt werden, dass die Koeffizientenmatrix $\underline{\Gamma}$ nichtsingulär ist, also $\det \underline{\Gamma} \neq 0$ gilt.

Vor der Darstellung anderer Formen von Mehrgleichungsmodellen sollen nun einige bekannte *Beispiele* solcher zu den ökonomischen adäquat formulierten ökonometrischen Modellen in Strukturform angeführt werden:[176]

---

174. Ein typisches Beispiel dafür ist die Konsumfunktion $C_t = \beta_1 + \beta_2 Y_t + \beta_3 C_{t-1} + u_t$, die den Konsum einer Periode t nicht nur durch das verfügbare Einkommen Y_t dieser Periode, sondern auch durch den Konsum C_{t-1} der Vorperiode erklärt.

175. Vgl. Kapitel 2.2.

176. Vgl. SCHNEEWEISS, 1990, S. 246 ff.

Beispiel 2.19 LÜDEKE-Modell

$$\begin{aligned} C_t &= \beta_{11} + \beta_{12}Y_t + \beta_{13}C_{t-1} + u_{1t} \\ I_t^{pr} &= \beta_{21} + \beta_{22}Y_t + \beta_{23}V_{t-1} + u_{2t} \\ Im_t &= \beta_{31} + \beta_{32}Y_t + \beta_{33}Im_{t-1} + u_{3t} \\ Y_t &= C_t + I_t^{pr} - Im_t + S_t \end{aligned} \tag{B2-69}$$

mit C_t, C_{t-1} :=privater Konsum der Perioden t und $t-1$, Y_t :=BIP der Periode t; V_{t-1} := Einkommen der privaten Haushalte aus Unternehmertätigkeit und Vermögen sowie unverteilte Gewinne der Unternehmen vor Steuern in Periode $t-1$, I_t^{pr} :=private Nettoinvestitionen für Land und Anlagen in Periode t, Im_t :=Importe in Periode t und S_t := Staatsverbrauch, staatliche Nettoinvestitionen für Land und Anlagen, Vorratsänderungen sowie Export, abzüglich indirekter Steuern und Subventionen. Die letzte Beziehung ist dabei eine Identitätsgleichung.

Umformung des Modells (B2-69) ergibt

$$\begin{aligned} C_t \qquad\qquad - \beta_{12}Y_t &= \beta_{11} + \beta_{13}C_{t-1} + u_{1t} \\ I_t^{pr} \qquad - \beta_{22}Y_t &= \beta_{21} + \beta_{23}V_{t-1} + u_{2t} \\ Im_t - \beta_{32}Y_t &= \beta_{31} + \beta_{33}Im_{t-1} + u_{3t} \\ -C_t - I_t^{pr} + Im_t + Y_t &= S_t \end{aligned} \tag{B2-69a}$$

und damit die Matrizen bzw. Vektoren

$$\underline{\Gamma}' = \begin{pmatrix} 1 & 0 & 0 & -\beta_{12} \\ 0 & 1 & 0 & -\beta_{22} \\ 0 & 0 & 1 & -\beta_{32} \\ -1 & -1 & 1 & 1 \end{pmatrix}; \quad \underline{B}' = \begin{pmatrix} \beta_{11} & \beta_{13} & 0 & 0 & 0 \\ \beta_{21} & 0 & \beta_{23} & 0 & 0 \\ \beta_{31} & 0 & 0 & \beta_{33} & 0 \\ 0 & 0 & 0 & 0 & 1 \end{pmatrix};$$

$$\underline{y}_t = \begin{pmatrix} C_t \\ I_t^{pr} \\ Im_t \\ Y_t \end{pmatrix}; \quad \underline{x}_t^* = \begin{pmatrix} 1 \\ C_{t-1} \\ V_{t-1} \\ Im_{t-1} \\ S_t \end{pmatrix}; \quad \underline{u}_t = \begin{pmatrix} u_{1t} \\ u_{2t} \\ u_{3t} \\ 0 \end{pmatrix} \tag{B2-69b}$$

für die Formulierung dieses Mehrgleichungsmodells in der Form (2.3-1b).

Beispiel 2.20

Marktgleichgewichtsmodelle *für den vollkommenen Markt*

Modell 1:

$$
\begin{aligned}
q_t^N &= \beta_{11} + \beta_{12}\, p_t + u_{1t} \\
q_t^N &= \beta_{21} + \beta_{22}\, p_t + u_{2t} \\
q_t^N &= q_t^A \qquad ,
\end{aligned}
\tag{B2-70}
$$

mit q_t^N bzw. q_t^A :=nachgefragte bzw. angebotene Menge eines Gutes in Periode t und p_t :=Preis dieses Gutes in Periode t, wobei Angebots- und Nachfragepreis gleich groß sein sollen. Wird die Gleichgewichtsbedingung $q_t^N = q_t^A =: q_t$ direkt in den Ansatz eingebracht, so ergibt sich das Modell mit

$$
\begin{aligned}
q_t &= \beta_{11} + \beta_{12} p_t + u_{1t} \\
q_t &= \beta_{21} + \beta_{22} p_t + u_{2t} \ .
\end{aligned}
\tag{B2-70a}
$$

Umformung ergibt

$$
\begin{aligned}
q_t - \beta_{12} p_t &= \beta_{11} + u_{1t} \\
q_t - \beta_{22} p_t &= \beta_{21} + u_{2t} \ ,
\end{aligned}
\tag{B2-70b}
$$

so dass folgende Matrizen bzw. Vektoren resultieren:

$$
\underline{\Gamma}' = \begin{pmatrix} 1 & -\beta_{12} \\ 1 & -\beta_{22} \end{pmatrix} ; \ \underline{B}' = \begin{pmatrix} \beta_{11} \\ \beta_{21} \end{pmatrix} ; \ \underline{y}_t = \begin{pmatrix} q_t \\ p_t \end{pmatrix} ; \ \underline{x}_t^* = 1 \ ; \ \underline{u}_t = \begin{pmatrix} u_{1t} \\ u_{2t} \end{pmatrix}
\tag{B2-70c}
$$

Modell 2:

Nimmt man an, dass die Nachfragemenge zusätzlich vom aggregierten Einkommen Y_t und die Angebotsmenge vom Preis eines bestimmten Vorproduktes p_{vt} beeinflusst wird, so lautet das erweiterte Modell

$$
\begin{aligned}
q_t &= \beta_{11} + \beta_{12} p_t + \beta_{13} Y_t + u_{1t} \\
q_t &= \beta_{21} + \beta_{22} p_t + \beta_{23} p_{vt} + u_{2t} \ ,
\end{aligned}
\tag{B2-71}
$$

wenn wiederum die Gleichgewichtsbedingung $q_t^N = q_t^A =: q_t$ direkt in den Ansatz eingebracht wird. Es werden also zwei zusätzliche exogene Variablen eingeführt; durch Umformung ergibt sich

$$
\begin{aligned}
q_t - \beta_{12} p_t &= \beta_{11} + \beta_{13} Y_t + u_{1t} \\
q_t - \beta_{22} p_t &= \beta_{21} + \beta_{23} p_{vt} + u_{2t}
\end{aligned}
\tag{B2-71a}
$$

und damit die Matrizen bzw. Vektoren

$$
\underline{\Gamma}' = \begin{pmatrix} 1 & -\beta_{12} \\ 1 & -\beta_{22} \end{pmatrix} ; \ \underline{B}' = \begin{pmatrix} \beta_{11} & \beta_{13} & 0 \\ \beta_{21} & 0 & \beta_{23} \end{pmatrix} ; \ \underline{y}_t = \begin{pmatrix} q_t \\ p_t \end{pmatrix} ;
$$

$$
\underline{x}_t^* = \begin{pmatrix} 1 \\ Y_t \\ p_{vt} \end{pmatrix} ; \ \underline{u}_t = \begin{pmatrix} u_{1t} \\ u_{2t} \end{pmatrix}
\tag{B2-71b}
$$

für die Formulierung des Modells in der Art (2.3-1b).

Beispiel 2.21 ***HAAVELMO*-Modell**

Dieses vereinfachte makroökonomische KEYNESsche System besteht aus einer Konsumfunktion und einer Identitätsgleichung der Art

$$\begin{aligned} C_t &= \beta_{11} + \beta_{12} Y_t + u_{1t} \\ Y_t &= C_t + S_t \end{aligned} \quad , \qquad \text{(B2-72)}$$

mit C_t :=Konsum in Periode t, Y_t :=verfügbares Einkommen in Periode t und S_t :=ein Aggregat, das sich aus Staatsausgaben, privaten Investitionen sowie Außenhandelsbeitrag in Periode t zusammensetzt. Umformung ergibt

$$\begin{aligned} C_t \quad - \beta_{12} Y_t &= \beta_{11} \quad + u_{1t} \\ -C_t \quad + Y_t &= \quad + S_t \end{aligned} \qquad \text{(B2-72a)}$$

und damit die Matrizen bzw. Vektoren zur Formulierung des Modells analog zu (2.3-1b) mit

$$\underline{\Gamma}' = \begin{pmatrix} 1 & -\beta_{12} \\ -1 & 1 \end{pmatrix} ; \underline{B}' = \begin{pmatrix} \beta_{11} & 0 \\ 0 & 1 \end{pmatrix} ; \underline{y}_t = \begin{pmatrix} C_t \\ Y_t \end{pmatrix} ;$$
$$\underline{x}_t^* = \begin{pmatrix} 1 \\ S_t \end{pmatrix} ; \underline{u}_t = \begin{pmatrix} u_{1t} \\ 0 \end{pmatrix} . \qquad \text{(B2-72b)}$$

Aus dem allgemeinen Modell (2.3-1) mit. (2.3-1a) bzw. (2.3-1b)lassen sich nun für $G \geq 1$ folgende *Spezialfälle* ableiten, die unterschiedliche methodische Probleme bedingen können:

Spezialfall 1: mehrdimensionales Regressionsmodell

Der lineare Mehrfachregressionsansatz aus Kapitel 2 ergibt sich für

$$\underline{\Gamma}' = \begin{pmatrix} \gamma_{11} & 0 & \dots & 0 \\ 0 & 0 & \dots & 0 \\ \vdots & \vdots & \ddots & \vdots \\ 0 & 0 & \dots & 0 \end{pmatrix} ; \qquad \text{(2.3-1c)}$$

sämtliche Ausführungen zur optimalen Schätzung und Prognose aus Kapitel 2 können übertragen werden.

Spezialfall 2: unverbundene Eingleichungsmodelle

Ein System von unverbundenen Eingleichungsmodellen resultiert, falls die Matrix $\underline{\Gamma}$ als Diagonalmatrix gegeben ist, also

$$\underline{\Gamma}' = \begin{pmatrix} \gamma_{11} & 0 & \dots & 0 \\ 0 & \gamma_{22} & \dots & 0 \\ \vdots & \vdots & \ddots & \vdots \\ 0 & 0 & \dots & \gamma_{GG} \end{pmatrix} ; \qquad \text{(2.3-1d)}$$

auch hier gelten für jede Einzelgleichung die Ausführungen aus Kapitel 2; die optimalen Schätzfunktionen für die unbekannten Modellparameter sowie die Prognose bereiten keine zusätzlichen methodischen Probleme, da sie getrennt voneinander für jede Gleichung durchgeführt werden können.

Spezialfall 3: rekursive Modelle

Stellt die Matrix $\underline{\Gamma}'$ eine Dreiecksmatrix der Form

$$\underline{\Gamma}' = \begin{pmatrix} \gamma_{11} & \gamma_{12} & \cdots & \gamma_{1G} \\ 0 & \gamma_{22} & \cdots & \gamma_{2G} \\ \vdots & \vdots & \ddots & \vdots \\ 0 & 0 & \cdots & \gamma_{GG} \end{pmatrix} \tag{2.3-1e}$$

dar, so ist ein rekursives Modell gegeben, das als Folge von Einzelgleichungen aufgefasst werden kann. Der Wirkungszusammenhang zwischen den endogenen Modellvariablen ist *einseitig*. Die Schätzung kann hier sukzessive erfolgen, d.h. beginnend mit der in der letzten Gleichung bestimmten gemeinsam abhängigen Variablen, die in die anderen Gleichungen anschließend als erklärende Variable eingebracht wird, können durch analoge Vorgehensweise die restlichen Schätzungen durchgeführt werden. Die Anwendung der *OLS-Methode* innerhalb derartiger Modelle liefert *konsistente* Schätzfunktionen, wenn verzögert endogene Variablen enthalten sind; sind derartige Variablen nicht gegeben, so sind die OLS-Schätzfunktionen sogar *erwartungstreu*. Die Schätzung der Parameter dieser Modellvariante wird in Abschnitt 2.3.4 nochmals betrachtet.

Spezialfall 4: interdependente Modelle

Ist der Wirkungszusammenhang zwischen den endogenen Variablen wechselseitig, so spricht man von interdependenten Modellen. Sie sind durch die allgemeine Form

$$\underline{\Gamma}' = \begin{pmatrix} \gamma_{11} & \gamma_{12} & \cdots & \gamma_{1G} \\ \gamma_{21} & \gamma_{22} & \cdots & \gamma_{2G} \\ \vdots & \vdots & \ddots & \vdots \\ \gamma_{G1} & \gamma_{G2} & \cdots & \gamma_{GG} \end{pmatrix} \tag{2.3-1f}$$

der Matrix $\underline{\Gamma}'$ gekennzeichnet und stellen andere Anforderungen an eine qualifizierte Schätzung. Das bestehende Identifikationsproblem und die Schätzung der Parameter innerhalb dieser Modellvariante soll in den folgenden Abschnitten näher betrachtet werden.

Bei der konkreten Modellformulierung zeigt sich, dass in der Regel nicht alle Variablen in allen Gleichungen vorkommen, viele Koeffizienten somit gleich Null zu setzen sind. Weiterhin sind häufig aus dem ökonomischen Zusammenhang heraus Koeffizienten ex ante auf ein bestimmtes Intervall zu beschränken oder spezielle lineare Beziehungen zwischen einigen Modellparametern miteinzubeziehen. Es sind somit *a-priori-Restriktionen* zu beachten, insbesondere z.B. die Festlegung der Hauptdiagonalelemente von $\underline{\Gamma}'$ auf jeweils den Wert Eins[177] oder Nullrestiktionen, wie es in den oben angeführten Beispielen schon verdeutlicht wurde. Damit reduziert sich die Anzahl der frei zu schätzenden Parameter; diese sind neben den statistischen Parametern bzgl. der Stör-

177. Diese Vorgehensweise ist wegen des in Mehrgleichungsmodellen vorhandenen Normierungsproblems nötig; denn jede Modellgleichung kann mit einer von Null verschiedenen Zahl multipliziert werden, ohne die Aussage zu verändern. Um dies zu vermeiden, setzt man die Hauptdiagonalelemente gleich Eins.

größen qualifiziert zu schätzen. Dies geschieht wiederum innerhalb eines Annahmensystems, das im nächsten Abschnitt vorgestellt wird.

Die bisherige Unterscheidung von Mehrgleichungsmodellen in *rekursive* und *interdependente* Modelle[178] wird durch den zwischen den Variablen bestehenden *Wirkungszusammenhang* bestimmt. Eine andere Möglichkeit der Einteilung ist gegeben, wenn man das Modell (2.3-1) bzw. (2.3-1b) in *Strukturform*[179] nach den gemeinsam abhängigen Variablen auflöst. Dann liegt das Modell in seiner *reduzierten Form*

$$\underline{Y} = \underline{X}^*\underline{B}\underline{\Gamma}^{-1} + \underline{U}\underline{\Gamma}^{-1} =: \underline{X}^*\underline{H} + \underline{W} \tag{2.3-2}$$

vor;[180] die endogenen Modellvariablen werden dann durch die vorherbestimmten Variablen und die Störgrößen ausgedrückt. Diese Form des Modells wird zu Prognosezwecken verwendet, da sich hier bei gegebenen Werten aller vorherbestimmten Variablen die Werte der gemeinsam abhängigen Variablen einfach berechnen lassen. Betrachtet man wiederum eine bestimmte Periode $t, (1 \leq t \leq T)$, so lautet die zu (2.3-1b) gehörende reduzierte Form

$$\underline{y}_t = \underline{\Gamma}'^{-1}\underline{B}'\underline{x}_t^* + \underline{\Gamma}'^{-1}\underline{u}_t =: \underline{H}'\underline{x}_t^* + \underline{w}_t \; ; \tag{2.3-2a}$$

dabei ist $\underline{y}_t$ wiederum die t-te Spalte von $\underline{Y}'$ und $\underline{x}_t^*$ die t-te Spalte von $\underline{X}^{*'}$. $\underline{w}_t$ bezeichnet die t-te Spalte von $\underline{W}' = \underline{\Gamma}'^{-1}\underline{U}'$.

Beispiel 2.22 Gegeben sei das LÜDEKE-Modell aus Beispiel 2.19. Aus der Strukturform (B2-69a) mit (B2-69b) erhält man die zugehörige *reduzierte Form* des Modells analog zu (2.3-2a) als

$$\underline{H}' = \underline{\Gamma}'^{-1}\underline{B}'$$

$$= \begin{pmatrix} \beta_{11} + \frac{\beta_{12}}{\det}(\beta_{11}+\beta_{21}-\beta_{31}) & \beta_{13}\left(1+\frac{\beta_{12}}{\det}\right) & \beta_{23}\frac{\beta_{12}}{\det} & -\beta_{33}\frac{\beta_{12}}{\det} & \frac{\beta_{12}}{\det} \\ \beta_{21} + \frac{\beta_{22}}{\det}(\beta_{11}+\beta_{21}-\beta_{31}) & \beta_{13}\frac{\beta_{22}}{\det} & \beta_{23}\left(1+\frac{\beta_{22}}{\det}\right) & -\beta_{33}\frac{\beta_{22}}{\det} & \frac{\beta_{22}}{\det} \\ \beta_{31} + \frac{\beta_{32}}{\det}(\beta_{11}+\beta_{21}-\beta_{31}) & \beta_{13}\frac{\beta_{32}}{\det} & \beta_{23}\frac{\beta_{32}}{\det} & \beta_{33}\left(1-\frac{\beta_{32}}{\det}\right) & \frac{\beta_{32}}{\det} \\ \frac{1}{\det}(\beta_{11}+\beta_{21}-\beta_{31}) & \beta_{13}\frac{1}{\det} & \beta_{23}\frac{1}{\det} & -\beta_{33}\frac{1}{\det} & \frac{1}{\det} \end{pmatrix} \tag{B2-69c}$$

mit $\det := \det(\underline{\Gamma}') = (1 - \beta_{12} - \beta_{22} + \beta_{32})$; außerdem ist $\underline{w}_t := \underline{\Gamma}'^{-1}\underline{u}_t$, mit der bereits zur Berechnung der Matrix $\underline{H}$ benutzten Inversen

$$\underline{\Gamma}'^{-1} = \begin{pmatrix} 1+\frac{\beta_{12}}{\det} & \frac{\beta_{12}}{\det} & -\frac{\beta_{12}}{\det} & \frac{\beta_{12}}{\det} \\ \frac{\beta_{22}}{\det} & 1+\frac{\beta_{22}}{\det} & -\frac{\beta_{22}}{\det} & \frac{\beta_{22}}{\det} \\ \frac{\beta_{32}}{\det} & \frac{\beta_{32}}{\det} & 1-\frac{\beta_{32}}{\det} & \frac{\beta_{32}}{\det} \\ \frac{1}{\det} & \frac{1}{\det} & -\frac{1}{\det} & \frac{1}{\det} \end{pmatrix} \; ; \tag{B2-69d}$$

die Vektoren $\underline{y}_t$ und $\underline{x}_t^*$ können aus (B2-69b) übernommen werden.

178. Siehe Spezialfälle 3 und 4; die Spezialfälle 1 und 2 sind (unverbundene) Eingleichungsmodelle und sollen deshalb in diesem Kapitel nicht weiter betrachtet werden.
179. Die Parameter innerhalb dieser Modellform werden entsprechend als Strukturparameter bezeichnet und sind analog zum zugehörigen ökonomischen Modells zu interpretieren.
180. Voraussetzung für diese Möglichkeit der Umformung ist die Invertierbarkeit der Matrix $\underline{\Gamma}$.

Beispiel 2.23 Gegeben sei das einfache Marktgleichgewichtsmodell aus Beispiel 2.20, *Modell 1*. Aus der Strukturform (B2-70b) erhält man die zugehörige *reduzierte Form* des Modells mit

$$q_t = \frac{\beta_{12}\beta_{21} - \beta_{11}\beta_{22}}{\beta_{12} - \beta_{22}} - \frac{\beta_{22}}{\beta_{12} - \beta_{22}} u_{1t} + \frac{\beta_{12}}{\beta_{12} - \beta_{22}} u_{2t}$$

$$p_t = \frac{1}{\beta_{12} - \beta_{22}} (\beta_{21} - \beta_{11} - u_{1t} + u_{2t}) \qquad \text{(B2-70d)}$$

bzw. analog zu (2.3-2a) mit den Matrizen und Vektoren

$$\underline{H}' = \underline{\Gamma}'^{-1}\underline{B}' = \frac{1}{-\beta_{22} + \beta_{12}} \cdot \begin{pmatrix} -\beta_{22} & \beta_{12} \\ -1 & 1 \end{pmatrix} \cdot \begin{pmatrix} \beta_{11} \\ \beta_{21} \end{pmatrix}$$

$$= \frac{1}{\beta_{12} - \beta_{22}} \cdot \begin{pmatrix} -\beta_{22}\beta_{11} + \beta_{12}\beta_{21} \\ -\beta_{11} + \beta_{21} \end{pmatrix} \qquad \text{(B2-70e)}$$

und

$$\underline{w}_t = \underline{\Gamma}'^{-1}\underline{u}_t = \frac{1}{-\beta_{22} + \beta_{12}} \cdot \begin{pmatrix} -\beta_{22} & \beta_{12} \\ -1 & 1 \end{pmatrix} \cdot \begin{pmatrix} u_{1t} \\ u_{2t} \end{pmatrix}$$

$$= \frac{1}{\beta_{12} - \beta_{22}} \cdot \begin{pmatrix} -\beta_{22}u_{1t} + \beta_{12}u_{2t} \\ -u_{1t} + u_{2t} \end{pmatrix} \qquad \text{(B2-70f)}$$

die Vektoren $\underline{y}_t$ und $\underline{x}_t^*$ können wiederum aus der Strukturform übernommen werden.

Beispiel 2.24 Gegeben sei das HAAVELMO-Modell aus Beispiel 2.21. Die zur Strukturform (B2-72a) gehörende *reduzierte Form* des Modells lautet

$$C_t = \frac{\beta_{11}}{1 - \beta_{12}} + \frac{\beta_{12}}{1 - \beta_{12}} S_t + \frac{1}{1 - \beta_{12}} u_{1t}$$

$$Y_t = \frac{\beta_{11}}{1 - \beta_{12}} + \frac{1}{1 - \beta_{12}} S_t + \frac{1}{1 - \beta_{12}} u_{1t} \; ; \qquad \text{(B2-72c)}$$

formuliert man sie analog zu (2.3-2a), so gilt

$$\underline{H}' = \underline{\Gamma}'^{-1}\underline{B}' = \frac{1}{1 - \beta_{12}} \cdot \begin{pmatrix} 1 & \beta_{12} \\ 1 & 1 \end{pmatrix} \cdot \begin{pmatrix} \beta_{11} & 0 \\ 0 & 1 \end{pmatrix} = \frac{1}{1 - \beta_{12}} \cdot \begin{pmatrix} \beta_{11} & \beta_{12} \\ \beta_{11} & 1 \end{pmatrix} \qquad \text{(B2-72d)}$$

und

$$\underline{w}_t = \underline{\Gamma}'^{-1}\underline{u}_t = \frac{1}{1 - \beta_{12}} \cdot \begin{pmatrix} 1 & \beta_{12} \\ 1 & 1 \end{pmatrix} \cdot \begin{pmatrix} u_{1t} \\ 0 \end{pmatrix} = \frac{1}{1 - \beta_{12}} \cdot \begin{pmatrix} u_{1t} \\ u_{1t} \end{pmatrix} \; ; \qquad \text{(B2-72e)}$$

die Vektoren $\underline{y}_t$ und $\underline{x}_t^*$ können wiederum aus der Strukturform übernommen werden.

Die reduzierte Form eines Mehrgleichungsmodells ist leichter zu schätzen als die Strukturform und somit auch zur Prognose geeignet. Man sollte aber nicht außer Acht lassen, dass die Strukturform mehr Informationen enthält; denn im allgemeinen lässt sich aus einer Strukturform genau eine reduzierte Form entwickeln, jedoch kann in der Regel eine reduzierte Form nicht eindeutig in eine bestimmte Strukturform überführt werden. Weiterhin können die Strukturparameter leichter ökonomisch interpretiert werden; dies gilt für die Parameter der reduzierten Form generell nicht, da dort die Gleichungen häufig keine einfach nachvollziehbaren theoretischen Beziehungen darstellen. Die Strukturform zeigt also im Gegensatz zur reduzierten Modellform die ökonomisch vorhandene Kausalstruktur.

Ein lineares Mehrgleichungssystem kann außer in *Strukturform* und *reduzierter Form* auch in *finaler Form* vorliegen. Diese ist dadurch gekennzeichnet, dass die gemeinsam abhängigen Variablen ausschließlich von den exogenen Variablen und den Störgrößen abhängen. Will man z.B. die langfristigen Effekte der Festlegung bestimmter exogener Variablen analysieren, so ist die reduzierte Form ungeeignet, da verzögert endogene Variablen als erklärende Größen enthalten sein können und Effekte zweiter und höherer Ordnung[181] aus dieser Form nicht zu entnehmen sind. Diese können aber der finalen Modellform entnommen werden. Die finale Form gewinnt man aus der reduzierten Form (2.3-2) bzw. (2.3-2a) wie folgt:

In einem ersten Schritt gliedert man die rechte Seite von (2.3-2a), also die Matrix $\underline{H}'$, derart auf, dass der Vektor $\underline{h}$ für die Absolutglieder sowie die Matrizen $\underline{H}'_1$, $\underline{H}'_2$ und $\underline{H}'_3$ der Koeffizienten zu den verzögert endogenen, den unverzögert exogenen und den verzögert exogenen Variablen der reduzierten Form getrennt voneinander betrachtet werden; damit ergibt sich allgemein

$$\underline{y}_t = \underline{h} + \underline{H}'_1 \underline{y}_{t-1} + \underline{H}'_2 \underline{x}^*_t + \underline{H}'_3 \underline{x}^*_{t-1} + \underline{w}_t \quad ; \qquad (2.3\text{-}3)$$

dabei sind die Vektoren $\underline{y}_t$ und $\underline{w}_t$ analog zu (2.3-2a) gegeben und $\underline{h}$ entspricht der ersten Spalte der Matrix $\underline{H}'$. Die Vektoren $\underline{y}_{t-1}$ bzw. $\underline{x}^*_{t-1}$ enthalten als Komponenten die verzögert endogenen bzw. die verzögert exogenen Modellvariablen; $\underline{x}^*_t$ ist der Vektor der unverzögert exogenen Variablen. Die Matrix $\underline{H}'_1$ ist dabei als $(G \times G)$–Matrix festgelegt; dies bedeutet, dass allen endogenen Variablen, die nicht gleichzeitig als verzögerte Variablen im Modell gegeben sind, in allen Gleichungen der Koeffizient „Null" zugeordnet wird. Die entsprechende Spalte in $\underline{H}'_1$ ist somit eine komplette Nullspalte. Die Matrizen $\underline{H}'_2$ und $\underline{H}'_3$ sind jeweils von der Ordnung $[G \times (k - 1)]$, wobei k wieder die Anzahl der exogenen Variablen pro Periode kennzeichnet. Auch sie enthalten komplette Nullspalten, wenn die entsprechenden exogenen Variablen im Modell nur verzögert oder unverzögert auftreten. Dies sei am Beispiel des LÜDEKE-Modells demonstriert.

181. Diese Effekte werden in der Wirtschaftstheorie auch als *Multiplikatoreffekte* bezeichnet.

Beispiel 2.25 In einer bestimmten Periode t sollen aus konjunkturellen Erwägungen heraus die Staatsausgaben um ΔS_t erhöht werden. Aus der reduzierten Form des Modells ist sofort ersichtlich, dass dies unter anderem eine Steigerung der Konsumausgaben um $\frac{\beta_{12}}{\det} = \frac{\beta_{12}}{(1-\beta_{12}-\beta_{22}+\beta_{32})} \cdot \Delta S_t$ bewirkt.[182] Zusätzlich wird auch der Konsum der nächsten Periode, C_{t+1}, beeinflusst, da dieser von C_t und – über Y_t – auch von Im_t abhängt. Dieser Effekt zweiter Ordnung kann der reduzierten Form nicht entnommen werden; deshalb wird häufig zur *finalen Form* des Modells übergegangen. Dabei sind die verzögert endogenen Variablen C_{t-1} und Im_{t-1}, die unverzögert exogene Variable S_t sowie die verzögert exogene Variable V_{t-1} zu beachten. Gliedert man nun die Matrix $\underline{H}'$ aus (B2-69c) gemäß (2.3-3) in die Koeffizientenmatrizen $\underline{H}_1'$, $\underline{H}_2'$ und $\underline{H}_3'$ zu den verzögert endogenen, den unverzögert exogenen und den verzögert exogenen Variablen der reduzierten Form auf, so ergibt sich hier unter zusätzlicher Beachtung des Vektors $\underline{h}$ der Absolutglieder, welcher der ersten Spalte von $\underline{H}'$ aus (B2-69c) entspricht, die *finale Form* gemäß (2.3-3), mit[183]

$$\underline{H}_1' = \begin{pmatrix} \beta_{13}\left(1+\frac{\beta_{12}}{\det}\right) & 0 & -\beta_{33}\frac{\beta_{12}}{\det} & 0 \\ \beta_{13}\frac{\beta_{22}}{\det} & 0 & -\beta_{33}\frac{\beta_{22}}{\det} & 0 \\ \beta_{13}\frac{\beta_{32}}{\det} & 0 & \beta_{33}\left(1-\frac{\beta_{32}}{\det}\right) & 0 \\ \beta_{13}\frac{1}{\det} & 0 & -\beta_{33}\frac{1}{\det} & 0 \end{pmatrix}, \quad \underline{H}_2' = \begin{pmatrix} 0 & \frac{\beta_{12}}{\det} \\ 0 & \frac{\beta_{22}}{\det} \\ 0 & \frac{\beta_{32}}{\det} \\ 0 & \frac{1}{\det} \end{pmatrix},$$

$$\underline{H}_3' = \begin{pmatrix} \beta_{23}\frac{\beta_{12}}{\det} & 0 \\ \beta_{23}\left(1+\frac{\beta_{22}}{\det}\right) & 0 \\ \beta_{23}\frac{\beta_{32}}{\det} & 0 \\ \beta_{23}\frac{1}{\det} & 0 \end{pmatrix}, \quad \underline{y}_t = \begin{pmatrix} C_t \\ I_t^{pr} \\ Im_t \\ Y_t \end{pmatrix}, \quad \underline{y}_{t-1} = \begin{pmatrix} C_{t-1} \\ I_{t-1}^{pr} \\ Im_{t-1} \\ Y_{t-1} \end{pmatrix},$$

$$\underline{x}_t^* = \begin{pmatrix} V_t \\ S_t \end{pmatrix}, \quad \underline{x}_{t-1}^* = \begin{pmatrix} V_{t-1} \\ S_{t-1} \end{pmatrix}, \quad \underline{w}_t = \begin{pmatrix} w_{1t} \\ w_{2t} \\ w_{3t} \\ 0 \end{pmatrix}. \qquad \text{(B2-69e)}$$

Die sogenannten *Impakt-Multiplikatoren* sind hier z.B. $\frac{\beta_{12}}{\det}$ oder $\frac{\beta_{22}}{\det}$ usw.; diese geben die Veränderung von C_t oder I_t^{pr} usw. bezüglich S_t wieder. Totale Multiplikatoren sind die Elemente des Matrizenproduktes $(\underline{I} - \underline{H}_1')^{-1}(\underline{H}_2' + \underline{H}_3')$.[184]

Sollen die gemeinsam abhängigen Variablen ausschließlich auf die exogenen Variablen und die Störgrößen zurückzuführen sein, ersetzt man in einem zweiten Schritt sukzessive s-mal den Vektor $\underline{y}_{t-1}$ in Gleichung (2.3-3). Um zu gewährleisten, dass die endogenen Modellvariablen, also die Komponenten von $\underline{y}_t$, mit zunehmendem t *endliche* Größen bleiben, muss die Annahme

(AF 1) $$\lim_{s\to\infty} \underline{H}_1'^{\,s} = \underline{0} \qquad (2.3\text{-}4)$$

182. Vgl. Beispiel 2.22, Matrix $\underline{H}'$ aus (B2-69c) und die zugehörigen Vektoren $\underline{y}_t$ und $\underline{x}_t^*$.

183. Man beachte, dass hier k = 3 gilt, da in Periode t bzw. t – 1 jeweils die beiden exogenen Variablen V_t und S_t bzw. V_{t-1} und S_{t-1} sowie der „Scheinregressor" für das Absolutglied gegeben sind.

184. Man vergleiche dazu die folgenden Ausführungen.

getroffen werden.[185] Diese impliziert $\lim_{s \to \infty}\left(\underline{I} + \underline{H}_1' + \ldots + \underline{H}_1'^{s}\right) = \left(\underline{I} + \underline{H}_1'\right)^{-1}$,[186] so dass das s-fache Ersetzen von $\underline{y}_{t-1}$ schließlich zur gesuchten *finalen Form*

$$\underline{y}_t = \left(\underline{I} - \underline{H}_1'\right)^{-1}\underline{h} + \underline{H}_2'\underline{x}_t + \sum_{s=1}^{\infty}\underline{H}_1'^{(s-1)}\left(\underline{H}_1'\underline{H}_2' + \underline{H}_3'\right)\underline{x}_{t-s} + \sum_{s=0}^{\infty}\underline{H}_1'^{s}\underline{w}_{t-s}\ . \quad (2.3\text{-}5)$$

führt. Um allgemein die Multiplikatorwirkungen analysieren zu können, eliminiert man durch Erwartungswertbildung die Terme der Störvariablen in (2.3-5). Man erhält somit

$$E\underline{y}_t = \left(\underline{I} - \underline{H}_1'\right)^{-1}\underline{h} + \underline{H}_2'\underline{x}_t + \sum_{s=1}^{\infty}\underline{H}_1'^{(s-1)}\left(\underline{H}_1'\underline{H}_2' + \underline{H}_3'\right)\underline{x}_{t-s}\ ; \quad (2.3\text{-}6)$$

dabei geben die Elemente der Matrix $\underline{H}_2'$ den unmittelbaren Effekt einer einmaligen Variation der entsprechenden exogenen Variablen an. Sie werden auch als *Impakt-Multiplikatoren* bezeichnet. Die Matrizen $\underline{H}_1'^{(s-1)}(\underline{H}_1'\underline{H}_2' + \underline{H}_3')$, $s = 1, 2, \ldots$, geben für alle Perioden t die Wirkungen einer *einmaligen* Variation exogener Variablen vor s Perioden an; sie werden als *Interim-Multiplikatoren* bezeichnet. Oft ist man auch am Gesamteffekt einer dauernden Variation über unendlich viele Perioden interessiert; dieser wird durch die entsprechenden Elemente der Matrix $(\underline{I} - \underline{H}_1')^{-1}(\underline{H}_2' + \underline{H}_3')$ der totalen Multiplikatoren ausgedrückt.

2.3.2 Das Annahmesystem für Mehrgleichungsmodelle

Um innerhalb der verschiedenen Formen von linearen Mehrgleichungssystemen eine qualifizierte Schätzung und Prognose durchführen zu können, müssen verschiedene Annahmen getroffen werden. Liegt das Modell in der *Strukturform* (2.3-1) mit (2.3-1a) vor, so können diese analog zu den Eingleichungsmodellen folgendermaßen zusammengefasst werden:[187]

(AS 1) $\det(\underline{\Gamma}) \neq 0\ ;$ (2.3-7)

diese Annahme bedeutet, dass das Mehrgleichungsmodell *vollständig*, d.h. bei gegebenen Werten der vorherbestimmten Variablen und aller möglichen Realisierungen der Störvariablen *eindeutig nach den gemeinsam abhängigen Variablen auflösbar* ist.

(AS 2) Die Matrix $\underline{U}$ der Störvariablen ist *unabhängig* vom Vektor $\underline{y}_1$ der Anfangswerte der endogenen Variablen; daraus folgt, dass sämtliche Störgrößen unabhängig von den vorherbestimmten Variablen auch früherer Perioden sind. (2.3-8)

(AS 3) $\mathrm{rg}(\underline{X}^*) - k \leq T\ ;$ (2.3-9)

diese Annahme entspricht der Annahme (A3) bei Eingleichungsmodellen.

(AS 4) $E\underline{u}_t = \underline{0}\,,\ (1 \leq t \leq T);$ (2.3-10)

diese Annahme gilt analog zur Annahme (A1) bei Eingleichungsmodellen.

---

185. Es kann gezeigt werden, dass diese Annahme erfüllt ist, wenn alle Eigenwerte der Matrix $\underline{H}_1'$ kleiner als Eins sind (FROHN, 1995, S. 166).

186. Denn es handelt sich hier um eine unendliche geometrische Matrixreihe. Dabei definiert man $\lim_{s \to \infty}(\underline{I} - \underline{H}_1'^{(s+1)}) = \underline{I}$.

187. Diese Aufzählung ist also nicht abschließend; weitere Annahmen ergeben sich aus speziellen Modellformulierungen, die dann explizit angesprochen werden.

(AS 5) $$\underline{\Sigma}_1 = \ldots = \underline{\Sigma}_T = \underline{\Sigma}\,, \tag{2.3-11}$$

mit

$$\underline{\Sigma}_t := \begin{pmatrix} \sigma_{1,t}^2 & \sigma_{12,t} & \cdots & \sigma_{1G,t} \\ \vdots & \vdots & \ddots & \vdots \\ \sigma_{G,t} & \sigma_{G2,t} & \cdots & \sigma_{G,t}^2 \end{pmatrix} = \operatorname{var}\underline{u}_t \overset{(A4)}{=} E\,\underline{u}_t\underline{u}_t' \;; \tag{2.3-11a}$$

d.h. die *kontemporäre Varianz-Kovarianz-Matrix* der Störgrößen ist für alle Perioden *gleich*. Diese Annahme entspricht der Annahme vorliegender *Homoskedastie* innerhalb der Eingleichungsmodelle und bedeutet, dass pro Periode t die G Störvariablen gleiche Varianz besitzen, also $E\,u_{g1}^2 = \ldots = E\,u_{gT}^2 =: \sigma_g^2$ spezifisch für alle g, und dass die Kovarianzen analoger kontemporärer Störvariablen im Zeitablauf konstant sind, also $E\,u_{gt}u_{g't} =: \sigma_{gg'}$ für alle t und $g \neq g'$.

(AS 6) $$E\,u_{gt}u_{g't'} = 0 \text{ für alle } g \neq g' \text{ und } t \neq t'\;; \tag{2.3-12}$$

d.h. Störvariablen, die sich auf unterschiedliche Perioden t beziehen, sind nicht korreliert, gleichgültig, auf welche Gleichung des Modells sie sich beziehen. Dies entspricht in Eingleichungsmodellen der Annahme, dass *keine Autokorrelation* vorliegt. Zusammen mit der Annahme (AS 5) bedeutet dies, dass die gesamte Varianz-Kovarianz-Matrix der Störgrößen durch

$$\underline{\Sigma}_{\underline{u}\underline{u}} = \begin{pmatrix} \underline{\Sigma} & \underline{0} & \cdots & \underline{0} \\ \underline{0} & \underline{\Sigma} & \cdots & \underline{0} \\ \vdots & \vdots & \ddots & \vdots \\ \underline{0} & \underline{0} & \cdots & \underline{\Sigma} \end{pmatrix} \tag{2.3-13}$$

wiedergegeben werden kann.

(AS 7) $$\underline{u}_t \rightarrow N(\underline{0}\,;\underline{\Sigma})\,,\ (1 \leq t \leq T)\,, \tag{2.3-14}$$

d.h. die Störgrößen $u_{1t}, \ldots, u_{Gt}$ werden für alle Perioden t als identisch g-dimensional normalverteilt unterstellt.[188]

Ist das Modell in der *reduzierten Form* (2.3-2) bzw. (2.3-2a) gegeben, so gilt für die Störvariablen w_{gt} dieses Ansatzes

(AR 1) $$E\,\underline{w}_t = \underline{0}\,,\ (1 \leq t \leq T)\,; \tag{2.3-15}$$

diese Festlegung folgt unmittelbar aus der Annahme (AS 4) für die Störvariablen des Strukturmodells, da wegen der Beziehung $\underline{w}_t = \underline{\Gamma}'\underline{u}_t$ die Störgrößen w_{gt} lineare Funktionen in den Störvariablen u_{gt}, $(1 \leq g \leq G; 1 \leq t \leq T)$, darstellen.

Für die *kontemporäre Varianz-Kovarianz-Matrix* der w_{gt} gilt

(AR 2) $$\underline{\Sigma}_{\underline{ww}} = \underline{\Gamma}'^{-1}\underline{\Sigma}_{\underline{uu}}\underline{\Gamma}^{-1} \;; \tag{2.3-16}$$

dies ergibt sich aus der allgemeinen Berechnung der Varianzen und Kovarianzen linearer Funktionen von Zufallsvariablen.

Für die *nicht kontemporären* Störvariablen der reduzierten Form gilt analog zu (AS 6)

188. Man beachte, dass in einer Identitätsbeziehung die Störvariablen gleich Null sind; dies bedeutet, das die zugehörige Zeile bzw. Spalte der Varianz-Kovarianz-Matrix $\underline{\Sigma}_{\underline{uu}}$ nur Nullen enthält. Soll diese Matrix insgesamt invertierbar sein, so müssen die Identitätsbeziehungen gegebenenfalls eliminiert werden. Weiterhin ist anzumerken, dass *der* Teil der Matrix $\underline{\Sigma}_{\underline{uu}}$, der sich auf die stochastischen Strukturbeziehungen bezieht, eine nichtsinguläre und damit invertierbare Untermatrix darstellt.

(AR 3) $$E\, w_{gt} w_{g't'} = 0 \text{ für alle } g \neq g' \text{ und } t \neq t'; \qquad (2.3\text{-}17)$$

dies ergibt sich sofort aus (AS 6), da die w_{gt} bzw. $w_{g't'}$ jeweils Linearkombinationen der unkorrelierten Störgrößenvektoren $\underline{u}_t$ bzw. $\underline{u}_{t'}$, $t \neq t'$, zweier Perioden darstellen.

In den nächsten Abschnitten soll nun das auftretend Identifikationsproblem sowie die Möglichkeit der Parameterschätzung innerhalb der unterschiedlichen Modellformen aufgezeigt werden.

2.3.3 Das Identifikationsproblem

In Kapitel 2.1 wurde der Zusammenhang der Begriffe *„Modell"* und *„Struktur"* erläutert. Ein Modell kann als Zusammenfassung aller mit den Modellannahmen (inkusive der a-priori-Restriktionen) kompatiblen Strukturen aufgefasst werden, wobei die Parameterwerte nicht numerisch präzisiert sind. Es ist nun möglich, dass innerhalb eines solchen Modells verschiedene Strukturen zu gleichen (bedingten) Verteilungen der beobachtbaren Variablen führen; derartige Strukturen werden als *beobachtungsäquivalent* bezeichnet; sie können somit aufgrund der vorliegenden Beobachtungen nicht mehr unterschieden werden. In solchen Fällen ist das gegebene *Modell nicht identifizierbar*. Ein *Strukturparameter* heißt innerhalb eines Modells *identifizierbar*, wenn er in jeder beobachtungsäquivalenten Struktur den gleichen Wert besitzt. Eine *Strukturgleichung* heißt *identifizierbar*, wenn alle in ihr enthaltenen Parameter identifizierbar sind.

Beispiel 2.26 Betrachtet wird die Strukturform des Marktgleichgewichtsmodells (B2-70) bzw. (B2-70a) bis (B2-70c) aus Beispiel 2.20, sowie die dazugehörige reduzierte Form (B2-70d) bis (B2-70f) aus Beispiel 2.23 mit den jeweiligen Annahmen aus Kapitel 2.3.2. Wegen der Markträumungsbedingung $q_t^N = q_t^A$, $(1 \leq t \leq T)$, stellt jede Preis-Mengen-Kombination (p_t, q_t) den Schnittpunkt einer Nachfrage- mit einer Angebotsfunktion dar. Somit sind die gegebenen Beobachtungswertepaare die Schnittpunkte von T verschiedenen Nachfrage- und Angebotsfunktionen; dies bedeutet, dass man die *Parameter der Strukturform*, $\beta_{11}, \beta_{12}, \beta_{21}$ und β_{22}, *nicht eindeutig* aus den (p_t, q_t), $(1 \leq t \leq T)$, bestimmen kann. Für die reduzierte Form des Modells gilt, dass diese nicht nur aus der Strukturform (B2-70) abgeleitet werden kann, sondern sich auch aus einer Lineartransformation der Nachfrage- und Angebotsfunktion ergibt. Es liegt also die gleiche reduzierte Form vor, d.h. die Linearkombinationen sind *beobachtungsäquivalent.*[189]

Daraus ergibt sich, dass zwei Strukturen eines linearen Mehrgleichungsmodells genau dann äquivalent sind, wenn sie eine auch in den numerischen Werten gleiche reduzierte Form besitzen.[190] Somit kann gefolgert werden, dass die *reduzierte Form* eines Modells *immer identifizierbar* ist. Weiterhin gilt, dass eine Struktur innerhalb eines Modells

189. Würde man sowohl in die Nachfrage- als auch in die Angebotsfunktion jeweils eine weitere, unterschiedliche exogene Variable einführen, so ergäbe sich ein identifizierbares Strukturmodell. Dies kann unmittelbar aus den nachfolgenden Identifizierbarkeitskriterien abgeleitet werden.

190. Denn verschiedene (bedingte) Verteilungen der abhängigen Variablen ergeben sich hier nur dann, wenn sich zwei reduzierte Formen hinsichtlich der Parameterwerte oder der Verteilung der Störvariablen unterscheiden.

genau dann identifizierbar ist, wenn keine andere Struktur die gleiche reduzierte Form besitzt. Außerdem kann gezeigt werden, dass innerhalb eines Modells zwei Strukturen genau dann äquivalent sind, wenn sie durch eine invertierbare lineare Transformation auseinander hervorgehen.[191]

In der Praxis ist man meistens an den Parametern der Strukturform eines interdependenten Modells interessiert, da diese sich analog zu den Parametern des zugehörigen ökonomischen Modells interpretieren lassen. Es sollen nun allgemeine *Kriterien* vorgestellt werden, welche die *Identifizierbarkeit* der Modellparameter unter Beachtung von *Ausschlussrestriktionen*[192] gewährleisten. Dabei wird die *Vollständigkeit* des Modells, also die Invertierbarkeit der Matrix $\underline{\Gamma}$ aus (2.3-1) vorausgesetzt. Ein lineares Mehrgleichungssystem heißt identifizierbar, wenn die Parameter aller Verhaltensgleichungen identifizierbar sind; Identitätsgleichungen spielen bei dieser Beurteilung keine Rolle. Außerdem muss nicht zwischen den vorherbestimmten und den gemeinsam abhängigen Variablen unterschieden werden; die beiden anzuwendenden Identifizierbarkeitskriterien beziehen sich auf die gesamte Koeffizientenmatrix $\underline{K}' = (\underline{\Gamma}', -\underline{B}')$. Diese Kriterien sind das *Abzähl-* sowie das *Rangkriterium*; sie legen folgendes fest:

(I.) Abzählkriterium:

„In einem vollständigen Modell mit Ausschlussrestriktionen ist die g-te Verhaltensgleichung nur dann identifizierbar, wenn die Anzahl ihrer a-priori gleich Null gesetzten Koeffizienten mindestens (G – 1) beträgt. Eine Verhaltensgleichung ist somit identifizierbar, wenn die Anzahl der aus ihr ausgeschlossenen vorherbestimmten Variablen k_0 mindestens so groß ist wie die Anzahl der in ihr noch enthaltenen gemeinsam abhängigen Variable G^*, minus Eins. Es muss also

$$k_0 \geq G^* - 1 \tag{2.3-18}$$

gelten.“[193]

Dieses Kriterium ist eine notwendige[194] Bedingung für die Identifizierbarkeit der g-ten Modellgleichung dar. Eine hinreichende Bedingung ergibt sich aus der Analyse des Rangs einer bestimmten Partition der Koeffizientenmatrix $\underline{K}'$.

191. Vgl. SCHNEEWEISS, 1990, S. 262 f.

192. Ausschlussrestriktionen werden auch als *Nullrestriktionen* bezeichnet; diese sind immer dann gegeben, wenn bestimmte Variablen in einigen Modellgleichungen nicht erscheinen, die zugehörigen Koeffizienten in den Matrizen $\underline{\Gamma}$ und $\underline{B}$ also gleich Null sind. Die Identifizierbarkeit wird umso eher gewährleistet sein, je größer die Anzahl der Nullrestriktionen ist. Es sei darauf hingewiesen, dass die Problematik der Identifizierbarkeit auch bei gegebenen allgemeinen linearen Restriktionen betrachtet werden kann; die folgenden Kriterien sind dann zu verallgemeinern. Außerdem ist zu beachten, dass auch bei Nichterfüllung der angeführten Kriterien die Gleichungen identifizierbar werden, wenn noch zusätzliche Restriktionen bezüglich der Störvariablen getroffen werden.

193. G^* ist somit die Differenz der Anzahl G der insgesamt gegebenen gemeinsam abhängigen Variablen und der Anzahl der entsprechend a-priori ausgeschlossenen Variablen G_0. Gilt $k_0 < G^* - 1$, so heißt die g-te Gleichung auch unteridentifiziert; für $k_0 = G^* - 1$ ist sie genau identifiziert und für $k_0 > G^* - 1$ nennt man sie überidentifiziert. Man vergleiche dazu z.B. SCHNEEWEIß, 1990, S. 268 f.

194. In der Praxis wird dieses notwendige Kriterium der Identifizierbarkeit bereits als hinreichend betrachtet, indem es in folgender Form benutzt wird: „Eine Modellgleichung ist identifizierbar, wenn mindestens (G – 1) Variablen aus ihr ausgeschlossen worden sind“ (vgl. SCHNEEWEISS, 1990, S. 269); denn sieht man von einigen Sonderfällen ab, so führt diese Verwendung des Abzählkriteriums zum richtigen Ergebnis.

(II.) Rangkriterium:

„In einem vollständigen Modell mit Ausschlussrestriktionen ist die g-te Verhaltensgleichung genau dann identifizierbar, wenn der Rang der Matrix $\underline{K}_g'$ *gleich* $(G-1)$ *ist, also*

$$\text{rg}\,\underline{K}_g' = G - 1 \qquad (2.3\text{-}19)$$

gilt. Dabei ist $\underline{K}_g'$ *diejenige Teilmatrix von* $\underline{K}' = (\underline{\Gamma}', -\underline{B}')$, *die sich durch Streichen der g-ten Zeile von* $\underline{K}'$ *ergibt und aus allen Spalten von* $\underline{K}'$ *besteht, in denen das zur g-ten Zeile gehörende Element jeweils a-priori gleich Null gesetzt wurde."*[195]

Beispiel 2.27

a. Gegeben sei das einfache Marktgleichgewichtsmodell (B2-70), *Modell 1*, aus Beispiel 2.20. Zusätzlich nimmt man nun an, dass sowohl die angebotene als auch die nachgefragte Menge vom aggregierten Einkommen Y_t einer Periode abhängig ist. Es gelte also

$$\begin{aligned} q_t &= \beta_{11} + \beta_{12} p_t + \beta_{13} Y_t + u_{1t} \\ q_t &= \beta_{21} + \beta_{22} p_t + \beta_{23} Y_t + u_{2t} \; ; \end{aligned} \qquad (B2\text{-}73)$$

Formt man dieses Modell derart um, dass nur noch die Störvariablen auf den rechten Gleichungsseiten des Systems stehen, also

$$\begin{aligned} q_t - \beta_{11} - \beta_{12} p_t - \beta_{13} Y_t &= u_{1t} \\ q_t - \beta_{21} - \beta_{22} p_t - \beta_{23} Y_t &= u_{2t} \; , \end{aligned} \qquad (B2\text{-}73a)$$

so ist die Anzahl der gemeinsamen Variablen wiederum $G = 2$ und es bestehen für beide Gleichungen keine Nullrestriktionen. Die Matrix $\underline{K}'$ lautet hier[196]

$$\underline{K}' = (\underline{\Gamma}', -\underline{B}') = \begin{pmatrix} 1 & -\beta_{12} & -\beta_{11} & -\beta_{13} \\ 1 & -\beta_{22} & -\beta_{21} & -\beta_{23} \end{pmatrix} , \qquad (B2\text{-}73b)$$

die Vektoren $\underline{y}_t$ und $\underline{u}_t$ sind analog zu Beispiel 2.20 gegeben und der Vektor der vorherbestimmten Variablen ist hier $\underline{x}_t^{*\prime} = (1 \, , \, Y_t)$. Da *keine Nullrestriktionen* gegeben sind, besitzen die zu den Gleichungen 1 und 2 des Modells gehörenden Teilmatrizen $\underline{K}_1'$ und $\underline{K}_2'$ keine Elemente; damit ist der Rang dieser Teilmatrizen jeweils gleich Null, so dass beide Gleichungen *nicht identifizierbar* sind, da $\text{rg}\,\underline{K}_1' = \text{rg}\,\underline{K}_2' = 0 < (G-1) = 1$. Würde man statt des Rangkriteriums das Abzählkriterium zur Prüfung der Identifizierbarkeit benutzen, so ergäbe sich die gleiche Aussage; denn die Anzahl der a-priori gleich Null gesetzten Koeffizienten ist in beiden Gleichungen gleich Null und somit kleiner als $(G-1)$.

b. Das Beispiel aus Teil a. soll nun abgewandelt werden zu

$$\begin{aligned} q_t &= \beta_{11} + \beta_{12} p_t + \beta_{13} Y_t + u_{1t} \\ q_t &= \beta_{21} + \beta_{22} p_t \qquad\qquad + u_{2t} \; ; \end{aligned} \qquad (B2\text{-}73c)$$

195. Man vergleiche dazu z.B. SCHNEEWEISS, 1990, S. 269 f.

196. Vgl. dazu auch Beispiel 2.20, insbesondere (B2-70c) und (B2-71b).

die Matrix $\underline{K}'$ ergibt sich hier mit

$$\underline{K}' = \left(\underline{\Gamma}', -\underline{B}'\right) = \begin{pmatrix} 1 & -\beta_{12} & -\beta_{11} & -\beta_{13} \\ 1 & -\beta_{22} & -\beta_{21} & 0 \end{pmatrix} . \qquad \text{(B2-73d)}$$

In der *ersten* Gleichung sind hier wiederum keine Nullrestriktionen gegeben, so dass die Teilmatrix $\underline{K}_1'$ wieder keine Elemente enthält und somit den Rang Null besitzt. Diese Gleichung ist somit auch in diesem Modell *nicht identifizierbar*. Die zweite Gleichung enthält nun aber die Nullrestriktion $\beta_{23} = 0$; die Teilmatrix $\underline{K}_2'$ ist nun von der Ordnung (1×1),also ein Skalar, und lautet $\underline{K}_2' = (-\beta_{13}) = -\beta_{13} \neq 0$. Somit gilt $\text{rg}\,\underline{K}_2' = 1 = (G - 1)$, d.h. die zweite Gleichung ist laut Rangkriterium *identifizierbar*. Das gleiche ergibt sich nach dem Abzählkriterium, da die Anzahl der a-priori gleich Null gesetzten Koeffizienten in der zweiten Gleichung gleich $(G - 1) = 1$ beträgt bzw. $k_0 = (G^* - 1)$ gilt. Für die erste Gleichung trifft wiederum die Aussage aus Teilbeispiel a. zu.

c. Gegeben sei nun das Marktgleichgewichtsmodell (B2-71), *Modell 2*, aus Beispiel 2.20, also

$$\begin{aligned} q_t &= \beta_{11} + \beta_{12}p_t + \beta_{13}Y_t + u_{1t} \\ q_t &= \beta_{21} + \beta_{22}p_t + \beta_{23}p_{vt} + u_{2t} \ ; \end{aligned}$$

die Matrix $\underline{K}'$ lautet hier[197]

$$\underline{K}' = \left(\underline{\Gamma}', -\underline{B}'\right) = \begin{pmatrix} 1 & -\beta_{12} & -\beta_{11} & -\beta_{13} & 0 \\ 1 & -\beta_{22} & -\beta_{21} & 0 & -\beta_{23} \end{pmatrix} . \qquad \text{(B2-71c)}$$

Beide Gleichungen enthalten *je eine Nullrestriktion*, so dass *beide identifizierbar* sind; denn wegen $\underline{K}_1' = (-\beta_{23}) = -\beta_{23} \neq 0$ und $\underline{K}_2' = (-\beta_{13}) = -\beta_{13} \neq 0$ ergibt sich nach dem Rangkriterium $\text{rg}\,\underline{K}_1' = \text{rg}\,\underline{K}_2' = 1 = (G - 1)$. Auch das Abzählkriterium führt hier jeweils zum gleichen Ergebnis, da für beide Gleichungen $k_0 = (G^* - 1)$ gilt.

Die Frage der Identifizierbarkeit ist eng verbunden mit der Frage der Schätzbarkeit der Parameter in einem interdependenten Modell. Nur wenn die Gleichungen identifizierbar sind, kann das Modell geschätzt werden. Setzt man a-priori innerhalb interdependenter Modelle keinerlei Nullrestriktionen, lässt man also einen Einfluss jeder vorherbestimmten oder gemeinsam abhängigen Variablen auf jede gemeinsam Abhängige zu, so ist die Identifikation der Gleichungen und damit die Schätzung der Modellparameter meist nicht gewährleistet. Andererseits führt die Einbringung vieler Nullrestriktionen oft zu fehlspezifizierten Modellen. Will man die Identifizierbarkeitsproblematik umgehen und auch eine Fehlspezifikation vermeiden, bleibt oft nur die Verwendung der weniger informativen reduzierten Form des Modells sowie die Erhebung weiterer Daten, die in die Analyse einbezogen werden können. Letzteres ist jedoch oft nicht möglich.

Im nächsten Abschnitt werden nun die Möglichkeiten einer qualifizierten Parameterschätzung innerhalb der einzelnen Modellformen dargestellt.

197. Vgl. auch (B2-71b).

2.3.4 Die Parameterschätzung in linearen Mehrgleichungsmodellen

Im Rahmen der linearen Mehrgleichungsmodelle haben sich mehrere Methoden etabliert, die – je nach vorliegender Modellform – mehr oder weniger qualifizierte Schätzungen liefern. Zu nennen sind die gewöhnliche MQ-Methode (= OLS), die indirekte MQ-Methode (= ILS), die zwei- und die dreistufige MQ-Methode (= 2 SLS und 3 SLS), die Full- und die Limited-Information-Maximum-Likelihood-Methode (= FIML und LIML) sowie die Linearisierte-Maximum-Likelihood-Methode (= LML) und die Fixpunkt-Methode (= FPM). Die häufig benutzten Verfahren (OLS-, ILS- und 2 SLS-Methode) sollen im Folgenden näher beschrieben werden.[198]

2.3.4.1 Die OLS-Methode

Hierbei wird jede Verhaltensgleichung folgendermaßen geschätzt („isolierte Schätzung"):

- Jede Gleichung wird nach einer unverzögert endogenen Variablen aufgelöst;[199]
- alle anderen Modellvariablen, also auch die anderen unverzögert endogenen Größen, werden als erklärende Variablen für die Schätzung benutzt;
- jede Gleichung wird getrennt gemäß der MQ-Methode geschätzt.[200]

2.3.4.1.1 Die OLS-Methode in interdependenten Modellen

Wird diese Methode im Rahmen interdependenter Mehrgleichungsmodelle für die Parameterschätzung benutzt, so besteht das Problem, dass zwischen den Störvariablen und den erklärenden Variablen stochastische Beziehungen bestehen, die zum *Verlust* der wünschenswerten Eigenschaften *„Erwartungstreue"* und *„Konsistenz"* der OLS-Schätzfunktionen führen. Dies soll am Beispiel des HAAVELMO-Modells gezeigt werden.

Beispiel 2.28 ***HAAVELMO*-Modell**

Die Strukturform des Modells ist durch (B2-72) mit

$$C_t = \beta_{11} + \beta_{12} Y_t + u_{1t}$$
$$Y_t = C_t + S_t$$

gegeben; der Wirkungszusammenhang ist somit darstellbar durch

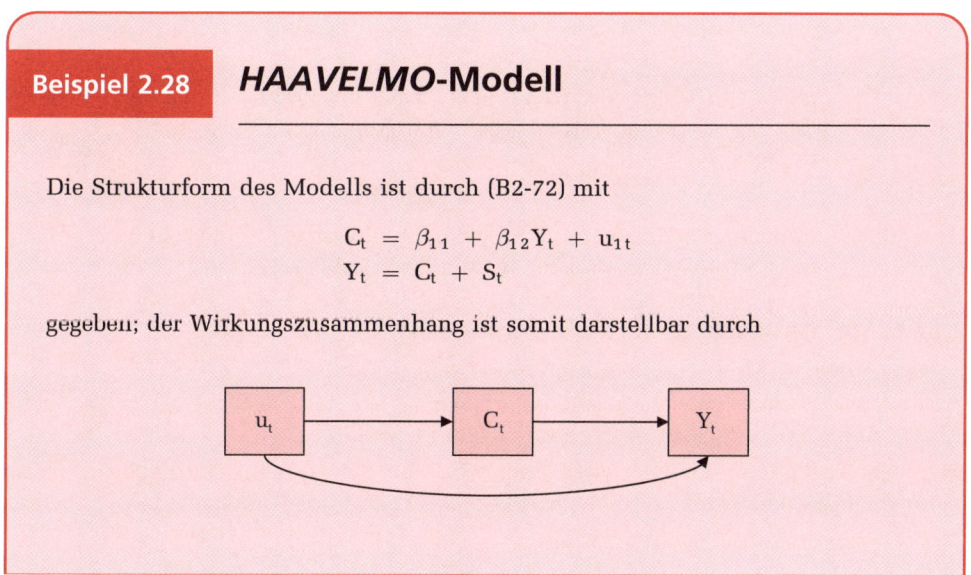

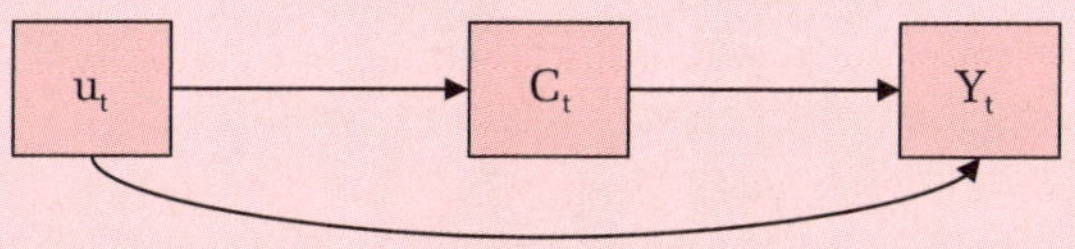

198. Zu den einzelnen Schätzmethoden vergleiche man z.B. ASSENMACHER, 1995, S. 202 ff.; GREEN, 2000, S. 676 ff.; SCHNEEWEISS, 1990, S. 273 ff.; SCHIPS, 1990, S. 206 ff.
199. I.d.R. nach derjenigen gemeinsam abhängigen Variablen, deren Koeffizient gleich Eins ist.
200. Vgl. Eingleichungsmodelle, Kapitel 2.2.1.2.

d.h. die Störvariable u_t wirkt mittelbar über C_t auf Y_t, so dass u_t und Y_t nicht – wie durch die Annahmen festgelegt – unkorreliert sind. Die Kovarianz zwischen Y_t und u_t kann leicht unter Beachtung des gegeben Annahmesystems mit Hilfe der zweiten Gleichung der zugehörigen reduzierten Form des Modells[201]

$$\begin{aligned} C_t &= \frac{\beta_{11}}{1-\beta_{12}} + \frac{\beta_{12}}{1-\beta_{12}} S_t + \frac{1}{1-\beta_{12}} u_{1t} \\ Y_t &= \frac{\beta_{11}}{1-\beta_{12}} + \frac{1}{1-\beta_{12}} S_t + \frac{1}{1-\beta_{12}} u_{1t} \end{aligned} \qquad \text{(B2-72f)}$$

mit

$$\begin{aligned} \operatorname{cov}(Y_t u_t) = E(Y_t u_t) &= \frac{\beta_{11}}{1-\beta_{12}} E u_t + \frac{1}{1-\beta_{12}} E(S_t u_t) \\ &+ \frac{1}{1-\beta_{12}} E u_t^2 = \frac{\sigma_u^2}{1-\beta_{12}} \neq 0 \end{aligned} \qquad \text{(B2-72g)}$$

berechnet werden. Dies wirkt sich bei der OLS-Schätzung der ersten Modellgleichung, welche die Verhaltensgleichung in diesem Modell darstellt, auf die Qualität der Schätzfunktionen b_{11} und b_{12} aus; denn es kann gezeigt werden, dass hier

$$b_{12} \overset{(2.2-7a)}{=} \frac{\sum_t (Y_t - \bar{Y})(C_t - \bar{C})}{\sum_t (Y_t - \bar{Y})^2} = \beta_{12} + \frac{\frac{1}{T}\sum_t (Y_t - \bar{Y})u_t}{\frac{1}{T}\sum_t (Y_t - \bar{Y})^2} \qquad \text{(B2-72h)}$$

und damit

$$\operatorname*{plim}_{T\to\infty} b_{12} = \beta_{12} + \frac{\sigma_u^2}{(1-\beta_{12})\sigma_Y^2} > \beta_{12}\ , \text{ für } 0 < \beta_{12} < 1\ , \qquad \text{(B2-72i)}$$

gilt.[202] b_{12} ist also *nicht konsistent* und überschätzt grundsätzlich den Parameter β_{12}, falls $0 < \beta_{12} < 1$. Damit ist auch b_{11} *nicht konsistent* für β_{11}.

Da in interdependenten Modellen die OLS-Schätzfunktionen weder erwartungstreu noch konsistent sind, ist diese Art der Schätzung hier nicht angebracht.

2.3.4.1.2 Die OLS-Methode in rekursiven Modellen

Ist ein rekursives Modell mit einer unteren Dreiecksmatrix $\underline{\Gamma}'$ nach (2.3-1e) und einer zusätzlichen Normierung sämtlicher Hauptdiagonalelemente auf Eins gegeben, so kann eine OLS-Schätzung folgendermaßen durchgeführt werden:

- Beginnend mit der letzten Gleichung wird die G-te gemeinsam abhängige, also unverzögert endogene Variable mit Hilfe der OLS-Methode geschätzt.

201. Vgl. (B2-72c); Voraussetzung für die Überführung der Strukturform in die reduzierte Form ist wiederum die Vollständigkeit des Modells, also die Invertierbarkeit der Matrix $\underline{\Gamma}'$ aus (B2-72b), die hier durch $\beta_{12} \neq 1$ gewährleistet ist.

202. Vgl. SCHIPS, 1990, S. 209 f.; SCHNEEWEISS, 1990, S. 273f.

- Diese wird anschließend in die anderen Gleichungen als erklärende Variable eingebracht; diese Vorgehensweise wird für die (G − 1)−te, (G − 2)−te, ... Gleichung wiederholt, so dass eine sukzessive OLS-Schätzung der restlichen Gleichungen des Modells erfolgt.

Die OLS-Schätzfunktionen sind *konsistent*, falls die Störvariablen auch *kontemporär unkorreliert* sind, die Varianz-Kovarianzmatrix $\underline{\Sigma}_{uu}$ aus (2.3-13) somit speziell als Diagonalmatrix gegeben ist. Erfüllen die Störgrößen zusätzlich die Normalverteilungsannahme (2.3-14), so sind die OLS-Schätzer auch *erwartungstreu*, falls das Modell keine verzögert endogenen Variablen enthält; außerdem sind sie dann *asymptotisch effizient*.

2.3.4.1.3 Die OLS-Schätzung in reduzierten Modellen

Wendet man die OLS-Schätzung auf ein reduziertes Modell der Form (2.3-2) an, d.h. berechnet man die Schätzfunktionen analog zu (2.2-7) mit

$$\widehat{\underline{H}}' = \left(\underline{X}^{*\prime}\underline{X}^{*}\right)^{-1}\underline{X}^{*\prime}\underline{Y}\ ,^{203} \qquad (2.3\text{-}20)$$

so lässt man nicht nur außer Acht, dass zwischen den einzelnen Gleichungen Verbindungen bestehen, also keine unverbundenen Einzelgleichungen gegeben sind; es werden auch die im allgemeinen vorhandenen kontemporären Korrelationen der Störvariablen w_{gt} übersehen. Denn auch im Falle einer diagonalen Matrix $\underline{\Sigma}_{uu}$ der ursprünglichen Störgrößen der Strukturform gilt in der Regel für die Störvariablen w_{gt} des zugehörigen reduzierten Modells, dass ihre durch (2.3-16) festgelegte Varianz-Kovarianz-Matrix $\underline{\Sigma}_{ww}$ nicht diagonal ist. Ein weiteres Problem, das hier bei der Durchführung einer OLS-Schätzung ignoriert wird, ist die mögliche Nichtlinearität von a-priori-Restriktionen innerhalb der reduzierten Form; diese Art von Restriktionen sind dann gegeben, wenn in der Strukturform des Modells überidentifizierte Gleichungen vorliegen, d.h. die Anzahl der Spalten in der Matrix $\underline{K}_g'$ aus (2.3-19) größer als (G − 1) ist.

Trotz dieser Einwände bezüglich der Anwendung der OLS-Schätzung in reduzierten Modellen, findet man sie doch in der Praxis vor. Gerechtfertigt wird dies dadurch, dass man unter sehr allgemeinen Voraussetzungen die *Konsistenz* dieser Schätzfunktionen nachweisen kann. Wird zusätzlich vorausgesetzt, dass im Modell keine verzögert endogenen Variablen enthalten sind, die Varianz-Kovarianz-Matrix der Störgrößen für die Verhaltensgleichungen vollen Rang besitzt sowie alle Gleichungen der Strukturform genau identifizierbar sind, d.h. das Abzählkriterium (2.3-18) erfüllt ist, so sind die OLS-Schätzer sogar *erwartungstreu* und *effizient*. Gilt die Normalverteilungsannahme für alle u_t und damit auch w_t, so ist OLS auch asymptotisch effizient.

2.3.4.2 Die ILS-Methode (indirekte Methode der Kleinsten Quadrate)

Mit Hilfe der ILS-Methode können Schätzwerte für die Parameter der reduzierten Form gewonnen werden, die anschließend zur Ermittlung der Parameterwerte der Strukturform benutzt werden können, falls die entsprechenden Gleichungen genau identifizierbar sind, die Matrix $\underline{K}_g'$ aus (2.3-19) also genau (G − 1) Spalten besitzt. Sind Gleichungen der Strukturform dagegen überidentifiziert, so äußert sich dies in der reduzierten Form in a-priori-Restriktionen; eindeutige Schätzwerte für Parameter der Strukturform sind dann nicht mehr ableitbar. Liegen unteridentifizierte Gleichungen vor, so können keinerlei

203. Im Folgenden sollen die Schätzwerte/-funktionen innerhalb der reduzierten Modelle mit " ^ " gekennzeichnet werden.

Schätzwerte ermittelt werden. Folgendes Beispiel soll die Vorgehensweise der ILS-Schätzung verdeutlichen.[204]

Beispiel 2.29 Gegeben sei das Modell

$$\begin{aligned} y_{1t} + \gamma_{12}\,y_{2t} &= \beta_{11} + u_{1t} \\ \gamma_{21}\,y_{1t} + y_{2t} &= \beta_{21}\,x^*_{2t} + u_{2t}\quad,\ (1 \leq t \leq T), \end{aligned} \tag{B2-74a}$$

bzw.

$$\begin{aligned} y_{1t} + \gamma_{12}\,y_{2t} - \beta_{11} \qquad &= u_{1t} \\ \gamma_{21}\,y_{1t} + y_{2t} \qquad - \beta_{22}\,x^*_{2t} &= u_{2t}\quad,\ (1 \leq t \leq T), \end{aligned} \tag{B2-74b}$$

mit $\underline{K}' = \left(\underline{\Gamma}', -\underline{B}'\right) = \begin{pmatrix} 1 & \gamma_{12} & -\beta_{11} & 0 \\ \gamma_{21} & 1 & 0 & -\beta_{22} \end{pmatrix}$. Die zugehörige reduzierte Form nach (2.3-2a) erhält man durch rechtsseitige Multiplikation der Strukturform mit $\underline{\Gamma}'^{-1}$; damit ergibt sich hier wegen

$$\underline{\Gamma}'^{-1} = \begin{pmatrix} 1 & \gamma_{12} \\ \gamma_{21} & 1 \end{pmatrix} = \frac{1}{1 - \gamma_{21}\gamma_{12}} \begin{pmatrix} 1 & -\gamma_{12} \\ -\gamma_{21} & 1 \end{pmatrix} \tag{B2-75}$$

die Transponierte der Koeffizientenmatrix der reduzierten Form mit

$$\begin{aligned} \underline{H}' = \underline{\Gamma}'^{-1}\underline{B}' &\underset{\underline{B}'=\underline{B}}{\overset{\uparrow}{=}} \frac{1}{1 - \gamma_{21}\gamma_{12}} \begin{pmatrix} 1 & -\gamma_{12} \\ -\gamma_{21} & 1 \end{pmatrix} \cdot \begin{pmatrix} \beta_{11} & 0 \\ 0 & \beta_{22} \end{pmatrix} \\ &= \frac{1}{1 - \gamma_{21}\gamma_{12}} \begin{pmatrix} \beta_{11} & -\gamma_{12}\beta_{21} \\ -\gamma_{21}\beta_{11} & \beta_{22} \end{pmatrix} \end{aligned} \tag{B2-76}$$

Falls die Elemente von $\underline{H}'$ geschätzt werden, können daraus in diesem Fall auch die Schätzwerte der ursprünglichen Parameter der Strukturform eindeutig bestimmt werden. Denn es gilt

$$\widehat{h}_{11} = \frac{\widehat{\beta}_{11}}{1 - \widehat{\gamma}_{21}\widehat{\gamma}_{12}}\ ;\ \widehat{h}_{12} = \frac{-\widehat{\gamma}_{21}\widehat{\beta}_{11}}{1 - \widehat{\gamma}_{21}\widehat{\gamma}_{12}}\ ;\ \widehat{h}_{21} = \frac{-\widehat{\gamma}_{12}\widehat{\beta}_{22}}{1 - \widehat{\gamma}_{21}\widehat{\gamma}_{12}}\ ;\ \widehat{h}_{22} = \frac{\widehat{\beta}_{22}}{1 - \widehat{\gamma}_{21}\widehat{\gamma}_{12}} \tag{*}$$

und damit

$$\widehat{h}_{12} = -\widehat{\gamma}_{21}\widehat{h}_{11} \text{ bzw. } \widehat{\gamma}_{21} = -\frac{\widehat{h}_{12}}{\widehat{h}_{11}}\ ;\ \widehat{h}_{21} = -\widehat{\gamma}_{12}\widehat{h}_{22} \text{ bzw. } \widehat{\gamma}_{12} = -\frac{\widehat{h}_{21}}{\widehat{h}_{22}}\,. \tag{**}$$

Einsetzten von (**) in (*) und Umformung ergibt unter Beachtung der Forderungen $\widehat{h}_{11} \neq 0$ sowie $\widehat{h}_{22} \neq 0$ die ursprünglichen Schätzwerte mit

$$\widehat{\beta}_{11} = \widehat{h}_{11} - \frac{\widehat{h}_{12}\widehat{h}_{21}}{\widehat{h}_{22}} \text{ und } \widehat{\beta}_{22} = \widehat{h}_{22} - \frac{\widehat{h}_{12}\widehat{h}_{21}}{\widehat{h}_{11}}\ ; \tag{B2-77}$$

wäre $\widehat{h}_{11} \neq 0$ bzw. $\widehat{h}_{22} \neq 0$ nicht erfüllt, so ergibt sich $\widehat{h}_{12} = 0$ und $\widehat{\gamma}_{21}$ beliebig bzw. $\widehat{h}_{21} = 0$und $\widehat{\gamma}_{21}$ beliebig etc.

204. Vgl. auch ASSENMACHER, 1995, S. 203 ff.; SCHNEEWEISS, 1990, 208 ff.

Über die Qualität der Schätzfunktionen wird durch die Möglichkeit der eindeutigen Bestimmbarkeit noch nichts ausgesagt; dies soll nun im Rahmen der *allgemeinen Darstellung der ILS-Methode* erfolgen.

Zunächst muss die Koeffizientenmatrix $\underline{H}'$ der reduzierten Form geeignet partitioniert werden. Ausgehend von der Strukturform (2.3-1) bzw. (2.3-1a) werden die erste Zeile $\underline{\gamma}_1'$ bzw. $\underline{\beta}_1'$ der Matrizen $\underline{\Gamma}'$ bzw. $\underline{B}'$ geeignet aufgeteilt, wobei vorab festgelegt wird, dass die zu schätzende Gleichung die erste Gleichung des Modells ist und dass $\gamma_{11} = 1$ gilt. Die erste Modellgleichung lautet somit

$$y_{1t} = -\sum_{g=2}^{G} \gamma_{1g} y_{gt} + \sum_{j=1}^{k} \beta_{1j} x_{jt}^{*} + u_t \,, \; (1 \leq t \leq T) \,, \qquad (2.3\text{-}21)$$

falls noch keine Ausschlussrestriktionen eingebracht werden. Bezeichnet man analog zu (2.3-18)[205] wiederum mit G_0 bzw. mit k_0 die Anzahl der in der ersten Gleichung a-priori ausgeschlossenen gemeinsam abhängigen, also unverzögert endogenen Variablen bzw. der vorherbestimmten Variablen, so gilt mit $G^* = G - G_0$ bzw. $k^* = k - k_0$

$$y_{1t} = -\sum_{g=2}^{G^*} \gamma_{1g} y_{gt} + \sum_{j=1}^{k^*} \beta_{1j} x_{jt}^{*} + u_t \,, \; (1 \leq t \leq T) \;; \qquad (2.3\text{-}21a)$$

Die entsprechende Partitionierung der ersten Zeile von $\underline{\Gamma}'$ bzw. $\underline{B}'$ ist nun folgendermaßen durchzuführen:

$$\underline{\gamma}_1' = (1 \;\; \gamma_{12} \;\; \ldots \;\; \gamma_{G^*} \;\; 0 \;\; \ldots \;\; 0)_{(1 \times G)} = \begin{pmatrix} 1 & \underline{\gamma}^{*\prime} & \underline{0}' \end{pmatrix}_{(1 \times G)} \,, \qquad (2.3\text{-}22)$$

wobei die Teilvektoren $\underline{\gamma}^{*\prime}$ bzw. $\underline{0}'$ der Ordnung $[1 \times (G^* - 1)]$ bzw. $[1 \times G_0]$ sind, sowie

$$\underline{\beta}_1' = (\beta_{11} \;\; \ldots \;\; \beta_{1k^*} \;\; 0 \;\; \ldots \;\; 0)_{(1 \times k)} = \begin{pmatrix} \underline{\beta}^{*\prime} & \underline{0}' \end{pmatrix}_{(1 \times k)} \,, \qquad (2.3\text{-}23)$$

mit den Teilvektoren $\underline{\beta}^{*\prime}$ bzw. $\underline{0}'$ der Ordnung $(1 \times k^*)$ bzw. $(1 \times k_0)$. Die Matrix $\underline{H}' = \underline{\Gamma}'^{-1}\underline{B}'$ der Koeffizienten der reduzierten Form wird dann analog zerlegt in

$$\underline{H}' = \begin{pmatrix} \underline{h}^{*\prime} & \underline{h}_0' \\ \underline{H}^* & \underline{H}_0 \\ \vdots & \vdots \end{pmatrix} = \begin{pmatrix} h_{11} & \ldots & h_{1k^*} & h_{1,k^*+1} & \ldots & h_{1k} \\ h_{21} & \ldots & h_{2k^*} & h_{2,k^*+1} & \ldots & h_{2k} \\ \vdots & & \vdots & \vdots & & \vdots \\ h_{G^*1} & \ldots & h_{G^*k^*} & h_{G^*,k^*+1} & \ldots & h_{G^*,k} \\ \vdots & & \vdots & \vdots & & \vdots \end{pmatrix}_{(G \times k)} \;; \qquad (2.3\text{-}24)$$

die Teilmatrix

$$\underline{H}_0 = \begin{pmatrix} h_{2,k^*+1} & \ldots & h_{2k} \\ \vdots & & \vdots \\ h_{G^*,k^*+1} & \ldots & h_{G^*,k} \end{pmatrix}_{[(G^*-1) \times k_0]} \qquad (2.3\text{-}24a)$$

205. Man vergleiche das Abzählkriterium.

ist genau dann quadratisch, falls $k_0 = G^* - 1$, d.h. falls die zu schätzende erste Gleichung des Modells genau identifizierbar ist.[206] Die *ILS-Methode* kann dann wie folgt dargestellt werden.

Linksseitige Multiplikation der Matrix $\underline{H}' = \underline{\Gamma}'^{-1}\underline{B}'$ mit $\underline{\Gamma}'$ ergibt $\underline{\Gamma}'\underline{H}' = \underline{B}'$; diese Gleichung setzt somit die Koeffizienten der reduzierten Form mit denen der Strukturform in Beziehung. Da man die erste Gleichung des Modells schätzen will, betrachtet man die erste Zeile dieser Matrizengleichung, also

$$\underline{\gamma}_1'\underline{H}' = \underline{\beta}_1' \text{ bzw. } \begin{pmatrix} 1 & \underline{\gamma}^{*\prime} & \underline{0}' \end{pmatrix} \cdot \underline{H}' = \begin{pmatrix} \underline{\beta}^{*\prime} & \underline{0}' \end{pmatrix} \; ; \tag{2.3-25}$$

lässt man alle Nullsummanden der linken Seite außer Acht, so erhält man

$$\begin{pmatrix} 1 & \underline{\gamma}^{*\prime} \end{pmatrix}_{(1 \times G^*)} \cdot \begin{pmatrix} \underline{h}^{*\prime} & \underline{h}_0' \\ \underline{H}^* & \underline{H}_0 \end{pmatrix}_{(G^* \times k)} = \begin{pmatrix} \underline{\beta}^{*\prime} & \underline{0}' \end{pmatrix}_{(1 \times k)} \; . \tag{2.3-25a}$$

Durch Aufspalten ergibt sich

$$\begin{pmatrix} 1 & \underline{\gamma}^{*\prime} \end{pmatrix}_{(1 \times G^*)} \cdot \begin{pmatrix} \underline{h}^{*\prime} \\ \underline{H}^* \end{pmatrix}_{(G^* \times k^*)} = \underline{\beta}^{*\prime}_{(1 \times k^*)} \text{ bzw. } \underline{h}^{*\prime} + \underline{\gamma}^{*\prime}\underline{H}^* = \underline{\beta}^{*\prime} \tag{2.3-25b}$$

und

$$\begin{pmatrix} 1 & \underline{\gamma}^{*\prime} \end{pmatrix}_{(1 \times G^*)} \cdot \begin{pmatrix} \underline{h}_0' \\ \underline{H}_0 \end{pmatrix}_{(G^* \times k_0)} = \underline{0}'_{(1 \times k_0)} \text{ bzw. } \underline{h}_0' + \underline{\gamma}^{*\prime}\underline{H}_0 = \underline{0}' \; ; \tag{2.3-25c}$$

(2.3-25b) und (2.3-25c) stellen lineare Gleichungssysteme dar, aus denen sich die Koeffizienten $\underline{\gamma}^{*\prime}$ und anschließend $\underline{\beta}^{*\prime}$ der ersten Gleichung des ursprünglichen Modells in Strukturform eindeutig aus den Koeffizienten $\underline{H}'$ der reduzierten Form bestimmen lassen, falls letztere *bekannt* sind und der Rang der quadratischen Matrix $\underline{H}_0$ voll ist, die betrachtete erste Gleichung also genau identifizierbar ist.

In der Regel sind die Elemente von $\underline{H}'$ *nicht bekannt.* Die ILS-Methode verwendet statt dessen die Matrix $\widehat{\underline{H}}'$ der zugehörigen OLS-Schätzwerte für die ersten G^* Zeilen von $\underline{H}'$ und berechnet daraus mit Hilfe von (2.3-25b) und (2.3-25c) die interessierenden Schätzwerte für die Parameter der Strukturform.

Die Vorgehensweise der *ILS-Methode* kann damit folgendermaßen zusammengefasst werden:

Schritt 1: Berechnung der OLS-Schätzwerte für die ersten G^* Zeilen von $\underline{H}'$ analog zu (2.2-7) bzw. (2.3-20) mit

$$\widehat{\underline{H}} = \left(\underline{X}^{*\prime}\underline{X}^*\right)^{-1}\underline{X}^{*\prime}\underline{Y} \tag{2.3-26}$$

und anschließende Zerlegung der Matrix $\widehat{\underline{H}}$ bzw. $\widehat{\underline{H}}'$ in

$$\widehat{\underline{H}}' = \begin{pmatrix} \widehat{\underline{h}}^{*\prime} & \widehat{\underline{h}}_0' \\ \widehat{\underline{H}}^* & \widehat{\underline{H}}_0 \end{pmatrix} \tag{2.3-26a}$$

Schritt 2: Einsetzen dieser OLS-Schätzwerte in das Gleichungssystem (2.3-25c), Umformung und Berechnung der Schätzwerte

$$\widehat{\underline{\gamma}}^{*\prime} = -\,\widehat{\underline{h}}_0' \cdot \widehat{\underline{H}}_0^{-1} \tag{2.3-26b}$$

206. Man vergleiche dazu das Abzählkriterium (2.3-18); vorauszusetzen ist außerdem, dass die Elemente von $\underline{H}_0$ einen vollen Rang dieser Matrix gewährleisten, also keine linearen Abhängigkeiten der Zeilen/Spalten von $\underline{H}_0$ vorliegen.

Schritt 3: Einsetzen dieser OLS-Schätzwerte in das Gleichungssystem (2.3-25b), Umformung und Berechnung der Schätzwerte

$$\underline{\widehat{\beta}}^{*'} = \underline{\widehat{h}}^{*'} + \underline{\widehat{\gamma}}^{*'} \cdot \underline{\widehat{H}}^{*} \tag{2.3-26c}$$

Damit sind unter den gegebenen Voraussetzungen alle interessierenden Parameter der ersten Gleichung des Strukturmodells eindeutig bestimmt; diese Vorgehensweise kann analog auf alle anderen Strukturgleichungen übertragen werden. Da die ILS-Schätzwerte pro Einzelgleichung berechnet werden, ist es unerheblich, ob die jeweiligen anderen Gleichungen über- oder unteridentifiziert sind. Dies kommt erst bei der Schätzung dieser Gleichungen zum Tragen, da eine ILS-Schätzung nur für genau identifizierte Gleichungen möglich ist. Man kann zeigen, dass ILS unter sehr allgemeinen Voraussetzungen *konsistente* Schätzfunktionen liefert; eventuelle andere Optimalitätseigenschaften aus der integrierten OLS-Schätzung lassen sich allerdings nicht übertragen. Die ILS-Schätzung soll anhand des nachfolgenden Beispiels verdeutlicht werden.

Beispiel 2.30

Gegeben sei das HAAVELMO-Modell aus Beispiel 2.21 in seiner Strukturform bzw. aus Beispiel 2.24 in seiner reduzierten Form. Es soll auf die BRD angewandt werden, wobei die entsprechenden Größen für die Jahre 1991 bis 2002 in den jeweiligen Preisen [in Mrd. €] der nachfolgenden Tabelle 2.7. zu entnehmen sind.[207]

Tabelle 2.7

Jahr t	BIP Y_t	priv. Konsum C_t	Staatsausgaben, priv.Inv. u. Außenbeitrag S_t
1991	1502.2	852,51	649,69
1992	1613,2	914,30	698,90
1993	1654,2	950,66	703,54
1994	1735,5	985,75	749,75
1995	1801,3	1024,79	776,51
1996	1833,7	1052,26	781,44
1997	1871,6	1079,77	791,83
1998	1929,4	1111,18	818,22
1999	1978,6	1155,97	822,63
2000	2030,0	1196,22	833,78
2001	2073,7	1232,66	841,04
2002	2110,4	1236,49	873,91

207. Quelle: Sachverständigenrat zur Begutachtung der gesamtwirtschaftlichen Entwicklung, (2004); URL: http://www.sachverstaendigenrat-wirtschaft.de/gutacht/Tabellen/, Tabellen 23 und 25 (Zugriff: 04.03.2004). Das Aggregat S_t ergibt sich hier aus der zweiten Modellgleichung als Differenz von BIP und privatem Konsum pro Periode t.

Die Modellparameter sollen mit Hilfe der *ILS-Methode* geschätzt werden. Dazu muss zunächst geprüft werden, ob die interessierende Verhaltensgleichung, also die erste Modellgleichung, genau identifizierbar ist. Dies ist hier der Fall, da aus

$$\underline{K}' = \left(\underline{\Gamma}'_{(2\times 2)} \quad -\underline{B}'_{(2\times 2)} \right) \overset{(B2-72b)}{=} \begin{pmatrix} 1 & -\beta_{12} & -\beta_{11} & 0 \\ -1 & 1 & 0 & -1 \end{pmatrix} \quad \text{(B2-78)}$$

$\underline{K}_1' = (-1)_{(1\times 1)}$ und damit $\text{rg}(\underline{K}_1') = 1 = G - 1$ folgt, das Rangkriterium (2.3-19) somit erfüllt ist.

Da die Matrix $\underline{H}'$ nicht bekannt ist, muss sie zunächst nach (2.3-26) geschätzt werden. Die dazu benötigten Matrizen lauten hier

$$\underline{X}^* = \begin{pmatrix} 1 & S_1 \\ \vdots & \vdots \\ 1 & S_{12} \end{pmatrix}_{(12\times 2)} = \begin{pmatrix} 1 & 649,69 \\ \vdots & \vdots \\ 1 & 873,91 \end{pmatrix}_{(12\times 2)} \quad \text{(B2-78a)}$$

und

$$\underline{Y} = \begin{pmatrix} C_1 & Y_1 \\ \vdots & \vdots \\ C_{12} & Y_{12} \end{pmatrix}_{(12\times 2)} = \begin{pmatrix} 852,51 & 1502,2 \\ \vdots & \vdots \\ 1236,49 & 2110,4 \end{pmatrix}_{(12\times 2)} ; \quad \text{(B2-78b)}$$

die geschätzte Matrix $\underline{H}$ der Koeffizienten der reduzierten Form berechnet sich dann mit

$$\widehat{\underline{H}} \overset{(2..3-26)}{=} \begin{pmatrix} \frac{\widehat{\beta}_{11}}{1-\widehat{\beta}_{12}} & \frac{\widehat{\beta}_{11}}{1-\widehat{\beta}_{12}} \\ \frac{\widehat{\beta}_{12}}{1-\widehat{\beta}_{12}} & \frac{1}{1-\widehat{\beta}_{12}} \end{pmatrix} = \begin{pmatrix} -365,53 & -365,53 \\ 1,83904 & 2,83904 \end{pmatrix} . \quad \text{(B2-79)}$$

Diese ist anschließend noch zu transponieren. Zerlegung von $\widehat{\underline{H}}'$ analog zu (2.3-26a) ergibt hier $\widehat{\underline{h}}^{*\prime} = -365,53$; $\widehat{\underline{h}}_0 = 1,83904$; $\widehat{\underline{H}}^* = -365,53$ und $\widehat{\underline{H}}_0 = 2,83904$. Setzt man diese Größen in (2.3-26b) und (2.3-26c) ein, so erhält man die geschätzten Werte für die ursprünglichen Parameter der Strukturform mit

$$\widehat{\underline{\gamma}}_1^{*\prime} = -\widehat{\beta}_{12} \overset{(2.3-26b)}{=} -\widehat{\underline{h}}_0' \cdot \widehat{\underline{H}}_0^{-1} = -1,83904 \cdot \frac{1}{2,83904} \approx -0,647768 \quad \text{(B2-80a)}$$

und

$$\begin{aligned} \widehat{\underline{\beta}}^{*\prime} &= \widehat{\beta}_{11} \overset{(2.3-26c)}{=} \widehat{\underline{h}}^{*\prime} + \underline{\gamma}_1^{*\prime} \cdot \widehat{\underline{H}}^* \\ &= -365,53 - 0,647768 \cdot (-365,53) \approx -128,75. \end{aligned} \quad \text{(B2-80b)}$$

Damit sind alle Parameter der ersten Strukturgleichung des Modells geschätzt, die nun folgendermaßen angegeben werden kann:

$$\widehat{C} = -128,75 + 0,647768 \cdot Y \quad \text{(B2-81)}$$ [208]

208. Würde man nicht vom Gesamtmodell mit zwei Gleichungen ausgehen, sondern die erste Modellgleichung isoliert nach (2.2-7) mit OLS schätzen, so ergäbe sich die geschätzte Regressionsgerade analog zu (B2-5) des Beispiels 2.2 mit $\widehat{C} = -141,744 + 0,655\,Y$.

2.3.4.3 Die 2SLS-Methode (zweistufige Methode der Kleinsten Quadrate)

Die 2SLS-Schätzmethode[209] ist geeignet für genau identifizierte und für überidentifizierte Gleichungen sowie für Modelle, bei welchen eine Korrelation zwischen den unverzögert endogenen Variablen y_{gt} und den Störvariablen $u_{gt}, (1 \leq g \leq G; 1 \leq t \leq T)$, besteht. Um diese zu beseitigen, werden auf der ersten Stufe des Verfahrens die y_{gt} durch ihre „theoretischen" Werte $\hat{y}_{gt}$ ersetzt, die man aus der Schätzung der reduzierten Form erhält. Auf der *zweiten Stufe* erfolgt dann eine OLS-Schätzung dieser veränderten Gleichung.

Analog zur ILS-Methode muss eine geeignete Partitionierung der Datenmatrizen $\underline{Y}$ und $\underline{X}^*$ erfolgen. Betrachtet man wieder die erste Modellgleichung, in welcher a-priori Variablen ausgeschlossen werden,[210] so kann diese entsprechend der Gleichung (2.3-21a) mit

$$y_{1t} = -\sum_{g=2}^{G^*} \gamma_{1g} y_{gt} + \sum_{j=1}^{k^*} \beta_{1j} x^*_{jt} + u_t \,, \; (1 \leq t \leq T) \qquad (2.3\text{-}27)$$

angegeben werden. Zusätzlich legt man mit

$$\underline{y}'_{1\bullet} = (\, y_{11} \;\; \dots \;\; y_{1T} \,) \text{ bzw. } \underline{u}'_{1\bullet} = (\, u_{11} \;\; \dots \;\; u_{1T} \,) \qquad (2.3\text{-}28)$$

die erste Spalte von $\underline{Y}$ bzw. $\underline{U}$ fest und es gelte wiederum (2.3-22) und (2.3-23). $\underline{Y}$ und $\underline{X}^*$ werden nun wie folgt zerlegt:

$$\begin{aligned}\underline{Y} &= \left(\underline{y}_{1\bullet (T \times 1)} \quad \underline{Y}^*_{(T \times (G^*-1))} \quad \underline{Y}_{0 (T \times G_0)} \right) \\ &= \begin{pmatrix} \underbrace{\begin{matrix} y_{11} \\ \vdots \\ y_{1T} \end{matrix}}_{\underline{y}_{1\bullet}} & \underbrace{\begin{matrix} y_{2T} & \cdots & y_{G^*1} \\ \vdots & & \vdots \\ y_{2T} & \cdots & y_{G^*T} \end{matrix}}_{\underline{Y}^*} & \underbrace{\begin{matrix} y_{G^*+1,1} & \cdots & y_{G1} \\ \vdots & & \vdots \\ y_{G^*+1,1} & \cdots & y_{GT} \end{matrix}}_{\underline{Y}_0} \end{pmatrix}\end{aligned} \qquad (2.3\text{-}29)$$

$$\underline{X}^* = \left(\underline{X}^{**}_{(T \times k^*)} \quad \underline{X}_{0 (T \times k_0)} \right) = \begin{pmatrix} \underbrace{\begin{matrix} x_{11} & \cdots & x_{k^*1} \\ \vdots & & \vdots \\ x_{1T} & \cdots & x_{k^*T} \end{matrix}}_{\underline{X}^{**}} & \underbrace{\begin{matrix} x_{k^++1,1} & \cdots & x_{k1} \\ \vdots & & \vdots \\ x_{k^*+1,T} & \cdots & x_{kT} \end{matrix}}_{\underline{X}_0} \end{pmatrix} ; \qquad (2.3\text{-}30)$$

damit gilt

$$\underline{y}_{1\bullet} = -\underline{Y}^* \underline{\gamma}^* + \underline{X}^{**} \underline{\beta}^* + \underline{u}_{1\bullet} = (-\underline{Y}^* \quad \underline{X}^{**}) \cdot \begin{pmatrix} \underline{\gamma}^* \\ \underline{\beta}^* \end{pmatrix} + \underline{u}_{1\bullet} \,. \qquad (2.3\text{-}31)$$

Die *2SLS-Methode* kann nun allgemein folgendermaßen beschrieben werden:

209. *„2SLS"* ist die Abkürzung für *„2-Stage Least Squares"*.

210. Im Folgenden sei vorausgesetzt, dass die ausgeschlossenen Variablen diejenigen mit den höchsten Indexnummern sind.

1. Stufe: Ersetzen der Matrix $\underline{Y}^*$ der noch im Modell befindlichen gemeinsam abhängigen Variablen durch die Matrix $\underline{\widehat{Y}}^*$ ihrer „theoretischen“ Werte; diese stellt die aus den Spalten 2 bis G^* bestehende Teilmatrix von

$$\underline{\widehat{Y}} = \underline{X}^* \underline{\widehat{H}} = \underline{X}^* \left(\underline{X}^{*\prime} \underline{X}^*\right)^{-1} \underline{X}^{*\prime} \underline{Y} \qquad (2.3\text{-}32)$$

dar, wobei mit $\underline{\widehat{H}}$ wiederum die OLS-Schätzung nach (2.3-20) gegeben ist; für $\underline{\widehat{Y}}^*$ erhält man somit

$$\underline{\widehat{Y}}^* = \underline{X}^* \left(\underline{X}^{*\prime} \underline{X}^*\right)^{-1} \underline{X}^{*\prime} \underline{Y}^* \ . \qquad (2.3\text{-}32a)$$

2. Stufe: In der Ausgangsgleichung (2.3-31) ersetzt man nun die Matrix $\underline{Y}^*$ durch die geschätzte Matrix $\underline{\widehat{Y}}^*$ aus (2.3-32a) und erhält

$$\underline{y}_{1\bullet} = \begin{pmatrix} -\underline{\widehat{Y}}^* & \underline{X}^{**} \end{pmatrix} \cdot \begin{pmatrix} \underline{\gamma}^* \\ \underline{\beta}^* \end{pmatrix} + \underline{w}_{1\bullet} \ , \qquad (2.3\text{-}33)$$

mit dem Vektor der neuen Störgrößen $\underline{w}_{1\bullet}' = (\, w_{11} \ \ \dots \ \ w_{1T} \,)$. Linksseitige Multiplikation mit der Matrix $\begin{pmatrix} -\underline{\widehat{Y}}^* & \underline{X}^{**} \end{pmatrix}$ ergibt das Normalgleichungssystem

$$\begin{pmatrix} -\underline{\widehat{Y}}^* & \underline{X}^{**} \end{pmatrix}' \underline{y}_{1\bullet} = \begin{pmatrix} -\underline{\widehat{Y}}^* & \underline{X}^{**} \end{pmatrix}' \begin{pmatrix} -\underline{\widehat{Y}}^* & \underline{X}^{**} \end{pmatrix} \cdot \begin{pmatrix} \underline{\gamma}^* \\ \underline{\beta}^* \end{pmatrix} \ , \qquad (2.3\text{-}34)$$

aus welchem sich die gesuchten 2SLS-Schätzwerte für die Modellparameter mit

$$\begin{pmatrix} \widehat{\underline{\gamma}}^* \\ \widehat{\underline{\beta}}^* \end{pmatrix} = \begin{pmatrix} \underline{\widehat{Y}}^{*\prime} \underline{\widehat{Y}}^* & -\underline{\widehat{Y}}^{*\prime} \underline{X}^{**} \\ -\underline{X}^{**\prime} \underline{\widehat{Y}}^* & \underline{X}^{**\prime} \underline{X}^{**} \end{pmatrix}^{-1} \cdot \begin{pmatrix} -\underline{\widehat{Y}}^{*\prime} \\ \underline{X}^{**\prime} \end{pmatrix} \underline{y}_{1\bullet} \qquad (2.3\text{-}35)$$

berechnen lassen. Die 2SLS-Schätzfunktionen sind unter sehr allgemeinen Bedingungen *konsistent*.

Beispiel 2.31 Gegeben sei das LÜDEKE-Modell in seiner Strukturform aus Beispiel 2.19 bzw. in seiner reduzierten Form aus Beispiel 2.22. Es wird nun auf die BRD angewandt, wobei die entsprechenden Größen für die Jahre 1991 bis 2002 in den jeweiligen Preisen [in Mrd. €] der Tabelle 2.8 des *Anhangs A 5* zu entnehmen sind.[211]

211. Quelle: Sachverständigenrat zur Begutachtung der gesamtwirtschaftlichen Entwicklung, (2004); URL: http://www.sachverstaendigenrat-wirtschaft.de/gutacht/Tabellen/, Tabellen 23, 25, 26 und 29 (Zugriff: 04.03. 2004). Das Aggregat S_t ergibt sich hier aus der letzten Modellgleichung als „Restgröße“, also hier durch $S_t = Y_t - C_t - I_t^{pr} + Im_t$.

Die Parameter der ersten Modellgleichung sollen nun mit Hilfe der *2SLS-Methode* geschätzt werden. Dies ist möglich, da es sich dabei nach dem Abzählkriterium (2.3-18) um eine überidentifizierte Gleichung handelt, denn es gilt $k_0 = 3 > G^* - 1 = 1$.[212]

Ausgehend von den Matrizen[213]

$$\underline{X}^*_{(11 \times 5)} = \begin{pmatrix} 1 & C_1 & V_1 & Im_1 & S_2 \\ \vdots & \vdots & \vdots & \vdots & \vdots \\ 1 & C_{11} & V_{11} & Im_{11} & S_{12} \end{pmatrix} = \begin{pmatrix} 1 & 852,51 & 321,09 & 398,72 & 963,07 \\ \vdots & \vdots & \vdots & \vdots & \vdots \\ 1 & 1232,66 & 420,91 & 690,23 & 1479,62 \end{pmatrix} \quad \text{(B2-82)}$$

und

$$\underline{Y}_{(11 \times 4)} = \begin{pmatrix} C_2 & I_2^{pr} & Im_2 & Y_2 \\ \vdots & \vdots & \vdots & \vdots \\ C_{12} & I_{12}^{pr} & Im_{12} & Y_{12} \end{pmatrix} = \begin{pmatrix} 914,30 & 135,61 & 399,78 & 1613,2 \\ \vdots & \vdots & \vdots & \vdots \\ 1236,49 & 61,26 & 666,97 & 2110,4 \end{pmatrix} \quad \text{(B2-83)}$$

der vorherbestimmten und der gemeinsam abhängigen Variablen, muss auf der *ersten Stufe* des Verfahrens die Matrix $\underline{Y}^*$ der noch im Modell befindlichen gemeinsam abhängigen Variablen durch die Matrix $\hat{\underline{Y}}^*$ ihrer „theoretischen" Werte geschätzt werden. Dazu berechnet man zunächst gemäß (2.3-26) die Matrix $\hat{\underline{H}}$ und mit ihrer Hilfe die gesamte Matrix der „theoretischen" Werte $\hat{\underline{Y}}$ nach (2.3-32). Hier resultieren die Matrizen $\hat{\underline{H}}$ und $\hat{\underline{Y}}$[214]

$$\hat{\underline{H}}_{(5 \times 4)} = \begin{pmatrix} 156,6480681 & 172,6775592 & -93,5637182 & 422,8895489 \\ 0,510198214 & -0,5647328128 & -0,957904002 & 0,903369108 \\ 0,378559529 & 0,6321706190 & 0,525929516 & 0,48479940 \\ -0,08907196 & -0,5386300969 & -0,28743191 & -0,337106162 \\ 0,247543273 & 0,478582229 & 1,31451470 & 0,411613162 \end{pmatrix} \quad \text{(B2-84)}$$

und

212. Bei den drei in der ersten Gleichung ausgeschlossenen vorherbestimmten Variablen handelt es sich um V_{t-1}, Im_{t-1} und S_t; die hier enthaltenen gemeinsam abhängigen Variablen sind C_t und Y_t, ihre Anzahl G^* also gleich 2. Eine andere Möglichkeit der Bestimmung der Identifizierbarkeit ist wieder das Rangkriterium, mit dessen Hilfe sich hier natürlich dieselbe Aussage ableiten lässt. Die Koeffizienten der Matrix $\underline{K}_1'$ bzw. die ausgeschlossenen Größen lassen sich am besten aus dem Gleichungssystem (B2-69a) mit (B2-69b) ableiten.

213. Die Elemente der Matrizen ergeben sich nach (B2-69a) mit den erhobenen Daten aus *Anhang A 5*, wobei die zeitliche Verzögerung um eine Periode beachtet werden muss. Somit sind jeweils nur 11 Werte der Variablen einzubeziehen.

214. Sämtliche Berechnungen wurden mit dem Programm MAPLE Version 5.1 durchgeführt.

$$\underline{\widehat{Y}}_{(11\times 4)} = \begin{pmatrix} 917,2966235 & 140,3663652 & 410,0486867 & 1610,684935 \\ 951,7979268 & 110,3147880 & 359,1927109 & 1670,501964 \\ 982,9853137 & 124,7332447 & 399,6017685 & 1730,630376 \\ 1019,679788 & 127,7550751 & 435,7200537 & 1784,344763 \\ 1054,139326 & 122,1417906 & 448,7622630 & 1835,761227 \\ 1087,023054 & 135,9392665 & 504,4978933 & 1886,916370 \\ 1116,034865 & 128,1136877 & 538,2382960 & 1923,831898 \\ 1145,841219 & 122,5559723 & 563,1098765 & 1966,078024 \\ 1193,634096 & 131,0646327 & 660,9568854 & 2040,605041 \\ 1219,774344 & 78,97509096 & 672,1774609 & 2065,435004 \\ 1251,861823 & 78,98203250 & 693,6229948 & 2116,842096 \end{pmatrix}. \tag{B2-85}$$

Die Matrix $\underline{\widehat{Y}}$ wird analog zur Matrix $\underline{Y}$ aufgespalten in

$$\underline{\widehat{Y}}_{(11\times 4)} \overset{(2.3-29)}{=} \left(\underline{\widehat{y}}_{1\bullet(11\times 1)} \quad \underline{\widehat{Y}}^{*}_{(11\times 1)} \quad \underline{\widehat{Y}}_{0(11\times 2)} \right) \overset{(B2-83)}{=} \left(\underline{\widehat{C}} \quad \underline{\widehat{Y}} \quad \left(\underline{\widehat{I}^{pr}} ; \underline{\widehat{Im}} \right) \right); \tag{B2-86}$$

dies ergibt sich aus der Modellformulierung (B2-69) bzw. (B2-69a), der man entnehmen kann, dass die gemeinsam abhängigen Variablen I_t^{pr} und Im_t aus der betrachteten ersten Gleichung ausgeschlossen sind, also zur Teilmatrix $\underline{Y}_0$ gehören, und somit nur das BIP Y_t – neben der durch diese Gleichung erklärten Größe C_t – als gemeinsam abhängige Variable enthalten ist. Damit besteht hier die Teilmatrix $\underline{Y}^*$ nur aus den Werten $Y_2, \ldots, Y_{12}$ des BIP und der Vekor $\underline{y}_{1\bullet}$ aus den Beobachtungen $C_2, \ldots, C_{12}$. Unter Beachtung der Anordnung der Spalten in $\underline{\widehat{Y}}$ bzw. $\underline{Y}$, besteht hier die zur weiteren Berechnung benötigte Teilmatrix $\underline{\widehat{Y}}^*$ aus den Werten der vierten Spalte von $\underline{\widehat{Y}}$, also den „theoretischen" Werten des BIP.

Nicht nur die Martix $\underline{Y}$ bzw. $\underline{\widehat{Y}}$ ist aufzuspalten, sondern auch die Matrix $\underline{X}^*$; dies geschieht nach (2.3-30) und ergibt hier

$$\underline{X}^*_{(11\times 5)} \overset{(2.3-30)}{=} \left(\underline{X}^{**}_{(11\times 2)} \quad \underline{X}_{0(11\times 3)} \right) \overset{(B2-82)}{=} \left((\underline{1};\ \underline{C}) \quad (\underline{V};\ \underline{Im};\ \underline{S}) \right)\ ; \tag{B2-87}$$

Die konkrete Zerlegung ergibt sich wiederum aus der Modellformulierung (B2-69) bzw. (B2-69a), der man entnehmen kann, dass die vorherbestimmten Variablen V_{t-1}, Im_{t-1} und S_t aus der ersten Gleichung ausgeschlossen sind und die für die weitere Berechnung benötigte Teilmatrix $\underline{X}^{**}$ neben dem Regressor für das Absolutglied nur noch die Beobachtungswerte $C_1, \ldots, C_{11}$ enthält.

Auf der *zweiten Stufe* des Verfahrens können nun die gesuchten Schätzwerte $\widehat{\beta}_{12}$, $\widehat{\beta}_{11}$ und $\widehat{\beta}_{13}$ für die Parameter der ersten Modellgleichung bestimmt werden. Dazu berechnet man zunächst die Matrix

$$\begin{pmatrix} \underline{\widehat{Y}}^{*\prime}\underline{\widehat{Y}}^{*}_{(1\times 1)} & -\underline{\widehat{Y}}^{*\prime}\underline{X}^{**}_{(2\times 2)} \\ -\underline{X}^{**\prime}\underline{\widehat{Y}}^{*}_{(2\times 1)} & \underline{X}^{**\prime}\underline{X}^{**}_{(2\times 2)} \end{pmatrix}$$

$$= \begin{pmatrix} 0,3897202629\cdot 10^8 & -20631,63170 & -0,2187232225\cdot 10^8 \\ -20631,63170 & 11 & 11556,07 \\ -0,2187232225\cdot 10^8 & 11556,07 & 0,1228290480\cdot 10^8 \end{pmatrix} \tag{B2-88}$$

bzw.

$$\begin{pmatrix} \underline{\widehat{Y}}^{*\prime}\underline{\widehat{Y}}^{*} & -\underline{\widehat{Y}}^{*\prime}\underline{X}^{**} \\ -\underline{X}^{**\prime}\underline{\widehat{Y}}^{*} & \underline{X}^{**\prime}\underline{X}^{**} \end{pmatrix}^{-1}$$

$$= \begin{pmatrix} 81528,26630 \cdot 10^{-8} & 34201212,64 \cdot 10^{-8} & 113001,0287 \cdot 10^{-8} \\ 34201212,64 \cdot 10^{-8} & 151,2982081 & 46668015,77 \cdot 10^{-8} \\ 113001,0287 \cdot 10^{-8} & 46668015,77 \cdot 10^{-8} & 157324,0195 \cdot 10^{-8} \end{pmatrix} \quad \text{(B2-89)}$$

und ordnet die Werte der Matrix $\underline{\widehat{Y}}^{*}$ und $\underline{X}^{**}$ gemäß (2.3-35) an, also

$$\begin{pmatrix} -\underline{\widehat{Y}}^{*\prime} \\ \underline{X}^{**\prime} \end{pmatrix}_{(3 \times 11)} \overset{\substack{(B2-82)\\(B2-85)}}{=} \begin{pmatrix} -1610,684935 & \dots & -2116,842096 \\ 1 & \dots & 1 \\ 852,51 & \dots & 1232,66 \end{pmatrix} . \quad \text{(B2-90)}$$

Zusammen mit den Werten $\underline{y}_{1\bullet}' = (\,C_2 \;\dots\; C_{12}\,) = (\,914,30 \;\dots\; 1236,49\,)$ ergeben sich hier die gesuchten *2SLS-Schätzwerte* nach (2.3-35) mit

$$\begin{pmatrix} \widehat{\underline{\gamma}}^{*} \\ \widehat{\underline{\beta}}^{*} \end{pmatrix} = \begin{pmatrix} -\widehat{\beta}_{12} \\ \widehat{\beta}_{11} \\ \widehat{\beta}_{13} \end{pmatrix} = \begin{pmatrix} -0,53624837 \\ -115,072202 \\ 0,1860027 \end{pmatrix} ; \quad \text{(B2-91)}$$

die geschätzte erste Modellgleichung lautet somit

$$\widehat{C}_t \overset{\substack{(B2-69)\\(B2-91)}}{=} -115,072202 + 0,53624837 \cdot \widehat{Y}_t + 0,1860027 \cdot C_{t-1} . \quad \text{(B2-92)}$$

2.4 Mikroökonometrische Modelle

Ausgehend von ökonometrischen Eingleichungsmodellen, die in Kapitel 2.2 in ihrer linearen Variante betrachtet wurden, kann unter Beachtung bestimmter Annahmen von der Optimalität der OLS-Schätzung nach (2.2-7) ausgegangen werden. Die Konsequenzen der Verletzung der expliziten Annahmen dieser Klassischen Linearen Regressionsmodelle wurden ausführlich behandelt, nicht jedoch die Folgen der Verletzung einiger impliziten Annahmen, die in der mikroökonometrischen Anwendung jedoch zu erheblichen Problemen führen. So besitzt die abhängige Variable häufig keine stetige Verteilung oder die Beobachtungswerte entstammen keiner Zufallsstichprobe. Eine weitere Schwierigkeit stellt auch die nichtbeobachtete Heterogenität dar. Liegen diskrete oder beschränkt abhängige Zielvariablen vor, so ist das lineare Modell (2.2-1) nicht mehr geeignet, diese Gegebenheiten abzubilden; man benutzt deshalb z.B. *Logit-*, *Probit-* und *Tobitmodelle*. Entstammen die Beobachtungswerte keiner Zufallsstichprobe, kommen *Selektionsmodelle* zum Einsatz. Ist von unbeobachteter Heterogenität in den vorliegenden Mikrodaten auszugehen, so können auf der Grundlage der Verwendung von *Paneldaten* geeignete Schätzer konstruiert werden. Mikroökonometrische Modelle gewinnen in zunehmendem Maße an Bedeutung, da in der Empirischen Wirtschaftsforschung immer mehr *Individualdaten* statt aggregierter Daten ausgewertet werden. Deshalb sollen einige Ansätze noch kurz dargestellt werden,[215] wobei zunächst auf die grundsätzliche Modellierung sowie die Schätz- und Testmethoden eingegangen wird.

2.4.1 Mikroönonometrische Modellierung, Schätz- und Testmethoden

Für die abhängige Variable[216] wird wiederum ein univariates oder multivariates stochastisches Modell unterstellt, wobei nun – je nach Sachlage – von einer Binomial-, Multinomial-, Exponential-, Logarithmischen Normal- oder einer Normalverteilung ausgegangen wird.[217] Liegt eine latente, nicht beobachtbare Variable vor, so wird für sie üblicherweise eine Logistische oder eine Normalverteilung unterstellt. Es existiert somit eine Vielzahl von verschiedenen Modellen; einige Beispiele werden im Folgenden dargestellt:

Geht man von einem univariaten linearen Regressionsmodell aus und unterstellt für die abhängige Variable $\tilde{y}$ eine *Normalverteilung*, so gilt für deren Erwartungswert die lineare Beziehung

$$\mathrm{E}\,\tilde{y} = \mu_{\tilde{y}}(x) = \beta_1 + \beta_2 x \;; \tag{2.4-1}$$

ist dagegen davon auszugehen, dass die Variable y nur positive Werte annehmen kann,[218] so ist eine geeignete Modellierung mit Hilfe der *Exponentialverteilung* oder der *logarithmischen Normalverteilung* möglich. Häufig wird die etwas einfachere Exponentialverteilung benutzt, deren Dichte monoton fallend und durch einen einzigen expliziten Parameter festgelegt ist. Bezeichnet man den Erwartungswert dieser Verteilung, der z.B. die mittlere Verweildauer repräsentieren kann, mit λ, so gilt unter Berücksichtigung der Annahme, dass dieser Parameter nur positive Werte annehmen darf, die Beziehung

$$\mathrm{E}\,\tilde{y} = \lambda(x) = \exp(\beta_1 + \beta_2 x) \;. \tag{2.4-2}$$

Ist dagegen ein binärer Entscheidungsprozess zu modellieren,[219] so ist ein *BERNOULLI-Prozess* mit der „Erfolgswahrscheinlichkeit" p zu unterstellen, wobei mit steigendem x auch p monoton steigen soll. Dabei ist p per definitionem auf das Intervall $[0;1]$ zu beschränken; eine geeignete Modellierung ist z.B. durch

$$p(x) = \frac{1}{1 + \exp(-(\beta_1 + \beta_2 x))} \tag{2.4-3}$$

gegeben, wodurch ein S-förmiger Verlauf festgelegt ist. (2.4-3) entspricht der Verteilungsfunktion der *Logistischen Verteilung* und stellt die einfachste Form des *Logit-Modells* dar. Eine andere Möglichkeit ist die Festlegung

$$p(x) = \Phi(\beta_1 + \beta_2 x) \;, \tag{2.4-4}$$

mit $\Phi(\ldots)$:=Verteilungsfunktion einer *Normalverteilung* mit dem Erwartungswert Null und der Varianz σ^2; dies entspricht dem binären *Probit-Modell*. Diese beiden Verteilungs-

215. Hier sei auf eine ausgewählte grundlegende Literatur zu diesem Themenkomplex verwiesen (z.B. ARMEMIYA, 1985; GREENE, 2000; KÜSTERS, 1987; MANSKI, 1995; MADDALA, 1983; POHLMEIER, 1989; RONNING, 1991; VERBEEK, 2002; WINKELMANN, 1997).

216. Es können auch mehrere abhängige Variable in einem simultanen Mehrgleichungsmodell gegeben sein.

217. Zu den einzelnen Verteilungen vergleiche man z.B. FISZ, 1980, S. 159 ff.

218. Man vergleiche z.B. die Modellierung der Dauer der Arbeitslosigkeit oder der Dauer der Lagerhaltung für ein bestimmtes Produkt.

219. Man denke an die Modellierung des individuellen Arbeitsangebots in Abhängigkeit eines bestimmten Anspruchslohns.

funktionen spielen in der Mikroökonometrie vor allem dann eine Rolle, wenn eine latente Variable $\tilde{y}_L$ von der Größe x abhängt und nach einer bestimmten Realisation von $\tilde{y}_L$ eine von zwei potentiellen Entscheidungen getroffen wird. Letzteres kann dann mit Hilfe einer beobachtbaren Variable $\tilde{y}$ formuliert werden.[220] Formal erhält man den Ansatz

$$\tilde{y}_L = \beta_1 + \beta_2 x + \tilde{u} \,, \tag{2.4-5a}$$

mit $E\tilde{u} = 0$ und $\operatorname{var}\tilde{u} = \sigma^2$, sowie

$$\tilde{y} = \begin{cases} 1, & \text{falls } \tilde{y}_L > c \\ 0, & \text{sonst} \end{cases} \text{, mit c: = beliebige Konstante} \;; \tag{2.4-5b}$$

häufig wird dabei – ohne Verlust der Allgemeingültigkeit – $c = 0$ gesetzt, da für die Wahrscheinlichkeit $P(\tilde{y}_L > c)$ unter Beachtung von (2.4-5a)

$$P(\tilde{y}_L > c) \overset{(2.4-5a)}{=} P(\tilde{u} > (c - \beta_1) - \beta_2 x) \tag{2.4-6}$$

gilt, so dass sich nicht β_1, sondern nur der Term $(c - \beta_1)$ bestimmen lässt. Unterstellt man für $\tilde{u}$ eine *Normalverteilung*, so gilt – unter Beachtung der Symmetrie der (Standard-)Normalverteilung –

$$P(\tilde{y} = 1) \underset{\substack{\uparrow \\ c=0}}{=} P(\tilde{u} > -\beta_1 - \beta_2 x) = P\left(\frac{\tilde{u}}{\sigma} > -\frac{\beta_1 + \beta_2 x}{\sigma}\right) = \Phi_{\tilde{z}}\left(\frac{\beta_1 + \beta_2 x}{\sigma}\right) , \tag{2.4-7}$$

mit $\Phi_{\tilde{z}}(z)$:=Verteilungsfunktion der Standardnormalverteilung an der Stelle z. (2.4-7) entspricht der Festlegung in (2.4-4). Nimmt man dagegen für die Größe $\tilde{u}$ eine Logistische Verteilung an, so kann gezeigt werden, dass sich für die Wahrscheinlichkeit $P(\tilde{y} = 1)$ der Ausdruck (2.4-3) ergibt.[221]

Eine weitere typische Fragestellung, die innerhalb der Mikroökonometrie behandelt wird, ist die Analyse von (individuellen) Verweildauern oder Wartezeiten, deren Anfangs- und Endzeitpunkte oft nicht bekannt sind.[222] Ist der Endzeitpunkt nicht bekannt, so spricht man von „rechts-zensierten" Verweildauern; ist der Anfangszeitpunkt nicht bekannt, so liegen „links-zensierte" Verweildauern vor.[223] Folgende Modellierung dieses Sachverhaltes ist möglich: Eine *linkszensierte* Variable $\tilde{y}$ ist gegeben, falls

$$\tilde{y} = \begin{cases} y_L, & \text{für } \tilde{y}_L > c \\ c, & \text{für } \tilde{y}_L \leq c \end{cases} \;;^{224} \tag{2.4-8}$$

dies führt zu dem bekannten *„zensierten" Tobit-Modell*, mit dessen Hilfe z.B. das Kaufverhalten von Individuen bezüglich eines bestimmten Gutes beschrieben werden kann, wenn unterstellt wird, dass einige Individuen für dieses Gut nur einen bestimmten Betrag c ausgeben, andere dagegen auch höhere Preise zu zahlen bereit sind.[225] Die

220. Ein typisches Beispiel wäre die Interpretation von $\tilde{y}_L$ als „Anspruchsniveau", also Anspruch an den Nutzen, den eine bestimmte Arbeit stiftet; $\tilde{y}$ drückt dann die (binäre) Entscheidung des Arbeitnehmers aus, ob er seine Arbeitskraft anbietet oder nicht (RONNING, 1990, S. 9).

221. Man kann zeigen, dass sich dasselbe Modell auch für den Fall ergibt, wenn man die latente Variable $\tilde{y}_L$ als Nutzenindex auffasst (RONNING, 1990, S. 10 f.).

222. Man denke z.B. an die Dauer der Arbeitslosigkeit oder an die Lagerhaltung von Produkten.

223. Allgemein spricht man von rechts- oder linkszensierten Daten.

224. Eine analoge Definition ist für rechtszensierte Variablen möglich.

225. Von speziellem Interesse ist dabei die Situation c = 0; d.h. es wird unterstellt, dass einige Individuen für dieses Produkt überhaupt keinen Betrag auszugeben bereit sind, es also nicht kaufen.

zugrundeliegende Einflussgröße ist dabei das Einkommen, das für alle Individuen als bekannt vorausgesetzt wird. Sind dagegen nur die Ausgaben von Individuen bekannt, die das Produkt zu einem Preis in der Höhe von mindestens c gekauft haben, so besitzt $\tilde{y}$ eine Dichtefunktion, die an der Stelle c (nach links) abgeschnitten, also „gestutzt" ist, d.h. es gilt

$$f(x) = \frac{h(x)}{P(\tilde{y} > c)}, \tag{2.4-9}$$

mit h(x) bzw. f(x) :=ungestutzte bzw. gestutzte Dichtefunktion. Diese Modelle werden als *„gestutzte" Tobit-Modelle* bezeichnet. Häufig wird dabei eine Normalverteilung unterstellt. Für den oft interessierenden bedingten Erwartungswert einer gestutzten Verteilung gilt dann

$$E(\tilde{y} \mid \tilde{y} > c) = \frac{g(x)}{1 - G(x)}, \tag{2.4-10}$$

mit G(x) := zu g(x)gehörende Verteilungsfunktion.

Hat man für einen speziellen mikroökonomischen Sachverhalt ein ökonometrisches Modell formuliert, so stellt sich auch hier die Frage, ob diese *Spezifikation* tatsächlich geeignet ist; andernfalls verlieren die anschließend berechneten Schätzfunktionen ihre gewünschte Optimalität. Da die dafür entwickelten Testverfahren jeweils nur Teilaspekte überprüfen können, werden immer häufiger robuste Schätzverfahren benutzt; in diesem Grundlagenbuch soll jedoch nur auf die Standard-Schätzverfahren eingegangen werden, die trotz der angesprochenen Problematik häufig in der Praxis angewandt werden. Diese beruhen auf dem wichtigen *„Analogieprinzip"*, das zur Schätzung der Grundgesamtheitsparameter nach Stichprobenfunktionen verlangt, die in der Zufallsstichprobe dieselben Eigenschaften aufweisen wie die Parameter in der Grundgesamtheit.[226] Schätzverfahren, die auf diesem grundlegenden Prinzip beruhen, sind u.a. die *„Generalized Method of Moments"* sowie die *„Maximum-Likelihood-Methode" (ML-Methode)*[227]; letztere wurde schon im Rahmen des klassischen linearen Regressionsmodells dargestellt; dort zeigte sich, dass sie formal zur gleichen Berechnung der Schätzfunktionen $\underline{\tilde{b}}$ führt wie die OLS-Schätzung, nur die Schätzung der unbekannten Varianz der Störgrößen, $\tilde{s}^2_{\tilde{e}}$, weicht im konstanten Term ab.[228] ML-Schätzer sind *konsistent, effizient, ML-Schätzerasymptotisch normalverteilt*[229] sowie *invariant* bezüglich *linearer Transformationen.*[230] In linearen Modellen lassen sich ML-Schätzer analytisch bestimmen; in nichtlinearen

226. Vgl. GOLDBERGER, 1968; MANSKI, 1988.

227. Die Wahrscheinlichkeit, in einer Stichprobe vom Umfang T bei gegebenen Kovariaten $\underline{x}$ genau die abhängigen Variablen $\underline{y} = (y_1, \ldots, y_T)'$ zu erhalten, kann durch die Likelihoodfunktion $L(\underline{y} \mid \underline{x}; \underline{\theta}) = \prod_{t=1}^{T} f(y_i \mid x_i; \underline{\theta})$ wiedergegeben werden. Dabei ist $f(y_i \mid x_i; \underline{\theta})$ die jeweils unterstellte Dichte- oder Wahrscheinlichkeitsfunktion für $\tilde{y}_i$ und $\underline{\theta}$ der Vektor der unbekannten Parameter. Die gesuchten ML-Schätzwerte für $\underline{\theta}$ sind diejenigen, die die Funktion L maximieren; die zugehörigen Zufallsgrößen sind die ML-Schätzfunktionen.

228. Vgl. Abschnitt 2.2.1.6.

229. Wird allgemein der zu schätzende Parametervektor mit $\underline{\theta}$ bezeichnet, so gilt für den zugehörigen Vektor $\tilde{\hat{\underline{\theta}}}$ der Schätzfunktionen $\tilde{\hat{\underline{\theta}}} \to N\left(\underline{\theta}; \underline{\underline{I}}^{-1}_{\underline{\theta}\underline{\theta}}\right)$, mit $\underline{\underline{I}}_{\underline{\theta}\underline{\theta}}$: = *Informationsmatrix*, also $\underline{\underline{I}}_{\underline{\theta}\underline{\theta}} = -E\left(\frac{\partial^2 \ln L}{\partial \underline{\theta} \partial \underline{\theta}'}\right)$; ln L bezeichnet dabei die logarithmierte Likelihoodfunktion. Die Inverse der Informationsmatrix stellt also die Kovarianzmatrix des ML-Schätzvektors $\tilde{\hat{\underline{\theta}}}$ dar; sie ist der mit (-1) multiplizierte Erwartungswert der *HESSEschen* Matrix der Loglikelihoodfunktion.

230. Zur allgemeinen Herleitung dieser Eigenschaften vergleiche man z.B. GREENE, 2000, S. 126 ff.

Modellen ist eine geschlossene Lösung für diese Schätzer meist nicht gegeben. In diesen Fällen müssen numerische Lösungsverfahren wie z.B. das *Gradientenverfahren*[231] oder das auf der Taylorreihenentwicklung beruhende *Newton-Raphson-Verfahren*[232] herangezogen werden.

Sollen schließlich noch analog zu Abschnitt 2.2.1.3 Hypothesen bezüglich der Modellparameter durchgeführt werden, so findet man im Rahmen der ML-Schätzung hauptsächlich den *Likelihood-Quotienten (LQ)-, den WALD-* und den *LAGRANGE-Multiplikator(LM)-Test.* Alle drei Verfahren sind asymptotisch äquivalent und besitzen bei Gültigkeit der Nullhypothese $H_0: \underline{R}\underline{\beta} = \underline{r}$[233] eine asymptotische χ^2–Verteilung mit q Freiheitsgraden, falls die Anzahl der Restriktionen in H_0 mit q gegeben ist. Die Ausprägungen der Prüfgrößen dieser Testverfahren werden wie folgt bestimmt:[234]

$$\textbf{LQ-Test: } \chi^2_{LQ} = -2 \cdot \ln \frac{\widehat{L}_R}{\widehat{L}} = -2 \cdot \left(\ln \widehat{L}_R - \ln \widehat{L}\right) , \qquad (2.4\text{-}11a)$$

mit $\widehat{L}_R$ bzw. $\widehat{L}$:= Wert der Likelihoodfunktion an der Stelle $\underline{b}_R$bzw. $\underline{b}$, wobei mit $\underline{b}_R$ bzw. $\underline{b}$ jeweils der Vektor der ML-Schätzwerte im restringierten bzw. nichtrestringierten Modell bezeichnet wird;

$$\textbf{WALD-Test: } \chi^2_W = (\underline{R}\underline{b} - \underline{r})' \left[\left(\frac{\partial \underline{R}\underline{b}}{\partial \underline{b}}\right) \widehat{\underline{\Sigma}}_{\tilde{\underline{b}}\tilde{\underline{b}}} \left(\frac{\partial \underline{R}\underline{b}}{\partial \underline{b}}\right)' \right]^{-1} (\underline{R}\underline{b} - \underline{r}) , \qquad (2.4\text{-}11b)$$

mit $\widehat{\underline{\Sigma}}_{\tilde{\underline{b}}\tilde{\underline{b}}}$:= (geschätzte) Varianz-Kovarianzmatrix der ML-Schätzer $\tilde{\underline{b}}$;

$$\textbf{LM-Test: } \chi^2_{LM} = \left(\frac{\partial \ln \widehat{L}_R}{\partial \underline{b}_R}\right)' \underline{I}^{-1}_{\tilde{\underline{b}}_R\tilde{\underline{b}}_R} \left(\frac{\partial \ln \widehat{L}_R}{\partial \underline{b}_R}\right) , \qquad (2.4\text{-}11c)$$

mit $\underline{I}_{\tilde{\underline{b}}_R\tilde{\underline{b}}_R}$:= Informationsmatrix bezüglich $\tilde{\underline{b}}_R$. Die jeweilige H_0 wird abgelehnt, falls die Ausprägung einer der Teststatistiken größer ist als das $(1 - \alpha)$–Quantil der χ^2–Verteilung mit q Freiheitsgraden, $\chi^2(1 - \alpha| q)$. Welche der drei Varianten der Prüfgröße im konkreten Fall benutzt werden sollte, liegt am zu betreibenden Rechenaufwand. Muss z.B. sowohl das restringierte als auch das nichtregistrierte Modell geschätzt werden, so ergibt sich daraus gleich die LQ-Testgröße; ist das restringierte Modell schwer zu schätzen, so sollte die WALD-Statistik zum Einsatz kommen, die nur die Schätzung des nichtrestringierten Modells voraussetzt.

Nach dieser kurzen Einführung in die Modellierung sowie die grundsätzlich möglichen Schätz- und Testmethoden soll in den folgenden Abschnitten noch näher auf einige spezielle grundlegende Modelle und Verfahren der Mikroökonometrie eingegangen werden.

231. Probleme ergeben sich bei dessen Anwendung jedoch dann, wenn durch dieses Verfahren nur ein lokales, nicht aber das absolute Extremum der Likelihoodfunktion angesteuert wird; oft können die Gradienten selbst analytisch nicht bestimmt werden.

232. Vgl. z.B. CHENEY/KINKAID, 1985, S. 83 ff.; RONNING, 1991, S. 221 ff.

233. Statt der allgemeinen Bezeichnung $\underline{\theta}$ wird hier – analog zu den in früheren Kapiteln betrachteten linearen Regressionsmodellen – der zu schätzende Parametervektor gleich mit $\underline{\beta}$ bezeichnet.

234. Man vergleiche z.B. GREENE, 2000, S. 150 ff.; RONNING, 1991, S. 23 ff.

2.4.2 Modelle für diskrete abhängige Variable

Liegen qualitative abhängige Variablen vor, so ist zu unterscheiden, ob sie zwei oder mehrere Ausprägungskategorien besitzen, sie also binär oder multinomial sind. Handelt es sich um multinomiale Variablen, so ist zusätzlich zu unterscheiden, ob die einzelnen Kategorien geordnet oder ungeordnet sind. Dies führt zu den entsprechenden *Logit- und Probit-Modellen* für geordnete und ungeordnete Kategorien. Auch diskrete[235] Entscheidungsmodelle, die auf dem Nutzenkalkül beruhen, lassen sich mit dem Logit-Modell für ungeordnete Kategorien einfangen. Ob der gewählte Ansatz für die gegebenen Daten geeignet ist, kann wiederum mit einem geeigneten Gütemaß sowie mit Spezifikationstests überprüft werden. Im Folgenden wird zuerst auf Eingleichungsmodelle mir einer Einflussvariablen abgestellt; eine Erweiterung auf allgemein k Einflussgrößen ist leicht möglich. Weiterhin können auch *multivariate* Modelle sowie *simultane* Logit- und Probit-Modelle betrachtet werden.[236]

2.4.2.1 Binäres und multinomiales Logit-Modell für ungeordnete Kategorien

Unterstellt man für die latente Variable $\tilde{y}_L$ eine *logistische Verteilung* mit dem Erwartungswert μ und der Varianz $\sigma^2_{\tilde{y}_L} = \eta^2\pi^2/3$,[237] wobei für μ die Beziehung

$$\mu(x) = \beta_1 + \beta_2 x \tag{2.4-12}$$

gelten soll,[238] so ist die Variable

$$\tilde{z}_L = \frac{\tilde{y}_L - \beta_1 - \beta_2 x}{\eta} \tag{2.4-13}$$

standard-logistisch verteilt mit $\mu_{\tilde{z}_L} = 0$ und $\operatorname{var}\tilde{z}_L = \pi^2/3$. Damit ist die Wahrscheinlichkeit, dass $\tilde{y}_L$ einen Wert von höchstens c annimmt, mit

$$P(\tilde{y}_L \leq c) = P\left(\tilde{z}_L \leq \frac{c - \mu}{\eta}\right) \overset{(2.4-12)}{=} \frac{1}{1 + \exp\left(-\frac{c - \beta_1 - \beta_2 x}{\eta}\right)} \tag{2.4-14}$$

gegeben. Unterstellt man nun eine binäre beobachtbare Variable $\tilde{y}$, für welche die Beziehung

$$\tilde{y} = \begin{cases} 1, & \text{falls } \tilde{y}_L > c \\ 0, & \text{sonst} \end{cases} \tag{2.4-15}$$

gilt,[239] so resultiert mit den Normierungen $c = 0$ und $\eta = 1$[240] die Erfolgswahrscheinlichkeit p der Variablen $\tilde{y}$ in Abhängigkeit von der Einflussgröße x mit

235. Hier sind speziell *binäre* Entscheidungsmodelle von großer Bedeutung, welche die Auswahl der Alternativen aufgrund des Nutzenmaximierungsprinzip erklären.

236. Hier soll auf die einschlägige Literatur verwiesen werden (z.B. Greene, 2000, S. 811 ff.; RONNING, 1991, S. 87 ff. und S. 100 ff.).

237. Die Verteilungsfunktion der logistischen Verteilung ist allgemein mit $F(x) = \frac{1}{1 + \exp(-(x-\mu)/\eta)}$ gegeben (FISZ, 1989, S. 208; GREENE, 2000, S. 216; RONNING, 1991, S. 214). In der Berechnung der Varianz erscheint die Kreiszahl π.

238. Mit x wird die unterstellte Einflussvariable bezeichnet. Diese wird zunächst als stetig unterstellt; sie kann jedoch auch qualitativer Natur sei. Eine Übertragung des Modells auf derartige Situationen ist leicht möglich. Die geschätzten Wahrscheinlichkeiten können dann als bedingte Wahrscheinlichkeiten in Kontingenztabellen betrachtet und analog berechnet werden (RONNING, 1991, S. 35).

239. Vgl. (2.4-5a).

240. Diese Normierungen sind nötig, da sonst nicht die gesuchten Parameter β_1 und β_2, sondern nur die Terme $(c - \beta_1)/\eta$ und β_2/η identifizierbar und schätzbar sind.

$$p(x) = \frac{1}{1 + \exp(-(\beta_1 + \beta_2 x))} \; .^{241} \tag{2.4-16}$$

(2.4-16) wird als *binäres Logit-Modell* bezeichnet und besitzt für $\beta_2 > 0$ einen ansteigenden, s-förmigen Verlauf:

Abbildung 2.12

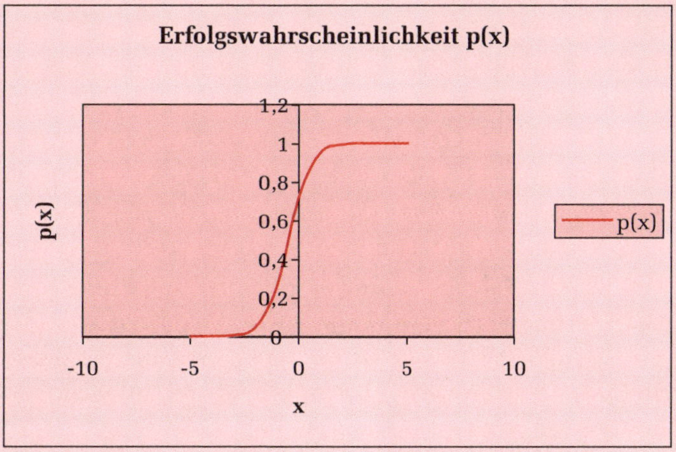

Die beiden unbekannten Parameter β_1 und β_2 sollen nun mit Hilfe eines gegebenen Stichprobenbefundes (y_t, x_t), $(1 \leq t \leq T)$, geschätzt werden, wobei zu beachten ist, dass die y_t nur die Werte 0 und 1 annehmen können. Dazu benutzt man die *Maximum-Likelihood-Methode (ML-Methode)*.

Ausgehend von der Unabhängigkeit der einzelnen Beobachtungen lautet die Likelihoodfunktion

$$L = \prod_{t=1}^{T} p(x_t)^{y_t}(1 - p(x_t))^{1-y_t} \; ; \tag{2.4-17}$$

da

$$1 - p(x_t) \overset{(2.4-16)}{=} \frac{\exp(-(\beta_1 + \beta_2 x_t))}{1 + \exp(-(\beta_1 + \beta_2 x_t))} \; , \tag{2.4-18}$$

kann wegen

$$\prod_{t=1}^{T} (\exp(-(\beta_1 + \beta_2 x_t)))^{1-y_t} \overset{(2.4-18)}{=} \exp\left(-\sum_{t=1}^{T}(1 - y_t)\cdot(\beta_1 + \beta_2 x_t)\right) \tag{2.4-18a}$$

die Likelihoodfunktion auch durch

$$L \underset{\substack{(2.4-16)\\(2.4-18a)}}{\overset{(2.4-17)}{=}} \frac{1}{\prod_{t=1}^{T}(1 + \exp(-(\beta_1 + \beta_2 x_t)))} \cdot \exp\left(-\sum_{t=1}^{T}(1 - y_t)\cdot(\beta_1 + \beta_2 x_t)\right) \tag{2.4-19}$$

wiedergegeben werden. Die zugehörige logarithmierte Funktion ist

241. $p(x) = P(\tilde{y} = 1) = P(\tilde{y}_L > c) = 1 - P(\tilde{y}_L \leq c) = 1 - P\left(\tilde{z}_L \leq \frac{c-\mu}{\eta}\right) \underset{c=0;\eta=1}{\overset{(2.4-14)}{=}} \frac{1}{1+\exp(-(\beta_1+\beta_2 x))}$.

$$\ln L = -\sum_{t=1}^{T}(1 - y_t)\cdot(\beta_1 + \beta_2 x_t) - \sum_{t=1}^{T}\ln(1 + \exp(-(\beta_1 + \beta_2 x_t)))\,. \qquad (2.4\text{-}19a)$$

Die *notwendigen* Bedingungen für ein Maximum lauten

$$\frac{\partial \ln L}{\partial \beta_1} = \ldots = -\sum_{t=1}^{T}\left((1 - y_t) - \frac{1}{1 + \exp(\beta_1 + \beta_2 x_t)}\right)$$
$$= -\sum_{t=1}^{T}(p(x_t) - y_t) \overset{!}{=} 0 \qquad (2.4\text{-}20a)$$

und

$$\frac{\partial \ln L}{\partial \beta_2} = \ldots = -\sum_{t=1}^{T}\left((1 - y_t) - \frac{1}{1 + \exp(\beta_1 + \beta_2 x_t)}\right)\cdot x_t$$
$$= -\sum_{t=1}^{T}(p(x_t) - y_t)\cdot x_t \overset{!}{=} 0 \;; \qquad (2.4\text{-}20b)$$
[242]

die *hinreichenden* Bedingungen sind erfüllt, falls die Log-Likelihoodfunktion einen global konkaven Verlauf besitzt. Dies ist der Fall, wenn die zugehörige *HESSEsche Matrix* $\underline{H}$, also die Matrix der partiellen Ableitungen zweiter Ordnung, negativ definit ist. Diese ist hier gegeben mit

$$\underline{H} = \begin{pmatrix} \frac{\partial \ln L}{\partial \beta_1^2} & \frac{\partial \ln L}{\partial \beta_1 \partial \beta_2} \\ \frac{\partial \ln L}{\partial \beta_2 \partial \beta_1} & \frac{\partial \ln L}{\partial \beta_2^2} \end{pmatrix} = \ldots = \begin{pmatrix} -\sum_t p(x_t)(1 - p(x_t)) & -\sum_t p(x_t)(1 - p(x_t))x_t \\ -\sum_t p(x_t)(1 - p(x_t))x_t & -\sum_t p(x_t)(1 - p(x_t))x_t^2 \end{pmatrix}$$
$$= -\sum_t \begin{pmatrix} p(x_t)(1 - p(x_t)) & p(x_t)(1 - p(x_t))x_t \\ p(x_t)(1 - p(x_t))x_t & p(x_t)(1 - p(x_t))x_t^2 \end{pmatrix}; \qquad (2.4\text{-}21)$$

setzt man $\underline{x}_t' = (1 \quad x_t)'$, $\underline{\beta}' = (\beta_1 \quad \beta_2)'$ und $\underline{X}_{(T\times 2)} = \begin{pmatrix} 1 & x_1 \\ \vdots & \vdots \\ 1 & x_T \end{pmatrix} = \begin{pmatrix} \underline{x}_1' \\ \vdots \\ \underline{x}_T' \end{pmatrix}$, so kann die Matrix $\underline{H}$ auch durch $\underline{H} = -\underline{X}'\underline{D}\,\underline{X}$ wiedergegeben werden, wobei $\underline{D}$ die Diagonalmatrix

$$\underline{D} = \begin{pmatrix} p(x_1)(1 - p(x_1)) & 0 & \ldots & 0 \\ 0 & p(x_2)(1 - p(x_2)) & \ldots & 0 \\ \vdots & & \ddots & 0 \\ 0 & \ldots & 0 & p(x_T)(1 - p(x_T)) \end{pmatrix} \qquad (2.4\text{-}22)$$

darstellt. Es lässt sich zeigen, dass $\underline{H}$ die geforderte Eigenschaft erfüllt;[243] außerdem ist zu beachten, dass $\underline{H}$ deterministisch ist, da ihre Elemente nicht von den Ausprägungen y_t der Stichprobenvariablen $\tilde{y}_t$ abhängen. Deshalb ist die zugehörige Informationsmatrix $\underline{I} = -E(\underline{H}) = -\underline{H}$, so dass $-\underline{H}^{-1}$ der (asymptotischen) Kovarianzmatrix der ML-Schätzfunktionen für β_1 und β_2 entspricht. Die konkrete Berechnung der ML-Schätzwerte aus dem Gleichungssystem (2.4-20a) und (2.4-20b) ist mit Hilfe geeigneter numerischer

242. Die Bedingungen erster Ordnung können analog zum linearen Regressionsmodell als Orthogonalität der Residuen zu den erklärenden Variablen aufgefasst werden. Die ML-Schätzer enthalten somit die gesamte in der erklärenden Variablen enthaltene Information (WINTER, 2002, S. 14).

243. Vgl. z.B. AMEMIYA, 1985, S. 273 f.

Verfahren möglich. Die Schätzung der Erfolgswahrscheinlichkeiten $p(x_t)$ ergeben sich, indem in der Beziehung (2.4-16) die unbekannten Parameter β_1 und β_2 durch ihre ML-Schätzwerte b_1 und b_2 ersetzt werden.

Will man nun Aussagen bezüglich der Modellparameter prüfen, speziell z.B. die Annahme, dass die Variable x überhaupt einen Einfluss besitzt, so kann diese durch die *Nullhypothese* $H_0 : \beta_2 = 0$ ausgedrückt werden. Analog zu den Ausführungen des Kapitels 2.2.1.3 ist eine geeignete Prüfgröße mit

$$\tilde{t} = \frac{\tilde{b}_2 - \beta_{20}}{\sqrt{\operatorname{var}\tilde{b}_2}} \overset{H_0}{=} \frac{\tilde{b}_2}{\sqrt{\operatorname{var}\tilde{b}_2}} \tag{2.4-23}$$

gegeben, wenn $\tilde{b}_2$ den ML-Schätzer für den Parameter β_2 bezeichnet.[244] Für große Stichprobenumfänge T ist diese Prüfgröße asymptotisch standardnormalverteilt. Eine andere Möglichkeit ist die Verwendung des *Likelihood-Quotiententests* mit seiner Prüfgröße

$$\tilde{\lambda} = \frac{\tilde{L}_0}{\tilde{L}}, \tag{2.4-24}$$

wobei $\tilde{L}_0$ bzw. $\tilde{L} :=$ die unter H_0 maximierte bzw. die allgemein bezüglich β_1 und β_2 maximierte Likelihoodfunktion bezeichnen.[245] Unter H_0 ist die transformierte Variable $-2 \cdot \ln \tilde{\lambda}$ mit 1 Freiheitsgrad χ^2–verteilt.[246]

Will man die *Güte* der Modellanpassung an den gegebenen Datensatz überprüfen, so kann z.B. das aus dem Likelihood-Quotienten abgeleitete, auf $[0;1]$ normierte *Maß von Mc FADDEN* benutzt werden, das durch

$$r_F^2 = 1 - \frac{\ln \widehat{L}}{\ln \widehat{L}_0} \tag{2.4-25}$$

gegeben ist.[247] Dabei ist $\widehat{L}$ der Wert der Likelihoodfunktion, falls man konkret für β_1 und β_2 die ML-Schätzwerte b_1 und b_2 einsetzt; $\widehat{L}_0$ ist der Wert der Likelihoodfunktion für das Modell mit $\beta_2 = 0$, in welchem unterstellt wird, dass keine Einflussvariable x gegeben ist. Als Argument ist also nur b_1 einzusetzen. Zu beachten ist, dass ein relativ nahe bei Eins gelegener Wert von r_F^2 nicht unbedingt auf eine gute Anpassungsgüte schließen lässt, da sich der maximale Wert dieses Maßes gerade dann ergibt, wenn die Likelihoodfunk-

244. Selbstverständlich lässt sich die Nullhypothese für beliebige Werte β_{20} formulieren und analog testen; dasselbe gilt für den Parameter β_1. Die Varianz der Schätzfunktion $\tilde{\beta}_k$, $k = 1, 2$, ist dabei das k-te Diagonalelement der Matrix $-\underline{H}^{-1}$. Die in diesen Elementen vorkommenden unbekannten Terme $p(x_t)$ werden dabei geeignet geschätzt, indem man – zusammen mit dem konkreten x_t-Wert – die ML-Schätzwerte b_1 und b_2 für β_1 und β_2 in die Beziehung (2.4-16) einsetzt.

245. Da bei Gültigkeit von $H_0 : \beta_2 = 0$ der ML-Schätzer für β_1 durch den einfachen Term $\tilde{b}_1 = \frac{\tilde{t}^*}{T} = \frac{\sum \tilde{y}_t}{T}$ gegeben ist, mit $\sum \tilde{y}_t :=$ Anzahl der „Erfolge", resultiert für den Zähler von (2.4-24) $L_0 = \left(\frac{t^*}{T}\right)^{t^*} \cdot \left(\frac{T-t^*}{T}\right)^{T-t^*}$; die Nennergröße ergibt sich, indem man in der logarithmierten Likelihoodfunktion aus (2.4-19a) die Parameter β_1 und β_2 durch ihre ML-Schätzer ersetzt.

246. Vgl. auch (2.4-11a); die Anzahl der Freiheitsgrade ergibt sich allgemein aus der Anzahl der durch H_0 erfassten Restriktionen.

247. Eine einfache Übertragung des im linearen Regressionsmodell benutzten Bestimmtheitsmaßes r^2 ist nicht möglich; dies führte zur Diskussion eines sinnvollen Gütemaßes innerhalb der Modelle für diskrete abhängige Variablen (GREENE, 2000, S. 831 ff.; RONNING, 1991, S. 62 f.; VEALL/ZIMMERMANN, 1992, S. 333 ff.; dies., 1994, S. 151 ff.; VERBEEK, 2002, S. 182 ff.).

tion gegen ∞ geht, der ML-Schätzer also nicht existiert. Die Grenze Eins wird bei Existenz des ML-Schätzers nie exakt erreicht, so dass r_F^2 vorsichtig zu interpretieren ist.[248]

Das *binäre Logit-Modell* kann nun verallgemeinert werden, indem man nicht nur eine Einflussgröße x, sondern ein ganzes *Set von k Einflussgrößen* $x_1, \ldots, x_k$ unterstellt. Statt (2.4-16) gilt dann für die Erfolgswahrscheinlichkeit von $\tilde{y}$

$$p(\underline{x}) = \frac{1}{1 + \exp(-\underline{x}'\underline{\beta})} \tag{2.4-26}$$

und die ML-Schätzung der unbekannten Modellparameter $\beta_1, \ldots, \beta_k$ erfolgt nun auf der Grundlage des Stichprobenbefundes $(y_t, x_{1t}, \ldots, x_{kt})$, $(1 \leq t \leq T)$.[249] Die notwendigen Bedingungen für ein Maximum der Log-Likelihoodfunktion können analog zu (2.4-20b) mit

$$\frac{\partial \ln L}{\partial \underline{\beta}} = \ldots = -\sum_{t=1}^{T}\left((1 - y_t) - \frac{1}{1 + \exp(\underline{x}_t'\underline{\beta})}\right) \cdot \underline{x}_t \overset{!}{=} \underline{0} \tag{2.4-27}$$

angegeben werden. Die *HESSEsche Matrix*, die wiederum für die Erfüllung der hinreichenden Bedingungen negativ definit sein muss, lautet analog zu (2.4-21) und (2.4-22)

$$\underline{H} = \left(-\sum_{t=1}^{T} p(\underline{x}_t)(1 - p(\underline{x}_t))\underline{x}_t\underline{x}_t'\right)_{(k \times k)} = -\underline{X}'\underline{D}\underline{X} , \tag{2.4-28}$$

mit $\underline{x}_t' = (1, x_{2t}, \ldots, x_{kt})$ und $\underline{X}_{(T \times k)} = \begin{pmatrix} \underline{x}_1' \\ \vdots \\ \underline{x}_T' \end{pmatrix}$ und $\underline{D}$ wie in (2.4-22) definiert, wobei jeweils x_t durch $\underline{x}_t$ zu ersetzen ist. *Hypothesentests* bezüglich einzelner Parameter bzw. des Einflusses einzelner Größen x_j, $(2 \leq j \leq k)$, können wieder mit Hilfe der Prüfgröße $\tilde{t}$ aus (2.4-23) durchgeführt werden; steht der Einfluss aller k Variablen x_j auf dem Prüfstand, kann mit Hilfe des *Likelihood-Quotienten-Tests* vorgegangen werden, dessen Prüfgröße nach (2.4-24) dann mit $(k - 1)$ Freiheitsgraden χ^2–verteilt ist. Die Güte des jeweiligen Ansatzes kann z.B. wiederum mit dem Maß r_F^2 aus (2.4-25) beurteilt werden.

Weitere (Spezifikations-)Tests beziehen sich auf die Überprüfung, ob alle relevanten Einflussgrößen im Modell berücksichtigt wurden und ob die Störgrößen im Ansatz für die latente Variable $\tilde{y}_L$ homoskedastisch sind.[250] Liegt nämlich Heteroskedastie vor, so liefert die ML-Schätzung keine konsistenten Schätzer. Beide Hypothesen sind schwer voneinander zu trennen, da fälschlicherweise nicht berücksichtigte Einflussgrößen gerade bei Vorliegen von Querschnittsdaten zu Heteroskedastie der Störgrößen in derart spezifizierten Modellen führt. Zur Prüfung der ersten Hypothese kann z.B. die Teststatistik (2.4-11a) des LQ-Tests, die Größe (2.4-11b) nach WALD oder diejenige des LM-Tests, (2.4-11c), benützt werden. Das „restringierte" Modell mit dem Schätzvektor $\underline{\tilde{b}}_R$

248. Dies gilt für alle Gütemaße, die auf dem Verhältnis oder der Differenz der beiden Likelihoodfunktionen beruhen (GREENE, 2000, S. 832;RONNING, 1991, S. 65).

249. Analog zum Mehrfachregressionsmodell ist dabei x_1 wiederum der Scheinregressor, mit Hilfe dessen das Absolutglied modelliert wird; es gilt somit $x_{1t} = 1$ für alle t.

250. Man vergleiche für den Fall nur einer Einflussgröße den Ansatz (2.4-5a); eine Verallgemeinerung auf k Größen ist leicht möglich.

entspricht dabei dem Modell ohne zusätzliche Einflussgrößen,[251] das „nichtrestringierte" Modell mit dem Schätzvektor $\tilde{\underline{b}}$ dem um zusätzliche Größen $\underline{\omega}$ erweiterten Modell. Die zweite *Hypothese* bezüglich des Vorliegens von *Heteroskedastie* kann überprüft werden, indem man zunächst annimmt, dass die Varianz der Störgrößen aus (2.4-5a) mit $\text{var}\tilde{u} = \exp(\underline{\delta}'\underline{\omega})^2$ gegeben ist.[252] Entsprechend ändert sich die zu maximierende Log-Likelihoodfunktion aus (2.4-19a). Zur Prüfung der H_0 :" $\underline{\delta} = \underline{0}$", die der Annahme homoskedastischer Störgrößen entspricht, kann z.B. die Teststatistik $\tilde{\chi}^2_{LM}$ aus (2.4-11c) benutzt werden; die restringierte Likelihood $\widehat{L}_R$ wird dabei mit Hilfe des Schätzvektors $\underline{b}_R$ berechnet, der in diesem Fall nur die Schätzer für die Koeffizienten $\underline{\beta}$ des ursprünglichen Modells umfasst; mit $\underline{\delta} = \underline{0}$ werden hier die zusätzlichen Einflussvariablen $\underline{\omega}$ im Modell ausgeschlossen. $\widehat{L}$ entspricht dann der Likelihood im erweiterten Modell, in welchem sowohl die urprünglichen Variablen $x_1, \ldots, x_k$ als auch die $\omega_1, \ldots, \omega_{k'}$ einbezogen werden. Unter H_0 ist die Prüfgröße χ^2–verteilt mit k′ Freiheitsgraden.[253]

Eine weitere *Verallgemeinerung* des binären Logit-Modells ist gegeben, wenn man für die abhängige Variable $\tilde{y}$ nicht nur zwei sondern allgemein m Ausprägungskategorien zulässt, d.h. es gelte nun

$$p_{m*t} := P(\tilde{y} = m^* \mid \underline{x}_t) = \frac{\exp(\underline{x}_t'\underline{\beta}_{m*})}{\sum\limits_{m**=1}^{m} \exp(\underline{x}_t'\underline{\beta}_{m**})}, \quad (1 \leq m^* \leq m), \tag{2.4-29}$$

mit $\underline{\beta}'_{m*} = (\beta_{1m*}, \ldots, \beta_{km*})$.[254] (2.4-29) wird als *multinomiales Logit-Modell* bezeichnet, da bei Vorliegen einer Stichprobe vom Umfang T die Anzahl der der Beobachtungen in den m Kategorien multinomial verteilt sind.[255] Damit die Parameter eindeutig festgelegt sind, muss eine Restriktion eingeführt werden, z.B. $\underline{\beta}_m = \underline{0}$. Damit ergibt sich – unter Beachtung von $\exp(\underline{x}_t'\underline{\beta}_m) = \exp(0) = 1$ – das Modell statt mit (2.4-29) durch

$$\begin{aligned} P(\tilde{y} = m^* \mid \underline{x}_t) &= \frac{\exp(\underline{x}_t'\underline{\beta}_{m*})}{1 + \sum\limits_{m**=1}^{m-1} \exp(\underline{x}_t'\underline{\beta}_{m**})}, \quad (1 \leq m^* \leq m-1) \\ P(\tilde{y} = m \mid \underline{x}_t) &= \frac{1}{1 + \sum\limits_{m**=1}^{m-1} \exp(\underline{x}_t'\underline{\beta}_{m**})}, \end{aligned} \tag{2.4-29a}$$

wobei sich $P(\tilde{y} = m \mid \underline{x}_t)$ als „Restgröße" zu den anderen Wahrscheinlichkeiten ergibt.

Sollen nun die unbekannten Modellparameter $\underline{\beta}_{m*}$ wiederum mit Hilfe der ML-Methode geschätzt werden, so ist die Log-Likelihoodfunktion

251. Dieses kann als ein erweitertes Modell aufgefasst werden, in welchem die Koeffizienten der zusätzlichen Variablen $\omega_{k+1}, \ldots, \omega_{k'}$ alle gleich Null gesetzt werden.

252. Homoskedastie mit einer Varianz von Eins wäre gegeben, wenn $\underline{\delta} = \underline{0}$; dies entspricht im Falle des Tests auf Vergessen relevanter Einflussgrößen, dass die Koeffizienten der zusätzlichen Variablen $\omega_{k+1}, \ldots, \omega_{k'}$ alle gleich Null sind.

253. Zur exakten Vorgehensweise vergleiche man z.B. GREENE, 2000, S. 829 f.; RONNING, 1991, S. 69 f.; der Test auf Heteroskedastie wird dort jeweils für das *Probit-Modell* geschildert. Eine Übertragung auf das *Logit-Modell* ist möglich, wenn man in (2.4-5a) von $\text{var}\tilde{u} = \exp(\underline{\delta}'\underline{\omega})^2$ statt von $\text{var}\,\tilde{u} = \sigma^2$ ausgeht. Die unterschiedlichen Varianzen der $\tilde{u}_t$ kommen in der Log-Likelihoodfunktion über die $p(x_t)$ zum Tragen, so dass die Normierung von η auf Eins in (2.4-14) nicht mehr zulässig ist.

254. Man beachte, dass in diesem Modell keine latente Variable eingeführt wird; außerdem gilt für die Ausprägungskategorien der abhängigen Variablen die Codierung $y \in \{1, \ldots, m\}$ und nicht $y \in \{0, \ldots, m-1\}$. Der oben geschilderte Spezialfall binärer Variablen wäre somit mit $y \in \{1, 2\}$ gegeben.

255. Zur Multinomialverteilung vergleiche man z.B. FISZ, 1989, S. 195 ff.

$$\ln L \stackrel{(2.4-29)}{=} \sum_{m*=1}^{m} \sum_{t=1}^{T} y_{m*t} \ln p_{m*t} \qquad (2.4\text{-}30)$$

zu maximieren. Die notwendigen Bedingungen für ein Maximum sind[256]

$$\frac{\partial \ln L}{\partial \underline{\beta}_{m*}} = \frac{\exp(\underline{x}_t' \underline{\beta}_{m*}) \left[1 + \sum_{m** \neq m} \exp(\underline{x}_t' \underline{\beta}_{m**})\right] - \left(\exp(\underline{x}_t' \underline{\beta}_{m*})\right)^2}{\left[1 + \sum_{m** \neq m} \exp(\underline{x}_t' \underline{\beta}_{m**})\right]^2} \cdot \underline{x}_t$$

$$= p_{m*t}(1 - p_{m*t})\underline{x}_t \stackrel{!}{=} \underline{0} \qquad (2.4\text{-}31)$$

und die hinreichenden Bedingungen sind erfüllt, falls die *HESSEsche Matrix* $\underline{H}$, deren Elemente durch

$$\frac{\partial \ln L}{\partial \underline{\beta}_{m*} \underline{\beta}_{m*}'} = \ldots = -\sum_t p_{m*t}(1 - p_{m*t}) \cdot \underline{x}_t \underline{x}_t' \quad \text{und} \qquad (2.4\text{-}32a)$$

$$\frac{\partial \ln L}{\partial \underline{\beta}_{m*} \underline{\beta}_n'} = \ldots = -\sum_t (p_{m*t} p_{nt}) \cdot \underline{x}_t \underline{x}_t' , \quad m^* \neq n , \qquad (2.4\text{-}32b)$$

$(1 \leq m^*, n \leq m - 1)$, gegeben sind, wieder negativ definit ist. Es kann gezeigt werden, dass dies grundsätzlich der Fall ist. Die ML-Schätzer ergeben sich durch die Anwendung bekannter numerischer Verfahren auf das Gleichungssystem (2.4-31).[257]

2.4.2.2 Binäres und multinomiales Probit-Modell für ungeordnete Kategorien

Unterstellt man für die latente Variable $\tilde{y}_L$ keine logistische Verteilung, sondern eine *Normalverteilung* mit dem $E\,\tilde{y}_L = \mu$ und $\operatorname{var} \tilde{y}_L = \sigma^2$, so erhält man für die Wahrscheinlichkeit, dass $\tilde{y}_L$ einen Wert von höchstens c annimmt, statt (2.4-14) den Term

$$P(\tilde{y}_L \leq c) = P\left(\tilde{z}_L \leq \frac{c - \mu}{\sigma}\right) \stackrel{(2.4-12)}{=} P\left(\tilde{z}_L \leq \frac{c - \beta_1 - \beta_2 x}{\sigma}\right)$$

$$= \Phi\left(\frac{c - \beta_1 - \beta_2 x}{\sigma}\right) , \qquad (2.4\text{-}33)$$

mit $\Phi(\ldots) :=$Verteilungsfunktion der Standardnormalverteilung. Es wird also zunächst wiederum von nur einer Einflussgröße x ausgegangen; $\tilde{z}_L$ ist die zu $\tilde{y}_L$ gehörende standardisierte Variable. Normiert man nun analog zum Logit-Modell mit $c = 0$ und $\sigma = 1$[258] und unterstellt zuerst die binäre beobachtbare Variable nach (2.4-15), so ergibt sich für die Erfolgswahrscheinlichkeit $P(\tilde{y} = 1)$

$$p(x) = \Phi(\beta_1 + \beta_2 x) ; \qquad (2.4\text{-}34)$$

256. Vgl. GREENE, 2000, S. 860 f.; RONNING, 1991, S. 40 f.

257. Zu den sich dabei ergebenden Schwierigkeiten sowie auf die Problematik bei der Parameterinterpretation sei hier auf die einschlägige Literatur verwiesen (z.B. RONNING, 1991, S. 42 f.).

258. Statt $\eta = 1$.

(2.4-34) wird als *binäres Probit-Modell* bezeichnet.[259] Die auf der Grundlage eines Stichprobenbefundes vom Umfang T zu berechnende Likelihoodfunktion bzw. Log-Likelihoodfunktion lautet dann

$$L = \prod_{t=1}^{T} \Phi(\beta_1 + \beta_2 x_t)^{y_t}(1 - \Phi(\beta_1 + \beta_2 x_t))^{1-y_t} \qquad (2.4\text{-}35)$$

bzw.

$$\begin{aligned} \ln L &= \sum_{t=1}^{T} [y_t \cdot \ln \Phi(\beta_1 + \beta_2 x) + (1 - y_t) \cdot \ln(1 - \Phi(\beta_1 + \beta_2 x))] \\ &=: \sum_{t=1}^{T} [y_t \cdot \ln \Phi_t + (1 - y_t) \cdot \ln(1 - \Phi_t)] \, ; \end{aligned} \qquad (2.4\text{-}35a)$$

letztere ist zur Berechnung der ML-Schätzer für unbekannten Parameter β_1 und β_2 wiederum partiell zu differenzieren; als notwendige Bedingungen ergeben sich hier die Gleichungen

$$\frac{\partial \ln L}{\partial \beta_1} = \sum_t \left(\frac{y_t}{\Phi_t} \cdot \varphi_t - \frac{1 - y_t}{1 - \Phi_t} \cdot \varphi_t \right) = \ldots = \sum_t \frac{y_t - \Phi_t}{\Phi_t(1 - \Phi_t)} \cdot \varphi_t \stackrel{!}{=} 0 \qquad (2.4\text{-}36a)$$

und

$$\frac{\partial \ln L}{\partial \beta_2} = \ldots = \sum_t \frac{y_t - \Phi_t}{\Phi_t(1 - \Phi_t)} \cdot \varphi_t x_t \stackrel{!}{=} 0 \, , \qquad (2.4\text{-}36b)$$

mit $\varphi_t = \varphi(\beta_1 + \beta_2 x_t) :=$ Dichtefunktion der Standardnormalverteilung an der Stelle $\beta_1 + \beta_2 x_t$. Für die *HESSEsche Matrix* ergibt sich hier[260]

$$\underline{H} = \begin{pmatrix} \frac{\partial \ln L}{\partial \beta_1^2} & \frac{\partial \ln L}{\partial \beta_1 \partial \beta_2} \\ \frac{\partial \ln L}{\partial \beta_2 \partial \beta_1} & \frac{\partial \ln L}{\partial \beta_2^2} \end{pmatrix} = \ldots = \begin{pmatrix} -\sum_t \frac{h_t \varphi_t}{[\Phi_t(1 - \Phi_t)]^2} & -\sum_t \frac{h_t \varphi_t}{[\Phi_t(1 - \Phi_t)]^2} \cdot x_t \\ -\sum_t \frac{h_t \varphi_t}{[\Phi_t(1 - \Phi_t)]^2} \cdot x_t & -\sum_t \frac{h_t \varphi_t}{[\Phi_t(1 - \Phi_t)]^2} \cdot x_t^2 \end{pmatrix} , \qquad (2.4\text{-}37a)$$

mit $h_t = (y_t - 2 y_t \Phi_t + \Phi_t^2) \cdot \varphi_t + (y_t - \Phi_t) \cdot \Phi_t \cdot (1 - \Phi_t) \cdot (\beta_1 + \beta_2 x_t)$, bzw. in Matrixschreibweise

$$\underline{H} = \left(-\sum_t \frac{h_t \varphi_t}{[\Phi_t(1 - \Phi_t)]^2} \cdot \underline{x}_t \underline{x}_t' \right)_{(2 \times 2)} , \qquad (2.4\text{-}37b)$$

mit $\underline{x}_t' = (1 \quad x_t)'$. Die Matrizen $\underline{H}$ und $E(\underline{H})$ sind negativ definit, falls die Matrix $\underline{X}$ vollen Spaltenrang besitzt.[261] Es lässt sich zeigen, dass dies stets der Fall ist; die durch (2.4-35a) gegebene Log-Likelihoodfunktion hat somit grundsätzlich einen konkaven Verlauf, d.h. die hinreichenden Bedingungen für ein Maximum sind immer erfüllt. Die ML-Schätzwerte können wiederum mit Hilfe eines geeigneten iterativen Verfahrens wie

259. Da Φ die Verteilungsfunktion einer Standardnormalverteilung kennzeichnet, entspricht der Verlauf der Erfolgswahrscheinlichkeitsfunktion p(x) der in Abbildung 2.12 dargestellten s-förmigen Kurve p(x) des binären Logit-Modells.

260. vgl. z.B. GREENE, 2000, S. 821 f.; RONNING, 1991, S. 45 f. Man beachte, dass im Gegensatz zum Logit-Modell die Elemente von $\underline{H}$ nun auch – über die Terme h_t – die Variablen y_t enthalten, so dass wegen $E(h_t) = (\Phi_t - 2\Phi_t^2 + \Phi_t^2)\varphi_t = (\Phi_t(1 - \Phi_t))\varphi_t$ nun $E(\underline{H}) = \left(-\sum_t \frac{\varphi_t^2}{\Phi_t(1 - \Phi_t)} \cdot \underline{x}_t \underline{x}_t' \right)_{(2 \times 2)}$ und nicht mehr $E(\underline{H}) = \underline{H}$ gilt.

261. Zur Festlegung der Matrix $\underline{X}$ vergleiche man das (binäre) Logit-Modell.

z.B. dem *NEWTON-RAPHSON-Algorithmus*[262] bestimmt werden. Die Berechnung der geschätzten Erfolgswahrscheinlichkeiten ergibt sich auch hier durch Einsetzen der ML-Schätzwerte b_1 und b_2 in die Gleichung (2.4-34).

Sämtliche Tests und Gütemaße, die innerhalb des binären Logit-Modells dargestellt wurden, können hier analog angewendet werden.[263] Auch eine nichtstetige, dichotome Einflussgröße x kann betrachtet werden; die Ergebnisse aus dem Logit-Modell sind übertragbar. Ebenso verhält es sich mit der *Verallgemeinerung des binären Probit-Modells*, wenn man ein ganzes *Set von k Einflussgrößen* $x_1, \ldots, x_k$ unterstellt. Weiterhin kann auch hier eine Verallgemeinerung zum *multinomialen Probit-Modell* vorgenommen werden, wenn für die beobachtbare abhängige Variable $\tilde{y}$ nicht nur zwei, sondern mehrere (ungeordnete) Ausprägungskategorien unterstellt werden. Von Interesse ist auch hier die Wahrscheinlichkeit $p_{m*} = P(\tilde{y} = m^*|x)$,[264] wenn die Anzahl der Kategorien von $\tilde{y}$ wieder mit m, $(1 \le m^* \le m)$, bezeichnet wird. Um diese angeben zu können, werden m latente, gemeinsam normalverteilte Variablen $\tilde{U}_{m*}$ eingeführt, die stochastisch unabhängig sein sollen. Üblicherweise werden diese Variablen als Nutzenindizes angesehen. Die Kategorie m^* soll nun dann beobachtet werden, also $\{\tilde{y} = m^*\}$ soll dann eintreten, falls für alle $n \neq m^*$ gilt, dass der Nutzenindex für die Kategorie m^* am größten ist, also $\tilde{U}_{m*} > \tilde{U}_n$. Für $m = 2$ Kategorien kann dies – unter Beachtung von $\tilde{U}_1 \rightarrow N(\mu_1; \sigma^2)$, $\tilde{U}_2 \rightarrow N(\mu_2; \sigma^2)$ und $\tilde{U}_1, \tilde{U}_2$ stochastisch unabhängig[265] – formal durch

$$\begin{aligned} P(\tilde{y} = 1|x) &= P(\tilde{U}_1 > \tilde{U}_2|x) = P(\tilde{y}_L > 0|x) \\ &= 1 - \Phi\left(-\frac{(\beta_{11} - \beta_{12}) + (\beta_{21} - \beta_{22})x}{\sqrt{2\sigma^2}}\right) \\ &= \Phi\left(\frac{(\beta_{11} - \beta_{12}) + (\beta_{21} - \beta_{22})x}{\sqrt{2\sigma^2}}\right) \end{aligned} \qquad (2.4\text{-}38)$$

angegeben werden. (2.4-38) entspricht der Beziehung (2.4-34) im binären Modell. Zur eindeutigen Parametrisierung muss hier neben der Normierung der Varianz auch jeweils eine zusätzliche Bedingung für die Modellparameter eingeführt werden; es soll zusätzlich $2\sigma^2 = 1$ und $\beta_{12} = \beta_{22} = 0$ gelten. (2.4-38) kann auch folgendermaßen ausgedrückt werden:[266]

---

262. Verwendet man innerhalb dessen nicht die Matrix $\underline{H}$, sondern die Matrix $E(\underline{H})$, so kommt man zur sog. *Scoring-Methode*.

263. Insbesondere sei hier auch auf den *Test auf Heterogenität* hingewiesen, in welchem analog zum Logit-Modell die beiden Log-Likelihoodfunktionen $\ln \hat{L}_R$ und $\ln \hat{L}$ zu bestimmen sind und durch die Teststatistik (2.4-11c) bewertet werden können. $\ln \hat{L}_R$ wird wiederum nur mit den ML-Schätzwerten für die Parameter $\underline{\beta}$ des ursprünglichen Modell berechnet; dagegen werden in $\ln \hat{L}$ auch die zusätzlichen Einflussvariablen $\underline{\omega}$ berücksichtigt, die in den Ansatz für die ansteigende Varianz eingebracht werden. Dies geschieht hier konkret über Standardnormalverteilungsfunktion, die in die Berechnung von $\ln \hat{L}$ mit $\Phi_t = \Phi\left(\frac{\underline{x}_t'\underline{\beta}}{\sqrt{\text{var}\,\tilde{u}_t}}\right) = \Phi\left(\frac{\underline{x}_t'\underline{\beta}}{\exp(\underline{\omega}_t'\underline{\delta})}\right)$ statt mit $\Phi_t = \Phi\left(\underline{x}_t'\underline{\beta}\right)$ eingeht (GREENE, 2000, S. 829 f.).

264. Eine Verallgemeinerung auf k Einflussvariablen $x_1, \ldots, x_k$ ist leicht möglich.

265. $\tilde{y}_L = \tilde{U}_1 - \tilde{U}_2 \rightarrow N(\mu_1 - \mu_2; 2\sigma^2)$ sowie $\mu_{m*} = \beta_{1m*} + \beta_{2m*}x_t$, $m^* = 1, 2$.

266. Man beachte dabei die übliche Berechnung von bedingten Dichtefunktionen f(...). Weiterhin ist anzumerken, dass mit U_1 und U_2 die jeweils zugehörenden Ausprägungen der Nutzenvariablen bezeichnet werden; das in der Bedingung stehende x soll andeuten, dass die bedingte und die gemeinsame Dichte von $\tilde{U}_1$ und $\tilde{U}_2$ von der Einflussvariablen x abhängt.

$$
\begin{aligned}
P(\tilde{y} = 1|x) &= P(\tilde{U}_1 > \tilde{U}_2|x) = P(\tilde{U}_2 < \tilde{U}_1|x) \\
&= \int_{-\infty}^{\infty} P(\tilde{U}_2 < U_1|\tilde{U}_1 = U_1|x)\, f(U_1)\, dU_1 \\
&= \ldots = \int_{-\infty}^{\infty} \int_{-\infty}^{U_1} f(U_1; U_2|x)\, dU_2\, dU_1 \\
&= P(\tilde{y}_L > 0|x) = \int_{0}^{\infty} f_L(y_L)\, dy_L \quad . \qquad (2.4\text{-}38a)
\end{aligned}
$$

Für $m > 2$ kann (2.4-38a) übertragen werden; so gilt z.B. für $m = 3$

$$
\begin{aligned}
P(\tilde{y} = 1|x) &= P(\tilde{U}_1 > \tilde{U}_2; \tilde{U}_1 > \tilde{U}_3|x) = P(\tilde{U}_2 < \tilde{U}_1; \tilde{U}_3 < \tilde{U}_1|x) = \ldots \\
&= \int_{-\infty}^{\infty} \int_{-\infty}^{U_1} \int_{-\infty}^{U_1} f(U_1; U_2; U_3|x)\, dU_3\, dU_2\, dU_1 \qquad (2.4\text{-}39a)
\end{aligned}
$$

bzw. – falls $\tilde{y}_{L_{12}} = \tilde{U}_1 - \tilde{U}_2$ und $\tilde{y}_{L_{13}} = \tilde{U}_1 - \tilde{U}_3$ gesetzt wird –

$$
\begin{aligned}
P(\tilde{y} = 1|x) &= P(\tilde{U}_1 > \tilde{U}_2; \tilde{U}_1 > \tilde{U}_3|x) = P(\tilde{y}_{L_{12}} > 0; \tilde{y}_{L_{13}} > 0|x) \\
&= \int_{0}^{\infty} \int_{0}^{\infty} f_L(y_{L_{12}}; y_{L_{13}}|x)\, dy_{L_{12}}\, dy_{L_{13}} \quad . \qquad (2.4\text{-}39b)
\end{aligned}
$$

Diese Erfolgswahrscheinlichkeiten müssen für die ML-Schätzung der Modellparameter $\underline{\beta}_{m*}$ wieder in die Log-Likelihoodfunktion eingesetzt werden.[267] Die Berechnungen der Integrale sind sehr aufwändig und können nur mit Hilfe geeigneter Simulationsverfahren bestimmt werden;[268] Entsprechendes gilt für die Testverfahren. Im Rahmen dieses Grundlagenbuches soll deshalb nicht näher darauf eingegangen werden.

2.4.2.3 Multinomiale Logit- und Probit-Modelle für geordnete Kategorien

Für die beobachtbare abhängige Variable $\tilde{y}$ werden nun mehrere geordnete Ausprägungskategorien unterstellt.[269] Wie im Falle ungeordneter Kategorien wird auch hier eine latente Variable $\tilde{y}_L$ eingeführt; der Zusammenhang zwischen $\tilde{y}$ und $\tilde{y}_L$ wird nun durch

$$
\tilde{y} = \begin{cases} 1, & \text{falls } -\infty < \tilde{y}_L < \alpha_1 \\ 2, & \text{falls } \alpha_1 < \tilde{y}_L < \alpha_2 \\ \vdots & \quad \vdots \\ m, & \text{falls } \alpha_{m-1} < \tilde{y}_L < \infty \end{cases} , \qquad (2.4\text{-}40)
$$

und es soll wiederum

$$
\mu(\underline{x}) = \beta_1 + \underline{x}'\underline{\beta} \qquad (2.4\text{-}41)
$$

267. Die Schätzung erfolgt wieder auf der Grundlage eines Stichprobenbefundes vom Umfang T.
268. Man vergleiche z.B. GREENE, 2000, S. 871 ff. u. S. 184 f.; RONNING, 1991, S. 54; WINTER, 2002, S. 25).
269. Für m = 2 ergibt sich kein Unterschied zu Modellen mit ungeordneten Kategorien.

gelten.[270] Unterstellt man nun für $\tilde{y}_L$ eine *Logistische Verteilung* mit $E\,\tilde{y}_L = \mu$ und $\text{var}\,\tilde{y}_L = \eta^2\pi^2/3$, so gilt

$$\begin{aligned} P(\tilde{y} = m^*|\underline{x}) &= P(\tilde{y}_L \leq \alpha_{m*}) - P(\tilde{y}_L \leq \alpha_{m*-1}) \\ &= P\left(\tilde{z}_L \leq \frac{\alpha_{m*} - \beta_1 - \underline{x}'\underline{\beta}}{\eta}\right) - P\left(\tilde{z}_L \leq \frac{\alpha_{m*-1} - \beta_1 - \underline{x}'\underline{\beta}}{\eta}\right), \end{aligned} \quad (2.4\text{-}42)$$

und nach der für die Parametrisierung notwendigen Normierung $\beta_1 = 0$ sowie $\eta = 1$ analog zu den Ausführungen von Abschnitt 2.4.2.1.

$$P(\tilde{y} = m^*|\underline{x}) = \begin{cases} \frac{1}{1+\exp(-(\alpha_{m*} - \underline{x}'\underline{\beta}))} & \text{für } m^* = 1 \\ \frac{1}{1+\exp(-(\alpha_{m*} - \underline{x}'\underline{\beta}))} - \frac{1}{1+\exp(-(\alpha_{m*-1} - \underline{x}'\underline{\beta}))} & \text{für } 2 \leq m^* \leq m-1 \\ 1 - \frac{1}{1+\exp(-(\alpha_{m*-1} - \underline{x}'\underline{\beta}))} & \text{für } m^* = m\,. \end{cases} \quad (2.4\text{-}43)$$

(2.4-43) wird als *Logit-Modell für geordnete Kategorien* oder als *ordinales Logit-Modell* bezeichnet. Die Anzahl der zu schätzenden Parameter reduziert sich im Vergleich zum *Logit-Modell* mit ungeordneten Kategorien von $k(m-1)$ auf $(m-1)+(k-1)$, d.h. neben den $\beta_2, \ldots, \beta_k$ sind hier noch die Schwellenwerte $\alpha_1, \ldots, \alpha_m$ zu schätzen, für die $\alpha_1 < \alpha_2 < \ldots < \alpha_m$ gelten muss. Die nachfolgende Tabelle zeigt den Verlauf der Erfolgswahrscheinlichkeiten $p_{m*} = P(\tilde{y} = m^*|x)$ für den Fall nur einer Einflussvariablen x und $m = 3$ Ausprägungskategorien der Variablen $\tilde{y}$, falls $\alpha_1 = 1$, $\alpha_2 = 3$ und $\beta_2 = 2$ gesetzt wird.

Abbildung 2.13

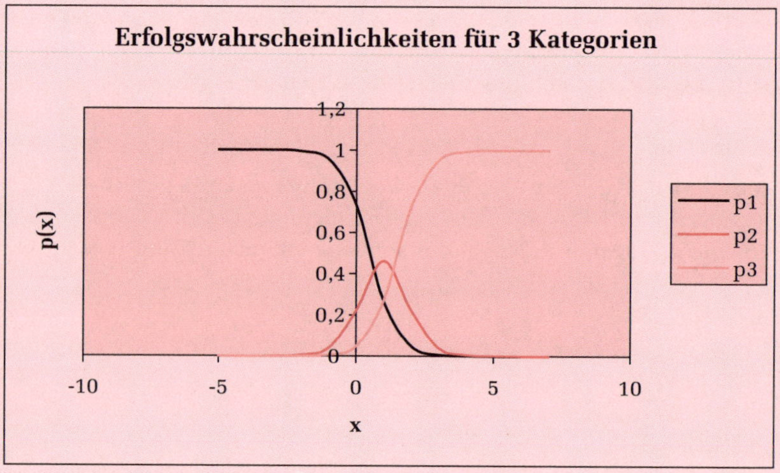

Zur Schätzung der unbekannten Modellparameter setzt man die $p_{m*} = P(\tilde{y} = m^*|\underline{x})$ aus (2.4-43) in die Log-Likelihoodfunktion

270. Diese Formulierung gilt natürlich auch für den Spezialfall $\underline{x} = x$; außerdem beachte man, dass $\underline{x}$ nun kein Element $x_1 = 1$ enthält, sondern nur (k – 1) Komponenten besitzt. Entsprechendes gilt für $\underline{\beta}$. Das Absolutglied wird also explizit aufgeführt.

$$\ln L \;=\; \sum_{t=1}^{T}\sum_{m*=1}^{m} y_{m*t} \ln p_{m*t} \tag{2.4-44}$$

ein; die notwendigen Bedingungen für ein Maximum dieser Funktion sind hier durch

$$\frac{\partial \ln L}{\partial \underline{\beta}} \;=\; \sum_{t}\sum_{m*} \frac{y_{m*t}}{p_{m*t}} \cdot \left(g_{m*-1,t} \;-\; g_{m*t}\right) \cdot \underline{x}_t \overset{!}{=} \underline{0} \tag{2.4-45a}$$

$$\frac{\partial \ln L}{\partial \underline{\alpha}} \;=\; \sum_{t}\sum_{m*} \frac{y_{m*t}}{p_{m*t}} \cdot \left(\delta_{m*n} \cdot g_{m*-1,t} \;-\; \delta_{m*-1,n} \cdot g_{m*t}\right) \cdot \underline{x}_t \overset{!}{=} \underline{0} \tag{2.4-45b}$$

gegeben,[271] mit $\delta_{m*n} = \begin{cases} 1 & \text{für } m^* \neq n \\ 0 & \text{sonst} \end{cases}$

und

$$g_{m*t} \;=\; \begin{cases} 0 & \text{falls } m^* = 0 \\ \dfrac{\exp(-(\alpha_{m*} - \underline{x}_t'\underline{\beta}))}{\left[1 + \exp(-(\alpha_{m*} - \underline{x}_t'\underline{\beta}))\right]^2} & \text{falls } 1 \leq m^* \leq m-1 \\ 0 & \text{falls } m^* = m\ . \end{cases} \tag{2.4-46}$$

Es kann gezeigt werden, dass ln L stets insgesamt konkav verläuft, so dass die Existenz eines Maximums grundsätzlich gesichert ist. Für die konkrete Berechnung wird die Verwendung der *Scoring-Methode* empfohlen, die $E(\underline{H})$ statt $\underline{H}$ benutzt, da hier die Berechnung der HESSEschen Matrix $\underline{H}$ relativ aufwändig ist, $E(\underline{H})$ dagegen einfacher ermittelt werden kann.

Unterstellt man für die latente Variable $\tilde{y}_L$ statt der *Logistischen Verteilung* die Normalverteilung mit $E\,\tilde{y}_L = \mu$ und $\operatorname{var}\tilde{y}_L = \sigma^2$, so erhält man zusammen mit (2.4-40) und (2.4-41) das *Probit-Modell für geordnete Kategorien*, auch *„ordinales Probit-Modell“* genannt. Führt man wieder die notwendigen Normierungen $\beta_1 = 0$ und $\sigma = 1$[272] durch, so ergibt sich für die Erfolgswahrscheinlichkeiten

$$p_{m*} \;=\; P(\tilde{y} = m^* \mid \underline{x}) \;=\; \Phi(\alpha_{m*} - \underline{x}'\underline{\beta}) \;-\; \Phi(\alpha_{m*-1} - \underline{x}'\underline{\beta})\ , \tag{2.4-47}$$

die wiederum in die Log-Likelihoodfunktion

$$\ln L \;=\; \sum_{t}\sum_{m*} y_{m*t} \cdot \ln p_{m*t} \tag{2.4-48}$$

einzusetzen sind. Die notwendigen Bedingungen für ein Maximum sind gegeben durch

$$\frac{\partial \ln L}{\partial \underline{\beta}} \;=\; \sum_{t}\sum_{m*} y_{m*t} \cdot \frac{\varphi_{m*-1,t} \;-\; \varphi_{m*t}}{\Phi_{m*t} \;-\; \Phi_{m*-1,t}} \cdot \underline{x}_t \overset{!}{=} \underline{0} \tag{2.4-49a}$$

$$\frac{\partial \ln L}{\partial \underline{\alpha}} \;=\; \sum_{t}\sum_{m*} y_{m*t} \cdot \frac{\delta_{m*n}\varphi_{m*t} \;-\; \delta_{m*-1,n}\varphi_{m*-1,t}}{\Phi_{m*t} \;-\; \Phi_{m*-1,t}} \overset{!}{=} \underline{0}\ , \tag{2.4-49b}$$

mit $\Phi_{m*t} := \Phi(\alpha_{m*} - \underline{x}_t'\underline{\beta})$, $\varphi_{m*t} = \varphi(\alpha_{m*} - \underline{x}_t'\underline{\beta})$ und $\delta_{m*n} = \begin{cases} 1 & \text{für } m^* \neq n \\ 0 & \text{sonst} \end{cases}$.

Auch hier lässt sich zeigen, dass ln L stets insgesamt konkav verläuft, so dass grundsätzlich die Existenz eines Maximums gesichert ist.

271. Vgl. z.B. RONNING, 1991, S. 59.

272. Statt $\eta = 1$ im Logit-Modell.

Für beide Modelle mit geordneten Kategorien lassen sich *Gütemaße* formulieren und *Spezifikationstests* durchführen. Letztere verlaufen analog zu den in Abschnitt 2.4.2.1 und 2.4.2.2 geschilderten Verfahrensweisen. Im Falle des Vorliegens ordinaler Modelle wurden jedoch auch andere, besser geeignete Gütemaße entwickelt. So findet man im *ordinalen Probit-Modell* z. B. das *Maß von McKELVEY und ZAVOINA*, das durch

$$r_{MZ}^2 = \frac{\sum_t (\hat{y}_t - \bar{\hat{y}}_t)^2}{\sum_t (\hat{y}_t - \bar{\hat{y}}_t)^2 + T} \quad (2.4\text{-}50)$$

festgelegt ist.[273] Dabei ist $\hat{y}_t$ der mit Hilfe des Vektors der ML-Schätzwerte $\underline{b}$[274] berechnete geschätzte Wert der abhängigen Variablen $\tilde{y}$; es gilt also analog zum linearen Regressionsmodell

$$\hat{y}_t = \underline{x}_t'\underline{\beta}\,, \; (1 \leq t \leq T). \quad (2.4\text{-}51)$$

Das Maß r_{MZ}^2 wurde in Anlehnung an das Bestimmtheitsmaß r^2 im linearen Regressionsmodell bei Durchführung einer OLS-Schätzung aufgestellt, das den Anteil der durch den Ansatz erklärten Varianz an der Gesamtvarianz wiedergibt. r^2 beruht auf der bekannten Streuungszerlegungsformel (vgl. Kapitel 2.2); ihre exakte Übertragung auf die Schätzwerte des Probit-Modells ist nicht möglich. Der Nenner von (2.4-50), der die Gesamtstreuung repräsentiert, kann wegen der fehlenden beobachtbaren y_t–Werte nicht direkt angegeben werden, sondern muss als Summand von erklärter Varianz und Stichprobenumfang T berechnet werden.[275]

2.4.2.4 Diskrete Entscheidungsmodelle

Diese Art von Entscheidungsmodellen zählen ebenfalls zu den mikroökonometrischen Modellen für diskrete abhängige Variablen; formal sind sie äquivalent mit den Logit- bzw. Probit-Modellen für ungeordnete Kategorien, jedoch stellen sie insofern eine Erweiterung dar, da sie grundsätzlich über eine latente Nutzenvariable $\tilde{U}_{m*}$[276] das Auswahlverfahren bezüglich einer der diskreten Alternativen m^*, $1 \leq m^* \leq m$, steuern. $\tilde{U}_{m*}$ stellt dabei den Nutzen der Alternative m^* dar und es wird diejenige Alternative gewählt, welcher der *maximale Nutzen* zugeordnet ist. Da nicht alle Nutzenkomponenten bekannt sind und auch die *individuellen Nutzenpräferenzen* divergieren, ist $\tilde{U}_{m*}$ eine Zufallsgröße, d.h. sie enthält eine (additive) stochastische Komponente $\tilde{u}_{m*}$. Der formale Ansatz lautet

273. McKELVEY/ZAVOINA, 1975, S. 103 ff.; RONNING, 1991, S. 66. Weitere Gütemaße für Modelle mit geordneten Kategorien wurden von z.B. McFADDEN oder ALDRICH/NELSON entwickelt und im Rahmen von Simulationsstudien untersucht (VEALL/ZIMMERMANN, 1992, S. 333 ff.; dies., 1994, S. 151 ff.).

274. Die Verfügbarkeit dieser Schätzwerte ist also vorausgesetzt, ebenso die Kenntnis der geschätzten Schwellenwerte $a_1, \ldots, a_{m-1}$ für $\alpha_1, \ldots, \alpha_{m-1}$. Man beachte weiterhin, dass die Varianz σ^2 sowie das Absolutglied β_1 durch Normierung auf Eins sowie Null festgelegt sind.

275. Der zweite Summand T kann dadurch erklärt werden, dass $E\left(\sum_{t=1}^{T} \tilde{u}_t\right) = T$ unter Beachtung von $\sigma^2 = 1$. Wäre nicht das Probit-, sondern das Logit-Modell mit geordneten Kategorien gegeben, wäre im Nenner von (2.4-50) statt T der Term $(\pi^2/3) \cdot T \approx 3,29 \cdot T$ zu verwenden (ALDRICH/NELSON, 1989, S. 58).

276. Man vergleiche die Formulierung im multinomialen Probit-Modell für ungeordnete Kategorien des Kapitels 2.4.4.2. Nun werden mit $\tilde{U}_{m*}$ auch binäre Entscheidungsprozesse modelliert, z.B. der Sachverhalt, ob ein Arbeitnehmer in einem bestimmten Zeitraum in Rente geht oder nicht oder die Entscheidung, ob er in Abhängigkeit eines bestimmten Anspruchslohns Arbeitsleistung anbietet oder nicht.

$$\tilde{U}_{m*} = \mu_{m*} + \tilde{u}_{m*} = \underline{x}'_{m*}\underline{\beta} + \tilde{u}_{m*}, \; (1 \leq m^* \leq m), \qquad (2.4\text{-}52)$$

mit $E(\tilde{u}_{m*}) = 0$ und damit $E(\tilde{U}_{m*}) = \mu_{m*}$; $\underline{x}_{m*}$ stellt den $(k-1)$–dimensionalenVektor der sog. *kategorienspezifischen Variablen*[277] dar, der hier keine Komponente $x_{1m*} = 1$ für ein Absolutglied im Ansatz enthält. Aufgrund gegebener unterschiedlicher Präferenzen der Individuen, die auch auf unterschiedliche „Eigenschaften" dieser Individuen zurückzuführen sind,[278] wird die den Ansatz (2.4-52) additiv überlagernde Zufallsvariable $\tilde{u}_{m*}$ üblicherweise mit

$$\tilde{u}_{m*} = \underline{\omega}'\underline{\theta}_{m*} + \tilde{u}^*_{m*} \qquad (2.4\text{-}53)$$

modelliert, mit $\underline{\omega} :=$ k′–dimensionaler Vektor der personenspezifischen Variablen. Es soll nun

$$\mu^*_{m*} = \underline{x}'_{m*}\underline{\beta} + \underline{\omega}'\underline{\theta}_{m*} \qquad (2.4\text{-}54)$$

und $E(\tilde{U}_{m*}) = \mu^*_{m*}$ sowie $E(\tilde{u}^*_{m*}) = 0$ gelten. Außerdem sei grundsätzlich im Folgenden $\omega_1 := 1$ gesetzt, so dass die zugehörige Komponente θ_{1m*} des Parametervektors $\underline{\theta}_{m*}$ den *kategorienspezifischen Effekt*[279] ausdrückt. (2.4-52) kann somit durch

$$\tilde{U}_{m*} = \underline{x}'_{m*}\underline{\beta} + \underline{\omega}'\underline{\theta}_{m*} + \tilde{u}^*_{m*} \underset{(2.4-54)}{\overset{(2.4-53)}{=}} \mu^*_{m*} + \tilde{u}^*_{m*} \qquad (2.4\text{-}55)$$

wiedergegeben werden; (2.4-55) entspricht damit formal wieder dem Ausgangsmodell (2.4-52).

Für die Zufallsvariablen $\tilde{u}_{m*}$ bzw. $\tilde{u}^*_{m*}$ muss nun eine konkrete Verteilung unterstellt werden; da sich aus der Nutzentheorie keine spezielle Verteilung ableiten lässt, wird üblicherweise von einer *Extremwertverteilung*[280] ausgegangen, denn daraus ergibt sich für die Auswahlwahrscheinlichkeiten das in Abschnitt 2.4.2.1 dargestellte *multinomiale Logit-Modell*. Für die $\tilde{u}^*_{m*}$wird dabei *stochastische Unabhängigkeit* angenommen. Damit lautet sich für die Auswahlwahrscheinlichkeit der Kategorie m^* unter Beachtung des Prinzips der *Nutzenmaximierung*[281]

$$\begin{aligned} p_{m*} &:= P(\tilde{y} = m^* \,|\, \underline{x}_{m*}, \underline{\omega}) = P(\tilde{U}_{m*} > \tilde{U}_n \,|\, \underline{x}_{m*}, \underline{\omega}, m^* \neq n) = \ldots \\ &= \frac{\exp(\mu_{m*})}{\sum\limits_{m**=1}^{m} \exp(\mu_{m**})} \end{aligned} \qquad (2.4\text{-}56)$$

277. Kategorienspezifische Variablen kennzeichnen die einzelnen Alternativen (Kategorien); so können z.B. neben dem Lohnniveau auch die Entfernung zum Arbeitsplatz sowie das Arbeitsumfeld Einfluss auf die Entscheidung des Arbeitsangebotes haben und gehen als kategoriespezifische Variablen in das Modell ein.

278. Derartige personenspezifische Variablen können z.B. Einkommen, Berufsausbildung, Alter etc. sein.

279. Wird diese Variable als Dummyvariable aufgefasst, die den Wert Eins annimmt, wenn ein Individuum die Kategorie m^* wählt, so erhält man die spezifischen Einflussgrößen für eine Kategorie durch die Interaktion dieser Variablen mit anderen Einflussgrößen wie z.B. dem Ausbildungsniveau (BEN AKIVA/ LERMAN, 1985, S. 279).

280. Es wird also nicht von der nahe liegenden Normalverteilung ausgegangen, da sich unter dieser Voraussetzung für mehr als zwei Kategorien numerische Schwierigkeiten bei der Berechnung der Auswahlwahrscheinlichkeiten und damit bei der ML-Schätzung ergeben. Dies zeigte sich schon im multinomialen Probit-Modell. Die Dichtefunktion einer (Standard-) Extremwertverteilung ist durch $f(x) = \exp(-x) \cdot \exp[-\exp(-x)]$ gegeben, die zugehörige Verteilungsfunktion lautet $F(x) = \exp[-\exp(-x)]$. Im zweidimensionalen Fall kann letztere angegeben werden mit
$F(x_1, x_2) = \exp\{[\exp(-\rho^{-1}x_1) + \exp(-\rho^{-1}x_2)]^\rho\}$, $(0 \leq \rho \leq 1)$. Die Extremwertverteilung wird auch als GUMBEL-Verteilung bezeichnet.

281. Zur Herleitung von (2.4-56) vergleiche man z.B. GREENE, 2000, S. 857; RONNING, 1991, S. 74 f.

Ein Problem ergibt sich durch die Unabhängigkeitsannahme für die $\tilde{u}^*_{m*}$; denn diese führt zum unplausiblen Sachverhalt, dass die Auswahl zwischen zwei Alternativen unabhängig von den anderen existierenden Alternativen geschieht.[282] Um dies zu vermeiden, wird zu den *„genisteten" Logit-Modellen*[283] übergegangen, die Korrelationen zwischen den einzelnen Alternativen zulassen. So wäre z.B. das genistete Logit-Modell mit drei Alternativen und einer gemeinsamen Extremwertverteilung der $\tilde{u}^*_{m*}$ folgendermaßen zu formulieren: Unter der Annahme, dass $\tilde{u}^*_1$ unabhängig von den gemeinsam extremwertverteilten Variablen $\tilde{u}^*_2$ und $\tilde{u}^*_3$ ist, ist die Auswahlwahrscheinlichkeit für die erste Alternative durch

$$P(\tilde{y} = 1 \mid \underline{x}_1, \underline{\omega}) = \frac{\exp(\mu_1)}{\exp(\mu_1) + [\exp(\rho^{-1}\mu_2) + \exp(\rho^{-1}\mu_3)]^{\rho}} \qquad (2.4\text{-}57)$$

gegeben.[284]

Die Modellparameter $\underline{\beta}$ und $\underline{\theta}_{m*}$ des diskreten Entscheidungsmodells (2.4-56) werden wiederum auf der Grundlage eines Stichprobenbefundes vom Umfang T mit Hilfe der ML-Methode geschätzt. Die Ausführungen zur ML-Schätzung im Logit-Modell aus Abschnitt 2.4.2.1 gelten analog; die Log-Likelifunktion ist hier durch

$$\ln L = \sum_{t=1}^{T} \sum_{m*=1}^{m} y_{m*t} \ln p_{m*t} \overset{(2.4-56)}{=} \sum_{t=1}^{T} \sum_{m*=1}^{m} y_{m*t} \ln \frac{\exp(\underline{x}'_{m*t}\underline{\beta} + \underline{\omega}'\underline{\theta}_{m*})}{\sum\limits_{m**=1}^{m} \exp(\underline{x}'_{m**t}\underline{\beta} + \underline{\omega}'\underline{\theta}_{m**})}, \qquad (2.4\text{-}58)$$

gegeben, mit der Normierung $\theta_m = 0$. Damit resultieren analog zum multinomialen Logit-Modell für ungeordnete Kategorien die notwendigen Bedingungen[285] für ein Maximum mit

$$\frac{\partial \ln L}{\partial \underline{\beta}} = \sum_t \sum_{m*} (y_{m*t} - p_{m*t}) \cdot \underline{x}_{m*t} \overset{!}{=} \underline{0} \qquad (2.4\text{-}59a)$$

und

$$\frac{\partial \ln L}{\partial \underline{\theta}_{m*}} = \sum_t \sum_{m*} (y_{m*t} - p_{m*t}) \cdot \underline{\omega}_t \overset{!}{=} \underline{0} \;; \qquad (2.4\text{-}59b)$$

bei Existenz der ML-Schätzer sind die hinreichenden Bedingungen für ein Maximum wiederum erfüllt, da dann die zur Log-Likelihoodfunktion ln L gehörende *HESSEsche* Matrix zu ln L negativ definit ist.

Abschließend zu den in Kapitel 2.4.2 dargestellten Modelle für abhängige Variablen sei noch erwähnt, dass diese Ansätze auch hinsichtlich der Betrachtung *mehrerer abhängiger* Variablen $\tilde{y}_1, \ldots \tilde{y}_r$ oder der Betrachtung simultaner Logit- und Probit-Modelle verallgemeinert werden können.[286]

282. Dieses Problem ist in der Literatur als das Phänomen der „Unabhängigkeit irrelevanter Alternativen" bekannt.

283. Auch im Rahmen der Probit-Modelle finden sich entsprechende Ansätze.

284. Vgl. z.b. GREENE, 2000, S. 864 ff. Für $\rho = 1$ ergibt sich das bekannte multinomiale Logit-Modell für $m = 3$ Kategorien. Die ML-Schätzung kann dabei insgesamt oder auch in zwei Stufen erfolgen (HENSHER, 1986, S. 657 ff.).

285. An dieser Stelle sei auf die Problematik der ML-Schätzung in diskreten Entscheidungsmodellen hingewiesen; diese ergibt sich u.U. dann, wenn die kategorienspezifischen Variablen eine relativ kleine Streuung aufweisen. Insbesondere für den Fall $\omega_{1t} = 1$ und $\underline{x}_{m*t} = \underline{x}_{m*}$ lässt sich zeigen, dass die ML-Schätzer nicht existieren (RONNING, 1989, S. 432 ff.; ders., 1991, S. 82 f.).

286. Diesbezüglich sei auf die am Anfang des Kapitels 2.4 angegebene einschlägige Literatur verwiesen.

2.4.3 Modelle für beschränkt abhängige Variable

Modelle mit beschränkt abhängigen Variablen unterstellen für diese eine Links- oder Rechtszensierung bzw. eine gestutzte Dichtefunktion.[287] Im Rahmen dieser Einführung soll im Folgenden nur das *Standard-Tobit-Modell*[288] sowie zwei einfache *multivariate*[289] und ein *simultanes Tobit-Modell* dargestellt werden. Für weitere Modelle dieser Art, wie z.B. die Friktionsmodelle oder Modelle mit endogener Schichtung, sei auf die am Anfang des Kapitels 2.4 angegebene einschlägige Literatur verwiesen.

Unterstellt man zuerst nur eine Einflussgröße x, so wird wiederum üblicherweise eine lineare Beziehung zur latenten Variablen $\tilde{y}_L$ der Form

$$\tilde{y}_L = \beta_1 + \beta_2 x + \tilde{u} \qquad (2.4\text{-}60)$$

angenommen, mit $E\,\tilde{u} = 0$ und $\operatorname{var}\tilde{u} = \sigma^2$; x kann z.B. das Einkommen eines Haushalts bezeichnen, das dessen geplanten Konsum $\tilde{y}_L$ in obiger Form beeinflusst. Es wird nun eine zusätzliche Größe y_{min} eingeführt, die den Mindestkonsum für ein Gut darstellt; wird dieser von $\tilde{y}_L$ unterschritten, so wird angenommen, dass der betrachtete Haushalt gänzlich auf den Kauf dieses Gutes verzichtet,[290] d.h. der beobachtbare Konsum $\tilde{y}$ ist gleich Null. Dies kann durch

$$\tilde{y} = \begin{cases} y_L & \text{für } \tilde{y}_L \geq y_{min} \\ 0 & \text{für } \tilde{y}_L < y_{min} \end{cases} \qquad (2.4\text{-}61)$$

ausgedrückt werden, wobei $\tilde{y}_L$ durch (2.4-60) bestimmt wird.

Die unbekannten Modellparameter β_1, β_2 und σ^2 sollen nun wieder auf der Grundlage eines Stichprobenbefundes vom Umfang T geschätzt werden; dieser ist hier folgendermaßen aufzuspalten: er besteht aus den T_1 Beobachtungspaaren $(0; x_t)$, $(1 \leq t \leq T_1)$, und aus den T_2 Beobachtungspaaren $(y_t; x_t)$, $(1 \leq t \leq T_2)$, mit $T_1 + T_2 = T$. Die ersten T_1 Beobachtungen erfassen somit die „Nichtkäufe", die nächsten T_2 die getätigten „Käufe", für die $y_t \geq y_{min}$ gilt. Die ersten T_1 Paare werden als zensiert, die restlichen T_2 als unzensiert bezeichnet. $\tilde{y}_L$ besitze die bedingte Dichtefunktion

$$f_t(y_{Lt}) := f_{\tilde{y}_L|x_t}(y_{Lt}\,|\,x_t\,;\,\beta_1,\,\beta_2,\,\sigma^2) \quad , \qquad (2.4\text{-}62)$$

durch welche die T_2 Beobachtungen $(y_t; x_t)$, $(1 \leq t \leq T_2)$, bestimmt werden; für die ersten T_1 Beobachtungen $(0; x_t)$, $(1 \leq t \leq T_1)$, ist Wahrscheinlichkeit

$$\begin{aligned} P(\tilde{y}_L \leq y_{min}) &= P(\tilde{y}_L < y_{min}) \\ &= \int_{-\infty}^{y_{min,t}} f_t(y_{Lt}\,|\,x_t;\,\beta_1,\,\beta_2,\,\sigma^2)\,d\,y_L =: F_t(y_{min,t}) \end{aligned} \qquad (2.4\text{-}63)$$

287. Man vergleiche die einführenden Beispiele des Abschnittes 2.4.1.

288. Dieses Modell geht auf TOBIN (1958) zurück, der sich mit der Analyse von Konsumausgaben für dauerhafte Konsumgüter beschäftigte. Diese sind in einigen Haushalten gleich Null, in anderen wiederum sind sie positiv korreliert mit dem Einkommen. Dieser Sachverhalt von „Nullkonsum" und „Konsum" wird mit Hilfe einer latenten Variablen modelliert.

289. Multivariate Modelle werden in dieser Einführung deshalb betrachtet, da insbesondere hier das bekannte zweistufige Schätzverfahren von HECKMAN vorteilhaft eingesetzt werden kann (HECKMAN, 1976, S. 475 ff.; ders., 1979, S. 153 ff.).

290. Ist also das Einkommen x eines Haushaltes relativ gering und ergibt sich daraus aus der Nachfragebeziehung (2.4-60) ein derart kleines y_L, dass $y_{L,min}$ unterschritten wird, so wird das Gut nicht gekauft.

zu bestimmen.[291] Die gesamte Likelihoodfunktion erhält man dann mit[292]

$$L \;=\; \prod_{t=1}^{T_1} F_t(\,y_{min,t}) \cdot \prod_{t=1}^{T_2} f_t(\,y_t) \quad . \tag{2.4-64}$$

Im *Standard-Tobit-Modell* wird nun als konkrete Verteilung für die Störvariable $\tilde{u}$ des Ansatzes (2.4-60) die Normalverteilung unterstellt, mit obigen Festlegungen für den Erwartungswert und die Varianz also $\tilde{u} \rightarrow N(0\,;\sigma^2)$; außerdem soll das Ereignis $\{\,\tilde{y}_L = 0\,\}$ der Ausprägung $y = 0$ zugeordnet werden. Das gesamte Modell kann somit durch

$$\tilde{y}_L \;=\; \beta_1 + \beta_2 x + \tilde{u} \;=\; \underline{x}'\underline{\beta} + \tilde{u};\ \tilde{u} \rightarrow N(0\,;\sigma^2);\ \tilde{y} \;=\; \begin{cases} y_L & \text{für } \tilde{y}_L > 0 \\ 0 & \text{für } \tilde{y}_L \leq 0 \end{cases}\ ; \tag{2.4-65}$$

beschrieben werden. Es wird auch als *zensiertes Tobit-Modell* bezeichnet. Da

$$P(\,\tilde{y}_L \leq y_{min}) \;=\; P\left(\frac{\tilde{y}_L - \mu}{\sigma} \leq \frac{y_{min} - \mu}{\sigma}\right) \;=\; \Phi\left(\frac{y_{min} - \beta_1 - \beta_2 x}{\sigma}\right)\ , \tag{2.4-66}$$

ist $(\,y_{min} - \beta_1)$ nicht eindeutig festgelegt ist; deshalb kann β_1 ohne Verlust an Allgemeingültigkeit so festgelegt werden, dass grundsätzlich $y_{min} = 0$ gilt. Da hier y_{min} als *bekannt* vorausgesetzt wird,[293] kann β_1 immer aus $(\,y_{min} - \beta_1)$ bestimmt werden. Unter der üblichen Annahme der stochastischen Unabhängigkeit der Beobachtungen lautet somit die Likelihoodfunktion[294]

$$L \overset{(2.4-64)}{\underset{(2.4-66)}{=}} \prod_{t=1}^{T_1} \Phi\left(\frac{\underline{x}_t'\underline{\beta}}{\sigma}\right) \cdot \prod_{t=1}^{T_2} \frac{1}{\sigma} \cdot \varphi\left(\frac{y_t - \underline{x}_t'\underline{\beta}}{\sigma}\right) \tag{2.4-67}$$

Diese Likelihood ergibt sich für das Modell (2.4-65), in welchem vorausgesetzt wird, dass auch die Einflussgrößen $x_1, \ldots, x_k$ auch für *alle* Haushalte bekannt sind. Liegen dagegen nur für Haushalte, die tatsächlich einen „Kauf" tätigten, Beobachtungen vor, also nur für diejenigen, für welche $\tilde{y}_L > 0$ gilt, so ist ein *gestutztes Standard-Tobit-Modell* gegeben. Die Likelihoodfunktion lautet dann

$$L \;=\; \prod_{t=1}^{T_2} \frac{1}{\sigma} \cdot \frac{\varphi\left(\frac{y_t - \underline{x}_t'\underline{\beta}}{\sigma}\right)}{\Phi\left(\frac{\underline{x}_t'\underline{\beta}}{\sigma}\right)}\ , \tag{2.4-68}$$

denn die bedingte Dichtefunktion für die beobachtbaren Variablen $\tilde{y}_t$ sind hier mit

---

291. Man beachte, dass wegen der unterstellten Stetigkeit der Variablen $\tilde{y}_L$ die Wahrscheinlichkeiten $P(\tilde{y}_L \leq y_{min})$ und $P(\tilde{y}_L < y_{min})$ gleichgesetzt werden; dies bedeutet, dass $P(\tilde{y}_L = y_{min}) = 0$, ein Konsum in Höhe von y_{min} somit als Kauf interpretiert wird.

292. Unter dem zweiten Produktzeichen kann hier wegen (2.4-61) statt $f_t(\,y_{Lt})$ gleich $f_t(\,y_t)$ gesetzt werden.

293. Man beachte, dass alle $y_{min,t}$, $(\,1 \leq t \leq T\,)$, *bekannt* sein müssen, wenn das Modell aus einer Stichprobe geschätzt werden soll.

294. Der Term unter dem zweiten Produktzeichen ergibt sich folgendermaßen: Da $\tilde{u} \rightarrow N(\,0\,;\sigma^2)$ unterstellt wird, besitzt $\tilde{y}_t$ ebenfalls eine Normalverteilung mit $E\,\tilde{y}_t = \underline{x}_t'\underline{\beta}$ und $\mathrm{var}\,\tilde{y}_t = \sigma^2$; es gilt somit

$$f_t(\,y_t) \;=\; \frac{1}{\sqrt{2\pi}\,\sigma} \cdot \exp\{-\frac{1}{2\sigma^2}(\,y_t - \underline{x}_t'\underline{\beta})^2\} \;=\; \frac{1}{\sigma} \cdot \left[\frac{1}{\sqrt{2\pi}} \cdot \exp\{-\frac{1}{2}\left(\frac{y_t - \underline{x}_t'\underline{\beta}}{\sigma}\right)^2\right] \;=\; \frac{1}{\sigma} \cdot \varphi\left(\frac{y_t - \underline{x}_t'\underline{\beta}}{\sigma}\right)$$

(MITTELHAMMER/ JUDGE/ MILLER, 2000, S. 586). Weiterhin beachte man, dass die Formulierung der Likelihoodfunktion gleich die Verallgemeinerung hinsichtlich mehrerer Einflussvariablen $\underline{x}$ beinhaltet.

$$f(y_t\,|\,\tilde{y}_L > 0) = \frac{1}{P(\tilde{y}_L > 0)} \cdot f(y_t)$$

$$= \frac{1}{1 - \Phi\left(\frac{-\underline{x}_t'\underline{\beta}}{\sigma}\right)} \cdot \frac{1}{\sigma} \cdot \varphi\left(\frac{y_t - \underline{x}_t'\underline{\beta}}{\sigma}\right) = \frac{1}{\sigma} \cdot \frac{\varphi\left(\frac{y_t - \underline{x}_t'\underline{\beta}}{\sigma}\right)}{\Phi\left(\frac{\underline{x}_t'\underline{\beta}}{\sigma}\right)} \qquad (2.4\text{-}69)$$

gegeben.

Zur Schätzung der unbekannten Modellparameter $\underline{\beta}$ und σ^2 kann wiederum die ML-Schätzung benutzt werden.[295] Es lässt sich zeigen, dass die Funktion (2.4-67) bzw. die zugehörige Log-Likelihoodfunktion

$$\ln L = \sum_{t=1}^{T_1} \ln \Phi(-\underline{x}_t'\underline{\beta}^*) + T_2 \cdot \ln \sigma^{-1} + \sum_{t=1}^{T_2} \ln \varphi(\sigma^{-1} \cdot y_t - \underline{x}_t'\underline{\beta}^*) \qquad (2.4\text{-}70)$$

bezüglich der Parameter $\underline{\beta}^* = \underline{\beta}/\sigma$ und σ^{-1} global konkav ist, ein eindeutiges Maximum also existiert.[296] Aus den ermittelten ML-Schätzwerten $\underline{b}^*$ und $s^* = s^{-1}$ können die ML-Schätzwerte für $\underline{\beta}$ und σ^2 durch $\underline{b} = s \cdot \underline{b}^*$ und s rückgerechnet werden. Die für die Berechnung der wichtigen notwendigen Bedingungen können hier nach einigen Umformumgen von (2.4-70) mit

$$\frac{\partial \ln L}{\partial \underline{\beta}^*} = \sum_{t=1}^{T_1} - \frac{\varphi(-\underline{x}_t'\underline{\beta}^*)\,\underline{x}_t}{\Phi(-\underline{x}_t'\underline{\beta}^*)} + \sum_{t=1}^{T_2} (\sigma^{-1} y_t - \underline{x}_t'\underline{\beta}^*)\,\underline{x}_t \qquad (2.4\text{-}71a)$$

$$\frac{\partial \ln L}{\partial \sigma^{-1}} = \frac{T_2}{\sigma^{-1}} - \sum_{t=1}^{T_2} (\sigma^{-1} y_t - \underline{x}_t'\underline{\beta}^*)\, y_t \qquad (2.4\text{-}71b)$$

abgeleitet werden.[297] Die zugehörige *HESSEsche* Matrix ist insgesamt negativ definit. Es kann gezeigt werden, dass die resultierenden ML-Schätzer auch für dieses Modell konsistent und asymptotisch normalverteilt sind.[298]

Würde man für dieses Modell eine OLS-Schätzung in Betracht ziehen, so resultieren verzerrte Schätzfunktionen; dies gilt auch für den Fall, wenn die ersten T_1 Beobachtungen $(0;\underline{x}_t)$ einfach vernachlässigt werden, denn der zu betrachtende bedingte Erwartungswert lautet dann

$$E(\tilde{y}_t\,|\,\tilde{y}_{Lt} > 0) = \underline{x}_t'\underline{\beta} + E(\tilde{u}_t\,|\,\tilde{y}_{Lt} > 0)\;, \qquad (2.4\text{-}72)$$

mit

$$E(\tilde{u}_t\,|\,\tilde{y}_{Lt} > 0) = \sigma \cdot E\left(\frac{\tilde{u}_t}{\sigma}\,\middle|\,\frac{\tilde{y}_{Lt} - \underline{x}_t'\underline{\beta}}{\sigma} > -\frac{\underline{x}_t'\underline{\beta}}{\sigma}\right) \overset{(2.4-10)\,(2.4-65)}{=} \sigma \cdot \frac{\varphi\left(-\underline{x}_t'\underline{\beta}/\sigma\right)}{1 - \Phi\left(-\underline{x}_t'\underline{\beta}/\sigma\right)}\,. \qquad (2.4\text{-}73)$$

Bezeichnet man die *Hazardrate*[299] unter Berücksichtigung der vorliegenden Normalverteilung mit h, so kann (2.4-72) auch durch

295. Dies soll hier für das zensierte Tobit-Modell gezeigt werden.
296. Vgl. z.B. OLSEN, 1978, S. 1211 ff.
297. Vgl. z.B. GREENE, 2000, S. 909 ff.; RONNING, 1991, S. 127.
298. Vgl. z.B. MITTELHAMMER/ JUDGE/ MILLER, 2000, S. 589.
299. Allgemein ist die Hazardrate definiert als $h(x) = \frac{f(x)}{1 - F(x)}$, wobei f(x) die Dichtefunktion und F(x) die zugehörige Verteilungsfunktion einer positiven Zufallsvariablen bezeichnen. Ihr Kehrwert wird „Mill's Ratio“ genannt.

$$E(\tilde{y}_t \mid \tilde{y}_{Lt} > 0) = \underline{x}_t'\underline{\beta} + E(\tilde{u}_t \mid \tilde{y}_{Lt} > 0) = \underline{x}_t'\underline{\beta} + \sigma \cdot h\left(\frac{-\underline{x}_t'\underline{\beta}}{\sigma}\right) \quad (2.4\text{-}74)$$

wiedergegeben werden. Die Beziehung (2.4-74) kann im Rahmen eines *zweistufigen Schätzverfahrens* genutzt werden, das von *HECKMAN*[300] entwickelt wurde und den „Selektivitäts-Bias" vermeidet. Diese *Methode* führt aber erst bei komplexeren Tobit-Modellen zu wesentlichen rechentechnischen Vorteilen;[301] deshalb soll sie hier nur in ihren Grundzügen vorgestellt werden:

Die alleinige Verwendung der T_2 nicht zensierten Beobachtungswerte y_t führt im Standard-Tobit-Modell zu einer Abweichung (= „Selektivitäts-Bias") des Erwartungswertes $E(\tilde{y}_t \mid \tilde{y}_{Lt} > 0)$ von $\underline{x}_t'\underline{\beta}$, die laut (2.4-73) bzw. (2.4-74) mit

$$E(\tilde{u}_t \mid \tilde{y}_{Lt} > 0) = \sigma \cdot h\left(\frac{-\underline{x}_t'\underline{\beta}}{\sigma}\right) \quad (2.4\text{-}75)$$

angegeben werden kann. Fasst man nun (2.4-74) als lineares Regressionsmodell auf und gibt es mit

$$\tilde{y}_t = \underline{x}_t'\underline{\beta} + \sigma \cdot h_t + \tilde{\gamma}_t \text{ für alle t} \quad (2.4\text{-}76)$$

wieder, mit $\tilde{y}_{Lt} > 0$, $h_t := h\left(\frac{-\underline{x}_t'\underline{\beta}}{\sigma}\right)$ und $\tilde{\gamma}_t = \tilde{y}_t - E(\tilde{y}_t \mid \tilde{y}_{Lt} > 0)$, $E(\tilde{\gamma}_t \mid \tilde{y}_{Lt} > 0)$, so kann man zeigen, dass die Störgrößen $\tilde{\gamma}_t$ heteroskedastisch sind mit der bedingten Varianz[302]

$$\text{var}(\tilde{\gamma}_t \mid \tilde{y}_{Lt} > 0) = \sigma^2(1 - h_t\underline{x}_t'\underline{\beta} - h_t^2) \,. \quad (2.4\text{-}77)$$

HECKMAN schlägt nun folgendes *zweistufige Schätzverfahren* vor:

Stufe 1: Schätzung des Parametervektors $\underline{\theta} = \underline{\beta}/\sigma$ mit Hilfe der Informationen bezüglich der abhängigen Variablen $\tilde{y}_t$, also $\tilde{y}_t = 0$ oder $\tilde{y}_t > 0$, sowie den Werten der exogenen Variablen $\underline{x}_t$, $(1 \le t \le T)$, durch eine Probitanalyse.[303] Es resultiert der Schätzer $\widehat{\underline{\theta}} = \underline{b}/s$.

Stufe 2: Berechnung der geschätzten Hazardraten $\widehat{h}_t := \widehat{h}\left(\frac{-\underline{x}_t'\underline{b}}{s}\right)$, $(1 \le t \le T)$; diese werden nun statt der unbekannten h_t in den Regressionsansatz (2.4-76) eingebracht, der anschließend Ausgangspunkt für eine MQ-Schätzung der Parameter $\underline{\beta}$ und σ ist. Für diese werden nur alle T_2 unzensierten Beobachtungen verwendet, also nur diejenigen y_t, für welche $\tilde{y}_{Lt} > 0$ gilt.

Da die (asymptotische) Kovarianzmatrix dieser zweistufigen Schätzung relativ kompliziert ist,[304] wird im Standard-Tobit-Modell meistens die ML-Schätzung verwendet.[305] Ein weiteres geeignetes Verfahren stellt dagegen die Schätzung mit Hilfe des sog.

300. Vgl. HECKMAN 1976, S. 475 ff.; ders., 1979, S. 153 ff.
301. Vgl. AMEMIYA, 1985, S. 368.
302. Vgl. AMEMIYA, 1985, S. 369 f.; RONNING, 1991, S. 131.
303. Man vergleiche Abschnitt 2.4.2.
304. Man vergleiche dazu z.B. AMEMIYA, 1985, S. 370.
305. Diese liefert wegen der nachgewiesenen globalen Konkavität der Likelihoodfunktion grundsätzlich eindeutige Schätzer für die unbekannten Modellparameter.

EM-Algorithmus dar;[306] dieser ist im Rahmen der Tobit-Modelle folgendermaßen anzuwenden:

Der zu schätzende Parametervektor ist hier konkret mit $\underline{\theta}' = (\underline{\beta}', \sigma)$ gegeben und für den Vektor $\underline{\tilde{y}}^*$ aus *Anhang A6* ist nun $\underline{\tilde{y}}_L$ zu setzen. Wegen der unterstellten Normalverteilung gilt für die logarithmierte gemeinsame Dichtefunktion von $\underline{\tilde{y}}_L$

$$\ln f(\underline{y}_L \,|\, \underline{\theta}) = -\frac{T}{2}\ln(2\pi\sigma) - \frac{1}{2\sigma^2}\sum_{t=1}^{T}\left(y_{Lt} - \underline{x}_t'\underline{\beta}\right)^2 . \tag{2.4-78}$$

Der gegebene Stichprobenbefund für die beobachtbaren Variablen $\underline{\tilde{y}}$ sei hier folgendermaßen geordnet:

$$\underline{y}'_{(T\times 1)} = \left(y_1, \ldots, y_{T_2}, \underbrace{0, \ldots, 0}_{T_1-\text{mal}}\right) = \left(\underline{y}_{T_2}, \underline{y}_{T_1}\right) \tag{2.4-79}$$

Zu berechnen sind nun die Erwartungswerte der logarithmierten Dichtefunktion der jeweiligen latenten Variablen $\tilde{y}_L$. Zu beachten ist dabei, dass im Falle $\tilde{y}_{Lt} > 0$ der Erwartungswert mit $E\,\tilde{y}_{Lt} = y_{Lt}$ gegeben ist; dagegen ist für die zensierten Daten $\tilde{y}_{Lt} \leq 0$ die Stutzung zu berücksichtigen. Somit gilt analog zu den Beziehungen (A6-4) und (A6-5) des Anhangs A6

$$\begin{aligned} E(\underline{\theta}\,|\,\underline{\theta}_0; \underline{y}) &= E\left(\ln f(\underline{\tilde{y}}_L \,|\, \underline{\theta} \,\middle|\, \underline{y}; \underline{\theta}_0\right) = -\frac{T}{2}\ln(2\pi\sigma) - \frac{1}{2\sigma^2}\sum_{T_2}\left(\tilde{y}_{Lt} - \underline{x}_t'\underline{\beta}\right)^2 \\ &\quad - \frac{1}{2\sigma^2}\sum_{T_1} E\left((\tilde{y}_{Lt} - \underline{x}_t'\underline{\beta})^2 \,|\, y_t = 0; \underline{\theta}_0\right) \\ &= -\frac{T}{2}\ln(2\pi\sigma) - \frac{1}{2\sigma^2}\sum_{T_2}\left(\tilde{y}_{Lt} - \underline{x}_t'\underline{\beta}\right)^2 - \frac{1}{2\sigma^2}\sum_{T_1}\mathrm{var}(\tilde{y}_{Lt} \,|\, y_t = 0; \underline{\theta}_0) \\ &\quad - \frac{1}{2\sigma^2}\sum_{T_1}\left(E(\tilde{y}_{Lt} \,|\, y_t = 0; \underline{\theta}_0) - \underline{x}_t'\underline{\beta}\right)^2 , \end{aligned} \tag{2.4-80}$$

unter Beachtung der Beziehung[307]

$$\begin{aligned} E\left((\tilde{y}_{Lt} - \underline{x}_t'\underline{\beta})^2 \,|\, y_t = 0\right) &= E\left((\tilde{y}_{Lt} - E(\tilde{y}_{Lt} \,|\, y_t = 0) + E(\tilde{y}_{Lt} \,|\, y_t = 0) - \underline{x}_t'\underline{\beta})^2 \,|\, y_t = 0\right) \\ &= \mathrm{var}(\tilde{y}_{Lt} \,|\, y_t = 0) + \left(E(\tilde{y}_{Lt} \,|\, y_t = 0) - \underline{x}_t'\underline{\beta}\right)^2 . \end{aligned} \tag{2.4-81}$$

Für gestutzte Zufallsvariablen gilt unter Beachtung der gegebenen Normalverteilung

$$E(\tilde{y}_{Lt} \,|\, y_t = 0; \underline{\theta}_0) = \underline{x}_t'\underline{\beta} - \sigma_0 \frac{\varphi_{t0}}{1 - \Phi_{t0}} =: \mu_{t0} \tag{2.4-82}$$

und

306. Dieser Algorithmus ist eine allgemeine Methode zur Bestimmung von ML-Schätzwerten, falls unvollständige Datensätze vorliegen. Er wurde von DEMPSTER/LAIRD/RUBIN, (1977), entwickelt und besteht aus einer Maximierung des Erwartungswertes der Log-Likelihoodfunktion in jedem Schritt, wobei jeweils ein bestimmter Wert für den zu schätzenden Parametervektor vorzugeben ist. Als „unvollständig“ können auch die hier im Tobit-Modell betrachteten „zensierten“ Datensätze angesehen werden. Auch gruppierte Daten fallen in diese Rubrik. Zur allgemeinen Darstellung dieses Verfahrens vergleiche man Anhang A6.

307. Vgl. im Folgenden RONNING, 1991, S. 137.

$$\operatorname{var}(\tilde{y}_{Lt} \mid y_t = 0; \underline{\theta}_0) = \sigma_0^2 + \underline{x}_t'\underline{\beta} \cdot \frac{\sigma_0 \varphi_{t0}}{1 - \Phi_{t0}} - \left(\frac{\sigma_0 \varphi_{t0}}{1 - \Phi_{t0}}\right)^2 =: \sigma_{t0}^2 \quad , \tag{2.4-83}$$

wobei der Index „0" kennzeichnen soll, dass sie die „wahren" Parameter $\underline{\beta}_0$ und σ_0 enthalten. Die geschätzten bedingten[308] Momente μ_{t0} und σ_{t0}^2 werden anschließend wie die Beobachtungswerte y_t im zweiten Schritt des Algorithmus benutzt; man maximiert nun also statt (2.4-80) die Funktion

$$-\frac{T}{2}\ln(2\pi\sigma) - \frac{1}{2\sigma^2}\sum_{T_2}\left(\tilde{y}_t - \underline{x}_t'\underline{\beta}\right)^2 - \frac{1}{2\sigma^2}\sum_{T_1}\sigma_{t0}^2 - \frac{1}{2\sigma^2}\sum_{T_1}\left(\mu_{t0} - \underline{x}_t'\underline{\beta}\right)^2 \tag{2.4-84}$$

bezüglich der Parameter $\underline{\beta}$ und σ^2. Als Ergebnis dieses zweiten Schrittes resultiert der Vektor der Schätzfunktionen für $\underline{\beta}$,

$$\tilde{\underline{b}}_2 = (\underline{X}'\underline{X})^{-1}\underline{X}'\begin{pmatrix}\underline{y}_2 \\ \underline{\mu}_0\end{pmatrix} , \tag{2.4-85}$$

mit $\underline{X}_{(T \times k)}$:= Matrix der Einflussvariablen $x_1, \ldots, x_k$, $\underline{y}_2 := (T_2 \times 1)$–Vektor der positiven Beobachtungen und $\underline{\mu}_0 := (T_1 \times 1)$–Vektor der nach (2.4-82) berechneten bedingten Erwartungswerte, sowie die Schätzfunktion für σ^2,

$$\tilde{s}_2^2 = \frac{1}{T}\left(\sum_{T_2}(y_t - \underline{x}_t'\tilde{\underline{b}}_2) + \sum_{T_1}(\mu_{t0} - \underline{x}_t'\tilde{\underline{b}}_2)^2 + \sum_{T_1}\sigma_{t0}^2\right) . \tag{2.4-86}$$ [309]

Im Folgenden sollen noch Gütemaße für das Tobit-Modell angesprochen werden. Ein gebräuchliches Maß ist das Bestimmtheitsmaß für die T_2 unzensierten Daten im Tobit-Modell,

$$r_z^2 = \frac{\sum_{T_2}(\hat{y}_t - \bar{\hat{y}})(y_t - \bar{y})}{\sum_{T_2}(\hat{y}_t - \bar{\hat{y}})^2 \cdot \sum_{T_2}(y_t - \bar{y})^2} , \tag{2.4-87}$$

mit den „theoretischen" Werten $\hat{y}_t = \underline{x}_t'\underline{b} + s \cdot h\left(\frac{-\underline{x}_t'\underline{b}}{s}\right)$, wobei $\underline{b}$ bzw. s^2 die ML-Schätzer der unbekannten Modellparameter und h(...) wiederum die Hasardrate bezeichnen. Häufig wird auch in Anlehnung an das Gütemaß von McKELVEY und ZAVOINA im Probit-Modell vorgeschlagene Maß

$$r_{MZ}^2 = \frac{\sum_{T}(\underline{x}_t'\underline{b} - \underline{x}_t'\underline{b}/T)^2}{\sum_{T}(\underline{x}_t'\underline{b} - \underline{x}_t'\underline{b}/T)^2 + T \cdot s^2} \tag{2.4-88}$$

benutzt, das im Gegensatz zu (2.4-87) alle Beobachtungswerte berücksichtigt.

Von Interesse sind hier ebenfalls *Spezifikationstests auf Heteroskedastie*; denn auch in diesem Modell sind die ML-Schätzer nicht mehr konsistent, wenn die grundlegende Annahme der Homoskedastie der Störvariablen $\tilde{u}$ verletzt ist. Analog zum Probit-Modell unterstellt man nun für die Störvariable $\tilde{u}$ im Ansatz (2.4-60) die Varianz

$$\operatorname{var}\tilde{u} = \sigma^2 \cdot \exp(\underline{\delta}'\underline{\omega})^2, \tag{2.4-89}$$

308. Die Bedingung bezieht sich auf $\underline{\theta} = \underline{\theta}_0$ und $y_t = 0$.

309. Es kann gezeigt werden, dass die EM-Schätzer gegen die ML-Schätzer konvergieren.

wobei $\underline{\delta}$ wiederum als k'−dimensionaler Koeffizientenvektor von zusätzlichen Einflussgrößen $\omega_1, \ldots, \omega_{k'}$ aufzufassen ist. Benützt man für die Prüfung auf Vorliegen von Heteroskedastie wiederum den Lagrange-Multiplikatortest mit der Teststatistik $\tilde{\chi}^2_{LM}$ aus (2.4-11c), so ist die restringierte Likelihoodfunktion $\widehat{L}_R$ der gesamten Likelihoodfunktion $\widehat{L}$ gegenüberzustellen. L_R entspricht der Likelihoodfunktion des Ansatzes (2.4-67). $\widehat{L}_R$ wird mit Hilfe des Vektors der ML-Schätzwerte $\widehat{\underline{\theta}}'_R = (\underline{b}', s^2)$ für $\underline{\theta}'_R = (\underline{\beta}', \sigma^2)$, dem Parametervektor des ursprünglichen Modells, berechnet, das für ũ Homoskedastie unterstellt.[310] L ist dagegen bezüglich aller Parameter $\underline{\theta}' = (\underline{\beta}', \sigma^2, \underline{\delta}')$ zu maximieren; $\widehat{L}$ wird also mit Hilfe des Vektors der ML-Schätzwerte $\widehat{\underline{\theta}}' = (\underline{b}', s^2, \widehat{\underline{\delta}}')$ bestimmt.

Im erweiterten Modell ist somit

$$L = \prod_{t=1}^{T_1} \Phi\left(\frac{-\underline{x}_t'\underline{\beta}}{\sigma \cdot \exp(\underline{\delta}'\underline{\omega}_t)}\right) \cdot \prod_{t=1}^{T_2} \frac{1}{\sigma \cdot \exp(\underline{\delta}'\underline{\omega}_t)} \cdot \varphi\left(\frac{y_t - \underline{x}_t'\underline{\beta}}{\sigma \cdot \exp(\underline{\delta}'\underline{\omega}_t)}\right) \tag{2.4-90}$$

bzw.

$$\ln L = \sum_{t=1}^{T} \alpha_t \cdot \left[\ln\left(\Phi\left(\frac{-\underline{x}_t'\underline{\beta}}{\sigma \cdot \exp(\underline{\delta}'\underline{\omega}_t)}\right)\right)\right]$$

$$- (1 - \alpha_t) \cdot \left[\ln \sigma + \underline{\delta}'\underline{\omega}_t + \ln\sqrt{2\pi} + \frac{1}{2}\left(\frac{y_t - \underline{x}_t'\underline{\beta}}{\sigma \cdot \exp(\underline{\delta}'\underline{\omega}_t)}\right)^2\right] \tag{2.4-90a}$$

bezüglich $\underline{\theta}' = (\underline{\beta}', \sigma^2, \underline{\delta}')$ zu maximieren.[311] Die notwendigen Bedingungen für ein Maximum ergeben sich durch Nullsetzen der partiellen Ableitungen erster Ordnung, die hier mit

$$\frac{\partial \ln L}{\partial \underline{\beta}} = \sum_t \sum_t \left[\alpha_t \cdot \frac{-\varphi_t}{\Phi_t} + (1 - \alpha_t) \cdot \frac{y_t - \underline{x}_t'\underline{\beta}}{\sigma^2 \cdot \exp(\underline{\delta}'\underline{\omega}_t)^2}\right] \cdot \underline{x}_t \tag{2.4-91a}$$

$$\frac{\partial \ln L}{\partial \sigma^2} = \sum_t \sum_t \left[\alpha_t \cdot \frac{\varphi_t}{\Phi_t} \cdot \frac{\underline{x}_t'\underline{\beta}}{2\sigma^3 \cdot \exp(\underline{\delta}'\underline{\omega}_t)} + (1 - \alpha_t) \cdot \frac{1}{2\sigma^2} \cdot \left(\frac{(y_t - \underline{x}_t'\underline{\beta})^2}{\sigma^2 \cdot \exp(\underline{\delta}'\underline{\omega}_t)^2} - 1\right)\right] \tag{2.4-91b}$$

$$\frac{\partial \ln L}{\partial \underline{\delta}} = \sum_t \sum_t \sigma^2 \cdot \left[\alpha_t \cdot \frac{\varphi_t}{\Phi_t} \cdot \frac{\underline{x}_t'\underline{\beta}}{2\sigma^3 \cdot \exp(\underline{\delta}'\underline{\omega}_t)} + (1 - \alpha_t) \cdot \frac{1}{2\sigma^2} \cdot \left(\frac{(y_t - \underline{x}_t'\underline{\beta})^2}{\sigma^2 \cdot \exp(\underline{\delta}'\underline{\omega}_t)^2} - 1\right)\right] \cdot \underline{\omega}_t \tag{2.4-91c}$$

gegeben sind.[312] Mit Hilfe eines geeigneten iterativen Verfahrens können daraus die ML-Schätzwerte und anschließend $\widehat{L}$ gewonnen werden. Einsetzen von $\widehat{L}$ und $\widehat{L}_R$ in (2.4-11c) ergibt die Ausprägung der Teststatistik $\tilde{\chi}^2_{LM}$, die bei Gültigkeit von $H_0: \underline{\delta} = \underline{0}$ χ^2−verteilt ist mit k' Freiheitsgraden. H_0 wird also abgelehnt, falls $\chi^2_{LM} > \chi^2(1 - \alpha \,|\, k')$, mit $\chi^2(1 - \alpha \,|\, k') := (1 - \alpha)$−Quantil dieser Verteilung.

---

310. Die Varianz von ũ vereinfacht sich somit in dem ursprünglichen, „reduzierten" Modell zu σ^2; dieses ist bei Gültigkeit von $H_0: \underline{\delta} = \underline{0}$ gegeben.

311. Die Struktur der Likelihoodfunktion ergibt sich analog zu (2.4-67). Außerdem ist zu beachten, dass bei der Formulierung der Log-Likelihoodfunktion über *alle* t summiert wird. Deshalb ist der Parameter α_t einzuführen, für den $\alpha_t = 0$ gilt, falls eine zensierte Beobachtung vorliegt, ansonsten ist $\alpha_t = 1$.

312. Vgl. z.B. GREENE, 2000, S. 914; RONNING, 1991, S. 141. Auf die Wiedergabe der Informationsmatrix, deren Form gewährleistet, dass die hinreichenden Bedingungen für ein Maximum eingehalten ist, soll hier verzichtet werden.

Abschließend soll noch kurz gezeigt werden, wie die in der Praxis häufig gegebenen multivariaten und simultanen Tobit-Modelle geschätzt werden können. Betrachtet wird zunächst ein einfaches *multivariates Tobit-Modell* für zwei latente Variablen $\tilde{y}_{L1}$ und $\tilde{y}_{L2}$ sowie zwei beobachtbare Variablen $\tilde{y}_1$ und $\tilde{y}_2$, für welche folgender Zusammenhang unterstellt wird:[313]

$$\begin{aligned} \tilde{y}_{L1t} &= \underline{x}_t'\underline{\beta}_1 + \underline{\tilde{u}}_{1t} \\ \tilde{y}_{L2t} &= \underline{x}_t'\underline{\beta}_2 + \underline{\tilde{u}}_{2t} \end{aligned} \quad \text{, sowie} \qquad (2.4\text{-}92)$$

$$\tilde{y}_{1t} = \begin{cases} 1 & \text{für } \tilde{y}_{L1t} > 0 \\ 0 & \text{für } \tilde{y}_{L1t} \le 0 \end{cases}, \quad \tilde{y}_{2t} = \begin{cases} y_{L2t} & \text{für } \tilde{y}_{L1t} > 0 \\ 0 & \text{für } \tilde{y}_{L1t} \le 0 \end{cases}, \text{ und} \qquad (2.4\text{-}93)$$

$$\underline{\tilde{u}} = (\tilde{u}_{1t}, \tilde{u}_{2t})' \rightarrow N(\underline{0}; \underline{\Sigma_{\tilde{u}\tilde{u}}}), \text{ mit } \underline{\Sigma_{\tilde{u}\tilde{u}}} = \begin{pmatrix} \sigma_1^2 & \sigma_{12} \\ \sigma_{12} & \sigma_2^2 \end{pmatrix}. \qquad (2.4\text{-}94)$$

Die Einflussgrößen $\underline{x}_t$ können dabei identisch aber auch unterschiedlich sein.[314] Zu beachten ist, dass dieses Modell grundsätzlich die Beobachtbarkeit der Variablen $\tilde{y}_{1t}$ hinsichtlich ihres Vorzeichens unterstellt, also $y_{1t} \in \{0; 1\}$ für alle t; die zweite Variable $\tilde{y}_{2t}$ dagegen ist nur beobachtbar, falls $\tilde{y}_{L2t} > 0$.[315]

Die ML-Schätzung der Modellparameter erfolgt wiederum auf der Grundlage eines Stichprobenbefundes von T qualitativen Beobachtungen für $\tilde{y}_{1t}$ und T_2 quantitativen Beobachtungen für $\tilde{y}_{2t}$. Die zu maximierende Likelihoodfunktion lautet hier

$$L = \prod_{t=1}^{T_1} P(\tilde{y}_{L1t} \le 0) \cdot \prod_{t=1}^{T_2} f(y_{2t} \,|\, \tilde{y}_{L1t} > 0) \cdot P(\tilde{y}_{L1t} > 0) \;; \qquad (2.4\text{-}95)$$

diese besteht nur aus eindimensionalen Dichte- und Verteilungsfunktionen. Wegen der getroffenen Annahmen ist konkret die Standardnormalverteilung einzusetzen, so dass diese Likelihood mit der aus dem Standard-Tobit-Modell übereinstimmt. Wendet man hier das zweistufige Verfahren nach HECKMAN an, so erfolgt im ersten Schritt die Schätzung Schätzung von $\underline{\theta}_1 = \underline{\beta}_1 / \sigma_1$ durch Maximierung des Probitanteils

$$L = \prod_{t=1}^{T_1} P(\tilde{y}_{L1t} \le 0) \cdot \prod_{t=1}^{T_2} P(\tilde{y}_{L1t} > 0) \qquad (2.4\text{-}95a)$$

aus (2.4-95). Es resultieren die konsistenten Schätzer $\widehat{\underline{\theta}}_1 = \underline{b}_1/s_1$, die zur Berechnung der im zweiten Schritt benötigten geschätzten Hazardraten benutzt werden, um eine MQ-

313. Dieses Modell entspricht dem Tobit-Modell, Typ 2, von AMEMIYA und unterstellt den Zusammenhang $P(\tilde{y}_{L1} < 0) \cdot P(\tilde{y}_{L1} > 0, \tilde{y}_{L2})$(AMEMIYA, 1985, S. 385 ff.); er betrachtet auch noch ein Modell vom Typ 3, das $P(\tilde{y}_{L1} < 0) \cdot P(\tilde{y}_{L1}, \tilde{y}_{L2})$ unterstellt (AMEMIYA, 1985, S. 389 ff.) sowie weitere Typen, in denen zusätzliche latente Variablen eingebaut werden. Hier soll jedoch neben dem Standardmodell, das als Typ 1 bezeichnet wird, nur noch die zweite und dritte Variante betrachtet werden.

314. $\underline{x}_t$ ist identisch für $\underline{\beta}_1'\underline{\beta}_2 \neq 0$, jedoch (teilweise) verschieden für $\underline{\beta}_1'\underline{\beta}_2 = 0$.

315. Dieses Modell ist z.B. für die Darstellung des individuellen Arbeitsangebot geeignet: Sei w der Lohn, der einem Arbeitslosen monatlich bei Aufnahme einer bestimmten Tätigkeit geboten wird, w* der Betrag der monatlichen Arbeitslosenhilfe. Unterstellt man, dass der betrachtete Erwerbslose eine Tätigkeit nur dann aufnimmt, also $y_{1t} = 1$ beobachtet wird, falls die gebotene Entlohnung über dem Arbeitshilfesatz liegt, so kann dies durch das oben formulierte Modell eingefangen werden, wenn $y_{1t} = w - w*$ und $y_{2t} = w$ gesetzt wird.

Schätzung der restlichen Modellparameter mit Hilfe der T_2 unzensierten Beobachtungen durchführen zu können.[316]

Das Modell (2.4-92) bis (2.4-94) kann nun dahingehend abgeändert werden, dass $\tilde{y}_{1t}$ auch quantitativ beobachtbar ist, falls $\tilde{y}_{L1t} > 0$ gilt. Dies führt zu der von AMEMIYA als „Typ 3“ bezeichneten Variante des Tobit-Modells; es unterscheidet sich von der oben dargestellten Variante des „Typs 2“ nur durch die Festlegung

$$\tilde{y}_{1t} = \begin{cases} y_{L1t} & \text{für } \tilde{y}_{L1t} > 0 \\ 0 & \text{für } \tilde{y}_{L1t} \leq 0 \end{cases} . \qquad (2.4\text{-}96)$$

Diese führt zu der Likelihoodfunktion

$$L = \prod_{t=1}^{T_1} P(\tilde{y}_{L1t} \leq 0) \cdot \prod_{t=1}^{T_2} f(y_{1t}, y_{2t}) , \qquad (2.4\text{-}97)$$

die die gemeinsame Dichtefunktion von $\tilde{y}_1$ und $\tilde{y}_2$ enthält. Das zweistufige Schätzverfahren nach *HECKMAN* liefert auch in diesem Modell konsistente Schätzer.[317]

Nun soll noch ein sehr einfaches *simultanes Tobit-Modell* vorgestellt werden. Wie im Falle der in Kapitel 2.3 betrachteten makroökonometrischen Mehrgleichungsmodellen gehen auch bei den simultanen mikroökonometrischen Modellen endogene Variable gleichzeitig als erklärende Einflussvariablen ein. Gegeben sei

$$\begin{aligned} \tilde{y}_{L1t} &= \delta_{12} y_{2t} + \underline{x}_t' \underline{\beta}_1 + \tilde{u}_{1t} \\ \tilde{y}_{L2t} &= \delta_{21} y_{1t} + \underline{x}_t' \underline{\beta}_2 + \tilde{u}_{2t} \end{aligned} \quad , \text{ mit} \qquad (2.4\text{-}98)$$

$$\tilde{y}_{1t} = \begin{cases} y_{L1t} & \text{für } \tilde{y}_{L1t} > 0 \\ 0 & \text{für } \tilde{y}_{L1t} \leq 0 \end{cases} \text{ und } \tilde{y}_{2t} = \tilde{y}_{L2t}. \qquad (2.4\text{-}99)$$

$\tilde{y}_{1t}$ ist also eine gestutzte beobachtbare Variable, $\tilde{y}_{2t}$ eine stetige beobachtbare Variable. Das zugehörige reduzierte Modell für $\tilde{y}_{1t}$ lautet

$$\tilde{y}_{1t} = \frac{1}{1 - \delta_{12}\delta_{21}} \cdot \left(\underline{x}_t'(\underline{\beta}_1 + \delta_{12}\underline{\beta}_2) + (\tilde{u}_{1t} + \delta_{12}\tilde{u}_{2t}) \right) \text{ für } \tilde{y}_{1t} > 0$$

$$\tilde{y}_{1t} = \underline{x}_t'(\underline{\beta}_1 + \delta_{12}\underline{\beta}_2) + (\tilde{u}_{1t} + \delta_{12}\tilde{u}_{2t}) \text{ für } \tilde{y}_{1t} \leq 0 \; ; \qquad (2.4\text{-}100)$$

$\tilde{y}_{1t}$ ist eindeutig bestimmt, falls $1 - \delta_{12}\delta_{21} > 0$.[318]

Nach dieser Einführung in die Modelle für beschränkt abhängige Variablen sollen im nächsten Abschnitt noch kurz einige zeitabhängige Modelle behandelt werden, die ebenfalls dem Gebiet der Mikroökonometrie zuzuordnen sind.

---

316. Dazu muss konkret $E(\tilde{y}_{L2t} | \tilde{y}_{L1t} > 0)$ als einfache lineare Funktion in $E(\tilde{y}_{L1t} | \tilde{y}_{L1t} > 0)$ ausgedrückt werden, wie es schon im Standardmodell geschehen ist. Daraus lässt sich auch leicht die entsprechende bedingte Varianz ableiten. Analog zu (2.4-74) bzw. (2.4-76) ergibt sich dann $\tilde{y}_{2t} = \underline{x}_t'\underline{\beta}_2 + \sigma_{12}\sigma_1^{-1}h(-\underline{x}_t'\underline{\beta}_1 / \sigma_1) + \tilde{\gamma}_{2t}$; ersetzt man in dieser Beziehung die im ersten Schritt geschätzten Parameter $\underline{\beta}_1$ und σ_1, also insgesamt $h(-\underline{x}_t'\underline{\beta}_1 / \sigma_1)$, durch deren Schätzwerte, so kann im zweiten Schritt eine einfache MQ-Schätzung der restlichen Modellparameter $\underline{\beta}_2$, σ_{12} und σ_2 erfolgen (AMEMIYA, 1985, S. 386 f., HECKMAN 1976, S. 475 ff.; ders., 1979, S. 153 ff.).

317. Wie schon innerhalb der Variante 2 des Modells sind hier bei der Verwendung des zweistufigen Schätzverfahrens nach HECKMAN vergleichsweise erhebliche rechentechnische Vorteile gegenüber einer reinen ML-Schätzung zu verzeichnen.

318. Auf die Darstellung der Identifizierbarkeitsbedingungen sowie der Schätzung wird hier nicht näher eingegangen; dazu sei auf die einschlägige Literatur verwiesen (POHLMEIER, 1989, S. 16 ff.; SICKLES/SCHMIDT, 1978, S. 11 ff.; SCHMIDT, 1981, S. 422 ff.).

2.4.4 Zeitabhängige Modelle

Die bisher vorgestellten Modelle der Mikroökonometrie beziehen sich auf Querschnittsdaten; in diesem Abschnitt sollen nun Modelle behandelt werden, die auf verschiedene Arten die Zeit berücksichtigen. Dazu gehören Ansätze für *Zähldaten*, die die Häufigkeit des Auftretens eines Ereignisses in einem bestimmten Zeitintervall betrachten,[319] Modelle für Verweildauern,[320] in denen die Variable „Zeit" das zu analysierende Merkmal darstellt und die Frage der Dauer bis zum zeitlichen Eintritts eines bestimmten Ereignisses geklärt werden soll, sowie Modelle für *Paneldaten*.[321] Während die beiden ersten Modellarten – trotz der unterschiedlichen Referenz bezüglich der Zeit – auf Querschnittsdaten basieren,[322] beruht die dritte Modellart auf echten Paneldaten; diese sind Beobachtungen, die zu mehreren Zeitpunkten an jeweils denselben Personen/Objekten erhoben werden. Paneldaten sind insbesondere im Bereich der Marktforschung sowie in der empirischen Sozial- und Wirtschaftsforschung vorzufinden.[323] Innerhalb der Panelanalyse spielt insbesondere auch die „Heterogenität" sowie die „Zustandsabhängigkeit" eine große Rolle. Paneldaten können auch innerhalb der bereits vorgestellten Logit-, Probit- und Tobit-Modelle verwendet werden; eine entsprechende Modellformulierung wird ebenfalls angesprochen.[324]

2.4.4.1 Modelle für Zähldaten

Bei diesen Modellen wird von einer Zählvariablen $\tilde{y}$ ausgegangen, die nur Werte aus der Menge der nichtnegativen ganzen Zahlen annehmen kann, also $y \in \{0, 1, 2, \ldots\}$, da sie die Häufigkeit des Auftretens eines diskreten Ereignisses innerhalb eines bestimmten Zeitintervalls beschreibt.[325] Wegen ihres Wertebereichs kann $\tilde{y}$ sie nicht durch ein lineares Modell beschrieben werden; geeignete Ansätze sind dagegen Modelle, die eine Poisson- oder eine negative Binomialverteilung zu ihrer Erklärung unterstellen. Eine wichtige Eigenschaft dieser Verteilungen ist die Tatsache, dass ihr Erwartungswert und ihre Varianz nur abhängig voneinander variieren können; denn bei der negativen Binomialverteilung sind sie zueinander proportional, bei der Poissonverteilung sind sie sogar identisch.

Die *Poissonverteilung* ist gegeben durch

$$P(\tilde{y} = y_i) = \frac{e^{-\lambda}\lambda^{y_i}}{y_i!}, \; y_i = 0, 1, 2, \ldots, \tag{2.4-101}$$

319. Man vergleiche dazu z.B. CAMERON/TRIVEDI, 1986, S. 29 ff.; GREENE, 2000, S. 880 ff.; HAUSMAN/HALL/GRILLICHES, 1984, S. 909 ff.; RONNING, 1991, S. 158 ff.; WINKELMANN, 1997.

320. Man vergleiche z.B. AMEMIYA, 1985, S. 412 ff.; GREENE, 2000, S. 937 ff.; KIEFER, 1988, S. 646 ff.; LANCASTER, 1990; RONNING, 1991, S. 171 ff. Anwendungsbeispiele für diese Modellart im Bereich der Arbeitsmarktforschung findet man bei DEVINE/KIEFER, 1991.

321. Aus der Vielzahl der einschlägigen Literatur zur Analyse von Paneldaten sei hier nur auf ARMINGER/MÜLLER, 1990, BALTAGI, 1995, GREENE, 2000, HSIAO, 2003 und VERBEEK, 2000, hingewiesen.

322. Deshalb werden in diesem Abschnitt die personen-/objektbezogenen Daten mit dem Index „i" bzw. „j" versehen und nicht mit dem bisherigen Index „t"; dies erleichtert im folgenden die Unterscheidung zwischen Querschnittsdaten und Längsschnittdaten; Paneldaten sind dann mit beiden Indizes zu versehen.

323. Man denke z.B. an das Sozioökonomische Panel des DIW, Berlin, oder an den IFO-Konjunkturtest.

324. Man vergleiche z.B. MADDALA, 1987, S. 307 ff.

325. So zählt sie z.B. die Anzahl der Patentanmeldungen eines Unternehmens in einem Jahr, die Zahl der Arbeitslosen in einer Region in einem Monat, die Anzahl der Käufer eines bestimmten Produktes in einem Quartal etc.

mit dem Erwartungswert $E\tilde{y} = \lambda$ und der Varianz $\text{var}\,\tilde{y} = \lambda$. Verwendet man sie im Rahmen der Analyse von Zähldaten, so wird unterstellt, dass das interessierende Ereignis proportional zur Länge des Zeitintervalls auftritt und dass die Zahl der Ereignisse in disjunkten Intervallen voneinander stochastisch unabhängig ist.[326] Diese Verteilung ist deshalb nicht für Situationen geeignet, in denen die Ereignisse „klumpenartig" auftreten.[327]

Die *negative Binomialverteilung* lautet[328]

$$P(\tilde{y} = y_i) = \frac{\Gamma(\delta + y_i)}{\Gamma(\delta) \cdot y_i!} \cdot p^{\delta}(1 - p)^{y_i},$$
$$y_i = 0, 1, 2, \ldots; \delta > 0; 0 < p < 1, \qquad (2.4\text{-}102)$$

mit dem Erwartungswert $E\tilde{y} = \delta \cdot (1 - p)/p$ und der Varianz $\text{var}\,\tilde{y} = \delta \cdot (1 - p)/p^2$. Ist δ ganzzahlig, so wird sie als *Pascal-Verteilung* bezeichnet und ist folgendermaßen wiederzugeben:[329]

$$P(\tilde{y} = y_i) = \frac{(\delta + y_i - 1)!}{(\delta - 1)! \cdot y_i!} \cdot p^{\delta}(1 - p)^{y_i},$$
$$y_i = 0, 1, 2, \ldots; \delta > 0; 0 < p < 1 \qquad (2.4\text{-}103)$$

Unterstellt man dabei ein Bernoulliexperiment mit der Wahrscheinlichkeit p, so gibt (2.4-103) die Wahrscheinlichkeit dafür wieder, dass bei $(\delta + y_i)$ Versuchen genau y_i „Misserfolge" eingetreten sind, bevor δ „Erfolge" eintreten.[330] Zusätzlich kann gezeigt werden, dass $P(\tilde{y} \geq y_i + y_j \mid \tilde{y} \geq y_i) = P(\tilde{y} \geq y_j)$ gilt, d.h. die Kenntnis, dass ein Ereignis mindestens schon y_i−mal eingetreten ist, beeinflusst nicht die Wahrscheinlichkeit dafür, dass es mindestens $(y_i + y_j)$−mal eintritt.[331]

Zunächst wird nun für die Zähldaten das *Poissonmodell* unterstellt, um die Häufigkeit zu analysieren, mit der für eine Person/ ein Objekt ein bestimmtes Ereignis eintritt. Man geht somit davon aus, dass die Zähldaten y_i durch eine Poissonverteilung erzeugt werden; außerdem soll nur eine Einflussvariable x die Realisationen der Zählvariablen

326. vgl z.B. MOOD/GRAYBILL/BOES, 1974, S. 95. Zu beachten ist, dass diese Verteilung die Anzahl der Ereignisse in einem Intervall der Länge Eins betrachtet; will man T Zeitintervalle in die Analyse miteinbeziehen, so muss der Parameter λ in der Wahrscheinlichkeitsfunktion (2.4-101) jeweils durch $(T \cdot \lambda)$ ersetzt werden. In diesem Fall spricht man dann von einem Poissonprozess.

327. Eine derartige Situation wäre z.B. gegeben, wenn die Zahl der Personen, die sich arbeitslos melden, am Quartalsende sprunghaft ansteigt. Auch die Verkaufszahlen eines Saisonartikels lassen sich hiermit nicht modellieren.

328. $\Gamma(\ldots)$ kennzeichnet dabei die bekannte Gammafunktion. Außerdem ist anzumerken, dass man auch die alternative Parametrisierung $p = \eta/(1 + \eta), \eta > 0$, findet, für die $E\tilde{x} = \delta/\eta$ und $\text{var}\,\tilde{x} = (\delta/\eta)(1 + 1/\eta)$ gilt; das Verhältnis von Varianz und Erwartungswert ist hier durch $\text{var}\,\tilde{x}/E\tilde{x} = 1 + 1/\eta$ gegeben. Auch die Formulierung $p = \delta/(\delta + \eta), \eta > 0$, ist vorzufinden; dann ergeben sich $E\tilde{x} = \eta$, $\text{var}\,\tilde{x} = \eta(1 + \eta/\delta)$sowie $\text{var}\,\tilde{x}/E\tilde{x} = 1 + \eta/\delta$. Diese Verteilung entspricht im diskreten Fall der stetigen Gammaverteilung.

329. Dabei wird die Eigenschaften der Gammafunktion benutzt, dass allgemein $\Gamma(m + 1) = (m + 1) \cdot \Gamma(m)$ und $\Gamma(1) = 1$ gilt.

330. Damit ist hier im Gegensatz zur Binomialverteilung die Anzahl der Versuche nicht fest, sondern hängt von der Anzahl der „Erfolge" ab (RONNING, 1991, S. 160). Einen Spezialfall erhält man mit $\delta = 1$, für den sich die bekannte geometrische Verteilung ergibt.

331. Dies gilt auch für die Poissonverteilung, denn diese kann als Spezialfall der negativen Binomialverteilung aufgefasst werden. Die negative Binomialverteilung kann als Mischung von Poissonverteilungen gesehen werden (RONNING, 1991, S. 160 ff.).

$\tilde{y}$ beeinflussen.[332] Da der Erwartungswert der Poissonverteilung durch λ gegeben ist, wird hier der Zusammenhang mit

$$\lambda(x) = \exp(\alpha + \beta x) \tag{2.4-104}$$

modelliert; dies stellt sicher, dass λ nichtnegativ ist. Liegen n Beobachtungen x_i, $(1 \leq i \leq n)$, der Einflussvariablen x sowie n ganzzahlige, nichtnegative Realisationen y_i der Zählvariablen $\tilde{y}$ vor, so lautet unter den gesetzten Annahmen die zu maximierende Likelihoodfunktion

$$L \overset{\substack{(2.4-101)\\(2.4-104)}}{=} \prod_{i=1}^{n} \frac{e^{-\exp(\alpha + \beta x_i)} \cdot (\exp(\alpha + \beta x_i))^{y_i}}{y_i!} \,. \tag{2.4-105}$$

Die zugehörige Log-Likelihoodfunktion lautet somit

$$\ln L = -\sum_i \exp(\alpha + \beta x_i) + \sum_i y_i \cdot (\alpha + \beta x_i) - \sum_i \ln(y_i!) \tag{2.4-105a}$$

und die notwendigen Bedingungen für ein Maximum von (2.4-105) bzw. (2.4-105a) berechnen sich als

$$\frac{\partial \ln L}{\partial \alpha} = -\sum_i \exp(\alpha + \beta x_i) + \sum_i y_i \overset{!}{=} 0 \tag{2.4-106a}$$

$$\frac{\partial \ln L}{\partial \beta} = -\sum_i x_i \cdot \exp(\alpha + \beta x_i) + \sum_i x_i y_i \overset{!}{=} 0 \;; \tag{2.4-106b}$$

da die HESSEsche Matrix[333] für mindestens zwei verschiedene x_i–Werte negativ definit ist, existieren die ML-Schätzfunktionen für die unbekannten Modellparameter α und β; die ML-Schätzwerte lassen sich aus (2.4-106a) und (2.4-106b) wiederum mithilfe eines iterativen Verfahrens bestimmen.

Kann man für einen vorliegenden Datensatz nicht davon ausgehen, dass der Erwartungswert und die Varianz übereinstimmen,[334] so sollte nicht das gerade beschriebene Poissonmodell, sondern das *Modell der negativen Binomialverteilung* zugrunde gelegt werden. Dabei kann von beiden oben angesprochenen Alternativen der Parametrisierung von p, also von $p = \eta/(1 + \eta)$ oder von $p = \delta/(\delta + \eta)$,[335] ausgegangen werden. Im ersten Fall ist das Verhältnis $\operatorname{var}\tilde{x}/\mathrm{E}\,\tilde{x}$ nur von η abhängig, im zweiten Fall ist der Erwartungswert η, dagegen ist $\operatorname{var}\tilde{x}/\mathrm{E}\,\tilde{x}$ von η und δ abhängig und somit variabel.[336] Beide Alternativen werden in der Praxis verwendet.

Die Art der Abhängigkeit von der Einflussgröße x kann für beide beschriebenen Parametrisierungen von p unterschiedlich modelliert werden; so soll entweder

332. Eine Verallgemeinerung auf k Einflussvariablen ist analog zu den Ausführungen vorangegangener Abschnitte leicht möglich. Beispielsweise kann die Berufsausbildung oder das Alter eines Arbeitnehmers solch eine Einflussvariable darstellen, wenn man die Zahl der Perioden der Arbeitslosigkeit dieser Person untersuchen möchte.

333. Diese ergibt sich hier als $\underline{H} = -\sum_i \exp(\alpha + \beta x_i) \cdot \underline{x}_i \underline{x}_i'$, mit $\underline{x}_i' = (1\,;\,x_i)$ (vgl. z.B. GREENE, 2000, S. 880; RONNING, 1991, S. 163).

334. Es wird häufig vorgeschlagen, dies durch einen einfachen graphischen Test zu prüfen. Dazu trägt man für unterschiedliche (Teil-) Stichproben die entsprechenden (logarithmierten) empirischen Momente gegeneinander ab; bei Vorliegen einer Poissonverteilung müsste sich ungefähr die 45°-Linie ergeben. Die Stichprobenmomente sind dabei mit Hilfe der geschätzten ML-Werte zu berechnen.

335. Man vergleiche die Anmerkungen zur Wahrscheinlichkeitsfunktion der negativen Binomialverteilung.

336. Im Fall (2.4-108) ist der Erwartungswert mit dem des Poissonmodells identisch.

$$\eta(x) = \exp(\alpha + \beta x) \tag{2.4-107}$$

oder

$$\delta(x) = \exp(\alpha + \beta x) \tag{2.4-108}$$

gelten. Wählt man den Ansatz (2.4-108), so ergeben sich mit den beiden unterschiedlichen Parametrisierungen von p zwei unterschiedliche Modelle; wird dagegen von (2.4-107) ausgegangen, so kann gezeigt werden, dass für beide Alternativen von p das gleiche Modell resultiert.[337]

Abschließend soll kurz die *ML-Schätzung* der unbekannten Parameter α, β und δ für die Spezifikation (2.4-107) in Kombination der Wahl $p = \eta/(1+\eta)$ dargestellt werden.[338] Die zu maximierende Likelihood- bzw. Log-Likelihoodfunktion lautet dann

$$L \overset{(2.4-102)}{\underset{(2.4-107)}{=}} \prod_{i=1}^{n} \frac{\Gamma(\delta + y_i)}{\Gamma(\delta)\cdot y_i!} \cdot \left(\frac{\exp(\alpha + \beta x_i)}{1 + \exp(\alpha + \beta x_i)}\right)^{\delta} \cdot \left(1 - \frac{\exp(\alpha + \beta x_i)}{1 + \exp(\alpha + \beta x_i)}\right)^{y_i}$$

$$= \prod_{i=1}^{n} \frac{\Gamma(\delta + y_i)}{\Gamma(\delta)\cdot y_i!} \cdot \frac{(\exp(\alpha + \beta x_i))^{\delta}}{(1 + \exp(\alpha + \beta x_i))^{\delta + y_i}} \tag{2.4-109}$$

bzw.

$$\begin{aligned} \ln L = \sum_i [&\ln(\Gamma(\delta + y_i)) - \ln(\Gamma(\delta)) - \ln(y_i!)] \\ &+ \delta\cdot(\alpha + \beta x_i) - (\delta + y_i)\cdot \ln(1 + \exp((\alpha + \beta x_i)) , \end{aligned} \tag{2.4-109a}$$

woraus sich die notwendigen Bedingungen mit

$$\frac{\partial \ln L}{\partial \alpha} = n\cdot\delta - \sum_i (\delta + y_i)\cdot \frac{\exp(\alpha + \beta x_i)}{1 + \exp(\alpha + \beta x_i)} \overset{!}{=} 0 \tag{2.4-110a}$$

$$\frac{\partial \ln L}{\partial \beta} = \delta\cdot\sum_i x_i - \sum_i (\delta + y_i)\cdot x_i \cdot \frac{\exp(\alpha + \beta x_i)}{1 + \exp(\alpha + \beta x_i)} \overset{!}{=} 0 \tag{2.4-110b}$$

$$\frac{\partial \ln L}{\partial \delta} = \sum_i \phi(\delta + y_i) - n\cdot\phi(\delta) + \sum_i (\alpha + \beta x_i) - \sum_i \ln(1 + \exp(\alpha + \beta x_i)) \overset{!}{=} 0 \tag{2.4-110c}$$

ergeben.[339] Die Lösung dieses Gleichungssystems ist mit Hilfe eines iterativen Verfahrens zu berechnen; die daraus resultierenden ML-Schätzer für α,β und δ existieren, da die zugehörige HESSEsche Matrix negativ definit ist.[340]

337. RONNING, 1991, S. 165 f.

338. Ein bekanntes Beispiel für die Anwendung aller vorgestellten Modellvarianten auf die Zahlen von Patentanmeldungen von Unternehmen findet sich u.a. bei HAUSMAN/HALL/GRILLICHES, 1984, S. 909 ff. sowie RONNING, 1991, S. 167 ff.

339. $\phi(\ldots)$ stellt dabei die sog. „Digammafunktion" dar; diese ist definiert als die erste Ableitung der logarithmierten Gammafunktion.

340. Ein bekanntes Beispiel zur Analyse von Zähldaten ist bei HAUSMANN et. al (1984, S. 909 ff.) zu finden; hierbei wird die Patenttätigkeit von Unternehmen analysiert. Eine entsprechende Untersuchung für 143 deutsche Unternehmen findet man bei SCHWALBACH/ZIMMERMANN, (1991, S. 109 ff.); dieser Datensatz wird auch von RONNING (1991, S. 167 ff.) verwendet.

2.4.4.2 Modelle zur Analyse von Verweildauern und Hazardratenmodelle

Diese Modellansätze untersuchen die Verweildauer/Wartezeit einzelner Untersuchungseinheiten in einem bestimmten Zustand.[341] Sie können direkt durch die Unterstellung geeigneter Verteilungen für die abhängige Variable $\tilde{y}$ oder indirekt über die Verwendung von Hazardraten gewonnen werden.[342]

Unterstellt man für $\tilde{y}$ eine *Gammaverteilung*, so gilt für ihre Dichtefunktion[343]

$$f(y) = \frac{\eta^{\delta}}{\Gamma(\delta)} \cdot y^{\delta-1} \cdot e^{-\eta y} \quad ; \qquad (2.4\text{-}111)$$

der Erwartungwert ist $E\tilde{y} = \delta/\eta$, die Varianz lautet $\operatorname{var}\tilde{y} = \delta/\eta^2$. Nimmt man nun für die Abhängigkeitsstruktur zur Einflussgröße x speziell wiederum

$$\eta(x) = \exp(\alpha + \beta x) \qquad (2.4\text{-}112)$$

an, so erhält man die Likelihoodfunktion bzw. Log-Likelihoodfunktion[344]

$$L \overset{(2.4-111)}{\underset{(2.4-112)}{=}} \prod_i \frac{(\exp(\alpha + \beta x_i))^{\delta}}{\Gamma(\delta)} \cdot y_i^{\delta-1} \cdot e^{-y_i(\exp(\alpha+\beta x_i))} \qquad (2.4\text{-}113)$$

bzw.

$$\ln L = \sum_i [\delta \cdot (\alpha + \beta x_i) + (\delta - 1) \cdot \ln y_i - y_i \cdot \exp(\alpha + \beta x_i) - \ln(\Gamma(\delta))] \; . \qquad (2.4\text{-}113a)$$

Die ML-Schätzer der unbekannten Parameter α, β und δ ergeben sich wieder aus der Lösung des Gleichungssystems (2.4-114a) bis (2.4-114c) mit Hilfe eines iterativen Verfahrens, wobei der Nachweis der Gültigkeit der hinreichenden Bedingungen hier problematisch ist. Es gilt

$$\frac{\partial \ln L}{\partial \alpha} = n \cdot \delta - \sum_i y_i \cdot \exp(\alpha + \beta x_i) \overset{!}{=} 0 \qquad (2.4\text{-}114a)$$

$$\frac{\partial \ln L}{\partial \beta} = \delta \cdot \sum_i x_i - \sum_i x_i y_i \cdot \exp(\alpha + \beta x_i) \overset{!}{=} 0 \qquad (2.4\text{-}114b)$$

$$\frac{\partial \ln L}{\partial \delta} = n \cdot \delta + \beta \cdot \sum_i x_i - \sum_i \ln y_i - \phi(\delta) \overset{!}{=} 0^{345} \; . \qquad (2.4\text{-}114c)$$

Unterstellt man für $\tilde{y}$ die *Lognormalverteilung*, so gilt

$$f(y) = \frac{1}{y\sigma\sqrt{2\pi}} \cdot \exp\left(-\frac{1}{2\sigma^2}(\ln y - \mu)^2\right) \; , \qquad (2.4\text{-}115)$$

---

341. Von Interesse kann z.B. die individuelle Dauer der Arbeitslosigkeit einzelner Personen, die Lagerhaltungsdauer bestimmter Produkte usw. sein. Im Gegensatz zu den Modellen aus Abschnitt 2.4.4.1 steht hier bezüglich einer Person/eines Objektes also wesentlich mehr Information zur Verfügung.

342. Geeignete Verteilungen für die abhängige Variable $\tilde{y}$ mit nichtnegativen Ausprägungen sind im stetigen Fall die Gamma-, die Lognormal- sowie die Weibullverteilung. Zu den Verteilungen vergleiche man z.B. FELLER, 1971; FISZ, 1980. Anschließend erfolgt die Parametrisierung der Abhängigkeit von einer Einflussgröße x. Hazardratenmodelle werden im Folgenden explizit vorgestellt.

343. Für $\delta = 1$ erhält man speziell die Exponentialverteilung.

344. Man beachte im Folgenden wieder die *neue* Indizierung „i“ für Querschnittsdaten mit $1 \leq i \leq n$.

345. $\phi(\ldots)$ kennzeichnet wieder die Digammafunktion.

mit $E\tilde{y} = \exp(\mu + \sigma^2/2)$. Legt man nun die Abhängigkeitsstruktur zwischen $\tilde{y}$ und der Einflussgröße x durch

$$\mu(x) = \alpha + \beta x \qquad (2.4\text{-}116)$$

fest, so erhält man die zu maximierende Likelihoodfunktion mit

$$L = (\sigma^2 \cdot 2\pi)^{-n/2} \cdot \left(\prod_i y_i^{-1}\right) \cdot \exp\left(-\frac{1}{2\sigma^2} \cdot \sum_i (\ln y_i - \mu)^2\right), \qquad (2.4\text{-}117)$$

woraus sich für α und β die ML-Schätzer $\widehat{\alpha}$ und $\widehat{\beta}$ ergeben, die mit den MQ-Schätzern einer Regression von x auf ln y übereinstimmen; der Parameter σ^2 wird dann durch

$$\widehat{\sigma}^2 = \frac{1}{n}\sum_i \left(\ln y_i - \widehat{\alpha} - \widehat{\beta} x_i\right)^2 \qquad (2.4\text{-}118)$$

geschätzt.

Wird für $\tilde{y}$ die *Weibullverteilung*, unterstellt, so ist die Dichtefunktion mit

$$f(y) = \eta \cdot \delta \cdot y^{\delta - 1} \cdot \exp(-\eta \cdot y^{\delta}) \qquad (2.4\text{-}119)$$

gegeben, ihr Erwartungswert lautet

$$E\tilde{y} = \eta^{-1/\delta} \cdot \Gamma\left(1 - \frac{1}{\delta}\right). \qquad (2.4\text{-}120)$$

Der Zusammenhang mit der Einflussvariablen x wird hier – wegen der daraus folgenden einfachen Form des entsprechenden Hazardratenmodells[346] – mit

$$\eta(x) = \exp(\alpha + \beta x) \qquad (2.4\text{-}121)$$

modelliert, so dass sich die Likelihoodfunktion mit

$$L = \delta^n \cdot \exp\left(n \cdot \alpha + \beta \sum_i x_i\right) \cdot \left(\prod_i y_i\right)^{\delta - 1} \cdot \exp\left(-\sum_i y_i^{\delta} \cdot \exp(\alpha + \beta x_i)\right) \qquad (2.4\text{-}122)$$

bzw. die Log-Likelihoodfunktion mit

$$\ln L = n \cdot \ln\delta + n \cdot \alpha + \beta \sum_i x_i + (\delta - 1)\sum_i \ln y_i - \sum_i y_i^{\delta} \cdot \exp(\alpha + \beta x_i) \qquad (2.4\text{-}123)$$

ergibt. Die notwendigen Bedingungen für ein Maximum von ln L lauten

$$\frac{\partial \ln L}{\partial \alpha} = n - \sum_i y_i^{\delta} \cdot \exp(\alpha + \beta x_i) \overset{!}{=} 0 \qquad (2.4\text{-}124a)$$

$$\frac{\partial \ln L}{\partial \beta} = \sum_i x_i - \sum_i y_i^{\delta} \cdot x_i \cdot \exp(\alpha + \beta x_i) \overset{!}{=} 0 \qquad (2.4\text{-}124b)$$

$$\frac{\partial \ln L}{\partial \delta} = \frac{n}{\delta} + \sum_i \ln y_i - \sum_i y_i^{\delta} \cdot \ln y_i \cdot \exp(\alpha + \beta x_i) \overset{!}{=} 0\,. \qquad (2.4\text{-}124c)$$

346. Vgl. dazu die weiteren Ausführungen dieses Abschnitts.

Es kann gezeigt werden, dass auch die hinreichenden Bedingungen für ein Maximum erfüllt sind, denn die zugehörige HESSEsche Matrix ist immer negativ definit.

Wird nicht von $\tilde{y}$ und der gerade unterstellten Weibull-Verteilung ausgegangen, sondern von der zugehörigen Variablen $\tilde{y}^* = \ln \tilde{y}$, so resultiert für diese eine Extremwertverteilung mit der Dichtefunktion

$$f(y^*) = \delta \cdot \exp(\delta \cdot y^* + \ln \eta) \cdot \exp(-\exp(\delta \cdot y^* + \ln \eta)) \; ; \qquad (2.4\text{-}125)$$

allgemein gilt, dass in diesem Modell dieselben ML-Schätzwerte resultieren, wie im gerade vorgestellten Modell mit unterstellter Weibull-Verteilung für $\tilde{y}$.

Die bisher behandelten Modelle zur Analyse von Verweildauern stehen in engem Zusammenhang mit den *Hazardratenmodellen*, die nicht die Verweildauern selbst, sondern die restliche Verweildauer zu erklären versuchen, wenn eine Untersuchungseinheit bereits bis zu einem bestimmten Zeitpunkt in einem bestimmten Zustand war bzw. bis dahin „überlebt" hat.[347] Im Gegensatz zu den bisher in diesem Abschnitt betrachteten Modellen wird nun von *bedingten* Verteilungen ausgegangen; an die Stelle der Dichtefunktionen treten jetzt die Hazardraten.[348] Die Verteilungsannahmen sind in beiden Arten von Modellen identisch, jedoch sind die im Anschluss betrachteten Ansätze einfacher zu interpretieren, falls bedingte Aussagen zu treffen sind. Außerdem können durch sie Zensierungen geeignet berücksichtigt werden.[349] Im Unterschied zu den bisherigen Modellen wird nicht über einen Verteilungsparameter wie z.B. den Erwartungswert der Zusammenhang mit einer Einflussgröße x modelliert, sondern die Hazardrate selbst wird von x abhängig gemacht. Es lässt sich jedoch zeigen, dass bei Unterstellung der Weibullverteilung beide Ansätze zu identischen Ergebnissen führen.

Gegeben sei nun eine Zufallsvariable $\tilde{y}$, die nur nichtnegative Ausprägungen annimmt und die „Verweildauer" kennzeichnet; ihre Dichtefunktion ist $f(y)$, die zugehörige Verteilungsfunktion $F(y)$. Dann ist

$$F^*(y) = 1 - F(y) \qquad (2.4\text{-}126)$$

die zugehörige *Survivorfunktion* oder *Überlebensfunktion*. Die Hazardrate ist definiert als[350]

$$h(y) = \frac{f(y)}{F^*(y)} \; ; \qquad (2.4\text{-}127)$$

damit gelten zwischen $h(y)$ und $F^*(y)$ die Beziehungen

$$H(y) = -\ln F^*(y), \text{ mit } H(y) = \int_0^y h(t)\,dt \text{ und} \qquad (2.4\text{-}128)$$

347. So kann z.B. von Interesse sein, wie hoch die Wahrscheinlichkeit dafür ist, dass eine Person weiterhin im Zustand der Arbeitslosigkeit bleibt, wenn sie schon über einen bestimmten Zeitraum hinweg arbeitslos war. Ein anderes Anwendungsgebiet für derartige Modelle besteht in der adäquaten Erfassung von Überlebenswahrscheinlichkeiten oder Funktionsfähigkeitsdauern von Personen oder Produkten.

348. Dies können auch als Risiko-, Gefahren- oder Abgangsraten bezeichnet werden. Ihr Kehrwert ist die bekannte MILL's Ratio.

349. Typischerweise liegt hier häufig eine Rechtszensierung vor; d.h. man geht davon aus, dass in einem bestimmten Zeitpunkt t^* für eine Untersuchungseinheit das Verweilen im bisherigen Zustand noch nicht abgeschlossen ist. Linkszensierungen sollen hier nicht betrachtet werden, da sie in der Praxis in den betrachteten Situationen kaum vorkommen. Es wird also davon ausgegangen, dass für alle Individuen/Objekte die Verweildauer in oder nach einem Zeitpunkt t_+ begonnen hat und die maximal zu beobachtende Verweildauer mit $t^* - t_+$ gegeben ist. Häufig wird $t_+ = 0$ gesetzt.

350. Man vergleich dazu auch frühere Ausführungen von Kapitel 2.4. Man kann $h(y)$ auch als Grenzwert der Wahrscheinlichkeit dafür auffassen, dass die Verweildauer im Intervall $[y; y + \Delta y]$ endet, wenn sie mindestens die Länge y erreicht hat (RONNING, 1991, S. 179).

$$F^*(y) = \exp(-H(y)) \; ; \qquad (2.4\text{-}129)$$

H(y) ist also die kummulierte Hazardrate. Die Dichtefunktion f(y) kann dann mit

$$f(y) \overset{(2.4-127)}{\overset{(2.4-129)}{=}} h(y) \cdot \exp(-H(y)) \qquad (2.4\text{-}130)$$

angegeben werden.

Unterstellt man wie üblich eine Weibullverteilung, so ergibt sich im allgemeinen Fall – je nach Parameterkonstellation – eine monoton steigende oder fallende Hazardrate, die sich nach (2.4-127) mit $h(y) = \eta \cdot \delta \cdot y^{\delta-1}$ berechnet, im speziellen Fall einer Exponentialverteilung[351] dagegen die konstante Hazardrate $h(y) = \eta$. Die zugehörige Überlebensfunktion kann mit $F^*(y) = \exp(-\eta y^{\delta})$ bzw. $F^*(y) = \exp(-\eta y)$ angegeben werden.

Die zu maximierende Likelihoodfunktion lautet allgemein

$$L = \prod_{i=1}^{n_1} f(y_i) \cdot \prod_{i=n_1+1}^{n} F^*(t^*) \; ; \qquad (2.4\text{-}131)$$

dabei wird beachtet, dass die ersten n_1 Beobachtungen y_i nicht zensiert, die restlichen $(n - n_1)$ Beobachtungen y_i dagegen zensiert sind. D.h. die Verweildauer der ersten n_1 Untersuchungseinheiten endet im Zeitraum $[t_+; t^*] = [0; t^*]$, die restlichen $(n - n_1)$ verweilen im gegebenen Zustand noch über den Zeitpunkt t^* hinaus. Die Funktion L kann auch nur mit Hilfe der (kummulierten) Hazardraten durch

$$L = \prod_{i=1}^{n} f(y_i)^{\upsilon_i} \cdot F^*(y_i)^{1-\upsilon_i} \overset{(2.4-129)}{\overset{(2.4-130)}{=}} \prod_{i=1}^{n} h(y_i)^{\upsilon_i} \cdot \exp(-H(y_i)) \qquad (2.4\text{-}131a)$$

ausgedrückt werden, mit

$$\upsilon_i = \begin{cases} 0 & \text{für } y_i \text{ zensiert} \\ 1 & \text{für } y_i \text{ nicht zensiert} \end{cases} \; . \qquad (2.4\text{-}131b)$$

Da die Hazardraten im Falle der (speziellen) Weibullverteilung sehr einfach anzugeben sind, ist auch die Berechnung der gesuchten ML-Schätzwerte relativ problemlos.[352]

Es muss nun wiederum zusätzlich der Einfluss der Variablen x auf die Verweildauer $\tilde{y}$ modelliert werden; dabei wird nur eine *zeitkonstante* Größe x unterstellt, d.h. x soll sich bezüglich der Lebensdauer nicht verändern.[353] Im Folgenden sollen zwei häufig vorzufindende Ansätze vorgestellt werden.

Im ersten Ansatz, dem *Weibull-Hazardratenmodell*, wird davon ausgegangen, dass die Verweildauer weibullverteilt ist; die Abhängigkeit von der Einflussgröße wird mit

$$\eta(x) = \exp(\beta x) \qquad (2.4\text{-}132)$$

festgelegt. Daraus ergibt sich die Überlebensfunktion

$$F^*(y|x) = \exp(-\eta y^{\delta}) \overset{(2.4-132)}{=} \exp(-y^{\delta} \cdot \exp(\beta x)) \qquad (2.4\text{-}133)$$

351. Diese ergibt sich aus der Weibullverteilung für $\delta = 1$.

352. Verwendet man dagegen andere für den Sachverhalt geeignete Verteilungen wie z.B. die Log-Normalverteilung, so gestaltet sich die ML-Schätzung relativ kompliziert (BLOSSFELD et al., 1986, S. 34 ff.; dies., 1989, S. 213 ff.; RONNING, 1991, S. 174 f. und S. 183).

353. Diese Annahme vereinfacht die Analyse erheblich; sie ist jedoch relativ einschränkend, denn in vielen Fällen muss davon Abstand genommen werden. So ändert sich z.B. häufig der Ausbildungs- oder der Familienstand einer Person im Laufe seiner Lebensdauer.

und die Hazardrate

$$h(y|x) = \delta \cdot y^{\delta-1} \cdot \exp(\beta x) \ . \qquad (2.4\text{-}134)$$

Setzt man diese Ausdrücke in die allgemeine Form der Likelihoodfunktion L aus (2.4-131a) ein, so ergibt sich

$$L = \prod_{i=1}^{n} \left(\delta \cdot y_i^{\delta-1} \cdot \exp(\beta x_i)\right)^{\upsilon_i} \cdot \exp\left(-y_i^{\delta} \cdot \exp(\beta x_i)\right) \qquad (2.4\text{-}135)$$

bzw. die Log-Likelihoodfunktion

$$\ln L = \sum_{i=1}^{n} \left(\upsilon_i \cdot \ln \delta + \upsilon_i \cdot (\delta - 1) \cdot \ln y_i + \upsilon_i \cdot \beta \cdot x_i - y_i^{\delta} \cdot \exp(\beta x_i)\right) \ . \qquad (2.4\text{-}135a)$$

Zur Bestimmung der ML-Schätzer für die unbekannten Parameter β und δ ist wiederum das Maximum von ln L in der üblichen Weise zu berechnen.[354]

Im zweiten Ansatz, dem *proportionalen Hazardratenmodell* von COX,[355] wird diese Rate in die „Grundhazardrate" $h_0(y)$ und eine weitere Komponente h^* zerlegt; erstere wird somit als lebensdauerabhängig, zweitere als nur von der Einflussgröße x abhängig betrachtet. Beide Komponenten werden multiplikativ verknüpft und für h^* wird

$$h^*(x) = \exp(\beta x) \qquad (2.4\text{-}136)$$

unterstellt. Somit ergibt sich hier als Gesamthazardrate

$$h(y|x) = h_0(y) \cdot h^*(x) = \exp(\ln h_0(y) + \beta x) \ , \qquad (2.4\text{-}137)$$[356]

so dass die Likelihoodfunktion durch

$$L = \prod_{i=1}^{n_1} h_0(y_i) \cdot \exp(\beta x_i) \cdot \exp[-\exp(\beta x_i) \cdot H_0(y_i)] \cdot \prod_{i=n_1+1}^{n} \exp[-\exp(\beta x_i) \cdot H_0(y_i)] \qquad (2.4\text{-}138)$$

mit $H_0(y) = \int_0^y h_o(t)\,dt$ angegeben werden kann. Dabei sind die Beobachtungen y_i so zu ordnen, dass die ersten n_1 Werte unzensiert sind.[357] Die ML-Schätzer können dann wiederum aus der Maximierung der Funktion (2.4-138) bzw. der zugehörigen logarithmierten Funktion gewonnen werden.[358]

354. Man vergleiche dazu auch die Ergebnisse für den Fall des Vorliegens nur unzensierter Daten ($\upsilon_i = 1$), die sich aus der analogen Log-Likelihoodfunktion (2.4-123) ergeben.

355. Vgl. COX, 1972, S. 187 ff. Als proportional bezeichnet man Hazardraten immer dann, wenn ihr Verhältnis von der Lebensdauer y unabhängig ist.

356. Der Term $\ln h_0(y)$ stellt hier das Absolutglied dar, das in vorangehenden Ausführungen mit α bezeichnet wurde.

357. Man findet auch eine alternative Formulierung von L, die eine teilweise Analogie zum multinomialen Logit-Modell aufweist und deshalb erlaubt, die dort durchzuführende Schätzprozedur zu übertragen.

358. Ein bekanntes Beispiel zur Demonstration der Schätzung von Verweildauermodellen geht auf BLOSSFELD et. al. (1989, S. 213 ff.) zurück. Analysiert wird dabei die Verweildauer von unterschiedlichen Personengruppen in einem bestimmten Beruf. Die Datenbasis, die vom Max-Planck-Institut Berlin erhoben wurde, umfasst 2171 männliche Personen dreier unterschiedlicher Geburtsperioden und sollte einer Lebensverlaufsstudie dienen.

2.4.5 Analyse von Paneldaten

Paneldaten stellen in gewisser Weise eine Kombination von Quer- und Längsschnittdaten dar: Für die betrachteten Individuen/Objekte liegen in mehreren aufeinander folgenden Zeitpunkten Beobachtungen für dasselbe Merkmal vor. Paneldaten findet man z.B. häufig im Bereich der Marktforschung oder in der Sozialforschung.[359] Sie bilden auch die Datenbasis für die bekannten Konjunktur- und Investitionstests des IFO-Instituts. Im Gegensatz zu einer zeitlichen Folge von Querschnittsdaten besitzen Paneldaten den Vorteil, dass sie die Dynamik der individuellen Entwicklung einfangen. Mit Ihrer Hilfe ist es beispielsweise möglich, den Wechsel einer Person vom Zustand der Beschäftigung in den der Arbeitslosigkeit einzufangen.[360]

Im Folgenden wird nun davon ausgegangen, dass für eine abhängige Variable $\tilde{y}_{it}$ die Beobachtungen y_{it}, $(1 \leq i \leq n; 1 \leq t \leq T)$, vorliegen, wobei der Index i die Untersuchungseinheit, der Index t den Erhebungszeitpunkt kennzeichnet. Dabei kann $\tilde{y}_{it}$ stetig, dichotom oder polytom sein, aber auch eine Zählvariable oder eine gestutzte Variable darstellen. Weiterhin sollen von k Einflussvariablen $x_1, \ldots, x_k$ für jede Einheit i in jedem Zeitpunkt t die Beobachtungen $\underline{x}_{it}' = (x_{it1}, \ldots, x_{itk})$ vorliegen, wobei dieser Vektor im Allgemeinen kein Einselement enthalten soll.

Häufig sind die spezifischen individuellen Variablen nicht beobachtbar, sondern stellen *latente Faktoren* dar. Um die *Heterogenität* der Individuen in der Analyse berücksichtigen zu können, müssen diese spezifischen individuellen Komponenten in die Modellierung einbezogen werden. Dies soll nun für eine stetige Variable $\tilde{y}_{it}$ anhand des klassischen linearen Regressionsansatzes dargestellt werden.

2.4.5.1 Ein lineares Modell zur Analyse von Paneldaten

Ausgehend vom linearen Modell

$$\tilde{y}_{it} = \underline{x}_{it}'\underline{\beta} + \tilde{u}_{it}, \quad (1 \leq i \leq n; 1 \leq t \leq T), \tag{2.4-139}$$

mit $E\,\tilde{u}_{it} = 0$ und $\operatorname{var}\tilde{u}_{it} = \sigma^2$ für alle i und t, kommt man durch Einbeziehen der individuenspezifischen Effekte γ_i zum Ansatz

$$\tilde{y}_{it} = \gamma_i + \underline{x}_{it}'\underline{\beta} + \tilde{u}_{it}, \quad (1 \leq i \leq n; 1 \leq t \leq T), \tag{2.4-140}$$

wobei γ_i ein unbekannter Parameter ist. (2.4-140) stellt somit ein Modell mit *festen Effekten* dar. Um die Schätzung des Parametervektors $\underline{\beta}$ für zunehmendes n und im Vergleich dazu relativ kleines T konsistent zu halten, wird (2.4-140) – in Matrixschreibweise – zu

$$\underline{\tilde{y}} = \underline{D}\underline{\gamma} + \underline{X}\underline{\beta} + \underline{\tilde{u}} \tag{2.4-141}$$

umformuliert;[361] dabei ist

359. Im Bereich der Marktforschung sind das Handels- oder das Konsumentenpanel zu nennen, die auf einem sich ständig wiederholenden Befragungskatalog beruhen. Das bekannteste Beispiel aus der Sozialforschung ist das Sozioökonomische Panel, das vom DIW, Berlin, erhoben wird; in diesem Zusammenhang spricht man auch von sog. „Wellen".

360. Dies wäre durch eine zeitliche Abfolge von Querschnittsdaten nicht möglich; denn ein Arbeitslosenquote von z.B. jeweils 8% in zeitlicher Folge sagt nichts über die Zusammensetzung der Menge der jeweiligen Arbeitslosen aus, d.h. es können immer dieselben oder aber unterschiedliche Personen erfasst sein.

361. Diese Vorgehensweise wird in der Literatur auch als „differencing out" bezeichnet (vgl. z.B. MADDALA, 1987, S. 308). Zur Formulierung vergleiche man u.a. HÜBLER, 1990, S. 65 ff.

$$\underline{\tilde{y}} = \begin{pmatrix} \underline{\tilde{y}}_1 \\ \underline{\tilde{y}}_2 \\ \vdots \\ \underline{\tilde{y}}_n \end{pmatrix}_{(n \cdot T \times 1)}, \text{ mit } \underline{\tilde{y}}_i = \begin{pmatrix} \tilde{y}_{i1} \\ \tilde{y}_{i2} \\ \vdots \\ \tilde{y}_{iT} \end{pmatrix}_{(T \times 1)} ; \underline{X} = \begin{pmatrix} \underline{X}_1 \\ \underline{X}_2 \\ \vdots \\ \underline{X}_n \end{pmatrix}_{(n \cdot T \times k)}, \text{ mit}$$

$$\underline{X}_i = \begin{pmatrix} \underline{x}_{i1}' \\ \underline{x}_{i2} \\ \\ \underline{x}_{iT}' \end{pmatrix}_{(T \times k)} ; \underline{D} = \underline{I}_{(n \times n)} \otimes \underline{i}, \text{ mit } \underline{i} = \begin{pmatrix} 1 \\ \vdots \\ 1 \end{pmatrix}_{(T \times 1)} ;[362]$$

$$\underline{\tilde{u}} = \begin{pmatrix} \underline{\tilde{u}}_1 \\ \underline{\tilde{u}}_2 \\ \vdots \\ \underline{\tilde{u}}_n \end{pmatrix}_{(n \cdot T \times 1)}, \text{ mit } \underline{\tilde{u}}_i = \begin{pmatrix} \tilde{u}_{i1} \\ \tilde{u}_{i2} \\ \vdots \\ \tilde{u}_{iT} \end{pmatrix}_{(T \times 1)} . \tag{2.4-141a}$$

Der Vektor $\underline{\gamma} = (\gamma_1, \ldots, \gamma_T)'$ enthält die T festen Effekte und die Matrix $\underline{X}$ enthält nach obiger Festlegung keinen Einsvektor. Der Parametervektor $\underline{\beta}$ kann nun unter Beachtung der Beziehung

$$\begin{aligned} \underline{I}_{(n \cdot T \times n \cdot T)} - \underline{D}(\underline{D}'\underline{D})^{-1}\underline{D}' &= \underline{I}_{(n \times n)} \otimes \underline{I}_{(T \times T)} - \underline{I}_{(n \times n)} \otimes \frac{1}{T}\underline{i}\,\underline{i}' \\ &= \underline{I}_{(n \times n)} \otimes \left(\underline{I}_{(T \times T)} - \frac{1}{T}\underline{i}\,\underline{i}'\right) \end{aligned} \tag{2.4-142}$$

durch

$$\underline{\tilde{b}} = \left[\underline{X}'\left(\underline{I}_{(n \times n)} \otimes \left(\underline{I}_{(T \times T)} - \frac{1}{T}\underline{i}\,\underline{i}'\right)\right)\underline{X}\right]^{-1}\underline{X}'\left(\underline{I}_{(n \times n)} \otimes \left(\underline{I}_{(T \times T)} - \frac{1}{T}\underline{i}\,\underline{i}'\right)\right)\underline{y} \tag{2.4-143}$$

geschätzt werden.[363] $\underline{\tilde{b}}$ wird dann auch als *„Within"-Schätzer* bezeichnet und ist identisch mit dem OLS-Schätzer für $\underline{\beta}$ im transformierten Modell

$$\begin{aligned} &\left(\underline{I}_{(n \times n)} \otimes \left(\underline{I}_{(T \times T)} - \frac{1}{T}\underline{i}\,\underline{i}'\right)\right)\underline{\tilde{y}} = \left(\underline{I}_{(n \times n)} \otimes \left(\underline{I}_{(T \times T)} - \frac{1}{T}\underline{i}\,\underline{i}'\right)\right)\underline{X}\underline{\beta} \\ &+ \left(\underline{I}_{(n \times n)} \otimes \left(\underline{I}_{(T \times T)} - \frac{1}{T}\underline{i}\,\underline{i}'\right)\right)\underline{\tilde{u}} ; \end{aligned} \tag{2.4-144}$$

dieses erhält man aus (2.4-141) durch linksseitige Multiplikation des Ansatzes mit $\underline{I}_{(n \cdot T \times n \cdot T)} - \underline{D}(\underline{D}'\underline{D})^{-1}\underline{D}'$.[364] (2.4-144) kann auch durch

$$(\tilde{y}_{it} - \bar{\tilde{y}}_i) = (\underline{x}_{it}' - \underline{\bar{x}}_i)'\underline{\beta} + (\tilde{u}_{it} - \bar{\tilde{y}}_i) \tag{2.4-145}$$

362. Die Matrix $\underline{D}$ stellt das sog. *Kronecker-Produkt* aus einer Einheitsmatrix $\underline{I}$ der Ordnung n und dem summierenden Vektor $\underline{i}$ mit T Komponenten dar. Dieses Produkt wird formal mit $\otimes$ gekennzeichnet; allgemein ist es für zwei Matrizen $\underline{A}$ und $\underline{B}$ definiert als
$$\underline{A} \otimes \underline{B} = \begin{pmatrix} a_{11}\underline{B} & a_{12}\underline{B} & \ldots & a_{1m}\underline{B} \\ a_{21}\underline{B} & a_{22}\underline{B} & \ldots & a_{2m}\underline{B} \\ \vdots & \vdots & \ddots & \vdots \\ a_{n1}\underline{B} & a_{n2}\underline{B} & \ldots & a_{nm}\underline{B} \end{pmatrix}$$ (vgl. z.B. FAHRMEIR et al., 1996, S. 808).

363. Dies entspricht der üblichen Vorgehensweise bei einer OLS-Teilschätzung in einem linearen Regressionsmodell (vgl. z.B. SCHÖNFELD, 1969, S. 107 ff.).

364. Dabei ist zu beachten, dass $[\underline{I}_{(n \cdot T \times n \cdot T)} - \underline{D}(\underline{D}'\underline{D})^{-1}\underline{D}']\underline{D} = 0$ und somit der erste Summand der rechten Gleichungsseite von (2.4-141) im transformierten Modell entfällt.

wiedergegeben werden, wobei die eingehenden arithmetischen Mittel jeweils über alle T Beobachtungen für ein Individuum i berechnet werden.[365]

Werden keine festen, sondern *stochastische Effekte* unterstellt, so muss im linearen Ansatz (2.4-139) für die Störvariablen die Struktur

$$\tilde{u}_{it} = \tilde{\gamma}_i + \tilde{\varepsilon}_{it} , \qquad (2.4\text{-}146)$$

mit $E\,\tilde{\gamma}_i = E\,\tilde{u}_{it} = 0$; $\operatorname{var}\tilde{\gamma}_i = \sigma^2_{\tilde{\gamma}}$; $\operatorname{var}\tilde{\varepsilon}_{it} = \sigma^2_{\tilde{\varepsilon}}$; $\operatorname{cov}\tilde{\gamma}_i\tilde{\gamma}_{i'} = \operatorname{cov}\tilde{\varepsilon}_{it}\tilde{\varepsilon}_{i't'} = 0$ für alle $i \neq i'$, $t \neq t'$ angenommen werden. Damit ist die Gesamtvarianz der $\tilde{u}_{it}$ durch

$$\sigma^2 = \sigma^2_{\tilde{\gamma}} + \sigma^2_{\tilde{\varepsilon}} \qquad (2.4\text{-}147)$$

gegeben; deshalb wird dieser Ansatz auch als *Varianzkomponenten-Modell* bezeichnet. Für die Kovarianz der Störvariablen $\tilde{u}_{it}$ und $\tilde{u}_{it'}$ gilt

$$\operatorname{cov}\tilde{u}_{it}\,\tilde{u}_{it'} = \sigma^2_{\tilde{\gamma}} \text{ , für alle } t \neq t' ; \qquad (2.4\text{-}148)$$

dies bedeutet, dass die Beobachtungswerte für ein Individuum i über die Zeit hin korreliert sind. Für die Kovarianzmatrix des Vektors $\underline{\tilde{u}}_i = (\tilde{u}_{i1}, \ldots, \tilde{u}_{iT})'$ gilt somit

$$\underline{\Sigma}_{\tilde{u}_i\tilde{u}_i} \overset{(2.4-147)}{\underset{(2.4-148)}{=}} \begin{pmatrix} \sigma^2 & \sigma^2_{\tilde{\gamma}} & \cdots & \sigma^2_{\tilde{\gamma}} \\ \sigma^2_{\tilde{\gamma}} & \sigma^2 & & \sigma^2_{\tilde{\gamma}} \\ \vdots & \vdots & \ddots & \vdots \\ \sigma^2_{\tilde{\gamma}} & \sigma^2_{\tilde{\gamma}} & \cdots & \sigma^2 \end{pmatrix} = \sigma^2[(1 - \lambda)\cdot\underline{I} + \lambda\cdot\underline{i}\,\underline{i}'] , \qquad (2.4\text{-}149)$$

mit $\lambda = \sigma^2_{\tilde{\gamma}} \big/ \sigma^2$. Da für alle $i \neq i'$ aber $\operatorname{cov}\underline{\tilde{u}}_i\underline{\tilde{u}}_{i'} = 0$, ist die gesamte Kovarianzmatrix blockdiagonal, wobei die Blöcke durch (2.4-149) gegeben sind. Unter Beachtung dieser Struktur kann der MQ-Schätzer für $\underline{\beta}$ bestimmt werden.[366]

2.4.5.2 Ein binäres Logit-Modell mit festen Effekten für Paneldaten

Sind die abhängigen Variablen $\tilde{y}_{it}$ nicht stetig, sondern *dichotom*, so kann unter Berücksichtigung fester individueller Effekte der Einfluss der Variablen $\underline{x}'_{it} = (x_{it1}, \ldots, x_{itk})$ mit Hilfe des *Logit-Modells*

$$P(\tilde{y}_{it} = 1) = \frac{1}{1 + \exp(-(\gamma_i + \underline{x}'_{it}\underline{\beta}))} \qquad (2.4\text{-}150)$$

analysiert werden. Da die unbekannten Parameter γ_i und $\underline{\beta}$ bei direkter Schätzung bei kleinem T zu inkonsistenten Schätzfunktionen führt und nur der Vektor $\underline{\beta}$ von Interesse ist, soll auch dieses Modell so umformuliert werden, dass die festen Effekte γ_i eliminiert werden. Dies kann wieder durch die Methode des „differencing out“, also durch Differenzenbildung erfolgen und soll anhand des Spezialfalls $T = 2$ vorgestellt werden.[367]

Für ein bestimmtes Individuum i gilt unter Beachtung der stochastischen Unabhängigkeit der abhängigen Variablen $\tilde{y}_{i1}$ und $\tilde{y}_{i2}$ für die gemeinsamen Wahrscheinlichkeiten

365. Für den speziellen Fall $T = 2$ lautet (2.4-145) $(\tilde{y}_{i2} - \tilde{y}_{i1}) = (\underline{x}'_{i2} - \underline{x}_{i1})'\underline{\beta} + (\tilde{u}_{i2} - \tilde{u}_{i1})$, was nochmals den oben angeführten Begriff „differencing out“ näher erklärt.

366. Zur exakten Berechnung dieser Schätzfunktionen vergleiche man z.B. SCHÖNFELD, 1969, S. 144 ff.

367. Man vergleiche dazu RONNING, 1991, S. 195 ff. Für $T > 2$ wird die Formalisierung der benötigten Wahrscheinlichkeiten sehr komplex; jedoch steigt mit zunehmendem T auch die Zahl der Individuen, die den Zustand wechseln und somit in die Schätzung miteinbezogen werden. Man vergleiche dazu die folgenden Ausführungen.

$$P(\tilde{y}_{i1} = 0; \tilde{y}_{i2} = 0) = \frac{\exp(-(\gamma_i + \underline{x}'_{i1}\underline{\beta}))}{1 + \exp(-(\gamma_i + \underline{x}'_{i1}\underline{\beta}))} \cdot \frac{\exp(-(\gamma_i + \underline{x}'_{i2}\underline{\beta}))}{1 + \exp(-(\gamma_i + \underline{x}'_{i2}\underline{\beta}))} \quad (2.4\text{-}151a)$$

$$P(\tilde{y}_{i1} = 1; \tilde{y}_{i2} = 0) = \frac{1}{1 + \exp(-(\gamma_i + \underline{x}'_{i1}\underline{\beta}))} \cdot \frac{\exp(-(\gamma_i + \underline{x}'_{i2}\underline{\beta}))}{1 + \exp(-(\gamma_i + \underline{x}'_{i2}\underline{\beta}))} \quad (2.4\text{-}151b)$$

$$P(\tilde{y}_{i1} = 0; \tilde{y}_{i2} = 1) = \frac{\exp(-(\gamma_i + \underline{x}'_{i1}\underline{\beta}))}{1 + \exp(-(\gamma_i + \underline{x}'_{i1}\underline{\beta}))} \cdot \frac{1}{1 + \exp(-(\gamma_i + \underline{x}'_{i2}\underline{\beta}))} \quad (2.4\text{-}151c)$$

$$P(\tilde{y}_{i1} = 1; \tilde{y}_{i2} = 1) = \frac{1}{1 + \exp(-(\gamma_i + \underline{x}'_{i1}\underline{\beta}))} \cdot \frac{1}{1 + \exp(-(\gamma_i + \underline{x}'_{i2}\underline{\beta}))} . \quad (2.4\text{-}151d)$$

Weiterhin gilt für die Summenvariable $\tilde{s} = \tilde{y}_{i1} + \tilde{y}_{i2}$, dass sie im Spezialfall $T = 2$ die Werte $s = 0, 1, 2$ annehmen kann; für $s = 0$ und $s = 2$ verharrt das betrachtete Individuum in demselben Zustand, für $s = 1$ hat es den Zustand gewechselt. Somit gilt für das Ereignis $\{\tilde{s} = 0\} = \{\tilde{y}_{i1} = 0; \tilde{y}_{i2} = 0\}$

$$P(\tilde{s} = 0) = P(\tilde{y}_{i1} = 0; \tilde{y}_{i2} = 0)$$

$$= \frac{\exp(-(\gamma_i + \underline{x}'_{i1}\underline{\beta}))}{1 + \exp(-(\gamma_i + \underline{x}'_{i1}\underline{\beta}))} \cdot \frac{\exp(-(\gamma_i + \underline{x}'_{i2}\underline{\beta}))}{1 + \exp(-(\gamma_i + \underline{x}'_{i2}\underline{\beta}))} , \quad (2.4\text{-}152a)$$

für das Ereignis $\{\tilde{s} = 1\} = \{\tilde{y}_{i1} = 0; \tilde{y}_{i2} = 1\} \vee \{\tilde{y}_{i1} = 1; \tilde{y}_{i2} = 0\}$

$$P(\tilde{s} = 1) = P(\{\tilde{y}_{i1} = 0; \tilde{y}_{i2} = 1\} \vee \{\tilde{y}_{i1} = 1; \tilde{y}_{i2} = 0\})$$

$$= \frac{\exp(-(\gamma_i + \underline{x}'_{i1}\underline{\beta}))}{1 + \exp(-(\gamma_i + \underline{x}'_{i1}\underline{\beta}))} \cdot \frac{1}{1 + \exp(-(\gamma_i + \underline{x}'_{i2}\underline{\beta}))}$$

$$+ \frac{1}{1 + \exp(-(\gamma_i + \underline{x}'_{i1}\underline{\beta}))} \cdot \frac{\exp(-(\gamma_i + \underline{x}'_{i2}\underline{\beta}))}{1 + \exp(-(\gamma_i + \underline{x}'_{i2}\underline{\beta}))} \quad (2.4\text{-}152b)$$

und für das Ereignis $\{\tilde{s} = 2\} = \{\tilde{y}_{i1} = 1; \tilde{y}_{i2} = 1\}$

$$P(\tilde{s} = 2) = (\tilde{y}_{i1} = 1; \tilde{y}_{i2} = 1)$$

$$= \frac{1}{1 + \exp(-(\gamma_i + \underline{x}'_{i1}\underline{\beta}))} \cdot \frac{1}{1 + \exp(-(\gamma_i + \underline{x}'_{i2}\underline{\beta}))} . \quad (2.4\text{-}152c)$$

Damit gilt für die bedingten Wahrscheinlichkeiten

$$P(\tilde{y}_{i1} = 0; \tilde{y}_{i2} = 0 | \tilde{s} = 0) = 1 , \quad (2.4\text{-}153a)$$

$$P(\tilde{y}_{i1} = 1; \tilde{y}_{i2} = 0 | \tilde{s} = 1) = \frac{1}{1 + \exp((\underline{x}'_{i2} - \underline{x}'_{i1})\underline{\beta})} , \quad (2.4\text{-}153b)$$

$$P(\tilde{y}_{i1} = 0; \tilde{y}_{i2} = 1 | \tilde{s} = 1) = \frac{1}{1 + \exp(-(\underline{x}'_{i2} - \underline{x}'_{i1})\underline{\beta})} , \quad (2.4\text{-}153c)$$

$$P(\tilde{y}_{i1} = 1; \tilde{y}_{i2} = 1 \mid \tilde{s} = 2) = 1 \;; \tag{2.4-153d}$$

die Effekte γ_i sind in diesen bedingten Wahrscheinlichkeiten nicht mehr enthalten. Zusätzlich sieht man aus (2.4-153a) bis (2.4-153d), dass für die Schätzung des unbekannten Parametervektors $\underline{\beta}$ nur das Ereignis $\{\tilde{s} = 1\}$ relevant ist; es gehen somit nur diejenigen Individuen in die Schätzung ein, die den Zustand gewechselt haben. Damit lautet die zu maximierende Likelihoodfunktion

$$L = \prod_{i \in S_1} p_i^{y_i}(1 - p_i)^{1-y_i} = \prod_{i \in S_1} \left(\frac{1}{1 + \exp(-(\underline{x}'_{i2} - \underline{x}'_{i1})\underline{\beta})} \right)^{y_i} \cdot \left(1 - \frac{1}{1 + \exp(-(\underline{x}'_{i2} - \underline{x}'_{i1})\underline{\beta})} \right)^{1-y_i} \tag{2.4-154}$$

mit $S_1 :=$ Menge der Individuen, die den Zustand wechseln und

$$y_i = \begin{cases} 1 & \text{falls } y_{i1} = 0; y_{i2} = 1 \\ 0 & \text{falls } y_{i1} = 1; y_{i2} = 0 \,. \end{cases} \tag{2.4-154a}$$

Da diese Funktion in ihrer Struktur der Likelihoodfunktion (2.4-17) eines binären Logit-Modells entspricht,[368] kann die Berechnung ML-Schätzer für $\underline{\beta}$ analog erfolgen.

Als wichtige Kritik am vorgestellten binären Logit-Modell ist anzubringen, dass die Beobachtungswerte als über die Zeit hin unabhängig unterstellt werden. Deshalb soll im Folgenden ein binäres Probit-Modell mit stochastischen Effekten dargestellt werden, das eine zeitliche Korrelation der Werte zulässt.

2.4.5.3 Ein binäres Probit-Modell mit stochastischen Effekten für Paneldaten

Analog zu Kapitel 2.4.2.2 wird nun ein lineares Modell für die latente Variable $\tilde{y}_{Lit}$ unterstellt, die an die Stelle der beobachtbaren Variablen $\tilde{y}_{it}$ tritt, also

$$\tilde{y}_{Lit} = \underline{x}'_{it}\underline{\beta} + \tilde{u}_{it}\,, \; (1 \le i \le n; 1 \le t \le T)\,. \tag{2.4-155}$$

Für die Störvariablen $\tilde{u}_{it}$ gelte wieder das Varianzkomponentenmodell (2.4-146) mit den zusätzlichen Verteilungsannahmen

$$\tilde{\varepsilon}_{it} \rightarrow N(0; \sigma^2_{\tilde{\varepsilon}}) \;;\; \tilde{\gamma}_i \rightarrow N(0; \sigma^2_{\tilde{\gamma}}) \;; \tag{2.4-156}$$

daraus folgt, dass die latenten Variablen $\tilde{y}_{Lit}$ für ein festes t stochastisch unabhängig sind,[369] aber für ein bestimmtes Individuum i über die Zeit hinweg korreliert sind; der Korrelationskoeffizient ist hier durch $\lambda = \sigma^2_{\tilde{\gamma}} / \sigma^2$ gegeben.[370]

Für die dichotomen beobachtbaren Variablen wird analog zum binären Probit-Modell aus Kapitel 2.4.2.2.

$$\tilde{y}_{it} = \begin{cases} 1 & \text{falls } \tilde{y}_{Lit} > 0 \\ 0 & \text{falls } \tilde{y}_{Lit} \le 0 \end{cases} \tag{2.4-157}$$

unterstellt.

Aus (2.4-156) folgt für die Verteilung der latenten Variablen $\tilde{y}_{Lit}$

368. Man vergleiche Abschnitt 2.4.2.1.

369. Denn bei Vorliegen einer Normalverteilung ist die Unkorreliertheit von Zufallsvariablen gleichzusetzen mit stochastischer Unabhängigkeit.

370. Man vergleiche (2.4-149) aus Abschnitt 2.4.5.1.

$$\tilde{y}_{Lit} \rightarrow N(\gamma_i + \underline{x}_{it}'\underline{\beta};\, \sigma_{\tilde{\varepsilon}}^2) \text{ für ein gegebenes } \gamma_i \;; \tag{2.4-158}$$

deshalb lautet die bedingte Wahrscheinlichkeit $P(\tilde{y}_{it} = 1 | \gamma_i)$ gegeben mit

$$P(\tilde{y}_{it} = 1 | \gamma_i) = P\left(\frac{\tilde{y}_{Lit} - \gamma_i - \underline{x}_{it}'\underline{\beta}}{\sigma_{\tilde{\varepsilon}}} > \frac{-\gamma_i - \underline{x}_{it}'\underline{\beta}}{\sigma_{\tilde{\varepsilon}}} \,|\, \gamma_i\right) = \Phi\left(\frac{\gamma_i + \underline{x}_{it}'\underline{\beta}}{\sigma_{\tilde{\varepsilon}}}\right) . \tag{2.4-159}$$

Da für ein gegebenes γ_i die latenten Variablen $\tilde{y}_{Lit}$ stochastisch unabhängig sind,[371] gilt für einen vorliegenden Stichprobenbefund $y_{i1}, \ldots, y_{iT}$ für ein Individuum i

$$P(\tilde{y}_{i1} = y_{i1}, \ldots, \tilde{y}_{iT} = y_{iT} | \gamma_i) = \prod_{t=1}^{T} \Phi_{it}^{y_{it}}(1 - \Phi_{it})^{1-y_{it}} \;, \tag{2.4-160}$$

mit $\Phi_{it} := \Phi\left(\frac{\gamma_i + \underline{x}_{it}'\underline{\beta}}{\sigma_{\tilde{\varepsilon}}}\right)$. Da nach (2.4-156) $\tilde{\gamma}_i \rightarrow N(0;\sigma_{\tilde{\gamma}}^2)$ gelten soll, die Dichtefunktion von $\tilde{\gamma}_i$ somit durch

$$f(\gamma_i) = \frac{1}{\sqrt{2\pi} \cdot \sigma_{\tilde{\gamma}}} \cdot \exp\left(-\frac{\gamma_i^2}{2\sigma_{\tilde{\gamma}}^2}\right) \tag{2.4-161}$$

gegeben ist, kann die unbedingte Dichte für den Stichprobenbefund mit

$$P(\tilde{y}_{i1} = y_{i1}, \ldots, \tilde{y}_{iT} = y_{iT}) = \int_{-\infty}^{\infty} \prod_{t=1}^{T} \Phi_{it}^{y_{it}}(1 - \Phi_{it})^{1-y_{it}} \cdot f(\gamma_i)\, d\gamma_i \tag{2.4-162}$$

und die bezüglich des unbekannten Parameter $\underline{\beta}$ und $\sigma_{\tilde{\gamma}}^2$ zu maximierende Likelihoodfunktion[372] – unter Beachtung der für verschiedene Individuen gegebenen stochastischen Unabhängigkeit der latenten Vektoren $(\tilde{y}_{Li1}, \ldots, \tilde{y}_{Lit})$ – mit

$$L = \prod_{i=1}^{n}\left[\int_{-\infty}^{\infty} \prod_{t=1}^{T} \Phi_{it}^{y_{it}}(1 - \Phi_{it})^{1-y_{it}} \cdot \frac{1}{\sqrt{2\pi} \cdot \sigma_{\tilde{\gamma}}} \cdot \exp\left(-\frac{\gamma_i^2}{2\sigma_{\tilde{\gamma}}^2}\right) d\gamma_i\right] \tag{2.4-163}$$

angegeben werden. Die Lösung kann mit Hilfe eines geeigneten numerischen Algorithmus gefunden werden.[373]

Obwohl dieses Modell eine zeitliche Korrelation der Beobachtungen einbezieht, ist diese Korrelation über die Zeit hinweg konstant gleich $\lambda = \sigma_{\tilde{\gamma}}^2/.\sigma^2$. Es ist jedoch anzunehmen, dass die Korrelation mit steigendem Timelag abnimmt; deshalb erscheint obige Modellierung insbesondere für große T wenig geeignet zu sein. Unterstellt man jedoch eine zeitlich variierende Korrelation, so werden die Komponenten der Likelihoodfunktion noch komplizierter; deshalb begnügt man sich in der Praxis häufig mit dem vorgestellten Ansatz. Auch das unterstellte Varianzkomponentenmodell kann manchmal nicht zutreffend sein; dies ist der Fall, wenn die Annahme der Unabhängigkeit der stochastischen Effekte $\tilde{\gamma}_i$ vom Vektor der Einflussvariablen $\underline{x}_{it}$ verletzt ist. Wird letzteres vermutet, sollte man die Ergebnisse der Schätzung im Probit-Modell mit stochastischen

371. Denn dann sind die $\tilde{\varepsilon}_{it}$ und damit auch die $\tilde{u}_{it}$ stochastisch unabhängig.
372. Dabei wird die Normierung $\sigma_{\tilde{\varepsilon}} = 1$ vorgenommen.
373. Vgl. BUTLER/MOFFITT, 1982, S. 761 ff.

Effekten mit denen des in Abschnitt 2.4.5.2 vorgestellten Logit-Modells mit festen Effekten vergleichen. Denn bei Unterstellung fester Effekte tritt unter diesen Umständen das Problem inkonsistenter Schätzer nicht auf.[374]

2.4.5.4 Ein Tobit-Modell mit stochastischen Effekten für Paneldaten

Soll in einem Konsumentenpanel der Kauf von dauerhaften Gütern analysiert werden, so ist ein Tobit-Modell zu unterstellen, also

$$\tilde{y}_{Lit} = \underline{x}'_{it}\underline{\beta} + \tilde{u}_{it}, \quad (1 \leq i \leq n; 1 \leq t \leq T), \qquad (2.4\text{-}164)$$

mit

$$\tilde{y}_{it} = \begin{cases} \tilde{y}_{Lit} & \text{falls } \tilde{y}_{Lit} > 0 \\ 0 & \text{falls } \tilde{y}_{Lit} \leq 0\,. \end{cases} \qquad (2.4\text{-}164a)$$

y_{it} bezeichnet dabei die Ausgaben, die die Person i für das dauerhafte Konsumgut ausgibt. Weiterhin soll auch das Varianzkomponentenmodell (2.4-146) gelten. Für jeden Konsumenten i liegen T Beobachtungen vor. Bezeichnet man die Menge der Zeitpunkte, in denen der Konsument i tatsächlich einen Kauf tätigt, mit K_i und die Menge der Zeitpunkte, in welchen er keinen Kauf tätigt, mit $\bar{K}_i$, so kann die zu maximierende Likelihoodfunktion analog zum Probit-Modell mit

$$L = \prod_{i=1}^{n} \left[\int_{-\infty}^{\infty} \left(\prod_{t \in \bar{K}_i} \Phi_{it}^{y_{it}} \prod_{t \in K_i} \varphi_{it} \cdot \frac{1}{\sqrt{2\pi} \cdot \sigma_{\tilde{\gamma}}} \cdot \exp\left(-\frac{\gamma_i^2}{2\sigma_{\tilde{\gamma}}^2} \right) \right) d\gamma_i \right] \qquad (2.4\text{-}165)$$

angegeben werden. Dabei ist φ_{it} bzw. Φ_{it} die bezüglich γ_i bedingte Dichte- bzw. Verteilungsfunktion, also

$$\varphi_{it} = \frac{1}{\sqrt{2\pi} \cdot \sigma_{\tilde{\varepsilon}}} \cdot \exp\left(-\frac{(y_{it} - \gamma_i - \underline{x}'_{it}\underline{\beta})^2}{2\sigma_{\tilde{\varepsilon}}^2} \right) \qquad (2.4\text{-}165a)$$

bzw.

$$\Phi_{it} = P\left(\frac{\tilde{y}_{Lit} - \gamma_i - \underline{x}'_{it}\underline{\beta}}{\sigma_{\tilde{\varepsilon}}} \leq \frac{-\gamma_i - \underline{x}'_{it}\underline{\beta}}{\sigma_{\tilde{\varepsilon}}} \,|\, \gamma_i \right) = \Phi\left(\frac{-(\gamma_i + \underline{x}'_{it}\underline{\beta})}{\sigma_{\tilde{\varepsilon}}} \right). \qquad (2.4\text{-}165b)$$

Im Gegensatz zum Probit-Modell sind hier alle unbekannten Parameter $\underline{\beta}$, $\sigma_{\tilde{\gamma}}^2$ und $\sigma_{\tilde{\varepsilon}}^2$ identifizierbar, da wegen der unterstellten stetigen Normalverteilung in (2.4-165a) die Ausgaben y_{it} der Käufer jeweils unterschiedlich sind; deshalb können diese Größen auch mit Hilfe eines geeigneten numerischen Verfahrens geschätzt werden.[375]

2.4.5.5 Panelmodelle für Zähldaten

Sind die beobachtbaren abhängigen Variablen $\tilde{y}_{it}$ Zählvariablen mit einem nichtnegativen Ausprägungsbereich,[376] so wird hier analog zu Abschnitt 2.4.4.1 eine Poissonverteilung unterstellt, d.h. es gelte

374. Vgl. MADDALA, 1987, S. 322. Es existiert auch ein Test zur Überprüfung der Unabhängigkeitsannahme.

375. Man vergleiche die Ausführungen des Abschnittes 2.4.3.

376. So können die Beobachtungen y_{it}, $(1 \leq i \leq n; 1 \leq t \leq T)$ die Zahl der Patentanmeldungen einer Firma i im Jahr t, die Zahl der Arbeitslosen einer Region i in einem Monat t oder die Anzahl der Käufer eines bestimmten Produktes i in einem Quartal etc. darstellen.

$$P(\tilde{y}_{it} = y_{it}) = \frac{e^{-\lambda}\lambda^{y_{it}}}{y_{it}!}, \text{ mit } y_{it} = 0, 1, 2, \ldots ; 1 \le i \le n ; 1 \le t \le T . \quad (2.4\text{-}166)$$

Der Einfluss der Variablen $x_{it1}, \ldots, x_{itk}$ sowie der spezifischen Effekte γ_i wird analog zu (2.4-104) des Abschnittes 2.4.4.1 durch

$$\lambda(\underline{x}_{it}, \gamma_i) = \exp(\gamma_i + \underline{x}_{it}'\underline{\beta}) \quad (2.4\text{-}167)$$

festgelegt. Einsetzen in (2.4-166) ergibt die Wahrscheinlichkeiten

$$P(\tilde{y}_{it} = y_{it} \mid \underline{x}_{it}, \gamma_i) \overset{\substack{(2.4-166)\\(2.4-167)}}{=} \frac{\exp(-\exp(\gamma_i + \underline{x}_{it}\underline{\beta})) \cdot \exp(\gamma_i + \underline{x}_{it}\underline{\beta})^{y_{it}}}{y_{it}!} . \quad (2.4\text{-}168)$$

Häufig werden nun folgende stochastische Spezifikationen betrachtet: Im ersten Fall wird unterstellt, dass die $\tilde{y}_{it}$ über die Zeit hinweg stochastisch unabhängig sind; dann spricht man von einem *Negativ-Binomial-Panelmodell.* Wird dagegen angenommen, dass die $\tilde{y}_{it}$ nur für den Fall *gegebener* Effekte γ_i unabhängig sind, liegt ein *Poissonmodell mit stochastischen Effekten* vor, das wiederum zeitliche Korrelationen einbezieht, die jedoch über die Zeit konstant sind. Für beide Spezifikationen sei nun $\tilde{\gamma}_i$ eine Zufallsvariable und $\tilde{\varepsilon}_i = \exp(\gamma_i)$ besitze eine Gammaverteilung mit den Parametern δ und η und dem Erwartungswert Eins. Es lässt sich zeigen, dass für den Fall der oben genannten ersten Spezifikation die zu (2.4-168) gehörenden unbedingten Wahrscheinlichkeiten bezüglich $\tilde{\gamma}_i$ durch

$$P(\tilde{y}_{it} = y_{it} \mid \underline{x}_{it}) = \frac{\Gamma(\delta + y_{it})}{\Gamma(\delta) \cdot y_{it}!} \cdot \left(\frac{\delta}{\bar{\lambda}_{it} + \delta}\right)^{\delta} \cdot \left(\frac{\bar{\lambda}_{it}}{\bar{\lambda}_{it} + \delta}\right)^{y_{it}}, \text{ mit } \bar{\lambda}_{it} = \exp(\underline{x}_{it}'\underline{\beta}) \quad (2.4\text{-}169)$$

gegeben sind, also einer negativen Binomialverteilung folgen; $\bar{\lambda}_{it}$ stellt den Erwartungswert von $\tilde{y}_{it}$ dar. Die ML-Schätzer für $\underline{\beta}$ ergeben sich dann aus der Maximierung der Likelihoodfunktion[377]

$$L = \prod_{t=1}^{T}\prod_{i=1}^{n} P(\tilde{y}_{it} = y_{it} \mid \underline{x}_{it}) = \prod_{t=1}^{T}\prod_{i=1}^{n} \frac{\Gamma(\delta + y_{it})}{\Gamma(\delta) \cdot y_{it}!} \cdot \left(\frac{\delta}{\bar{\lambda}_{it} + \delta}\right)^{\delta} \cdot \left(\frac{\bar{\lambda}_{it}}{\bar{\lambda}_{it} + \delta}\right)^{y_{it}} . \quad (2.4\text{-}170)$$

Im Falle der oben genannten zweiten Spezifikation ergeben sich aus der Annahme der Unabhängigkeit der $\tilde{y}_{it}$ für gegebenes γ_i mit (2.4-168) die Wahrscheinlichkeiten

$$P(\tilde{y}_{i1} y_{i1}, \ldots, \tilde{y}_{iT} = y_{iT} \mid \underline{x}_{it}, \gamma_i) = \prod_{t=1}^{T} \frac{\exp(-\exp(\gamma_i + \underline{x}_{it}\underline{\beta})) \cdot \exp(\gamma_i + \underline{x}_{it}\underline{\beta})^{y_{it}}}{y_{it}!}; \quad (2.4\text{-}171)$$

dieser Ausdruck kann durch Umformung vereinfacht werden. Unter Beachtung von $\tilde{\varepsilon}_i = \exp(\gamma_i)$ erhält man nach Berechnung der bezüglich γ_i unbedingten Wahrscheinlichkeiten die Likelihoodfunktion als deren Produkt mit[378]

377. Vgl. HAUSMAN et al., 1984, S. 922; RONNING, 1991, S. 160 ff. und 202.
378. Vgl. HAUSMAN et al., 1984, S. 916 f. ; RONNING, 1991, S. 203.

$$L = \prod_{i=1}^{n}\left[\left(\prod_{t=1}^{T}\frac{\bar{\lambda}_{it}^{y_{it}}}{y_{it}!}\right)\cdot\frac{\Gamma(\delta+\sum_t y_{it})}{\Gamma(\delta)}\cdot\left(\frac{\delta}{\delta+\sum_t\bar{\lambda}_{it}}\right)^{\delta}\cdot\left(\frac{1}{\delta+\sum_t\bar{\lambda}_{it}}\right)^{\sum_t y_{it}}\right] \qquad (2.4\text{-}172)$$

Die ML-Schätzer lassen sich dann mit Hilfe geeigneter numerischer Verfahren bestimmen.

Abschließend sei noch darauf hingewiesen, dass sowohl im Probit- als auch im Tobit-Modell mit unterstellten stochastischen Effekten die Frage, ob überhaupt *Heterogenität* zu berücksichtigen ist, überprüft werden muss. Ein geeigneter *Test* für $H_0 : \sigma^2_{\tilde{\gamma}} = 0$ ist der Lagrange-Multiplikatoren-Test mit der Prüfgröße (2.4-11c). Im Falle des eben dargestellten Poissonmodells mit stochastischen Effekten existiert eine einfachere Teststatistik.[379]

Weiterhin ist zu beachten, dass in Kapitel 2.4 keine dynamischen Modelle betrachtet wurden. Derartige Modelle sind in der neueren Zeitreihenanalyse für stetige abhängige Variablen auf der Grundlage der Theorie kointegrierter Prozesse entwickelt worden; es wurde versucht, derartige Modelle auch für qualitative und begrenzt abhängige Variablen zu entwickeln. In diesem Grundlagenbuch wird auf ihre Darstellung verzichtet.[380]

2.5 Aufgaben

Aufgabe 2-1

a. Man erkläre die Begriffe „Modell“ und „Struktur“ sowie deren Zusammenhang im Rahmen der ökonometrischen Analyse.

b. Man charakterisiere die unterschiedlichen Formen insbesondere von Mehrgleichungsmodellen, die verschiedenen Begriffspaare bei den Modellvariablen sowie die unterschiedlichen Arten von Gleichungen, die in einem Mehrgleichungsmodell vorliegen können.

c. Gegeben sei das einfache ökonometrische Modell

$$\begin{aligned}\tilde{C}_t &= \beta_{11} + \beta_{12}Y_t + \tilde{u}_{1t}\\ \tilde{I}_t &= \beta_{21}Y_{t-1} + \beta_{22}W_t + \tilde{u}_{2t}\,,\ (0 < \beta_{12} < 1\,;\ \beta_{21} > 0\,;\ \beta_{22} < 0),\ (1 \le t \le T),\\ Y_t &= C_t + I_t + S_t\end{aligned}$$

mit $C_t :=$privater Konsum in Periode t, $I_t :=$Investitionsvolumen in Periode t, $Y_t :=$verfügbares Einkommen in Periode t, $W_t :=$Wert einer wirtschaftspolitischen Steuerungsgröße sowie $S_t :=$Staatsausgaben in Periode t, $\tilde{u}_{1t}, \tilde{u}_{2t} :=$stochastische Störgrößen.

Man erkläre die in Teilaufgabe b. eingeführten Begriffe konkret anhand dieses Modells.

379. Vgl. HAMERLE, 1990, S.193 ff.

380. Hier sei auf die einschlägige Literatur verwiesen.

Aufgabe 2-2

Man beschreibe und diskutiere die Ansätze sowie die Annahmen des klassischen und des verallgemeinerten Modells der linearen Mehrfachregression. Wozu benötigt man die jeweiligen Annahmen?

Aufgabe 2-3

Man beschreibe die Schätzung der Modellparameter im klassischen linearen Regressionsmodell mit Hilfe der Methode der kleinsten Quadrate (MQ-Methode) sowie der Maximum-Likelihood-Methode (ML-Methode). Welche Eigenschaften besitzen die jeweiligen Schätzfunktionen? (Begründung!)

Welche Gütemaße für die Modellanpassung existieren?

Aufgabe 2-4

Gegeben sei die Matrix der einfachen Korrelationskoeffizienten

$$\underline{C} = \begin{pmatrix} 1 & r_{12} & r_{13} \\ r_{21} & 1 & r_{23} \\ r_{31} & r_{32} & 1 \end{pmatrix} = \begin{pmatrix} 1 & 0{,}96 & 0{,}85 \\ 0{,}96 & 1 & 0{,}99 \\ 0{,}85 & 0{,}99 & 1 \end{pmatrix} \;;$$

das Subskript „1“ kennzeichnet dabei die Zielvariable y des linearen Regressionsansatzes, „2“ und „3“ die Regressoren x_2 und x_3.

Man berechne die partiellen Korrelationskoeffizienten $r_{12\bullet}$ und $r_{13\bullet}$ und vergleiche sie mit den entsprechenden einfachen Koeffizienten. Welche Schlussfolgerungen ergeben sich aus den Vergleichen?

Aufgabe 2-5

Man schildere die allgemeine Vorgehensweise der Prüfung der simultanen Hypothese $H_0 : \underline{R}\underline{\beta} = \underline{r}$ im Rahmen des klassischen linearen Regressionsmodells mit k Regressoren (KLR).Wie lautet diese Hypothese für den Fall, dass man

a. den Einfluss nur eines einzigen Regressors x_j

b. den Einfluss von $s < k$ Regressoren bzw.

c. den Gesamtansatz

prüfen möchte?

(Hinweis: Dabei gebe man die Hypothesen, die Matrizen/Vektoren sowie die Prüfgröße und deren Verteilung explizit an!)

Aufgabe 2-6

a. Man beschreibe die Vorgehensweise der ex-ante-Prognose im Rahmen eines klassischen linearen Einfachregressionsansatzes. Welche verschiedenen Möglichkeiten existieren, diese Art von Prognose durchzuführen? Welche Annahmen müssen gelten?

b. Was versteht man unter einer „ex-post-Prognose“ bzw. einer „pseudo-ex-ante-Prognose“? Wozu dienen diese Arten von Prognosen und welche üblichen Bewertungsmaße existieren für diese Typen von Prognose?

Aufgabe 2-7

Gegeben sei der nichtlineare Regressionsansatz

$$\tilde{y}_t = \beta_1 \cdot x_{2t}^{\beta_2} \cdot \ldots \cdot x_{kt}^{\beta_k} \cdot e^{\tilde{u}_t} \;, \; (1 \leq t \leq T),$$

mit $E(e^{\tilde{u}_t}) = 1$ für alle t. Man linearisiere dieses Modell durch Logarithmieren und schätze die Parameter mit Hilfe der MQ-Methode. Man zeige, dass nicht mehr alle OLS-Schätzfunktionen optimal im Sinne von BLU sind.

Aufgabe 2-8

Gegeben sei ein KLR-Ansatz mit k Regressoren. Man zeige allgemein die Vorgehensweise des Testens auf Strukturbruch

a. nur in den Steigungskoeffizienten,
b. im Absolutglied und in den Steigungskoeffizienten,
c. nur im Absolutglied.

(Hinweis: Man gebe dabei explizit die zu prüfenden Hypothesen, die zugehörigen restringierten und unrestringierten Modelle sowie die geeignete Prüfgröße und deren Verteilung an. Wie lautet der jeweilige Ablehnungsbereich?)

Aufgabe 2-9

Gegeben sei ein linearer Einfachregressionsansatz (KLR). Man zeige allgemein, wie man unter Verwendung von Dummyvariablen die Strukturbruchhypothesen aus Aufgabe 2-8 testen kann.

Aufgabe 2-10

a. Gegeben sei ein linearer Mehrfachregressionsansatz. Man vermutet, dass die Störgrößen einem AR[1]-Prozess folgen. Man zeige, wie man das Vorliegen eines solchen Prozesses testen kann.
b. Man schildere allgemein, welche Möglichkeiten bestehen, BLU-Schätzer für den Parametervektor $\underline{\beta}$ zu erhalten, wenn der Test aus Teilaufgabe a. zum Resultat gelangt, dass man von autokorrelierten Störgrößen 1. Ordnung auszugehen hat. Dabei unterstelle man, dass der Korrelationskoeffizient dieses Prozesses bekannt ist.
c. Wie hätte man vorzugehen, wenn von autokorrelierten Störgrößen auszugehen ist, der Korrelationskoeffizient dieses Prozesses aber nicht bekannt ist?

Aufgabe 2-11

Man schildere zwei typische Situationen, in welchen von heteroskedastischen Störgrößen auszugehen ist. Wie lautet jeweils die Varianz-Kovarianz-Matrix der Störgrößen?

Man zeige jeweils die Möglichkeiten einer optimalen Schätzung bei Vorliegen heteroskedastischer Störvariablen auf.

Aufgabe 2-12

Nachstehende Tabelle enthält für die Jahre 1991 bis 2001 die gesamten Bruttoanlageinvestitionen [in Mrd. €] von Unternehmen und Staat in den jeweiligen Preisen (=INV), das Bruttoinlandsprodukt [in Mrd. €] in den jeweiligen Preisen (=BIP), das Arbeitsvolumen [in Mrd. Stunden] (=AV) sowie die Produktivität je Erwerbstätigenstunde in € (=PROD) für die BRD.

Jahr	INV	BIP	AV	PROD
1991	356,9	1502,2	60,0	28,5
1992	387,9	1613,2	59,7	29,3
1993	381,0	1654,2	58,1	29,8
1994	401,5	1735,5	58,0	30,5
1995	404,2	1801,3	57,4	31,4
1996	399,1	1833,7	56,6	32,1
1997	401,1	1871,6	56,3	32,7
1998	412,6	1929,4	56,7	33,1
1999	426,0	1974,3	57,0	33,5
2000	438,1	2025,5	57,4	34,3
2001	417,8	2063,0	56,9	34,8

Es wird ein linearer Regressionsansatz unterstellt, der die Bruttoanlageinvestitionen durch die restlichen drei Variablen erklärt.

a. Die Matrix der einfachen Korrelationskoeffizienten ist durch

$$\underline{C} = \begin{pmatrix} 1 & 0,928 & 0,897 & -0,689 \\ 0,928 & 1 & 0,995 & -0,820 \\ 0,897 & 0,995 & 1 & -0,816 \\ -0,689 & -0,820 & -0,816 & 1 \end{pmatrix}$$

gegeben. Man berechne die partiellen Korrelationskoeffizienten $r_{12\bullet}$, $r_{13\bullet}$ sowie $r_{14\bullet}$, vergleiche diese mit den entsprechenden einfachen Korrelationskoeffizienten und interpretiere das Ergebnis.

b. Die DURBIN-WATSON-Prüfgröße besitzt für dieses Modell die Ausprägung $d = 1,086$. Welche Aussagen lassen sich bezüglich des Vorliegens autokorrelierter Störgrößen treffen?
(Hinweis: Eine geeignete Tabelle liefert für ein Signifikanzniveau von $\alpha = 0,05$ die Grenzen $d_L = 0,595$ und $d_U = 1,928$.)

c. Die Schätzergebnisse bezüglich der Koeffizienten sind in nachfolgender SPSS-Tabelle zusammengefasst. Man interpretiere dieses Ergebnis hinsichtlich des Einflusses der einzelnen Regressoren.

Koeffizienten[a]

Modell		Nicht standardisierte Koeffizienten B	Standardfehler	Standardisierte Koeffizienten Beta	T	Signifikanz
1	(Konstante)	482,670	556,088		,868	,411
	BIP	,301	,285	2,667	1,056	,322
	ARBVOL	-,295	7,376	-,016	-,040	,969
	PROD	-19,113	24,352	-1,959	-,785	,455

a. Abhängige Variable: INV

Das multiple Bestimmtheitsmaß beträgt $r^2 = 0,565$. Wie ist die Anpassungsgüte des Modells zu beurteilen?

d. Der Varianzinflationsindex für die Schätzfunktionen $\tilde{b}_2$, $\tilde{b}_3$ und $\tilde{b}_4$ für die Koeffizienten zu den Regressoren „BIP", „AV" und „PROD" berechnen sich mit $117,249$; $2,965$ und $114,667$. Die zugehörigen Toleranzen betragen $0,09$; $0,337$ und $0,09$. Außerdem ergeben sich nachfolgende Kennwerte für die Kollinearitätsdiagnose:

Kollinearitätsdiagnose[a]

Modell	Dimension	Eigenwert	Konditionsindex	Varianzanteile (Konstante)	BIP	ARBVOL	PROD
1	1	3,991	1,000	,00	,00	,00	,00
	2	,009	21,247	,00	,00	,00	,00
	3	5,715E-05	264,256	,64	,08	,98	,02
	4	2,365E-05	410,759	,36	,91	,02	,98

a. Abhängige Variable: INV

Man charakterisiere diese Kenngrößen der Kollinearitätsdiagnose und interpretiere sie für diesen konkreten Ansatz.

e. Die gesamte Abweichungsquadratsumme der Zielvariablenwerte beträgt hier $TSS = 5134,437$; die Residuenquadratsumme ist mit $RSS = 2232,795$ gegeben. Nimmt man nun den Regressor „PROD" aus dem Ansatz, so ergibt sich $RSS = 2404,716$; wird statt „PROD" der Regressor „AV" aus dem Ansatz genommen, so ergibt sich $RSS = 2233,242$. Führt man eine Einfachregression mit dem Regressor „BIP" durch, so erhält man $RSS = 2405,599$. Man überlege sich anhand dieser RSS-Größen, ob sich die Hinzunahme der Regressoren „AV" und „PROD" lohnt, der Erklärungsgehalt des Regressionsansatzes also erheblich verbessert wird.

Aufgabe 2-13

Gegeben seien die Beobachtungswerte der Tabelle aus Aufgabe 2-12. Die Variable „AV" ist nun nicht von Interesse. Die Zielvariable y ist wiederum „INV"; die Regressoren sind „BIP" ($= x_2$) und „PROD" ($= x_3$).

Der beigefügte SPSS11-Ausdruck enthält die Ergebnisse der Schätzung für die beiden linearen Regressionsmodelle

Modell 1: $\tilde{y}_t = \beta_1 + \beta_2 x_{2t} + \tilde{u}_t, \quad (1 \leq t \leq 11),$

Modell 2: $\tilde{y}_t = \beta_1 + \beta_2 x_{2t} + \beta_3 x_{3t} + \tilde{u}_t, \quad (1 \leq t \leq 11),$

a. Man ermittle mit Hilfe der Schätzergebnisse von SPSS11 die Stichprobenregressionsgerade bzw. -ebene für Modell 1 bzw. Modell 2, das Bestimmtheitsmaß sowie das korrigierte Bestimmtheitsmaß und die partiellen Korrelationskoeffizienten. Dabei interpretiere man diese Maße der Anpassungsgüte allgemein sowie speziell auf das Beispiel bezogen. Unter welchen Voraussetzungen kann man hier von „optimalen Schätzern" sprechen?

b. Man unterstelle nun *Modell 2*. Was lässt sich anhand der SPSS-Schätzergebnisse über die Möglichkeit aussagen, bestimmte Regressoren aus dem Ansatz zu nehmen, falls man

b_1) die Ergebnisse der Tests für die einzelnen Hypothesen $H_0 : \beta_j = 0$ zugrundelegt und ein Signifikanzniveau von $\alpha = 0{,}05$ unterstellt?
(Hinweis: Man gehe entweder von den durch SPSS ausgewiesenen „Signifikanzwerten" aus oder benütze das entsprechende Quantil der t-Verteilung.)

b_2) die jeweiligen Residuenquadratsummen benutzt, wobei Modell 1 als „reduzierter" Ansatz mit $k = 2$ Regressoren und Modell 2 als „Gesamtansatz" aufzufassen ist ($\alpha = 0{,}05$)

c. Man unterstelle nun *Modell 1*. Zu prüfen ist nun, ob im Jahr 1995 ($t = 5$) ein Strukturbruch im Steigungskoeffizienten β_2 gegeben ist.

c_1) Man formuliere die zu testende Hypothese und stelle die Vorgehensweise ihrer Überprüfung allgemein dar. Dabei gebe man explizit die einzelnen gegenüberzustellenden Modelle („restringiertes" versus „unrestringiertes" Modell) sowie die darin zu verwendenden Matrizen/Vektoren an.

c_2) Die relevanten Residuenquadratsummen für das „restringierte" und das „unrestringierte" Modell sind hier mit $\underline{e}'_{R_2}\underline{e}_{R_2} = 622{,}045$ und $\underline{e}'_{UR}\underline{e}_{UR} = 542{,}519$ gegeben. Man überlege anhand der für den Test geeigneten Prüfgröße,ob bei einem Signifikanzniveau von $\alpha = 0{,}05$ von einem Strukturbruch im Steigungskoeffizienten von Modell 1 auszugehen ist.

SPSS 11 – Ausdruck

Regression

Korrelationen

Korrelation nach Pearson	INV	1,000	,928	,897
	BIP	,928	1,000	,995
	PRODUKTI	,897	,995	1,000
Signifikanz (einseitig)	INV	,	,000	,000
	BIP	,000	,	,000
	PRODUKTI	,000	,000	,
N	INV	11	11	11
	BIP	11	11	11
	PRODUKTI	11	11	11

Modellzusammenfassung

Modell	R	R-Quadrat	Korrigiertes R-Quadrat	Standardfehler des Schätzers	Änderungsstatistiken: Änderung in R-Quadrat	Änderung in F	df1	df2	Änderung in Signifikanz von F
1	,928[a]	,861	,846	8,7169	,861	55,851	1	9	,000
2	,963[b]	,928	,909	6,6804	,066	7,324	1	8	,027

a. Einflußvariablen : (Konstante), BIP

b. Einflußvariablen : (Konstante), BIP, PRODUKTI

ANOVA[c]

Modell		Quadratsumme	df	Mittel der Quadrate	F	Signifikanz
1	Regression	4243,869	1	4243,869	55,851	,000[a]
	Residuen	683,867	9	75,985		
	Gesamt	4927,736	10			
2	Regression	4570,716	2	2285,358	51,210	,000[b]
	Residuen	357,021	8	44,628		
	Gesamt	4927,736	10			

a. Einflußvariablen : (Konstante), BIP

b. Einflußvariablen : (Konstante), BIP, PRODUKTI

c. Abhängige Variable: INV

Koeffizienten[a]

Modell		Nicht standardisierte Koeffizienten: B	Standardfehler	Standardisierte Koeffizienten: Beta	T	Signifikanz	95%-Konfidenzintervall für B: Untergrenze	Obergrenze	Korrelationen: Nullter Ordnung	Partiell	Teil
1	(Konstante)	192,506	28,206		6,825	,000	128,700	256,312			
	BIP	,115	,015	,928	7,473	,000	,080	,150	,928	,928	,928
2	(Konstante)	477,996	107,684		4,439	,002	229,676	726,316			
	BIP	,428	,116	3,445	3,685	,006	,160	,697	,928	,793	,351
	PRODUKTI	-26,863	9,926	-2,530	-2,706	,027	-49,753	-3,973	,897	-,691	-,258

a. Abhängige Variable: INV

Aufgabe 2-14

Betrachtet wird eine bestimmte Dienstleistungsbranche. Nachstehende Tabelle enthält für die zehn Jahre 1994 bis 2003 die Anzahl der Beschäftigten [in 1000] ($= y$), den Branchenumsatz [in Mrd. €],($= x_2$), sowie den branchenüblichen Lohnsatz pro Stunde ($= x_3$).

Jahr	Beschäftigte	Branchen-Umsatz	Stundenlohn
1994	42	8,5	6,0
1995	30	6,2	8,0
1996	26	5,5	9,0
1997	32	6,3	7,5

Jahr	Beschäftigte	Branchen-Umsatz	Stundenlohn
1998	20	4,1	9,0
1999	22	4,0	8,5
2000	20	3,8	8,5
2001	18	3,7	12,5
2002	20	3,7	11,0
2003	16	3,1	17,0

Der beigefügte SPSS 11 - Ausdruck enthält die Ergebnisse der Schätzung für die beiden linearen Regressionsmodelle

Modell 1: $\tilde{y}_t = \beta_1 + \beta_2 x_{2t} + \tilde{u}_t , \; (1 \leq t \leq 10)$,

Modell 2: $\tilde{y}_t = \beta_1 + \beta_2 x_{2t} + \beta_3 x_{3t} + \tilde{u}_t , \; (1 \leq t \leq 10)$

a. Man ermittle mit Hilfe der SPSS-Schätzergebnisse die Stichprobenregressionsgerade bzw. -ebene für *Modell 1* bzw. *Modell 2*, das Bestimmtheitsmaß sowie das korrigierte Bestimmtheitsmaß und die partiellen Korrelationskoeffizienten.
Dabei interpretiere man diese Maße der Anpassungsgüte allgemein sowie speziell auf das Beispiel bezogen. Unter welchen Voraussetzungen kann man hier von „optimalen Schätzern" sprechen?

b. Man unterstelle nun *Modell 2*. Was lässt sich anhand der SPSS-Schätzergebnisse über die Möglichkeit aussagen, bestimmte Regressoren aus dem Ansatz zu nehmen, falls man

b_1) die Ergebnisse der Tests für die einzelnen Hypothesen $H_0 : \beta_j = 0$ zugrundelegt und ein Signifikanzniveau von $\alpha = 0,05$ unterstellt?
(Hinweis: Man gehe entweder von den durch SPSS ausgewiesenen „Signifikanzwerten" aus oder man benütze das Quantil der entsprechenden t-Verteilung.)
die jeweiligen Residuenquadratsummen benutzt, wobei Modell 1 als „reduzierter" Ansatz mit k = 2 Regressoren und Modell 2 als „Gesamtansatz" aufzufassen ist ($\alpha = 0,05$)?

b_2) die jeweiligen 95%-Konfidenzintervalle für β_2 und β_3 zugrundelegt? (Begründung!)

c. Man unterstelle wiederum *Modell 2*. Welche Aussagen lassen sich anhand der SPSS-Ergebnisse bezüglich

c_1) des Vorliegens von Autokorrelation (1. Ordnung) der Störvariablen treffen, falls man ein Signivikanzniveau $\alpha = 0,05$ unterstellt? Man schildere kurz die Vorgehensweise dieses Tests.
(Hinweis: Die für den Test zu verwendenden Quantile lauten
$d_L = 0,879$; $d_U = 1,320$.)

c_2) des Vorliegens von Multikollinearität der Regressoren treffen ? (Begründung!)

SPSS11 – Ausdruck

Regression Modell 1:

Aufgenommene/Entfernte Variablen[b]

Modell	Aufgenommene Variablen	Entfernte Variablen	Methode
1	BUMSATZ[a]	.	Eingeben

a. Alle gewünschten Variablen wurden aufgenommen.

b. Abhängige Variable: BESCHÄFT

Korrelationen

		BESCHÄFT	BUMSATZ
Korrelation nach Pearson	BESCHÄFT	1,000	,992
	BUMSATZ	,992	1,000
Signifikanz (einseitig)	BESCHÄFT	.	,000
	BUMSATZ	,000	.
N	BESCHÄFT	10	10
	BUMSATZ	10	10

Modellzusammenfassung[b]

					Änderungsstatistiken					
Modell	R	R-Quadrat	Korrigiertes R-Quadrat	Standardfehler des Schätzers	Änderung in R-Quadrat	Änderung in F	df1	df2	Änderung in Signifikanz von F	Durbin-Watson-Statistik
1	,992[a]	,984	,982	1,067	,984	498,146	1	8	,000	2,719

a. Einflußvariablen : (Konstante), BUMSATZ

b. Abhängige Variable: BESCHÄFT

ANOVA[b]

Modell		Quadratsumme	df	Mittel der Quadrate	F	Signifikanz
1	Regression	567,290	1	567,290	498,146	,000[a]
	Residuen	9,110	8	1,139		
	Gesamt	576,400	9			

a. Einflußvariablen : (Konstante), BUMSATZ

b. Abhängige Variable: BESCHÄFT

Koeffizienten[a]

		Nicht standardisierte Koeffizienten		Standardisierte Koeffizienten			95%-Konfidenzintervall für B		Korrelationen			Kollinearitätsstatistik	
Modell		B	Standardfehler	Beta	T	Signifikanz	Untergrenze	Obergrenze	Nullter Ordnung	Partiell	Teil	Toleranz	VIF
1	(Konstante)	1,647	1,082		1,522	,166	-,848	4,143					
	BUMSATZ	4,694	,210	,992	22,319	,000	4,209	5,179	,992	,992	,992	1,000	1,000

a. Abhängige Variable: BESCHÄFT

Korrelation der Koeffizienten[a]

Modell			BUMSATZ
1	Korrelationen	BUMSATZ	1,000
	Kovarianzen	BUMSATZ	,044

a. Abhängige Variable: BESCHÄFT

Kollinearitätsdiagnose[a]

Modell	Dimension	Eigenwert	Konditions-index	Varianzanteile (Konstante)	Varianzanteile BUMSATZ
1	1	1,950	1,000	,02	,02
	2	,050	6,255	,98	,98

a. Abhängige Variable: BESCHÄFT

Regression Modell 2:

Aufgenommene/Entfernte Variablen[b]

Modell	Aufgenommene Variablen	Entfernte Variablen	Methode
1	STDLOHN, BUMSATZ[a]	.	Eingeben

a. Alle gewünschten Variablen wurden aufgenommen.

b. Abhängige Variable: BESCHÄFT

Korrelationen

		BESCHÄFT	BUMSATZ	STDLOHN
Korrelation nach Pearson	BESCHÄFT	1,000	,992	-,738
	BUMSATZ	,992	1,000	-,717
	STDLOHN	-,738	-,717	1,000
Signifikanz (einseitig)	BESCHÄFT	.	,000	,007
	BUMSATZ	,000	.	,010
	STDLOHN	,007	,010	.
N	BESCHÄFT	10	10	10
	BUMSATZ	10	10	10
	STDLOHN	10	10	10

Modellzusammenfassung[b]

Modell	R	R-Quadrat	Korrigiertes R-Quadrat	Standardfehler des Schätzers	Änderungsstatistiken: Änderung in R-Quadrat	Änderung in F	df1	df2	Änderung in Signifikanz von F	Durbin-Watson-Statistik
1	,993[a]	,986	,982	1,087	,986	240,440	2	7	,000	2,643

a. Einflußvariablen : (Konstante), STDLOHN, BUMSATZ

b. Abhängige Variable: BESCHÄFT

ANOVA[b]

Modell		Quadratsumme	df	Mittel der Quadrate	F	Signifikanz
1	Regression	568,130	2	284,065	240,440	,000[a]
	Residuen	8,270	7	1,181		
	Gesamt	576,400	9			

a. Einflußvariablen : (Konstante), STDLOHN, BUMSATZ

b. Abhängige Variable: BESCHÄFT

Koeffizienten[a]

Modell		Nicht standardisierte Koeffizienten B	Standardfehler	Standardisierte Koeffizienten Beta	T	Signifikanz	95%-Konfidenzintervall für B Untergrenze	Obergrenze	Korrelationen Nullter Ordnung	Partiell	Teil	Kollinearitätsstatistik Toleranz	VIF
1	(Konstante)	3,913	2,904		1,348	,220	-2,954	10,780					
	BUMSATZ	4,508	,307	,953	14,680	,000	3,782	5,234	,992	,984	,665	,487	2,055
	STDLOHN	-,140	,166	-,055	-,843	,427	-,533	,253	-,738	-,304	-,038	,487	2,055

a. Abhängige Variable: BESCHÄFT

Korrelation der Koeffizienten[a]

Modell			STDLOHN	BUMSATZ
1	Korrelationen	STDLOHN	1,000	,717
		BUMSATZ	,717	1,000
	Kovarianzen	STDLOHN	,028	,037
		BUMSATZ	,037	,094

a. Abhängige Variable: BESCHÄFT

Kollinearitätsdiagnose[a]

Modell	Dimension	Eigenwert	Konditions-index	Varianzanteile		
				(Konstante)	BUMSATZ	STDLOHN
1	1	2,834	1,000	,00	,01	,00
	2	,157	4,250	,00	,16	,13
	3	,009	17,640	1,00	,84	,87

a. Abhängige Variable: BESCHÄFT

Aufgabe 2-15

Gegeben seien die Beobachtungswerte für die Anzahl der Beschäftigten sowie der Branchenumsatz pro Jahr aus der Tabelle von *Aufgabe 2-14*. Nun liegen noch für vier weitere Jahre die Beobachtungswertepaare gemäß nachfolgender Tabelle vor:

Jahr	Beschäftigte	Branchenumsatz
1990	40	8,5
1991	42	10,1
1992	44	14,0
1993	46	14,2

Es wird vermutet, dass im Jahre 1994 ein *Strukturbruch* vorliegt. Man teste auf

a. Strukturbruch in *beiden* Koeffizienten ($\alpha = 0,05$);

b. Strukturbruch nur im *Steigungskoeffizienten* ($\alpha = 0,05$);

c. Strukturbruch nur im Absolutglied ($\alpha = 0,05$).

(Hinweis: Für die Modelle

$$\begin{pmatrix} \underline{\tilde{y}}_1 \\ \underline{\tilde{y}}_2 \end{pmatrix} = \begin{pmatrix} \underline{X}_1 & \underline{0} \\ \underline{0} & \underline{X}_2 \end{pmatrix} \cdot \begin{pmatrix} \beta_{11} \\ \beta_{12} \\ \beta_{21} \\ \beta_{22} \end{pmatrix} + \begin{pmatrix} \underline{\tilde{u}}_1 \\ \underline{\tilde{u}}_2 \end{pmatrix}; \begin{pmatrix} \underline{\tilde{y}}_1 \\ \underline{\tilde{y}}_2 \end{pmatrix} = \begin{pmatrix} \underline{i}_1 & \underline{0} & \underline{x}_{21} \\ \underline{0} & \underline{i}_2 & \underline{x}_{22} \end{pmatrix} \cdot \begin{pmatrix} \beta_{11} \\ \beta_{21} \\ \beta_2 \end{pmatrix} + \begin{pmatrix} \underline{\tilde{u}}_1 \\ \underline{\tilde{u}}_2 \end{pmatrix};$$

$$\begin{pmatrix} \underline{\tilde{y}}_1 \\ \underline{\tilde{y}}_2 \end{pmatrix} = \begin{pmatrix} \underline{X}_1 \\ \underline{X}_2 \end{pmatrix} \cdot \begin{pmatrix} \beta_1 \\ \beta_2 \end{pmatrix} + \begin{pmatrix} \underline{\tilde{u}}_1 \\ \underline{\tilde{u}}_2 \end{pmatrix}$$

ergeben sich – in analoger Reihenfolge – die Residuenquadratsummen $RSS = 10,92$; $RSS = 194,63$; $RSS = 195,247$.)

Aufgabe 2-17

Eine Querschnittsanalyse erwägt die Untersuchung zwischen dem Nettomonatseinkommen von Singles und ihrer Sparneigung. Es wird vermutet, dass aufgrund der vorliegenden Daten nicht von einer konstanten Varianz der Störterme ausgegangen werden kann. Vielmehr wird ein verallgemeinertes lineares Modell der Form $y_i = \alpha + \beta x_i + u_i$ mit $var(u_i) = \sigma^2 x_i^2$ vermutet. Es liegen die folgenden Beobachtungswerte vor:

x [in 1000 €]	3,5	3	2,5	2	1	1,5
y [in 100 €]	2,5	3,4	2,1	2,4	1,4	1,7

a. Man prüfe obige Vermutung mithilfe des GLESJER-TESTs ($\alpha = 0,05$).

b. Man führe entsprechend des Ergebnisses aus a) eine heteroskedastische Transformation durch und zeige allgemein, dass und wie durch diese Transformation das Problem beseitigt wird.

c. Man schätze die Regressionskoeffizienten des transformierten Ansatzes.

Aufgabe 2-18

Gegeben sei das vollständige lineare Mehrgleichungssystem

$$\underline{\Gamma}' \underline{y}_t = \underline{B}' \underline{x}_t^* + \underline{u}_t, \; (1 \leq t \leq T).$$

a. Man beschreibe Spezialfälle, die sich aus diesem Modell ableiten lassen.

b. Man erkläre allgemein die Begriffe „reduzierte Form" und „finale Form" eines linearen Mehrgleichungssystems.

Aufgabe 2-19

Man beschreibe allgemein das Identifikationsproblem im Rahmen der linearen Mehrgleichungsmodelle und gebe die zwei Kriterien wieder, mit deren Hilfe man den Nachweis der Identifizierbarkeit führen kann.

Aufgabe 2-20

Gegeben seien die beiden Marktgleichgewichtsmodelle

Modell 1:

$$\begin{aligned} q_t &= \beta_{11} + \beta_{12} p_t + u_{1t} \\ q_t &= \beta_{21} + \beta_{22} p_t + u_{2t} \end{aligned}, \; (1 \leq t \leq T),$$

Modell 2:

$$\begin{aligned} q_t &= \beta_{11} + \beta_{12} p_t + \beta_{13} Y_t + u_{1t} \\ q_t &= \beta_{21} + \beta_{22} p_t + \beta_{23} p_{vt} + u_{2t} \end{aligned}, \; (1 \leq t \leq T),$$

mit $p_t\,(q_t)$:=Preis (nachgefragte Menge) eines Gutes in Periode t, p_{vt} :=Preis eines Vorproduktes in Periode t und Y_t :=aggregiertes Einkommen in Periode t.

a. Man gebe beide Modelle in Strukturform und Matrixschreibweise wieder.

b. Man überlege, ob die beiden Modellgleichungen in Modell 1 und in Modell 2 identifizierbar sind (exakte Begründung).

Aufgabe 2-21

Gegeben sei das lineare Mehrgleichungsmodell

$$\begin{aligned} C_t &= \beta_{11} + \beta_{12}Y_t + \beta_{13}C_{t-1} + u_{1t} \\ I_t^{pr} &= \beta_{21} + \beta_{22}Y_t + \beta_{23}V_{t-1} + u_{2t} \\ Im_t &= \beta_{31} + \beta_{32}Y_t + \beta_{33}Im_{t-1} + u_{3t} \\ Y_t &= C_t + I_t^{pr} - Im_t + S_t \end{aligned}$$

mit C_t, C_{t-1} :=privater Konsum der Perioden t und t − 1, Y_t :=BIP der Periode t; V_{t-1} := Einkommen der privaten Haushalte aus Unternehmertätigkeit und Vermögen sowie unverteilte Gewinne der Unternehmen vor Steuern in Periode t − 1, I_t^{pr} :=private Nettoinvestitionen für Land und Anlagen in Periode t, Im_t :=Importe in Periode t und S_t := Staatsverbrauch, staatliche Nettoinvestitionen für Land und Anlagen, Vorratsänderungen sowie Export, abzüglich indirekter Steuern und Subventionen.

a. Man formuliere dieses Modell in Strukturform und Matrixschreibweise.
b. Man gebe dieses Modell in seiner reduzierten Form wieder.
c. Man prüfe, ob die Modellgleichungen identifizierbar sind.

Aufgabe 2-22

Man beschreibe allgemein die Vorgehensweise der OLS-Schätzung innerhalb rekursiver und reduzierter Mehrgleichungsmodelle. Ist diese Art der Schätzung auch für interdependente Modelle geeignet?

Aufgabe 2-23

Gegeben sei das Mehrgleichungsmodell

$$\begin{aligned} y_{1t} + \gamma_{12}\, y_{2t} &= \beta_{11} + u_{1t} \\ \gamma_{21}\, y_{1t} + y_{2t} &= \beta_{21}\, x_{2t}^* + u_{2t} \end{aligned}, \ (1 \le t \le T).$$

a. Man zeige, dass die Modellgleichungen exakt identifizierbar sind.
b. Man ermittle die reduzierte Form dieses Modells.
c. Man ermittle die ILS-Schätzwerte für β_{11} und β_{21}.

Aufgabe 2-24

a. Man beschreibe, welche Fragestellungen mit Hilfe des binären Logit- bzw. Probit-Modells analysiert werden können.
b. Man beschreibe typische Situationen, die mit Hilfe des Standard-Tobit-Modells analysiert werden können.

Aufgabe 2-25

Man beschreibe allgemein die Maximum-Likelihood-Methode (=ML-Methode) und einige Tests, die im Rahmen dieser Methode die Prüfung von Hypothesen der Art $H_0 : \beta_j = 0$ ermöglichen.

Aufgabe 2-26

a. Man formuliere das binäre Logit-Modell für ungeordnete Kategorien in Abhängigkeit einer Einflussgröße x. Welcher typische Verlauf ergibt sich für die Erfolgswahrscheinlichkeitsfunktion?

b. Man schätze die unbekannten Modellparameter dieses Modells mit Hilfe der ML-Methode. Dabei gebe man die Likelihoodfunktion sowie die notwendigen und hinreichenden Bedingungen für ein Maximum an.
c. Man teste die Hypothese, dass die Variable x keinen Einfluss besitzt.
d. Man zeige die Möglichkeit des Testens der Anpassungsgüte des Modells auf.
e. Man formuliere dieses Modell für den Fall, dass nicht nur eine, sondern k Einflussgrößen zu unterstellen sind. Welche Möglichkeiten exisitieren, den Einfluss der unterstellten Variablen $x_1, \ldots, x_k$ zu verifizieren?
f. Man schildere kurz die Vorgehensweise der ML-Parameterschätzung im Rahmen des in Teilaufgabe e. formulierten Modells.

Aufgabe 2-27

a. Man formuliere das binäre Probit-Modell für ungeordnete Kategorien in Abhängigkeit einer Einflussgröße x. Welcher typische Verlauf ergibt sich für die Erfolgswahrscheinlichkeitsfunktion?
b. Man schätze die unbekannten Modellparameter dieses Modells mit Hilfe der ML-Methode. Dabei gebe man die Likelihoodfunktion sowie die notwendigen und hinreichenden Bedingungen für ein Maximum an.
c. Man teste die Hypothese, dass die Variable x keinen Einfluss besitzt.
d. Man zeige die Möglichkeit des Testens der Anpassungsgüte des Modells auf.
e. Man formuliere dieses Modell für den Fall, dass nicht nur eine, sondern k Einflussgrößen zu unterstellen sind. Welche Möglichkeiten exisitieren, den Einfluss der unterstellten Variablen $x_1, \ldots, x_k$ zu verifizieren?
f. Man schildere kurz die Vorgehensweise der ML-Parameterschätzung im Rahmen des in Teilaufgabe e. formulierten Modells.

Aufgabe 2-28

a. Man beschreibe das multinomiale Logit-Modell für geordnete Kategorien und vergleiche es mit dem entsprechenden Modell mit ungeordneten Kategorien.
b. Man beschreibe kurz die ML-Schätzung innerhalb dieses Modells.

Aufgabe 2-29

a. Man beschreibe das multinomiale Progit-Modell für geordnete Kategorien und vergleiche es mit dem entsprechenden Modell mit ungeordneten Kategorien.
b. Man beschreibe kurz die ML-Schätzung innerhalb dieses Modells.
c. Man nenne Maße für die Anpassungsgüte dieses Modells.

Aufgabe 2-30

a. Man beschreibe die Aufgabenstellung diskreter Entscheidungsmodelle. Welchen Unterschied gibt es zum Ansatz der Logit- bzw. Probit-Modelle mit ungeordneten Kategorien?
b. Man beschreibe kurz die ML-Schätzung der Modellparameter innerhalb dieser Ansätze.

Aufgabe 2-31

a. Man formuliere das Standard-Tobit-Modell mit individuellen Schwellenwerten.
b. Welcher Unterschied existiert zum gestutzten Standard-Tobit-Modell?
c. Die unbekannten Modellparameter sollen mit Hilfe der ML-Methode geschätzt werden. Man formuliere die Likelihoodfunktion für beide Modellvarianten.
d. Man beschreibe das zweistufige Schätzverfahren von HECKMAN im Rahmen des Standard-Tobit-Modells. Welche Eigenschaften besitzen diese Schätzfunktionen?
e. Man beschreibe für dieses Modell die Schätzung mit Hilfe des EM-Algorithmus.
f. Man beschreibe den Spezifikationstest auf Heteroskedastie der Störgrößen im Rahmen dieses Modells.

Aufgabe 2-32

Man beschreibe zwei mikroökonometrische Ansätze für die Analyse von Zähldaten und zeige die Möglichkeit der ML-Schätzung der unbekannten Parameter im Rahmen dieser Modelle auf.

Aufgabe 2-33

Man beschreibe die Ansätze sowie die Möglichkeit der Parameterschätzung im Rahmen der Modelle zur Analyse von Verweildauern sowie von Hazardratenmodellen.

Aufgabe 2-34

a. Man charakterisiere kurz den Begriff „Paneldaten“.
b. Man formuliere ein lineares Modell zur Analyse von Paneldaten und beschreibe die ML-Schätzung im Rahmen dieses Modells.
c. Man beschreibe weitere geeignete Modellansätze zur Analyse von Paneldaten und gebe die Vorgehensweise der Parameterschätzung im Rahmen dieser Modelle wieder.

Grundzüge der Input-Output-Analyse (IO-Analyse)

3

ÜBERBLICK

Die von W. LEONTIEF begründete Input-Output-Analyse stellt die dritte Säule der empirischen Wirtschaftsforschung dar.[1] Gegenstand ihrer Theorie sind multisektorale Modelle, die sich für die Analyse der Produktionsverflechtung von Wirtschaftszweigen, Regionen oder Ländern eignen und auf einem beliebigen Aggregationsniveau betrachtet werden können. Zu nennen sind hier statische und dynamische Input-Output-Modelle sowie bestimmte Wachstumsmodelle, in welchen sektorale Konsum- und Investitionsnachfragen sowie viele andere Wechselwirkungen berücksichtigt werden. Grundlage der Analyse sind die Input-Output-Tabellen, die in ihrer konkreten Ausgestaltung sehr unterschiedlich sein können. Das Grundschema dieser Tabellen wird im Folgenden vorgestellt. Die Tabellen können dabei als reine Ex-Post-Rechnung aufgefasst werden, die die direkten strukturellen Zusammenhänge einer Volkswirtschaft beschreiben und keine Ex-Ante-Hypothesen beinhalten. Input-Output-Modelle können jedoch auch indirekte wirtschaftliche Verflechtungen erfassen. Der Grundgedanke der Analyse von Input-Output-Modellen ist, dass z.B. Nachfragesteigerungen bezüglich eines Produktes nicht nur zu einer Produktionssteigerung im direkten Produktionsbereich für diese Güter führt, sondern auch in anderen Bereichen, die dafür Vorleistungsgüter liefern. Entsprechende Wirkungen können auch bei der Erhöhung des Lohnsatzes in einem bestimmten Bereich festgestellt werden.

Es existiert eine Vielzahl von Modellvarianten, die sich grundsätzlich anhand der drei nachfolgenden Begriffspaare einordnen lassen:

- Offene und geschlossene Modelle
- Mengen- und Preismodelle
- statische und dynamische Modelle

Offene und geschlossene Modelle unterscheiden sich im Umfang der exogenen und endogenen Bereiche. So werden z.B. im statischen offenen Mengenmodell die Produktionsinputs annahmegemäß proportional mit den jeweiligen Outputs verknüpft. Die zur Endnachfrage gehörenden Größen werden als *exogen* angenommen. Sie verändern sich weder mit den Produktionsabläufen, noch werden sie durch etwaige Rückwirkungen von Vorgängen, die mit der Produktion verbunden sind, beeinflusst. Derartige Modelltypen zählen zu den *offenen* Modellen. Lässt man dagegen Rückkopplungen und Auswirkungen von Produktionsabläufen auf die Endnachfragegrößen zu, so gelangt man – je nach Grad der Endogenisierung – zu *teilendogenisierten* bzw. zu *geschlossenen* Modellen.

Mengenmodelle analysieren die direkten und indirekten Auswirkungen von Nachfrageänderungen nach Gütern für die letzte Verwendung. Da dabei als Einheit jene Menge festgelegt wird, die für genau eine Währungseinheit gekauft werden kann, können die ermittelten Wertgrößen direkt als Mengengrößen aufgefasst werden, die mit Preisen in Höhe von Eins bewertet sind. *Preismodelle* analysieren dagegen die Auswirkungen von Preisveränderungen von Vorleistungen bei unterstellter Konstanz der Mengen. Dabei können sowohl die Auswirkungen von Preisänderungen einzelner Produktionsfaktoren

1. Es existiert eine Vielzahl von Veröffentlichungen insbesondere zur Anwendung der Input-Output-Analyse in unterschiedlichsten Bereichen. An dieser Stelle sei deshalb auf die einschlägige Literatur verwiesen, insbesondere auf das Standardwerk von HOLUB/SCHNABL, das eine umfassende Abhandlung zur Input-Output-Rechnung bietet (HOLUB/SCHNABL, 1985; dies., 1994). Man vergleiche u.a. auch FLEISSNER et al., 1993; HELMSTÄDTER et al., 1983; KOGELSCHATZ, 1977; KRELLE, 1988; LEONTIEF, 1986; MEYER, 1980; MILLER/BLAIRD, 1985; SCHUMANN, 1979, S. 96 ff.; TAKAYAMA, 1994.

als auch von ganzen Produktionsbereichen analysiert werden, wobei grundsätzlich davon ausgegangen wird, dass die Kosten jeweils ganz überwälzt werden.[2]

Statische und *dynamische Modelle* unterscheiden sich schließlich durch den Zeitbezug der jeweils eingehenden Größen. Innerhalb statischer Modelle besitzen alle Modellgrößen denselben Zeitbezug, bei dynamischen Modellen können Größen von unterschiedlichen Zeitperioden enthalten sein.

Folgende grundlegenden Modelle sollen hier vorgestellt werden: das statische offene Mengen und Preismodell sowie einige Erweiterungen dieser Grundmodelle. Die Anwendungsmöglichkeit der IO-Analyse in einigen wichtigen ökonomischen Bereichen wird ebenfalls kurz angesprochen.[3]

3.1 Das Grundschema von Input-Output-Tabellen

Input-Output-Tabellen (IO-Tabellen) stellen die Grundlage der Input-Output-Analyse (IO-Analyse) dar; sie werden dem jeweiligen Zweck der Untersuchung angepasst neu erstellt oder es wird auf vorhandene zurückgegriffen. Sie geben den Produktionsprozess wieder, durch den die (sektoralen) Inputs in die (sektoralen) Outputs transformiert werden. Dabei wird fast immer auf die Flussrichtung realer Ströme, also auf die Produktion von Gütern und Dienstleistungen, abgestellt; die abgebildeten Ströme sind zumeist in den Landeswährungen ausgedrückte Werteströme. Bei den *Inputs* unterscheidet man allgemein zwischen Vorleistungen (= *intermediäre Inputs*) und Leistungen, die von den Primärfaktoren erbracht werden (= *Primärinputs*). Die *Outputs* werden in *Vorleistungsoutputs* und *Endnachfrageoutputs* (im Sinne der VGR[4]) unterschieden. Eine *Standard-IO-Tabelle* kann somit wie in Tabelle 3.1 wiedergegeben werden.[5]

X_{ij} kennzeichnet den Vorleistungsstrom vom (Produktions-)sektor i zum Sektor j, $(1 \leq i, j \leq n)$, Y_{ik} den Endnachfragestrom vom Sektor i zum Endnachfragebereich k, $(1 \leq i \leq n; 1 \leq k \leq m)$, PA_{pj} den Primäraufwandsstrom vom Primäraufwandsbereich p zum Produktionssektor j, $(1 \leq p \leq P; 1 \leq j \leq n)$, und Z_{pk} den Strom zwischen Primäraufwandsbereich p und Endnachfragebereich k. Die Matrix $\underline{X}$ der Vorleistungen ist im allgemeinen quadratisch[6] und zeigt auf der Hauptdiagonalen die sektoralen „In-Sich-Stöme“ auf; die Zeilensummen X_i geben den gesamten Vorleistungsoutput des Sektors i wieder, die Spaltensummen X_j die Summe aller Vorleistungen, die ein Sektor j von allen anderen Sektoren bezieht. Die Endnachfragematrix im Quadranten II, die Primäraufwandsmatix des Quadranten III sowie die Verflechtungsmatrix des IV. Quadranten sind entsprechend zu interpretieren. Letztere wird manchmal angeführt, um das Schema formal zu schließen; man findet oft IO-Tabellen, die diese Matrix nicht beinhalten.

2. Zu beachten ist, dass dabei nicht die Marktpreise, sondern die „Schattenpreise“, „Verrechnungspreise“ der Faktoren ermittelt werden.
3. Zu weiteren Themenfeldern wie z.B. der konkreten Erstellung der verwendeten IO-Tabellen, der Technik der Komponentenzerlegung, des Einsatzes der IO-Analyse als Prognoseinstrument, der Problematik der Aggregation vergleiche man die sehr ausführlichen Beiträge in der bestehenden Literatur, insbesondere bei HOLUB/ SCHNABEL, 1985 und 1994.
4. VGR = Volkswirtschaftliche Gesamtrechnung.
5. Vgl. HOLUB/SCHNABL, 1994, S.2.
6. Für bestimmte Fragestellungen kann sie aber auch rechteckig sein.

Tabelle 3.1

Empfänger		Produktionssektoren					Endnachfragebereiche			
Lieferant		1	2	3	…	n	1	2	…	m
	1	X_{11}	X_{12}	X_{13}	…	X_{1n}	Y_{11}	Y_{12}	…	Y_{1m}
	2	X_{21}	X_{22}	X_{23}	…	X_{2n}	Y_{21}	Y_{22}	…	Y_{2m}
	3	X_{31}	X_{32}	X_{33}	…	X_{3n}	Y_{31}	Y_{32}	…	Y_{3m}
Produktions-	.	.	.	.		.	.	.		.
sektoren	.	.	.	.		.	.	.		.
	.	.	.	.		.	.	.		.
					I				II	
	n	X_{n1}	X_{n2}	X_{n3}	…	X_{nn}	Y_{n1}	Y_{n2}	…	Y_{nm}
	1	PA_{11}	PA_{12}	PA_{13}	…	PA_{1n}	Z_{11}	Z_{12}	…	Z_{1m}
	2	PA_{21}	PA_{22}	PA_{23}	…	PA_{2n}	Z_{21}	Z_{22}	…	Z_{2m}
	.	.	.	.		.	.	.		.
Primär-	.	.	.	.		.	.	.		.
aufwands-	.	.	.	.		.	.	.		.
bereiche										
					III				IV	
	P	PA_{P1}	PA_{P2}	PA_{P3}	…	PA_{Pn}	Z_{P1}	Z_{P2}	…	Z_{Pm}

In der Praxis beschränkt man sich häufig auf die Endnachfragebereiche „privater und staatlicher Konsum (C)“, „(Brutto-)Anlage- und Vorratsinvestitionen (I)“ und „Exporte (Ex)“ sowie auf die Primärinputbereiche „Importe[7] (Im)“, „indirekte Steuern abzüglich Subventionen (T)“, „Abschreibungen (A)“, „Einkommen aus unselbständiger Arbeit (L)“ und „Betriebsüberschüsse (B)“. Damit resultiert folgende IO-Tabelle:[8]

7. Meist findet man hier die Erfassung der Importe nach der „Version B“, die eine Verbuchung nach den Verwendungsbereichen vornimmt.

8. Wegen der expliziten Festlegung der Endnachfrage- und Primärinputbereiche ist zur eindeutigen Kennzeichnung der entsprechenden Größen nur noch ein Index nötig (HOLUB/SCHNABL, 1994, S. 5).

Tabelle 3.2

t	X_{12}	X_{13}	....	X_{1n}	C_1	I_1	Ex_1	X_1
X_{21}	X_{22}	X_{23}	....	X_{2n}	C_2	I_2	Ex_2	X_2
.	.	.		.	.	.	.	.
.	.	.		.	.	.	.	.
.	.	.		.	.	.	.	.
.	.	.		.	.	.	.	.
.	.	.		.	.	.	.	.
.	.	.		.	.	.	.	.
.	.	.		.	.	.	.	.
X_{n1}	X_{n2}	X_{n3}	....	X_{nn}	C_n	I_n	Ex_n	X_n
Im_1	Im_2	Im_3	....	Im_n				
T_1	T_2	T_3	....	T_n				
A_1	A_2	A_3	....	A_n				
L_1	L_2	L_3	....	L_n				
B_1	B_2	B_3	....	B_n				
X_1	X_2	X_3	....	X_n				

Eine vom Statistischen Bundesamt veröffentlichte IO-Tabelle für die BRD ist z.B. konkret gegeben mit:[9]

9. Statistisches Bundesamt (2004): URL: http://www.destatis.de/basis/d/vgr/inputtab1.htm (Zugriff: 07.06. 2004). Die ausführlichen IO-Tabellen zu Herstellungspreisen des Berichtsjahres 2000 für die BRD findet man in der Reihe 2 („IO-Rechnung") der Fachserie 18 („Volkswirtschaftliche Gesamtrechnung") des Statistischen Bundesamtes unter der URL: http://www-ec.destatis.de/csp/shop/sfg/vollanzeige.csp? ID1013650; sie stehen kostenlos zu Verfügung. Die Aufkommens- und Verwendungstabellen sind dabei nach 59 Gütergruppen und 59 Wirtschaftsbereiche gegliedert, die IO-Tabellen nach 59 Gütergruppen und 59 Produktionsbereichen. Im Textteil der Fachserie werden die zugrunde liegenden Konzepte ausführlich beschrieben. Ein Vergleich mit früher erschienenen Tabellen ist wegen der unterschiedlichen Methoden, Konzepte und Klassifikationen jedoch nur eingeschränkt möglich. Neben den IO-Tabellen sind dort auch die Tabellen der Inputkomponenten sowie der LEONTIEF-Inversen veröffentlicht.

Tabelle 3.3

Input-Output-Tabelle 2000 zu Herstellungspreisen – Inländische Produktion und Importe – Mrd. EUR

Aufkommen	Verwendung					
	Input der Produktionsbereiche				Letzte Verwendung von Gütern	Gesamte Verwendung von Gütern
	Primärer Bereich[10]	Sekundärer Bereich[11]	Tertiärer Bereich[12]	zusammen		
	I. Quadrant				II. Quadrant	
Primärer Bereich[10]	1,4	36,6	3,1	41,1	22,9	64,0
Sekundärer Bereich[11]	11,9	657,5	157,3	826,8	1 220,8	2 047,5
Tertiärer Bereich[12]	10,1	293,2	609,9	913,1	1 250,9	2 164,0
Vorleistungen der Produktionsbereiche bzw. letzte Verwendung von Gütern	23,4	987,3	770,3	1 780,9	2 494,5	4 275,5
Gütersteuern abzüglich Gütersubventionen	1,2	8,2	36,6	46,0	160,5	206,5
Vorleistungen der Produktionsbereiche bzw. letzte Verwendung von Gütern zu Anschaffungspreisen	24,6	995,5	806,9	1 826,9	2 655,0	4 482,0
III. Quadrant						
Sonstige Produktionsabgaben abzüglich sonstige Subventionen	- 1,8	4,1	8,1	10,4		
Arbeitnehmerentgelt im Inland	9,5	380,7	709,7	1 100,0		
Abschreibungen	7,7	72,4	222,2	302,4		
Nettobetriebsüberschuss	6,8	63,5	340,5	410,9		
Bruttowertschöpfung	22,2	520,8	1 280,5	1 823,5		
Produktionswert	46,8	1 516,3	2 087,4	3 650,5		
Importe gleichartiger Güter zu cif-Preisen	17,2	531,3	76,6	625,0		
Gesamtes Aufkommen an Gütern	64,0	2 047,5	2 164,0	4 275,5		

10. Land- und Forstwirtschaft, Fischerei.
11. Produzierendes Gewerbe.
12. Private und öffentliche Dienstleistungen.

Zu beachten ist, dass es sich bei beiden Grundschemata aus Tabelle 3.1 und 3.2 um *geschlossene Kreisläufe* handelt; d.h. die sektoralen Spaltensummen sind gleich den sektoralen Zeilensummen.[13] Wird nun die gesamte Endnachfragematrix als eine zusätzliche Spalte und die gesamte Primäraufwandsmatrix als eine zusätzliche Zeile aufgefasst, so muss die Summe der Elemente dieser $(n+1)$-ten Spalte gleich der Summe der $(n+1)$-ten Zeile sein, also

$$\sum_{i=1}^{n} C_i + \sum_{i=1}^{n} I_i + \sum_{i=1}^{n} Ex_i = \sum_{j=1}^{n} Im_j + \sum_{j=1}^{n} T_j + \sum_{j=1}^{n} A_j + \sum_{j=1}^{n} L_j + \sum_{j=1}^{n} B_j \quad (3.1\text{-}1)$$

bzw. nach Umformung

$$\sum_{j=1}^{n} L_j + \sum_{j=1}^{n} B_j = \sum_{i=1}^{n} C_i + \sum_{i=1}^{n} I_i + \sum_{i=1}^{n} Ex_i - \sum_{j=1}^{n} Im_j - \sum_{j=1}^{n} T_j - \sum_{j=1}^{n} A_j \;; \quad (3.1\text{-}2)$$

über die Gleichheit von Entstehungs- und Verwendungsseite erhält man somit eine der *Definitionsgleichungen für das Nettoinlandsprodukt zu Faktorkosten*, Y_F^N, also

$$Y_F^N = \sum_{j=1}^{n} L_j + \sum_{j=1}^{n} B_j \;. \quad (3.1\text{-}3)$$

IO-Tabellen können als Ex-Post-Schema logische Fehler (z.B. Doppelzählungen) oder Erhebungsfehler enthalten, jedoch nie selbst als „richtig“ oder „falsch“ eingestuft werden. Sie sind nur für bestimmte Fragestellungen mehr oder weniger „geeignet“. Die auf ihnen aufbauende IO-Analyse aber beinhaltet als mögliche Fehlerquelle die aufgestellten Hypothesen bezüglich des wirtschaftlichen Verhaltens oder der Produktionstechnik.[14] Der Zusammenhang zwischen den IO-Tabellen und der entsprechenden Analyse wird insbesondere dadurch deutlich, dass die Ergebnisse der einzelnen Modelle der IO-Analyse für unterschiedliche Tabellentypen zu diskutieren sind. In den folgenden Abschnitten sollen nun grundlegende Modelle der IO-Analyse vorgestellt werden.

13. Zu beachten ist, dass die gewählte Tabellenversion in der zentralen Matrix $\underline{X}$ nur die heimischen Vorleistungen enthält. Die jeweiligen Zeilen- und Spaltensummen sind dabei natürlich im allgemeinen voneinander verschieden. Weiterhin vergleiche man zur *konkreten Ausgestaltung* der IO-Tabellen z.B. HOLUB/SCHNABL, 1994, S. 9 ff. Für die Interpretation von IO-Tabellen und der Ergebnisse der darauf aufbauenden IO-Analyse ist auch die *Art der Tabellenerstellung* von erheblicher Bedeutung. Hierbei lassen sich grundsätzlich die direkte Methode bei konventionellen Tabellen sowie die gemischten Verfahren unterscheiden, die eine Ergänzung direkt erhobener Tabellenwerte durch maschinelle Ausgleichsverfahren vornehmen. Letztere ergänzen fehlende Felder aus bekannten Randsummen. Dabei werden hauptsächlich iterative *biproportionale* Verfahren verwendet; eine bekannte biproportionale Methode ist das sog. *„RAS-Verfahren“*. Dieses passt die Felderwerte der Vorleistungsmatrix sukzessiv den gegebenen Zeilen- und Spaltensummen an. Zur genauen Vorgehensweise vergleiche man z.B. HELMSTÄDTER et. al., 1983, S. 18 ff.; HOLUB/SCHNABL, 1985, S. 96; dies., 1994, S. 35 ff. Ein einfaches Beispiel zur RAS-Methode findet sich in *Anhang A7*.

14. Man denke z.B. an fehlende Kapazitätsgrenzen bei den Produktionsfaktoren oder an Annahmen bezüglich der Inputkoeffizienten.

3.2 Das statische offene Mengenmodell

Der Modelltyp des statischen offenen Mengenmodells für allgemein n Sektoren kann folgendermaßen charakterisiert werden: (1.) Alle Modellgrößen beziehen sich auf die gleiche *Zeitperiode*; zeitliche Verschiebungen[15] enthält dieses *statische* Modell nicht. Eine Abbildung des Wirtschaftsprozesses im Zeitablauf ist somit nicht möglich. (2.) Das Modell ist *offen*, da nicht alle einbezogenen Variablen voneinander abhängig sind und durch das Modell erklärt werden, sondern die *gesamte Endnachfrage exogen* gegeben ist. Sie verändert sich auch während des gesamten Analyseverlaufs nicht.[16] (3.) Die Ströme der IO-Tabelle müssen in Wertgrößen und nicht in Mengeneinheiten gemessen werden, da jeder Sektor mehr als ein Gut produziert und auch mehrere Produktionsverfahren verwendet. Diese Wertgrößen ergeben sich dabei aus einer Multiplikation der jeweils in den Gütern enthaltenen Input- und Outputströme mit deren Preisen. Da die IO-Tabelle aber die realen Ströme abbilden soll, müssen diese Wertströme als *fiktive Mengeneinheiten* interpretiert werden; diese Sichtweise ist erlaubt, wenn man die sektoralen Produktionsmengen, die für eine Geldeinheit zu kaufen sind, als *neue Mengeneinheiten* definiert, denen der Preis „Eins" zugeordnet ist. Das *Mengenmodell* legt diese fiktiven Mengeneinheiten zugrunde, deren Preis in Höhe von „Eins" während der gesamten Analyse beibehalten wird.

Das statische offene Mengenmodell kann nun folgendermaßen formal dargestellt werden: Für die Outputs der n Sektoren gelten die Definitionsgleichungen[17]

$$\begin{array}{ccccccccccc} X_{11} & + & X_{12} & + & \dots & + & X_{1n} & + & Y_1 & = & X_1 \\ X_{21} & + & X_{22} & + & \dots & + & X_{2n} & + & Y_2 & = & X_2 \\ & & & & \vdots & & & & & \vdots & \vdots \\ X_{n1} & + & X_{n2} & + & \dots & + & X_{nn} & + & Y_n & = & X_n \end{array} \quad \text{bzw.} \qquad (3.2\text{-}1)$$

$$\sum_{j=1}^{n} X_{ij} + Y_i = X_i \,, \ (1 \le i \le n) \,. \qquad (3.2\text{-}1a)$$

Der Gesamtoutput eines Sektors i teilt sich also auf in die Summe der laufenden Vorleistungsinputs für die Produktion aller n Sektoren, $\sum_j X_{ij}$, und die Befriedigung der (meist als nichtnegativ unterstellten) Endnachfrage Y_i. Definiert man nun die *Inputkoeffizienten*

$$a_{ij} = \frac{X_{ij}}{X_j} \ge 0 \,, \ (1 \le i,j \le n) \,, \qquad (3.2\text{-}2)$$

[18]

so kann (3.2-1) auch als das inhomogene lineare Gleichungssystem

$$\begin{array}{ccccccccccc} a_{11}X_1 & + & a_{12}X_2 & + & \dots & + & a_{1n}X_n & + & Y_1 & = & X_1 \\ a_{21}X_1 & + & a_{22}X_2 & + & \dots & + & a_{2n}X_n & + & Y_2 & = & X_2 \\ & & & & \vdots & & & & & \vdots & \vdots \\ a_{n1}X_1 & + & a_{n2}X_2 & + & \dots & + & a_{nn}X_n & + & Y_n & = & X_n \end{array} \qquad (3.2\text{-}3)$$

15. Eine derartige Verschiebung wäre z.B. das aus der Wirtschaftstheorie bekannte Robinson-Lag bei Konsumfunktionen.

16. Ist ein Teil der Endnachfragegrößen, z.B. die Investitionen oder der Konsum, jedoch endogenisiert, so spricht man von teilendogenisierten Modellen. Sind alle Endnachfragegrößen von anderen Modellvariablen abhängig, so liegt ein geschlossenes Modell vor.

17. Zu den Bezeichnungen der einzelnen Größen vergleiche man die Tabellen 3.1 und 3.2.

18. Die Feldwerte X_{ij} werden also durch die jewiligen Spaltenwerte X_j dividiert. Es wird somit *angenommen*, dass die laufenden Inputs eines Sektors j *proportional* vom Output X_j abhängen.

ausgedrückt werden, in Matrixschreibweise

$$\underline{A}\underline{x} + \underline{y} = \underline{x} \ ,^{19} \tag{3.2-3a}$$

mit der quadratischen, nichtnegativen Inputkoeffizientenmatrix $\underline{A}_{(n \times n)}$, dem $(n \times 1)-$ Vektor $\underline{x}' = (X_1 \ \ldots \ X_n)$ der Outputs und dem $(n \times 1)-$Vektor $\underline{y}' = (Y_1 \ \ldots \ Y_n)$ der gesamten Endnachfrage. Umformung von (3.2-3) und Summation ergibt

$$\sum_{j=1}^{n} (i_{ij} - a_{ij}) X_j = Y_i, \ (1 \leq i \leq n) \ , \tag{3.2-4}$$

$$\text{mit } i_{ij} = \begin{cases} 1 & \text{für } i = j \\ 0 & \text{für } i \neq j \end{cases} , \tag{3.2-4a}$$

bzw. in Matrixschreibweise

$$\left(\underline{I}_{(n \times n)} - \underline{A}\right)\underline{x} = \underline{y} \ , \tag{3.2-4b}$$

mit $\underline{I}_{(n \times n)} :=$ Einheitsmatrix der Ordnung n. Setzt man – wie üblich – voraus, dass die Koeffizientenmatrix $\underline{A}$ und der Endnachfragevektor $\underline{y}$ gegeben sind, also der Vektor $\underline{x}$ der Sektorenoutputs die zu bestimmende Größe des statischen offenen Mengenmodells darstellt,[20] so lautet die Lösung

$$\underline{x} = \left(\underline{I}_{(n \times n)} - \underline{A}\right)^{-1} \cdot \underline{y} \ , \tag{3.2-5}$$

mit $(\underline{I}_{(n \times n)} - \underline{A})^{-1}$:=*LEONTIEF-Inverse*. Das Gleichungssystem (3.2-4) ist offensichtlich nur dann lösbar, falls diese Inverse existiert, also

$$\det\left(\underline{I}_{(n \times n)} - \underline{A}\right) \neq 0 \tag{3.2-6}$$

gilt.[21] Diese rein formale Bedingung für die Lösbarkeit des gegebenen Gleichungssystem ist jedoch nicht ausreichend für die ökonomisch sinnvolle Forderung, dass einem nichtnegativen Endnachfragevektor $\underline{y}$ ein ebenfalls *nichtnegativen Outputvektor* $\underline{x}$ zugeordnet ist. Es ist also die Frage zu klären, ob es überhaupt Produktionsmengen gibt, die neben den für andere Sektoren zu leistenden Inputs auch die exogene Endnachfrage befriedigen kann, die modellhaft beschriebene Wirtschaft somit *produktiv* ist. Diese Produktivitätseigenschaft kann z.B. durch

$$\underline{x} > \underline{0} \wedge \underline{x} > \underline{Ax} \tag{3.2-7}$$

definiert werden.[22]

19. Im Folgenden wird wieder die übliche Groß- und Kleinschreibweise für Matrizen und Vektoren gewählt.
20. Betrachtet wird hier sog. „Nachfrageform" des Modells, die in der Praxis die größere Rolle spielt. Dabei interessiert man sich für die Gesamtoutputs der Sektoren und somit für die Vorleistungsströme. Vor allem werden dabei die Auswirkungen von Nachfrageänderungen auf die inländische Wirtschaft analysiert. Die Angebotsform des Modells spielt eine untergeordnete Rolle. In diesem Fall werden die Koeffizientenmatrix und die Gesamtoutputs der Sektoren als bekannt unterstellt; aus diesen Größen wird dann die gesamte Endnachfrage ermittelt.
21. Die Frage der Existenz einer Lösung reduziert sich auf diese Bedingung bezüglich der Determinante der LEONTIEF-Inversen, da bisher $\underline{y} \geq \underline{0}$, $\underline{y} \neq \underline{0}$ vorausgesetzt wurde.
22. Vgl. z.B. HOLUB/SCHNABL, 1994, S. 115 ff.; SCHUMANN, 1979, S. 97 f. Dazu äquivalente Aussagen bezüglich der Lösbarkeit eines statischen offenen Mengenmodells finden sich ebenda im Satz 2.1.

Die Elemente δ_{ij} der LEONTIEF-Inversen $(\underline{I}_{(n \times n)} - \underline{A})^{-1}$ sollen nun näher betrachtet werden. δ_{ij} bezeichnet dabei wie üblich das Element in der i-ten Zeile und j-ten Spalte dieser Inversen; damit kann das Gleichungssystem (3.2-5) auch durch

$$\begin{aligned} X_1 &= \delta_{11}Y_1 + \delta_{12}Y_2 + \ldots + \delta_{1n}Y_n \\ &\vdots \\ X_n &= \delta_{n1}Y_1 + \delta_{n2}Y_2 + \ldots + \delta_{nn}Y_n \end{aligned} \tag{3.2-8}$$

wiedergegeben werden. Werden nun die exogen gegebenen Nachfragegrößen $\underline{y}$ verändert, so kann die Wirkung dieser Änderung auf die Lösungswerte $\underline{x}$ durch die jeweilige partielle Ableitung $\frac{\partial X_i}{\partial Y_j} = \delta_{ij}, (1 \leq i, j \leq n)$,angegeben werden. Das Element δ_{ij} der LEONTIEF-Inversen gibt somit die durch eine Nachfrageänderung im Bereich j bedingte direkte und indirekte Veränderung des Gesamtproduktionswertes im Sektor i wieder. Diese infinitesimale Betrachtungsweise kann auch auf endliche marginale Größen übertragen werden; dies führt zu folgenden Resultaten:

(R1) δ_{ij} gibt die (direkte und indirekte) erforderliche Veränderung des Outputs von Sektor i wieder, die zur Erstellung einer zusätzlichen Einheit des Sektors j für die Endnachfrage notwendig ist.

(R2) Die Spaltensumme $\delta_{\bullet j}$ der Koeffizienten für den j-ten Sektor gibt die erforderliche Outputveränderung in allen Sektoren wieder, die notwendig ist, damit Sektor j eine zusätzliche Einheit für die Endnachfrage erstellen kann. Diese Spaltensummen der LEONTIEF-Inversen werden auch als *sektorale Multiplikatoren* bezeichnet; denn eine exogene Nachfrageänderung ΔY_i in Sektor i führt – bei *konstanten*[23] Elementen δ_{ij} der Inversen – zu einer Veränderung des Gesamtoutputs ΔX, die *größer* ist als ΔY_i. Verändert sich die Endnachfrage aller Sektoren, so kann die Veränderung des Gesamtoutputs durch

$$\Delta \underline{x} \overset{(3.2-5)}{=} \left(\underline{I}_{(n \times n)} - \underline{A}\right)^{-1} \Delta \underline{y} \tag{3.2-9}$$

wiedergegeben werden. Die Inverse $(\underline{I}_{(n \times n)} - \underline{A})^{-1}$ wird deshalb auch als *statischer LEONTIEF-Multiplikator* bezeichnet.[24]

(R3) Die Zeilensumme $\delta_{i\bullet}$ gibt die insgesamt notwendige Outputänderung des Sektors i dafür wieder, dass alle Sektoren eine zusätzliche Einheit für die Endnachfrage erstellen können.

Ausgehend von (3.2-9) kann eine weitere interessante Interpretation der LEONTIEF-Inversen abgeleitet werden. (3.2-9) wurde bisher so interpretiert, dass man die über alle Wirkungsperioden t, $(t \to \infty)$, hinweg *kummulierten* Änderungen des Gesamtoutputs, die durch eine *einzige* Nachfrageänderung angestoßen werden, berechnet. (3.2-9) eignet sich jedoch auch für die Berechnung der Veränderungen der Outputs über einen gesamten Betrachtungszeitraum hinweg, die durch eine *permanente* Nachfrageänderung ausgelöst werden. Dann ist $\Delta \underline{x}$ als die *endgültige* Änderung der Sektorenoutputs in einer anderen Gleichgewichtsperiode t, $(t = \infty)$, aufzufassen. Es resultiert somit ein *neues Gleichgewicht* auf einem anderen Niveau. (3.2-9) gibt dann die permanente Änderung der Outputs $\underline{x}$, ausgelöst durch die zeitlich kummulierte (permanente) Nachfrageänderung

23. Die Konstanz von δ_{ij} ist durch die Konstanz der Inputfaktoren a_{ij} bedingt; diese ist auf die getroffene Proportionalitätsannahme im betrachteten Modell zurückzuführen.

24. Vgl. z.B. HOLUB/SCHNABL, 1994, S. 106.

$\Delta \underline{y}$ wieder. Zerlegt man nun die Wirkungen der Endnachfrageänderungen in einzelne Produktionsschritte, so können die auslösenden Effekte ($\underline{I} \cdot \Delta \underline{y}$), die im ersten Schritt direkt vom betroffenen Sektor weitergegebenen Effekte ($\underline{A} \cdot \Delta \underline{y}$) sowie die weiteren indirekten Effekte $[(\underline{A}^2 + \underline{A}^3 + \ldots + \underline{A}^n) \cdot \Delta \underline{y}]$ getrennt analysiert werden. Denn für die Zerlegung der durch $\Delta \underline{y}$ ausgelöste Änderung des Outputs in einzelne Produktionsschritte gilt

$$\begin{aligned} \Delta \underline{x} &= \underline{I} \cdot \Delta \underline{y} + \underline{A} \cdot \Delta \underline{y} + \underline{A}^2 \cdot \Delta \underline{y} + \ldots + \underline{A}^n \cdot \Delta \underline{y} \\ &= (\underline{I} + \underline{A} + \underline{A}^2 + \ldots + \underline{A}^n) \cdot \Delta \underline{y}; \end{aligned} \tag{3.2-10}$$

wegen (3.2-5) muss deshalb auch

$$(\underline{I} - \underline{A})^{-1} = \underline{I} + \underline{A} + \underline{A}^2 + \ldots + \underline{A}^n \tag{3.2-11}$$

gelten.[25]

Die indirekten Effekte werden also mit steigender Potenz von $\underline{A}$ kleiner, da $0 \leq a_{ij} \leq 1$; die Wirkungen einer (einmaligen) Nachfrageänderung nehmen im Laufe der Produktionsschritte ab. Dies entspricht auch der gängigen ökonomischen Theorie.[26] Zu beachten ist, dass die Zerlegung in einzelne Produktionsschritte nicht mit der Dynamisierung des Modells gleichzusetzen ist, da diese Schritte nichts über die zeitliche Abfolge des Produktionsprozesses aussagen. Weiterhin darf die strenge *Annahme der Konstanz der Inputkoeffizienten*[27] nicht aus dem Auge verloren werden; denn in der Realität sind technologische Verbesserungen sowie eine Änderung der Faktorpreisrelationen festzustellen. Deshalb wurde eine Verbesserung der IO-Analyse durch Anwendung von Verfahren angestrebt, die z.B. eine proportionale Korrektur aller Koeffizienten oder auch eine sektoral unterschiedliche Korrektur vornehmen;[28] stochastische Korrekturverfahren auf der Basis der MQ-Methode sowie Trendschätzungen werden ebenfalls verwendet. Damit soll jeweils eine Steigerung der Prognosegüte der IO-Analyse erreicht werden.

Die *direkten und indirekten* Auswirkungen von *Nachfrageänderungen* auf die inländische Wirtschaft sollen nun anhand eines einfachen Beispiels demonstriert werden; dabei wird das statische offene Mengenmodell unterstellt.

25. Dies kann leicht mit Hilfe der Summenformel für die (unendliche) Reihe nachgewiesen werden, die hier durch $\sum_{t=0}^{\infty} \underline{A}^t = (\underline{I} - \underline{A})^{-1}$ gegeben ist. Da im betrachteten Modell jedoch nur die Wirkungen einer Nachfrageänderung in einem endlichen Zeitraum von n Perioden betrachtet werden, ist die obige Zerlegung (3.2-11) nur als Näherung der LEONTIEF-Inversen zu verstehen, was jedoch im Rahmen der praktischen Anwendung ausreichend ist.

26. Man vergleiche z.B. den einfachen Keynesianischen Einkommensmultiplikator.

27. Diese ist ein Bestandteil der in der IO-Analyse getroffenen Annahme, dass die LEONTIEF-Produktionsfunktion unterstellt werden kann. Diese ist eine linear-limitationale Funktion, die von der Unabhängigkeit der Faktoreinsatzverhältnisse vom Output sowie der ausschließlichen Proportionalität der Inputfaktoreneinsätze zueinander und im Verhältnis zum Output ausgeht. Veränderungen z.B. durch technologischen Fortschritt werden vernachlässigt.

28. An dieser Stelle sei auf die einschlägige Literatur verwiesen.

Beispiel 3.1 Gegeben sei folgende allgemeine IO-Tabelle mit drei Sektoren und jeweils einem Primäraufwandbereich (PA) sowie Endnachfragebereich:[29]

Tabelle 3.4

	Sektor 1	Sektor 2	Sektor 3	Endnachfrage Σ	
Sektor 1	60	30	60	150	300
Sektor 2	90	0	30	30	150
Sektor 3	60	90	90	60	300
PA	90	30	120		
Σ	300	150	300		

Die Matrix der daraus nach (3.2-2) berechneten Inputkoeffizienten lautet damit

$$\underline{A} = \begin{pmatrix} 0,2 & 0,2 & 0,2 \\ 0,3 & 0 & 0,1 \\ 0,2 & 0,6 & 0,3 \end{pmatrix}; \qquad \text{(B3-1)}$$

der Vektor der Endnachfrage ist gegeben mit $\underline{y}' = (150;\ 30;\ 60)$, so dass sich der Vektor der Gesamtoutputs für die Sektoren nach (3.2-5) mit[30]

$$\underline{x} = \begin{pmatrix} X_1 \\ X_2 \\ X_3 \end{pmatrix} = \begin{pmatrix} 0,8 & -0,2 & -0,2 \\ -0,3 & 1 & -0,1 \\ -0,2 & -0,6 & 0,7 \end{pmatrix}^{-1} \cdot \begin{pmatrix} 150 \\ 30 \\ 60 \end{pmatrix}$$

$$= \begin{pmatrix} 1,641025641 & 0,666\bar{6} & 0,5641025641 \\ 0,5897435897 & 1,333\bar{3} & 0,3589743590 \\ 0,9743589744 & 1,333\bar{3} & 1,897435897 \end{pmatrix} \cdot \begin{pmatrix} 150 \\ 30 \\ 60 \end{pmatrix} = \begin{pmatrix} 300 \\ 150 \\ 300 \end{pmatrix} \qquad \text{(B3-2)}$$

ergibt.[31] Nun soll eine einmalige Änderung der Endnachfrage in allen drei Komponenten unterstellt werden; der neue Vektor der Endnachfrage sei $\underline{y}'_{neu} = (160;\ 60;\ 90)$, der Vektor der Änderungen somit $\Delta\underline{y}' = (10;\ 30;\ 30)$. Der Vektor der Änderungen der Gesamtoutputs der drei Sektoren ist dann gegeben durch

29. Alle Angaben seien in fiktiven Geldeinheiten [GE] gegeben; die Inputkoeffizienten a_{ij} werden als konstant angenommen.

30. Sämtliche Berechnungen in den Beispielen dieses Kapitels erfolgten mit Hilfe des Programms MAPLE Verson 5.1.

31. Man vergleiche die Zeilen- bzw. Spaltensummen in Tabelle 3.4.

$$\Delta \underline{x} \overset{(3.2-9)}{=} \left(\underline{I}_{(n \times n)} - \underline{A}\right)^{-1} \Delta \underline{y}$$

$$\overset{(B3-2)}{=} \begin{pmatrix} 1,641025641 & 0,666\bar{6} & 0,5641025641 \\ 0,5897435897 & 1,333\bar{3} & 0,3589743590 \\ 0,9743589744 & 1,333\bar{3} & 1,897435897 \end{pmatrix} \cdot \begin{pmatrix} 10 \\ 30 \\ 30 \end{pmatrix}$$

$$= \begin{pmatrix} 53,333\bar{3} \\ 56,666\bar{6} \\ 106,666\bar{6} \end{pmatrix}, \tag{B3-3}$$

und der neue Vektor der Gesamtoutputs lautet $\underline{x}'_{neu} = (353,333\bar{3};\ 206,666\bar{6};\ 406,666\bar{6})$. Die gesamten indirekten Wirkungen der Erhöhung der Endnachfragen auf die Vorleistungen können nach (3.2-2) durch $X_{ij,\,neu} = a_{ij} \cdot X_{j,\,neu}$ berechnet werden; die neuen Werte für den Primäraufwand ergeben sich als Differenzen zu den jeweiligen Spaltensummen. Für einen übersichtlicheren Vergleich werden in nachfolgender Tabelle 3.5 die Originalwerte aus Tabelle 3.4 und die neuen Werte gegenübergestellt. Die Originalwerte werden dabei in Klammern gesetzt.

Tabelle 3.5

	Sektor 1	Sektor 2	Sektor 3	Endnachfrage	Σ
Sektor 1	$70,6\bar{6}$	$41,3\bar{3}$	$81,3\bar{3}$	160	$353,3\bar{3}$
	(60)	(30)	(60)	(150)	(300)
Sektor 2	106	0	$40,6\bar{6}$	60	$206,6\bar{6}$
	(90)	(0)	(30)	(30)	(150)
Sektor 3	$70,6\bar{6}$	124	122	90	$406,6\bar{6}$
	(60)	(90)	(90)	(60)	(300)
PA	106	$41,3\bar{3}$	$162,6\bar{6}$		
	(90)	(30)	(120)		
Σ	$353,3\bar{3}$	$206,6\bar{6}$	$406,6\bar{6}$		
	(300)	(150)	(300)		

Will man diese Wirkungen *pro Produktionsschritt* betrachten, so ergibt die Zerlegung nach (3.2-10) z.B. für die weitergegebenen Effekte in den drei Schritten, die den auslösenden Effekten $\Delta \underline{y}$ (Schritt 1) folgen, die Werte

$$\text{Schritt 2}: \underline{A} \cdot \Delta \underline{y} = \begin{pmatrix} 0,2 & 0,2 & 0,2 \\ 0,3 & 0 & 0,1 \\ 0,2 & 0,6 & 0,3 \end{pmatrix} \cdot \begin{pmatrix} 10 \\ 30 \\ 30 \end{pmatrix} = \begin{pmatrix} 14 \\ 6 \\ 29 \end{pmatrix} \tag{B3-4a}$$

$$\text{Schritt 3}: \underline{A}^2 \cdot \Delta \underline{y} = \underline{A} \cdot \underline{A} \cdot \Delta \underline{y} = \begin{pmatrix} 0,2 & 0,2 & 0,2 \\ 0,3 & 0 & 0,1 \\ 0,2 & 0,6 & 0,3 \end{pmatrix} \cdot \begin{pmatrix} 14 \\ 6 \\ 29 \end{pmatrix} = \begin{pmatrix} 9,8 \\ 7,1 \\ 15,1 \end{pmatrix} \qquad \text{(B3-4b)}$$

$$\text{Schritt 4}: \underline{A}^3 \cdot \Delta \underline{y} = \underline{A} \cdot \underline{A}^2 \cdot \Delta \underline{y} = \begin{pmatrix} 0,2 & 0,2 & 0,2 \\ 0,3 & 0 & 0,1 \\ 0,2 & 0,6 & 0,3 \end{pmatrix} \cdot \begin{pmatrix} 9,8 \\ 7,1 \\ 15,1 \end{pmatrix} = \begin{pmatrix} 6,40 \\ 4,45 \\ 10,75 \end{pmatrix}. \qquad \text{(B3-4c)}$$

Die Gesamtwirkung auf die Outputs kann jeweils durch einfache Summation der bisherigen Wirkungen pro Schritt berechnet werden; so wäre nach dem 4. Schritt eine Änderung der Outputs der drei Sektoren mit

$$\Delta \underline{x} = \Delta \underline{y} + \underline{A} \cdot \Delta \underline{y} + \underline{A}^2 \cdot \Delta \underline{y} + \underline{A}^3 \cdot \Delta \underline{y}$$

$$\overset{\text{(B3-4a)(B3-4b)(B3-4c)}}{=} \begin{pmatrix} 10 \\ 30 \\ 30 \end{pmatrix} + \begin{pmatrix} 14 \\ 6 \\ 29 \end{pmatrix} + \begin{pmatrix} 9,8 \\ 7,1 \\ 15,1 \end{pmatrix} + \begin{pmatrix} 6,40 \\ 4,45 \\ 10,75 \end{pmatrix} = \begin{pmatrix} 40,20 \\ 47,55 \\ 84,85 \end{pmatrix} \qquad \text{(B3-5)}$$

gegeben. Die gesamte Änderung der Outputs, die mit Hilfe der Inversen $(\underline{I}_{(n \times n)} - \underline{A})^{-1}$ berechnet wird, ergibt sich – näherungsweise[32] – durch die Beziehung (3.2-10).

3.3 Einige Erweiterungen des statischen offenen Mengenmodells

3.3.1 Verknüpfung mit zusätzlichen Größen, insbesondere der Beschäftigung

Eine Erweiterung des in Abschnitt 3.2 dargestellten Modells stellt das Einbeziehen zusätzlicher Verknüpfungen und damit zusätzlicher Variablen in den gegebenen Kreislauf dar. Insbesondere kann daran gedacht werden, die Variable „Beschäftigung“ oder „Umweltfaktoren“ in das Modell einzuführen. Dies geschieht dadurch, dass man zunächst diese zusätzlichen Größen in eine funktionale Beziehung zum Outputvektor $\underline{x}$ setzt; dann wird $\underline{x}$ durch den Ansatz (3.2-5), also durch $(\underline{I}_{(n \times n)} - \underline{A})^{-1} \cdot \underline{y}$, ersetzt,

32. Denn es wird nur eine endliche Summe statt einer unendlichen Summe berechnet.

wodurch erreicht wird, dass eine neu hinzukommende Größe G in Abhängigkeit der Endnachfrage $\underline{y}$ und der Inputkoeffizientenmatrix $\underline{A}$ gegeben ist. Außerdem werden damit neben den direkten auch alle indirekten Wirkungen in die Betrachtung einbezogen; multisektorale Multiplikatoren bezüglich G können ebenfalls gebildet werden.[33] Die zusätzlichen Verknüpfungen können bezüglich ihrer Richtung und ihrer Art unterschiedlich festgelegt werden; je nach Wahl resultieren dann *rekursive Modelle* oder *Modelle* mit *Rückkoppelung*[34] bzw. lineare oder nichtlineare Modelle. Eine Unterscheidung ist auch hinsichtlich der neuen Größen möglich; diese können sich auf den III. Quadranten (*Primäraufwandsmodelle*, vgl. auch Tabelle 3.1) oder einen zusätzlichen V. Quadranten[35] der IO-Tabellen beziehen. Weiterhin kann nach der *Größe der Ergebnismatrizen und -vektoren*[36] unterschieden werden.

Als spezielle Erweiterung des grundlegenden Mengenmodells aus Kapitel 3.2 sollen im Folgenden die *offenen statischen Beschäftigungsmodelle* vorgestellt werden, die auch zur Analyse der strukturellen Arbeitslosigkeit verwendet werden können. Entsprechend große Bedeutung besitzen sie für arbeitsmarktpolitische Maßnahmen. Ausgangspunkt ist das statische offene Beschäftigungsmodell, das eine *sektorale Homogenität* der Arbeitskräfte unterstellt. Diese einfachste Modellvariante geht von einer linearen Verknüpfung der *sektoralen homogenen Arbeitskoeffizienten* b_j aus, die in einer Zeile[37] des V. Quadranten der IO-Tabelle angeordnet und durch

$$b_j = \frac{BS_j}{X_j} \ , \ (1 \leq j \leq n) \quad , \tag{3.3-1}$$

definiert sind. BS_j kennzeichnet dabei die die in Sektor j insgesamt geleisteten Arbeitsstunden und mit X_j wird wiederum der Output des Sektors j bezeichnet. Damit stellt b_j die Menge an Arbeit [in Stunden] dar, die zur Erstellung einer Mengeneinheit des in Sektor j produzierten Gutes benötigt wird.[38] Multiplikative Verknüpfung mit dem sektoralen Outputvektor ergibt die Gesamtzahl an geleisteten Arbeitsstunden BS; es gilt somit

33. Stellt die zusätzliche Größe G z.B. die „Umweltbelastungen" dar, so kann mit Hilfe der IO-Analyse gezeigt werden, in welchen Ausmaß diese Belastungen von der Produktionshöhe abhängen. Weiterhin wird die Betrachtung aber nicht nur auf die Endstufe der Produktion reduziert, auf welcher die Emissionen getätigt werden, sondern es können die sektoralen Zusammenhänge aufgezeigt werden. Wirtschaftspolitische Maßnahmen zur Reduktion der Schadstoffbelastung können damit gezielter eingesetzt werden.

34. Rekursive Modelle sind durch folgende Verknüpfungen gekennzeichnet: $(\underline{I} - \underline{A})^{-1} \rightarrow \underline{x} \rightarrow G_1 \rightarrow G_2 \rightarrow$ usw.; Modelle mit Rückkoppelung weisen dagegen neben dieser Wirkungskette noch zusätzliche, rückwärts gerichtete Pfeile auf.

35. Der V. Quadrant wird der IO-Tabelle 3.1 unter dem III. Quadranten angefügt und übernimmt damit die Spaltengliederung der IO-Tabelle. Nach einer Version des DIW, Berlin, enthält er zeilenweise die Faktorinputs, die den Einsatz der „Faktoren" „Bruttoanlagevermögen", „Endenergie" und „Erwerbstätige" wiedergeben (STÄGLIN, 1985, S. 48). Die Tabellenwerte werden dabei in unterschiedlichen Einheiten angegeben, z.B. für die Beschäftigten in [100 Personen], für den Endenergieeinsatz in [1000 Tonnen Steinkohleeinheiten]. Die Angaben sind somit nicht – wie anfangs angeführt – auf die Dimension „Wert" in [GE] beschränkt. HOLUB/SCHNABL weisen darauf hin, dass man deshalb diesen V. Quadranten auch durch Einbeziehen von Größen wie z.B. „Umweltbelastungen" erweitern kann (1994, S. 144).

36. Statt eines Ergebnisvektors mit n Komponenten kann die sektorale Endnachfrage auch zerlegt in einzelne Komponenten (z.B. privater Konsum, Investitionen, Staatsausgaben usw.) gegeben sein. Dann resultiert pro Sektor nicht nur ein Wert Y_i, sondern dieser liegt in allgemein *m Komponenten* aufgespalten vor. Dann findet man in der IO-Tabelle für die Endnachfragen eine Matrix $\underline{Y}$ der Ordnung $(n \times m)$.

37. Man beachte, dass im Folgenden jedoch die übliche Schreibweise für Vektoren benutzt wird, der Vektor $\underline{b}$ also als Spaltenvektor, $\underline{b}'$ als Zeilenvektor aufzufassen ist.

38. Diese Koeffizienten sind abhängig von Konjunkturschwankungen, technischem Fortschritt, Ausbildungszeiten, Angebot an Arbeitskräften und vielen anderen Faktoren. Im Gegensatz zu den Inputkoeffizienten a_{ij} ändern sie sich auch bei proportionalen Preisänderungen.

$$BS = \underline{b}'\underline{x} = b_1 X_1 + b_2 X_2 + \ldots + b_n X_n = \sum_{j=1}^{n} b_j X_j \ . \qquad (3.3\text{-}2)$$

Unterstellt man nun für $\underline{x}$ das durch (3.2-3) gegebene Modell mit der Lösung (3.2-5), so ergibt sich für diese neu hinzugenommene Größe BS des V. Quadranten der IO-Tabelle[39]

$$BS = \underline{b}'\underline{x} \overset{(3.2-5)}{=} \underline{b}' \cdot (\underline{I} - \underline{A})^{-1}\underline{y} \ , \qquad (3.3\text{-}3)$$

mit $\underline{A}$:= Matrix der (inländischen) Inputkoeffizienten, $\underline{y}$:=Vektor der sektoralen Endnachfrage und $(\underline{I} - \underline{A})^{-1}$:= LEONTIEF-Inverse. Durch (3.3-3) wird die Gesamtzahl der geleisteten Arbeitsstunde mit $\underline{y}$ und $\underline{A}$ verknüpft und somit unterstellt, dass auch für die Arbeitsinputs die *Proportionalitätsannahme* gelten soll. Den Vektor der sektoral geleisteten Arbeitsstunden $\underline{b}_s$ erhält man durch Multiplikation des Vektors der Arbeitskoeffizienten $\underline{b}$ mit der Diagonalmatrix $\underline{X}_D$, in welcher als Hauptdiagonalelemente die sektoralen Outputs X_j angeordnet sind,[40] also

$$\begin{aligned}\underline{b}_s &= \underline{b}' \cdot \underline{X}_D = (b_1 \quad b_2 \quad \ldots \quad b_n) \cdot \begin{pmatrix} X_1 & 0 & \ldots & 0 \\ 0 & X_2 & & \vdots \\ \vdots & & \ddots & 0 \\ 0 & \ldots & 0 & X_n \end{pmatrix} \\ &= \underline{b}'\left((\underline{I} - \underline{A})^{-1}\underline{y}\right)_D \\ &= (b_1X_1 \quad b_2X_2 \quad \ldots \quad b_nX_n)\ ; \end{aligned} \qquad (3.3\text{-}4)$$

$((\underline{I} - \underline{A})^{-1}\underline{y})_D$ bezeichnet dabei das Produkt der LEONTIEF-Inversen mit dem Vektor der Endnachfrage, wobei die einzelnen Komponenten dieses Ergebnisvektors analog zu $\underline{X}_D$ diagonalisiert werden.

Soll die gesamte IO-Tabelle in Arbeitsstundeneinheiten angegeben werden, so muss sowohl die Matrix $\underline{X}$ der Inputkoeffizienten als auch die Matrix der Endnachfragen $\underline{Y}_{(n \times m)}$[41] mit dem diagonalisierten Arbeitskoeffizientenvektor $\underline{b}_D$ von links multipliziert werden. Es resultieren

$$\begin{aligned}\underline{X}^B = \underline{b}_D' \cdot \underline{X} &= \begin{pmatrix} b_1 & 0 & \ldots & 0 \\ 0 & b_2 & & \vdots \\ \vdots & & \ddots & 0 \\ 0 & \ldots & 0 & b_n \end{pmatrix} \cdot \begin{pmatrix} X_{11} & X_{12} & \ldots & X_{1n} \\ X_{21} & X_{22} & \ldots & X_{2n} \\ \vdots & \vdots & \ddots & \vdots \\ X_{n1} & X_{n2} & \ldots & X_{nn} \end{pmatrix} \\ &= \begin{pmatrix} b_1X_{11} & b_1X_{12} & \ldots & b_1X_{1n} \\ b_2X_{21} & b_2X_{22} & \ldots & b_2X_{2n} \\ \vdots & \vdots & \ddots & \vdots \\ b_nX_{n1} & b_nX_{n2} & \ldots & b_nX_{nn} \end{pmatrix} \end{aligned} \qquad (3.3\text{-}5)$$

39. Es werden hier grundsätzlich die inländischen IO-Tabellen der Version B unterstellt, bei denen die Zentralmatrix im I. Quadranten nur die inländischen Transaktionen ausweist. Dies ist gerechtfertigt, da nur die Veränderungen der inländischen Arbeitsstunden betrachtet werden sollen.

40. Die Outputs X_j werden jetzt also nicht mehr zu einem Vektor, sondern zu einer Matrix zusammengefasst.

41. Es wird hier gleich auf die erweiterte Formulierung einer gegebenen Matrix der sektoralen Endnachfragen abgestellt. Entsprechendes gilt natürlich auch für den Fall, dass ein Endnachfragenvektor vorliegt.

und

$$\underline{Y}^B = \underline{b}_D' \cdot \underline{Y} = \begin{pmatrix} b_1 & 0 & \dots & 0 \\ 0 & b_2 & & \vdots \\ \vdots & & \ddots & 0 \\ 0 & \dots & 0 & b_n \end{pmatrix} \cdot \begin{pmatrix} Y_{11} & \dots & Y_{1m} \\ Y_{21} & \dots & Y_{2m} \\ \vdots & & \vdots \\ Y_{n1} & \dots & Y_{nm} \end{pmatrix}$$

$$= \begin{pmatrix} b_1 Y_{11} & \dots & b_1 Y_{1m} \\ b_2 Y_{21} & \dots & b_2 Y_{2m} \\ \vdots & & \vdots \\ b_n Y_{n1} & \dots & b_n Y_{nm} \end{pmatrix} . \tag{3.3-6}$$

$\underline{X}^B$ stellt die Matrix der in Arbeitsstunden umgerechneten Vorleistungen dar; sie wird auch als *Vorleistungs-Beschäftigungsmatrix* bezeichnet. Aus ihr kann zeilenweise abgelesen werden, wie viele Arbeitsstunden direkt für die Bereitstellung des Vorleistungsoutputs eines Sektors eingesetzt wurden; spaltenweise gibt sie wieder, wie viele Arbeitsstunden notwendig waren, um die geforderten Inputs für einen Sektor bereitzustellen. $\underline{Y}^B$ stellt analog die Matrix der in Arbeitsstunden umgerechneten Endnachfragen dar; sie wird auch als *Endnachfrage- Beschäftigungsmatrix* bezeichnet. Zeilenweise gibt sie die Arbeitsstunden wieder, die für die Bereitstellung des Endnachfrageoutputs eines Sektors benötigt wurden; spaltenweise gibt sie an, wie viele Arbeitsstunden bereitgestellt werden mussten, um eine gesamte Komponente der Endnachfrage, z.B. den gesamten privaten Konsum einer Volkswirtschaft, befriedigen zu können. Die Zeilensummen von $\underline{X}^B$ und $\underline{Y}^B$ geben dann jeweils die Gesamtmenge an eingesetzten Arbeitsstunden in einem Sektor an.

Sollen die *direkten und indirekten Beschäftigungsverflechtungen* ausgewiesen werden, so ist die LEONTIEF-Inverse von links mit dem diagonalisierten Vektor der Arbeitsinputs zu multiplizieren; somit ergibt sich die *Beschäftigungsinverse*

$$(\underline{I} - \underline{A})_B^{-1} = \underline{b}_D' \cdot (\underline{I} - \underline{A})^{-1} = \begin{pmatrix} b_1 & 0 & \dots & 0 \\ 0 & b_2 & & \vdots \\ \vdots & & \ddots & 0 \\ 0 & \dots & 0 & b_n \end{pmatrix} \cdot \begin{pmatrix} \delta_{11} & \delta_{12} & \dots & \delta_{1n} \\ \delta_{21} & \delta_{22} & \dots & \delta_{2n} \\ \vdots & \vdots & \ddots & \vdots \\ \delta_{n1} & \delta_{n2} & \dots & \delta_{nn} \end{pmatrix}$$

$$= \begin{pmatrix} b_1\delta_{11} & b_1\delta_{12} & \dots & b_1\delta_{1n} \\ b_2\delta_{21} & b_2\delta_{22} & \dots & b_2\delta_{2n} \\ \vdots & \vdots & \ddots & \vdots \\ b_n\delta_{n1} & b_n\delta_{n2} & \dots & b_n\delta_{nn} \end{pmatrix} , \tag{3.3-7}$$

deren Elemente die Anzahl der Arbeitsstunden angeben, die in einem Sektor i zu leisten sind, um dem Sektor j die Erstellung einer Produktionseinheit zu ermöglichen, die durch die Endnachfrage induziert wird.. Die Spaltensummen von $(\underline{I} - \underline{A})_B^{-1}$, $\sum_{i=1}^{n} b_i \delta_{ij}$, stellen dann die *sektoralen Beschäftigungsmultiplikatoren* dar. Sie geben an, wie viele Arbeitsstunden in allen Sektoren zusätzlich eingesetzt werden müssen, um einem bestimmten Sektor die Lieferungen bzw. Dienstleistungen an die Endnachfrage im Wert von 1 [GE] zu ermöglichen.[42]

Die geleisteten Arbeitsstunden können auch direkt und indirekt den sektoralen Endnachfragekomponenten zugerechnet werden; diese Durchführung dieser Berechnung ist möglich, da man davon ausgeht, dass jegliche Produktion und damit der gesamte Arbeitseinsatz der Befriedigung der Endnachfrage dient. Es resultiert die Matrix

$$\underline{B}_{EN} = \underline{b}_D' \cdot (\underline{I} - \underline{A})^{-1} \cdot \underline{Y}_{(n \times m)} \quad , \tag{3.3-8}$$

die zeilenweise ausweist, welche Endnachfragekomponenten für den Arbeitseinsatz in einem Sektor die größere Bedeutung hat, welchen direkten und indirekten Einfluss also diese Komponenten auf den sektoralen Arbeitseinsatz besitzen.[43] Die Spaltenelemente der Matrix $\underline{B}_{EN}$ geben an, von welcher sektoralen Endnachfragelieferung der Arbeitseinsatz in den einzelnen Sektoren am meisten direkt oder indirekt abhängt.

Die bisherigen Ausführungen zum statischen offenen Beschäftigungsmodell mit sektoral homogenen Arbeitskräften werden anhand des nachfolgenden Beispiels nochmals erläutert.

Beispiel 3.2 Gegeben sei die einfache IO-Tabelle 3.4 aus Beispiel 3.1, der noch ein aus einer Zeile bestehender V. Quadrant mit den Arbeitskoeffizienten

$$b_1 = \frac{BS_1}{X_1} = \frac{600}{300} = 2 \; ; b_2 = \frac{BS_2}{X_2} = \frac{450}{150} = 3 \; ; b_3 = \frac{BS_3}{X_3} = \frac{450}{300} = 1{,}5 \tag{B3-6}$$

angefügt wird. Nun soll wiederum die Endnachfrage im ersten Sektor um 10 Einheiten und in den beiden weiteren Sektoren jeweils um 30 Einheiten erhöht werden. Diese Nachfrageänderungen bedingen einen zusätzlichen Gesamtbedarf an Arbeitsstunden in allen Sektoren von

$$\Delta BS \overset{(3..3-3)}{=} \underline{b}' \cdot (\underline{I} - \underline{A})^{-1} \Delta \underline{y} = \underline{b}' \cdot \Delta \underline{x}$$

$$\overset{(B3-3)}{=} (\, 2 \quad 3 \quad 1{,}5\,) \cdot \begin{pmatrix} 53{,}3\bar{3} \\ 56{,}6\bar{6} \\ 106{,}6\bar{6} \end{pmatrix} = 436{,}6\bar{6} \; ; \tag{B3-7}$$

42. Diese sektoralen Beschäftigungsmultiplikatoren können als Grundlage für eine zielgerichtete Wirtschaftspolitik dienen, die eine Erhöhung des Beschäftigungsgrades anstrebt. Denn mit ihrer Hilfe wird aufgezeigt, in welchen Sektoren eine Erhöhung der Endnachfrage insbesondere zu einer Erhöhung der Beschäftigung führt. Jedoch sind die in (3.3-7) hergeleiteten Größen noch nicht ganz „praxistauglich", sondern bedürfen einiger Modifikationen wie z.B. Berücksichtigung der Arbeitskraftreserven, Finanzierungsengpässe usw. Eine wichtige Modifikation ist die Abkehr von der Annahme sektoral homogener Arbeitskräfte. Diese Annahme wird in späteren Ausführungen aufgegeben.

43. So wird z.B. ausgewiesen, welchen Einfluss der private Konsum, die Investitionen oder die Staatsausgaben auf den jeweiligen sektoralen Arbeitseinsatz haben. Wäre der Einfluss des privaten Konsums am größten, so könnte eine Ankurbelung dieser Nachfragekomponente dernBeschäftigungseinsatz in den einzelnen Sektoren am stärksten erhöhen. Zu beachten ist, dass die Diagonalelemente der Matrix $\underline{B}_{EN}$ den direkten, die Nebendiagonalelemente den – über die Vorleistungen bestimmten – indirekten Einfluss wiedergeben.

dieser Gesamtbedarf von $436,6\bar{6}$ zusätzlichen Stunden kann auf die einzelnen Sektoren gemäß (3.3-4) aufgeschlüsselt werden. Da

$$\Delta \underline{b}_s = \underline{b}' \cdot \left((\underline{I} - \underline{A})^{-1} \Delta \underline{y}\right)_D = \underline{b}' \cdot \Delta \underline{X}_D$$

$$\overset{(B3-6)}{\underset{(B3-3)}{=}} (2 \quad 3 \quad 1{,}5) \cdot \begin{pmatrix} 53{,}3\bar{3} & 0 & 0 \\ 0 & 56{,}6\bar{6} & 0 \\ 0 & 0 & 106{,}6\bar{6} \end{pmatrix}$$

$$= (106{,}6\bar{6} \quad 170 \quad 160)\,, \tag{B3-8}$$

beträgt die Arbeitsstundenerhöhung in den drei Sektoren $106,6\bar{6}$, 170 bzw. 160 Stunden.

Die bisherigen Berechnungen sollen im Folgenden auch mit den in Arbeitsstunden transformierten Werten der gegebenen IO-Tabelle erfolgen. Gemäß (3.3-5) und (3.3-6) gilt[44]

$$\Delta \underline{X}^B = \underline{b}_D' \cdot \Delta \underline{X} \overset{(B3-6)}{\underset{(Tab. 3.5.)}{=}} \begin{pmatrix} 2 & 0 & 0 \\ 0 & 3 & 0 \\ 0 & 0 & 1{,}5 \end{pmatrix} \cdot \begin{pmatrix} 10{,}6\bar{6} & 11{,}3\bar{3} & 21{,}3\bar{3} \\ 16 & 0 & 10{,}6\bar{6} \\ 10{,}6\bar{6} & 34 & 32 \end{pmatrix}$$

$$= \begin{pmatrix} 21{,}3\bar{3} & 22{,}6\bar{6} & 42{,}6\bar{6} \\ 48 & 0 & 32 \\ 16 & 51 & 48 \end{pmatrix} \tag{B3-9}$$

und

$$\Delta \underline{Y}^B_{(3\times 1)} = \underline{b}_D' \cdot \Delta \underline{y} \overset{(B3-6)}{=} \begin{pmatrix} 2 & 0 & 0 \\ 0 & 3 & 0 \\ 0 & 0 & 1{,}5 \end{pmatrix} \cdot \begin{pmatrix} 10 \\ 30 \\ 30 \end{pmatrix} = \begin{pmatrix} 20 \\ 90 \\ 45 \end{pmatrix}\,; \tag{B3-10}$$

summiert man zeilenweise die Elemente von $\Delta \underline{X}^B$ und addiert man dazu den gerade in (B3-10) berechneten Vektor, so ergibt sich wieder der in (B3-8) ermittelte Vektor der zusätzlichen sektoralen Arbeitsstunden, die durch die Nachfrageerhöhungen induziert wurden, also

$$\begin{pmatrix} 86{,}6\bar{6} \\ 80 \\ 115 \end{pmatrix} + \begin{pmatrix} 20 \\ 90 \\ 45 \end{pmatrix} = \begin{pmatrix} 106{,}6\bar{6} \\ 170 \\ 160 \end{pmatrix}. \tag{B3-11}$$

Schließlich soll noch die *Beschäftigungsinverse* $(\underline{I} - \underline{A})_B^{-1}$ berechnet werden, die die direkten und indirekten sektoralen Verflechtungen ausweist. Nach (3.3-7) ergibt sich

44. Die Elemente der Matrix $\Delta \underline{X}$ ergeben sich als Differenzen der Elemente, die in Tabelle 3.5 pro Feld aufgeführt sind.

$$(\underline{I} - \underline{A})_B^{-1} = \underline{b}_D' \cdot (\underline{I} - \underline{A})^{-1}$$

$$\overset{(B3-6)}{\underset{(B3-2)}{=}} \begin{pmatrix} 2 & 0 & 0 \\ 0 & 3 & 0 \\ 0 & 0 & 1,5 \end{pmatrix} \cdot \begin{pmatrix} 1,641025641 & 0,666\bar{6} & 0,5641025641 \\ 0,5897435897 & 1,333\bar{3} & 0,3589743590 \\ 0,9743589744 & 1,333\bar{3} & 1,897435897 \end{pmatrix}$$

$$\approx \begin{pmatrix} 3,2820 & 1,333\bar{3} & 1,1282 \\ 1,7691 & 4 & 1,0769 \\ 1,4615 & 2 & 2,8461 \end{pmatrix} ; \qquad \text{(B3-12)}$$

die *sektoralen Beschäftigungsmultiplikatoren* berechnen sich durch Addition der Spalten von $(\underline{I} - \underline{A})_B^{-1}$ mit

$$(\,6,5126 \quad 7,333\bar{3} \quad 5,0512\,)\,. \qquad \text{(B3-13)}$$

Die Multiplikation der gesamten Beschäftigungsinversen $(\underline{I} - \underline{A})_B^{-1}$ mit der Änderung des Endnachfragevektors $\Delta\,\underline{y}$ ergibt wieder die zusätzlich benötigten Arbeitsstunden pro Sektor aus (B3-8)$\Delta\,\underline{b}_s$.

Würde man die Änderungen der Gesamtnachfrage jeweils in einzelne Komponenten aufteilen, z.B. in die Komponenten „privaten Konsum“ und „Investitionen“, mit

$$\Delta\,\underline{Y}_{(3\times 2)} = \begin{pmatrix} 3 & 7 \\ 20 & 10 \\ 15 & 15 \end{pmatrix}, \qquad \text{(B3-14)}$$

so kann diesen Komponenten die Anzahl der zusätzlich benötigten Arbeitsstunden anteilig zugerechnet werden. Nach (3.3-8) berechnen sie sich mit

$$\Delta\,\underline{B}_{EN} = \underline{b}_D' \cdot (\underline{I} - \underline{A})^{-1} \cdot \Delta\,\underline{Y}_{(3\times 2)}$$

$$\overset{(B3-12)}{=} \begin{pmatrix} 2 & 0 & 0 \\ 0 & 3 & 0 \\ 0 & 0 & 1,5 \end{pmatrix} \cdot \begin{pmatrix} 1,641025641 & 0,666\bar{6} & 0,5641025641 \\ 0,5897435897 & 1,333\bar{3} & 0,3589743590 \\ 0,9743589744 & 1,333\bar{3} & 1,897435897 \end{pmatrix} \cdot \begin{pmatrix} 3 & 7 \\ 20 & 10 \\ 15 & 15 \end{pmatrix}$$

$$\approx \begin{pmatrix} 3,2820 & 1,333\bar{3} & 1,1282 \\ 1,7691 & 4 & 1,0769 \\ 1,4615 & 2 & 2,8461 \end{pmatrix} \cdot \begin{pmatrix} 3 & 7 \\ 20 & 10 \\ 15 & 15 \end{pmatrix} = \begin{pmatrix} 53,4357 & 53,230\bar{3} \\ 101,4608 & 68,5372 \\ 87,0760 & 72,9220 \end{pmatrix} ; \qquad \text{(B3-15)}$$

die Zeilensummen der Matrix $\Delta\,\underline{B}_{EN}$ ergeben wieder – bis auf kleine Rundungsfehler – die Komponenten des Vektors $\Delta\,\underline{y}$.

Das vorgestellte Beschäftigungsmodell hat dieselben Mängel wie das statische offene Mengenmodell. So ist z.B. keine Substituton zwischen Vorleistungsinputs und Primärinputs möglich; technologischer Fortschritt oder Einkommenseffekte werden nicht berücksichtigt. Auch die Endnachfrage wird nicht endogenisiert, sondern nur als exogen gegeben unterstellt. Lag-Strukturen und dynamische Beziehungen sind ebenfalls nicht zugelassen. Das spezielle Beschäftigungsmodell beinhaltet aber noch weitere Mängel, die konkret auf die Art der Einführung der Beschäftigungsgröße zurückzuführen ist.[45] Zu nennen sind die *Annahme der Proportionalität* der Verknüpfung von Arbeitsstunden und Output,[46] das Fehlen von zeitlichen Lags beim Einsatz der Arbeitskräfte und von Rückwirkungen vom Arbeitsmarkt auf das IO-Modell, sowie die *Annahme des Vorliegens sektoral homogener Arbeitskräfte.* Auch die Tatsache, dass nur über die Endnachfragekomponenten auf das Beschäftigungsvolumen eingewirkt werden kann, ist nicht der Realität angepasst.

Im Folgenden soll deshalb noch einer der wichtigsten Kritikpunkte durch eine *zusätzliche Modellerweiterung* ausgeräumt werden: Es wird von der Annahme sektoraler Homogenität der Arbeitskräfte abgerückt und eine *Aufspaltung in unterschiedliche Qualifikationen* vorgenommen.[47] Dazu wird statt des Vektors $\underline{b}_s$ der sektoralen, als homogen unterstellten Arbeitsstunden aus (3.3-4) eine $(q \times n)$–Matrix $\underline{Q}$ eingeführt, welche die in den n Sektoren zum Einsatz kommenden Arbeitsstunden – nach den q unterschiedlichen Qualifikationen gegliedert – berücksichtigt. Außerdem wird ein Vektor $\underline{h}$ eingeführt, dessen Komponenten die sektoralen Pro-Kopf-Arbeitsstunden darstellen;[48] $\underline{h}_D$ sei der zugehörige diagonalisierte Vektor. Für die *Matrix der Anzahl der Arbeitskräfte*, die in Sektor j, $(1 \le j \le n)$, auf der Qualifikationsstufe q', $(1 \le q' \le q)$, zur Erstellung des Outputs X_j benötigt werden, gilt somit

$$\underline{R} = (R_{q'j})_{(q \times n)} = \underline{Q} \cdot \underline{h}_D^{-1} = \begin{pmatrix} \frac{Q_{11}}{h_1} & \cdots & \frac{Q_{1n}}{h_n} \\ \vdots & \ddots & \vdots \\ \frac{Q_{q1}}{h_1} & \cdots & \frac{Q_{qn}}{h_n} \end{pmatrix}, \qquad (3.3\text{-}9)$$

und für die Matrix der sektoralen, nach Qualifikationsstufen gegliederten Arbeitskoeffizienten auf Stundenbasis

$$\underline{K} = (K_{q'j})_{(r \times n)} = \underline{Q} \cdot \underline{X}_D^{-1} = \begin{pmatrix} \frac{Q_{11}}{X_1} & \cdots & \frac{Q_{1n}}{X_n} \\ \vdots & \ddots & \vdots \\ \frac{Q_{q1}}{X_1} & \cdots & \frac{Q_{qn}}{X_n} \end{pmatrix};^{49} \qquad (3.3\text{-}10)$$

die Matrix $\underline{Q}$ kann damit auch durch

$$\underline{Q} = \underline{K} \cdot \underline{X}_D \qquad (3.3\text{-}11)$$

wiedergegeben werden. Weiterhin gilt für die Matrix des sektoralen, nach Qualifikation gegliederten Arbeitseinsatzes nach Köpfen

45. Man vergleiche dazu die Ausführungen bei z.B. HOLUB/SCHNABL, 1994, S. 158 ff.

46. Es werden somit für alle Sektoren die gleichen Arbeitsproduktivitäten unterstellt.

47. Von der konzeptionellen Definition unterschiedlicher Qualifikationsstufen soll zunächst abstrahiert werden.

48. Damit wird der Einfachheit halber unterstellt, dass die Arbeitszeiten in allen Sektoren für alle Qualifikationen gleich sind; HOLUB/SCHNABL (1994, S. 162) weisen darauf hin, dass diese Annahme nötig ist, da in der Praxis keine zuverlässigen Angaben für unterschiedliche Arbeitszeiten pro Qualifikation und Sektor vorliegen.

49. Die Matrix $\underline{X}_D$ stellt wiederum den diagonalisierten Vektor der sektoralen Outputs dar.

$$\underline{L} = (L_{q'j})_{(q \times n)} = \underline{R} \cdot \underline{X}_D^{-1} = \begin{pmatrix} \frac{R_{11}}{X_1} & \cdots & \frac{R_{1n}}{X_n} \\ \vdots & \ddots & \vdots \\ \frac{R_{q1}}{X_1} & \cdots & \frac{R_{qn}}{X_n} \end{pmatrix} \quad (3.3\text{-}12)$$

und damit

$$\underline{R} = \underline{L} \cdot \underline{X}_D \ . \quad (3.3\text{-}13)$$

Verknüpft man nun analog zum Modell mit homogenen Arbeitskoeffizienten die eingeführten Beschäftigungsgrößen mit dem Modell (3.2-3) bzw. dessen Lösung (3.2-5), so erhält man

$$\underline{R} \underset{(3..3.-11)}{\overset{3..3-9)}{=}} \underline{K} \cdot \underline{X}_D \cdot \underline{h}_D^{-1} \overset{(3.2-5)}{=} \underline{K} \cdot \left((\underline{I} - \underline{A})^{-1} \cdot \underline{y}\right)_D \cdot \underline{h}_D^{-1} \ ; \quad (3.3\text{-}14)$$

die Struktur dieser Gleichung entspricht der von Gleichung (3.3-3) bzw. (3.3-4). Durch diese Verknüpfung lassen sich Ansatzpunkte für eine sinnvolle Beschäftigungspolitik besser ableiten. Für eine bessere ökonomische Interpretation sollte auch noch eine Aufspaltung der sektoralen Endnachfragen in m Komponenten analog zu den Ausführungen im Modell mit homogenen Arbeitskoeffizienten erfolgen sowie eine weitere Untergliederung dieser Matrix in

$$\underline{Y}_{(n \times m)} = \underline{Y}^{END}_{(n \times m)} \cdot \left(\underline{y}^{END_{gesamt}}_{(m \times 1)}\right)_D \cdot \underline{y}_{(1 \times 1)} \quad (3.3\text{-}15)$$

vorgenommen werden, mit $\underline{Y}^{END}_{(n \times m)}$:= Matrix der strukturellen Zusammensetzung der Endnachfragekomponenten, $\left(\underline{y}^{END_{gesamt}}_{(m \times 1)}\right)_D$:= diagonalisierter Vektor der strukturellen Zusammensetzung der Endnachfrage nach Gesamtkomponenten und $\underline{y}_{(1 \times 1)}$:= Höhe der gesamten Endnachfrage.[50] Einsetzen von (3.3-15) in die Beziehung (3.3-14) ergibt – nach Rechtsmultiplikation mit dem summierenden Vektor $\underline{i}_{(m \times 1)}$[51] – die Beziehung

$$\underline{R} = \underline{K} \cdot \left((\underline{I} - \underline{A})^{-1} \cdot \underline{Y}^{END}_{(n \times m)} \cdot \left(\underline{y}^{END_{gesamt}}_{(m \times 1)}\right)_D \cdot \underline{y}_{(1 \times 1)} \cdot \underline{i}_{(m \times 1)}\right)_D \cdot \underline{h}_D^{-1} \ . \quad (3.3\text{-}16)$$

Wird zur besseren Analysemöglichkeit auch noch die Matrix $\underline{K}$ in

$$\underline{K} = \underline{K}_s \cdot \underline{b}_D \ , \quad (3.3\text{-}17)$$

zerlegt, mit $\underline{K}_s = \underline{Q} \cdot \underline{b}_{s,D}$:= Qualifikationsstrukturmatrix, $\underline{b}_D$:= diagonalisierter Vektor sektoralen Durchschnittsproduktivitäten und $\underline{b}_{s,D}$:= diagonalisierter Vektor der sektoral geleisteten Arbeitsstunden (vgl. (3.3-4)), so bietet die Beziehung (3.3-16) mit (3.3-17) unterschiedliche Ansatzpunkte für eine wirksame Beschäftigungspolitik: notwendige Änderungen der Qualifikationsstruktur (Matrix $\underline{K}_s$), technologische Änderungen im Bereich der Vorleistungen (Matrix $\underline{A}$), Änderungen der sektoralen Durchschnittsproduktivitäten (Vektor $\underline{b}$), Änderungen der sektoralen Arbeitszeiten (Vektor $\underline{h}$), Änderungen der strukturellen Zusammensetzung einzelner Komponenten der Endnachfrage (Matrix $\underline{Y}^{END}_{(n \times m)}$) sowie der gesamten komponentenspezifischen Endnachfrage (Vektor) und des Niveaus der gesamten Endnachfrage $\underline{y}_{(1 \times 1)} = y$.[52]

50. Vgl. HOLUB/SCHNABL, 1994, S. 165.

51. Dies ist nötig, um die Matrix $\underline{Y}_{(n \times m)}$ in den in (3.3-14) benötigten Vektor $\underline{y}_{(n \times 1)}$ überzuführen.

52. Man beachte, dass das einfache Beschäftigungsmodell aus (3.3-3) einen Spezialfall des durch (3.3-16) mit (3.3-17) wiedergegebenen Modells darstellt; ersteres ist jedoch für die Praxis von untergeordneter Bedeutung, so dass es sinnvoll war, das in die einzelnen Komponenten zerlegte Modell mit hererogener sektoraler Qualifikationsstruktur einzuführen.

Die durch Modell (3.3-16) mit (3.3-17) gegebenen Zusammenhänge sollen anhand eines Beispiels verdeutlicht werden.

Beispiel 3.3 Gegeben sei die in die zwei Komponenten „privater Konsum“ und „Investitionen“ zerlegte Endnachfrage aus Beispiel 3.2. Es gelte

$$\underline{Y}_{(3\times 2)} = \begin{pmatrix} 100 & 50 \\ 20 & 10 \\ 30 & 30 \end{pmatrix} ; \qquad \text{(B3-16)}$$

die Zeilensummen ergeben wieder die Komponenten des Vektors $\underline{y}' = (150 \quad 30 \quad 60)$ aus Beispiel 3.2. Spaltet man diese Matrix nach (3.3-15) weiter auf, so ergibt sich[53]

$$\underline{Y}_{(3\times 2)} \overset{(B3-16)}{=} \begin{pmatrix} 100 & 50 \\ 20 & 10 \\ 30 & 30 \end{pmatrix}$$

$$\overset{(3.3-15)}{=} \begin{pmatrix} \frac{100}{150} & \frac{50}{90} \\ \frac{20}{150} & \frac{10}{90} \\ \frac{30}{150} & \frac{30}{90} \end{pmatrix}_{(3\times 2)} \cdot \begin{pmatrix} \frac{150}{300} & 0 \\ 0 & \frac{90}{300} \end{pmatrix}_{(2\times 1),D} \cdot 300_{(1\times 1)}$$

$$= \begin{pmatrix} \frac{2}{3} & \frac{5}{9} \\ \frac{2}{15} & \frac{1}{9} \\ \frac{1}{5} & \frac{1}{3} \end{pmatrix} \cdot \begin{pmatrix} \frac{1}{2} & 0 \\ 0 & \frac{3}{10} \end{pmatrix} \cdot 300 . \qquad \text{(B3-17)}$$

Statt homogener Arbeitskoeffizienten werden nun pro Sektor *zwei heterogene Qualifikationsstufen* unterstellt und durch die Qualifikationsmatrix

$$\underline{Q} = \begin{pmatrix} 400 & 300 & 150 \\ 200 & 150 & 300 \end{pmatrix} \qquad \text{(B3-18)}$$

in das Modell eingeführt.[54] Der Vektor der Pro-Kopf-Arbeitszeiten in den drei Sektoren wird mit

$$\underline{h}' = (8 \quad 7{,}5 \quad 7{,}5) \qquad \text{(B3-19)}$$

angenommen. Die Matrix $\underline{K}$ der *sektoralen, nach Qualifikation differenzierten Arbeitskoeffizienten* ergibt sich dann mit

$$\underline{K} \overset{\substack{(3.3-10)\\(B3-18)}}{\underset{(Tab. 3.4.)}{=}} \begin{pmatrix} 400 & 300 & 150 \\ 200 & 150 & 300 \end{pmatrix} \cdot \begin{pmatrix} \frac{1}{300} & 0 & 0 \\ 0 & \frac{1}{150} & 0 \\ 0 & 0 & \frac{1}{300} \end{pmatrix} = \begin{pmatrix} \frac{4}{3} & 2 & \frac{1}{2} \\ \frac{2}{3} & 1 & 1 \end{pmatrix} ; \qquad \text{(B3-20)}$$

53. Die Summe der Elemente der 1. (2.) Spalte von $\underline{Y}$ ist 150[ME] (90[ME]); die gesamte Endnachfrage beläuft sich auf 300 [ME].

54. Die Spaltensummen dieser Matrix ergeben wieder die unterstellte Gesamtzahl an Arbeitsstunden, die bei der sektoralen Berechnung der homogenen Arbeitskoeffizienten in (B3-6) eingeführt wurden.

diese kann nach (3.3-17) in

$$\underline{K} = \underline{K}_s \cdot \underline{b}_D \overset{(B3-6)}{=} \begin{pmatrix} \frac{2}{3} & \frac{2}{3} & \frac{1}{3} \\ \frac{1}{3} & \frac{1}{3} & \frac{2}{3} \end{pmatrix} \cdot \begin{pmatrix} 2 & 0 & 0 \\ 0 & 3 & 0 \\ 0 & 0 & 1{,}5 \end{pmatrix} \qquad \text{(B3-21)}$$

zerlegt werden. $\underline{K}_s$ wird dabei durch Rechtsmultiplikation der Matrix $\underline{K}$ mit $\underline{b}_D^{-1}$ gewonnen. Wegen

$$\underline{h}_D = \begin{pmatrix} 8 & 0 & 0 \\ 0 & 7{,}5 & 0 \\ 0 & 0 & 7{,}5 \end{pmatrix} \text{ und damit } \underline{h}_D^{-1} = \begin{pmatrix} \frac{1}{8} & 0 & 0 \\ 0 & \frac{1}{7{,}5} & 0 \\ 0 & 0 & \frac{1}{7{,}5} \end{pmatrix}, \qquad \text{(B3-22)}$$

ergibt sich die Matrix $\underline{R}$, deren Elemente die *nach Qualifikation gegliederte Anzahl an Arbeitskräften* für die drei Sektoren darstellen, nach (3.3-16) und (3.3-17) mit

$$\underline{R} = \underline{K}_s \cdot \underline{b}_D \cdot \left((\underline{I} - \underline{A})^{-1} \cdot \underline{Y}^{END}_{(n \times m)} \cdot \left(\underline{y}^{END_{gesamt}}_{(m \times 1)} \right)_D \cdot \underline{y}_{(1 \times 1)} \cdot \underline{i}_{(m \times 1)} \right)_D \cdot \underline{h}_D^{-1}$$

$$= \begin{pmatrix} \frac{2}{3} & \frac{2}{3} & \frac{1}{3} \\ \frac{1}{3} & \frac{1}{3} & \frac{2}{3} \end{pmatrix} \cdot \begin{pmatrix} 2 & 0 & 0 \\ 0 & 3 & 0 \\ 0 & 0 & 1{,}5 \end{pmatrix} \cdot$$

$$\left[\begin{pmatrix} 1{,}641025641 & 0{,}666\bar{6} & 0{,}5641025641 \\ 0{,}5897435897 & 1{,}333\bar{3} & 0{,}3589743590 \\ 0{,}9743589744 & 1{,}333\bar{3} & 1{,}897435897 \end{pmatrix} \cdot \begin{pmatrix} \frac{2}{3} & \frac{5}{9} \\ \frac{2}{15} & \frac{1}{9} \\ \frac{1}{5} & \frac{1}{3} \end{pmatrix} \cdot \begin{pmatrix} \frac{1}{2} & 0 \\ 0 & \frac{3}{10} \end{pmatrix} \cdot 300 \cdot \begin{pmatrix} 1 \\ 1 \end{pmatrix} \right] \cdot$$

$$\begin{pmatrix} \frac{1}{8} & 0 & 0 \\ 0 & \frac{1}{7{,}5} & 0 \\ 0 & 0 & \frac{1}{7{,}5} \end{pmatrix} = \begin{pmatrix} 50 & 40 & 20 \\ 25 & 20 & 40 \end{pmatrix}. \qquad \text{(B3-23)}$$

Das Gleiche resultiert selbstverständlich bei Multiplikation der Matrix $\underline{Q}$ der Qualifikationsstrukturen mit dem diagonalisierten Vektor $\underline{h}_D^{-1}$; eine differenzierte Analyse ist dann jedoch nicht mehr möglich.

Würde sich nun z.B. die Endnachfrage im zweiten Sektor verdoppeln, so lautet der neue Endnachfragevektor $\underline{y}'_{neu} = (150 \quad 60 \quad 60)$ und die neue Matrix der pro Sektor benötigten Zahl der Arbeitskräfte auf den unterschiedlichen Qualifikationsstufen wäre nach (3.3-14) mit

$$\underline{R}_{neu} = \underline{K} \cdot \left(\left(\underline{I} - \underline{A}\right)^{-1} \cdot \underline{y}\right)_D \cdot \underline{h}_D^{-1} \overset{\substack{(B3-2)\\(B3-20)\\(B3-22)}}{=} \begin{pmatrix} \frac{4}{3} & 2 & \frac{1}{2} \\ \frac{2}{3} & 1 & 1 \end{pmatrix} \cdot$$

$$\left(\begin{pmatrix} 1,641025641 & 0,666\bar{6} & 0,5641025641 \\ 0,5897435897 & 1,333\bar{3} & 0,3589743590 \\ 0,9743589744 & 1,333\bar{3} & 1,897435897 \end{pmatrix} \cdot \begin{pmatrix} 150 \\ 60 \\ 60 \end{pmatrix}\right)_D \cdot \begin{pmatrix} \frac{1}{8} & 0 & 0 \\ 0 & \frac{1}{7,5} & 0 \\ 0 & 0 & \frac{1}{7,5} \end{pmatrix}$$

$$= \begin{pmatrix} 53,3\bar{3} & 50,6\bar{6} & 22,6\bar{6} \\ 26,6\bar{6} & 25,3\bar{3} & 45,3\bar{3} \end{pmatrix} \quad \text{(B3-24)}$$

gegeben. Die einmalige Verdoppelung der Endnachfrage in Sektor 2 bewirkt somit eine Erhöhung der benötigten Zahl an Arbeitskräften auf den zwei Qualifikationsstufen in den drei Sektoren von

$$\Delta \underline{R} = \begin{pmatrix} 3,3\bar{3} & 10,6\bar{6} & 2,6\bar{6} \\ 1,6\bar{6} & 5,3\bar{3} & 5,3\bar{3} \end{pmatrix} . \quad \text{(B3-25)}$$

Würde sich die Endnachfrage in allen drei Sektoren um 25% erhöhen, so gilt $\underline{y}_{(1 \times 1)} = 300 \cdot 1,25 = 375$. Einsetzen in (3.3-16) ergibt

$$\underline{R}_{neu} = \dots = \begin{pmatrix} 62,5 & 50 & 25 \\ 31,25 & 25 & 50 \end{pmatrix} \quad \text{(B3-26)}$$

und damit eine Erhöhung der benötigten Zahl an Arbeitskräften auf den beiden Qualifikationsstufen in den drei Sektoren von

$$\Delta \underline{R} = \begin{pmatrix} 12,5 & 10 & 5 \\ 6,25 & 5 & 10 \end{pmatrix} . \quad \text{(B3-27)}$$

Analog kann man mit Hilfe der Beziehung (3.3-16) Veränderungen der Qualitätsstruktur (Matrix $\underline{Q}$), der Arbeitsstunden (Vektor $\underline{h}$), der Technologie (Matrix $\underline{A}$) oder spezieller Komponenten der Endnachfrage (Matrix $\underline{Y}$) und deren Auswirkungen auf die anderen Modellgrößen analysieren.

Bisher wurde das Beschäftigungsmodell von der Warte aus betrachtet, wie die exogenen Größen $\underline{y}$, $\underline{A}$, $\underline{K}$ und $\underline{h}$ bzw. deren Veränderungen die endogene Größe $\underline{R}$, also die Matrix der Zahl der sektoralen, nach Qualifikationsstruktur gegliederten Arbeitskräfte, beeinflussen. Dabei wurde unterstellt, dass die jeweiligen Arbeitskräfte auch tatsächlich zur Verfügung stehen. Die Fragestellung kann dahingehend abgewandelt werden, dass die *Änderung der sektoralen Endnachfrage* von Interesse ist, die zur Eingliederung von Arbeitslosen in den Produktionsprozess gemäß ihrer Qualifikation nötig ist.

Zunächst wird eine quadratische, invertierbare Matrix $\underline{Q}$ unterstellt, für welche die Beziehung (3.3-9) gilt; sie geht indirekt in alle weiteren oben abgeleiteten Beziehungen ein. Aus (3.3-14) ergibt sich durch Vertauschen von $\underline{X}_D$ und $\underline{h}_D^{-1}$ [155] sowie anschließende Linksmultiplikationen mit $\underline{K}^{-1}$ und $\underline{h}_D$

$$\underline{X}_D = \underline{h}_D \cdot \underline{K}^{-1} \cdot \underline{R} \quad \text{(3.3-18)}$$

55. Dies ist möglich, da sowohl $\underline{X}_D$ als auch $\underline{h}_D^{-1}$ Diagonalmatrizen darstellen.

bzw. ausgedrückt als Output*vektor*

$$\underline{x} = \underline{h}_D \cdot \underline{K}^{-1} \cdot \underline{R} \cdot \underline{i}_{(n \times 1)} \quad . \tag{3.3-18a}$$

Will man wiederum die Verknüpfung zum Vektor der Endnachfrage herstellen, so ergibt sich wegen (3.2-4b)

$$\underline{y} \overset{(3.2-4b)}{=} (\underline{I} - \underline{A}) \cdot \underline{x} \overset{(3.3-18a)}{=} (\underline{I} - \underline{A}) \cdot \underline{h}_D \cdot \underline{K}^{-1} \cdot \underline{R} \cdot \underline{i}_{(n \times 1)} \quad . \tag{3.3-19}$$

Wird nun der Vektor der *nach Qualifikationsstruktur gegliederten Erwerbspersonen bei Vollbeschäftigung bzw. der Arbeitslosen* mit $\underline{r}^V$ bzw. $\underline{r}^U$ bezeichnet, so gilt definitionsgemäß

$$\underline{r}^V_{(n \times 1)} = \underline{R} \cdot \underline{i}_{(n \times 1)} + \underline{r}^U_{(n \times 1)} \quad , \tag{3.3-20}$$

d.h. pro Qualifikationsstufe ergibt sich die Anzahl der vollbeschäftigten Erwerbspersonen aus der Summe der Zahl der tatsächlich Beschäftigten und der Zahl der Arbeitslosen.

Einsetzen der definitorischen Beziehung (3.3-20) in (3.3-19) ergibt

$$\underline{y} = (\underline{I} - \underline{A}) \cdot \underline{h}_D \cdot \underline{K}^{-1} \cdot (\underline{r}^V - \underline{r}^U) \quad ; \tag{3.3-21}$$

betrachtet man den Vektor der marginalen Änderungen der Endnachfragen, so resultiert wegen der konstant unterstellten proportionalen Verknüpfung

$$\Delta \underline{y} = (\underline{I} - \underline{A}) \cdot \underline{h}_D \cdot \underline{K}^{-1} \cdot \underline{r}^U \quad . \tag{3.3-22}$$

Mit dieser Beziehung lässt sich die Frage beantworten, wie sich die sektorale Endnachfrage ändern muss, um alle Arbeitslosen entsprechend ihrer Qualifikation in den Produktionsprozess eingliedern zu können.

Andere Möglichkeiten zur Erreichung der Vollbeschäftigung lassen sich ebenfalls aus obigen Beziehungen herleiten. So zeigt die Gleichung

$$\Delta \underline{x} \overset{(3.3-18a)}{\underset{(3.3-20)}{=}} \underline{h}_D \cdot \underline{K}^{-1} \cdot \underline{r}^U \tag{3.3-23}$$

auf, welche Änderung der sektoralen Outputs nötig sind, um Vollbeschäftigung zu erhalten. Weiterhin ergibt sich nach einigen Umformungen der Zusammenhang

$$\underline{h}^V = \left(\underline{Q}^{-1} \cdot \left(\underline{L} \cdot \underline{X}_D \cdot \underline{i}_{(n \times 1)} + \underline{r}^U\right)\right)_D^{-1} \cdot \underline{i}_{(n \times 1)} \quad , \tag{3.3-24}$$

mit $\underline{h}^V$:= Vektor der sektoralen Pro-Kopf-Arbeitsstunden bei Vollbeschäftigung. Damit lassen sich die Änderungen der sektoralen Pro-Kopf-Arbeitsstunden, die zur Erreichung der Vollbeschäftigung in allen Qualifikationsstufen nötig wären, mit

$$\Delta \underline{h} = \underline{h}^V - \underline{h} = \left(\underline{Q}^{-1} \cdot \left(\underline{L} \cdot \underline{X}_D \cdot \underline{i}_{(n \times 1)} + \underline{r}^U\right)\right)_D^{-1} \cdot \underline{i}_{(n \times 1)} - \underline{h} \tag{3.3-25}$$

angeben, wobei $\underline{h}$ wiederum die tatsächlich gegebenen sektoralen Pro-Kopf-Arbeitsstunden erfasst. Die abgeleiteten Beziehungen und Aussagen sollen am nachfolgenden Beispiel verdeutlicht werden.

Beispiel 3.4 Gegeben sei nun die *quadratische*[56] Qualifikationsstrukturmatrix

$$\underline{Q} = \begin{pmatrix} 300 & 250 & 150 \\ 200 & 150 & 200 \\ 100 & 50 & 100 \end{pmatrix} \tag{B3-28}$$

sowie die aus den vorhergehenden Beispielen übernommene Matrix $\underline{A}$ der Inputkoeffizienten, der ursprüngliche Vektor der Endnachfragen, $\underline{y}' = (150 \quad 30 \quad 60)$ aus Beispiel 3.1 und der Vektor $\underline{h}$ der sektoralen Pro-Kopf-Arbeitsstunden. Damit resultiert wieder der Vektor $\underline{x}' = (300 \quad 150 \quad 300)$ der sektoralen Gesamtoutputs aus (B3-2). Die Matrix $\underline{K}$ der sektoralen, nach Qualifikation gegliederten Arbeitskoeffizienten (in Stunden) ergibt sich dann mit

$$\underline{K} \overset{(3..3-10)}{=} \begin{pmatrix} 300 & 250 & 150 \\ 200 & 150 & 200 \\ 100 & 50 & 100 \end{pmatrix} \cdot \begin{pmatrix} \frac{1}{300} & 0 & 0 \\ 0 & \frac{1}{150} & 0 \\ 0 & 0 & \frac{1}{300} \end{pmatrix} = \begin{pmatrix} 1 & \frac{5}{3} & \frac{1}{2} \\ \frac{2}{3} & 1 & \frac{2}{3} \\ \frac{1}{3} & \frac{1}{3} & \frac{1}{3} \end{pmatrix} \tag{B3-29a}$$

und die Matrix $\underline{R}$ der Anzahl der benötigten Arbeitskräfte pro Sektor und Qualitätsstufe mit

$$\underline{R} \overset{(3.3-9)}{=} \begin{pmatrix} 300 & 250 & 150 \\ 200 & 150 & 200 \\ 100 & 50 & 100 \end{pmatrix} \cdot \begin{pmatrix} \frac{1}{8} & 0 & 0 \\ 0 & \frac{1}{7,5} & 0 \\ 0 & 0 & \frac{1}{7,5} \end{pmatrix} = \begin{pmatrix} 37,5 & 33,3\bar{3} & 20 \\ 25 & 20 & 26,6\bar{6} \\ 12,5 & 6,6\bar{6} & 13,3\bar{3} \end{pmatrix}. \tag{B3-29b}$$

Unterstellt man nun einen Vektor $\underline{r}^{U'} = (15 \quad 8 \quad 2)$ der Arbeitslosen in den einzelnen Qualifikationsstufen,[57] so berechnet sich die *für die Vollbeschäftigung benötigte Änderung der Endnachfrage* mit

$$\Delta\underline{y} \overset{(3.3-22)}{=} \begin{pmatrix} 0,8 & -0,2 & -0,2 \\ -0,3 & 1 & -0,1 \\ -0,2 & -0,6 & 0,7 \end{pmatrix} \cdot \begin{pmatrix} 8 & 0 & 0 \\ 0 & 7,5 & 0 \\ 0 & 0 & 7,5 \end{pmatrix} \cdot \begin{pmatrix} 1 & \frac{5}{3} & \frac{1}{2} \\ \frac{2}{3} & 1 & \frac{2}{3} \\ \frac{1}{3} & \frac{1}{3} & \frac{1}{3} \end{pmatrix}^{-1} \cdot \begin{pmatrix} 15 \\ 8 \\ 2 \end{pmatrix} = \begin{pmatrix} -40,6 \\ 101,1 \\ -58,1 \end{pmatrix}; \tag{B3-30}$$

der neue Vektor der Endnachfrage lautet damit

56. Im Gegensatz zur Matrix $\underline{Q}$ aus (B3-18) muss nun wegen der Invertierbarkeit diese Voraussetzung erfüllt sein. Es werden also drei statt zwei unterschiedliche Qualifikationsstufen pro Sektor angenommen; die Spaltensummen von $\underline{Q}$ ergeben wieder die unterstellte Gesamtzahl an Arbeitsstunden, die bei der sektoralen Berechnung der homogenen Arbeitskoeffizienten in (B3-6) eingeführt wurden.

57. Damit wird auf der ersten (zweiten, dritten) Qualifikationsstufe eine Arbeitslosigkeit von 16,5% (11,16%, 6,16%) unterstellt. Diese prozentualen Angaben erhält man durch die Verhältnisbildung der Komponenten von $\underline{r}^U$ und der jeweiligen Zeilensumme der Matrix $\underline{R}$.

$$\underline{y}_{neu} = \underline{y} + \Delta\underline{y} = \begin{pmatrix} 150 \\ 30 \\ 60 \end{pmatrix} + \begin{pmatrix} -40,6 \\ 101,1 \\ -58,1 \end{pmatrix} = \begin{pmatrix} 109,4 \\ 131,1 \\ 1,9 \end{pmatrix}.^{58} \qquad \text{(B3-31)}$$

Die zugehörige sektorale Änderung des Outputs ist dann durch

$$\Delta\underline{x} \overset{(3.2-9)}{=} (\underline{I} - \underline{A})^{-1} \cdot \Delta\underline{y} = \begin{pmatrix} 1,641025641 & 0,666\bar{6} & 0,5641025641 \\ 0,5897435897 & 1,333\bar{3} & 0,3589743590 \\ 0,9743589744 & 1,333\bar{3} & 1,897435897 \end{pmatrix} \cdot \begin{pmatrix} -40,6 \\ 101,1 \\ -58,1 \end{pmatrix} = \begin{pmatrix} -32 \\ 90 \\ -15 \end{pmatrix} \qquad \text{(B3-32)}$$

gegeben;[59] der neue Gesamtoutputvektor ist damit

$$\underline{x}_{neu} = \underline{x} + \Delta\underline{x} = \begin{pmatrix} 300 \\ 150 \\ 300 \end{pmatrix} + \begin{pmatrix} -32 \\ 90 \\ -15 \end{pmatrix} = \begin{pmatrix} 268 \\ 240 \\ 315 \end{pmatrix}. \qquad \text{(B3-33)}$$

Das dargestellte erweiterte Beschäftigungsmodell enthält ebenfalls noch erhebliche Mängel. So kann es z.B. wegen der Unterstellung einer *quadratischen* Qualifikationsstuktur-Matrix $\underline{Q}$ dazu führen, dass für den Vektor der Endnachfrage oder der sektoralen Outputs negative Elemente resultieren; auch gibt es keinen sachlogischen Grund, warum die Anzahl der unterschiedlichen Qualifikationsstufen gleich der Anzahl der Sektoren sein soll. Weiterhin wird durch diese Annahme ein eindeutiger Lösungszusammenhang zwischen Endnachfrage und Beschäftigung unterstellt; dies führt in der Praxis dazu, dass häufig keine sinnvollen ökonomische Lösungen angeboten werden können. Auch die Frage, welche Qualifikationsstufen knapp oder überreichlich vorhanden sind, lässt sich durch obigen Modellansatz nicht klären. Deshalb wurde das vorgestellte Modell auch für *nicht quadratische* Matrizen $\underline{Q}$ betrachtet. Wird dabei $q < n$ unterstellt, so bedeutet dies, dass einige Komponenten des Endnachfragevektors $\underline{y}$ frei gewählt werden können, der Beschäftigungsvektor $\underline{R} \cdot \underline{i}_{(n \times 1)}$ dagegen vorgegeben ist. Damit sind im Modell Freiheitsgrade vorhanden, die zur Optimierung einer Zielfunktion oder zum Einbau weiterer Nebenbedingungen genützt werden können. Ist dagegen $q > n$, so ist eine optimale Zielerreichung nicht möglich; es muss eine zweitbeste Lösung gesucht werden.[60]

Ein weiterer Mangel des vorgestellten Beschäftigungsmodells mit unterschiedlichen Qualifikationsstufen ist die *Annahme nicht substituierbarer Qualifikationen der Arbeitskräfte*.[61] Da dies den Gegebenheiten der ökonomischen Praxis widerspricht, wurde folgender Lineare Programmierungsansatz entwickelt:[62] Sei

58. In diesem Beispiel sind sämtliche Komponenten des neuen Endnachfragevektors zufällig noch alle positiv. Bei einer anderen Zahlenkonstellation könnten sich aber durchaus negative Werte ergeben. Dies ist jedoch definitorisch ausgeschlossen. Vollbeschäftigung lässt sich also nicht einfach durch eine konventionelle Endnachfragepolitik erreichen.
59. Eine andere Berechnung von $\Delta\underline{x}$ ist mit Hilfe der Beziehung (3.3-23) möglich.
60. Vgl. HOLUB/SCHNABL, 1994, S. 182 ff. Formal handelt es sich dann um die Lösung eines Linearen Programmierungsproblems, falls die Zielfunktion ebenfalls linear ist.
61. Dies ergibt sich aus der Annahme der strengen Proportionalität der Anzahl der benötigten Arbeitskräfte einer bestimmten Qualifikationsstufe zu den sektoralen Outputs.
62. Vgl. HOLUB/TAPPEINER, 1989, S. 304 ff.; HOLUB/SCHNABL, 1994, S. 197 ff.

$$\underline{E} = \left(e_{q'q''}\right)_{(q \times q)} \text{ , mit } e_{q'q''} = \begin{cases} 1, & \text{falls Qualifikation q' Qualifikation q'' ersetzen kann} \\ 0, & \text{sonst} \end{cases} \tag{3.3-26}$$

und

$$\underline{Z} = \left(z_{q'q''}\right)_{(q \times q)} \text{ ,} \tag{3.3-27}$$

mit $z_{q'q''} :=$ Anzahl der Beschäftigten der Qualifikationsstufe q', die in Qualifikationsstufe q'' arbeiten. Damit ergeben sich die Nebenbedingungen

$$\sum_{q'=1}^{q} z_{q'q''} \cdot e_{q'q''} = \sum_{j=1}^{n} L_{q''j} \cdot X_j \text{ , } (1 \leq q'' \leq q) \text{ ,} \tag{3.3-28}$$

mit $L_{q''j} :=$ Arbeitseinsatzkoeffizient nach Köpfen in Sektor j auf Qualifikationsstufe q'' (vgl. Beziehung (3.3-12)). Die einzelnen Summanden auf den linken Gleichungsseiten sind gleich Null, falls die Qualifikationsstufe q' die Stufe q'' nicht ersetzen kann;[63] ansonsten bleiben die Summanden $z_{q'q''}$, also die Zahl der Arbeitskräfte der Qualifikation q', die auf der Stufe q'' eingesetzt sind, erhalten. Auf den rechten Gleichungsseiten von (3.3-28) steht jeweils die Summe der benötigten Anzahlen von Beschäftigten pro Qualifikationsstufe q'' zur Herstellung aller sektoralen Outputs X_j, also $R_{q''}$, $(1 \leq q'' \leq q)$, da

$$L_{q''j} \overset{(3.3-12)}{=} \frac{R_{q''j}}{X_j} \Rightarrow R_{q''j} = L_{q''j} \cdot X_j \Rightarrow \sum_{j=1}^{n} L_{q''j} \cdot X_j = \sum_{j=1}^{n} R_{q''j} = R_{q''} \text{ .} \tag{3.3-29}$$

Durch (3.3-28) wird somit sichergestellt, dass auf jeder Qualifikationsstufe genügend Arbeitskräfte zur Erstellung der sektoralen Outputs zur Verfügung stehen. Da die Anzahl der benötigten Arbeitskräfte pro Qualifikationsstufe auch kleiner sein kann als die entsprechende Anzahl $R^V_{q''}$ bei Vollbeschäftigung, werden die Nebenbedingungen (3.3-28) zu

$$\sum_{q'=1}^{q} z_{q'q''} \cdot e_{q'q''} \leq R^V_{q''} \text{ , } (1 \leq q'' \leq q) \text{ ,} \tag{3.3-30}$$

umformuliert. Da das Ziel einer erfolgreichen Beschäftigungspolitik die Maximierung der Gesamtbeschäftigung über alle Qualifikationsstufen hinweg ist, lautet die zugehörige Zielfunktion

$$\sum_{q'=1}^{q} \sum_{q''=1}^{q} z_{q'q''} \cdot e_{q'q''} \rightarrow \max ! \tag{3.3-31}$$

Mit (3.3-30) und (3.3-31) ist unter zusätzlicher Beachtung der Nichtnegativitätsbedingungen für alle Modellvariablen ein Standardproblem der Linearen Programmierung gegeben, das z.B. mit Hilfe des Simplexalgorithmus gelöst werden kann.

Es existieren noch weitere Modifikationen des vorgestellten Beschäftigungsmodells, die z.B. Feedbacks vom Arbeitsmarkt berücksichtigen. Diese sollen hier jedoch nicht

63. Denn dann gilt $e_{q'q''} = 0$ und damit $z_{q'q''} \cdot e_{q'q''} = 0$.

mehr näher betrachtet werden.[64] Mit den vorgestellten Modellen sind die wichtigsten, auch in der Praxis verwendeten Ansätze behandelt worden. Zu erwähnen ist, dass die IO-Analyse auch im Rahmen der Beschäftigungsmodelle auf der Grundlage von Einzelreaktionen eine umfassende, ökonomisch leicht interpretierbare Vernetzung komplexer Reaktionen und Zusammenhänge ermöglicht und somit ein einfaches Instrument der empirischen Wirtschaftsforschung darstellt.

3.3.2 (Teil-)Endogenisierung der Endnachfrage

Eine weitere Art der *Modifikation* des statischen offenen Mengenmodells aus Kapitel 3.2 stellt die Möglichkeit der (Teil-)Endogenisierung der Endnachfrage dar. Während das Grundmodell aus Kapitel 3.2 die sektoralen Endnachfragen als exogene Größen einführt, ist in der Realität meistens von Rückkoppelungen zwischen Endnachfrage und Wertschöpfung, also von einem positiven Regelkreis, auszugehen. Damit sind nicht alle Komponenten der Endnachfrage exogene Größen, sondern einige (oder alle) dieser Komponenten werden durch andere Modellvariablen erklärt.

Wird eine *totale Endogenisierung* aller Endnachfragekomponenten unterstellt, so liegt ein *geschlossenes IO-Modell* vor. Nimmt man z.B. vereinfachend an, dass in der betrachteten Volkswirtschaft kein Staatssektor, kein ausländischer Import/Export sowie keine Investitionen und Abschreibungen getätigt werden, so reduzieren sich die Endnachfrage und der Primäraufwandsbereich auf den Konsum und die Arbeitsleistung der privaten Haushalte. Diese Bereiche können als $(n + 1)$-ter Sektor in die IO-Tabelle eingefügt werden. Es ergibt sich somit folgende *geschlossene IO-Tabelle*:

Tabelle 3.6

Sektor 1	Sektor 2	Sektor 3		Sektor n	Sektor n+1	Σ
X_{11}	X_{12}	X_{13}	....	X_{1n}	$X_{1,n+1}$	X_1
X_{21}	X_{22}	X_{23}	....	X_{2n}	$X_{2,n+1}$	X_2
.	.	.		.	.	.
.	.	.		.	.	.
.	.	.		.	.	.
.	.	.		.	.	.
.	.	.		.	.	.
.	.	.		.	.	.
.	.	.		.	.	.
X_{n1}	X_{n2}	X_{n3}	....	X_{nn}	$X_{n,n+1}$	
$X_{n+1,1}$	$X_{n+1,2}$	$X_{n+1,3}$	....	$X_{n+1,n}$	$X_{n+1,n+1}$	X_{n+1}
X_1	X_2	X_3	....	X_n	X_{n+1}	

64. Dazu sei auf die einschlägige Literatur verwiesen.

Analog zu Beziehung (3.2-3) soll nun auch

$$\begin{array}{lllllll} a_{11}X_1 & + a_{12}X_2 & + \ldots & + a_{1n}X_n & + a_{1,n+1}X_{n+1} & = & X_1 \\ a_{21}X_1 & + a_{22}X_2 & + \ldots & + a_{2n}X_n & + a_{2,n+1}X_{n+1} & = & X_2 \\ \vdots & \vdots & & \vdots & \vdots & \vdots & \vdots \\ a_{n+1,1}X_1 & + a_{n+1,2}X_2 & + \ldots & + a_{n+1,n}X_n & + a_{n+1,n+1}X_{n+1} & = & X_{n+1} \end{array} \qquad (3.3\text{-}32)$$

gelten, d.h. es wird wieder die *Proportionalitätsannahme* unterstellt. (3.3-32) lautet in Matrixschreibweise

$$\underline{A}\,\underline{x} = \underline{x} \qquad (3.3\text{-}32a)$$

und kann umgeformt werden zu

$$\underline{A}\,\underline{x} = \underline{x} \Rightarrow \underline{x} - \underline{A}\,\underline{x} = \underline{0} \Rightarrow \left(\underline{I}_{[(n+1)\times(n+1)]} - \underline{A}\right)\cdot\underline{x} = \underline{0}\,. \qquad (3.3\text{-}33)$$

Mit (3.3-33) ist ein homogenes Gleichungssystem gegeben, das bekanntlich für det $(\underline{I} - \underline{A}) \neq 0$ nur die triviale Lösung $\underline{x} = \underline{0}$ besitzt. Diese Lösung ist jedoch ökonomisch nicht sinnvoll. Betrachtet man die Matrix $(\underline{I} - \underline{A})$ näher, so sieht man, dass sie wegen der geschlossenen Modellformulierung grundsätzlich singulär ist,[65] für ihre Determinante also $\det(\underline{I} - \underline{A}) = 0$ gilt. Somit existiert immer eine (unendliche) Menge von nichttrivialen, ökonomisch sinnvollen Lösungen $\underline{x} \neq \underline{0}$. Die *Mehrdeutigkeit der Lösung* führte dazu, dass das geschlossene Modell in der ökonomischen Praxis kaum Anwendung fand. Nimmt man jedoch an, dass statt der statischen Beziehung (3.3-32a) die *dynamisierte* Beziehung

$$\underline{A}\,\underline{x}_t = \underline{x}_{t+1} \qquad (3.3\text{-}34)$$

betrachtet wird, mit $\underline{x}_t :=$ Vektor des sektoralen Gesamtoutputs in Periode t und $\underline{x}_{t+1} :=$ Outputvektor in Periode $(t + 1)$, so muss auch für $\underline{x}_{t+1}$ gelten, dass er mit den Inputfaktoren der Matrix $\underline{A}$ erstellt wird; damit muss auch

$$\underline{A}\,\underline{x}_{t+1} = \underline{x}_{t+2} \qquad (3.3\text{-}35)$$

gelten usw. Der Vektor der Gesamtoutput kann somit im s-ten Schritt durch

$$\underline{x}_s = \underline{A}^s\underline{x}_0 \qquad (3.3\text{-}36)$$

angegeben werden, falls man grundsätzlich wieder in jedem Schritt dieselbe Produktionsstruktur $\underline{A}$ unterstellt und mit $\underline{x}_0$ der Vektor der sektoralen Gesamtoutputs in der Ausgangsperiode $t = 0$ bezeichnet wird. Nach (theoretisch) unendlich vielen Schritten ist die Differenz $\underline{A}^{s+1} - \underline{A}^s$ gleich der Nullmatrix; der Vektor $\underline{x}_s$ hat sich dann auf einem neuen Gleichgewichtsniveau stabilisiert.

Damit können nun die Auswirkungen einer *„einmaligen Störung"* analysiert werden, die sich z.B. durch eine einmalige Änderung der Haushaltsnachfrage nach Leistungen eines bestimmten Sektors ergeben. Dies soll anhand eines Beispiels demonstriert werden.

65. Denn bei der geschlossenen Form eines Modells existiert kein Primärinputbereich; die Spaltensummen der Koeffizienten a_{ij}, $(1 \leq i, j \leq n+1)$ muss definitionsgemäß jedoch Eins ergeben, so dass grundsätzlich der letzte Koeffizient als Differenz zu Eins und damit als Linearkombination in den restlichen a_{ij} ausgedrückt werden kann, also $a_{n+1,j} = 1 - a_{1j} - \ldots - a_{nj}$, $(1 \leq j \leq n+1)$.

Beispiel 3.5 Ausgehend von der Tabelle 3.4 des Beispiels 3.1 kommt man zu einer *geschlossenen* IO-Tabelle, indem man die sektorale Endnachfrage und den Primäraufwandbereich endogenisiert und als vierten Sektor („private Haushalte") betrachtet. Es resultiert die nachfolgende Tabelle 3.7:

Tabelle 3.7

	Sektor 1	Sektor 2	Sektor 3	Sektor 4	Σ
Sektor 1	60	30	60	150	300
Sektor 2	90	0	30	30	150
Sektor 3	60	90	90	60	300
Sektor 4	90	30	120	0	240
Σ	300	150	300	240	

Die intrasektorale Lieferung $X_{ii} = X_{44}$ wird im Beispiel mit Null unterstellt. Sie könnte jedoch auch als positiver Wert festgelegt werden; dann würde der Sektor „Haushalte" eine (positive) Lieferung von sich selbst erhalten.

Nun sollen die Auswirkungen einer *„einmaligen Störung"*, z.B. durch eine einmalige Nachfrageerhöhung der Haushalte nach Leistungen des Sektors 3 um 30 Einheiten analysiert werden. Der neue Outputvektor lautet somit $\underline{x}'_{neu} = (300 \quad 150 \quad 330 \quad 240)$. Nimmt man diesen als Ausgangsvektor für die Berechnung des neuen Gleichgewichtsvektors, der sich approximativ nach s Schritten ergibt, so folgt z.B. für die ersten drei Schritte[66]

$$\underline{x}_1 \overset{(3.3-36)}{=} \underline{A} \cdot \underline{x}_{neu} = \begin{pmatrix} 0,2 & 0,2 & 0,2 & 0,625 \\ 0,3 & 0 & 0,1 & 0,125 \\ 0,2 & 0,6 & 0,3 & 0,250 \\ 0,3 & 0,2 & 0,4 & 0 \end{pmatrix} \cdot \begin{pmatrix} 300 \\ 150 \\ 330 \\ 240 \end{pmatrix} = \begin{pmatrix} 306 \\ 153 \\ 309 \\ 252 \end{pmatrix}, \tag{B3-34}$$

$$\underline{x}_2 \overset{(3.3-36)}{=} \underline{A}^2 \cdot \underline{x}_{neu} = \begin{pmatrix} 311,1 \\ 154,2 \\ 308,7 \\ 246,0 \end{pmatrix}, \underline{x}_3 \overset{(3.3-36)}{=} \underline{A}^3 \cdot \underline{x}_{neu} = \begin{pmatrix} 308,55 \\ 154,95 \\ 308,85 \\ 247.65 \end{pmatrix}; \tag{B3-34a}$$

nach ungefähr zehn Schritten stabilisiert sich das Ergebnis,[67] so dass man den *neuen Gleichgewichtsvektor der Sektorenoutputs* mit

66. Die Matrix $\underline{A}$ der Inputkoeffizienten ergibt sich wiederum durch Division der Outputs X_{ij} der nun vier gegebenen Sektoren durch die jeweilige Spaltensumme.

67. Die Differenz $\underline{A}^{11} - \underline{A}^{10}$ ergibt – bei Rundung der Zahlen auf 4 Kommastellen – annähernd die Nullmatrix.

$$\underline{x}_{10} \overset{(3.3-36)}{=} \underline{A}^{10} \cdot \underline{x}_{neu} \approx \begin{pmatrix} 0,3030 & 0,3030 & 0,3030 & 0,3030 \\ 0,1515 & 0,1515 & 0,1515 & 0,1515 \\ 0,3030 & 0,3030 & 0,3030 & 0,3030 \\ 0,2424 & 0,2424 & 0,2424 & 0,2424 \end{pmatrix} \cdot \begin{pmatrix} 300 \\ 150 \\ 330 \\ 240 \end{pmatrix}$$

$$\approx \begin{pmatrix} 309,09 \\ 154,55 \\ 309,09 \\ 247,27 \end{pmatrix} \qquad \text{(B3-35)}$$

angeben kann. Die *gesamten Änderungen der Verflechtungsstruktur* ergibt sich aus der *neuen IO-Tabelle*, die man durch Multiplikation aller gegebenen Werte der Tabelle 3.7 mit der Matrix $\underline{A}^{10}$ gewinnt; es resultiert[68]

Tabelle 3.8

	Sektor 1	Sektor 2	Sektor 3	Sektor 4	Σ
Sektor 1	90,90	45,46	90,91	81,82	309,09
Sektor 2	45,46	22,73	45,46	40,90	154,55
Sektor 3	90,90	45,46	90,91	81,82	309,09
Sektor 4	72,73	36,36	72,73	65,45	247,27
Σ	300	150	300	270	

Im Folgenden soll nun nicht die totale, sondern nur eine *teilweise Endogenisierung der Endnachfrage* unterstellt werden, d.h. einige Komponenten der sektoralen Endnachfrage werden in einen exogen (autonomer Teil) und einen variabel (endogener Teil) zerlegt.[69] Von Interesse ist dann ebenfall die Reaktion des Modells auf einen einmaligen „Störimpuls" sowie die Adaption eines neuen Gleichgewichts bei permanenter Veränderung des autonomen Teils einer Endnachfragekomponente.

In einem *ersten Modell* wird die Nachfragekomponente „*Konsum*" teilendogenisiert, d.h. es soll

$$C_i = c_{aut,i} + c_i Y, \; (1 \leq i \leq n), \qquad (3.3\text{-}37)$$

gelten. Damit ergibt sich für einen Sektor i als Outputzeile

$$\sum_{j=1}^{n} a_{ij} X_j + c_i Y + c_{aut,i} = X_i, \; (1 \leq i \leq n); \qquad (3.3\text{-}38)$$

statt des Gleichungssystems (3.3-32) bei totaler Endogenisierung der Endnachfragekomponenten resultiert hier das System

68. Die Rundung der Zahlen erfolgte auf zwei Kommastellen genau. Die ersten drei Spaltensummen entsprechen – gerundet – den Originalwerten aus Tabelle 3.7; die Summe der 4. Spalte erhöhte sich annahmegemäß um 30 Einheiten auf (gerundet) 270 Einheiten.

69. Ein typisches Beispiel wäre die Aufspaltung des sektoralen Konsums C_i in einen autonomen Teil $c_{aut,i}$ und einen endogenen, vom Einkommen Y abhängigen Teil $c_i Y$, also $C_i = c_{aut,i} + c_i Y$.

$$\begin{array}{lllllllll}
a_{11}X_1 & +a_{12}X_2 & +\ldots & +a_{1n}X_n & +c_1Y & +c_{1,aut} & = & X_1 \\
a_{21}X_1 & +a_{22}X_2 & +\ldots & +a_{2n}X_n & +c_2Y & +c_{2,aut} & = & X_2 \\
\vdots & \vdots & & \vdots & \vdots & & \vdots & \vdots \\
a_{n1}X_1 & +a_{n2}X_2 & +\ldots & +a_{nn}X_n & +c_nY & +c_{n,aut} & = & X_n
\end{array} \qquad (3.3\text{-}39)$$

bzw. in Matrixschreibweise[70]

$$\underline{A}\,\underline{x} + \underline{c}\,Y + \underline{c}_{aut} = \underline{x} \ . \qquad (3.3\text{-}39a)$$

Durch Umordnung erhält man

$$\underline{A}\,\underline{x} - \underline{x} = \underline{c}\,Y + \underline{c}_{aut} \ ; \qquad (3.3\text{-}40)$$

da sich das Volkseinkommen Y als Summe der Wertschöpfungen W_j darstellen lässt, die sich jeweils als Produkt der Wertschöpfungskoeffizienten w_j und der Bruttoproduktionswerte eines Sektors X_j[71] ergeben, kann die exogene Größe Y auch als skalares Produkt

$$Y = \sum_j W_j = \sum_j w_j X_j = \underline{w}'\underline{x} \qquad (3.3\text{-}41)$$

wiedergegeben werden. Einsetzen in (3.3-40) ergibt

$$\underline{A}\,\underline{x} - \underline{x} = \underline{c}\,\underline{w}'\underline{x} + \underline{c}_{aut} \ \Rightarrow \ \left(\underline{I}_{(n \times n)} - \underline{A} - \underline{c}\,\underline{w}'\right) \cdot \underline{x} = \underline{c}_{aut} \ , \qquad (3.3\text{-}42)$$

so dass die Lösung dieses Gleichungssystems – unter der Voraussetzung der Existenz der *modifizierten LEONTIEF-Inversen* $(\underline{I} - \underline{A} - \underline{c}\,\underline{w}')^{-1} =: (\underline{I} - \underline{Z})^{-1}$ – durch

$$\underline{x} = (\underline{I} - \underline{A} - \underline{c}\,\underline{w}')^{-1} \cdot \underline{c}_{aut} = (\underline{I} - \underline{Z})^{-1} \cdot \underline{c}_{aut} \qquad (3.3\text{-}43)$$

gegeben ist.

Beispiel 3.6 Gegeben sei die IO-Tabelle 3.4 aus Beispiel 3.1. Die Endnachfrage bestehe nur aus der Konsumkomponente. Diese wird nun pro Sektor in einen autonomen Teil $c_{aut,i}$ und einen vom Einkommen abhängigen endogenen Teil c_iY gemäß nachfolgender Tabelle zerlegt.

Tabelle 3.9

	Sektor 1	Sektor 2	Sektor 3		c_iY	Σ
Sektor 1	60	30	60	30	120	300
Sektor 2	90	0	30	6	24	150
Sektor 3	60	90	90	18	42	300
PA	90	30	120			
Σ	300	150	300			

70. Y ist ein Skalar, also eine (1×1)-Matrix.
71. Man beachte, dass $X_j = X_i$ gilt.

Das Volkseinkommen Y berechnet sich in diesem einfachen Modell als Zeilensumme des Primäraufwands mit 240; unterstellt man die gesamtwirtschaftliche Konsumfunktion mit

$$C = 54 + 0,775 \cdot Y \ , \tag{B3-36}$$

so ergeben sich der Gesamtkonsum mit $C = 54 + 0,775 \cdot 240 = 240$.Somit ist die obige Tabelle in einem stationären Gleichgewicht. Für die sektoralen Konsumfunktionen gilt dann

$$C_1 = 30 + 0,5 \cdot Y \ , \ C_2 = 6 + 0,1 \cdot Y \ , \ C_3 = 18 + 0,175 \cdot Y \ ; \tag{B3-37}$$

deren Aggregation ergibt wieder die Konsumfunktion aus (B3-36).

Es wird nun eine *einmalige exogene Störung* durch Erhöhung der Konsumnachfrage im dritten Sektor um 30 Einheiten unterstellt. Um deren Auswirkung auf das gegebene System analysieren zu können, muss zunächst die Matrix $\underline{Z}$ und damit $\underline{c}'\underline{w}$ berechnet werden. Für dieses Beispiel gilt (vgl. Tabelle 3.9 sowie (B3-37))

$$\underline{c}' = (0,5 \quad 0,1 \quad 0,175) \text{ und } \underline{w}' = \left(\tfrac{90}{300} \quad \tfrac{30}{150} \quad \tfrac{120}{300}\right) = (0,3 \quad 0,2 \quad 0,4) \tag{B3-38}$$

und damit

$$\underline{c} \cdot \underline{w}' = \begin{pmatrix} 0,5 \\ 0,1 \\ 0,175 \end{pmatrix} \cdot (0,3 \quad 0,2 \quad 0,4) = \begin{pmatrix} 0,15 & 0,1 & 0,2 \\ 0,03 & 0,02 & 0,04 \\ 0,0525 & 0,035 & 0,07 \end{pmatrix} \ ; \tag{B3-39}$$

daraus berechnet sich die Matrix $\underline{Z}$ mit

$$\begin{aligned}\underline{Z} = \underline{A} + \underline{c} \cdot \underline{w}' &\overset{(B3-1)}{\underset{(B3-39)}{=}} \begin{pmatrix} 0,2 & 0,2 & 0,2 \\ 0,3 & 0 & 0,1 \\ 0,2 & 0,6 & 0,3 \end{pmatrix} + \begin{pmatrix} 0,15 & 0,1 & 0,2 \\ 0,03 & 0,02 & 0,04 \\ 0,0525 & 0,035 & 0,07 \end{pmatrix} \\ &= \begin{pmatrix} 0,35 & 0,3 & 0,4 \\ 0,33 & 0,02 & 0,14 \\ 0,2525 & 0,635 & 0,37 \end{pmatrix}\end{aligned} \tag{B3-40}$$

und die Inverse von $(\underline{I} - \underline{Z})$ mit

$$\begin{aligned}(\underline{I} - \underline{Z})^{-1} &= \begin{pmatrix} 0,65 & -0,3 & -0,4 \\ -0,33 & 0,98 & -0,14 \\ -0,2525 & -0,635 & 0,63 \end{pmatrix}^{-1} \\ &\approx \begin{pmatrix} 6,022792 & 5,048433 & 4,945869 \\ 2,772080 & 3,515670 & 2,541311 \\ 5,207977 & 5,566952 & 6,131054 \end{pmatrix} .\end{aligned} \tag{B3-41}$$

Der ursprüngliche Vektor der autonomen Anteile der Konsumnachfrage lautet (vgl. Tabelle 3.9) $\underline{c}'_{aut} = (30 \quad 6 \quad 18)$. Wird nun annahmegemäß die Konsumnachfrage im dritten Sektor *einmalig* um 30 Einheiten erhöht, so gilt $\underline{c}'_{aut,neu} = (30 \quad 6 \quad 48)$ und der neue sektorale Gesamtoutput berechnet sich nun als

$$\underline{x}_{neu} \overset{(3.3-43)}{=} (\underline{I} - \underline{Z})^{-1}\underline{c}_{aut,neu} = \begin{pmatrix} 6,022792 & 5,048433 & 4,945869 \\ 2,772080 & 3,515670 & 2,541311 \\ 5,207977 & 5,566952 & 6,131054 \end{pmatrix} \cdot \begin{pmatrix} 30 \\ 6 \\ 48 \end{pmatrix}$$

$$\approx \begin{pmatrix} 448,3761 \\ 226,2393 \\ 483,9316 \end{pmatrix}. \quad \text{(B3-42)}$$

Dieses Modell, das sich nur auf die Teilendogenisierung *einer* Endnachfragekomponente bezieht, kann erweitert werden, indem man *zusätzlich* noch die Komponente der *Investitionen* analog behandelt. Dazu führt man sektorale Investitionsfunktionen der Form

$$I_i = g_{aut,i} + g_i Y, \; (1 \leq i \leq n), \quad \text{(3.3-44)}$$

ein, die sich ebenfalls aus einem autonomen Bestandteil $g_{aut,i}$ und einem vom Volkseinkommen Y abhängigen Teil $g_i Y$ zusammensetzen.[72] Statt der Outputzeile (3.3-38) erhält man nun

$$\sum_{j=1}^{n} a_{ij}X_j + (c_i Y + c_{aut,i}) + (g_i Y + g_{aut,i}) = X_i, \; (1 \leq i \leq n), \quad \text{(3.3-45)}$$

und damit das Gleichungssystem

$$\underline{A}\underline{x} + \underline{c}Y + \underline{g}Y + \underline{c}_{aut,i} + \underline{g}_{aut,i} = \underline{x}; \quad \text{(3.3-46)}$$

dieses lässt sich umformen in

$$\underline{A}\underline{x} + (\underline{c} + \underline{g}) \cdot Y + (\underline{c}_{aut,i} + \underline{g}_{aut,i}) = \underline{x}. \quad \text{(3.3-46a)}$$

Wird nun das Volkseinkommen analog zu (3.3-41) wieder als Summe der sektoralen Wertschöpfungen dargestellt, so ergibt sich

$$\underline{A}\underline{x} + (\underline{c} + \underline{g}) \cdot \underline{w}'\underline{x} + (\underline{c}_{aut,i} + \underline{g}_{aut,i}) = \underline{x} \quad \text{(3.3-47)}$$

bzw.

$$\left(\underline{I} - \underline{A} - (\underline{c} + \underline{g}) \cdot \underline{w}'\right) \cdot \underline{x} = (\underline{c}_{aut,i} + \underline{g}_{aut,i}); \quad \text{(3.3-48)}$$

72. Eine gesamtwirtschaftliche Investitionsfunktion ist laut KEYNESianischer Theorie bekanntlich schwierig zu bestimmen; eine Disaggregation derartiger Funktionen ist zusätzlich problematisch. Hier umgeht man diese Schwierigkeiten durch sofortige Einführung sektoraler Investitionsfunktionen. Investitionsfunktionen sind in der Regel schwer schätzbar, da sie von einer Reihe weiterer Größen (z.B. dem Zinssatz) abhängen. Betrachtet man sie auf der Makroebene, so sind sie jedoch durch das Volkseinkommen, das als Summe der sektoralen Wertschöpfung aufgefasst werden kann, hinreichend genau erklärt (HOLUB/SCHNABL, 1994, S. 441).

die Lösung dieses Gleichungssystems[73] ist dann durch

$$\begin{aligned} \underline{x} &= \left(\underline{I} - \underline{A} - (\underline{c} + \underline{g})\cdot \underline{w}'\right)^{-1} \cdot (\underline{c}_{aut,i} + \underline{g}_{aut,i}) \\ &=: (\underline{I} - \underline{Z}^*)^{-1} \cdot (\underline{c}_{aut,i} + \underline{g}_{aut,i}) \ , \end{aligned} \tag{3.3-49}$$

gegeben, mit $\underline{Z}^* = \left(\underline{A} + (\underline{c} + \underline{g})\cdot \underline{w}'\right)$.

Nach dem gleichen Prinzip könnten nun auch *weitere Nachfragekomponenten* wie z.B. der Export und die Staatsausgaben teilweise endogenisiert werden. Dadurch würden die LEONTIEF-Multiplikatoren zusätzlich vergrößert[74] und die Auswirkungen des Einkommenskreislaufes auf den Produktionszyklus realitätsnäher modelliert. Innerhalb einer *nationalen* IO-Analyse erscheint jedoch die Endogenisierung der Exporte nicht sinnvoll, da diese von der Auslandsnachfrage abhängen. Die Endogenisierung der Staatsausgaben ist ebenfalls mit Problemen behaftet. Erstens erfüllen die staatlichen Inputs meistens nicht die Proportionalitätsannahme,[75] so dass ein Einbau in die vorgestellte IO-Analyse nicht in der behandelten Form möglich ist. Zweitens müssen die Staatsausgaben in einen Konsum- und einen Investitionsteil aufgeteilt werden; dies ist formal zwar möglich, jedoch wird diese Aufspaltung – je nach wirtschaftspolitischen Belangen – größeren Schwankungen unterliegen. Das Modell aber unterstellt stabile Funktionen, die zusätzlich linear mit z.B. den Bruttoproduktionswerten verknüpft sein sollen; auch diese Forderung ist bei diesen beiden „Teilblöcken" der Staatsausgaben nicht erfüllt. Ein zusätzliches Problem für die (Teil-)Endogenisierung der Staatsausgaben ist die Behandlung staatlicher Leistungen als reine Endnachfragekomponente. Es stellt sich nämlich die Frage, ob nicht Teile der staatlichen Leistungen sachlogisch als Vorleistungen in die IO-Tabelle eingeführt werden müssten. Dies würde jedoch zu einer erheblichen Umverteilung der Outputzeilen und insbesondere zu anderen Inputkoeffizienten, also zu einer anderen Matrix $\underline{A}$, führen. Bei anschließender Teilendogenisierung der Endnachfragekomponente müsste diese noch von weiteren Größen abhängig gemacht werden. Diese gesamten Überlegungen führen dazu, dass man sowohl den Export (Ex) als auch die Staatsausgaben S weiterhin als exogene Größen in das Modell einführt; die Lösung des Systems ist somit durch[76]

$$\underline{x} = (\underline{I} - \underline{Z}^*)^{-1} \cdot (\underline{c}_{aut,i} + \underline{g}_{aut,i} + Ex + S) \tag{3.3-50}$$

gegeben.

Eine *zusätzliche Modellvariante* entsteht durch die *Aufspaltung des Primäraufwandes*. Es liegt nahe, die Wertschöpfung in Arbeitseinkommen und Nichtarbeitsaufkommen aufzuteilen.[77] Damit lassen sich realitätsnähere Beziehungen bestimmter Endnachfragekomponenten nicht nur mit dem gesamten Volkseinkommen,[78] sondern mit Teilen dieser Größe herstellen. Insbesondere ist eine engere Koppelung der Investitionen an das Kapitaleinkommen oder des Konsums an die Arbeitseinkommen sinnvoll. Dazu führt man zunächst die *sektoralen Konsumfunktionen* in den Varianten

73. Es wird auch hier wieder die Existenz einer eindeutigen Lösung unterstellt, d.h. die Inverse der Matrix $\left(\underline{I} - \underline{A} - (\underline{c} + \underline{g})\cdot \underline{w}'\right)$ existiert.

74. Es ergeben sich schon bei der zweiten Modellvariante, in welcher zusätzlich die Investitionen endogenisiert werden, höhere Multiplikatorwirkungen als beim ersten Modell, in welchem nur die Konsumausgaben teilendogenisiert werden.

75. Man vergleiche dazu die einschlägige Volkswirtschaftstheorie.

76. Man vergleiche die Beziehung (3.3-49).

77. Als dritte Komponente könnte man auch das Staatseinkommen einbeziehen.

78. Man vergleiche das oben dargestellte Modell mit Teilendogenisierung des Konsums.

$$C_i^L = c_{aut,i}^L + c_i^L \cdot \sum_j L_j \qquad (3.3\text{-}51a)$$

und

$$C_i^K = c_{aut,i}^K + c_i^K \cdot \sum_j K_j \qquad (3.3\text{-}51b)$$

ein, mit $L_j\,(K_j) :=$ sektorales Arbeitseinkommen (Kapitaleinkommen), $C_i^L\,(C_i^K) :=$ Konsumanteil, der aus dem Arbeitseinkommen bzw. aus dem Kapitaleinkommen resultiert und $c_i^L,\ c_i^K > 0$, sowie $c_i^L > c_i^K$ für alle i;[79] entsprechend ergibt sich für die *sektoralen Investitionsfunktionen*

$$I_i^L = g_{aut,i}^L + g_i^L \cdot \sum_j L_j \qquad (3.3\text{-}52a)$$

und

$$I_i^K = g_{aut,i}^K + g_i^K \cdot \sum_j K_j\ , \qquad (3.3\text{-}52b)$$

mit $g_i^L,\ g_i^K > 0$ und $g_i^L < g_i^K$ für alle i.[80] Führt man diese Aufspaltung des Primäraufwandes in das Modell ein, so ergeben sich – unter Beachtung der Gültigkeit der Proportionalitätsannahmen $L_j = l_j X_j$ und $K_j = k_j X_j$ – die Outputzeilen

$$\sum_{j=1}^{n} a_{ij}X_j + C_i^L + C_i^K + I_i^L + I_i^K + Ex + S = X_i\ ,\ (1 \le i \le n)\ , \qquad (3.3\text{-}53)$$

bzw. wegen (3.3-51a) bis (3.3-52b)

$$\sum_{j=1}^{n} a_{ij}X_j + (c_{aut,i}^L + c_i^L L) + (c_{aut,i}^K + c_i^K K) + (g_{aut,i}^L + g_i^L L) +$$
$$(g_{aut,i}^K + g_i^K K) + Ex + S = X_i,\ , \qquad (3.3\text{-}54)$$

für alle i, mit

$$L := \sum_j L_j = \sum_j l_j X_j = \underline{l}'\underline{x},\ K := \sum_j K_j = \sum_j k_j X_j = \underline{k}'\underline{x}\ .^{81} \qquad (3.3\text{-}54a)$$

Umformung von (3.3-54) mit (3.3-54a) ergibt in Matrixschreibweise das System

$$\underline{A}\,\underline{x} + (\underline{c}^L + \underline{g}^L)\cdot \underline{l}'\underline{x} + (\underline{c}^K + \underline{g}^K)\cdot \underline{k}'\underline{x} +$$
$$\underbrace{(\underline{c}_{aut}^L + \underline{c}_{aut}^K + \underline{g}_{aut}^L + \underline{g}_{aut}^K + \underline{Ex} + \underline{S})}_{:=\underline{h}} = \underline{x} \qquad (3.3\text{-}55)$$

bzw.

79. Die marginalen Konsumquoten werden also als positiv vorausgesetzt; außerdem wird die in der Volkswirtschaftstheorie aufgestellte These unterstellt, dass die aus Arbeitseinkommen resultierende Konsumneigung größer ist als die mit dem Kapitaleinkommen gekoppelte Ausgabenneigung.

80. Die marginalen Investitionsquoten werden also bei Kapitaleinkommen höher als bei Arbeitseinkommen angesetzt; dies ist sicherlich sachlogisch sinnvoll.

81. Die skalaren Größen L und K sind exogen; die Beziehung (3.3-54a) zeigt ihre Rückkopplung im System, also ihre eigene Erklärung durch systemimmanente Größen auf.

$$\left(\underline{I} - \underline{A} - (\underline{c}^L + \underline{g}^L)\cdot\underline{l}' - (\underline{c}^K + \underline{g}^K)\cdot\underline{k}'\right)\cdot\underline{x} = \underline{h} \; ; \qquad (3.3\text{-}56)$$

die Lösung dieses Gleichungssystems lautet[82]

$$\underline{x} = \left(\underline{I} - \underline{A} - (\underline{c}^L + \underline{g}^L)\cdot\underline{l}' - (\underline{c}^K + \underline{g}^K)\cdot\underline{k}'\right)^{-1}\cdot\underline{h} =: (\underline{I} - \underline{Z}^{**})^{-1}\cdot\underline{h} \; . \qquad (3.3\text{-}57)$$

Beispiel 3.7 Gegeben sei die IO-Tabelle aus Beispiel 3.6. Nun werden noch die privaten sektoralen Investitionen als weitere Endnachfragekomponente eingeführt, wobei ebenfalls eine Aufspaltung in einen autonomen und einen endogenen Anteil vorgenommen wird. Die endogenen Anteile werden in der nachfolgenden IO-Tabelle 3.11 für die aus Arbeits- und Kapitaleinkommen stammenden Größen zusammengefasst ausgewiesen; die Tabelle 3.11 enthält also die Größen

$$C_{end,i} = c_i^L \sum_j L_j + c_i^K \sum_j K_j = c_i^L \cdot L + c_i^K \cdot K,$$

$$I_{end,i} = g_i^L \sum_j L_j + g_i^K \sum_j K_j = g_i^L \cdot L + g_i^K \cdot K\,, \; (1 \le i \le n)\,. \qquad (B3\text{-}43)$$

Die autonomen Anteile $c_{aut,i}$ und $g_{aut,i}$ werden zusätzlich summiert in die Tabelle eingebracht;[83] ausgewiesen werden somit

$$c_{aut,i} + g_{aut,i} = (c_{aut,i}^L + c_{aut,i}^K) + (g_{aut,i}^L + g_{aut,i}^K)\;. \qquad (B3\text{-}44)$$

Zusätzlich erfolgt eine Aufspaltung des Primäraufwandbereiches in die Komponenten „Staats-“ „Arbeits-“ und „Kapitaleinkommen“, bezeichnet mit T, L und K, wobei für die Ausgangstabelle zunächst ein sektorales Staatseinkommen[84] T_j von Null und eine Aufspaltung des restlichen sektoralen Einkommens in je 50% „Arbeitseinkommen“ L_j und „Kapitaleinkommen“ K_j unterstellt wird. Damit resultieren folgende Vektoren von Einkommenskoeffizienten:

$$\begin{aligned} \underline{l}' &= \left(\tfrac{45}{300} \;\; \tfrac{15}{150} \;\; \tfrac{60}{300}\right) = (0{,}15 \;\; 0{,}1 \;\; 0{,}2) \\ \underline{k}' &= \left(\tfrac{45}{300} \;\; \tfrac{15}{150} \;\; \tfrac{60}{300}\right) = (0{,}15 \;\; 0{,}1 \;\; 0{,}2) \text{ und} \\ \underline{t}' &= (0 \;\; 0 \;\; 0) \end{aligned} \qquad (B3\text{-}45)$$

Die marginalen Konsum- und Investitionskoeffizienten werden nun so gewählt, dass sich die Gesamtsummen für die Endnachfrage analog zu Tabelle 3.9 ergeben.

82. Auch hier wird die Existenz der modifizierten Inversen $\left(\underline{I} - \underline{A} - (\underline{c}^L + \underline{g}^L)\cdot\underline{l}' - (\underline{c}^K + \underline{g}^K)\cdot\underline{k}'\right)^{-1}$ vorausgesetzt.

83. Die Summe der Werte für die autonomen Größen ist die Differenz von endogenen Konsum- und Investitionsausgaben zur jeweiligen Endnachfrage aus den früheren Tabellen. Diese Differenzen werden insgesamt ausgewiesen, da anderweitig nur eine willkürliche Aufteilung möglich wäre.

84. Als Staatseinkommen können z.B. die indirekten Steuern festgelegt werden.

Da sich nun z.B. der endogene Konsumanteil nicht mehr aus dem gesamten Volkseinkommen Y, sondern auf eine Teilmenge von Y beziehen, müssen diese Koeffizienten höher gewählt werden. Damit sich die Tabelle wieder in einem Ausgangsgleichgewicht befindet, werden diese sektoralen Koeffizienten hier mit

Tabelle 3.10

Sektor	c_i^L	c_i^K	g_i^L	g_i^K	Σ
1	0,50	0,25	0,05	0,20	1,00
2	0,06	0,04	0,01	0,09	0,20
3	0,10	0,05	0,05	0,15	0,35

festgesetzt. Damit ergeben sich für den endogenen sektoralen Konsum – unter Beachtung von $L = \sum_j L_j = 45 + 15 + 60 = 120$ sowie $K = \sum_j K_j = 45 + 15 + 60 = 120$ –[85]

$$\begin{aligned} C_{end,1} &= 0,50 \cdot 120 + 0,25 \cdot 120 = 90 \;, \\ C_{end,2} &= 0,06 \cdot 120 + 0,04 \cdot 120 = 12 \;, \\ C_{end,3} &= 0,10 \cdot 120 + 0,05 \cdot 120 = 18 \;; \end{aligned} \qquad \text{(B3-46)}$$

für die sektoralen endogenen Investitionen ergeben sich die Werte

$$\begin{aligned} I_{end,1} &= 0,05 \cdot 120 + 0,20 \cdot 120 = 30 \;, \\ I_{end,2} &= 0,01 \cdot 120 + 0,09 \cdot 120 = 12 \;, \\ I_{end,3} &= 0,05 \cdot 120 + 0,15 \cdot 120 = 24 \;. \end{aligned} \qquad \text{(B3-47)}$$

Damit resultiert folgende IO-Tabelle, die sich wieder im Gleichgewichtszustand befindet:[86]

Tabelle 3.11

	Sektor 1	Sektor 2	Sektor 3	$c_{aut} + g_{aut}$	C_{end}	I_{end}	Σ
1	60	30	60	30	90	30	300
2	90	0	30	6	12	12	150
3	60	90	90	18	18	24	300
T	0	0	0				0
L	45	15	60				120
K	45	15	60				120
Σ	300	150	300				

85. Man vergleiche Tabelle 3.11, die sich aus den obigen Annahmen bezüglich der Aufspaltung des Primäraufwandbereichs aus Tabelle 3.9 ergibt.

86. Der Vektor der gesamten Endnachfrage ist somit wieder durch $\underline{y}' = (150 \quad 30 \quad 60)$ gegeben.

a. Analog zu Beispiel 3.6 sollen nun die Auswirkungen einer einmaligen Störung durch die Erhöhung der Konsumnachfrage im dritten Sektor um 30 Einheiten analysiert werden. Wie im vorhergehenden Beispiel wird diese Erhöhung durch eine Veränderung der dritten Komponente des Vektors der autonomen Größen eingebracht; es gilt nun

$$(\underline{c}_{aut} + \underline{g}_{aut})'_{neu} = \underline{h}'_{neu} = (30 \quad 6 \quad 48) .^{87} \qquad \text{(B3-48)}$$

Damit ist

$$\underline{Z}^{**} =^{(3.3-57)} \underline{A} + (\underline{c}^L + \underline{g}^L) \cdot \underline{1}' + (\underline{c}^K + \underline{g}^K) \cdot \underline{k}'$$

$$= \begin{pmatrix} 0,2 & 0,2 & 0,2 \\ 0,3 & 0 & 0,1 \\ 0,2 & 0,6 & 0,3 \end{pmatrix} + \left[\begin{pmatrix} 0,50 \\ 0,06 \\ 0,10 \end{pmatrix} + \begin{pmatrix} 0,05 \\ 0,01 \\ 0,05 \end{pmatrix} \right] \cdot (0,15 \quad 0,1 \quad 0,2)$$

$$+ \left[\begin{pmatrix} 0,25 \\ 0,04 \\ 0,05 \end{pmatrix} + \begin{pmatrix} 0,20 \\ 0,09 \\ 0,15 \end{pmatrix} \right] \cdot (0,15 \quad 0,1 \quad 0,2)$$

$$= \begin{pmatrix} 0,2 & 0,2 & 0,2 \\ 0,3 & 0 & 0,1 \\ 0,2 & 0,6 & 0,3 \end{pmatrix} + \begin{pmatrix} 0,0825 & 0,055 & 0,110 \\ 0,0105 & 0,007 & 0,014 \\ 0,0225 & 0,015 & 0,030 \end{pmatrix}$$

$$+ \begin{pmatrix} 0,0675 & 0,045 & 0,090 \\ 0,0195 & 0,013 & 0,026 \\ 0,0300 & 0,020 & 0,040 \end{pmatrix}$$

$$= \begin{pmatrix} 0,3500 & 0,300 & 0,400 \\ 0,3300 & 0,020 & 0,140 \\ 0,2525 & 0,635 & 0,370 \end{pmatrix} ; \qquad \text{(B3-49)}$$

daraus folgt

$$(\underline{I} - \underline{Z}^{**})^{-1} \approx \begin{pmatrix} 6,0228 & 5,0484 & 4,9459 \\ 2,7721 & 3,5157 & 2,5413 \\ 5,2080 & 5,5670 & 6,1311 \end{pmatrix} , \qquad \text{(B3-50)}$$

so dass sich der neue Outputvektor mit

87. Der Vektor $\underline{h}$ setzt sich in diesem Fall nur aus den Komponenten $\underline{c}_{aut}$ und $\underline{g}_{aut}$ zusammen, da kein Export und keine Staatsausgaben berücksichtigt werden.

$$\underline{x}_{neu} \overset{(3.3-57)}{=} (\underline{I} - \underline{Z}^{**})^{-1} \cdot \underline{h}_{neu}$$

$$\overset{(B3-48)}{\underset{(B3-50)}{=}} \begin{pmatrix} 6,0228 & 5,0484 & 4,9459 \\ 2,7721 & 3,5157 & 2,5413 \\ 5,2080 & 5,5670 & 6,1311 \end{pmatrix} \cdot \begin{pmatrix} 30 \\ 6 \\ 48 \end{pmatrix} \approx \begin{pmatrix} 448,3761 \\ 226,2393 \\ 483,9316 \end{pmatrix} \quad \text{(B3-51)}$$

ergibt.[88]

b. Nun wird angenommen, dass der Staat indirekte Steuern in Höhe von 10% (Sektor 1), 8% (Sektor 2) und 16% (Sektor 3) erhebt; die nun gegebenen sektoralen Staats-, Arbeits- und Kapitaleinkommen sind der Tabelle 3.12 zu entnehmen:[89]

Tabelle 3.12

	Sektor 1	Sektor 2	Sektor 3	Σ
T	30	12	48	90
L	30	9	36	75
K	30	9	36	75

Damit gilt nun für die Vektoren der Einkommenskoeffizienten

$$\begin{aligned} \underline{l}'_{neu} &= \left(\tfrac{30}{300} \;\; \tfrac{9}{150} \;\; \tfrac{36}{300}\right) = (0,1 \;\; 0,06 \;\; 0,12)\ , \\ \underline{k}'_{neu} &= \left(\tfrac{30}{300} \;\; \tfrac{9}{150} \;\; \tfrac{36}{300}\right) = (0,1 \;\; 0,06 \;\; 0,12) \text{ und} \\ \underline{t}'_{neu} &= (0,1 \;\; 0,08 \;\; 0,16)\ ; \end{aligned} \quad \text{(B3-52)}$$

auch die endogenen Anteile der Konsumnachfrage und der Investitionen verändern sich, da diese von $L = \sum L_j$ und $K = \sum K_j$ abhängen; diese Summe der Arbeits- und Kapitaleinkommen ist nun jeweils mit 75 statt mit 120 Einheiten gegeben.[90] Damit gilt

$$\begin{aligned} C_{end,1} &= 0,50 \cdot 75 + 0,25 \cdot 75 = 56,25\ , \\ C_{end,2} &= 0,06 \cdot 75 + 0,04 \cdot 75 = 7,5\ , \\ C_{end,3} &= 0,10 \cdot 75 + 0,05 \cdot 75 = 11,25\ , \\ I_{end,1} &= 0,05 \cdot 75 + 0,20 \cdot 75 = 18,75\ , \\ I_{end,2} &= 0,01 \cdot 75 + 0,09 \cdot 75 = 7,5\ , \\ I_{end,3} &= 0,05 \cdot 75 + 0,15 \cdot 75 = 15\ . \end{aligned} \quad \text{(B3-53)}$$

88. Dies ist natürlich dasselbe Ergebnis wie in Beispiel 3.-6; denn die Endnachfragekomponenten sowie ihre Änderung entsprechen den Vorgaben in diesem Beispiel. Die Endnachfragekomponenten werden hier nur weiter aufgeteilt.

89. Dabei wird – nach Abzug des Staatseinkommens – wieder eine 50%-ige Aufteilung des Resteinkommens in Arbeits- und Kapitaleinkommen unterstellt. Die sektoralen Staatseinkommen berechnen sich aus den jeweiligen Outputs, multipliziert mit den unterstellten Prozentzahlen für die indirekten Steuern, also T_1 = 300·0,1 0 30; T_2 = 150·0,08 = 12 und T_3 = 300·0,16 = 48.

90. Man vergleiche die Tabellen 3.10. und 3.12.

Auch die Spalte der Summe der autonomen Anteile von Konsum und Investitionen ändert sich; es wird dabei angenommen, dass der Staat sein über die indirekten Steuern erhaltenes Einkommen in voller Höhe auch wieder investiert. Damit werden die zusätzlich vorhandenen Staatsausgaben dem autonomen Anteil der Investitionen zugeschlagen, so dass sich der Vektor $\underline{h}$ hier mit

$$\underline{h}' = (\underline{c}_{aut} + \underline{g}_{aut})' = (75 \quad 15 \quad 33,75) \qquad \text{(B3-54)}$$

ergibt.[91] Diese Komponenten der Endnachfrage werden nochmals übersichtlich in Tabelle 3.13 zusammengestellt:

Tabelle 3.13

	$c_{aut}+g_{aut}$	C_{end}	I_{end}	Σ
Sektor 1	75	56,25	18,75	150
Sektor 2	15	7,5	7,5	30
Sektor 3	33,75	11,25	15	60

Nun wird wiederum eine *einmalige Störung* durch die Erhöhung der Konsumnachfrage im dritten Sektor um 30 Einheiten angenommen; d.h. es gilt nun

$$\underline{h}'_{neu} = (\underline{c}_{aut,\,neu} + \underline{g}_{aut})' = (75 \quad 15 \quad 63,75)\,. \qquad \text{(B3-55)}$$

Mit $\underline{l}_{neu}$ und $\underline{k}_{neu}$ aus (B3-52) berechnen sich die Matrizen $\underline{Z}^{**}$ und $(\underline{I} - \underline{Z}^{**})^{-1}$ analog zu (B3-49) und (B3-50) nun mit

$$\underline{Z}^{**} = \begin{pmatrix} 0,300 & 0,260 & 0,320 \\ 0,320 & 0,012 & 0,124 \\ 0,235 & 0,621 & 0,342 \end{pmatrix} \qquad \text{(B3-56)}$$

und

$$(\underline{I} - \underline{Z}^{**})^{-1} \approx \begin{pmatrix} 2,8518 & 1,8402 & 1,7337 \\ 1,1928 & 1,9178 & 0,9415 \\ 2,1442 & 2,4672 & 3,0275 \end{pmatrix}; \qquad \text{(B3-57)}$$

damit resultiert folgender neue Vektor der sektoralen Outputs:

$$\underline{x}_{neu} \overset{(3.3-57)}{=} (\underline{I} - \underline{Z}^{**})^{-1} \cdot \underline{h}_{neu}$$

$$\overset{(B3-55)}{\underset{(B3-57)}{=}} \begin{pmatrix} 2,8518 & 1,8402 & 1,7337 \\ 1,1928 & 1,9178 & 0,9415 \\ 2,1442 & 2,4672 & 3,0275 \end{pmatrix} \cdot \begin{pmatrix} 75 \\ 15 \\ 66,75 \end{pmatrix} \approx \begin{pmatrix} 352,0104 \\ 178,2444 \\ 390,8240 \end{pmatrix} \qquad \text{(B3-58)}$$

Die Lösungen aus Teilaufgabe a. und b. zeigen die unterschiedlichen Auswirkungen einer *einmaligen Störung* durch die Änderung einer Endnachfragekomponente bei unterschiedlicher Aufteilung des Primäraufwandbereiches. Das System findet somit zu jeweils anderen neuen Gleichgewichten.

91. Die Summe der sektoralen Endnachfragekomponenten bleibt somit erhalten.

Betrachtet man die verschiedenen Modellerweiterungen bezüglich der Teilendogenisierung, so sieht man, dass im Vergleich zur ursprünglichen Inversen $(\underline{I} - \underline{A})^{-1}$die jeweiligen modifizierten LEONTIEF-Inversen $(\underline{I} - \underline{Z})^{-1}$, $(\underline{I} - \underline{Z}^{*})^{-1}$, $(\underline{I} - \underline{Z}^{**})^{-1}$ meistens wesentlich größere Elemente enthält;[92] daraus resultieren die verschiedenen Rückkopplungseffekte auf alle Systemgrößen. Diese Effekte (Multiplikatoren) können für eine tiefer gehende Wirkungsanalyse noch zerlegt werden. So können die Änderungen im Bereich der Endnachfrage zu direkten, indirekten und induzierten Wirkungen führen; erstere bestehen in einem *Initialeffekt* (Erhöhung der Endnachfrage bzw. des Outputs) und einem *Erstrundeneffekt*[93] (Wirkung der Outputsteigerung auf die direkt betroffenen Inputkoeffizienten). Indirekte Wirkungen bestehen aus der Gesamtheit der Beiträge aller anderen Sektoren, die durch diese Outputsteigerung zustande kommen; sie werden auch als *Industrieeffekt* bezeichnet.[94] Die *induzierten Effekte* sind die zusätzlichen Rückkoppelungseffekte, die sich aus den Änderungen von Endnachfragekomponenten in teilendogenisierten Modellen ergeben.[95] Entsprechend kann man eine detaillierte Analyse der Einkommenseffekte durch die Zerlegung von $(\underline{I} - \underline{Z}^{**})^{-1}$ erhalten.[96]

Bevor im nächsten Abschnitt die statischen Preismodelle vorgestellt werden, sei noch darauf hingewiesen, dass die behandelten Mengenmodelle nicht nur in statischer, sondern auch in dynamischer, zeitabhängiger Form entwickelt wurden. Die Standardform eines *dynamischen offenen Mengenmodells* ist durch

$$\underline{K} \cdot \underline{x}(t + 1) = (\underline{I} - \underline{A} + \underline{K}) \cdot \underline{x}(t) - (1 + w)^{t} \cdot \underline{y}^{R}(0) \qquad (3.3\text{-}58)$$

gegeben, mit $\underline{A}, \underline{K}$semidefinit und $(\underline{I} - \underline{A}) \cdot \underline{x} > \underline{0}$ für einen Vektor $\underline{x} \geq \underline{0}$. $\underline{A}$ ist wiederum die Technologiematrix, die der Proportionalitätsannahme folgt, $\underline{K}$ stellt die Matrix der marginalen Kapitalkoeffizienten dar.[97] $\underline{y}^{R}$ kennzeichnet die restliche Endnachfrage, wenn man diese in einen Investitionsanteil, der von den Kapitalstöcken K_{ij} abhängig ist, und einen Rest aufteilt. w stellt den für alle Sektoren als gleich unterstellten Wachstumsfaktor dar, für den $w \geq 0$ gelten soll. $\underline{x}$ und $\underline{y}^{R}$ sind abhängig von der Zeit t; der zweite Summand auf der rechten Seite von (3.3-58) ist die restliche Endnachfrage $\underline{y}^{R}(t)$zum Zeitpunkt (in Periode), die wegen der Strukturkonstanz dieser Nachfrage in obiger Form in Abhängigkeit vom Wert in der Anfangsperiode angegeben werden kann. Ausgehend von einem Anfangsvektor $\underline{x}(0)$ in der Periode $t = 0$ kann nun eine iterative Lösung des Modells (3.3-58) gefunden werden, falls bestimmte formale Voraussetzungen[98] erfüllt sind. Existiert die Inverse $\underline{K}^{-1}$, so kann (3.3-58) in der Form

$$\underline{x}(t + 1) = (\underline{I} + \underline{K}^{-1} \cdot (\underline{I} - \underline{A})) \cdot \underline{x}(t) - (1 + w)^{t} \cdot \underline{K}^{-1} \cdot \underline{y}^{R}(0) \qquad (3.3\text{-}59)$$

92. Dies folgt aus der Addition weiterer nichtnegativer Matrizen zur Koeffizientenmatrix $\underline{A}$.

93. Initial- und Erstrundeneffekt können formal durch $(\underline{I} + \underline{A})$ ausgedrückt werden (vgl. EULERsche Reihe aus Beziehung (3.2-11)).

94. Diese sind die restlichen Summanden der EULERschen Reihe aus (3.2-11), also $\underline{A}^2 + \ldots + \underline{A}^n$.

95. Es wird nun ja nicht $(\underline{I} - \underline{A})^{-1}$, sondern $(\underline{I} - \underline{Z})^{-1}$ bzw. $(\underline{I} - \underline{Z}^{*})^{-1}$ verwendet, so dass sich für z.B. – nach (3.2-11) – für $(\underline{I} - \underline{Z})^{-1}$ die EULERsche Reihe $\underline{I} + \underline{Z} + \underline{Z}^2 + \ldots + \underline{Z}^n = \ldots = \underline{I} + \underline{A} + (\underline{A}^2 + \ldots) + \underline{cw}' + \underline{Acw}' + \underline{cw}'\underline{A} + (\underline{cw}')^2 + \ldots$ ergibt. Die *induzierten* Effekte sind somit die Differenz von $(\underline{I} - \underline{A})^{-1}$ und $(\underline{I} - \underline{Z})^{-1}$, also $\underline{cw}' + \underline{Acw}' + \underline{cw}'\underline{A} + (\underline{cw}')^2 + \ldots$

96. Man vergleiche dazu z.B. HOLUB/SCHNABL, 1994, S. 460 ff. Analog können auch die einzelnen Beschäftigungseffekte analysiert werden, falls man das Spezialmodell betrachtet, das im Primäraufwandquadranten die Größe „Beschäftigung" enthält.

97. Auch für diese wird die Proportionalitätsannahme unterstellt. Das Modell fängt in gewisser Weise auch das aus der Wirtschaftstheorie bekannte Akzelerationsprinzip ein.

98. Z.B. Invertierbarkeit bestimmter Matrizen.

geschrieben werden. (3.3-59) stellt ein System von *inhomogenen Differenzengleichungen* dar. Derartige Systeme werden grundsätzlich so gelöst, dass man zuerst das zugehörige *homogene* Gleichungssystem löst und dann die *partikulären Lösungen*, die die Anfangsbedingungen erfüllen, sucht.[99]

3.4 Das statische offene Preismodell

In den bisher vorgestellten IO-Modellen wurden die Mengen in Abhängigkeit der Endnachfragekomponenten betrachtet; die *Preise* waren dabei *gegeben*. Nun wird die umgekehrte Analyse durchgeführt, d.h. die Mengen werden als *konstant* unterstellt und man untersucht die *Auswirkungen von Preisänderungen* auf das System. Dabei wird *angenommen*, dass die *Outputhomogenität der Güter in jedem Sektor zu einheitlichen Preisen pro Sektor* führen. Somit wird in jeder Sektor*zeile* der IO-Tabelle ein homogener Output und damit ein einheitlicher Güterpreis unterstellt, so dass die Outputmengen zur Gesamtmenge des Outputs X_i aggregiert werden können. Der Produktionswert (Gesamtumsatz des Sektors i) U_i ergibt sich dann durch Multiplikation dieser Zeilensumme mit dem jeweiligen (einheitlichen) Preis P_i, der für diese Güter unterstellt wird, also

$$U_i = P_i \cdot X_i \, , \; (1 \le i \le n) \; . \tag{3.4-1}$$

Da auch hier von konstanten Inputkoeffizienten $a_{ij} = X_{ij}/X_j$, also der *Proportionalitätsannahme* ausgegangen wird, erhält man statt des linearen Gleichungssystems (3.2-3) des statischen offenen Mengenmodells nun das Gleichungssystem

$$\begin{array}{ccccccccc} a_{11}X_1P_1 & + & a_{12}X_2P_1 & + & \ldots & + & a_{1n}X_nP_1 & + & Y_1 & = & U_1 \\ a_{21}X_1P_2 & + & a_{22}X_2P_2 & + & \ldots & + & a_{2n}X_nP_2 & + & Y_2 & = & U_2 \\ & & & & \vdots & & & & \vdots & & \vdots \\ a_{n1}X_1P_n & + & a_{n2}X_2P_n & + & \ldots & + & a_{nn}X_nP_n & + & Y_n & = & U_n \end{array} \tag{3.4-2}$$

mit $Y_i :=$ Endnachfrage des Sektors i und $U_i :=$ Outputwert des Sektors i, $(1 \le i \le n)$.

Sollen nun Veränderungen des Preisniveaus analysiert werden, so machen sich diese zunächst in höheren sektoralen Gesamtkosten bemerkbar. Deshalb ist die IO-Tabelle nicht zeilenweise, sondern *spaltenweise*[100] zu betrachten. Nimmt man zunächst nur einen Primäraufwandsbereich (z.B. den Produktionsfaktor „Arbeit") an, so wird dieser ebenfalls in eine Mengenkomponente (z.B. „Arbeitsstunden") W_j und eine Preiskomponente P_W (z.B. „Lohnsatz") zerlegt, wobei auch hier ein einheitlicher Faktorpreis unterstellt wird; es gilt somit

$$PA_j = W_j \cdot P_w \; . \tag{3.4-3}$$

Damit muss im Gleichgewicht pro Spalte j mit (3.4-1) und unter Beachtung von $U_i = U_j$ sowie $w_j = W_j/X_j$[101]

99. Zur Lösung dieser Aufgabe sei auf die einschlägige Literatur verwiesen.

100. Die Kosten, die pro Sektor j entstehen, setzen sich aus den Kosten der in diesem Sektor verbrauchten Vorleistungen und den Kosten des Primäraufwandbereiches für die Überlassung von Produktionsfaktoren in diesem Sektor zusammen. Im Gleichgewicht muss der Wert sämtlicher sektoralen Inputs wieder gleich dem Wert des sektoralen Outputs sein. Würde sich der Preis des Produktionsfaktors erhöhen, so wären durch die gegebenen Preise die Kosten nicht mehr gedeckt; im betrachteten Sektor entstehen Verluste. Man unterstellt somit zunächst noch *keine Gewinnkomponente*, d.h. höhere Kosten können nicht durch eine kleinere Gewinnmarge abgefedert werden.

101. D.h. auch für den Primäraufwandbereich gilt wieder die Proportionalitätsannahme.

$$\begin{array}{lcl} a_{11}X_1P_1 + a_{21}X_1P_2 + \ldots + a_{n1}X_1P_n + w_1X_1P_w & = & X_1P_1 \\ a_{12}X_2P_1 + a_{22}X_2P_2 + \ldots + a_{n2}X_2P_n + w_2X_2P_w & = & X_2P_2 \\ \vdots & & \vdots \\ a_{1n}X_nP_1 + a_{2n}X_nP_2 + \ldots + a_{nn}X_nP_n + w_nX_nP_w & = & X_nP_n \end{array} \tag{3.4-4}$$

gelten. Da offensichtlich jede Zeile des Gleichungssystems (3.4-4) durch X_j, $(1 \leq j \leq n)$, dividiert werden kann, ergibt sich das vereinfachte System

$$\begin{array}{lcl} a_{11}P_1 + a_{21}P_2 + \ldots + a_{n1}P_n + w_1P_w & = & P_1 \\ a_{12}P_1 + a_{22}P_2 + \ldots + a_{n2}P_n + w_2P_w & = & P_2 \\ \vdots & & \vdots \\ a_{1n}P_1 + a_{2n}P_2 + \ldots + a_{nn}P_n + w_nP_w & = & P_n \quad , \end{array} \tag{3.4-5}$$

das in Matrixschreibweise durch

$$\underline{A}'\underline{p} + \underline{w}P_w = \underline{p} \tag{3.4-5a}$$

wiedergegeben werden kann, mit $\underline{A}'$:= transponierte $(n \times n)$–Matrix der Inputkoeffizienten (= transponierte Technologiematrix), $\underline{p}$:= $(n \times 1)$–Vektor der sektoralen Preise, $\underline{w}$:= $(n \times 1)$–Vektor der sektoralen Wertschöpfungskoeffizienten und P_w := Preis des Primärfaktors (z.B. „Lohnsatz"). Umformung ergibt

$$\left(\underline{I}_{(n \times n)} - \underline{A}'\right) \cdot \underline{p} = \underline{w}P_w \tag{3.4-5b}$$

und damit – unter der Voraussetzung der Existenz der Inversen $(\underline{I} - \underline{A}')^{-1}$ – die Gleichgewichtslösung

$$\underline{p} = (\underline{I} - \underline{A}')^{-1} \cdot \underline{w} \cdot P_w \ . \tag{3.4-6}$$

Multipliziert man (3.4-6) mit einem beliebigen Faktor F von rechts, so erhält man die neue Gleichgewichtslösung

$$\underline{p} \cdot F = (\underline{I} - \underline{A}')^{-1} \cdot \underline{w} \cdot P_w \cdot F \ ; \tag{3.4-7}$$

die rechte Gleichungsseite entspricht dann einem Vielfachen des ursprünglichen Faktorpreises; auf der linken Seite wird jeder Preis P_i ebenfalls mit diesem Vielfachen multipliziert. Dies bedeutet, dass eine bestimmte prozentuale Veränderung des Faktorpreises – *unabhängig vom absoluten Preisniveau* – zu einer prozentualen Veränderung jedes sektoralen Güterpreises P_i in gleicher Höhe führt. Damit wird deutlich, dass für das Ergebnis im Preismodell nicht die absolute Preishöhe, sondern *nur die prozentuale Preisänderung entscheidend ist*. Deshalb kann in einer gegebenen IO-Tabelle mit dem einfachen, willkürlich gewählten Preis von „Eins" gearbeitet werden, der einen geringeren Rechenaufwand bedingt. Dies soll anhand des folgenden Beispiels gezeigt werden.

Beispiel 3.8 Ausgangspunkt sei wiederum die Tabelle 3.4 aus Beispiel 3.1. Die Tabellenwerte werden nun als Umsätze, also jeweils als Produkt von Outputmenge und sektoralem Outputpreis P_i betrachtet. Wegen obiger Ausführungen wird dabei gleich ein Preis von „Eins“ unterstellt; Entsprechendes gilt dann auch für den Preis der sektoralen Endnachfragen und für den Preis P_w des Primärfaktors, der hier den Faktor „Arbeit“ darstellen soll.[102] Damit kann Tabelle 3.4 in nachfolgender Form dargestellt werden:

Tabelle 3.14

	Sektor 1	Sektor 2	Sektor 3	Endnachfrage	Σ	P_i
Sektor 1	60·	30·1	60·1	150·1	300	1
Sektor 2	90·1	0	30·1	30·1	150	1
Sektor 3	60·1	90·1	90·1	60·1	300	1
PA	90·1	30·1	120·1			1
Σ	300	150	300			

Die Tabelle wird nun spaltenweise betrachtet. Die hier relevanten Matrizen und Vektoren sind im Ausgangsgleichgewicht gegeben mit

$$\underline{A}' \overset{(B3-1)}{=} \begin{pmatrix} 0,2 & 0,3 & 0,2 \\ 0,2 & 0 & 0,6 \\ 0,2 & 0,1 & 0,3 \end{pmatrix}, \underline{w} = \begin{pmatrix} 0,3 \\ 0,2 \\ 0,4 \end{pmatrix} \text{ und } \underline{p} = \begin{pmatrix} 1 \\ 1 \\ 1 \end{pmatrix}; \quad \text{(B3-59)}$$

der Preis des Primärfaktors ist $P_w = 1$. Damit gilt

$$(\underline{I} - \underline{A}') = \begin{pmatrix} 0,8 & -0,3 & -0,2 \\ -0,2 & 1 & -0,6 \\ -0,2 & -0,1 & 0,7 \end{pmatrix} \quad \text{(B3-60)}$$

und

$$(\underline{I} - \underline{A}')^{-1} = \begin{pmatrix} 1,641025641 & 0,5897435897 & 0,9743589744 \\ 0,666\bar{6} & 1,333\bar{3} & 1,333\bar{3} \\ 0,5641025641 & 0,358974359 & 1,897435897 \end{pmatrix}; \quad \text{(B3-60a)}$$

diese Inverse ist natürlich gleich der Transponierten von $(\underline{I} - \underline{A})^{-1}$.[103]

Nun wird angenommen, dass sich der Faktorpreis in *allen* Sektoren um 5% erhöht. Damit ist $P_{w,neu} = 1,05$ und die neuen gleichgewichtigen Outputpreise ergeben sich nach (3.4-7) mit

102. Es wird analog zu den bisherigen Ausführungen zunächst nur ein Primärfaktor unterstellt; der Primäraufwand besteht somit nur aus einer Zeile.

103. Man vergleiche z.B. die Berechnungen in Beispiel 3.1.

$$\underline{p}_{neu} = \begin{pmatrix} P_1 \\ P_2 \\ P_3 \end{pmatrix}$$

$$= \begin{pmatrix} 1,641025641 & 0,5897435897 & 0,9743589744 \\ 0,666\bar{6} & 1,333\bar{3} & 1,333\bar{3} \\ 0,5641025641 & 0,358974359 & 1,897435897 \end{pmatrix} \cdot \begin{pmatrix} 0,3 \\ 0,2 \\ 0,4 \end{pmatrix} \cdot 1,05$$

$$= \begin{pmatrix} 1,05 \\ 1,05 \\ 1,05 \end{pmatrix} \qquad \text{(B3-61)}$$

Eine Faktorpreisänderung in Höhe von 5% in allen Sektoren führt also zu einer Änderung aller Outputpreise in gleicher Höhe.

Dieses Grundmodell kann nun folgendermaßen *erweitert* werden: Bisher wurde nur ein Primärfaktor unterstellt; in der Praxis findet man jedoch *drei bis fünf Komponenten* der Bruttowertschöpfung, z.B. Importe, Abschreibungen, Produktionssteuern, Einkommen aus unselbständiger Arbeit („Löhne") sowie aus Unternehmertätigkeit und Vermögen („Gewinne"). Die Änderung des Preises nur einer dieser Komponenten bewirkt natürlich keine Änderung der Outputpreise in demselben Ausmaß wie eine gleichzeitige Änderung der Preise sämtlicher Wertschöpfungskomponenten. Hier soll im Folgenden auf die zwei Produktionsfaktoren „Arbeit" und „Kapital" abgestellt werden. Außerdem ist im Ausgangsmodell die Annahme einheitlicher Faktorpreise sehr einschränkend; realistischer ist sicherlich, *unterschiedliche sektorale Faktorpreise* zu unterstellen. Weiterhin sollte noch eine *„Gewinnkomponente"* eingeführt werden.[104] Damit ergibt sich das folgende *erweiterte offene statische Preismodell*:

$$\underline{A}'\underline{p} + \underline{l} + \underline{k} + \underline{g}_* = \underline{p} \ , \qquad \text{(3.4-8)}$$

mit der transponierten Technologiematrix $\underline{A}'$ und dem Preisvektor $\underline{p}$ aus (3.4-5a) und den $(n \times 1)$-Vektoren

$$\underline{l} = \begin{pmatrix} l_1 P_{l1} \\ \vdots \\ l_n P_{ln} \end{pmatrix} , \ \underline{k} = \begin{pmatrix} k_1 P_{k1} \\ \vdots \\ k_n P_{kn} \end{pmatrix} , \ \underline{g}_* = \begin{pmatrix} g_{*1} \\ \vdots \\ g_{*n} \end{pmatrix} ; \qquad \text{(3.4-8a)}$$

l_j bzw. k_j stellen dabei die (mengenmäßigen) Inputkoeffizienten der Primärfaktoren „Arbeit" und „Kapital" dar, g_{*i} die sektoralen Stückgewinne. Unterstellt man vollständige Konkurrenz, so gilt $\underline{g}_* = \underline{0}$, so dass sich das System (3.4-8) zu

104. Die Einführung dieser Komponente stellt ein besonderes Problem dar; denn in der IO-Analyse wird meistens eine Gleichgewichtssituation bei vollkommener Konkurrenz unterstellt, d.h. es dürfen bei Einzelfirmen keine Residualgewinne gegeben sein. Diese werden bei der unterstellten Wettbewerbssituation sofort eliminiert. Der in den IO-Tabellen ausgewiesene „Gewinn" sollte deshalb nur kontraktbestimmte Einkommen wie z.B. „Unternehmerlohn" oder „kalkulatorische Zinsen" für die Bereitstellung des Kapitals umfassen; für diese behält die unterstellte Proportionalitätsannahme ihre Gültigkeit (HOLUB/SCHNABL, 1994, S. 286).

$$\underline{A}'\underline{p} + \underline{l} + \underline{k} = \underline{p} \tag{3.4-9}$$

reduziert.[105] Die Lösung des erweiterten Modells lautet dann

$$\underline{p} = (\underline{I} - \underline{A}')^{-1} \cdot (\underline{l} + \underline{k} + \underline{g}_*) \text{ bzw.} \tag{3.4-10}$$

$$\underline{p} = (\underline{I} - \underline{A}')^{-1} \cdot (\underline{l} + \underline{k}) \ ; \tag{3.4-11}$$

vergleicht man diese Lösungen mit (3.4-6), so lässt sich leicht erkennen, dass nun die Erhöhung des Preises nur eines der beiden Primärfaktoren nicht die gleich hohe Änderung der Outputpreise bedingt wie dies der Fall ist, wenn man nur einen Faktor unterstellt. Die *lineare Homogenität* der Modellbeziehungen ist jedoch weiterhin gegeben, da die Multiplikation aller Faktoren mit derselben Größe F wiederum eine Änderung der endogenen Outputpreise P_i in gleicher Höhe, also $P_i \cdot F$, ergibt.

Will man analysieren, wie sich *sektoral unterschiedliche Preisänderungen* eines Primärfaktors auswirken, so geht man am besten von Beziehung (3.4-5b) und (3.4-6) aus;[106] statt P_w gelten nun die unterschiedlichen Preise P_{wj}, $(1 \leq j \leq n)$. Es ergibt sich dann auf der rechten Seite von (3.4-5b)

$$\begin{pmatrix} w_1 P_{w1} \\ \vdots \\ w_n P_{wn} \end{pmatrix} = \begin{pmatrix} w_1 & 0 & \dots & 0 \\ 0 & w_2 & & \vdots \\ \vdots & & \ddots & 0 \\ 0 & \dots & 0 & w_n \end{pmatrix} \cdot \begin{pmatrix} P_{w1} \\ P_{w2} \\ \vdots \\ P_{wn} \end{pmatrix} = \underline{W}_D \cdot \underline{p}_w \tag{3.4-12}$$

und damit statt (3.4-6) die Lösung

$$\underline{p} = (\underline{I} - \underline{A}')^{-1} \cdot \underline{W}_D \cdot \underline{p}_w \ . \tag{3.4-13}$$

Die Preisanpassungen erfolgen offensichtlich *nichtlinear*; dies resultiert aus den Elementen der Verflechtungsmatrix $(\underline{I} - \underline{A}')$ bzw. der zugehörigen Inversen. Zu beachten ist, dass die aus dem Modell abgeleiteten Preise nicht als tatsächliche Marktpreise interpretiert werden dürfen, sondern als *„Schattenpreise“ („Verrechnungspreise“)* zu sehen sind.[107]

Beispiel 3.9 Ausgehend vom Ansatz (3.4-11) unterstellt man nun die zwei Primärfaktoren „Arbeit“ und „Kapital“ mit den zugehörigen Preisvektoren $\underline{l}$ und $\underline{k}$, wobei man wieder im Ausgangsgleichgewicht $(\underline{l} + \underline{k}) = \underline{1}$ unterstellt. Analog zu Beispiel 3.7 soll eine Aufteilung des Primäraufwandbereiches von $l_j P_{lj} : k_j P_{kj} = 50 : 50$ gelten. Eine Erhöhung z.B. der Lohnsätze in *allen* Sektoren um 5% würde dann nicht zu einer Erhöhung der Outputpreise von jeweils ebenfalls 5% führen, sondern nur in Höhe von 2,5%.

105. In der Praxis kann der Vektor der sektoralen Stückgewinne häufig nicht ermittelt werden. Auch dann kann man von Beziehung (3.4-9) ausgehen; dabei denke man sich nur die Komponenten von $\underline{g}$ in $\underline{k}$ enthalten.

106. Es wird also vereinfachend wieder nur ein Primärfaktor, z.B. der Faktor „Arbeit“, unterstellt.

107. Man vergleiche den PRIMAL-DUAL-Ansatz und dessen Interpretation innerhalb der Linearen Programmierung.

Weiterhin soll untersucht werden, wie sich eine sektoral *unterschiedliche* Preiserhöhung eines Faktors auswirkt. Um die Unterschiede zum vorherigen Abschnitt besser demonstrieren zu können, wird wieder nur von *einem* Primärfaktor ausgegangen; analog zu Beispiel 3.8 sei der Faktor „Arbeit" unterstellt und es wird von dem in Tabelle 3.14 gegebenen Gleichgewicht ausgegangen. Es wird nun eine Faktorpreiserhöhung in Höhe von 5% *nur* im *dritten* Sektor angenommen. Damit gilt

$$\underline{W}_D \cdot \underline{p}_{w,\,neu} \overset{(3.4-12)}{=} \begin{pmatrix} 0,3 & 0 & 0 \\ 0 & 0,2 & 0 \\ 0 & 0 & 0,4 \end{pmatrix} \cdot \begin{pmatrix} 1 \\ 1 \\ 1,05 \end{pmatrix} = \begin{pmatrix} 0,3 \\ 0,2 \\ 0,42 \end{pmatrix}, \qquad \text{(B3-62)}$$

so dass sich der neue Outputpreisvektor nach (3.4-13) mit

$$\underline{p}_{neu} = \begin{pmatrix} P_1 \\ P_2 \\ P_3 \end{pmatrix}$$

$$= \begin{pmatrix} 1,641025641 & 0,5897435897 & 0,9743589744 \\ 0,666\bar{6} & 1,333\bar{3} & 1,333\bar{3} \\ 0,5641025641 & 0,358974359 & 1,897435897 \end{pmatrix} \cdot \begin{pmatrix} 0,3 \\ 0,2 \\ 0,42 \end{pmatrix}$$

$$\approx \begin{pmatrix} 1,0195 \\ 1,0267 \\ 1,0379 \end{pmatrix} \qquad \text{(B3-63)}$$

ergibt. Eine Faktorpreissteigerung nur im dritten Sektor um 5% hat also nur eine Steigerung des Outputpreises in diesem Sektor von 3,79% bewirkt; die restlichen Werte aus (B3-63) sind entsprechend zu interpretieren.

Würde man z.B. eine Preissteigerung des Faktors „Arbeit" von 2% im ersten, 2,5% im zweiten und 5% im dritten Sektor unterstellen, so führen diese zu einem anderen neuen Preisvektor, der nach (3.4-13) mit (3.4-12) durch

$$\underline{p}'_{neu} \approx (1,0323 \quad 1,0373 \quad 1,0431) \qquad \text{(B3-64)}$$

gegeben ist.

Analog zum Mengenmodell sollen auch noch im Preismodell die *direkten und indirekten Wirkungen* von Preisänderungen näher betrachtet werden. Geht man vereinfachend vom Modell (3.4-5) mit seiner Lösung (3.4-6) aus,[108] so ändern sich die Outputpreise gilt bei Änderung des (einheitlichen) Faktorpreises P_w um ΔP_w um

$$\Delta \underline{p} = (\underline{I} - \underline{A}')^{-1} \cdot \underline{w} \cdot \Delta P_w \; ; \qquad \text{(3.4-14)}$$

108. Eine Übertragung auf das erweiterte Modell ist leicht möglich, da sich die Ausführungen nur auf die Inverse $(\underline{I} - \underline{A}')^{-1}$ beziehen.

da nach der EULERschen Reihenentwicklung die Inverse $(\underline{I} - \underline{A}')^{-1}$ analog zu (3.2-11) mit

$$(\underline{I} - \underline{A}')^{-1} = \underline{I} + \underline{A}' + \underline{A}'^2 + \ldots + \underline{A}'^n \qquad (3.4\text{-}15)$$

wiedergegeben werden kann, sind nach Substitution in (3.4-14) die direkten und indirekten Effekte einer Faktorpreisänderung durch

$$\Delta \underline{p} = \underbrace{\underline{w} \cdot \Delta P_w}_{\text{direkte Effekte}} + \underbrace{(\underline{A}' + \underline{A}'^2 + \ldots + \underline{A}'^n) \cdot \underline{w} \cdot \Delta P_w}_{\text{indirekte Effekte}} \qquad (3.4\text{-}16)$$

anzugeben. Die Inverse beschreibt somit die gesamten Preiswirkungen.

3.5 Erweiterung des statischen offenen Preismodells durch (Teil-) Endogenisierung der Preise

Analog zum Mengenmodell kann nun auch das offene statische Preismodell zunächst in der Hinsicht erweitert werden, dass die Preise *total endogenisiert* werden. Dies erreicht man hier ebenfalls durch die Betrachtung des Primäraufwandes sowie der Endnachfrage als weiteren Sektor $(n + 1)$. Stellt man die Gleichungen wieder spalten-, also sektoral inputbezogen auf, so ergibt sich analog zur Vorgehensweise in Abschnitt 3.4 das Gleichungssystem für das *geschlossene Preismodell* mit

$$\begin{array}{lllllll} a_{11}P_1 + & a_{21}P_2 + & \ldots + & a_{n+1,1}P_{n+1} & = & P_1 \\ a_{12}P_1 + & a_{22}P_2 + & \ldots + & a_{n+1,2}P_{n+1} & = & P_2 \\ \vdots & & & \vdots & \vdots & \vdots \\ a_{1,n+1}P_1 + & a_{2,n+1}P_2 + & \ldots + & a_{n+1,n+1}P_{n+1} & = & P_{n+1} & , \end{array} \qquad (3.5\text{-}1)$$

in Matrixschreibweise

$$\underline{A}'\underline{p} = \underline{p}. \qquad (3.5\text{-}1a)$$

Umformung ergibt das homogene System

$$\underline{p} - \underline{A}'\underline{p} = \underline{0} \Rightarrow \left(\underline{I}_{[(n+1)\times(n\times 1)]} - \underline{A}'\right)^{-1} \cdot \underline{p} = \underline{0} \ , \qquad (3.5\text{-}2)$$

das nur eine nichttriviale Lösung für $\det(\underline{I} - \underline{A}') = 0$ besitzt. Der Vektor $\underline{p}$ gibt dann jedoch nur die *Preisrelationen* an, da mit $\underline{p}$ auch alle Vielfachen von $\underline{p}$ Lösungen von (3.5-2) darstellen. Entsprechend der Ausführungen im geschlossenen Mengenmodell[109] betrachtet man deshalb die Beziehung (3.5-1a) in ihrer *dynamisierten Form*

$$\underline{A}'\underline{p}_t = \underline{p}_{t+1} \ , \qquad (3.5\text{-}3)$$

wobei $\underline{p}_{t+1}$ die Preisreaktion in der einer nichtgleichgewichtigen Ausgangslage folgenden Periode darstellt. Diese Ausgangssituation wurde wieder durch eine *einmalige Störung,*[110] also Preisänderung, hervorgerufen, die in $\underline{p}_t$ enthalten ist. Nach s Iterationen ergibt sich hier – analog zur Beziehung (3.3-36) im Mengenmodell –

$$\underline{p}_s = \underline{A}'\underline{p}_0 \ , \qquad (3.5\text{-}4)$$

109. Man vergleiche die Beziehungen (3.3-34) bis (3.3-36).

110. Eine permanente exogene Störung ist hier auszuschließen, da diese den Annahmen eines total endogenisierten Preismodells widersprechen würde.

wobei für jeden Schritt dieselbe Technologiematrix $\underline{A}'$ vorausgesetzt wird; $\underline{p}_0$ stellt den Vektor der Outputpreise in der Ausgangsperiode $t = 0$ dar. Nach (theoretisch) unendlich vielen Schritten ist die Differenz $\underline{A}'^{s+1} - \underline{A}'^{s}$ gleich der Nullmatrix; der Vektor $\underline{p}_s$ hat sich auf einem neuen Gleichgewichtsniveau stabilisiert. Die soll anhand eines Beispiels demonstriert werden.

Beispiel 3.10 Ausgehend von Tabelle 3.14 aus Beispiel 3.8 wird nun sowohl der Primäraufwandbereich als auch die Endnachfrage als vierter Sektor betrachtet, wobei im Ausgangsgleichgewicht alle Preise wieder gleich „Eins" gesetzt werden. Der intrasektorale Strom des vierten Sektors wird auf Null gesetzt. Es gilt somit

Tabelle 3.15

	Sektor 1	Sektor 2	Sektor 3	Sektor 4	Σ
Sektor 1	60·	30·1	60·1	150·1	300
Sektor 2	90·1	0	30·1	30·1	150
Sektor 3	60·1	90·1	90·1	60·1	300
Sektor 4	90·1	30·1	120·1	0	240
Σ	300	150	300	240	

Nun wird eine einmalige *einheitliche* Erhöhung der Preise des *vierten* Sektors von jeweils 5% unterstellt. Analog zu Beispiel 3.5 ist nun die transponierte Technologiematrix mit

$$\underline{A}' = \begin{pmatrix} 0,2 & 0,3 & 0,2 & 0,3 \\ 0,2 & 0 & 0,6 & 0,2 \\ 0,2 & 0,1 & 0,3 & 0,4 \\ 0,625 & 0,125 & 0,25 & 0 \end{pmatrix} \tag{B3-65}$$

gegeben; der neue Preisvektor für die sektoralen Outputs lautet $\underline{p}'_{neu} = (1 \;\; 1 \;\; 1 \;\; 1,05)$. Analog zum Mengenmodell berechnet man nun iterativ die neuen Preisvektoren nach (3.5-4); man erhält z.B. für die ersten drei Schritte

$$\underline{p}_1 \overset{(3.5-4)}{=} \underline{A}'\underline{p}_{neu} = \begin{pmatrix} 0,2 & 0,3 & 0,2 & 0,3 \\ 0,2 & 0 & 0,6 & 0,2 \\ 0,2 & 0,1 & 0,3 & 0,4 \\ 0,625 & 0,125 & 0,25 & 0 \end{pmatrix} \cdot \begin{pmatrix} 1 \\ 1 \\ 1 \\ 1,05 \end{pmatrix} = \begin{pmatrix} 1,015 \\ 1,010 \\ 1,020 \\ 1,000 \end{pmatrix}, \tag{B3-66}$$

$$\underline{p}_2 \overset{(3.5-4)}{=} \underline{A}'^2\underline{p}_{neu} = \begin{pmatrix} 1,010000 \\ 1,015000 \\ 1,010000 \\ 1,015625 \end{pmatrix}, \; \underline{p}_3 \overset{(3.5-4)}{=} \underline{A}'^3\underline{p}_{neu} = \begin{pmatrix} 1,013188 \\ 1,011125 \\ 1,012750 \\ 1,010625 \end{pmatrix}; \tag{B3-67}$$

nach ungefähr elf Schritten stabilisiert sich das Ergebnis, so dass man den *neuen Gleichgewichtsvektor für die Outputpreise* mit

$$\underline{p}_{11} \overset{(3.5-4)}{=} \underline{A}'^{11}\underline{p}_{neu} \approx \begin{pmatrix} 0,3030 & 0,1515 & 0,3030 & 0,2424 \\ 0,3030 & 0,1515 & 0,3030 & 0,2424 \\ 0,3030 & 0,1515 & 0,3030 & 0,2424 \\ 0,3030 & 0,1515 & 0,3030 & 0,2424 \end{pmatrix} \cdot \begin{pmatrix} 1 \\ 1 \\ 1 \\ 1,05 \end{pmatrix}$$

$$\approx \begin{pmatrix} 1,012 \\ 1,012 \\ 1,012 \\ 1,012 \end{pmatrix} \qquad \text{(B3-68)}$$

angeben kann.

Die Möglichkeiten eines *total* endogenisierten Preismodells sind offensichtlich sehr beschränkt. Deshalb wird im Folgenden eine *Teilendogenisierung des Preismodells* vorgenommen.

Da sich in der Praxis feststellen lässt, dass sich Preiserhöhungen von Produktionsfaktoren tatsächlich an anderen Preisänderungen orientieren, wird als *erstes* eine *Orientierung neuer Lohnforderungen am Preisindex für Lebenshaltung* untersucht. Dieser kann durch

$$PI = \sum_i c_i p_i = \underline{c}'\underline{p} \qquad (3.5\text{-}5)$$

wiedergegeben werden, mit $c_i :=$ normierte Anteile des sektoralen Konsums am Gesamtkonsum, $\sum_i c_i = 1$, und $p_i :=$ Preisänderungskoeffizienten, die sich als Reaktion auf eine autonome Änderung der Faktorpreise ergeben haben.[111]

Ausgehend vom offenen statischen Preismodell der Form (3.4-9) schreibt man zunächst die Spaltenvektoren $\underline{l}$ bzw. $\underline{k}$ als Produkt der Diagonalmatrizen $\underline{W}_{l,D}$ bzw. $\underline{W}_{k,D}$ der Wertschöpfungskoeffizienten für „Arbeit" bzw. „Kapital" und dem jeweiligen Preisvektor für die sektoralen Faktorpreise. Unterstellt man für den Faktor „Arbeit" einen konstanten Preis P_L für alle Sektoren, so reduziert sich das erste Produkt zu $\underline{W}_{l,D} \cdot \underline{p}_l = \underline{w}_l \cdot P_L$[112] und man erhält (3.4-9) in der Form

$$\underline{p} = \underline{A}'\underline{p} + \underline{w}_l P_L + \underline{W}_{k,D}\underline{p}_k \qquad (3.5\text{-}6)$$

Bei der vorzunehmenden Teilendogenisierung wird nun der konstant angenommene sektorale Lohnsatz P_L gleich dem Preisindes PI der Lebenshaltung aus (3.5-5) gesetzt, so dass sich statt (3.5-6) das System

$$\underline{p} = \underline{A}'\underline{p} + \underline{w}_l\underline{c}'\underline{p} + \underline{W}_{k,D}\underline{p}_k = (\underline{A}' + \underline{w}_l\underline{c}') \cdot \underline{p} + \underline{W}_{k,D}\underline{p}_k \qquad (3.5\text{-}7)$$

ergibt. Wegen $\underline{w}_l\underline{c}' = (\underline{c}\,\underline{w}_l')'$[113] kann (3.5-7) auch mit

$$\underline{p} = \left(\underline{A}' + (\underline{c} \cdot \underline{w}_l')'\right) \cdot \underline{p} + \underline{W}_{k,D}\underline{p}_k \qquad (3.5\text{-}8)$$

111. Man vergleiche HOLUB/SCHNABL, 1994, S. 502.

112. Man vergleiche die Formulierung (3.4-5a) des einfachsten offenen statischen Preismodells mit nur einem Primärfaktor und konstantem sektoralen Faktorpreis.

113. Allgemein gilt $(\underline{AB}')' = (\underline{B}''\underline{A}') = \underline{BA}'$.

angegeben werden. Die strukturelle Analogie zum teilendogenisierten Mengenmodell (3.3-42) lässt sich aus (3.5-8) leicht erkennen, insbesondere wenn man

$$\underline{Z}_p := \left(\underline{A} + \underline{c \cdot w_l'}\right) \text{ bzw. } \underline{Z}_p' = \left(\underline{A}' + (\underline{c \cdot w_l'})'\right) \qquad (3.5\text{-}9)$$

definiert. Damit ergibt sich als Lösung für das teilendogenisierte Preismodell (3.5-8) der Vektor

$$\underline{p} = \left(\underline{I} - \underline{Z}_p'\right)^{-1} \cdot \underline{W}_{k,D}\underline{p}_k \qquad (3.5\text{-}10)$$

Beispiel 3.11 Ausgehend von Tabelle 3.14 wird unterstellt, dass sich die sektorale Endnachfrage auf den Konsum beschränkt. Der Primäraufwandsbereich besteht nun aber aus den zwei Komponenten „Arbeit"(L) und „Kapital"(K), die der Einfachheit halber gleich groß gewählt werden. Die Gewinnkomponente wird gleich Null gesetzt. Die Faktorpreise werden ebenso wie die Outputpreise im gegebenen Ausgangsgleichgewicht mit „Eins" festgesetzt,[114] also $\underline{p}_l = \underline{1}$ und $\underline{p}_k = \underline{1}$ sowie $\underline{p} = \underline{1}$. Der *Preisindex PI der Lebenshaltung* ist dann definitionsgemäß gleich Eins.[115] Die normierten Konsumanteile seien durch $c_1 = 0,3$, $c_2 = 0,1$ und $c_3 = 0,6$ gegeben. Tabelle 3.16 zeigt die geschilderte Ausgangssituation:

Tabelle 3.16

	Sektor 1	Sektor 2	Sektor 3	Konsum	Σ	P_i
Sektor 1	60·	30·1	60·1	150·1	300	1
Sektor 2	90·1	0	30·1	30·1	150	1
Sektor 3	60·1	90·1	90·1	60·1	300	1
L	45·1	15·1	60·1			1
K	45·1	15·1	60·1			1
Σ	300	150	300			

a. Nun soll die Auswirkung einer autonomen Steigerung der Kapitalkosten um jeweils 5% auf die Lohnsätze und die Outputpreise analysiert werden. Analog zu Beispiel 3.-7 gilt[116]

$$\underline{w}_l' = \left(\tfrac{45}{300} \; \tfrac{15}{150} \; \tfrac{60}{300}\right) = (0,15 \quad 0,1 \quad 0,2)\,,\; \underline{W}_{k,D} = \begin{pmatrix} 0,15 & 0 & 0 \\ 0 & 0,1 & 0 \\ 0 & 0 & 0,2 \end{pmatrix}; \qquad (B3\text{-}69)$$

114. Siehe Abschnitt 3.4.

115. Allgemein gilt PI $= \sum c_i P_i$, so dass mit den gegebenen Größen PI = 1 resultiert.

116. Wegen $\underline{p}_l' = (1;1;1)$ kann $P_L = 1$ und $\underline{W}_{l,D} = \underline{w}_l$ gesetzt werden; damit entspricht $\underline{w}_l$ dem Vektor $\underline{l}$ aus Beispiel 3.7. Die Matrix $\underline{W}_{k,D}$ entspricht dem diagonalisierten Vektor $\underline{k}$.

weiterhin ist

$$\underline{c}' = (0,3 \quad 0,1 \quad 0,6)\,,\ \underline{p}'_{k,\text{neu}} = (1,05 \quad 1,05 \quad 1,05) \text{ und } P_L = 1\ . \tag{B3-70}$$

Die Inputkoeffizientenmatrix ist wieder mit

$$\underline{A} = \begin{pmatrix} 0,2 & 0,2 & 0,2 \\ 0,3 & 0 & 0,1 \\ 0,2 & 0,6 & 0,3 \end{pmatrix} \tag{B3-71}$$

gegeben. Damit gilt nach (3.5-9)

$$\begin{aligned} \underline{Z}_p &= \underline{A} + \underline{c}\underline{w}'_l = \begin{pmatrix} 0,2 & 0,2 & 0,2 \\ 0,3 & 0 & 0,1 \\ 0,2 & 0,6 & 0,3 \end{pmatrix} + \begin{pmatrix} 0,3 \\ 0,1 \\ 0,6 \end{pmatrix} \cdot (0,15 \quad 0,1 \quad 0,2) \\ &= \begin{pmatrix} 0,245 & 0,23 & 0,26 \\ 0,315 & 0,01 & 0,12 \\ 0,290 & 0,66 & 0,42 \end{pmatrix}, \end{aligned} \tag{B3-72}$$

so dass

$$\left(\underline{I} - \underline{Z}'_p\right)^{-1} \approx \begin{pmatrix} 2,538462 & 1,115385 & 2,538462 \\ 1,564103 & 1,858974 & 2,897436 \\ 1,461538 & 0,884615 & 3,461538 \end{pmatrix} \tag{B3-73}$$

und damit der neue Vektor der Outputpreise mit

$$\begin{aligned} \underline{p}_{\text{neu}} &\overset{(3.5-10)}{=} \begin{pmatrix} 2,538462 & 1,115385 & 2,538462 \\ 1,564103 & 1,858974 & 2,897436 \\ 1,461538 & 0,884615 & 3,461538 \end{pmatrix} \cdot \begin{pmatrix} 0,15 & 0 & 0 \\ 0 & 0,1 & 0 \\ 0 & 0 & 0,2 \end{pmatrix} \cdot \begin{pmatrix} 1,05 \\ 1,05 \\ 1,05 \end{pmatrix} \\ &= \begin{pmatrix} 1,05 \\ 1,05 \\ 1,05 \end{pmatrix} \end{aligned} \tag{B3-74}$$

gegeben ist. Der neue Preisindex PI der Lebenshaltung berechnet sich als

$$PI_{\text{neu}} = \sum c_i P_{i,\text{neu}} = 0,3 \cdot 1,05 + 0,1 \cdot 1,05 + 0,6 \cdot 1,05 = 1,05\,, \tag{B3-75}$$

d.h. man sieht deutlich die Auswirkungen auf die *Lohnsätze, die sich an PI orientieren.* Auch diese erhöhen sich im neuen Gleichgewicht um dieselbe prozentuale Größe von 5%. Diese Ergebnisse sind nicht überraschend, da die Änderung der Kapitalkosten in *allen* Sektoren gleich hoch unterstellt wurde.[117]

117. Mit dieser Variante des teilendogenisierten Modells werden also dieselben Ergebnisse erreicht, die man beim offenen Modell erhalten würde.

b. Nun soll die gleiche Analyse für sektoral unterschiedliche Änderungen der Kapitalkosten durchgeführt werden. Nimmt man an, dass die Preise des Faktors Kapital im ersten Sektor um 2%, im zweiten Sektor um 2,5% und im dritten Sektor um 5% steigen, so führt dies zu folgendem neuen Gleichgewicht:

Der *Vektor der neuen Outputpreise* berechnet sich nach (3.5-10) mit

$$\underline{p}_{neu} \overset{(3.5-10)}{=} \begin{pmatrix} 2,538462 & 1,115385 & 2,538462 \\ 1,564103 & 1,858974 & 2,897436 \\ 1,461538 & 0,884615 & 3,461538 \end{pmatrix} \cdot \begin{pmatrix} 0,15 & 0 & 0 \\ 0 & 0,1 & 0 \\ 0 & 0 & 0,2 \end{pmatrix} \cdot \begin{pmatrix} 1,020 \\ 1,025 \\ 1,050 \end{pmatrix}$$

$$\approx \begin{pmatrix} 1,0359 \\ 1,0383 \\ 1,0412 \end{pmatrix} ; \qquad \text{(B3-76)}$$

damit ist der neue Preisindex für die Lebenshaltungskosten durch

$$PI_{neu} = \sum c_i P_{i,neu} = 0,3 \cdot 1,0359 + 0,1 \cdot 1,0383 + 0,6 \cdot 1,0412 = 1,03932 \qquad \text{(B3-77)}$$

gegeben, so dass sich *alle sektoralen Lohnsätze*, die sich wieder an diesem Index orientieren, um 3,932% ändern würden.[118]

Eine *weitere* Form der *Teilendogenisierung* ergibt sich durch die *Orientierung der Lohnforderungen an Preissteigerungen des eigenen Sektors*. D.h. man unterstellt eine prozentual gleich hohe Änderung des Lohnsatzes von Sektor i, wenn sich der Outputpreis P_i um einen bestimmten Prozentsatz ändert.[119]

Als Ausgangspunkt der Analyse wird wieder das offene statische Preismodell der Variante (3.4-9) bzw. (3.5-6) gewählt. Da nun die Lohnsätze an die sektoralen Outputpreise gekoppelt werden sollen, wird der Term $\underline{w}_l \cdot P_L$ wieder durch $\underline{W}_{l,D} \cdot \underline{p}_l$ ersetzt, so dass das Modell (3.5-6) nun in der Form

$$\underline{p} = \underline{A}'\underline{p} + \underline{W}_{l,D}\underline{p}_l + \underline{W}_{k,D}\underline{p}_k \qquad (3.5\text{-}11)$$

gegeben ist. $\underline{p}_l$ bzw. $\underline{p}_k$ enthalten die sektoral unterschiedlichen Faktorpreise für „Arbeit" und „Kapital". Nimmt man nun eine Teilendogenisierung in der erwähnten Art vor, so bedeutet dies, dass der Vektor $\underline{p}_l$ der Lohnsätze durch den Vektor der Outputpreise $\underline{p}$ ersetzt werden kann. Damit ergibt sich aus dem offenen Modell (3.5-11) das teilendogenisierte Modell

118. Denn in diesem Modell wird grundsätzlich unterstellt, dass die Lohnsätze in allen Sektoren gleich hoch sind, gleichgültig, auf welchem Gleichgewichtsniveau es sich befindet. Damit müssen auch die Änderungen jeweils gleich hoch sein.

119. Diese Art der Faktorpreisänderung kann sich genauso beim Faktor „Kapital" ableiten lassen; eine Übertragung der Analyse ist leicht möglich.

$$\underline{p} = \underline{A}'\underline{p} + \underline{W}_{l,D}\underline{p} + \underline{W}_{k,D}\underline{p}_k = (\underline{A}' + \underline{W}_{l,D}) \cdot \underline{p} + \underline{W}_{k,D}\underline{p}_k \Rightarrow$$
$$(\underline{I} - \underline{A}' - \underline{W}_{l,D}) \cdot \underline{p} \tag{3.5-12}$$

dessen Lösung durch den Preisvektor

$$\underline{p} = (\underline{I} - \underline{A}' - \underline{W}_{l,D})^{-1} \cdot \underline{W}_{k,D}\underline{p}_k =: \left(\underline{I} - \underline{Z}_p^{*'}\right)^{-1} \cdot \underline{W}_{k,D}\underline{p}_k \tag{3.5-13}$$

gegeben ist. Das nachfolgende Beispiel soll diese Rückkopplungseffekte verdeutlichen.

Beispiel 3.12 Gegeben sei wiederum das Ausgangsgleichgewicht aus Tabelle 3.16. Statt vom Vektors $\underline{w}_l'$ aus Beispiel 3.-11 wird nun von der zugehörigen Diagonalmatrix

$$\underline{W}_{l,D} = \begin{pmatrix} 0,15 & 0 & 0 \\ 0 & 0,1 & 0 \\ 0 & 0 & 0,2 \end{pmatrix} \tag{B3-78}$$

ausgegangen; der Vektor der Lohnsätze wird nun annahmegemäß gleich dem Vektor der Outputpreise gesetzt, also $\underline{p}_l' = \underline{p}' = (1 \quad 1 \quad 1)$. Die Matrizen bzw. Vektoren $\underline{A}$, $\underline{W}_{k,D}$, und $\underline{p}_k$ aus Beispiel 3.11 können übernommen werden.

a. Nun sollen sich wiederum die Kapitalkosten in allen Sektoren um 5% erhöhen; der neue Preisvektor für den Faktor „Kapital" lautet somit $\underline{p}_{k,neu}' = (1,05 \quad 1,05 \quad 1,05)$. Damit gilt

$$\underline{Z}_p^{*'} = \underline{A}' + \underline{W}_{l,D} = \begin{pmatrix} 0,35 & 0,3 & 0,2 \\ 0,2 & 0,1 & 0,6 \\ 0,2 & 0,1 & 0,5 \end{pmatrix} \tag{B3-79}$$

und

$$\left(\underline{I} - \underline{Z}_p^{*'}\right)^{-1} \approx \begin{pmatrix} 2,644068 & 1,152542 & 2,440678 \\ 1,491525 & 1,932203 & 2,915254 \\ 1,355932 & 0,847458 & 3,559322 \end{pmatrix}, \tag{B3-80}$$

so dass sich der *neue Vektor der Outputpreise* nach (3.5-13) mit

$$\underline{p}_{neu} = \begin{pmatrix} 2,644068 & 1,152542 & 2,440678 \\ 1,491525 & 1,932203 & 2,915254 \\ 1,355932 & 0,847458 & 3,559322 \end{pmatrix} \cdot \begin{pmatrix} 0,15 & 0 & 0 \\ 0 & 0,1 & 0 \\ 0 & 0 & 0,2 \end{pmatrix} \cdot \begin{pmatrix} 1,05 \\ 1,05 \\ 1,05 \end{pmatrix}$$
$$= \begin{pmatrix} 1,05 \\ 1,05 \\ 1,05 \end{pmatrix} \tag{B3-81}$$

ergibt. Dies entspricht dem Ergebnis aus Beispiel 3.11a), was sich aus der gleich hohen Änderung der Preise des Faktors „Kapital" in allen Sektoren ergibt. Analog ergibt sich eine Änderung *aller Lohnsätze* in Höhe von 5%, da diese nun an die sektoralen Preisänderungen gekoppelt sind.

b. Analog zu Beispiel 3.11b) sollen sich die *sektoralen Kapitalkosten* prozentual *unterschiedlich* ändern. Nimmt man wiederum an, dass die Preise des Faktors Kapital im ersten Sektor um 2%, im zweiten Sektor um 2,5% und im dritten Sektor um 5% steigen, so führt dies zu folgendem neuen Gleichgewicht: Der *Vektor der neuen sektoralen Outputpreise* berechnet sich nach (3.5-13) mit

$$\underline{p}_{neu} = \begin{pmatrix} 2,644068 & 1,152542 & 2,440678 \\ 1,491525 & 1,932203 & 2,915254 \\ 1,355932 & 0,847458 & 3,559322 \end{pmatrix} \cdot \begin{pmatrix} 0,15 & 0 & 0 \\ 0 & 0,1 & 0 \\ 0 & 0 & 0,2 \end{pmatrix} \cdot \begin{pmatrix} 1,020 \\ 1,025 \\ 1,050 \end{pmatrix}$$

$$\approx \begin{pmatrix} 1,0352 \\ 1,0385 \\ 1,0418 \end{pmatrix}, \qquad \text{(B3-82)}$$

so dass die daran *gekoppelten Lohnsätze* im ersten Sektor um 3,52%, im zweiten Sektor um 3,85% und im dritten Sektor um 4,18% steigen.

Eine weitere Variante eines teilendogenisierten Preismodells ergibt sich durch die *Orientierung der Lohnsätze an der Gewinnquote*. Man unterstellt, dass sich die Lohnsätze im *gleichen* prozentualen Umfang ändern, wenn sich die Gewinnquoten der Unternehmen entsprechend geändert haben.[120]

Ausgehend vom offenen statischen Preismodell in der Variante (3.5-11) erhält man nun das zugehörige teilendogenisierte Modell, indem man $\underline{p}_l = \underline{p}_k$ setzt. Somit ergibt sich

$$\underline{p} = \underline{A}'\underline{p} + \underline{W}_{l,D}\underline{p}_k + \underline{W}_{k,D}\underline{p}_k = \underline{A}'\underline{p} + (\underline{W}_{l,D} + \underline{W}_{k,D}) \cdot \underline{p}_k \;; \qquad (3.5\text{-}14)$$

durch Umformung erhält man den Lösungsvektor dieses Systems mit

$$\underline{p} = (\underline{I} - \underline{A}')^{-1} \cdot (\underline{W}_{l,D} + \underline{W}_{k,D}) \cdot \underline{p}_k \;. \qquad (3.5\text{-}15)$$

Diese entspricht der Lösung (3.4-13) des offenen statischen Preismodells.[121] Damit kann hier nicht von einem „teilendogenisierten" Modell gesprochen werden.[122]

Schließlich sei noch erwähnt, dass auch das Preismodell in Richtung dynamischer, zeitabhängiger Form weiterentwickelt wurde. Das Gleichungssystem des *dynamischen offenen Preismodells* ist durch

$$(\underline{I} - \underline{A} + \underline{K})' \cdot \underline{p}(t+1) = (1 + r(t)) \cdot \underline{K}' \cdot \underline{p}(t) + \underline{l}(t+1) \qquad (3.5\text{-}16)$$

gegeben, mit $\underline{A}$ bzw. $\underline{K}$ definiert analog zum dynamischen Mengenmodell, $r(t) :=$ Zinssatz, wobei vereinfachend oft $r(t) = r$ gesetzt wird, und $\underline{l}(t+1) :=$ Vektor der Lohnsätze in Periode $(t + 1)$. Unter bestimmten formalen Voraussetzungen existiert die Lösung dieses Systems und kann mit

120. Man spricht dann von der sogenananten „Lohn-Preis- Spirale".

121. In (3.4-13) wird die Summe der Diagonalmatrizen, $\underline{W}_{l,D} + \underline{W}_{k,D}$, als eine Matrix $\underline{W}_D$ ausgewiesen.

122. Auch sachlogische Überlegungen führen zu diesem Ergebnis. Ein Beispiel für diese Modellvariante erübrigt sich, da es dem Beispiel 3.9 entspricht.

$$\underline{p}(t+1) = (\underline{I} - \underline{A} + \underline{K})'^{-1} \cdot \left((1 - r(t)) \cdot \underline{K}' \cdot \underline{p}(t) + \underline{l}(t+1)\right) \quad (3.5\text{-}17)$$

bzw. – nach Umformung – mit

$$\underline{p}(t+1) = (1 - r(t)) \cdot \left(\underline{I} + \underline{K}'^{-1} \cdot (\underline{I} - \underline{A}')\right)^{-1} \cdot \underline{p}(t) + \left(\underline{I} + \underline{K}'^{-1} \cdot (\underline{I} - \underline{A}')\right)^{-1} \quad (3.5\text{-}18)$$

angegeben werden. (3.5-18) stellt wieder ein *inhomogenes Differenzengleichungssystem erster Ordnung* dar, das mit den üblichen Methoden gelöst werden kann.[123]

3.6 Aufgaben

Aufgabe 3-1

Gegeben sei folgende IO-Tabelle für 3 Sektoren und einem Endnachfrage- und einem Primäraufwandbereich:

	Sektor 1	Sektor 2	Sektor 3	Endnachfrage	Gesamtoutput
Sektor 1	350	0	0		1 000
Sektor 2	50	250	150		500
Sektor 3	200	150	550		1 000
PA					
Σ					

a. Man ergänze die Tabelle, so dass sich das System in einem Ausgangsgleichgewicht befindet.

b. Man unterstelle die Proportionalitätsannahme und bestimme die Matrix $\underline{A}$ der Inputkoeffizienten sowie die zugehörige LEONTIEF-Inverse $(\underline{I} - \underline{A})^{-1}$. Man nenne eine der Existenzbedingungen für $(\underline{I} - \underline{A})^{-1}$.

c. Man bestimme den neuen Outputvektor, falls sich die Endnachfrage des Sektors 2 verdoppelt. Wie sieht die neue Gleichgewichtstabelle aus, falls weiterhin die Proportionalitätsannahme gilt?

d. Man bestimme das neue Gleichgewicht, falls sich die Endnachfrage in allen drei Sektoren um 50 Mengeneinheiten [ME] erhöht. Dabei gehe man wieder von der Gültigkeit der Proportionalitätsannahme aus.

Aufgabe 3-2

Gegeben sei die vervollständigte IO-Tabelle des offenen statischen Mengenproblems aus Aufgabe 3-1. Nun wird die zusätzliche Größe „Beschäftigung" eingeführt. Die pro Sektor insgesamt geleisteten Arbeitsstunden seien mit $BS_1 = 1500$, $BS_2 = 1500$ und $BS_3 = 2500$ gegeben.

123. Es wird wiederum zunächst die Lösung des zugehörigen homogenen Systems gesucht und in einem zweiten Schritt die partikuläre Lösung des inhomogenen Systems ermittelt. Zur exakten Bestimmung dieser Lösungen vergleiche man die einschlägige Literatur.

a. Die Endnachfrage erhöhe sich nun in jedem der drei Sektoren um 50 [ME]. Man bestimme den zusätzlichen Gesamtbedarf an Arbeitsstunden in allen Sektoren.

b. Wie kann dieser zusätzliche Gesamtbedarf an Arbeitsstunden bezüglich der drei Sektoren aufgeschlüsselt werden?

c. Man berechne die Beschäftigungsinverse $(\underline{I} - \underline{A})_B^{-1}$ und die neuen sektoralen Beschäftigungsmultiplikatoren.

d. Die zusätzliche Endnachfrage sei nun in die Komponenten „privater Konsum" und „Investitionen" laut nachstehender Matrix aufgeteilt:

$$\Delta \underline{Y} = \begin{pmatrix} 30 & 20 \\ 40 & 10 \\ 25 & 25 \end{pmatrix}$$

Man rechne die zusätzlich benötigten sektoralen Arbeitsstunden diesen Komponenten zu.

e. Die ursprüngliche Endnachfrage sei nun in die Komponenten „Konsum" und „Investitionen" laut nachstehender Matrix aufgeteilt:

$$\underline{Y} = \begin{pmatrix} 400 & 250 \\ 40 & 10 \\ 75 & 25 \end{pmatrix}$$

Weiterhin seien pro Sektor statt eines homogenen Arbeitskoeffizienten zwei heterogene Qualifikationsstufen unterstellt; für die Qualifikationsmatrix gelte

$$\underline{Q}_1 = \begin{pmatrix} 500 & 750 & 1500 \\ 1000 & 750 & 1000 \end{pmatrix} .$$

Der Vektor der Pro-Kopf-Arbeitsstunden sei für die drei Sektoren mit $\underline{h}' = (7 \quad 8 \quad 7{,}5)$ gegeben.

e_1) Man ermittle die Matrix $\underline{K}$ der sektoralen, nach Qualifikation differenzierten Arbeitskoeffizienten und die Matrix $\underline{R}$ der nach Qualifikation gegliederten Anzahl an Arbeitskräften in den drei Sektoren.

e_2) Wie würde sich die Anzahl der benötigten Arbeitskräfte pro Sektor und Qualifikation ändern, wenn sich die Endnachfrage in jedem Sektor um 50 [ME] erhöht?

e_3) Wie verändert sich diese Anzahl, wenn die Qualifikationsmatrix mit

$$\underline{Q}_2 = \begin{pmatrix} 800 & 500 & 500 \\ 700 & 1000 & 2000 \end{pmatrix}$$

bzw. zusätzlich der Vektor der Pro-Kopf-Arbeitsstunden in den Sektoren mit $\underline{h}' = (8 \quad 8 \quad 8)$ gegeben ist?

Aufgabe 3-3

Gegeben seien die vervollständigte IO-Tabelle aus Aufgabe 3-1 sowie die insgesamt geleisteten sektoralen Arbeitsstunden $BS_1 = 1500$, $BS_2 = 1500$ und $BS_3 = 2500$; der Vektor der sektoralen Pro-Kopf-Arbeitsstunden sie durch $\underline{h}' = (7 \quad 8 \quad 7{,}5)$ gegeben. Die Qualifikationsmatrix lautet nun

$$\underline{Q}_3 = \begin{pmatrix} 500 & 200 & 350 \\ 500 & 500 & 950 \\ 500 & 800 & 1200 \end{pmatrix} ;$$

weiterhin sei die Zahl der Arbeitslosen in den drei Qualifikationsstufen mit 2, 3 und 2 gegeben.

a. Wie müsste sich die sektorale Endnachfrage ändern, damit Vollbeschäftigung erreicht wird?

b. Wie lautet der bei Vollbeschäftigung gegebene Outputvektor?

c. Welche Mängel enthält das betrachtete Beschäftigungsmodell und wie lassen sich diese eventuell beheben?

Aufgabe 3-4

Für eine Periode t_0 sei die vollständige, nichtnegative Vorleistungsmatrix $\underline{X}^{(0)}$ einer Volkswirtschaft mit den Randwertvektoren $\underline{x}_{i\bullet}^{(0)}$ der Zeilensummen und $\underline{x}_{j\bullet}^{(0)}$ der Spaltensummen durch

$$\underline{X}^{(0)} = \begin{pmatrix} 320 & 160 & 80 \\ 160 & 80 & 80 \\ 0 & 80 & 60 \end{pmatrix} \text{ und damit } \underline{x}_{i\bullet}^{(0)} = \begin{pmatrix} 560 \\ 320 \\ 140 \end{pmatrix}, \underline{x}_{j\bullet}^{(0)} = \begin{pmatrix} 480 \\ 320 \\ 220 \end{pmatrix}$$

gegeben. Für eine spätere Periode t sind nur die Vektoren $\underline{x}_{i\bullet}^{(t)\prime} = (500 \quad 280 \quad 300)$ sowie $\underline{x}_{j\bullet}^{(t)\prime} = (450 \quad 350 \quad 200)$ bekannt.

Man korrigiere mit Hilfe der RAS-Methode die Zeilen und Spalten solange, bis für die neue Matrix $\underline{X}^{(t)}$ Zeilen- und Spaltenkonsistenz gegeben ist.

(Hinweis: Man führe dies Methode beispielhaft für 2 Schritte durch.)

Aufgabe 3-5

Gegeben sei die vervollständigte IO-Tabelle aus Beispiel 3.1. Die Endnachfrage reduziere sich jetzt auf den Konsum, der Primäraufwand auf die Arbeitsleistung der privaten Haushalte, so dass das System als geschlossen betrachtet werden kann. Die intrasektoralen Leistungen des Sektors der privaten Haushalte seien gleich Null.

Man berechne den neuen Gleichgewichtsvektor der Sektorenoutputs, wenn sich die Nachfrage nach Gütern des Sektors 2 einmalig um 50 [ME] erhöht.

(Hinweis: Man gehe davon aus, dass sich die Ergebnisse nach zehn Schritten stabilisiert haben.)

Aufgabe 3-6

Gegeben sei die vervollständigte IO-Tabelle aus Aufgabe 3-1. Die sektorale Endnachfrage bestehe wieder alleine aus dem Konsum, der nun aber aus einem autonomen und einem endogenen Anteil besteht. Für die Endnachfrage gelte

c_{aut}	$c_i Y$
90	560
10	40
20	80

a. Man bestimme die sektoralen Konsumfunktionen sowie die gesamtwirtschaftliche Konsumfunktion.

b. Man bestimme den Vektor der marginalen Konsumkoeffizienten sowie der Wertschöpfungskoeffizienten.

c. Nun wird eine einmalige Konsumerhöhung im dritten Sektor um 20 [ME] unterstellt. Man berechne das neue gleichgewichtige System.

Aufgabe 3-7

Die ursprüngliche Endnachfrage bestehe aus den zwei Komponenten „Konsum“ und „Investitionen“; ebenso sei der Primäraufwandbereich in die drei Komponenten „Staats-“ „Arbeits-“ und „Kapitaleinkommen“ unterteilt, die mit T, L und K bezeichnet werden. Die IO-Tabelle laute nun

	Sektor 1	Sektor 2	Sektor 3	$c_{aut} + g_{aut}$	c_{end}	I_{end}	Σ
1	350	0	0	90	350	210	1000
2	50	250	150	10	30	10	500
3	200	150	550	20	50	30	1000
T	0	0	0				0
L	200	50	150				400
K	200	50	150				400
Σ	1000	500					

a. Man bestimme die Vektoren der Koeffizienten für das Arbeits- bzw. das Kapitaleinkommen $\underline{l}$ bzw. $\underline{k}$.

b. Man bestimme die marginalen Konsum- und Investitionskoeffizienten c_i^L, c_i^K, g_i^L und g_i^K. Wie lauten die sektoralen Konsum- und Investitionsfunktionen?

c. Nun wird eine einmalige Konsumerhöhung im dritten Sektor um 20 [ME] unterstellt. Man ermittle die zugehörige LEONTIEF-Inverse und den neuen Outputvektor.

d. Wie ändert sich jeweils der sektorale Output, falls die Investitionen pro Sektor um 20 [ME] steigen?

e. Man gehe wieder von obigem Ausgangsgleichgewicht aus. Es sollen jetzt indirekte Steuern erhoben werden; diese seien im ersten Sektor mit 8%, im zweiten mit 10% und im dritten mit 12% gegeben. Man bestimme die neuen Vektoren $\underline{l}$, $\underline{k}$ und $\underline{t}$ sowie die veränderten Anteile des endogenen Konsums und der endogenen Investitionen; wie lautet nun die neue LEONTIEF-Inverse und der neue Outputvektor?

Aufgabe 3-8

Gegeben sei die vervollständigte IO-Tabelle aus Aufgabe 3-1. Die Tabellenwerte seien nun als sektorale Umsätze zu interpretieren.

a. Man erkläre, wieso eine allgemeine Analyse möglich ist, wenn alle Output-, Endnachfrage- und Primärfaktorpreise jeweils gleich „Eins“ gesetzt werden.

b. Man berechne die zugehörige LEONTIEF-Inverse für das Ausgangssystem.

c. Man berechne die neuen Outputpreis3, falls der Faktorpreis in allen Sektoren um 10% erhöht wird und interpretiere das Ergebnis.

d. Man berechne die neuen Outputpreise, wenn sich der Faktorpreis nur im ersten Sektor um 10% erhöht.

e. Der Primäraufwandbereich umfasse nun die zwei Faktoren „Arbeit" und „Kapital"; dabei gehe man vereinfachend davon aus, dass diese Aufteilung wieder im Verhältnis 50:50 vorgenommen wird. Wie ändern sich die Outputpreise, wenn
   e_1) die Faktorpreise des Faktors „Arbeit" in allen Sektoren um 10% erhöht wird?
   e_2) die Faktorpreise des Faktors „Arbeit" im ersten Sektor um 2,5%, im zweiten um 4% und im dritten Sektor um 5% erhöht werden?

Aufgabe 3-9

Man betrachte die Tabelle von Aufgabe 3-1 als Ausgangsgleichgewicht für ein geschlossenes statisches Preismodell.

a. Wie sind nun die gegeben Werte der Endnachfrage und des Primäraufwandbereiches zu interpretieren?
b. Man gebe die zugehörige Technologiematrix an.
c. Man berechne den Vektor der neuen Outputpreise, falls sich der Faktorpreis um 2,5% erhöht und interpretiere das Ergebnis.

(Hinweis: Man gehe davon aus, dass sich das Ergebnis nach zehn Schritten stabilisiert hat.)

Aufgabe 3-10

Man gehe von der Tabelle aus Aufgabe 3-1 aus und betrachte die Werte wieder als Umsätze. Die Endnachfrage bestehe aus dem „Konsum"; der Primäraufwandbereich wird nun aber in die zwei Faktoren „Arbeit" und „Kapital" im Verhältnis 50: 50 geteilt.

a. Die Lohnsätze seien nun am Preisindex für Lebenshaltung gekoppelt. Die normierten sektoralen Konsumanteile seien durch $c_1 = 0,4$; $c_2 = 0,15$ und $c_3 = 0,45$ gegeben. Nun soll sich der Preis des Faktors „Kapital" im ersten Sektor um 2%, im zweiten Sektor um 3% und im dritten Sektor um 5% erhöhen.
   a_1) Man berechne die neuen Outputpreise sowie den neuen Preisindex der Lebenshaltung. Außerdem gebe man den neuen Preisindex der Lebenshaltung an. Wie verändern sich Lohnsätze?
   (Hinweis: Man gebe alle zur Berechnung notwendigen Matrizen und Vektoren explizit an!)
   a_2) Wie lauten die neuen Outputpreise und die neuen Lohnsätze, wenn sich der Preis des Faktors „Kapital" in allen Sektoren um 3% ändert? (Begründung!)
b. Die Lohnsätze seien nun an die Preissteigerungen des eigenen Sektors gekoppelt. Man berechne nun die neuen Outputpreise sowie die neuen Lohnsätze, falls sich der Preis des Faktors „Kapital" im ersten Sektor um 2%, im zweiten Sektor um 3% und im dritten Sektor um 5% erhöht.
   (Hinweis: Man gebe wiederum die einzelnen zur Berechnung benötigten Matrizen und Vektoren explizit an!)
c. Wie lautet das teilendogenisierte statische Preismodell, wenn sich die Lohnsätze an den Gewinnquoten orientieren? Wie sehen dann die neuen Outputpreise und die neuen Lohnsätze aus? (Begründung!)

Anhang

A

ÜBERBLICK

A.1 Tabelle zu Beispiel 1.14

Nachfolgende Tabelle enthält die Monatsdurchschnittswerte x_t [in 1 000] der Erwerbstätigenzahlen in der BRD vom Januar 1996 bis April 2003 (Spalte 2) und die zugehörigen nach CENSUS-X11 bzw. dessen X-12-Variante saisonbereinigten Werte $\hat{x}_t$ (Spalte 3 bzw. Spalte 4):

Tabelle 1.14

Monat/Jahr	x_t	$\hat{x}_t$ (nach CENSUS X-11)	$\hat{x}_t$ (nach VARIANTE X-12)
01/1996	36 865	37 332	37 363
02/1996	36 835	37 310	37 321
03/1996	36 944	37 244	37 232
04/1996	37 142	37 285	37 277
05/1996	37 233	37 289	37 282
06/1996	37 243	37 349	37 344
07/1996	37 246	37 227	37 216
08/1996	37 280	37 169	37 164
09/1996	37 479	37 152	37 145
10/1996	37 528	37 126	37 116
11/1996	37 470	37 126	37 106
12/1996	37 312	37 140	37 124
01/1997	36 592	37 038	37 083
02/1997	36 636	37 087	37 113
03/1997	36 842	37 125	37 127
04/1997	36 991	37 126	37 124
05/1997	37 064	37 114	37 116
06/1997	37 115	37 117	37 118
07/1997	37 163	37 149	37 140
08/1997	37 264	37 157	37 149
09/1997	37 468	37 145	37 137
10/1997	37 568	37 168	37 156
11/1997	37 540	37 195	37 179
12/1997	37 347	37 170	37 157
01/1998	36 699	37 147	37 183
02/1998	36 745	37 190	37 210

Monat/Jahr	x_t	$\widehat{x}_t$ (nach CENSUS X-11)	$\widehat{x}_t$ (nach VARIANTE X-12)
03/1998	36 995	37 270	37 276
04/1998	37 233	37 367	37 364
05/1998	37 363	37 413	37 418
06/1998	37 460	37 461	37 464
07/1998	37 517	37 510	37 510
08/1998	37 668	37 557	37 561
09/1998	37 967	37 633	37 638
10/1998	38 093	37 671	37 679
11/1998	38 064	37 683	37 701
12/1998	37 920	37 698	37 717
01/1999	37 276	37 768	37 758
02/1999	37 295	37 766	37 750
03/1999	37 448	37 742	37 727
04/1999	37 506	37 649	37 636
05/1999	37 555	37 611	37 609
06/1999	37 789	37 793	37 793
07/1999	37 964	37 973	37 976
08/1999	38 070	37 975	37 973
09/1999	38 337	38 020	38 019
10/1999	38 479	38 071	38 071
11/1999	38 466	38 092	38 097
12/1999	38 377	38 159	38 154
01/2000	37 948	38 438	38 432
02/2000	38 011	38 481	38 463
03/2000	38 260	38 557	38 542
04/2000	38 467	38 614	38 589
05/2000	38 590	38 621	38 635
06/2000	38 704	38 693	38 706
07/2000	38 690	38 700	38 720
08/2000	38 825	38 732	38 747
09/2000	39 096	38 781	38 791
10/2000	39 236	38 827	38 833

Monat/Jahr	x_t	$\widehat{x}_t$ (nach CENSUS X-11)	$\widehat{x}_t$ (nach VARIANTE X-12)
11/2000	39 282	38 894	38 894
12/2000	39 149	38 901	38 897
01/2001	38 387	38 867	38 873
02/2001	38 400	38 847	38 858
03/2001	38 569	38 838	38 853
04/2001	38 762	38 861	38 872
05/2001	38 861	38 923	38 895
06/2001	38 882	38 900	38 885
07/2001	38 820	38 862	38 859
08/2001	38 916	38 850	38 851
09/2001	39 129	38 835	38 840
10/2001	39 227	38 829	38 834
11/2001	39 246	38 855	38 850
12/2001	39 088	38 826	38 820
01/2002	38 318	38 796	38 801
02/2002	38 320	38 767	38 782
03/2002	38 467	38 736	38 751
04/2002	38 643	38 731	38 740
05/2002	38 672	38 732	38 698
06/2002	38 633	38 650	38 639
07/2002	38 581	38 627	38 624
08/2002	38 630	38 569	38 574
09/2002	38 814	38 529	38 536
10/2002	38 901	38 511	38 516
11/2002	38 871	38 482	38 474
12/2002	38 691	38 698	38 685
01/2003	37 873	38 355	38 347
02/2003	37 837	38 293	38 298
03/2003	37 952	38 234	38 233
04/2003	38 101	38 199	38 192

A.2 Tabelle zu Beispiel 1.15

Spalte 2 der nachstehenden Tabelle enthält die Monatsdurchschnittswerte x_t [in 1 000] der Erwerbstätigenzahlen in der BRD vom Januar 1996 bis April 2003, die nach BV4 saison- und kalenderbereinigten Werte $\widehat{x}_t$ in Spalte 3 sowie in Spalte 4 die Schätzung der glatten Komponente $\widehat{g}_t$.

Tabelle 1.15

Monat/Jahr	x_t	saison- u. kalender-bereinigte $\widehat{x}_t$	glatte Komponente $\widehat{g}_t = \widehat{m}(t) + \widehat{K}_t$
01/1996	36 865	37 346	37 052
02/1996	36 835	36 433	37 079
03/1996	36 944	37 160	37 115
04/1996	37 142	37 292	37 143
05/1996	37 233	37 256	37 170
06/1996	37 243	37 211	37 194
07/1996	37 246	37 266	37 220
08/1996	37 280	37 216	37 223
09/1996	37 479	37 148	37 221
10/1996	37 528	37 237	37 219
11/1996	37 470	37 200	37 215
12/1996	37 312	37 161	37 209
01/1997	36 592	37 135	37 199
02/1997	36 636	37 328	37 186
03/1997	36 842	37 139	37 177
04/1997	36 991	37 130	37 162
05/1997	37 064	37 163	37 161
06/1997	37 115	37 095	37 167
07/1997	37 163	37 183	37 174
08/1997	37 264	37 185	37 184
09/1997	37 468	37 220	37 199
10/1997	37 568	37 186	37 213
11/1997	37 540	37 203	37 233
12/1997	37 347	37 258	37 260
01/1998	36 699	37 274	37 291
02/1998	36 745	37 292	37 327

Monat/Jahr	x_t	saison- u. kalenderbereinigte $\widehat{x}_t$	glatte Komponente $\widehat{g}_t = \widehat{m}(t) + \widehat{K}_t$
03/1998	36 995	37 376	37 371
04/1998	37 233	37 439	37 420
05/1998	37 363	37 469	37 470
06/1998	37 460	37 585	37 521
07/1998	37 517	37 529	37 567
08/1998	37 668	37 565	37 610
09/1998	37 967	37 676	37 653
10/1998	38 093	37 725	37 689
11/1998	38 064	37 721	37 722
12/1998	37 920	37 795	37 748
01/1999	37 276	37 722	37 782
02/1999	37 295	38 106	37 811
03/1999	37 448	37 803	37 831
04/1999	37 506	37 745	37 850
05/1999	37 555	37 750	37 868
06/1999	37 789	37 826	37 893
07/1999	37 964	37 944	37 924
08/1999	38 070	38 019	37 961
09/1999	38 337	38 000	38 002
10/1999	38 479	38 017	38 052
11/1999	38 466	38 165	38 113
12/1999	38 377	38 201	38 179
01/2000	37 948	38 330	38 240
02/2000	38 011	37 760	38 312
03/2000	38 260	38 497	38 392
04/2000	38 467	38 561	38 478
05/2000	38 590	38 679	38 555
06/2000	38 704	38 724	38 624
07/2000	38 690	38 666	38 691
08/2000	38 825	38 780	38 756
09/2000	39 096	38 818	38 812
10/2000	39 236	38 850	38 860

Monat/Jahr	x_t	saison- u. kalender-bereinigte $\widehat{x}_t$	glatte Komponente $\widehat{g}_t = \widehat{m}(t) + \widehat{K}_t$
11/2000	39 282	38 885	38 897
12/2000	39 149	38 863	38 925
01/2001	38 387	38 867	38 941
02/2001	38 400	39 222	38 948
03/2001	38 569	38 849	38 941
04/2001	38 762	38 877	38 926
05/2001	38 861	38 874	38 925
06/2001	38 882	38 899	38 919
07/2001	38 820	38 922	38 915
08/2001	38 916	38 884	38 907
09/2001	39 129	38 863	38 897
10/2001	39 227	38 916	38 887
11/2001	39 246	38 879	38 871
12/2001	39 088	38 832	38 854
01/2002	38 318	38 790	38 838
02/2002	38 320	38 847	38 819
03/2002	38 467	38 830	38 798
04/2002	38 643	38 827	38 771
05/2002	38 672	38 763	38 742
06/2002	38 633	38 641	38 711
07/2002	38 581	38 691	38 678
08/2002	38 630	38 597	38 642
09/2002	38 814	38 625	38 604
10/2002	38 901	38 553	38 559
11/2002	38 871	38 474	38 516
12/2002	38 691	38 586	38 469
01/2003	37 873	38 375	38 422
02/2003	37 837	38 362	38 375
03/2003	37 952	38 304	38 331
04/2003	38 101	38 287	38 287

A.3 Tabelle zu Beispiel 2.14

Tabelle 2.3

Quartalsende	BIP [in Mrd. €]	privater Konsum $C^{priv.}$ [in Mrd. €]
31.03.1991	40213	20761
30.06.1991	40049	21283
30.09.1991	39841	21225
31.12.1991	40204	22166
31.03.1992	41212	22367
30.06.1992	40903	22644
30.09.1992	40655	22714
31.12.1992	40490	23511
31.03.1993	40366	23309
30.06.1993	40298	23487
30.09.1993	40477	23867
31.12.1993	40557	24244
31.03.1994	40875	24330
30.06.1994	41189	24377
30.09.1994	41478	24736
31.12.1994	41802	24990
31.03.1995	41914	25297
30.06.1995	42337	25653
30.09.1995	42312	25777
31.12.1995	42437	25862
31.03.1996	42074	26102
30.06.1996	42838	26177
30.09.1976	42895	26431
31.12.1996	43167	26488
31.03.1997	43115	26858
30.06.1997	43463	26939
30.09.1997	43722	26991
31.12.1997	44142	27247
31.03.1998	44554	27591
30.06.1998	44371	27558
30.09.1998	44579	27798

Quartalsende	BIP [in Mrd. €]	privater Konsum $C^{priv.}$ [in Mrd. €]
31.12.1998	44561	28106
31.03.1999	45089	28640
30.06.1999	44993	28616
30.09.1999	45700	28834
31.12.1999	46044	29290
31.03.2000	46664	29438
30.06.2000	47182	29940
30.09.2000	47378	30116
31.12.2000	47360	30144
31.03.2001	47831	30547
30.06.2001	47835	30869
30.09.2001	47886	31047
31.12.2001	47811	30907
31.03.2002	47948	30785
30.06.2002	48101	30909
30.09.2002	48123	31019
31.12.2002	48129	31059
31.03.2003	48134	31321
30.06.2003	48048	31135
30.09.2003	48223	31032

A.4 Tabelle zu Beispiel 2.16

Tabelle 2.5, Teil I

Monat t	Erwerbstätige y_t	transformierte Werte $\underline{F}y_t$	transformierte Werte $\underline{F}x_{2t} = \underline{F} \cdot t$
1	36865	36865,000000	1
2	36835	10133,034520	2,223305165
3	36944	10395,353380	2,499758171
4	37142	10598,756600	2,776211178
5	37233	10445,181110	3,052664184
6	37343	10507,328530	3,329117191

Monat t	Erwerbstätige y_t	transformierte Werte $\underline{F}y_t$	transformierte Werte $\underline{F}x_{2t} = \underline{F} \cdot t$
7	37246	10134,739960	3,605570197
8	37280	10362,961650	3,882023204
9	37479	10693,591660	4,158476210
10	37528	10456,577990	4,434929217
11	37470	10261,811000	4,711382223
12	37312	10051,091510	4,987835230
13	36592	8913,281024	5,264288236
14	36636	10201,629910	5,540741243
15	36842	10529,183890	5,817194249
16	36991	10475,162640	6,093647256
17	37064	10368,393370	6,370100262
18	37115	10345,743690	6,646553269
19	37163	10354,002240	6,923006275
20	37264	10470,455150	7,199459282
21	37468	10698,902670	7,475912288
22	37568	10552,826460	7,752365295
23	37540	10331,274690	8,028818301
24	37347	10002,303400	8,305271308
25	36699	9063,130235	8,581724314
26	36745	10235,104080	8,858177321
27	36995	10644,978760	9,134630327
28	37233	10690,729790	9,411083334
29	37363	10546,265570	9,687536340
30	37460	10517,958340	9,963989347
31	37517	10466,900200	10,240442350
32	37668	10665,662120	10,516895360
33	37967	10995,540640	10,793348370
34	38093	10741,394670	11,069801370
35	38064	10474,465660	11,346254380
36	37920	10242,560530	11,622707390
37	37276	9229,325216	11,899160390
38	37295	10342,052460	12,175613400
39	37448	10608,183260	12,452066410

Monat t	Erwerbstätige y_t	transformierte Werte $\underline{F}y_t$	transformierte Werte $\underline{F}x_{2t} = \underline{F} \cdot t$
40	37506	10465,529610	12,728519410
41	37555	10464,042220	13,004972420
42	37789	10837,756060	13,281425420
43	37964	10787,581790	13,557878430
44	38070	10701,628270	13,83433144
45	38337	11044,375480	14,11078444
46	38479	10874,831920	14,38723745
47	38466	10612,326160	14,66369046
48	38377	10460,771510	14,94014346
49	37948	9774,237454	15,21659647
50	38011	10613,490380	15,49304948
51	38260	10993,021420	15,76950248
52	38467	10980,090430	16,04595549
53	38590	10873,780620	16,32240850
54	38704	10890,262670	16,59886150
55	38690	10672,581230	16,87531451
56	38825	10958,791860	17,15176752
57	39096	11260,884910	17,42822052
58	39236	11080,766040	17,70467353
59	39282	10936,465360	17,98112654
60	39149	10600,695660	18,25757954
61	38387	9339,3574070	18,53403255
62	38400	10637,510640	18,81048555
63	38569	10944,813460	19,08693856
64	38762	11038,258470	19,36339157
65	38861	10908,609800	19,63984457
66	38882	10784,124180	19,91629758
67	38820	10628,340960	20,19275059
68	38916	10918,803520	20,46920359
69	39129	11173,124710	20,74565660
71	39227	11008,121200	22,96896177
71	39246	10881,412280	19,62816346
72	39088	10542,072050	21,57501562

Monat t	Erwerbstätige y_t	transformierte Werte $\underline{F}y_t$	transformierte Werte $\underline{F}x_{2t} = \underline{F} \cdot t$
73	38318	9306,918956	21,85146863
74	38320	10597,020010	22,12792163
75	38467	10879,866480	22,40437464
76	38643	10976,963780	22,68082765
77	38672	10739,432240	22,95728065
78	38633	10615,063430	23,23373366
79	38581	10578,972690	23,51018667
80	38630	10761,229200	23,78663967
81	38814	11037,600440	24,06309268
82	38901	10899,623130	24,33954568
83	38871	10695,892840	24,61599869
84	38961	10921,221510	24,89245170
85	37873	8652,710438	25,16890470
86	37837	10400,018040	25,44535771
87	37952	10684,040410	25,72181072
88	38101	10782,025470	25,99826372

Tabelle 2.5, Teil II

transformierte Werte $\underline{F}_D y_t$	transformierte Werte des Scheinregressors	transformierte Werte $\underline{F}_D x_{2t}$	OLS-Residuen
–	–	–	-66,85557
5204,830	0,142	1,142	-121,05737
5339,570	0,142	1,284	-36,25918
5444,048	0,142	1,426	137,53902
5365,164	0,142	1,568	204,33721
5397,086	0,142	1,710	290,13541
5205,706	0,142	1,852	168,93360
5322,932	0,142	1,994	178,73180
5492,760	0,142	2,136	353,52999
5371,018	0,142	2,278	378,32819
5270,976	0,142	2,420	296,12639
5162,740	0,142	2,562	113,92458

transformierte Werte $\underline{F}_D y_t$	transformierte Werte des Schein-regressors	transformierte Werte $\underline{F}_D x_{2t}$	OLS-Residuen
4578,304	0,142	2,704	-630,27722
5240,064	0,142	2,846	-610,47903
5408,312	0,142	2,988	-428,68083
5380,564	0,142	3,130	-303,88264
5325,722	0,142	3,272	-255,08444
5314,088	0,142	3,414	-228,28625
5318,330	0,142	3,556	-204,48805
5378,146	0,142	3,698	-127,68986
5495,488	0,142	3,840	52,10834
5420,456	0,142	3,982	127,90653
5306,656	0,142	4,124	75,70473
5137,680	0,142	4,266	-141,49707
4655,274	0,142	4,408	-813,69888
5257,258	0,142	4,550	-791,90068
5467,790	0,142	4,692	-566,10249
5491,290	0,142	4,834	-352,30429
5417,086	0,142	4,976	-246,50610
5402,546	0,142	5,118	-173,70790
5376,320	0,142	5,260	-140,90971
5478,414	0,142	5,402	-14,11151
5647,856	0,142	5,544	260,68668
5517,314	0,142	5,686	362,48488
5380,206	0,142	5,828	309,28307
5261,088	0,142	5,970	141,08127
4740,640	0,142	6,112	-527,12054
5312,192	0,142	6,254	-532,32234
5448,890	0,142	6,396	-403,52414
5375,616	0,142	6,538	-369,72595
5374,852	0,142	6,680	-344,92775
5566,810	0,142	6,822	-135,12956
5541,038	0,142	6,964	15,66864
5496,888	0,142	7,106	97,46683
5672,940	0,142	7,248	340,26503

transformierte Werte $\underline{F}_D y_t$	transformierte Werte des Scheinregressors	transformierte Werte $\underline{F}_D x_{2t}$	OLS-Residuen
5585,854	0,142	7,390	458,06322
5451,018	0,142	7,532	420,86142
5373,172	0,142	7,674	307,65961
5020,534	0,142	7,816	-145,54219
5451,616	0,142	7,958	-106,74400
5646,562	0,142	8,100	118,05420
5639,920	0,142	8,242	300,85239
5585,314	0,142	8,384	399,65059
5593,780	0,142	8,526	489,44879
5481,968	0,142	8,668	451,24698
5628,980	0,142	8,810	562,04518
5784,150	0,142	8,952	808,84337
5691,632	0,142	9,094	924,64157
5617,512	0,142	9,236	946,43976
5445,044	0,142	9,378	789,23796
4797,158	0,142	9,520	3,03615
5463,954	0,142	9,662	-8,16565
5621,800	0,142	9,804	136,63254
5669,798	0,142	9,946	305,43074
5603,204	0,142	10,088	380,22893
5539,262	0,142	10,230	377,02713
5459,244	0,142	10,372	290,82532
5608,440	0,142	10,514	362,62352
5739,072	0,142	10,656	551,42172
5654,318	0,142	11,798	601,01811
5589,234	0,142	10,082	620,01811
5414,932	0,142	11,082	437,81630
4780,496	0,142	11,224	-356,38550
5443,156	0,142	11,366	-378,58731
5588,440	0,142	11,508	-255,78911
5638,314	0,142	11,650	-103,99092
5516,306	0,142	11,792	-99,19272
5452,424	0,142	11,934	-162,39453

transformierte Werte $\underline{F}_D y_t$	transformierte Werte des Schein-regressors	transformierte Werte $\underline{F}_D x_{2t}$	OLS-Residuen
5433,886	0,142	12,076	-238,59633
5527,502	0,142	12,218	-213,79814
5669,460	0,142	12,360	-53,99994
5598,588	0,142	12,502	8,79825
5493,942	0,142	12,644	-45,40355
5609,682	0,142	12,786	20,39465
4444,462	0,142	12,928	-1091,80716
5341,966	0,142	13,070	-1152,00896
5487,854	0,142	13,212	-1061,21077
5538,184	0,142	13,354	-936,41257

A.5 Tabelle zu Beispiel 2.31

Tabelle 2.8, Teil I

Jahr t	BIP Y_t	priv. Konsum C_t	Importe Im_t
1991	1502.2	852,51	398,72
1992	1613,2	914,30	399,78
1993	1654,2	950,66	373,79
1994	1735,5	985,75	403,69
1995	1801,3	1024,79	429,42
1996	1833,7	1052,26	444,92
1997	1871,6	1079,77	496,86
1998	1929,4	1111,18	531,35
1999	1978,6	1155,97	570,35
2000	2030,0	1196,22	678,56
2001	2073,7	1232,66	690,23
2002	2110,4	1236,49	666,97

Tabelle 2.8., Teil II

Jahr t	priv. Netto-investition I_t^{pr}	Staats-verbrauch S_t	Einkommen aus Unt. u. Verm. V_t
1991	140,65	1033,76	321,09
1992	135,61	963,07	326,24
1993	109,75	967,58	317,80
1994	130,93	1022,51	341,46
1995	133,30	1072,63	362,42
1996	118,12	1108,24	376,41
1997	120,24	1168,45	395,41
1998	131,65	1217,92	411,61
1999	132,19	1260,79	410,44
2000	135,48	1376,86	409,26
2001	92,41	1438,86	420,91
2002	61,26	1479,62	441,05

A.6 Der EM-ALGORITHMUS[1]

Gegeben sei ein Zufallsvektor $\underline{\tilde{y}}$ von *beobachtbaren* Variablen sowie ein Zufallsvektor von nicht beobachtbaren Variablen $\underline{\tilde{y}}^*$, die die Ausprägungen von $\underline{\tilde{y}}$ eindeutig bestimmen; dagegen kann nicht eindeutig von $\underline{\tilde{y}}$ auf die Werte von $\underline{\tilde{y}}^*$ geschlossen werden. Sei $\underline{\theta}$ der unbekannte, zu schätzende Parametervektor, $f(\underline{y}^* \mid \underline{\theta})$ die gemeinsame Dichtefunktion[2] von $\underline{\tilde{y}}^*$ und $g(\underline{y} \mid \underline{\theta})$ die gemeinsame Dichtefunktion von $\underline{\tilde{y}}$. Da die Werte von $\underline{\tilde{y}}$ eindeutig durch $\underline{\tilde{y}}^*$ bestimmt sind, gilt $f(\underline{y} \mid \underline{y}^*) = 1$, so dass sich die gemeinsame Dichtefunktion $f(\underline{y}^*, \underline{y})$– über die übliche Definition von bedingten Dichten – mit

$$f(\underline{y}^*, \underline{y}) = f(\underline{y} \mid \underline{y}^*) \cdot f(\underline{y}^*) = f(\underline{y}^*) \tag{A6-1}$$

ergibt. Damit gilt für die bedingte Dichtefunktion von $\underline{\tilde{y}}^*$ bei gegebenem $\underline{y}$

$$h(\underline{y}^* \mid \underline{y}; \underline{\theta}) = \frac{f(\underline{y}^*, \underline{y} \mid \underline{\theta})}{g(\underline{y} \mid \underline{\theta})} \overset{(A6-1)}{=} \frac{f(\underline{y}^* \mid \underline{\theta})}{g(\underline{y} \mid \underline{\theta})} . \tag{A6-2}$$

Nun soll die Log-Likelihoodfunktion

$$\ln L(\underline{\theta} \mid \underline{y}) = \ln g(\underline{y} \mid \underline{\theta}) \overset{(A6-2)}{=} \ln f(\underline{y}^* \mid \underline{\theta}) - \ln h(\underline{y}^* \mid \underline{y}; \underline{\theta}) \tag{A6-3}$$

bezüglich $\underline{\theta}$ maximiert werden. Dazu bildet man zuerst den Erwartungswert

$$E(\underline{\theta} \mid \underline{\theta}_0; \underline{y}) = E\left(\ln f(\underline{\tilde{y}}^* \mid \underline{\theta}) \,\middle|\, \underline{y}; \underline{\theta}_0\right) \tag{A6-4}$$

1. Vgl. DEMPSTER/LAIRD/RUBIN, 1977, S. 1 ff.; RONNING, 1991, S. 133 ff.
2. Bzw. Wahrscheinlichkeitsfunktion, falls diskrete Zufallsvektoren betrachtet werden. Im Folgenden sollen stellvertretend nur Dichtefunktionen genannt werden.

für gegebenes $\underline{y}$ und $\underline{\theta} = \underline{\theta}_0$. $\underline{\theta}_0$ sei dabei der wahre Wert des Parametervektors. Im EM-Algorithmus wird nun der in (A6-4) gegebene Erwartungswert in jedem Schritt maximiert, wobei jeweils ein $\underline{\theta}_0$ vorzugeben ist.

Dass tatsächlich ein Maximum erreicht wird, kann folgendermaßen gezeigt werden: Sei zusätzlich

$$E^*(\underline{\theta} \mid \underline{\theta}_0; \underline{y}) = E\left(\ln h(\underline{y}^* \mid \underline{y}; \underline{\theta}) \,\middle|\, \underline{y}; \underline{\theta}_0\right) \; ; \qquad \text{(A6-5)}$$

dann kann die Log-Likelihoodfunktion aus (A6-3) auch durch

$$\ln L = E(\underline{\theta} \mid \underline{\theta}_0; \underline{y}) - E^*(\underline{\theta} \mid \underline{\theta}_0; \underline{y}) \qquad \text{(A6-6)}$$

wiedergegeben werden, denn es gilt

$$E(\underline{\theta} \mid \underline{\theta}_0; \underline{y}) - E^*(\underline{\theta} \mid \underline{\theta}_0; \underline{y}) \overset{(A6-4)}{\underset{(A6-5)}{=}} E\left(\ln f(\tilde{\underline{y}}^* \mid \underline{\theta}) \,\middle|\, \underline{y}; \underline{\theta}_0\right) - E\left(\ln h(\underline{y}^* \mid \underline{y}; \underline{\theta}) \,\middle|\, \underline{y}; \underline{\theta}_0\right)$$

$$\overset{(A6-2)}{=} E\left(\ln g(\underline{y}) \,\middle|\, \underline{y}; \underline{\theta}_0\right) \underset{\substack{\uparrow \\ E\,\underline{c} = \underline{c} \text{ für} \\ \underline{c} := \text{konst.}}}{=} \ln g(\underline{y}) \; . \qquad \text{(A6-7)}$$

Weiterhin gilt für alle $\underline{\theta} \neq \underline{\theta}_0$

$$E^*(\underline{\theta} \mid \underline{\theta}_0) < E^*(\underline{\theta}_0 \mid \underline{\theta}_0) \; , \qquad \text{(A6-8)}$$

da – wegen der allgemein gültigen Beziehung $E(\ln \tilde{x}) < \ln(E\,\tilde{x})$ – für die Differenz

$$E^*(\underline{\theta} \mid \underline{\theta}_0) - E^*(\underline{\theta} \mid \underline{\theta}_0) = E\left(\ln \frac{h(\underline{y}^* \mid \underline{y}; \underline{\theta})}{h(\underline{y}^* \mid \underline{y}; \underline{\theta}_0)} \,\middle|\, \underline{y}; \underline{\theta}_0\right) < \ln\left(E\, \frac{h(\underline{y}^* \mid \underline{y}; \underline{\theta})}{h(\underline{y}^* \mid \underline{y}; \underline{\theta}_0)} \,\middle|\, \underline{y}; \underline{\theta}_0\right) = 0 \qquad \text{(A6-9)}$$

gilt.

Bezeichnet man nun mit $\underline{\theta}_{max}$ denjenigen Wert des Parametervektors $\underline{\theta}_0$, der den Erwartungswert in (A6-4) maximiert, so gilt wegen (A6-6)

$$\ln L_{max} = E(\underline{\theta}_{max} \mid \underline{\theta}_0; \underline{y}) - E^*(\underline{\theta}_{max} \mid \underline{\theta}_0; \underline{y}) \; . \qquad \text{(A6-10)}$$

Wegen der Definition von $\underline{\theta}_{max}$ ist

$$E(\underline{\theta}_{max} \mid \underline{\theta}_0; \underline{y}) \geq E(\underline{\theta} \mid \underline{\theta}_0; \underline{y}) \text{ und } E^*(\underline{\theta}_{max} \mid \underline{\theta}_0) \leq E^*(\underline{\theta}_0 \mid \underline{\theta}_0) \; , \qquad \text{(A6-11)}$$

so dass für $\ln L_{max}$ gilt

$$\begin{aligned} \ln L_{max} &= E(\underline{\theta}_{max} \mid \underline{\theta}_0; \underline{y}) - E^*(\underline{\theta}_{max} \mid \underline{\theta}_0; \underline{y}) \geq E(\underline{\theta}_0 \mid \underline{\theta}_0; \underline{y}) - E^*(\underline{\theta}_0 \mid \underline{\theta}_0; \underline{y}) \\ &= \ln L(\underline{\theta}_0). \end{aligned} \qquad \text{(A6-12)}$$

Damit ist gezeigt, dass sich in jedem Schritt des Algorithmus durch die Berechnung des Maximums von (A6-4) die Log-Likelihoodfunktion erhöht bzw. zumindest nicht verringert. Es kann außerdem gezeigt werden, dass $\ln L$ genau dann einen stationären Punkt besitzt, wenn $E^*(\underline{\theta} \mid \underline{\theta}_0; \underline{y})$ einen solchen besitzt; der zweite Term in (A6-6), $E^*(\underline{\theta} \mid \underline{\theta}_0; \underline{y})$, wird beim partiellen Ableiten gleich Null.[3]

1. Vgl. DEMPSTER/LAIRD/RUBIN, 1977, S. 1 ff.; RONNING, 1991, S. 133 ff.
3. Vgl. z.B. WU, 1983, S. 95 ff.

A.7 Das RAS-Verfahren zur Ergänzung/Erstellung von IO-Tabellen (Beispiel)[4]

Für eine Periode t_0 sei die vollständige, nichtnegative Basismatrix $\underline{X}^{(0)}$ mit den Randwertvektoren $\underline{x}_{i\bullet}^{(0)}$ der Zeilensummen und $\underline{x}_{\bullet j}^{(0)}$ der Spaltensummen gegeben mit

$$\underline{X}^{(0)} = \begin{pmatrix} 160 & 80 & 40 \\ 80 & 40 & 40 \\ 0 & 40 & 40 \end{pmatrix} \text{ und damit } \underline{x}_{i\bullet}^{(0)} = \begin{pmatrix} 280 \\ 160 \\ 80 \end{pmatrix}, \underline{x}_{\bullet j}^{(0)} = \begin{pmatrix} 240 \\ 160 \\ 120 \end{pmatrix}; \qquad \text{(A7-1)}$$

für eine spätere Periode t sind nur die Randsummenvektoren $\underline{x}_{i\bullet}^{(t)'} = (250;\ 200;\ 100)$ und $\underline{x}_{\bullet j}^{(t)'} = (250;\ 150;\ 150)$ bekannt, die einzelnen Felderwerte sind nicht gegeben, sondern nun so zu bestimmen, dass die Bedingungen

$$\text{(B1) } X_{ij}^{(t)} \geq 0,\ (1 \leq i,j \leq n)$$

$$\text{(B2) } \sum_{j=1}^{n} X_{ij}^{(t)} = X_{i\bullet}^{(t)},\ (1 \leq i \leq n),\ \text{(Zeilenkonsistenz)}$$

$$\text{(B3) } \sum_{i=1}^{n} X_{ij}^{(t)} = X_{\bullet j}^{(t)},\ (1 \leq j \leq n),\ \text{(Spaltenkonsistenz)}$$

erfüllt sind. Dies geschieht mit Hilfe der RAS-Methode durch abwechselnde *proportionale Zeilen- und Spaltenkorrektur*, solange, bis die vorgegebenen Zeilen- und Spaltensummen eingehalten werden, also die Zeilen- und Spaltenkonsistenz (B2) und (B3) auch für die neue Matrix erreicht ist.[5] Als *Zeilen-* bzw. *Spaltenkorrekturfaktoren* verwendet man dabei

$$\frac{X_{i\bullet}^{(t)}}{X_{i\bullet}^{(m')}} \text{ bzw. } \frac{X_{\bullet j}^{(t)}}{X_{\bullet j}^{(m'+1)}}, \qquad \text{(A7-2)}$$

mit $X_{i\bullet}^{(m')}$:=Zeilensumme i nach der m' –ten Iteration und $X_{\bullet j}^{(m'+1)}$:= Spaltensumme j nach der $(m'+1)$ –ten Iteration. Üblicherweise korrigiert man in ungeradzahligen Rechenrunden mit dem Zeilenfaktor, in geradzahligen Runden mit dem Spaltenfaktor. Für das Beispiel resultieren somit folgende Zeilenkorrekturfaktoren:

$$\frac{X_{1\bullet}^{(1)}}{X_{1\bullet}^{(0)}} = \frac{250}{280} \approx 0,8929;\ \frac{X_{2\bullet}^{(1)}}{X_{2\bullet}^{(0)}} = \frac{200}{160} = 1,25;\ \frac{X_{3\bullet}^{(1)}}{X_{3\bullet}^{(0)}} = \frac{100}{80} = 1,25. \qquad \text{(A7-3)}$$

Multiplikation jeder Zeile der Ausgangsmatrix $\underline{X}^{(0)}$ mit dem jeweiligen Zeilenkorrekturfaktor ergibt hier

$$\underline{X}^{(1)} = \begin{pmatrix} 142,864 & 71,432 & 35,716 \\ 100 & 50 & 50 \\ 0 & 50 & 50 \end{pmatrix}; \qquad \text{(A7-4)}$$

4. Zu den folgenden Ausführungen vergleiche man insbesondere HOLUB/SCHNABL, 1994, S. 35 ff.

5. Die Nichtnegativitätsbedingung wird im Rahmen des Verfahrens nie verletzt, wenn die Ausgangsmatrix nichtnegativ ist.

die Zeilensummen der Matrix $\underline{X}^{(1)}$ sind jeweils – bis auf einen kleinen Rundungsfehler für die erste Zeile – gleich den vorgegebenen Zeilensummen der gesuchten Matrix $\underline{X}^{(t)}$, also $\underline{x}_{i\bullet}^{(t)'} = (250;\ 200;\ 100)$. Jedoch sind bei $\underline{X}^{(1)}$ die Bedingungen (B3) für die Spaltenkonsistenz noch nicht erfüllt, da

$$X_{\bullet 1}^{(1)} = 242{,}864 \neq X_{\bullet 1}^{(t)} = 250;$$
$$X_{\bullet 2}^{(1)} = 171{,}432 \neq X_{\bullet 2}^{(t)} = 150;\ X_{\bullet 3}^{(1)} = 135{,}716 \neq X_{\bullet 3}^{(t)} = 150. \quad \text{(A7-5)}$$

Deshalb werden für die zweite RAS-Runde zunächst die Spaltenkorrekturfaktoren bestimmt, mit Hilfe derer dann die neue Matrix $\underline{X}^{(2)}$ berechnet wird, für die Konsistenzbedingungen (B3) gelten. Für das Beispiel können diese Faktoren mit

$$\frac{X_{\bullet 1}^{(t)}}{X_{\bullet 1}^{(1)}} = \frac{250}{242{,}864} \approx 1{,}0294;\ \frac{X_{\bullet 2}^{(t)}}{X_{\bullet 2}^{(1)}} = \frac{150}{171{,}432} \approx 0{,}8750;$$
$$\frac{X_{\bullet 3}^{(t)}}{X_{\bullet 3}^{(1)}} = \frac{150}{135{,}716} \approx 1{,}1053 \quad \text{(A7-6)}$$

berechnet werden. Multiplikation jeder Spalte von $\underline{X}^{(1)}$ mit dem zugehörigen Spaltenkorrekturfaktor ergibt die Matrix

$$\underline{X}^{(2)} = \begin{pmatrix} 147{,}0642 & 62{,}5030 & 39{,}4769 \\ 102{,}9400 & 43{,}7500 & 55{,}2650 \\ 0 & 43{,}7500 & 55{,}2650 \end{pmatrix}, \quad \text{(A7-7)}$$

die – bis auf Rundungsfehler – die Konsistenzbedingungen (B3) für die Spalten erfüllt, jedoch nicht mehr (exakt) die entsprechenden Bedingungen (B2) für die Zeilen.[6] Deshalb wird in der nächsten Runde wieder eine Zeilenkorrektur vorgenommen usw.

Allgemein kann das RAS-Iterationsverfahren durch folgende *Rekursivformeln* wiedergegeben werden:

$$X_{ij}^{(2m+1)} = X_{ij}^{(2m)} \cdot \frac{X_{i\bullet}^{(t)}}{X_{i\bullet}^{(2m)}},\ m = 0, 1, 2, \ldots \quad \text{(Zeilenkorrektur)} \quad \text{(A7-8a)}$$

$$X_{ij}^{(2m)} = X_{ij}^{(2m-1)} \cdot \frac{X_{\bullet j}^{(t)}}{X_{\bullet j}^{(2m-1)}},\ m = 0, 1, 2, \ldots \text{(Spaltenkorrektur)}\ ; \quad \text{(A7-8b)}$$

die Iteration wird solange fortgesetzt, bis für alle Felderwerte

$$\lim_{m\to\infty} X_{ij}^{(2m+1)} = \lim_{m\to\infty} X_{ij}^{(2m)} = X_{ij}^{(t)} \quad \text{(A7-9)}$$

gilt. In der Praxis wird das Verfahren jedoch schon dann abgebrochen, wenn die Differenz der Werte für zwei aufeinander folgende Iterationen eine festgelegte Grenze nicht überschreitet.

Das RAS-Verfahren zählt zu den *biproportionalen* Verfahren; allgemein heißt eine Matrix $\underline{B}$ biproportional zu einer Matrix $\underline{A}$, falls $\underline{B} = \underline{RAS}$, mit $\underline{R}$, $\underline{S}$:= Diagonalmatrizen mit positiven Elementen. Somit kann das vorgestellte Verfahren komprimiert wie folgt wiedergegeben werden:

6. In diesem Beispiel sind die Zeilenkonsistenzen fast erfüllt; interpretiert man die geringen Differenzen zwischen gegebenen und vorgegebenen Zeilensummen als Rundungsfehler, wäre der RAS-Algorithmus schon beendet.

Ausgehend von einer nichtnegativen Basismatrix $\underline{X}^{(0)}$ wird eine neue Matrix $\underline{X}^{(t)}$, deren Randsummenvektoren $\underline{x}_{i\bullet}^{(t)}$ und $\underline{x}_{\bullet j}^{(t)}$ bekannt sind, gesucht. Ordnet man pro Iteration die jeweiligen Zeilenfaktoren in einer Diagonalmatrix $\underline{R}^{(2m+1)}$, $m = 0, 1, 2, \ldots$ und die Spaltenfaktoren in einer Diagonalmatrix $\underline{S}^{(2m)}$, $m = 0, 1, 2, \ldots$ an, so ergeben sich die Zwischenergebnismatrizen $\underline{X}^{(1)}, \underline{X}^{(2)}, \ldots, \underline{X}^{(t-1)}$ durch eine Links- bzw. Rechtsmultiplikation von der jeweils vorangegangenen Matrix $\underline{X}^{(2m)}$ mit den Matrizen $\underline{R}^{(2m+1)}$ bzw. $\underline{S}^{(2m+2)}$, $m = 0, 1, 2, \ldots$, also

$$\underline{R}^{(2m+1)} \cdot \underline{X}^{(2m)} \cdot \underline{S}^{(2m+2)} \quad . \tag{A7-10}$$

$\underline{X}^{(0)}, \underline{X}^{(1)}, \underline{X}^{(2)}, \ldots, \underline{X}^{(t-1)}$ sowie die Ergebnismatrix $\underline{X}^{(t)}$ sind alle zueinander biproportional;[7] dies gilt somit auch für $\underline{X}^{(t)}$ und $\underline{X}^{(0)}$. Das Verfahren wird abgebrochen, wenn (A7-9) bzw. das oben beschriebene praktische Kriterium erfüllt ist.

7. Es gilt also $\underline{X}^{(i)} = \underline{R}^{(k)} \cdot \underline{X}^{(i')} \cdot \underline{R}^{(k')}$ für alle i, i'. Es sei noch angemerkt, dass zueinander biproportionale Matrizen für gegebene Randvektoren zur gleichen, eindeutigen Lösung. Deshalb führt das in der Praxis neben der RAS-Methode häufig eingesetzte, ebenfalls biproportionale „*MODOP*-Verfahren" zu derselben eindeutigen Lösung wie RAS. Bei MODOP wird im ersten Schritt die Basismatrix mit einem geometrischen Gewichtungsverfahren transformiert und dann mit RAS weitergerechnet. Die Werte der ersten Zwischenergebnismatrix $\underline{X}_M^{(1)}$ werden hier durch $\underline{X}_{ij,M}^{(1)} = \sqrt{c_i d_j} X_{ij}^{(0)}$ bestimmt, mit $c_i = X_{i\bullet}^{(t)} / .X_{i\bullet}^{(0)}$ und $d_j = X_{\bullet j}^{(t)} / .X_{\bullet j}^{(0)}$. Da die derart transformierte Matrix biproportional zur Basismatrix ist, führt auch diese Methode zur selben, eindeutigen Lösung wie RAS.

Literatur

AABERGE, R. (2000): Characterization of Lorenz Curves and Income Distributions: Social Choice and Welfare; Vol. 17, S. 639-653

ALDRICH, J.H., NELSON, F.D. (1989): Linear Probability, Logit and Probit Models; 2. Aufl., Beverly Hills

ARMEMIYA, T. (1985): Advanced Econometrics; Oxford

ARMINGER, G./MÜLLER, F. (1990): Lineare Modelle zur Analyse von Paneldaten; Opladen

ASSENMACHER, W. (1995): Einführung in die Ökonometrie; 5. Aufl., München und Wien

ASSENMACHER, W. (1998): Konjunkturtheorie; 8. Aufl., München und Wien

BALTAGI, B.H. (1995): Econometric Analysis of Panel Data; Chichester

BAMBERG, G./BAUR, F. (2001): Statistik; 11. Aufl., München und Wien

BELL, W.R.(1992): An Overview of Time Series Analysis and RegARIMA Modelling; Statistical Research Division, Bureau of the Census, Washington DC, February 13

BELL, W.R./HILLMER, S.C. (1983): Modelling Time Series With Calendar Variation; in: Journal of the American Statistical Association, Vol. 78, S. 526-534

BELSLEY, D.A./KUH, E./WELSCH, R.E. (1980): Regression diagnostics, identifying influential data and sources of collinearity; New York

BEN AKIVA, M./LERMAN, S.R. (1985): Diskrete Choice Analysis; Cambridge (Mass.)

BERNDT, E.R. (1991): The Practice of Econometrics: Classic and Contemporary; Reading (Mass.)

BIERENS, H.J. (1994): Topics in advanced econometrics; Cambridge

BLOSSFELD, H.P./HAMERLE, A./MAYER, U.U. (1986): Ereignisanalyse. Statistische Theorie und Anwendung in den Wirtschafts- und Sozialwissenschaften; Frankfurt

BLOSSFELD, H.P./HAMERLE, A./MAYER, U.U. (1989): Hazardraten-Modelle in den Wirtschafts- und Sozialwissenschaften; in: Allgemeines Statistisches Archiv, 73, S. 213-238

BOX, G.E.P./JENKINS, G.M./REINSEL, G.C. (1994): Time Series Analysis. Forcasting and Control; 3. Aufl., San Francisco

BRENDT, E.R. (1991): The Practice of Econometrics: Classic and Contemporary; Reading (Mass.)

BRONSTEIN, I.N., SEMENDJAJEW, K.A., MUSIOL, G., MÜHLIG, H. (1993): Taschenbuch der Mathematik; Frankfurt/M.

BROSIUS, F. (2002): SPSS 11; Bonn

Bureau of the Census (1999): X-12-ARIMA Reference Manual; Version 0.2.3., March 12

BUTLER, J.S./MOFFITT, R. (1982): A Computationally Efficient Quadrature Procedure for the One-Factor Multinomial Probit Model; in: Econometrics, 50, S. 761-764

CAMERON, A.C./TRIVEDI, P.K. (1986): Econometric model based on count data: comparisons and applications of some estimators and tests; in: Journal of Applied Econometrics, 1, S. 29-53

CHENEY, W., KINCAID, D. (1985): Numerical Mathematics and Computing; 2. Auflage, Monterey, USA

COWELL, F.A. (1995): Measuring Inequality; 2. Auflage, London

COX; D.R. (1972): Regression Models and Life Tables; in: Journal of the Royal Statistical Society, Series B, 34, S. 187-220

CREUTZ, G. (1979): Möglichkeiten und Probleme der Beurteilung von Saisonbewegungsverfahren; Frankfurt/M.

DEMPSTER, A.P., LAIRD, N.M., RUBIN, D.B. (1977): Maximum Likelihood from Incomplete Data via the EM-Algorithm; in: Journal of the Royal Statistical Society, Series B, 39, S. 1-38

DEPOUTOT, R./PLANAS, Ch. (1998): Comparing seasonal adjustment and trend extraction filters with application to a model-based selection of X11 linear filters; Eurostat working group dokument, URL: http://europa.eu.int/comm/eurostat/research/index.htm?http://europa.eu.int/en/comm/ eurostat/research/noris4/&1 (Zugriff am 14.07.2003)

DEUTSCHE BUNDESBANK (1999): Der Übergang vom Saisonbereinigungsverfahren Census X-11 zu Census X-12-ARIMA; in: Deutsche Bundesbank (Hrsg.): Monatsberichte der Deutschen Bundesbank, Heft 9, S. 39-51

DEUTSCHE BUNDESBANK (2004): Zeitreiheninformation; URL: http://www.bundesbank.de/stat/ zeitreihen/index.html (Zugriff am 05.02.2004)

DEVINE, T.J./KIERER, N.M. (1991): Empirical Labor Economics; New York

DOSSE, J./PLANAS, CH. (1996): Revision in Seasonal Adjustment Methods: an empirical Comparison of X-12-ARIMA&SEATS; Eurostat working group document n/D3/SA/07, URL: http://europa.eu.int/comm/eurostat/research/index.htm?http://europa.eu.int/en/comm/ eurostat/research/noris4/&1 (Zugriff am 14.07.2003)

DOUGERTHY, CH. (2002): Introduction to econometrics; 2. Aufl., Oxford

DURBIN, J./WATSON, G.S. (1950): Testing for Serial Correlation in Least Squares Regression I; in: Biometrika, 37, S. 409-428

DURBIN, J./WATSON, G.S. (1951): Testing for Serial Correlation in Least Squares Regression II; in: Biometrika, 38, S. 159-178

EVERITT, B.S. (1998): The Cambridge Dictionary of Statistics; Cambridge

FAHRMEIR, L./HAMERLE, A./TUTZ, G. (1996): Multivariate statistische Verfahren; 2. Aufl., Berlin

FAHRMEIR, L./KÜNSTLER, P./PIGEOT, I./TUTZ, G. (2003): Statistik - Der Weg zur Datenanalyse; 4. Aufl., Berlin

FELLER, W. (1971): An Introduction to Probability Theory and Its Applications; Vol: II, 2. Aufl., New York

FINDLEY, D.F., MONSELL, B.C., OTTO, M.C., PUGH, M.G. (1988): Toward X-12-ARIMA; in: Proceedings of the Fourth Annual Research Conference, Washington, D.C.: U.S. Bureau of the Census, S. 591-624

FISZ, M. (1980): Wahrscheinlichkeitsrechnung und Mathematische Statistik; 10. Aufl., Berlin

FLEISSNER, P./BÖHME, W./BRAUTZSCH, H.-U./HÖHNE, J./SIASSI, J./STARK, K. (1983): Input-Output-Analyse; Wien

FRANSES, Ph.H.(1991): Saisonality, non-stationarity and the forecasting of monthly time series; in: International Journal of Forecasting, 7, S. 199-208

FRERICHS, W., KÜBLER, K. (1980): Gesamtwirtschaftliche Prognoseverfahren; München

FRITSCH, R., Hrsg., (1933): Econometrica; Vol 1, S. 1 ff.

FROHN, J.(1995): Grundausbildung der Ökonometrie; 2. Aufl., Berlin und New York

GEIGANT, F. et. al. (1994): Lexikon der Volkswirtschaftslehre; 6. Aufl., Landsberg/Lech

GHYSELS, E., OSBORN, D.R. (2001): The Econometric Analysis of Seasonal Time Series; Cambridge

GOLDBERGER, A.S. (1968): Topics in Regression Analysis; New York

GREENE, W.H. (2000): Econometric Analysis; 4. Aufl., New Jersey

GRILICHES, Z., INTRILIGATOR, M.D. (1983): Handbook of Econometrics; Vol. I, Amsterdam

GRILICHES, Z., INTRILIGATOR, M.D. (1984): Handbook of Econometrics; Vol. II, Amsterdam

GRILICHES, Z., INTRILIGATOR, M.D. (1986): Handbook of Econometrics; Vol. III, Amsterdam

HAMERLE, A. (1990): On a Simple Test for Neglected Heterogeneity in Panel studies; in: Biometrics, 46, S. 193-199

HANSEN, G. (1993): Quantitative Wirtschaftsforschung; München

HANSMANN, K.W. (1983): Kurzlehrbuch Prognoseverfahren; Wiesbaden

HARTUNG, J./ELPELT, B. (1992): Multivariate Statistik; 4. Aufl., München

HAUSMAN, J./HALL, B.H./GRILICHES, Z. (1984): Econometric models for count data with an application to the parents - R & D relationship; in: Econometrica, 52, S. 909-938

HEBBEL, H. (1997): Verallgemeinertes Berliner Verfahren VBV; in: EDEL, K., SCHÄFFER, K.A., STIER, W. (Hrsg.): Analyse saisonaler Zeitreihen, Heidelberg, S. 83-93

HECKMAN, J.J. (1976): The common structure of statistical models of truncation, sample selection, and limited dependent variables and a simple estimator for such modells; in: Annals of Econometric and Social Measurement, 5 (4), S. 475-492

HECKMAN, J.J. (1979): Sample selection bias as a specification error; in: Econometrica, 47 (1), S. 153-161

HEILER, S./MICHELS, P.(1994): Deskriptive und Explorative Datenanalyse; München

HELMSTÄDTER, E./MEYER, B./KLEINE, E./RICHTER, J. (1983): Die Input-Output-Analyse als Intrument der Strukturforschung; Tübingen

HENSHER, D.A. (1986): Sequential and Full Maximum Likelihood Estimation of a Nested Logit Model; in: The Review of Economics and Statistics, 68, S. 657-667

HOLUB, H.W./SCHNABL, H. (1985): Input-Output-Rechnung: Input-Output-Tabellen; 2. Aufl., München

HOLUB, H.W./SCHNABL, H. (1994): Input-Output-Rechnung: Input-Output-Analyse. Einführung; 3. unveränderte Aufl., München

HOLUB, H.W./TAPPEINER, G. (1989): An Extension of Input-Output-Employment Models; in: Economic Systems Research, Nr. 1, S. 297-309

HÖPFNER, B. (1998): Ein empirischer Vergleich neuerer Verfahren zur Saisonbereinigung und Komponentenzerlegung; in: Wirtschaft und Statistik, Heft 12, S. 949-959

HSIAO, C. (2003): Analysis of Panel Data; 2. Aufl., Cambridge

HÜBLER, O. (1989): Ökonometrie; Stuttgart

HÜBLER, O. (1990): Lineare Paneldatenmodelle mit alternativer Störgrößenstruktur; in: NAKHAE/ZADEH, G./VOLLMER, K.H. (Hrsg.): Neuere Entwicklungen in der Angewandten Ökonometrie; Heidelberg, S. 65-99

HUJER, R./CREMER, R. (1978): Methoden der empirischen Wirtschaftsforschung; München

INSTITUT DER DEUTSCHEN WIRTSCHAFT (2001), (2002), (2003) u. (2004): Deutschland in Zahlen; Köln

JAMBU, M. (1992): Explorative Datenanalyse; Stuttgart

JOHNSTON, J., DiNARDO, J. (1997): Econometric Methods; 4. Aufl., New York

JOHNSTON, J.(1984): Econometric Methods; 3. Aufl.; New York

JUDGE, G.G. et al. (1988): Introduction to the Theory and Practice of Econometrics; 2. Aufl., New York

KAZMIER, L.J.(1996): Wirtschaftsstatistik; 3. Aufl., London

KENDALL, M. (1976): Time Series; 2. Aufl., London

KENDALL, M., STIER, W. (1980): Verfahren zur Analyse saisonaler Schwankungen in ökonomischen Zeitreihen; Berlin

KIRCHNER, R. (1999): Auswirkungen des neuen Saisonbereinigungsverfahrens CENSUS X-12-ARIMA auf die aktuelle Wirtschaftsanalyse in Deutschland; Diskussionspapier, 7/99, Volkswirtschaftliche Forschungsgruppe der Deutschen Bundesbank

KIEFER, N.M. (1988): Econometric duration data and hazard functions; in: Journal of Economic Literature, 26, S. 646-679

KOGELSCHATZ, H. (1977): Strukturänderungen und Wachstumsgleichgewichte; Meisenheim am Glan

KRELLE, W. (1988): Theorie des wirtschaftlichen Wchstums; Heidelberg

KÜSTERS, U. (1987): Hierarchische Mittelwert- und Kovarianzmodelle mit nichtmetrischen endogenen Variablen; Band 31, Heidelberg

LANCASTER, T. (1990): The Econometric Analysis of Transition Data; Cambridge

LEINER, B. (1986): Einführung in die Zeitreihenanalyse; 2. Aufl., München

LEONTIEF, W.W. (1986): Input-Output-Economics; 2. Aufl., New York

LÖBUS, J.U. (2001): Ökonometrie. Mathematische Theorie und Anwendungen; Braunschweig/Wiesbaden

LÜTKEPOHL, H. (1991): Introduction to Multiple Time Series Analysis; Berlin

McKELVEY, R., ZAVOINA; W. (1975): A Statistical Model for the Analysis of Ordinal Level Dependent Variables; in: Journal of Mathematical Sociology, 4, S. 103-120

MADDALA, G.S. (1983): Limited-dependent and qualitative variables in econometrics; Cambridge

MADDALA, G.S. (1987): Limited Dependent Variable Models using Panel-Data; in: Journal of Human Resources, 22, S. 307-338

MANSKI, C.F. (1988): Analog Estimation Methods in Econometrics; New York

MANSKI, C.F./McFADDEN, D. (1981): Structural Analysis of Discrete Data with Economic Applications; Cambridge

McFADDEN, D./TRAIN, K. (2000): Mixed MNL models for discrete response; in: Journal of Applied Econometrics, 15(5), S. 447-470

MEYER, U. (1980): Dynamische Input-Output-Modelle; Königstein/Ts.

MIEBACH, P.(1982): Exponential Smoothing mit variablen Glättungskoeffizienten – ein autoadaptives Verfahren nach Winters/Lewandowski; in: SCHWARZE, J./ WECKERLE, J. (Hrsg.): Prognoseverfahren im Vergleich. Anwendungserfahrungen und

Anwendungsprobleme verschiedener Prognoseverfahren; Braunschweig, 1982, S. 47-68

MILLER, R.E./BLAIRD, P.D. (1985): Input-output analysis. Foundations and extensions; New York

MITTELHAMMER, R.C., JUDGE, G.G., MILLER, D.J. (2000): Econometric Foundations; Cambridge

MOHR, W. (1984): Neue Identifikationsstrategien für uni- und multivariate Zeitreihen; Habilschrift, Universität Kiel

MOOD, A.M./GRAYBILL, F.A./BOES, D.C. (1974): Introduction to the Theory of Statistics; 3. Aufl., Tokio

MOOSMÜLLER, G. (1988): Exponentielle Glättung als Prognoseinstrument; in: WiSt, Heft 4, S. 209-216

NAZEM, S.M. (1988): Applied Time Series Analysis for Business and Economic Forecasting; New York

NOURNEY, M. (1983): Umstellung der Zeitreihenanalyse; in: Wirtschaft und Statistik, Heft 11, 1983

OLSEN, R.J. (1978): Note on the Uniqueness of the Maximum Likelihood Estimator in the Tobit-Model; in: Econometrica, 46, S. 1211-1215

OPPENLÄNDER, K.H. (1995): Konjunkturindikatoren; München

PIESCH, W. (1975): Statistische Konzentrationsmaße. Formale Eigenschaften und verteilungstheoretische Zusammenhänge; Tübingen, X

PIESCH, W. (1996): Über die Kovarianz von Einzel und Summenwerten, ein neuer Zugang zu bekannten Ergebnissen der Konzentrationsmessung. Diskussionsbeiträge aus dem Institut für Volkswirtschaftslehre; Universität Hohenheim, Nr. 128

PIESCH, W. (2003): Ein Überblick über einige erweiterte Gini-Indices. Eigenschaften, Zusammenhänge, Interpretationen. Diskussionsbeiträge aus dem Institut für Volkswirtschaftslehre; Universität Hohenheim, Nr. 220

PINDYCK, R.S./RUBINFELD, D.L. (1998): Econometric Models and Economic Forecasts; 4. Aufl., Boston

POHLMEIER, W. (1989): Simultan Probit- und Tobit-Modelle. Theorie und Anwendungen auf Fragen der Innovationsökonomik; Berlin

POLASEK, W. (1994): EDA. Explorative Datenanalyse. Einführung in die deskriptive Statistik; 2. Aufl., Berlin

PUDNEY, S. (989): Modelling Individual Choice. The Econometrics of Corners, Kinks and Holes; Oxford

QUELLE, G. (1982): Prognoseverfahren mit empirischer Saisonkomponente und exponentielle Glättung; in: SCHWARZE, J./ WECKERLE, J. (Hrsg.): Prognoseverfahren im Vergleich. Anwendungserfahrungen und Anwendungsprobleme verschiedener Prognoseverfahren, Braunschweig, 1982, S. 15-24

REINDL-KEIM, G. (1984): Die Selektion von multikollinearen Regressoren im multiplen Regressionsmodell; Dissertation, Universität Passau

RICHTER, J. (2002): Kategorien und Grenzen der empirischen Verankerung der Wirtschaftsforschung; Stuttgart

RONNING, G. (1989): A microeconometric Study of Travelling Behaviour; in: OPITZ, O. et.al. (Hrsg.): Conceptual and Numerical Analysis of Data. Proceedings of the 13th Conference of the Gesellschaft für Klassifikation e.V., Berlin, S. 432 - 440

RONNING, G. (1991): Mikroökonometrie; Berlin

RUUD, P.A. (2000): An Introduction to Classical Econometric Theory; New York

SACHVERSTÄNDIGENRAT (2004): Tabellen für Deutschland; http://www.sachverstaendigenrat-wirtschaft.de

SCHAICH, E./ BRACHINGER, H.W. (1999): Studienbuch Ökonometrie; 2. Aufl., München

SCHAICH, E./KÖHLE, D./SCHWEITZER, W./WEGENER, F. (1993): Statistik I für Volkswirte, Betriebswirte und Soziologen; 4. Aufl., München

SCHAICH, E./KÖHLE, D./SCHWEITZER, W./WEGENER, F. (1990): Statistik II für Volkswirte, Betriebswirte und Soziologen; 3. Aufl., München

SCHAICH, E./SCHWEITZER, W. (1995): Ausgewählte Methoden der Wirtschaftsstatistik; München

SCHWALBACH, J./ZIMMERMANN, K.F. (1991): A Poisson Model of Patenting and Firm Structure in Germany; in: ACS, Z./AUDRETSCH, D. (Hrsg.): Innovation and Technological Change, New York, S. 109-120

SCHIPS, B. (1990): Empirische Wirtschaftsforschung. Methoden, Probleme und Praxisbeispiele; Wiesbaden

SCHLITTGEN, R., STREITBERG, B.H.J. (1995): Zeitreihenanalyse; 6. Auflage, München u. Wien

SCHNEEWEISS, H. (1990): Ökonometrie; 4. Auflage, Würzburg und Wien

SCHMIDT, P. (1981): Contraints on the Parameters in Simultanous Tobit and Probit Models; in: MANSUI; C.F./McFADDEN, D. (Hrsg.): Structural Analysis of Discrete Data with Econometric Applications; Cambridge (Mass.), S. 422-434

SCHNEEWEISS, H./MITTAG, H.J. (1986): Lineare Modelle mit fehlerbehafteten Daten; Heidelberg

SCHÖNFELD, P. (1969): Methoden der Ökonometrie; Band I, Berlin

SCHUMANN, J. (1979): Input-Output-Theorie; in: Handwörterbuch der Mathematischen Wirtschaftswissenschaften, Bd. 1 (Hrsg.: SELTEN, R.), Wiesbaden, S. 96-111

SICKLES, R.C./SCHMIDT, P. (1978): "Simultaneous Equation Models with Truncated Dependent Variables: A. Simultaneous Tobit Models"; in: Journal of Ecomonics and Business, 31, S. 11-21

SPETH, H.T. (1999): Unterschiedliche Verfahrensweisen der Statistischen Ämter in der Europäischen Union bei der Saisonbereinigung; in: Wirtschaft und Statistik, Heft 1, S. 23-27

SPETH, H.T. (1994): Vergleich von Verfahren zur Komponentenzerlegung von Zeitreihen; in: Wirtschaft und Statistik, Heft 2, S. 98-108

STÄGLIN, R. (1985): Input-Output-Analyse; in: Spektrum der Wissenschaft, Heft 5, S. 44-64

STATISTISCHES BUNDESAMT (2001): Bevölkerung und Erwerbstätigkeit, Fachserie 1, Reihe 4.3, Heft 1, Wiesbaden

STATISTISCHES BUNDESAMT (2002): Statistisches Jahrbuch 2002; Stuttgart

STATISTISCHES BUNDESAMT (2003): URL: http://www.destatis.de/indicators/d/zeitreihentext.htm (Zugriff am 14.07.2003)

STATISTISCHES BUNDESAMT (2003): URL: http://www.destatis.de/mve/d/bv4.htm (Zugriff am 14.07.2003)

STATISTISCHES BUNDESAMT (2003): URL: http://www.destatis.de/indicators/d/arb310ad.htm (Zugriff am 14.07.2003)

STATISTISCHES BUNDESAMT (2004): URL: http://www.destatis.de/basis/d/vgr/inputtab1.htm (Zugriff am 07.06.2004)

STATISTISCHES BUNDESAMT (2004): Einwohner und Erwerbstätigkeit; URL: http://www.destatis.de/indicators/d/vgr910ad.htm (Zugriff am 11.02.1002)
STATISTISCHES BUNDESAMT (2004): Input Output-Tabelle 2000, Fachserie 18, Reihe 2: URL: http://www-ec.destatis.de/csp/shop/sfg/vollanzeige.csp?ID=1013650 (Zugriff am 11.06.2003)
STIER, W. (1997): Zur Weiterentwicklung von CENSUS X-11; in: EDEL, K., SCHÄFFER, K.A., STIER, W. (Hrsg.): Analyse saisonaler Zeitreihen; Heidelberg, S. 97-98
STIER, W. (2001): Methoden der Zeitreihenanalyse; Berlin
STIER, W./WILDI, M. (2002): About model-based time series procedures: Some remarks to TRAMO/SEATS and CENSUS X-12-ARIMA; in: Allgemeines Statistisches Archiv, 86, S. 447-458
STOBBE. A. (1994): Volkswirtschaftliches Rechnungswesen; 8. Auflage, Berlin
TAKAYAMA, A. (1994): Mathematical economics; 2. Aufl., Hinsdale
THEIL, H. (1966): Economic Forecasting; 4. Aufl., Amsterdam
TOBIN, J. (1958): Estimation of Relationships for Limited Dependent Variables; in: Econometrica, 26, S. 24-36)
VEALL, M., ZIMMERMANN, K.F. (1992): Pseudo-R2's in the Ordinal Probit Model; in: Journal of Mathematical Sociology, 16, S. 333-342
VEALL, M., ZIMMERMANN, K.F. (1994): Evaluating Pseudo-R2's for Binary Probit Models; in: Quality and Quantity, 28, S. 151-164
VERBEEK, M. (2000): A Guide to Modern Econometrics; Chichester
VON DER LIPPE, P. (1996): Wirtschaftsstatistik. Amtliche Statistik und volkswirtschaftliche Gesamtrechnung; 5. Aufl., Stuttgart
VON DER LIPPE, P. (2001): Chain Indices. A Study in Price Index Theory; Stuttgart
WALLIS, K.F. (1972): Testing for fourth order autokorrelation in quaterly regression equations; in: Econometrica, Vol. 40, No. 2, S. 617-636
WALLIS, K.F. (1979): Topics in applied econometrics; 2. Aufl., London;
WEBER, H. (1984): Ökonomische Filterverfahren; Pfaffenweiler
WEI, W.W.S. (1990): Time Series Analysis - Univariate and Multivariate Methods; Redwood City
WINKELMANN, R. (1997): Econometric Analysis of Count Data; 2. Aufl., Berlin
WINKER, P. (1997): Empirische Wirtschaftsforschung; Berlin
WINTER, J. (2002): Vorlesung Mikroökonometrie, Universität Mannheim, Mannheim Research Institute for the Economics of Aging, URL: http://mea.uni-mannheim/winter/lehre/02-ss/micro.htm
WOLF, F. (1997): Lorenzkurvendisparität. Neuere Entwicklungen, Erweiterungen und Anwendungen; Frankfurt
WOOLDRIDGE, J.M. (2002): Econometric Analysis of Cross Section and Panal Data; Cambridge
WU, C.F.J. (1983): Of the Convergence Properties of the EM Algorithm; in: Annals of Statistics, 11, S. 95-103

Register

A

B

C

D

E

F

G

H

I

J

K

L

M

N

O

P

Q

R

S

T

U

V

W

X

Z